E4

Reyes de España

Desde los primeros reyes godos hasta hoy

Elena Casas Castells

LIBSA

© 2007, Editorial Libsa
San Rafael, 4
28108. Alcobendas. Madrid
Tel. (34) 91 657 25 80
Fax (34) 91 657 25 83
e-mail: libsa@libsa.es
www.libsa.es

ISBN: 84-662-1323-6
Depósito Legal: CO-739-06

Textos: Elena Casas Castells
Mapas: José Ramón González Huertas
Edición: Equipo editorial LIBSA
Diseño de cubierta: Equipo de diseño LIBSA
Maquetación: Ana Ordóñez y Equipo de maquetación LIBSA

Impreso en España/ *Printed in Spain*

Contenido

Introducción

La monarquía y sus soberanos en la historia de España

Presentamos este estudio con idea de contribuir y aportar un nuevo enfoque a las enseñanzas que, ya en su día, ofrecieron eminentes historiadores a través de sus innumerables publicaciones después de incesantes esfuerzos en la búsqueda de datos, libros, textos y todo tipo de fuentes, de los que, de una forma u otra, han podido sacar conclusiones más o menos acertadas de todo lo que sucedió en los tiempos en que se desarrollaron cada uno de los acontecimientos.

La configuración de la monarquía hispánica parte del mismo momento en el que confluyen ambos conceptos. Ese momento no puede ser otro que la propia aparición en nuestra península de un poder, estructurado bajo una entidad de índole monárquica (ejercicio personal de la soberanía, con carácter vitalicio y/o hereditario), que abarca la mayor parte de lo que ya los romanos vinieron a llamar Hispania. Su independencia, al margen de otro poder, le confiere una singularidad propia dentro de la historia.

En cualquier época o edad (media, moderna o contemporánea) están las más claras explicaciones de las estructuras, divisiones, semejanzas y relaciones que hoy constituyen España como Estado y como nación, y en las que juegan un papel trascendental los reyes, que son los grandes protagonistas de más de ocho siglos. Ellos hacen la historia, la orientan, definen y construyen, siempre en una admirable simbiosis con el pueblo.

Dedicamos este libro a todos los reinos así como a sus monarcas. Cada uno está incluido en su capítulo correspondiente, llegando a establecer un espléndido y rico cuadro histórico en el que juegan un papel fundamental la política, las guerras, unido a un sinfín de desafíos, amores, aventuras, traiciones y alianzas.

Conociendo nuestra historia, y a sus reyes, se puede comprender mejor la España de hoy.

Esperemos que nuestro propósito final se haya cumplido, ya que la orientación de nuestro trabajo va encaminada a despertar en el ánimo de las personas cierto interés o curiosidad, no sólo por el conocimiento de la historia sino también por la lectura en general.

Los reyes
de la Edad Media

El reino visigodo

Antecedentes

Por espacio de casi tres siglos, desde mediados del V hasta los inicios del VIII, España, después de un largo período de disgregación del Imperio romano, recibe la dirección que le va a marcar uno de los pueblos invasores, el visigodo. El asentamiento de los visigodos no debemos considerarlo como un accidente pasajero en la formación de la nacionalidad española, sino que será recordado siempre, y por espacio de siglos, porque vino a crear una nueva clase directora, una casta dominante que fue el punto de arranque y ascenso de una amplia aristocracia que aspiraba, hasta el derrumbamiento de la monarquía, a una permanente función rectora. En este sentido, los grandes reyes visigodos fueron, en realidad, los fundadores de una monarquía que hizo de España, por vez primera, un estado soberano e independiente.

Tras el derrumbamiento del mundo grecorromano improvisó una cultura que penetraría profundamente en el alma hispánica, dándole la fuerza suficiente para sobrevivir a la crisis provocada por la invasión musulmana.

Orígenes, primer asentamiento y expansión

Este pueblo godo, de tan destacada trascendencia en la historia de España, era uno de tantos pueblos germánicos que, al llegar a la era cristiana, poblaban las selvas y el litoral de la península escandinava. No sabemos con exactitud qué causas (guerras con otros pueblos, accidentes naturales o acaso la superpoblación) le llevaron a tomar la decisión de emigrar en masa hacia el sudeste de Europa, que se inicia a mediados del siglo II de nuestra era y que no se contiene sino en el choque con las fronterizas legiones imperiales romanas. Ocupaban, en el sur de la Rusia actual, las márgenes del mar Negro, donde se pusieron en contacto con las ciudades griegas de la ribera. En el año 238 atravesaron el Danubio y son detenidos con la promesa de subsidios, consiguiendo el Imperio contener lo incontenible a costa de las provincias, exhaustas de tributos. Como estos subsidios se pagaban de forma muy irregular, los godos, unidos a otros pueblos, comenzaron a presionar con mayor violencia la frontera. Entre victorias y derrotas ocupan la Dacia y los territorios de Ilion y de Éfeso. Precisamente, desde fines del siglo III, aparecen divididos en dos ramas, aún no del todo diferenciadas, de visigodos y ostrogodos. Será ya en el siglo IV cuando la separación se haga más precisa: los ostrogodos crean una monarquía de oscura historia en el sur de Rusia, en tanto los visigodos establecen con el Imperio vínculos de federación cada vez más fuertes, cuyo resultado fueron treinta y cinco años de absoluta paz. El Imperio gozó de un cierto respiro y los visigodos, considerados como soldados imperiales, conseguirán –poco a poco– adaptarse a la vida sedentaria y a una serie de costumbres más humanas y refinadas. Se dice que fue entonces cuando inventaron la escritura rúnica o, al menos, la modificaron con influencias grecolatinas.

Sin embargo, y con el tiempo, el pacto de federación se rompió, precisamente en el último tercio del siglo IV. Sin duda, en el campo visigodo se iban extendiendo ciertas ideas nacionalistas contrarias a la dependencia del Imperio y, por otra parte, las guerras civiles harían imposible a Valente, emperador romano en estos momentos, el pago de los subsidios. Roto entonces el convenio, quedaría el Danubio como frontera entre los dos pueblos libres. Precisamente, el pueblo visigodo no había creado aún una unidad política y, por tanto, cada grupo estaba mandado por su jefe. Uno de estos caudillos fue ATANARICO, que era representante de la oposición a Roma y, a su vez, el que aspiraba a unificar bajo su mando a todo el pueblo visigodo. Después de un gran cúmulo de contradicciones fomentadas por Roma, Atanarico logró su propósito y fue reconocido como único caudillo militar.

La recién creada jefatura tendrá que enfrentarse con un importante problema: el movimiento hacia Occidente de grandes masas mongólicas, los hunos, terribles en número y en crueldad. Los visigodos se dividen ante la catástrofe que había arruinado profundamente al reino ostrogodo de Rusia. Los más rebeldes y pertinaces en su odio a Roma, al mando de Atanasio, intentan prevalecer en los bosques de los Cárpatos; otros, más romanizados, pasan al Danubio en el año 376 y piden al Imperio tierras donde establecerse. El peligro común había unido a romanos y a germanos, y aquéllos acogieron con satisfacción aquella posibilidad de obtener nuevos contingentes de soldados. El pueblo godo, reducido a unos pocos millares de familias, se estableció en la Tracia en calidad de federados, miembros del estado romano que se regían por sus propias leyes.

No obstante, durante el reinado de Valente, este sistema sufrirá numerosas vicisitudes. Otro emperador romano, Teodosio el Grande, logrará consolidarlo durante el breve espacio de su gobierno unitario. Con la división del Imperio a su muerte, unido a las rivalidades políticas y religiosas entre sus herederos, los visigodos comienzan a constituirse en árbitros de los destinos imperiales. La familia de los Baltos, representada por Alarico I, consigue unificar –bajo su mandato–, los diversos grupos, en cuya permanencia la jefatura militar comenzará a adoptar caracteres de realeza. Poco tiempo después, el ejército –que era entre los visigodos el pueblo en armas– lo proclamará rey.

A partir de ese momento, ALARICO I logrará dar unidad y cohesión al pueblo godo, aunque ello no irá acompañado de una base territorial para la nueva monarquía recién constituida. Precisamente, cuando intentaba entrar en África, murió. Le sucede en el cargo su cuñado ATAÚLFO, de gran talento político entre los jefes godos. Intentó, de nuevo, pasar a África, pero desistió ante la superioridad de los restos de la flota imperial romana. Con certera visión pensó encaminar a su pueblo hacia las Galias y hacia España, precisamente la más romanizada de las provincias, entregada a la devastación de otros pueblos invasores como eran los suevos, vándalos y alanos. De esta forma, lo que pretendía era dar a la monarquía una base territorial, de la que aún carecía.

Será en el año 412 cuando Ataúlfo decide trasladarse desde la Italia meridional a las Galias, aunque las dificultades que se le presentaron al querer establecer a su pueblo le llevaron a abandonarla y entrar en España, estableciendo su corte en la provincia Tarraconense, y más concretamente en Barcelona, donde tuvo un hijo, al cual dio el nombre de Teodosio y que murió al poco tiempo. Esta estancia ocasional de Ataúlfo en Barcelona le ha valido el honor de encabezar la cronología de los monarcas españoles. Pocos años después, en el 415, sería asesinado por Valia, que se convertiría en el nuevo rey, consiguiendo desarrollar con autoridad suficiente su plan político, el cual no era otra cosa sino el retorno a la idea –abandonada por Ataúlfo– de constituir el ejército errante de los visigodos en un pueblo estabilizado y con economía propia. La situación que estaba viviendo el pueblo visigodo en la Tarraconense era bastante difícil, pues la provincia estaba exhausta y la flota del emperador romano Constantino impedía el abastecimiento del ejército. Volvió, de nuevo, a la idea de un establecimiento en las aún riquísimas provincias africanas, pero, a causa de una tempestad que dispersó a las naves que intentaban pasar el estrecho desde Tarifa, la empresa fue un fracaso. Acosado por el hambre, el pueblo visigodo tuvo que rendirse ante la superioridad de Roma y de su Imperio, quedando otra vez reducido a la condición de tropas pagadas por el erario romano.

Como caudillo imperial, VALIA prestó un servicio inapreciable a la causa de la unidad de España. En el 418 destronó a los vándalos de la Bética y llevó a Roma cautivo a Fredevaldo, su rey. Luego, aniquiló a los alanos, que dejaron de existir como pueblo para fundirse con los vándalos, en el *finis terrae* que era entonces Galicia.

Llamado por Constantino, Valia volvió a las Galias y esto permitió la subsistencia durante un siglo del pueblo suevo, en tanto que los vándalos volvían a ser un pueblo errante. Al mismo tiempo, Valia realizará un esfuerzo decisivo para estabilizar al pueblo visigodo mediante un reparto de tierras que regularizase su economía y le detuviese en el suave y fértil suelo de las Galias.

Este tratado entre Valia y el Imperio romano tiene una importancia decisiva en la fundación de la monarquía visigoda. De hecho, la estancia prolongada en provincia tan rica como las Galias había de dar a este pueblo godo hábitos sedentarios, contribuyendo a instruirle en las artes de la paz. La comarca ocupada comprendía la llamada *Aquitania secunda* y parte de la Narbonense, llegaba desde el Loira hasta el Pirineo y tenía como ciudades principales Tolosa y Burdeos. Aunque el tratado buscaba la forma de contener los posibles intentos de independencia, ésta vino cuando el pueblo visigodo, estabilizado, se dio cuenta de su propia personalidad, en tanto se hacían cada vez más difíciles los lazos que le unían con el Imperio romano, lejano y decadente. Poco a poco se fue formando una corte en torno al caudillo, en el cual se precisaban cada vez con más claridad los atributos de la realeza. A esta corte, como única fuente de poder, concurrían los más doctos de los hispanos y de los romanos, los más valientes de los jefes godos y los ancianos más respetados por su sabiduría.

Valia murió el mismo año de 418 y fue elegido para sucederle TEODOREDO, unido a Valia y a Alarico I por un parentesco no bien determinado. Todavía sigue siendo un jefe militar que carece de autoridad legal sobre los galorromanos, pero es durante su gobierno cuando la jefatura toma con más precisión el carácter de una monarquía territorial. El concepto de sus obligaciones como federado de Roma era tan amplio que le llevó a abandonar a las tropas romanas en su batalla contra los vándalos de la Bética, en el 421, originando la derrota de los imperiales. La guerra civil a la muerte de Honorio, el hijo de Teodosio el Grande, permitió a los visigodos intervenir una vez más en los asuntos de Roma y obtener, mediante la devolución de sus conquistas, el dominio independiente del territorio que ocupaban entonces en las Galias.

Otro de los más trágicos episodios de este período de movimiento de pueblos, en el cual se iba forjando Europa, motivó que el pueblo visigodo ascendiese en prestigio y que la base territorial de la monarquía visigoda no sólo se consolidase en las Galias, sino que se desplazara hacia España. Fue la causa de este cambio la presión sobre el Imperio de un pueblo oriental ya mencionado, los hunos. Empujados a su vez por otros pueblos, se van desplazando hacia el oeste, destruyendo los nacientes estados germano-latinos, todavía mal consolidados. Una gran parte de los hunos se estableció en el sur de Prusia o en la cuenca del Danubio, renunciando a su vida nómada, pero la masa que había fundado su economía en la guerra y el saqueo continuó su avance incontenible. Uno de sus caudillos, Rua, consiguió trato de federado de los imperios de Oriente y Occidente. Su sobrino y sucesor, Atila (en 434), fue aumentando sus implacables exigencias contra el débil emperador romano Valentiniano III, refugiado en Rávena, y su ministro Aecio. Envalentonado por la crisis del Imperio, Atila llegó a pedir al emperador la mitad de sus provincias y la mano de su hermana. La negativa fue motivo de la invasión de las Galias por un enorme ejército, en el cual a los hunos se habían unido los vestigios de los pueblos germánicos, nada contentos con la vida sedentaria, que añoraban su pasado de guerras y de pillaje. Aecio, en un momento de desesperación, pidió auxilio a Teodoredo, el cual acepta y combate con sus godos al lado del ejército galorromano no como auxiliar o federado del Imperio, sino como jefe de un pueblo aliado. El encuentro tuvo lugar cerca de Troyes, en un lugar llamado Mauriaco (julio de 451). Fue uno de los más sangrientos choques de los ejércitos de la Edad Media y en él fue decisiva la intervención de los godos, que lograron anular el ímpetu de Atila a costa de la muerte de Teodoredo.

En el mismo campo de batalla fue proclamado rey-caudillo su hijo TURISMUNDO con grandes ceremonias. El impulso del nuevo rey fue continuar el combate atacando el campamento, rodeados por los carros en que se había hecho fuerte Atila, pero Aecio, temeroso de un engrandecimiento excesivo de los visigodos, le convenció de que se retirase a la corte de Tolosa, dejando a Atila que abandonase en paz las Galias, para caer sobre la península italiana. Los visigodos habían erigido una monarquía electiva en apariencia, pero en la cual se iba señalando el principio hereditario, y este sistema se prestaba a contiendas familiares, con honda repercusión política. Turismundo, que había extremado la política nacionalista de oposición a Roma, fue asesinado por sus hermanos Teodorico y Federico, partidarios de continuar la alianza con el Imperio (453).

El nuevo rey, TEODORICO, que siempre se había negado a reconocer a su hermano, ascendió al trono como aquel que recibe lo que le es debido. Su hermano Federico fue su in-

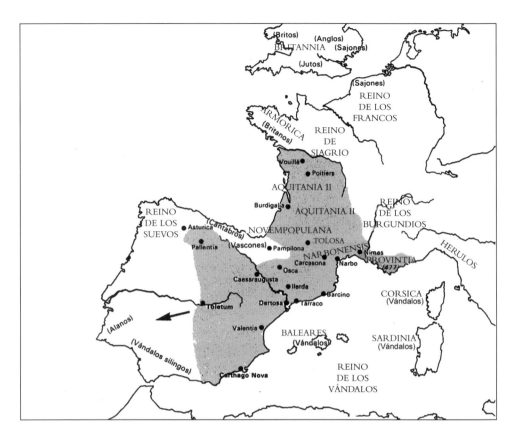

El reino de los visigodos hacia el año 475.

mediato colaborador, aunque nunca estuvo asociado a la realeza. En el romanismo de Teodorico hay que destacar la influencia de un grupo selecto de aristócratas galorromanos en que el figuraban el senador Avito y su yerno el poeta Sidonio Apolinar, acaso, con Boecio, el último gran escritor del decadente Imperio romano. Sidonio Apolinar nos ha dejado una descripción de la brillante corte de Tolosa, a la cual acudían no solamente hombres de todos los pueblos germanos, sino hasta peregrinos de Oriente. Este godo, de baja estatura y aspecto robusto, era hombre de gran inteligencia, de cultura singular en un jefe bárbaro y de corteses maneras. Pasaba en oración las primeras horas de la mañana y trabajaba hasta mediodía; comía moderadamente y a las tres se entregaba de nuevo al trabajo, consciente de su responsabilidad como rey. El poeta nos ha dejado una descripción de sus banquetes nocturnos, que eran su único descanso de las tareas de gobierno. Todo estaba allí reglamentado con decoro, sencillez y buen gusto. La conversación tenía un tono elevado y el lujo consistía en la brillantez de los tapices, la finura de los manteles y el arte de la plata labrada. Si asistían juglares, el rey no les consentía inmoralidad alguna.

Probablemente en el círculo de Avito concibió Teodorico el sistema que había de ajustar su reinado. Era, en realidad, volver al plan fracasado de Ataúlfo de vigorizar en provecho propio el Imperio romano, que era ya poco más que una sombra. Por eso, Teodorico –sin renunciar a la posesión autónoma de los territorios adquiridos– renueva el tratado que nominalmente volvía al pueblo visigodo a la situación de ejército auxiliar de Roma. La fuerza y el prestigio de Teodorico convertirán este ejército en creador de emperadores. Valentiniano III hizo matar a Aecio y fue él mismo asesinado por Petronio Máximo en el 455. Teodorico, por consejo de Avito, reconoció al usurpador, que en su breve reinado fue dócil instrumento de su política, y a su muerte, en el mismo año, hizo proclamar a su amigo Avito. Aun cuando ya en los últimos años de Valentiniano las tropas visigodas habían intervenido en España en contra de los bagaudas de la Tarraconense, en su estrecha colaboración con el Imperio después de la elección de Avito, esta intervención se hace más duradera e intensa.

En España seguían los suevos –como indicaremos más detalladamente, en su momento– una política parecida a la de los visigodos de las Galias. Legalmente figuraban como pueblo federado al servicio del Imperio, pero, en realidad, obraban por cuenta propia, consolidando cada vez más su dominio en el país. Quizá la conversión al catolicismo de su rey Requiario obedeció al deseo de hacerse popular entre los hispanorromanos. Requiario realizó excursiones militares por la comarca de los vascones, por Cesaragusta y Lérida, de acuerdo con los visigodos. El rey suevo no reconoce la soberanía de Avito y saquea la Tarraconense. Fue entonces cuando Teodorico, unido al rey de los borgoñones Gundioco, penetra en España (en el 456) en auxilio del Imperio.

Idacio narra con detalle las vicisitudes de la campaña. Vencedor en el páramo sobre el Orbigo, cerca de Astorga, conquista y saquea Braga y hace prisionero a su cuñado Requiario. Entre tanto, el jefe de los ejércitos, Recimerio, se había sublevado contra Avito y le había depuesto y obligado a admitir la consagración episcopal (456). Teodorico se consideró desligado de sus compromisos y, de acuerdo con la aristocracia galorromana de la cual procedía Avito, intentó apoderarse de Arlés, en tanto que una parte de sus tropas siguieron luchando con los suevos, que no se resignaban a perder el dominio de la península. Una campaña afortunada del nuevo emperador romano, Mayoriano (458), obligó a los visigodos a proceder con más cautela, pero depuesto Mayoriano, el rey de los godos pudo extender su dominio por las Galias, incorporando a sus estados parte de la Narbonense que se llamó luego Septimania. El brillante reinado de Teodorico termina en 466, en que es asesinado por Eurico, su hermano.

Durante el reinado de EURICO desapareció lo que quedaba del Imperio romano de Occidente. El hecho tiene extraordinaria trascendencia en la formación del estado visigodo. Es preciso renunciar al sueño tan tenazmente mantenido por Alarico I, Ataúlfo y Teodorico de gobernar las provincias imperiales amparándose en la potestad del césar. Imposible era ya toda idea de un posible tratado: la independencia del pueblo godo se robustece y su nacionalismo se afirma, ausente ya para siempre el influjo de la corte imperial. Bizancio viene a ser la capital cultural de Occidente, como lo era de Oriente, y los godos recuerdan lo que habían aprendido en su larga permanencia en las provincias danubianas. Parece contenerse la corriente de unificación que se había acentuado en los últimos reinados. Ambos pueblos, visigodo y galorromano o hispanorromano, conviven unidos solamente por la autoridad del rey, el cual legisla separadamente para cada uno de ellos.

Precisamente en los primeros años de su gobierno, Eurico hubo de fortalecer su partido en las Galias en contra de los que aún eran fieles a la idea del Imperio. El destronamiento del último emperador romano, Rómulo Augústulo, por Odoacro, rey de los hérulos, el año 476, no cambió la situación. El rey visigodo hubo de luchar contra el nuevo dominador de Italia y, después de haber combatido con variada fortuna, logró en la paz (477) que se reconociese el dominio de las comarcas provenzales de Arlés y Marsella hasta los Alpes. En los últimos años del Imperio, los godos, en lucha con los suevos, ocuparon la Lusitania, lo cual hacía suponer que la Tarraconense estaba anteriormente dominada. La campaña fue dirigida por el conde Gauderico. Un texto antiguo de San Isidoro nos hace suponer que Eurico dominó toda la mitad septentrional de España. De este dominio hay que excluir el ángulo noroeste, refugio de la monarquía sueva, y acaso las montañas vascas.

Probablemente muchas ciudades españolas, huérfanas del Imperio, se acogieron al único poder fuerte que podía protegerlas de la anarquía. Era Eurico, en estos últimos años del siglo V, el más poderoso de los monarcas bárbaros que se habían repartido los despojos del Imperio de Occidente. Además, a él le debemos la promulgación del primer cuerpo legal de los visigodos, lo que se ha dado en llamar la «Lex visigothorum». Con este acto, Eurico no es ya, como sus predecesores, el jefe de un pueblo en armas, sino un verdadero monarca que hereda de los emperadores la facultad de legislar. Su código es la primera ley escrita de los germanos.

Eurico murió en Arlés, de muerte natural, en diciembre del 484. Siguiendo la tendencia de las monarquías electivas a convertirse en hereditarias, fue elegido ALARICO II, hijo del rey difunto y de su esposa, Ragnagilda. Este príncipe, criado para el trono, no tenía la rudeza de los antiguos caudillos, sino que había pasado su niñez en el regalo del ocio y de los banquetes. El que un muchacho de estas cualidades fuese promovido sin discusión a la jefatura de los godos es claro signo del arraigo que en el pueblo había adquirido la institución monárquica y del prestigio del monarca muerto.

Cualesquiera que fuesen sus cualidades personales, Alarico II tuvo que hacer frente a situaciones de extrema dificultad. Sin embargo, hubo momentos de suma importancia en su gobierno, al trazarse los primeros cimientos para la fundación de la gran monarquía francesa. En su virtud, también los visigodos, reducidos más allá de los Pirineos a la Septimania, consolidaron su dominio –hasta entonces precario y eventual– en la península hispánica, fundando en ella una monarquía cuya base germánica había de permanecer durante muchos siglos. Se iban dibujando confusamente las líneas de dos grandes pueblos vecinos y rivales.

El nuevo rey, GESELEICO, elegido, como en el tiempo de los antiguos godos, en el mismo campo de batalla, era hijo natural del rey muerto. Era un hombre belicoso y feroz, y acaso en su elección se buscó un caudillo que contuviese la arrolladora expansión franca. Geseleico no pudo impedir que se derrumbase toda la Galia, cuyas ciudades se entregaban gozosamente al que miraban como un libertador. El rey desventurado estableció su corte en Barcelona, pero contra él se conjuraban no sólo el malestar de un pueblo acostumbrado a prescindir violentamente de sus reyes, sino la nueva amenaza del poderoso rey de los ostrogodos de Italia, Teodorico, que acudía en auxilio de su nieto, Amalarico, hijo legítimo de Alarico II, amparándose en el confuso anhelo hacia la monarquía hereditaria, que en el sistema visigodo estaba en pugna constante con el principio de elección restringida.

Aunque no conocemos muchos detalles del gobierno de España en este tiempo, se advierte una tendencia a la unidad jurídica bajo el reinado de Teudis. Este rey, que tanto contribuyó a consolidar la monarquía hispano-visigoda y con ella la formación de una España unida e independiente, fue asesinado en 548. De su sucesor, Teudisclo, llamado Teudiselo, apenas sabemos sino que murió a los pocos meses, en un banquete, a fines del año 549.

De los inmediatos sucesores de Teudiselo parece adivinarse un gran anhelo de lograr la unidad, pero con el error de querer imponerla bajo el signo de la religión arriana frente a la iglesia católica imperante, con lo cual se enfrentan con los obispos, con la aristocracia y con el pueblo hispanorromano, que encuentran el apoyo del poderoso imperio católico de Bizancio en un momento en que alentaba ambiciones de expansión y con el reino suevo de Galicia convertido al catolicismo.

Uno de los reyes que impulsó decisivamente el avance territorial del reino visigodo en nuestra península fue ATANAGILDO. Con él se estableció la corte en Toledo, iniciándose a partir de ese momento el desarrollo de la ciudad así como la importancia de la meseta central, hasta entonces sin grandes centros urbanos.

A la muerte de Atanagildo fue exaltado al trono de los visigodos LIUVA, a quien, sin demasiado fundamento, se supone hermano del rey difunto. El nuevo rey estableció su corte en Narbona (Francia), pero como se hacía necesaria la presencia de un caudillo en Toledo, asoció el gobierno a su hermano Leovigildo. Sería, precisamente, a la muerte de Liuva en el 572 cuando LEOVIGILDO reunió bajo su cetro las provincias de un lado y de otro del Pirineo.

El nuevo monarca, apasionado de la unidad y de la autoridad, tenía ante sí una rudísima tarea. Su ambición había de ser, como la de todos los que después de él intentarían gobernar bajo el mismo signo, la de hacer coincidir el contenido político de la monarquía con la contextura geográfica tan definida de la península, restaurando la antigua provincia romana, pero la empresa era sumamente difícil. Subsistía en Galicia el reino de los suevos, cuyos reyes, al convertirse al catolicismo, habían derribado la única barrera que se oponía a la fusión de dos pueblos, racialmente tan afines. A mediados del siglo V parecía el pueblo suevo el destinado a recoger en España la herencia del Imperio. La crueldad y la ambición de algunos de sus reyes, especialmente de Requiario, motivan el que los últimos emperadores arrojen sobre ellos las huestes visigodas, entonces al servicio de Roma en calidad de federados. La afortunada campaña de Teodorico (456-457) acabó momentáneamente con la monarquía sueva, que resurge a los pocos años; pero, turbada por continuas banderías, fue relegada fácilmente por los visigodos, que contaban con el apoyo moral del Imperio. Después de un espacio de casi un siglo en que apenas sabemos nada del reino del noroeste, aparece un rey suevo llamado Carriarico, el cual a mediados del siglo VI se convirtió al catolicismo con su corte y su pueblo.

Al comenzar el reinado de Leovigildo, en Galicia había un rey llamado Miro. Desde Atanagildo, una porción mucho más importante de la península estaba disgregada de la monarquía visigoda. El problema de la extensión en España de la dominación bizantina es todavía muy oscuro. Parece que obedecían a los emperadores de Oriente las comarcas más romanizadas: la Bética y la Cartaginense. No quiere decir esto que el país fuese totalmente ocupado por los imperiales, sino que las principales ciudades estaban gobernadas por emisarios del Imperio.

Aún más difícil para el intento unificador era la falta de cohesión y de autoridad en la propia monarquía visigoda. La realeza, derivada de una simple jefatura militar, era todavía muy débil y esta flaqueza, que se manifiesta en la brevedad de los reinados y en el trágico

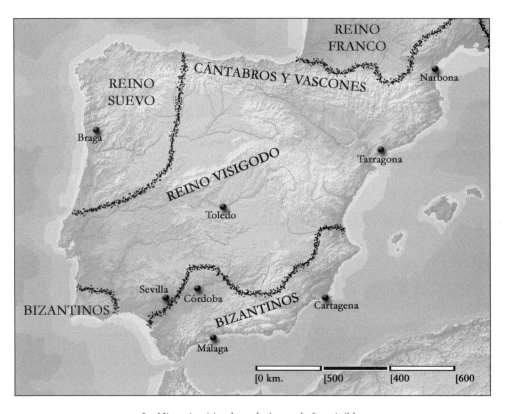

La Hispania visigoda en la época de Leovigildo.

fin de casi todos ellos, se acentúa por su carácter electivo. En los tiempos de mayor esplendor del pueblo visigodo, el rey era elegido por la asamblea general del ejército, que era, en realidad, el pueblo en armas. Así fueron proclamados Alarico I, Ataúlfo, Valia y probablemente Teodoredo y Turismundo. Cuando el pueblo errante se va conteniendo en un territorio y la reunión general de hombres diseminados en sus trabajos es prácticamente imposible, la elección se efectúa a través de una asamblea reducida de los nobles del oficio palatino (casa real y altos funcionarios), los obispos y los miembros del consejo o aula regia. El pueblo legalizaba por aclamación el acuerdo de los electores. La autoridad de éstos había de ser forzosamente muy grande y mermar la del rey. Es preciso añadir el poder de los obispos en sus diócesis y el de los potentados hispanorromanos en sus extensas zonas de influencia.

En primer lugar, Leovigildo revistió a la realeza de inusitada majestad externa de acuerdo con la tradición imperial, cada vez más viva, a medida que el pueblo visigodo —estabilizado en un país romanizado— se iba olvidando de sus orígenes. Según algunos relatos antiguos, nos cuentan que fue el primero en presentarse al pueblo sentado en el trono y revestido con vestiduras regias. Además, intentó consolidar el sistema semi-hereditario asociando al gobierno a sus dos hijos, Hermenegildo y Recaredo. Naturalmente, este aumento de autoridad y de prestigio en la monarquía había de ocasionar una fuerte reacción en la nobleza militar y rural acostumbrada a tan amplias libertades. Hubo, al mismo tiempo, un problema religioso que no es causa sino más bien consecuencia de esta política autoritaria. Leovigildo, de religión arriana, había estado casado con una dama católica, acaso hispanorromana. En segundas nupcias se casó con Gosvinda, la viuda de Atanagildo, apasionadamente afecta al arrianismo. Él mismo no fue acaso, como quizá no lo fue ninguno de sus antecesores, demasiado intransigente, pero sin duda su aspiración a la unidad gótica en España encontró resistencia en la influyente y rica población hispanorromana y esto le hizo concebir el propósito de unificar la monarquía bajo el signo arriano.

La lucha entre arrianos y católicos tuvo sus escenas más dramáticas en el seno de la misma familia real. Hermenegildo, el primogénito, había casado con Igunda, una princesa franca católica que hubo de sufrir gran número de ultrajes. La fidelidad de ella conmovió de tal manera a su marido que se convirtió al catolicismo, en el 579, tomando el nombre de Juan. Sin embargo, la conversión de Hermenegildo trajo como resultado una guerra civil. Su muerte, en 586, traerá la unidad para la monarquía hispanovisigoda, fortaleciendo el catolicismo y demostrando lo endeble y postizo de la confesión arriana.

Plenitud y ocaso

La facilidad con que se cumplieron los designios de Leovigildo sobre la sucesión de la corona prueba el prestigio del viejo rey y el progreso de la tendencia a establecer un orden hereditario. Ello se hace patente en la figura del nuevo rey, RECAREDO. Los textos antiguos relatan los fastos de él con un elogio de sus virtudes, con un espíritu pacífico y piadoso se contrapone a los afanes guerreros de su padre. Acaso si era el nuevo rey, en efecto, hijo de una española de ascendencia romana o bizantina, tenía en su carácter más cualidades heredadas de su linaje materno que de la antigua bravura de los godos y estaba en mejores condiciones que su antecesor para comprender y ser comprendido por su pueblo.

Quizás esta misma compenetración con el pueblo hispanorromano impulsó al príncipe a la resolución que hace su reinado insigne en la historia de España. A la muerte de Leovigildo, el terreno estaba preparado para el gran cambio, salvo en un pequeño grupo tradicionalista de la corte, en torno a la reina Gosvinta. Sin duda, el ejemplo de Leovigildo y, sobre todo, el ambiente católico con el cual se sentía espiritualmente unido hicieron sincera la conversión del rey, pero con ello no hacía otra cosa que proporcionar un alto sentido político al sistema de Leovigildo, estableciendo la unidad, pero no a base de la pequeña minoría dominadora, sino de los sentimientos en que comulgaban el episcopado y el orden sacerdotal, sabios y poderosos, la refinada e inteligente aristocracia bizantina o romana, la única que podía proporcionar elementos directivos, y la casi totalidad del pueblo rural o urbano. La conversión de Recaredo derribaba las barreras que estorbaban la fusión de la monarquía y de la oligarquía militar que era su apoyo con el mundo hispánico, que aún conservaba su organización heredada de Roma. Sólo al fundirse fue posible el nacimiento de un imperio nuevo. Todo se hizo con estudiada calma y extremada prudencia. Después de haber asistido a largas controversias entre obispos católicos y arrianos, en las cuales quedó sin duda impresionado por la compacta unidad y la profunda ciencia de la Iglesia hispana, entonces en su apogeo, Recaredo recibió el bautismo a los diez meses de su reinado, a comienzos del 587. Dos años más tarde, en 589, reunió un concilio nacional, tercero de la serie toledana, para la abjuración solemne del arrianismo en nombre de la corte y de su pueblo. Congregáronse en la venerable asamblea sesenta y tres obispos y seis vicarios presididos por Masona, metropolitano de Mérida, y en la primera reunión, que tuvo lugar el 4 de mayo, el rey exhortó a los prelados para que se congregasen de nuevo a los tres días, que habían de emplearse en vigilias, ayunos y oraciones.

A pesar de la prudencia con que fue preparada y proclamada, la revolución religiosa y política no sería del todo incruenta. Hubo una serie de rebeliones que tenían en la corte el apoyo de Gosvinta, viuda de Atanagildo y de Leovigildo. A ello se unen toda una serie de conspiraciones palatinas y conflictos con los bizantinos, que todavía ocupaban una pequeña parte del sudeste, y con los indomables vascones. El glorioso reinado de Recaredo termina con la muerte natural del rey, ocurrida en Toledo a fines del año 601.

El breve reinado de Recaredo es trascendental en la historia de España. Él dio término gloriosamente a la empresa iniciada por sus antecesores, y muy especialmente por Leovigildo, de fundar un Estado unitario que comprendiese casi exactamente el territorio de la península ibérica. La monarquía católica visigoda permaneció por poco más de un siglo, pero su recuerdo siempre vivo fue el nervio espiritual de la Edad Media española, siendo la clave de la tendencia unitaria que en ella se advierte, a pesar de la dispersión de los núcleos cristianos.

No fue el Estado visigodo una monarquía teocrática, pero si una monarquía aristocrática, en la cual una minoría de laicos y eclesiásticos compartía con el rey la responsabilidad del gobierno. Estos próceres, que componían el «oficio palatino», se reunían con los principales dignatarios provinciales y acaso también con la aristocracia hispanorromana en la «curia regia», consejo del rey y senado, que moderaba su poder. La magna participación de la Iglesia en las tareas estatales está en los concilios de Toledo, convertidos en altísima asamblea legislativa, en consejo real y en órgano supremo de gobierno. La Iglesia hispanogoda había llegado, al finalizar el siglo VI, depurada por las persecuciones y santificada por la austeridad de las costumbres, a una extraordinaria altura moral e intelectual. Los reyes se entregaron a ella como única entidad que podría auxiliarles en su empresa unitaria y civilizadora, y la Iglesia no pudo rehusar la tarea que se le ofrecía ni dejar abandonado el gobierno en las manos inexpertas de los rudos jefes bárbaros.

Por un largo espacio de tiempo, entre el 568 y el 603, la corona estuvo vinculada a la familia de Liuva, al cual suceden Leovigildo, Recaredo y LIUVA II, hijo de este rey, el cual reinó solamente dos años y fue depuesto y asesinado por una reacción arriana acaudillada por el conde Viterico, el cual, al cabo de siete años (en 610), fue también asesinado. Su sucesor, GUNDEMARO, restableció la legalidad católica y combatió contra los francos y contra los vascones.

Otro rey destacado fue SUINTILA, el cual combatió contra los vascones y tuvo la fortuna de arrojar a los bizantinos de sus últimas posiciones occidentales, con lo cual fue el primer rey visigodo que poseyó en su integridad la península. A pesar de las destacadas cualidades que le reconocen, en el décimo año de su reinado se encontró enfrentado con el poderoso clero y con la nobleza militar. Alguna parte pudo tener en esta hostilidad su in-

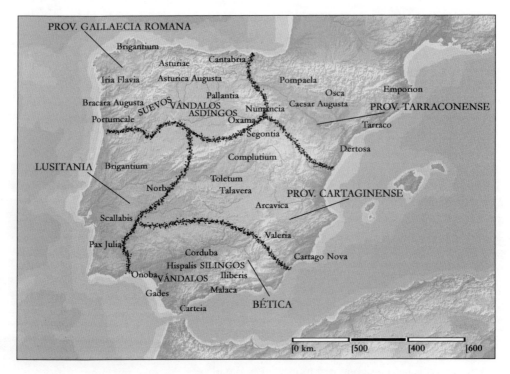

El reino visigodo en el siglo VII. Desde el reinado de Suintila (621-631)
hasta la invasión musulmana.

tento renovado de hacer hereditaria la monarquía, pero es de todos modos un enigma histórico la unanimidad en la oposición a un rey que había obtenido tales triunfos militares y del cual la más excelsa pluma de su siglo había escrito que «mereció llamarse no sólo príncipe de los pueblos, sino también padre de los pobres».

Sin embargo, los breves reinados que le siguieron, como fueron los de CHINTILA y TULGA, su hijo, nos dan idea de la persistencia del espíritu de disgregación, contenido por espacio de más de treinta años por la energía de tres grandes gobernadores.

Habrá que esperar a otro destacado rey, como fue RECESVINTO, para contar con un reinado mucho más prestigioso. De hecho, él pudo dedicarse a sus aficiones teológicas y literarias, continuando la estrecha relación de sus predecesores con prelados elocuentes y eruditos. La memoria que de Recesvinto permanece en la historia es como gran legislador que ordenó el derecho no solamente para su pueblo, sino para toda la sociedad hispánica, por espacio de muchos siglos.

De dos maneras contribuyó el gran rey a la unidad: permitiendo el matrimonio entre los godos e hispanorromanos, paso importante para terminar con la dualidad de pueblos en la misma monarquía, y legislando para ambos, para que la igualdad ante la ley fuese un nuevo elemento de aglutinación. Recesvinto pidió a los padres del VIII concilio toledano (en 653) que redactasen un proyecto de compilación legal. Es posible que el proyecto estuviese terminado el 654. No se trata de una nueva ordenación legal ni siquiera de un código en que el derecho antiguo se fundiese, sino de una recopilación en la cual cada precepto conservó el nombre del legislador. Hay leyes designadas con la denominación de *antigua*, anteriores a Recaredo, y otras de este rey y de sus sucesores. A parte de quince capítulos de teoría política, el resto de los doce libros en que se distribuye el contenido del *Liber judiciorum* legislan sobre derecho civil, penal y procesal. La importancia de esta obra reside en su carácter de legislación única y exclusiva para todos los súbditos de la monarquía, a los cuales se prohíbe acudir a otras disposiciones legales. Fue, en realidad, la fuente jurídica de la Edad Media española y a su traducción castellana acudían los monarcas desde el siglo XIII. Todavía en tiempos de Carlos III se aplicó una ley del Fuero Juzgo en oposición a otra de Las Partidas.

Sobre el reinado de WAMBA, que sucedió a Recesvinto en 672, tenemos que acudir a antiguas crónicas de la época recogidas en los escritos de San Julián o San Isidoro. Según éstas, a la muerte del rey legislador en la aldea de Gerticos, fue elegido y proclamado el anciano Wamba, el cual rehusó tan enérgicamente la corona que tuvo que ser compelido con amenazas. Acaso la resistencia del viejo magnate fuese motivada porque no confiaba en sus fuerzas para contener el principio de disgregación, difícilmente reprimido en los anteriores reinados y que brotaba ahora con nueva pujanza. No obstante, este breve reinado es el último de la que pudiéramos llamar «época isidoriana», en la cual los reyes se inspiran en los preceptos morales, políticos y jurídicos de San Isidoro y de sus sucesores. Precisamente porque nos es conocido con más detalle podemos estudiar en él las causas del inverosímil derrumbamiento de un Estado que ofrecía externamente una organización tan perfecta.

El anciano rey no hizo otra cosa en los ocho años en que procuró mantener el prestigio de la monarquía, heredado de sus antecesores, que acudir a someter gran número de sublevaciones: primeramente, la de los vascos, y cuando se ocupaba de combatirlos en sus reductos, la de la Septimania, dirigida por el conde de Nimes, Hilderico. De cuán insegura era la lealtad del ejército y de los señores es testimonio la conducta del conde Paulo, bizantino de origen, a quien Wamba había enviado para someter a los rebeldes. Paulo consiguió ganar para su causa al duque de Tarragona y tomó a su cargo la rebelión, que fue deshecha por las afortunadas campañas del rey.

Después de la derrota de Paulo, el rey quiso fortalecer el ejército y dictó una ley en 673, en la cual dispone cómo habían de reclutarse las tropas al llamamiento real, al que habrán de acudir todos los hombres válidos, cualquiera que fuese su origen. Toledo, la ciudad regia, en situación inexpugnable, fue defendida por fuertes muros. En este tiempo llegó a España la noticia de un gran movimiento religioso de enorme fuerza expansiva que –surgido medio siglo antes en Arabia–, cubría ya con empuje incontenible Siria, Egipto y el norte de África. La escuadra real pudo contener en el estrecho un primer intento musulmán sobre las costas de España. Wamba, siempre vencedor y aclamado en el concilio IX de la serie toledana, no pudo defenderse de una sutil intriga palatina, hasta tal punto que el rey, que tan a disgusto había aceptado la corona, decidió renunciar a ella sin resistencia y fue a encerrarse en el monasterio de Pampliega (en el 680).

En los últimos decenios de la monarquía visigoda se extingue el rayo de luz que con tanta claridad había iluminado el reinado de Wamba. Las fuentes, tardías y contradictorias, admiten la leyenda que requiere difíciles interpretaciones. Se puede adivinar apenas la existencia, en las familias que formaban la oligarquía imperante, de una serie de odios que anulaban sus fuerzas en el momento en que amenazaba a la Iglesia, al Estado y a la sociedad un peligro cuya violencia nadie era capaz sospechar siquiera. Poco tiempo después de morir Wamba, subiría al trono WITIZA, asociado años antes al poder y gobernador del antiguo reino suevo de Galicia. Ya desde ese momento tan inmediato a la catástrofe, no conocemos sino bellas leyendas. El derrumbamiento de la monarquía visigoda impresionó fuertemente tanto a los cristianos vencidos como a los musulmanes vencedores. Desaparecida, con la corte, la historiografía oficial, tanto moros como cristianos dieron de la tremenda desventura del pueblo cristiano una explicación poética y un sentido moral al considerarla como castigo merecido de los crímenes y prevaricaciones. La crónica de Moissac, más de cien años posterior, y el cronicón de Alfonso III, de fines del siglo IX, nos pintan a Witiza como un rey corrompido y sensual, y otros textos más tardíos nos hablan de actos arbitrarios o crueles del rey. Otra versión legendaria supone que en el tiempo en que este personaje gobernaba Galicia hirió mortalmente al duque Favila para requerir de amores a su esposa, y luego, ya rey, desterró de Toledo a su hijo Pelayo, conde Espatario, el futuro restaurador de la monarquía. En cambio, la crónica mozárabe de 754, escrita en el ambiente de los hijos de Witiza, le retrata con una frase que refleja el carácter del penúltimo rey visigodo, violento y generoso. Murió el rey en 710, cuando ya la orilla del estrecho estaba entregada al temible poder musulmán. Había asociado al trono a su hijo Achila, pero el partido que presentaba —desde hacía tiempo— cierta hostilidad a la casa de Wamba exaltó a otro candidato, a RODRIGO. Una peligrosa lucha dinástica estalló con este motivo hasta el punto de que los hijos del rey difunto no se resignaron con la postergación de su familia.

En ocasiones semejantes, los que se juzgaban ofendidos pedían el efímero apoyo de los bizantinos o de los francos. Ahora los hijos de Witiza acudieron al nuevo prestigio que se erguía en la costa africana, ignorantes del impulso religioso que movía a aquellas masas de árabes y de beréberes islamizados, que les hacía invencibles en el campo de batalla, tenaces guardadores de lo conquistado e insaciables en su afán de expansión para su doctrina.

No es posible estudiar el brevísimo reinado de Rodrigo sin que salgan al paso las más sugestivas leyendas del tesoro mítico español y las más fecundas para inspirar durante siglos a dramaturgos, novelistas y poetas. Una de ellas es la de «la cueva de Toledo», que en sus fuentes musulmanas más antiguas se remonta, por lo menos, al siglo IX. La versión de Ibn Qutiyya, descendiente de Witiza, en el siglo X es como sigue: había en Toledo una casa en la cual se guardaban los Evangelios sobre los que juraban los reyes y un arca misteriosa. Rodrigo, a pesar de la oposición del pueblo, abrió este arca y encontró en ella la imagen de los árabes, con sus arcos a la espalda y sus turbantes, y una inscripción que decía así: «Cuando se abra este arca y se saquen estas figuras, invadirá y dominará a España la gente pintada aquí». Es vano pasatiempo de algunos historiadores el buscar contenido histórico a un cuento oriental que se aplicó para explicar por motivos sobrenaturales el inexplicable derrumbamiento de la monarquía visigoda.

Otra leyenda, recogida del siglo IX por historiadores árabes, da como causa de este suceso histórico la venganza del gobernador de Ceuta, Olbán o Ilián, cuya hija, que se educaba con otras doncellas nobles en el palacio de Toledo, había sido seducida por Rodrigo. Esta leyenda, adornada en algunas versiones por los más poéticos pormenores, se enlaza con el relato de la crónica mozárabe de 754, en que se refiere la defección de Urbano, señor de Ceuta, que indujo a Muza a la conquista de España. La leyenda de los amores de Rodrigo y de la venganza del conde don Julián fue acaso la página más popular de la historia de España, tal como la concebía el pueblo, que olvida los nombres de los reyes más gloriosos, pero no las invasiones que han alterado sus condiciones de vida y perturbado incluso su propio hogar.

La nobleza y alto clero estaban divididos en dos partidos. El partido de los hijos de Witiza estaba dirigido por el arzobispo de Sevilla, Oppa, hermano del difunto rey. Rodrigo luchaba para consolidar su trono, al cual había ascendido en circunstancias difíciles, y al mismo tiempo sujetar a los siempre indómitos vascones. Todo esto debió de acentuar el proceso de desorganización del sistema visigodo que ya se adivina en los últimos reinados. El partido witizano, tenazmente aferrado a la idea de conquistar el poder y los extensos dominios de la corona, requirió la ayuda del gobernador de África, Muza, al cual ya se había sometido el gobernador de Ceuta. Muza envió a las costas de España un grupo de exploración mandado por Tarik (710) y al año siguiente un pequeño ejército berberisco al que acaudillaba Tarikben-Zeyat, el cual se hizo fuerte en el monte que desde entonces se designó con el nombre de Gebel Tarik o monte de Tarik (Gibraltar).

Al saber estas noticias, Rodrigo, que sitiaba Pamplona, envió a su sobrino Sancho, que resultó derrotado. Fue entonces cuando el rey se dio cuenta de la gravedad de la situación y procuró reunir un gran ejército, para lo cual le fue preciso recurrir a los hijos y a los partidarios de Witiza, en tanto Muza reforzaba el ejército de Tarik. La batalla fue, en realidad, una serie de encuentros por espacio de varios días, según la versión tradicional, a orillas del río Guadalete, y según la hipótesis aceptada por la mayor parte de los historiadores, junto a la laguna de Janda, cerca de Medina Sidonia. Durante el combate, los hermanos de Witiza, Siberto y Oppas, que mandaban las alas del ejército, se unieron a Tarik. Rodrigo resistió aún algún tiempo con sus leales, pero fue vencido. Tarik, quizá sorprendido de su buena fortuna, conquistó Écija y, después de una rápida marcha, dejando atrás a Córdoba sitiada, se apoderó de Toledo, la ciudad regia.

La leyenda sigue enlazada en torno a Rodrigo hasta después de su derrota. Las fuentes árabes hablan de su muerte y nos cuentan cómo fueron hallados en los tremedales una bota del rey recamada de piedras preciosas y su caballo tordo. La crónica de Alfonso III, en el siglo IX, cuenta cómo al repoblar Viseo el rey de Asturias encontró un sepulcro en el cual se leía: «Aquí yace Rodrigo, rey de los godos». De esta breve referencia se originó la tradición del último rey godo refugiado en las sierras del norte de Portugal y de la tremenda penitencia que le fue impuesta y que le ocasionó la muerte, en la cual doblaran por sí solas las campanas de una ermita anunciando la entrada en el cielo del gran pecador purificado.

Ni la batalla de Guadalete o de la Janda ni la conquista de Toledo terminaron con la resistencia de la España hispanogoda. Realmente esta resistencia, rica en episodios heroicos y dramáticos, duró tres siglos, hasta que las circunstancias históricas la convirtieron en ofensiva que había de terminar con la reconquista total de la península, pero el Estado visigodo desapareció con la sombra de su último rey, muriera o no en la batalla. Tarik y Muza pagaron fielmente el precio de la traición y entregaron a los hijos de Witiza los tres mil cortijos del patrimonio real. Los situados en Levante correspondieron a Achila, que continuó viviendo en Toledo; los del centro fueron el lote de Ardobasto, cuya residencia fue Córdoba, y aún es posible que se les permitiera el aparato externo de la realeza, pues la crónica mozárabe del 754, que omite a Rodrigo como usurpador, termina la lista de los cuarenta reyes con ACHI-

LA, que reinó tres años, y con ARDOBASTO, cuyo quimérico reinado permaneció por otros ocho. Sus partidarios seguirían gobernando a los cristianos sometidos con el título de condes o jueces. Pero el terrible y sagaz enemigo a quien habían abierto imprudentemente las puertas del reino tuvo buen cuidado de conservar en sus manos absolutamente todos los resortes del poder efectivo. Con ellos fue poco a poco «islamizando» España por un sistema parecido al de la romanización siglos antes, y España vino a ser política y culturalmente una provincia cuya lejana metrópoli estaba en Damasco o en Bagdad.

Pero la monarquía visigoda, que por primera vez había hecho a España unida e independiente, la de los concilios de Toledo, no fue un episodio efímero en la historia peninsular. La conciencia y el recuerdo de la monarquía de Toledo, que dominó toda la península, vino a ser el estímulo no sólo para la Reconquista, sino para que todos los Estados cristianos en que se fue dispersando el esfuerzo reivindicador tendiesen a la unidad, como impulsados por una fuerza misteriosa. Socialmente, el núcleo germano, acaso no demasiado numeroso, continuó siendo el que dio la tónica al conglomerado de tantas razas. Por espacio de muchos siglos, la sangre goda fue el orgullo de las clases directoras y signo de aristocracia. La masa errante del pueblo germano se encontró afín al modo de vida y al sistema económico de los celtas que poblaban los castros de la meseta y se fundió con ellos en una gran parte de la España interior. Actualmente se han descubierto sus inmensas necrópolis (Suellacabras, Castiltierra, Duratón, Madrona), en cuyas tumbas aparecen pesadas fíbulas de bronce y ricas hebillas de cinturón cuajadas como un mosaico de piedras o de vidrios multicolores, vestigios de castros de ganaderos y de pastores cuya raza perdura en las aldeas de las llanuras castellano-leonesas. Quedó también el derecho dando el tono a un concepto de la vida, y tanto en los cristianos sometidos como en los que en las montañas consiguieran heroicamente mantener su independencia permaneció la cultura isidoriana, gigantesco esfuerzo para salvar la herencia del mundo grecorromano.

Derrumbado el Imperio romano, no fue factible el mantenimiento del gran arte imperial, que requería factores económicos y políticos imposibles. Los visigodos aportaron su esfuerzo para crear uno de tantos humildes sistemas locales como en toda Europa surgieron de la descomposición del arte romano, del cual había de surgir el gran arte de la Edad Media. Arquitectos aislados, que no llegan a formar escuela, buscan soluciones para sus pequeñas iglesias, con frecuencia aprovechan elementos imperiales y los decoran con rudos relieves a dos planos, con tosca imaginería o tracerías florales o geométricas. El arco de herradura, que como elemento decorativo aparece en los últimos tiempos del Imperio, y la tendencia a mezclar en un mismo edificio elementos aprovechados de diversos órdenes, preparando el gusto para la libertad decorativa del arte medieval, son las características de los templos como San Juan de Baños (Palencia) y de algunos más cuyo estilo perdura en la España sometida. Como todos los pueblos germanos, darían gran importancia a las artes suntuarias. No han llegado hasta nosotros los tapices y ricas telas, los muebles y demás objetos de que hablan las crónicas y que enumera San Isidoro en su obra *Las etimologías*, pero queda la destacada orfebrería del tesoro real de Guarrazar, cuyas piezas están concebidas con un profundo sentido del color y del claroscuro.

Los monasterios de la España visigoda, de organización muy característica dentro del cuadro general de la Iglesia, fueron focos de elevada espiritualidad que no se extinguieron con la catástrofe. Por los montes de España permanecen vestigios de santuarios agrestes como el de San Saturio en Soria o el de San Frutos y sus hermanos en Segovia, unidos al recuerdo de algún santo anacoreta, cuya vida fue la fuente espiritual de una comarca.

El reino suevo

Orígenes, primeros asentamientos

La historia primitiva de los suevos coincide en general con la de un grupo conocido como los *herminones,* del cual formaba parte y que habitaban la región noroeste de Alemania y del sur de Escandinavia en la Edad del bronce. En la del hierro (en torno al 800 a.C.) se efectuó una lenta expansión hacia el sur. Se cree que los suevos se habían trasladado entonces desde las islas Janesas al continente europeo y asentado a ambos lados del río Elba. Suponemos que esta lenta emigración habría terminado alrededor del año 600 a. C. En siglos posteriores hubo una nueva expansión hacia el sur, dentro del país de los celtas, que fueron absorbidos. Las primeras fuentes literarias, las de Estrabón y César, nos indican que los suevos ocupaban entonces los territorios orientales del Rhin medio y la cuenca del río Main, extendiéndose hasta las actuales provincias alemanas de Turingia y Sajonia.

En aquellos tiempos ya se habían dividido los suevos en varios pueblos y, entre ellos como uno de los más importantes, se encontraban los semnones que, según Tácito, eran los guardianes del santuario nacional. Otras tribus del grupo suevo eran los marcomanos, los cuados, los hermunduros, tribocos y los vangiones.

El primer contacto de los suevos con los romanos se produjo en el siglo I a. C. y fue originado por algunas divergencias entre las tribus célticas, los secuanos y heduos, que habitaban el país galo al lado izquierdo del Rhin. Los primeros pidieron ayuda militar a Ariovisto, príncipe de los tribocos, que no tardó en cruzar el Rhin (61 a. C.) con quince mil hombres para dirigirse contra los heduos, derrotándolos. Aprovechando esta victoria y la conquista territorial, trasladó Ariovisto tanto su propio pueblo como los nemetros y los vangiones al otro lado del Rhin. Al ampliar, aún más, sus ocupaciones territoriales se encontró frente a Julio César, cuyas intenciones sobre las Galias eran idénticas. En la guerra inevitable entre los dos caudillos fue derrotado Ariovisto, que tuvo que retirarse a su país de origen. El resultado de esta guerra tuvo importantes consecuencias por haber detenido la expansión de los germanos hacia el este y facilitado al Imperio romano la incorporación de las Galias hasta el Rhin. En las guerras siguientes, por la misma causa, no pudieron los germanos conquistar más que una faja de terreno bastante estrecha al otro lado del Rhin.

Pocos años después de la derrota de Ariovisto también tuvieron guerra con Roma los cuados, que habían conseguido extenderse hasta las orillas del Rhin. Los ejércitos romanos cruzaron el río y penetraron tanto en el país de los cuados como en el de los marcomanos. En vista de esta continua amenaza y tal vez por la presión de otros pueblos vecinos tomó el caudillo de los marcomanos, Marbod, la decisión de abandonar el país renano y llevar a su pueblo, en el año 8 a.C., a Bohemia, cuyos habitantes, los boyos, habían evacuado este país anteriormente para dirigirse al norte de Panonia, a orillas del Danubio. Los cuados, al mando de su príncipe Tudrus, siguieron a los marcomanos y se asentaron al sur de Moravia en la cuenca del río Mares.

Su entrada en Hispania, junto con los vándalos y alanos, lo demuestran las fuentes literarias, como la *Epistola ad Ageruchiam* escrita por San Jerónimo en el año 409. De hecho, no debe extrañarnos su rápida ocupación de la península, pues Roma la dejaba en estado casi indefenso. En cambio, eran los invasores una fuerza de tropas bien experimentadas, entre ellos los vándalos los más numerosos. Procopio (*Bellum Vandalicum*, I, 5) habla de 80.000 almas de vándalos y alanos que en el año 429 pasaron a África, entre ellos unos 15.000 guerreros. Aunque parecen algo exageradas estas cifras, sin embargo, las tomamos como base para suponer que igual número entró en el año 409 a Hispania, compensando las pérdidas en las guerras contra los visigodos bajo el reinado de Valia.

Los cuadosuevos eran probablemente los menos numerosos, tal vez unos 30.000 a 35.000 almas y entre ellos había unos 8.000 a 9.000 guerreros. En caso de haber emigrado del norte del Danubio principalmente gente joven y aventurera, puede juzgarse mayor número de guerreros.

Ahora nos interesa comparar estas cifras con la población de la Península, que sin organización militar en aquellos tiempos formaba más bien una entidad administrativa del Imperio. Según varios cálculos, tenía la Península a la sazón unos siete a ocho millones de habitantes.

El número relativamente pequeño de los suevos coincide con el resultado de nuestra investigación sobre la comarca que habitaban en la Península.

La ocupación de Galicia

Habían pasado dos años desde la invasión de los vándalos, alanos y suevos cuando por fin se decidieron a asentarse, repartiendo las provincias de la península. A los suevos y vándalos correspondió la provincia de Galicia, que abarcaba también Asturias y gran parte de León. El territorio que ocuparon los suevos fue el extremo occidental, con Braga, que fue elegida capital del nuevo reino. Los alanos ocuparon parte de la Cartaginense y los silingos, la Bética. Sólo la Tarraconense quedó libre de invasores.

A varios historiadores ha sorprendido que la división de la península se hiciera —según se ha dicho—, *a la suerte*, refiriéndose más bien al reparto de las tierras entre los suevos y los romanos. A esta conclusión se llega cuando vemos que la división de Hispania se hizo de acuerdo con el número de individuos de cada pueblo. A los suevos, como pueblo menos numeroso, correspondió, de modo justo, la parte más pequeña. En cambio ocuparon los pueblos mayores territorios más grandes. Un sorteo hubiera sido improcedente. Todo ello refuerza la creencia sobre un pacto probable de los pueblos invasores con Roma. Este pacto incluía la aplicación de la ley romana *ad inhabitandum*, por la cual recibieron los suevos lotes de terrenos del Estado que pasaron como propiedad individual a ellos. De los dominios divididos recibieron un tercio, quedando a favor de los romanos los otros dos tercios. Contrasta la aplicación de esta ley con la que impusieron en su momento los visigodos, y en virtud de la cual habían de ser para éstos dos tercios de tierras, dejando para los romanos solamente un tercio.

Autores como L. Schmidt (*Die Westgermanen*, Múnich, 1938) sostienen la tesis de la existencia de un pacto federal particular entre el rey suevo Hermerico y el emperador romano

La provincia Gallaecia en el siglo V.

Honorio, celebrado en el año 411, fundándose precisamente en la ya citada ley *ad inhabitandum* y en una moneda de plata cuyo anverso lleva el nombre de Honorio y el reverso el del rey Reciario, dos argumentos que parecen poco fundamentados. Primero, no parecen haber existido relaciones entre los dos monarcas en el año 411, cuando apenas había sido recuperada Hispania para el Imperio, y en segundo lugar no se ve ventaja alguna de parte del Imperio en tal mutuo acuerdo, si éste no hubiera incluido ciertas obligaciones militares por parte de los suevos. Esto no lo vemos en ningún momento; al contrario, vemos en la política de los reyes suevos una independencia absoluta para con el Imperio romano. Sobre el otro argumento relacionado con la numismática, aquella moneda no contiene ninguna alusión gráfica que pueda relacionarse con un pacto federal; semejantes monedas fueron acuñadas también por otros reinos germánicos de aquella época. Por último, de haber existido un pacto con los suevos, éstos habrían intervenido a favor de Roma en las guerras que por propia instigación de ésta se llevaron a cabo en los años 416 a 418 entre los visigodos y los pueblos invasores.

Consolidación y expansión del reino

Aquellos suevos que se dedicaban fundamentalmente a la ganadería y recibieron su parte de terrenos, como más arriba expusimos, se diseminaron en la parte occidental de Galicia

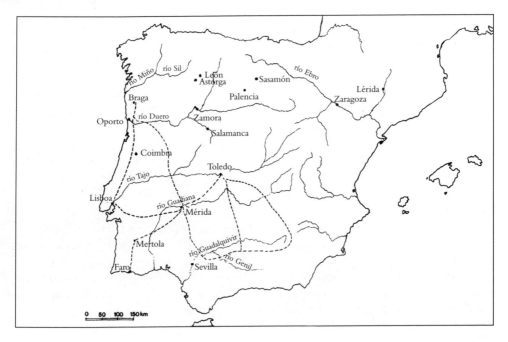

Campaña de Reckila (a. 440-448).

entre los hispanorromanos. El núcleo de su asentamiento nos lo revelan los nombres suevos que entraron en la toponimia. La otra parte de los suevos, con cargos político-admi-
nistrativos, sobre todo la nobleza, vivía probablemente en las ciudades.

En Braga, que era la capital del nuevo reino, se acuñaron monedas de oro ya en tiempos
del primer rey suevo de la península, como fue HERMERICO, pues las primeras monedas llevan como inscripción el nombre del emperador romano Honorio (393-423). Esta acuña-
ción demuestra cierta consolidación política y económica, aunque la dominación de todas
las regiones del reino ha sido cosa lenta, en especial la de los conventos jurídicos de Lugo y
Astorga, donde apenas había asentamiento de suevos.

No hay razón para suponer que Hermerico no fuera rey de los suevos, puesto que el
cronista Hidacio le llama así y de sus sucesores existen varias pruebas. De hecho tenemos
noticia de que su reinado fue largo: 32 años, a contar desde la entrada de los suevos en España en el 409. Posiblemente había ya reinado algunos años antes de esta fecha. Murió de
enfermedad natural, cosa algo extraña entre los pueblos bárbaros. Este largo período de su
reinado aboga por sus dotes de buen gobernante y por su justo proceder.

Si quisiéramos definir en pocas palabras su modo de ser, diríamos que fue un rey prudente, patriarcal, ecuánime y hábil diplomático; sin dejar de ser firme, enérgico y valiente
en la defensa de los derechos de su pueblo. Su prudencia y habilidad se pone de manifiesto por el hecho de llegar a España desde las riberas del Danubio sin combatir y, por tanto,
sin perder ni mermar el reducido grupo de jóvenes suevos que le acompañaban. Dejó que

lucharan vándalos y alanos con los francos en el paso del Rhin; siguió después hacia el norte, hasta Calais, con intención de pasar a Gran Bretaña; pero al enterarse de la sublevación del emperador romano Constantino, le dejó paso libre y siguió su camino hacia Occidente por el borde del mar; evitó así el choque con los demás pueblos bárbaros. Después de su entrada en España, por suerte o por propia decisión, aceptó de la provincia gallega la parte más apartada, la *terrarelegata occidental*, la menos conflictiva y tal vez la menos ambicionada por los restantes pueblos bárbaros.

Una vez instalado en la Galicia propia con su pueblo, observó la conducta más prudente en sus relaciones con Roma y con los galaicorromanos. El cronista e historiador Orosio, que vivió en Galicia durante los tres o cuatro primeros años de su establecimiento, nos pone de manifiesto esta conducta prudente en relación a Roma. Parece que buscó la amistad y la hospitalidad bajo la égida de Roma.

Deseaba aparecer ante los hispanorromanos como un representante o colaborador imperial. Con ello evitaba la hostilidad del elemento indígena y hacía, si no aceptable, por lo menos tolerable su dominación.

No obstante, ocurrieron algunos sucesos violentos entre suevos y romanos en los años siguientes, que Hidacio, en su sobria narración, sólo anota sin exponer sus orígenes. Esta falta de objetividad desorienta a veces y hace penosa la tarea del historiador imparcial que no quiere limitarse a copiar simplemente las lamentaciones del cronista. Es natural que la ocupación de Gallaecia o Galicia trajese consigo una honda discrepancia y continuos recelos entre los suevos y la clase dirigente romana, que se opondrían a las exigencias de los nuevos dominadores del país, originándose por ello divergencias que a veces fueron acompañadas de actos belicosos y tenían que arreglarse cada vez con un nuevo convenio, llamado paz por Hidacio. Ya en el año 430 hubo tal acontecimiento, haciendo ambas partes prisioneros que se devolvieron al concertarse la paz. Como estas querellas se repitieron, resolvieron los gallegos enviar una embajada al general Aecio, de la cual formó parte el obispo y cronista Hidacio.

Aecio, que se encontraba en las Galias, recibió los legados de los gallegos, pero se limitó a enviarles al godo Vetto, a quien Hidacio acusa de obrar con engaño por no haber podido resolver el pleito satisfactoriamente para los gallegos. En vista del fracaso de Vetto, envía Aecio, en el año 432, a Censorio como embajador a los suevos, al que acompañó Hidacio. No fueron mejores los resultados de las nuevas negociaciones, tal vez por negarse Hermerico a permitir una intromisión de parte de Roma; y efectivamente firmó la paz, cuando Censorio ya había regresado a las Galias. Esta vez se trató de un convenio con todas las formalidades, como lo demuestra la entrega de rehenes de parte de los gallegos a los suevos. En estos esfuerzos de reconciliación intervino también el obispo Sinfosio de Braga, aunque los suyos fueron coronados de éxito por haber cambiado las cosas en sentido adverso. De ahí que la paz concertada con los delegados de Aecio y Censorio y los suevos en el año 438 tuvo un alcance limitado. Sólo abarcó la *Provincia Gallaecia*, ocupada en el 411 por los vándalos; y sólo se contienen los suevos en cuanto a las incursiones en otras provincias mientras duró el gobierno de Hermerico.

En el mismo año de 438, Hermerico, que a su avanzada edad une la enfermedad crónica que venía arrastrando desde hacia cuatro años decide abdicar a favor de su hijo RECKILA. A partir de él, las directrices políticas y guerras comenzaron a tomar un nuevo rumbo. Precisamente es ahora cuando comienza la época de expansión de los suevos, consiguiendo duplicar los dominios heredados de su padre con la conquista de Lusitania y de la Bética. Es inteligente y valiente; sabe conjugar y armonizar sus posibilidades y sus ambiciones; por eso su actuación constituye continuados éxitos sin fracaso alguno.

En el año 441, ya muerto su padre y siguiendo una especie de testamento político, rompe con Roma, abandona la tradicional alianza con el Imperio y se enfrenta a él. Pero la visión política de este nuevo rey suevo, de Reckila, no se quedará aquí; realiza un cambio genial: los suevos y gallegos no lucharán entre sí, sino juntos en una empresa.

Según Hidacio inicia su briosa actuación con la derrota del general romano Andevoto, junto al río Genil, en la Bética, en el 438, y prosigue con la toma de Mérida en el año 439. Pero cotejando los datos de Hidacio con los de San Isidoro, podemos concluir que Reckila llevaba un ejército personal, que él se había agenciado por sus propios medios; estas fuerzas, las más devotas a su persona, irían en vanguardia. Para llegar desde las orillas del Duero a las del Genil era preciso someter previamente la Lusitania, que posiblemente no ofreció resistencia hasta Mérida, ciudad fortificada, cuyas murallas aún existían y resistieron durante dos años las acometidas de los árabes. Reckila se adelantó en busca del ejército romano a las órdenes del general Andevoto, que se había retirado, y le ofreció batalla junto al río Genil.

Le derrota en el 438, se apodera de sus tesoros de oro y de plata, y con abundante botín regresa a Mérida, que posiblemente estaba sitiada ya por su padre Hermerico, y éste le pedía ayuda. Esta ciudad es conquistada con la ayuda de Reckila, en el 439, y en ella muere Hermerico en el 441.

En vista del creciente poderío del rey suevo, proyectaron los romanos una expedición guerrera contra él, que Hidacio describe en los siguientes términos: «Nombrado Avito, en el año 446, general de una y otra milicia, y apoyado por no escasas tropas auxiliares, vejaba a los cartaginenses y béticos; se presentaron allí los suevos con su rey y vencieron en un encuentro a los godos que habían venido a ayudarle en sus depredaciones; huye Avito aterrado por miserable cobardía. Entonces devastan los suevos aquellas provincias, llevando a cabo grandes rapiñas».

Estos sucesos y correrías posteriores por la Cartaginense han sido consideradas por algunos historiadores como pruebas de haberse extendido el reino suevo sobre esta provincia, a cuya opinión no podemos adherirnos, aun teniendo en cuenta el estado indefenso en que se encontraba.

Por aquellos años había un sin número de calamidades por toda la península, entre ellas la peste, de la cual fue presagio, según Hidacio, un cometa que se presentó en el mes de diciembre del año 442 y fue visible durante varios meses. Igualmente hizo acto de presencia –en 445– una armada vándala en la costa gallega, que llevó a cabo numerosos desembarcos y llevó cautivas muchas familias de Turonia, pueblo situado a cinco kilómetros de Tuy. En tiempos del reinado de Reckila se desarrollaron también aquellas sublevaciones, llamadas las guerras de los *bagaudas*, es decir, de los humildes labradores, que fueron oprimidos por los *posesores* o grandes terratenientes que ejercían el poder político y administrativo en la Tarraconense, parte aún romana de Hispania. Igual ocurrió en las Galias y el presbítero Salviano de Marsella que –al condenar la conducta inhumana de la nobleza– nos narra algunos episodios de estas guerras. Las exacciones y persecuciones a los *bagaudas* y su resistencia parecen haber llegado a su punto culminante en el año 443. Las fuerzas militares romanas bajo Asterio, aunque escasas, trataron de aniquilar a los sublevados, pero los focos de resistencia continuaron aún en los años posteriores. También el poeta Merobaudes, yerno de Asterio, que sucedió a éste en el mando de los romanos, intervino en estas luchas y abatió la insolencia de los *bagaudas* en Aracilla, ciudad de la Tarraconense.

Reckila murió en Mérida el año 448, sucediéndole inmediatamente su hijo RECKIARIO, convertido al catolicismo, con la oposición de algunos de sus parientes. Existen conjeturas sobre la cuestión religiosa de los primeros reyes suevos y su pueblo.

Aun cuando el cristianismo se predicó entre los germanos de la cuenca danubiana ya en los siglos III y IV por los romanos e indígenas convertidos –y por tanto es muy posible que su conocimiento llegara a los suevos, que se hallaban en dicha zona–, sin embargo, no consta que los suevos, que invadieron España, se hubiesen convertido al cristianismo, ni siquiera en sus ramas heréticas, como el arrianismo.

No hay razones para afirmar que los suevos establecidos en Galicia hubieran dejado de ser paganos, cuando tenemos el testimonio claro de Hidacio de que su rey Reckila murió *gentil* (o pagano) en Mérida en el año, ya citado, de 448, puesto que los pueblos bárbaros suelen obedecer al rey hasta en la religión. La conversión de Reckiario se hace sin rebelión contra su padre; bien porque éste transigió, o se avino a la conversión, bien porque estaba ausente, o porque no se declaró católico hasta después de la muerte de su padre y de su entronización. Algunos de sus parientes no vieron bien esta conversión, pero tampoco se atreven a ponerse en contra de Reckiario, ni tan siquiera a exteriorizar su repulsa.

Sin embargo, esta conversión fue de excepcional importancia, ya que produjo –como efecto inmediato– la fusión de suevos y gallegos; la mayor parte de los suevos entran a constituir parte de la aristocracia gallega, y los romano-galaicos, especialmente obispos y clérigos entran a formar parte del Consejo de los reyes suevos. Su padre Reckila se llevó bien con los católicos; es más, parece haberles prestado cierta protección. Sin embargo, murió pagano, sin atreverse a hacer frente a la tradición pagana de su pueblo, aunque ya debían de ser muchos los convertidos, y sabía que su conversión contaría con mayor apoyo de los gallegos. Reckiario hubo de ser el que rompió con esta tradición pagana.

Todo parece indicar que su conversión tuvo lugar en Braga y en ausencia de su padre. Ésta se verifica sin ningún acto de rebelión, aunque sí con la oposición de algunos de sus parientes, que tampoco llegan a sublevarse.

El Breviario Asturicense atribuye la conversión de Reckiario a la curación milagrosa de una hija de Reckila, su padre, por Santo Toribio. No obstante, juzgamos más natural que su catequesis hubiera tenido lugar en Braga, en la sede de Balconio y en cuya iglesia no faltarían relevantes personalidades y laboriosos maestros que la llevaran a cabo.

Aboga a favor de la sinceridad de su conversión el hecho de que, a pesar de contraer matrimonio con una hija del arriano Teodorico I, o Teodoredo, jamás abdicó de su fe católica.

También podemos intuir que la conversión de los suevos tuvo un proceso ascensional, es decir, partió de las capas sociales inferiores del pueblo suevo, más relacionadas y mezcladas con la población indígena gallega, que era católica; dado que sólo sabemos que hacen oposición los parientes de Reckiario, los que hay que suponer que eran de las clases más elevadas del pueblo suevo, y que naturalmente abogarían por la segregación racial. Estos primeros conversos serían mujeres y niños, dado que los adultos varones estarían en las campañas militares.

Pero, si puede discutirse cuál fue el motivo fundamental de la conversión de Reckiario, no cabe la menor duda de que trajo consigo enorme impacto político y social. Su conversión constituirá la base de su aspiración política al dominio de España.

En primer lugar trajo la captación, en su mayoría, de la población galaica así como la adhesión del resto de la población gallega y aún del resto de España.

En segundo lugar, la fusión de los suevos con la población indígena es especial con las clases superiores, que vienen a constituir, hermanados, una especie de organización prefeudal, una aristocracia rural mixta.

En tercer lugar, el apoyo de la Iglesia y con ella del pueblo indígena, y su alejamiento del tradicional gobierno de Roma; aunque en este punto habrá obispos recalcitrantes, como, entre otros, el obispo Hidacio de Chaves.

Y finalmente, el hermanamiento de los suevos y gallegos en una empresa común: la conquista de España. Por tanto, la eliminación de la península de toda ingerencia romana o visigoda, como peligros más inmediatos.

Resumiendo: con la incorporación de todas las fuerzas y recursos de toda la Península soñó con un reino suevo que abarcase bajo su mando todos los pueblos y recursos de España; la unificación política de las tierras y habitantes de la península ibérica, de suerte que Reckiario podría convertir en Reino Hispánico el Reino Galaico heredado de sus antecesores.

No era empresa fácil, ya que había que luchar nada menos que con el Imperio romano, que contaba con la sumisión de la mayor parte de la población española.

Después de proclamarse católico y heredero del trono de su padre Reckila, según Hidacio, inmediatamente invade las regiones ulteriores, es decir, Castilla la Vieja, Asturias y Cantabria.

Por tanto, Reckiario orienta primero sus expediciones por el norte de España y en la dirección hacia el este; en cambio su padre las había efectuado siguiendo la dirección hacia el sur y después de llegar a la Bética y conquistarla, se dirigió hacia el nordeste con la conquista de Castilla la Nueva y el Reino de Murcia, o sea la Cartaginense.

Reckiario emprende su campaña con huestes nutridas de suevos y gallegos; atraviesa la Tierra de Campos, posiblemente siguiendo la ruta de la vía que desde Braga conducía hasta Astorga, y desde aquí a Zaragoza. Es de suponer que en toda la región de la Meseta Norte no encontrará resistencia. Sin embargo, la encontró en la Región Vascongada, viéndose precisado a combatir. El objetivo de esta campaña era en primer lugar obtener recursos y llegar hasta la Galia para desposarse con la hija de Teodorico I, obtener el apoyo de éste y así someter la Tarraconense y completar la sumisión de toda la Península.

Esta resolución llevaba aneja la ruptura con Roma. De este modo –y de acuerdo con los cronistas Hidacio y San Isidoro–, en el momento de subir al trono fue a recibir a su esposa, la hija de Teodorico I.

La muerte de Reckila había tenido lugar en agosto del año 448; el casamiento de Reckiario por tanto debió de ser a comienzos del 449. Sabemos que fue en ese preciso intervalo de tiempo, porque una vez celebrada la boda se emprende la invasión de las Vasconias que a la sazón venían a identificarse con la provincia de Navarra, Zaragoza y de otras provincias.

Estaban incluidas dentro de los límites de la Tarraconense, de suerte que el ataque por parte de Reckiario a esta provincia llevaba aneja un serio enfrentamiento con el Imperio.

Por tanto, está bien claro que –a diferencia de su padre– la política de Reckiario iba a ser más enérgica y aún hostil.

Esto explica que el momento era propicio para que Reckiario tuviera las manos libres para conseguir así la completa conquista de la península ibérica.

De hecho, recibiría una importante ayuda por parte de su suegro, sobre todo en la campaña de conquista de la Tarraconense. A pesar de la ayuda prestada, le quedaba mucho por conquistar; no parece haber podido tomar la ciudad de Zaragoza ni ninguna otra ciudad excepto Lérida. Conquistó y sobre todo saqueó la región de Zaragoza y de Lérida.

Por tanto, está claro que dejaba planteada una situación de grave enemistad con Roma, de la que se hace eco San Isidoro, cuando dice que ésta conservaba aún el dominio de la Tarraconense.

Hidacio no nos comunica suceso alguno en los cuatro años siguientes, que para el Imperio romano fueron de gran apremio por la invasión de los hunos. Los esfuerzos de los romanos y sus aliados culminaron en la sangrienta batalla de los Campos Cataláunicos, cerca de Mauriaco (451), que a pesar de resultar victoriosa para ellos terminó con la muerte del rey visigodo Teodoredo. Durante el corto reinado de su hijo Turismundo (451-453) tampoco hubo intervención de los visigodos en los asuntos hispánicos, pero no es inverosímil pensar que Reckiario no había renunciado a sus acostumbradas incursiones en territorio romano. Fue tal vez en relación con ellas que en el año 453 llegaron a la corte de Braga los delegados romanos Mansueto y Frontón para ajustar un nuevo tratado en las condiciones propuestas por éstos, que comprendía la devolución o más bien el reconocimiento de los territorios romanos por Reckiario. No conocemos los demás resultados de esta entrevista, pero al año siguiente viene otro delegado romano, Justiniano, probablemente para los mismos fines.

Entre tanto, moría asesinado el emperador romano Valentiniano III, sucediéndole Marciano. En las Galias existía una nobleza que tenía empeño en ver a Avito, uno de los suyos, emperador, quien además contaba con el apoyo de los visigodos. Después del breve reinado de Petronio Máximo en Italia, que había nombrado a Avito prefecto del pretorio de las Galias, pudo éste, proclamado por las tropas romano-godas, obtener la púrpura imperial.

A Turismundo, que murió asesinado, le sucedió su hermano Teodorico, que renovó el pacto federal con Roma que su padre, en el año 439, había anulado. El nuevo pacto, cuyas cláusulas desconocemos, seguramente trajo consigo para los visigodos ciertas obligaciones político-militares que no tardaron en influir en las relaciones entre la corte de Tolosa y el reino suevo.

Reckiario, en su soberbia, no reconoce, según Hidacio (a. 456), al nuevo emperador y tanto éste como Teodorico le envían delegados, el último por dos veces, pidiendo que cumpliese las promesas del pacto jurado; pero el rey suevo, despidiendo a los delegados y violando todo principio de derecho, invade la provincia Tarraconense, que sabemos estaba sometida al Imperio romano, llevándose a Galicia un considerable número de cautivos.

En vista de la inutilidad de tantas llamadas a la concordia, resuelve Teodorico, de acuerdo con Avito, emprender una campaña de castigo contra Reckiario, a la cual se unió también el rey de los burgundios, Gundovico, con su hermano Hilperico. Con un poderoso ejército pasan en la primavera del año 456 los Pirineos y se dirigen hacia Braga. Reckiario les sale al encuentro y se empeña a poco la batalla a unas doce millas de Astorga, junto al río Órbigo. En esta sangrienta lucha, que tuvo lugar el día 5 de octubre, sería vencido Reckiario y su ejército destrozado de tal suerte que fueron pocos los que pudieron huir, entre ellos el mismo rey. Teodorico, entre tanto, se encamina a Braga, sufriendo esta ciudad un horrible saqueo, incluso las basílicas de los santos, cuyos altares fueron destruidos, aunque sin deshonrar a los santos. Hidacio en esta ocasión añade más detalles retóricos sobre la conversión de algunas iglesias en establos y trae a la memoria lo escrito acerca de los castigos con que la ira del cielo afligió a Jerusalén.

Reckiario se hallaba mientras tanto fugitivo en Portucale (la plaza más fuerte del reino suevo), pero no tardó en caer en poder de Teodorico, quien le condena con algunos de los suyos a muerte. La ejecución de Reckiario tuvo lugar en diciembre del 456.

El reinado suevo parecía aniquilado por esta gran derrota de Reckiario y no es inverosímil que Teodorico pensase en ponerle fin, pues nombró como gobernador visigótico de la región sueva a Agiulfo, con residencia en Braga. Luego se dirige a Mérida, que fue ocupada sin gran esfuerzo. En esta ciudad le llega la noticia de que ha sido destronado su protegido, el emperador Avito, lo que le hace interrumpir la campaña y regresar poco antes de la Pascua de 457 a su país, dejando, sin embargo, en Galicia y Lusitania algunos de sus generales y buena parte de su ejército compuesto de godos, hispanorromanos y burgundios.

Nuevo apogeo y declive

El revés sufrido por los suevos había sido terrible, pero no tan decisivo que hubiese puesto en peligro la existencia de su monarquía. Un grupo de suevos, tal vez aquel del norte del país, eligió a MALDRAS como nuevo rey.

Por causas que se desconocen, penetra parte del ejército godo en Astorga, tal vez con el pretexto de perseguir a los suevos; matan a parte de sus habitantes, saquean y destruyen la ciudad y hacen cautivos a dos obispos y a todo el clero. De igual forma perece la ciudad de Palencia y la comarca del entorno, resistiendo únicamente el castillo de Coyanza sobre el río Esla (hoy Valencia de Don Juan). Parte del ejército godo vuelve a las Galias, pero es muy probable que la otra parte se quedara en los llamados «Campos Góticos», que –según A. Fernández Guerra– fueron así denominados desde entonces. Probablemente con razón, porque desde allí intervinieron militarmente los godos también en ocasiones posteriores. Esta comarca está situada en lugar estratégico por dominar las dos carreteras que desde el este de la península conducían a Braga. La estancia de tropas godas desde el año 457 puede considerarse como el principio de la dominación de la península por los visigodos.

En otra parte del reino, los suevos nombran a un nuevo rey, Frantano, que muere pocos meses después, reforzándose el poder de Maldras, cuyos éxitos militares le llevaron a la recuperación de Portucale, Coimbra y Lisboa, que entre tanto habían sido ganados por los visigodos y romanos. Después de esta campaña se dirige nuevamente al norte y devasta las regiones próximas al Duero, sometiéndolas de nuevo. Ello demuestra que estaba plenamente consolidada la posición de Maldras; lo prueba la noticia de Hidacio de haber aparecido en su corte legados de los visigodos y vándalos.

Teodorico refuerza a su vez el contingente visigodo en Hispania con nueva tropa al mando del general Cirila, que se dirige a la Bética. En el año siguiente llega otro contingente y Cirila regresa a su país.

Mientras Maldras decide actuar de nuevo en la Lusitania, los suevos eligen en otra parte del reino a un nuevo rey, REMISMUNDO (mencionado en algunas crónicas como Recimundo), que trató en vano de apaciguar el espíritu agitado de sus súbditos, pues continuamente surgieron hostilidades entre suevos y gallegos que a veces llegaron a causar algunos muertos. Este espíritu apreciaba entre los mismos suevos, como lo demuestra el hecho de haberse apoderado el hermano de Maldras del castro de Portucale, que Maldras tuvo que tomar de nuevo, falleciendo en esta ocasión (458). Poco después morirá degollado Maldras (en febrero de 460), muerte que, según Hidacio, tenía merecida. En el mismo año acometen los suevos que habitaban Lugo a los romanos en los días de Pascua y dan muerte a su rector, de ilustre familia.

Será elegido entonces un nuevo rey, FRUMARIO, y entre él y Remismundo comienzan a surgir disensiones sobre el dominio del reino. Para castigar a los suevos de Lugo parte un ejército para penetrar en Galicia, saqueándola, pero se retiran. Esta campaña, emprendida por mar y tierra en gran escala, no sólo fracasó, sino que costó además a los romanos la mayor parte de su flota. El desmoronamiento del Imperio se acercaba ya a su fin.

Seguían en el reino suevo los desórdenes y la anarquía, las rivalidades entre los reyes y sus partidarios, la intervención constante de los visigodos y las hostilidades entre suevos y gallegos. Frumario, al frente de la hueste, hace prisionero al obispo Hidacio en la iglesia de Aquae Flaviae (hoy Chaves) y lo manda ir al destierro, habiéndose concertado entre tanto una nueva paz entre suevos y gallegos.

Aquellos visigodos, que tenemos que suponer en guarniciones en la Bética y el sur de la Lusitania, atacan, bajo el conde Sunierico, la ciudad de Santarem y se apoderan de ella.

Remismundo, mientras tanto, recorre la parte costera del convento jurídico de Lugo así como los lugares cercanos a los Auregenses (el actual San Miguel de Aurega, pueblo portugués próximo a Tuy), sometiéndolos de nuevo. Las relaciones entre las cortes de Braga y Tolosa, entre los suevos y los visigodos, parecen mejorar. Incluso parece haber existido una buena voluntad de llegar a una paz por ambas partes. De hecho, poco tiempo después el propio Remismundo se dirige a Tolosa (464) con el propósito de estrechar las relaciones entre ambas cortes, incluso con ayuda de lazos familiares. Se llegó a una plena armonía con Teodorico hasta el punto de que al cruzarse legados y regalos entre los dos reyes, Remismundo recibió de Teodorico una princesa de su propia familia, de religión arriana, que iba a convertirse en la futura reina de los suevos.

Las buenas relaciones existentes entre los reyes suevos y visigodos no impiden que entren los primeros en Coimbra y maltraten a una familia noble, acontecimiento algo oscuro, por haber pertenecido esta ciudad —desde el tiempo de Maldras— al reino suevo. Es lamentable que Hidacio se limite a narrar los hechos y conflictos sin indicar sus orígenes y no oculte su parcialidad, no empleando jamás una palabra de censura contra su propio pueblo. Así, por los citados motivos, sólo sabemos que el rey visigodo Teodorico, sin duda la persona más autorizada por Roma para intervenir en los asuntos de la península, pedía a Remismundo que le enviase nuevamente sus legados. Al volver éstos de Tolosa, reciben la noticia de la muerte del emperador romano Libio Severo y se dirigen a Coimbra (465). En aquellos tiempos emprenden los suevos una campaña de castigo contra la gente de la Aunonense, que se cree situada entre la Lusitania y el convento de Astorga. Hidacio nos cuenta luego el envío de un nuevo legado, Sala, de parte del rey godo, que probablemente fue uno de los últimos actos políticos para con el reino suevo, pues poco después sería asesinado por orden de su propio hermano, Eurico, quien le reemplazó como rey visigodo (466).

Eurico decide anular inmediatamente el pacto federal con el Imperio romano aunque continúa las buenas relaciones con los suevos y envía a Remismundo sus delegados. Éste, a su vez, despacha a varios embajadores que se dirigen tanto al emperador como a los reyes visigodos y vándalos. No habiendo sido dominada la sublevación de los aunomenses fue necesario el envío del general Opilio allá, continuando por algún tiempo la guerra con ellos.

Coimbra, que había caído nuevamente en manos de los godos y romanos, sufre en el año 468 un nuevo ataque de castigo de parte de los suevos. Para este mismo año anota Hidacio algunos hechos significativos observados en las Galias, de los cuales nos interesa uno que ocurrió en una asamblea nacional de los visigodos, que solían reunirse mensualmente al aire libre para deliberar sobre los asuntos políticos y administrativos. Iguales asambleas debemos suponer existían entre los suevos.

El rey visigodo Eurico, desligado de aquellas obligaciones impuestas a su hermano por el pacto federal con el Imperio, envía en el 469 más tropas a Hispania, estacionando parte de ellas en los Campos Góticos, desde donde hostigan el Convento Astúrico, y la otra parte a Mérida. Los suevos mientras tanto, después de la conquista de Coimbra, se dirigen a Lisboa, que estaba entonces en poder de los romanos, y consiguen que éstos les entreguen la ciudad. Enterados de ello los godos, marchan para allá, y vuelven a apoderarse de Lisboa, castigando tanto a suevos como a romanos. En todo ello vemos el claro propósito de Eurico de ocupar poco a poco la península por cuenta suya.

En el año 469, el último cronicón de Hidacio nos informa de que por fin se concertó una paz con los aunomenses, y que Lusidio, al servicio del rey Remismundo, fue enviado con una embajada sueva al emperador romano Antemio, tal vez para obtener su intervención en un arreglo fronterizo con los godos, en vista de los propósitos ofensivos de Eurico. No conocemos los resultados, pero como Coimbra quedó en manos de los suevos, es muy probable que la frontera meridional del reino suevo pasase al sur de esta ciudad, y así quedó durante los cien años siguientes, confirmándolo las actas del primer concilio de Braga, del año 561.

Habiendo terminado con el año 469 las anotaciones del cronista Hidacio, aparece la historia del reino suevo –durante más de noventa años–, envuelto en la más absoluta oscuridad. Como no existen otras fuentes literarias que nos pudiesen ayudar o dar luz sobre los acontecimientos de aquellos tiempos, desconocemos hasta los nombres de los reyes que gobernaban el reino suevo. Isidoro de Sevilla, en su *Historia de los Suevos* no parece haber tenido interés en incluir en su obra algún suceso político de aquella época, tal vez por la razón de no haber ocurrido nada de importancia digno de relatar. En cuanto a los reyes suevos, se limita a mencionar que hubo muchos y que eran de religión arriana.

Se suponía que la leyenda de una moneda sueva, con letras confusas, contenía el nombre de un rey suevo desconocido, pero no fue posible descifrar dicha leyenda. En cambio, se ha podido encontrar en un documento del siglo XII el nombre de un rey llamado TEODEMUNDO que aparece entre los nombres de los reyes Remismundo y Teodemiro, es decir, precisamente en el tiempo oscuro. Sin duda existía una fuente literaria al escribirse el citado documento, que contiene la división eclesiástica de España en tiempos del rey Wamba.

Por los motivos mencionados, parece probable que aquella época fue de tranquilidad para los suevos. Sus vecinos, los visigodos, sufrieron entre tanto una terrible derrota por el rey franco Clodovedo (507), que les hizo perder casi todo su territorio galo, y ello parece explicar que no tenían interés en alterar la paz con los suevos, pudiendo así terminar la ocupación de la península hasta la frontera sueva.

Los últimos reyes suevos

Isidoro de Sevilla menciona a un segundo rey católico, TEODEMIRO, que se convirtió en el año 560, abrazando al mismo tiempo los demás suevos arrianos la fe católica.

El 1 de mayo de 561 se reunió en Braga el primer concilio, cuyas actas se conservan y que no incluyen ninguna disposición contra el arrianismo, ni siquiera lo mencionan. En cambio, estas actas tienen un gran valor en relación con el resto de las disposiciones que se irán estableciendo sobre la disciplina de la Iglesia. Principalmente nos orientan sobre la extensión que a la sazón tenía el reino suevo. En este sentido, sabemos que firmaron las actas los obispos de Braga, Viseu, Coimbra, Oporto, Lugo, Iria, Orense, Tuy, Astorga, Diana a Velha y Santa María de Brato (cerca de La Coruña). El reino, por tanto, comprendía toda la antigua provincia de Gallaecia o Galicia y la parte septentrional de Lusitania, sin llegar al Tajo.

Desconocemos algún acontecimiento de orden político durante el reinado de Teodemiro, lo que nos hace pensar que fue de una total tranquilidad en general.

A Teodemiro le siguió su hijo MIRÓN, el año 570. En los dos primeros años no ocurrió nada de particular, aunque sabemos que Mirón, celoso católico, fundó varias iglesias. En el segundo año de su reinado hizo celebrar en Braga un concilio (el segundo, en 572) al que acudieron los obispos de las mismas diócesis del primer concilio.

En este año empezó Mirón una campaña contra los ruccones, pueblo que estaba emplazado en la región occidental de Cantabria. En aquellos años emprendió el rey visigodo Leovigildo sus campañas para someter a los territorios de la Península, que hasta entonces gozaban todavía de cierta independencia y no creemos equivocarnos diciendo que la expedición de Mirón tuvo cierta relación con las guerras del rey visigodo. Este monarca, el primero de gran talla y valía del reino hispánico de este pueblo, subió al poder en 572 y tuvo que luchar primero contra los bizantinos, que habían ocupado la parte meridional de la Península, liberando extensas comarcas, incluso las de Córdoba y Málaga. La expedición de Mirón, sin embargo, le hizo interrumpir la guerra con los bizantinos, dirigiéndose Leovigildo –en el año 573– también a Cantabria, tal vez para adelantarse a los planes de conquista de Mirón, ocupando la Sabaria, pequeña comarca alrededor de Zamora.

El rey suevo había obtenido, según Gregorio de Tours, la promesa del rey burgundio Gunthram de ayudarle con sus tropas; sin embargo, fue retenido durante un año por el rey franco Chilperico en su paso por París, posiblemente de acuerdo con Leovigildo. En los años 574 a 576 seguía este rey con sus luchas para someter a los pueblos de la parte septentrional de la península, sofocando además rebeliones y debilitando la nobleza, pero, terminada esta campaña, marchó contra Mirón, que tuvo que pedirle la paz. El rey visigodo tuvo que aceptarla por propia conveniencia, por tener que hacer frente a otras campañas. Cuando el rey Gunthram, por fin, pudo enviar a Mirón alguna ayuda, ya era tarde.

Pasaron varios años y llegó con el levantamiento de Hermenegildo una ocasión para Mirón en la que creyó poder medir sus fuerzas con las de Leovigildo con mayor probabilidad de éxito. Correligionario de Hermenegildo, no tardó en prestarle ayuda militar, marchando con su ejército hacia Sevilla, tras cuyas murallas se hizo fuerte el hijo de Leovigildo. Éste, en una hábil maniobra, cercó las tropas de Mirón, haciéndoles no sólo desistir de su propósito, sino les obligó a jurarle obediencia. Mirón, con algunos de los suyos, pudo escapar, pero murió poco después, en el año 583. Algunos cronistas indican que murió en las cercanías de Sevilla. San Gregorio de Tours, más detallado en la información, dice que regresó a Galicia, que a los pocos días enfermó a causa de las aguas infectas y de los aires nocivos de la España meridional, y que luego falleció.

El final del reino

A Mirón sucedió su hijo Eurico (o Eborico) que tuvo que reconocer la supremacía de Leovigildo. Tal hecho causó un profundo descontento entre los nobles suevos; le destronaron y, cortándole el pelo, le recluyeron en un convento, eligiendo en su lugar al noble Audeca (Audica), suegro de Eurico. Audeca, además, se casó con la viuda de Mirón, la reina Sisegunda. Leovigildo, lejos de aceptar tal hecho consumado, reunió su ejército y marchó a castigar a Audeca, que se refugió en Portucale, donde fue hecho prisionero, tonsurado y confiado a un convento cerca de Badajoz. El tesoro suevo pasó a Toledo, y el reino suevo, después de una existencia de ciento setenta y seis años, fue incorporado a la monarquía visigoda (585).

Aún quedaron algunas fuerzas dirigidas por una parte de la antigua nobleza sueva que trataron de recobrar su independencia, eligiendo como rey a Malarico, que, sin embargo, fue vencido al poco tiempo.

Sobre la historia posterior de los suevos, no contamos con noticias ni siquiera de su organización política o de su situación jurídica bajo el nuevo régimen, aunque es de suponer que sus tres clases sociales gozaron de los mismos tratos y derechos que los demás ciudadanos de la monarquía goda. Las diferencias religiosas desaparecieron ya a los pocos años por la conversión de los visigodos al catolicismo.

El pueblo suevo se mezcló finalmente con los romanos y sobrevivieron únicamente su rica onomástica y unos cuantos derechos consuetudinarios. Sobrevivió asimismo su tradición histórica, siendo interesante la frase empleada en la crónica del rey Alfonso III (793-842) que nombra el reino suevo como parte del visigodo.

Autores como F. Dahn creen que algunos reyes visigodos llevaron el título de *Rex Suevorum*, pero no hay pruebas de ello. Se sabe sólo que el rey Witiza fue en su juventud gobernador de Galicia o parte de esta provincia, con residencia en Tuy.

De la conquista al Califato. La creación del reino cristiano de resistencia

La invasión musulmana y el reino godo de Asturias

Sobre la España unificada, que trataba de reconstruir un Estado concertando los vestigios de la herencia del Imperio romano junto a la tradición de los pueblos germánicos –ya estudiados en su momento–, sobrevino a comienzos del siglo VIII una catástrofe total que arrasó por completo la organización que durante tanto tiempo había servido de base a la cultura hispana: la conquista musulmana de España. La destreza de generales del califato de Damasco junto a un número ingente de soldados fanáticos de su religión, rompieron las fronteras de España, dejándola abierta durante ocho siglos a inmigraciones de pueblos semíticos como árabes, sirios, judíos, así como a berberiscos de África.

España, como antes el Imperio de Roma, viene ahora a formar parte de un inmenso mundo espiritual: el Islam, que comprendía desde las fronteras de China hasta las costas africanas del Atlántico. Tanto en lo cultural como en lo político se convierte en campo de batalla entre dos culturas antagónicas, pero a la vez riquísimas que se funden y concuerdan. De ahí la originalidad que se conseguirá mantener cuando –pasado el tiempo– nuestra nación se termine incorporando definitivamente al mundo occidental.

Sin embargo, esta nueva situación tuvo consecuencias incalculables en la historia de España, como fue la reacción cristiana contra el dominio musulmán. Esta reacción se inicia enseguida, apenas atenuada la sorpresa de la derrota ante el invasor, trayendo como consecuencia, por una parte, la guerra constante de los núcleos independientes que surgen pocos años después en las montañas del norte contra el Islam y que por un proceso que dura ocho siglos consigue anular el desastre y reincorporar España al mundo occidental y, en segundo lugar, el esfuerzo heroico de los sometidos por conservar la fe cristiana y la cultura latina. La Reconquista, es decir, la cruzada religiosa y la reacción hispánica contra el Islam, se va a convertir en un proceso de vital importancia en nuestra historia. Ella mantendrá la unidad esencial entre los diversos estados en que se concretó la resistencia, permitiendo la formación de organizaciones políticas estables. La guerra santa trajo consigo una serie ininterrumpida de hazañas militares que constituyen el fondo mítico de la cultura y de la organización social de España. Los riesgos y las fortunas de este constante combate, junto a la necesidad de defender las esencias cristianas de la amenaza de África y del Oriente, crearon un espíritu de intransigencia determinante de nuestra historia, sin el cual no se comprenden, por ejemplo, las guerras de religión del siglo XVI ni las luchas políticas del XIX.

La rapidez con que los resortes del Estado visigodo fueron desmontados, con que el pequeño ejército invasor se hizo dueño del poder sin resistencias y la península fue ocupada es un singular enigma histórico que resulta difícil explicar sin admitir que una gran parte de la población veía con gusto la entrada del ejército musulmán, que venía a derrocar al rey y al grupo que detentaba el poder. Los últimos años de la monarquía visigoda son un período muy oscuro y en él se encuentra la explicación a tantos enigmas.

Desconocemos cuál era la pasión de los grandes partidos que, desde la deposición de WAMBA, se disputaban el reino y los medios de que se valió RODRIGO para suplantar a los witizanos. Es probable que éstos creyeran que los árabes invasores iban a dejar el poder a sus aliados visigodos, contentándose con el botín o, a lo más, con una parte del territorio. Pero no fue así. Curiosamente la iglesia visigoda, único aglutinante del reciente conglomerado de pueblos y de razas que formaban la monarquía, fue la única fuerza que permaneció intacta, después del desastre, fomentando el espíritu de resistencia en los dominados y alentando la formación de núcleos independientes en las montañas del norte.

Habrá resistencias aisladas de ciudades cuyos alcaldes serán fieles al rey, pero ningún intento de acción de conjunto, cuyo éxito habría sido fácil contra un enemigo escaso y que avanzaba por un terreno desconocido, muy lejos de sus bases. Probablemente casi nadie se dio cuenta de la gravedad del peligro que suponía la correría victoriosa de unos jinetes. Écija opuso alguna resistencia a los musulmanes, capitaneados por Tarik, el cual, después de haber dominado la ciudad, siguió hacia el norte por antiguas vías romanas, dejando el encargo de rendir la importantísima ciudad de Córdoba a Mogueit, uno de sus jefes. Toledo, la ciudad regia, la ciudad sagrada que guardaba tantas reliquias y tantos tesoros, en situación inexpugnable, se rindió sin casi resistencia.

En el corazón del pueblo ha quedado vivo el recuerdo de una enorme traición que personifica el arzobispo Oppas y el conde don Julián. Traición hubo contra la cristiandad y contra el naciente concepto de España o más bien ceguera ocasionada por la pasión política de las contiendas civiles hispánicas, que hace preferible el entregarse al extranjero que consentir en el triunfo del partido contrario. Entre tanto, Córdoba y otras plazas de la Bética se entregaron a Mogueit, probablemente por traición de los partidarios de la familia de Witiza. Esta actitud de los adversarios del rey hace suponer la persistencia de la idea de que Rodrigo no había muerto y que la victoria witizana, no consolidada, exigía la permanencia del ejército extranjero.

En 712 arribó a Algeciras una escuadra que conducía a Muza, gobernador de África, a la cabeza de un fuerte ejército, acaso persuadido de las posibilidades que la aventura de Tarik había abierto al poder musulmán, acostumbrado a que, a su contacto, se derrumbasen los vetustos imperios. Muza conseguirá una ocupación sistemática de Andalucía, que quedaba aún insumisa a espaldas del pequeño ejército invasor, y ocupó Medina Sidonia, Alcalá de Guadaira y Carmona. Sevilla se rindió con escasa resistencia. Mérida, el floreciente emporio de romanos y godos, fue la única ciudad que opuso al invasor una resistencia seria y escribió la única página gloriosa de la oposición al enemigo, aguantando con constancia un asedio que duró desde comienzos del invierno de 712 al final del mes de junio de 713.

En la confluencia del Tiétar con el Tajo tuvo lugar la violenta entrevista de Muza con Tarik. El gobernador de África, persuadido ya de la posibilidad de hacer permanente su conquista, envió una embajada al califa de Damasco, Walid. Entre tanto, Muza se apoderó de Zaragoza, en el 714. Luego, desobedeciendo la orden califal, transmitida por Mogueit, dominó el norte de Castilla y llegó hasta Lucus Asturum, en las cercanías de Oviedo. Allí, apremiado por las órdenes urgentes de Walid, hubo de emprender el viaje a Oriente.

Sin que acaso se diese cuenta exacta ninguno de los protagonistas del drama, el enorme cambio se había realizado. Todo había sido insólito e imprevisto. El desbordamiento del mundo antiguo por los bárbaros había sido precedido de varios siglos de forcejeo, en que la catástrofe se alejaba o parecía acercarse, pero ahora vino de pronto y cogió desprevenido a todo el mundo. No conocemos la reacción de los cristianos ante la catástrofe sino por fuentes tardías y poco explícitas. Todo quedaría igual, en apariencia, en los primeros años, salvo que los resortes del poder quedarían, no en la corte de Toledo, sino en las lejanas de Damasco o de Bagdad, que nombraban gobernadores y cobraban tributos.

La vida seguiría, aparentemente, su ritmo normal, pues no podría alterarla la llegada de unos cuantos millares de hombres. Entre los elementos dirigentes, hubo en los primeros momentos la sensación de un cambio de partido, con el predominio de los witizanos. Ya indicamos —en su momento— que los hijos de Witiza se repartieron el inmenso patrimonio real (tres mil heredades). Acaso sus obstinados parciales les rindieron honores reales y por eso una crónica mozárabe sitúa sus nombres al final de la crónica de los reyes godos: «*Achila regnavit annos III. Ardobastus regnavit annos VII*». Pronto vino el desengaño, pues los gobernantes árabes no les reconocieron ninguna sombra de poder político. Eran ricos propietarios cuyos descendientes se fusionaron rápidamente con la aristocracia árabe.

El partido vencido, el de Rodrigo, se dio más pronto cuenta de la catástrofe y sin duda fueron ellos los que, emigrando con sus códices y sus tesoros hacia las montañas del norte, hicieron posible la restauración cristiana. Las comunidades judías, numerosas en la España visigoda y duramente perseguidas por los últimos reyes, apoyaron a los invasores con todas sus fuerzas y probablemente se consideraron como vencedoras. En los primeros tiempos, los generales conquistadores les entregaban el gobierno de las ciudades en tanto ellos proseguían su loca aventura con su pequeño ejército. Después la situación cambió también para ellos y su condición no fue mejor que la de los cristianos.

Hay, por de pronto, medio siglo sin historia española, pues en nada afectan a las esencias hispánicas las luchas civiles de la pequeña oligarquía dominadora, en las que repercutían las querellas internas del Islam en Siria y en Arabia.

Habrá que esperar a un hecho de gran trascendencia —que apenas ha sido consignado por la historiografía árabe—, como fue el nacimiento de una resistencia tenaz y decidida en un pequeño núcleo de visigodos. Este hecho, cuya cronología no podemos fijar con exactitud (718, según la versión tradicional recogida en las crónicas cristianas del siglo X; hacia 721-726, según las investigaciones del historiador Sánchez Albornoz), es punto crucial en la historia de España y su importancia sólo puede compararse a la de la misma invasión musulmana.

El pueblo se había entregado con muy escasa resistencia y había cambiado fácilmente de señor y, en muchos casos, de religión. El partido witiziano, culpable de esta situación, se había resignado de su amargo desengaño con los placeres de la venganza y con el goce de su deshonrosa opulencia, pero hemos de suponer la indignación de la oligarquía que gobernaba con el rey Rodrigo en el momento del desastre, y que a la ruina de su patria y a la humillación de la derrota unía el odio contra el partido que les había traicionado. Estos obispos y estos dignatarios, con los fieles que, según la organización social visigoda, dependían directamente de ellos, encontraron en la desesperación la fuerza moral suficiente para refugiarse en los valles casi inaccesibles entre los Picos de Europa y las montañas de Asturias para defender si no una patria, al menos la legitimidad y el honor del partido derrotado.

Las crónicas cristianas de fines del siglo IX y comienzos del X nos han dado una versión tardía del nacimiento del reino de Asturias, reencarnación del vencido reino godo. Al conocer la rebelión, un ejército fue enviado por Alsama, caudillo árabe, en el cual iba el arzobispo Oppas, hermano o hijo de Witiza. PELAYO y sus godos se retiraron al monte Auseba, en una gruta llamada cueva de Santa María, en el abrupto y estrecho valle de Cangas.

Rechazados los parlamentos de Oppas, los cristianos atacaron a los musulmanes, que, confiados en su persistente fortuna, tan imprudentemente se habían arriesgado a penetrar por aquellos desfiladeros, en los cuales un puñado de hombres podía deshacer un ejército. La versión legendaria recogida por la crónica de Alfonso III señala en auxilio de los cristianos la intervención milagrosa de la Virgen y de las fuerzas naturales que aniquilaron al ejército musulmán. El gobernador de Gijón, Munuza, amedrentado por la catástrofe, decidió evacuar el país de Asturias.

Las crónicas árabes, también muy posteriores, no pudiendo desconocer un hecho cuyas consecuencias eran tan patentes, dan de él una explicación singular. Esta rebelión conocida como la batalla de Covadonga es uno de los puntos más controvertidos de la historia de España. No se puede dudar de la existencia de un combate que tiene para los árabes el carácter de uno de esos golpes adversos que son ineludibles en los ejércitos que se aventuran lejos de sus bases, en terrenos abruptos y mal conocidos. Pero cualquiera que fuese su importancia, su trascendencia moral fue incalculable, exaltando, después de una década de continuos reveses, el espíritu de los godos e infundiendo en ellos el optimismo.

Colocados en una situación de abierta rebeldía, excluidos de toda posibilidad de pacto, los godos insumisos se encontraron en situación de ir forjando su temple a los diversos golpes de la reacción musulmana. Antes o después de la batalla, Pelayo, que había figurado en la corte de Egica como caudillo de la resistencia, fue elegido rey, probablemente a la manera goda, por el pequeño ejército que era el pueblo armado. Cangas de Onís se convirtió en una corte que acaso quisiera hacer revivir las antiguas instituciones visigodas. Muerto Pelayo en el 737, le sucedió su hijo FAVILA, que según la tradición fue muerto por un oso en una cacería (739). La tendencia hereditaria, tan importante en los últimos tiempos de la monarquía visigoda, va concentrando el poder en la familia de Pelayo. Sucede a Favila su cuñado ALFONSO I, hijo de Pedro, duque de Cantabria; casado con Ermesinda, hija de Pelayo, y a quien llaman «verdadero fundador del reino de Asturias».

Con Alfonso I, el reino asturiano deja de ser un núcleo rebelde para adquirir una sagaz orientación política y militar de poderosa eficacia. Ciertamente que su reinado (739-757) coincidió con un momento de relajación del poder musulmán en España que, sin el nuevo milagro de la fundación de la monarquía omeya, se hubiera acaso derrumbado, pero fue gran mérito del caudillo asturiano el haberse hecho cargo de las circunstancias favorables y haberlas aprovechado, sacando el máximo partido.

De hecho, ante la situación que vivía España, desconectada con el tiempo de Oriente, atomizada por interminables querellas de raza, intrigas y guerras civiles entre los propios jefes árabes, desiertas las comarcas centrales a causa de la guerra y del hambre, la situación ofrecía maravillosas perspectivas al pequeño y heroico grupo visigodo de Asturias. Pelayo había hecho bastante con mantener la independencia de su exiguo principado de Cangas de Onís. Su yerno Alfonso I se encontró en condiciones mucho más favorables y supo aprovecharlas. Gracias a su política, el reino de Asturias estuvo preparado para resistir las circunstancias adversas que trajo consigo el renacimiento del poder musulmán al establecerse en España un emirato independiente. Los beréberes africanos establecidos en Galicia, rebeldes contra Córdoba, se desplazaron hacia el sur y fueron deshechos por los sirios.

Alfonso pudo ocupar tranquilamente todo el noroeste de la península, antiguo dominio de celtas y de suevos. Luego, en sucesivos avances no muy difíciles, el caudillo asturiano ocupaba Astorga en la llanura leonesa, el norte del actual Portugal y lo que hoy se llama Castilla León. Llegaron hasta el valle del Duero sus rápidas correrías, que los gobernantes musulmanes, ocupados en querellas de raza, no podían contener, en un tiempo en que el hambre convertía en un desierto la meseta central. Los cronistas cristianos consignan el nombre de las plazas que fueron momentáneamente ocupadas por el conquistador: Oporto, Viseo, Astorga, León, Zamora, Simancas, Salamanca, Segovia y Sepúlveda, entre otras. Parecía fácil entonces el restablecer la monarquía visigoda en la mitad septentrional de la península, que apenas había tenido tiempo de ser islamizada.

El gran acierto del rey de Asturias fue precisamente en no caer en esta tentación, sino que tomó la decisión heroica de arrasar las tierras conquistadas, llevándose hacia el norte su población. De esta manera robusteció extraordinariamente su pequeño estado (Asturias, Galicia, el norte de León, Álava, quizá las montañas de Cantabria en ambas vertientes) y creó un desierto extensísimo, una «zona de nadie» entre su reino y el emirato musulmán. Este desierto fue la mejor defensa cuando el poderío del Estado cordobés, vigorizado por los Omeyas, fue otra vez formidable. La misión de los sucesores de Alfonso fue el ir haciendo definitiva la ocupación, preparada por su glorioso antecesor, de las comarcas comprendidas entre las montañas del norte y el curso del Duero.

El primer medio siglo de dominación musulmana en España había cambiado totalmente el aspecto político, etnológico y cultural de la península y había venido a darle su acento definitivo. La monarquía unitaria y teológica de los sucesores de LEOVIGILDO se había convertido en un país sumido en desenfrenada anarquía, en la cual se reflejaban las luchas entre las tribus árabes de Oriente. En tanto que para los escritores de Europa la península sigue siendo Hispania, como en los tiempos en que era provincia romana, los musulmanes llaman al país sometido al-Andalus, cuya única etimología verosímil lo relaciona con los vándalos, sus momentáneos dominadores. Es seguro que para los africanos, España era el «país de donde venían los vándalos» que invadieron el norte de África en el siglo V. Andalucía, la comarca que permaneció musulmana más tiempo, conserva aún este nombre.

Los musulmanes, vencedores y dominadores, fueron durante todo el siglo VIII una breve minoría en relación con el conjunto y, dentro de ella, los árabes puros eran la fracción más exigua; pero esta breve minoría vino a dar carácter al conjunto, por ser la depositaria más pura de la tradición islámica, en relación directa con las oligarquías dominantes en el Oriente y por el prestigio de una cultura exótica heredera de las viejísimas culturas orientales. A pesar de su escasez numérica, formaron una aristocracia que vino a sustituir en el dominio de la tierra a los visigodos y a los terratenientes hispanorromanos.

Quedaba, en proporción infinitamente más elevada, la raza de los vencidos, de la cual aún no se habían unificado bien los elementos hispánicos con los romanos y con los germánicos. En muchos casos, su formación católica era reciente y no muy consolidada, lo que favoreció su acogida sin dificultad de la religión musulmana, que llevaba consigo un nuevo concepto de la vida, acogiéndose a las enormes ventajas fiscales y políticas que el Islam ofrecía a los conversos. Realmente ellos fueron la base principal de la población musulmana en España.

En las ciudades más importantes, en que la acción de los obispos y sacerdotes había sido más intensa, los sometidos permanecieron fieles al catolicismo, considerados como «gentes del Libro», es decir, que habían recibido una revelación, y pudieron ejercer su religión con libertad, sujetos únicamente al pago de tributos especiales. Conservaban su jerarquía eclesiástica, sus magistrados, etc., así como sus iglesias, si bien rara vez –y por motivos excepcionales– se autorizaba la construcción de otras nuevas. El árabe lo hablaban únicamente los invasores. Tanto los sometidos que seguían siendo cristianos (mozárabes) como los que habían aceptado el islamismo (muladí) hablaban un romance que, falto de una literatura escrita, se descomponía en infinidad de dialectos.

En la ancha España, de tan revuelta y anárquica orografía, hubo sin duda muchas comarcas en que apenas fue sensible la tremenda crisis. Sobre todo en el norte, aldeas débilmente cristianizadas seguirían su vida ignorantes de que hubiese en Córdoba gobernantes musulmanes y no ya reyes godos en Toledo. Estos núcleos fueron pronto sometidos a la influencia de los altos dignatarios políticos así como eclesiásticos que no aceptaron la derrota y que constituyeron el reino godo de Asturias, dotado de un extraordinario espíritu misional.

El emirato Omeya en España y la formación de los primeros núcleos cristianos

De la misma manera que las guerras civiles de Roma tuvieron su repercusión en nuestra historia peninsular, los combates entre las distintas sectas y razas que se reparten en el Islam van a influir de un modo decidido en la marcha de los sucesos en España.

La llegada a territorio hispano de un príncipe omeya viene a cambiar el curso lógico del desarrollo de los sucesos. El impulso arrollador del ejército fanático había sido contenido en Poitiers, y al detenerse en la península el conglomerado tan heterogéneo que lo integraba, resurgen las tenaces querellas de raza.

La historia de estos primeros años no es sino un relato de cruentas guerras civiles. Gracias a ellas, es posible la restauración en Asturias de un estado cristiano, en la cual se agudiza el recuerdo de la monarquía de los grandes obispos y de los concilios. Después de las correrías de Alfonso I, que llegan al Duero, todo parecía anunciar una «gran reconquista». Sin embargo, y como tantas veces había de suceder, se reducen aquellas fuerzas diversas y antagónicas en un estado poderoso que llega a mantener las apetencias imperiales, que son el más poderoso factor de permanencia de los sistemas políticos. Aquel estado no dura mucho tiempo, pero sí lo bastante para prestigiar y unificar lo musulmán en España y crear una unidad espiritual que había de hacer imposible por espacio de varios siglos el retorno de la cristiandad.

Estos grandes sucesos en España tienen su origen inmediato en las querellas teológicas del Oriente. Los califas omeyas, aristócratas sirios que nunca habían sido creyentes muy fervorosos, transformaron el Islam, que era un movimiento exclusivamente religioso, en una monarquía de tipo oriental.

Entre tanto en España, de hecho independiente de Oriente desde la caída de los omeyas, gobernaba Yusuf al-Fihri. Un hambre terrible asolaba la península y una gran parte de los beréberes tuvieron que regresar a África.

Mientras, al otro lado del estrecho, un príncipe omeya de veinte años llamado Abd al-Rahman, que venía en peregrinación desde la lejana Siria, se instaló en el norte de África.

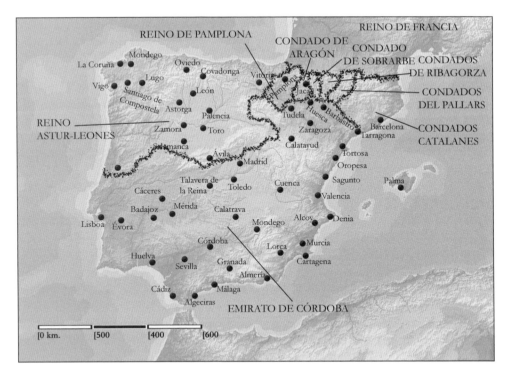

La península ibérica en el año 902.

Ambicioso de poder y deseoso de encontrar un ambiente propicio, pensó que el lugar ideal para conseguir su propósito era España, en donde habitaba un número considerable de clientes omeyas que habían formado parte de los contingentes sirios emplazados en Ceuta y que luego se establecieron en España, principalmente en los distritos de Jaén y Elvira (Granada). Sería el 14 de agosto de 755, cuando Abd al-Rahman decide desembarcar en Almuñécar.

Según el relato árabe *Ajbar Machmu'a* conocemos con detalle los primeros pasos de Abd al-Rahman en España. Fue huésped de los principales clientes de su familia en Loja y luego en Torrox. Yusuf, ocupado en someter a los rebeldes de Zaragoza y en contener un alzamiento de los vascones, incansables en el mismo espíritu de rebeldía que habían mantenido contra romanos y godos, fue informado de esta nueva complicación, más peligrosa cuanto el prestigio del príncipe omeya se imponía en los mismos soldados, sirios en su mayoría, encargados de combatirle. El mismo Yusuf decidió ir en contra del pretendiente, pero sus tropas desertaban para buscar al descendiente de los califas de Damasco. Yusuf tuvo entonces que refugiarse en Córdoba, sin otro recurso que negociar con el fugitivo.

Si éste hubiera sido un príncipe de escasa valía, sin otro prestigio que el de la sangre, la transacción hubiera sido fácil. Pero Abd al-Rahman, al cual su ascendencia califal daba alientos y ambiciones, era un hombre excepcional, de inteligencia clarísima y gran sentido práctico, y su vida le había formado un carácter indomable y dado un agudo conocimiento de los hombres y de la vida. Otro que no hubiera sentido la ambición del poder, acaso habría aceptado las proposiciones de Yusuf, que le ofrecía la mano de su hija con una hacienda que convertiría al proscrito en un gran señor.

Abd al-Rahman, que ya dirigía personalmente la marcha de los asuntos, rechazó la oferta. La fidelidad de los clientes proporcionó al Omeya los contingentes necesarios para iniciar la batalla, la cual tuvo lugar en Córdoba. Abd al-Rahman disponía de dos grandes ventajas como eran una bandera prestigiosa y un ejército ilusionado ante novedades prometedoras, en contra de un gobierno desgastado por el largo ejercicio del poder y que se apoyaba sólo en un partido. Una estratagema dio el triunfo al Omeya (15 de mayo de 756), el cual, imponiendo su autoridad con desusada energía para impedir el saqueo de Córdoba y las venganzas personales, enseñó a sus auxiliares que habían encontrado a un amo. Enseguida, Abd al-Rahman se hizo proclamar en la mezquita emir y rey, con el título de «Hijo de los Califas».

Con el advenimiento al trono de Córdoba antes de cumplirse medio siglo del derrumbamiento de la monarquía visigoda, se estableció en España un poder fuerte, con tendencia unitaria, que había de consolidar la permanencia del Islam. Para ello, como había de suceder con los grandes reyes del Renacimiento en contra de la anarquía feudal, se dio cuenta de que era imposible establecer un imperio con el apoyo voluble, condicionado y falaz de las distintas organizaciones árabes.

El gran mérito del inteligente Omeya consistió en aprovechar estos momentos para establecer un poder firme, que actuase sobre los partidos. Para ello rodeó la corte del mayor prestigio. Estableció su capital en Córdoba, en el antiguo palacio de los gobernadores, y acogió en ella a todos los familiares y a los clientes de su dinastía, que formaron en torno a él una aristocracia de sangre a la que concedió poder y riquezas. Pero su principal cuidado se centró en reorganizar el ejército a base de elementos leales, de manera que constituyese la base firme de su poder. Abd al-Rahman inició el sistema que había de asegurar por espacio de siglos el dominio de su dinastía. Reclutó mercedarios beréberes o procedentes de Europa. Estos extranjeros, expatriados en un medio extraño y a veces hostiles, eran incondicionales de su señor, que se mostraba con ellos muy generoso y de quien en absoluto dependían. Los árabes, que habían traído a España los odios y las divisiones del Oriente, fueron poco a poco quedando relegados a una vida fácil de propietarios rurales.

La providencia quiso darle una vida suficiente para dejar su obra terminada. Pero el largo reinado de Abd al-Rahman fue una lucha continua contra los rebeldes locales o contra los enemigos exteriores: los abatidas de Siria, los cristianos de España y hasta el poderoso emperador de francos y germanos.

Atraídos en grandes masas a España desde el tiempo de la conquista, más temibles por su austeridad y por el fervor de su fe que los indolentes y refinados árabes, los beréberes procedentes de las tribus del norte y del noroeste de África fueron el gran apoyo, pero también el gran peligro de la monarquía omeya de España.

Esta continua atención a la consolidación de su precaria monarquía hizo que Abd al-Rahman no pudiese tomar con empeño la guerra santa contra los cristianos del norte. Por su parte, la naciente monarquía asturiana, a la muerte de Alfonso I, su gran caudillo, pasa también por una época de conflictos interiores motivados por la lucha entre la tendencia hereditaria en pugna con la tradición electiva de la monarquía visigoda y en la cual hubo quizá reminiscencia de la vieja cuestión witizana, tan mal conocida y cuyo conocimiento nos sería tan necesario para explicarnos el derrumbamiento de la monarquía de Rodrigo. La muerte de Alfonso coincide con la instauración en Córdoba de la dinastía de los Omeyas. Le sucede su hijo FRUELA O FROILA (757-768), príncipe guerrero y enérgico, acaso en demasía. No le faltaron, no obstante, dotes de gran organizador. Probablemente fue él quien, al trasladar la capital de Cangas a Oviedo y al llevar a ella el obispado de Lugo, dio al nuevo reino la base necesaria de una ciudad importante.

El *Cronicón silense* le alaba por haber restablecido la disciplina eclesiástica. Hubo de someter sublevaciones de vascos y de gallegos y la de su propio hermano Vimarano, al cual dio muerte. Como consecuencia quizá de estas alteraciones, reprimidas duramente, el caudillo de Asturias fue asesinado en Cangas. Según la crónica de Sebastián de Salamanca, yace en Oviedo con su esposa, la vasca Munia. No le impidieron estas dificultades internas reaccionar violentamente contra la amenaza musulmana. Parece que garantizó con una serie de victorias la libertad del norte cristiano y de ellas la más famosa fue la de Puentedeume, en la cual venció e hizo prisionero al príncipe Omar, hijo o sobrino de Abd al-Rahman, y liberó Galicia totalmente de musulmanes. Las fuentes musulmanas hablan de una expedición victoriosa dirigida por Badr en 766 o 767 contra la tierra de Álava. El cronista Lévi-Provençal relaciona esta razia afortunada con un curioso documento citado en fuentes árabes tardías. Es un tratado de armisticio por cinco años, a partir de junio de 759, entre el noble emir y respetable rey Abd al-Rahman y los patricios, monjes y pobladores de Castilla. De ser auténtico este documento, sería la primera vez que nombre tan ilustre suena en la historia. Se trataría probablemente de una región fronteriza, una marca que irá poblándose poco a poco en las estribaciones de la cordillera cantábrica, en los llanos de Amaya.

En adelante, ni el emir pudo ocuparse mucho de los cristianos ni las cosas del reino de Asturias iban de manera que permitiesen a sus príncipes ensanchar o ampliar sus límites a costa de los musulmanes. Aun cuando Fruela dejaba un hijo de corta edad, el futuro Alfonso II el Casto, prevalece el principio visigodo de elección limitada dentro de la misma familia. Suceden de 768 a 789 los oscuros reinados de AURELIO, SILO y MAUREGATO, a los cuales, con un anacrónico criterio legitimista, tiene por usurpadores la historiografía del Renacimiento. Es posible que las relaciones con la corte de Córdoba fuesen pacíficas en este tiempo. La tradición habla de un vergonzoso tributo concertado con los musulmanes. Pudo ser algo parecido al pacto entre el emir y los patricios, monjes y el pueblo de Castilla a que hemos hecho referencia. A la muerte de Mauregato (789), la reina Adosinda, viuda de Silo e hija se Alfonso I, proclama a su sobrino Alfonso II, pero una vez más prevalece el principio electivo y es consagrado BERMUDO, emparentado también con la dinastía de Pelayo.

Abd-al Rahman I, fundador del Imperio omeya en España, que aseguró por siglos la pervivencia del Islam en la península, murió el 30 de septiembre de 788, cuando aún no había cumplido los sesenta años. Lamentablemente no gozó, en su largo reinado, de un solo día de paz y pagó sus tributos políticos y militares con la desventura de verse rodeado de ingratos y de convertirse en un tirano inflexible y cruel. Dejó a su muerte una organización política y militar inspirada en el califato de Oriente, una corte brillante, un ejército, una administración.

Córdoba, cuya población aumentó rápidamente, se hizo una ciudad importante. En el año de 785, el emir consiguió que los cristianos le cediesen la parte que ocupaban en la catedral visigoda de San Vicente, que hizo demoler. En su solar se levanta la mezquita más bella del mundo islámico, ampliada luego extraordinariamente. Frente a ella, a orillas del Guadalquivir, hizo levantar un alcázar, del cual permanecen los muros exteriores. Sus persistentes añoranzas del Oriente le hicieron dar el nombre de Ruzafa, que su abuelo el califa Hixham había impuesto a su quinta a orillas del Éufrates, a la casa de placer rodeada de jardines y de huertas que se hizo construir en las laderas de la sierra. Los cronistas árabes nos cuentan la admiración que las hazañas del emir despertaban incluso en la corte de Bagdad.

En la corte de Córdoba, en la cual Abd al-Rahman había implantado el estilo de las grandes monarquías orientales, la sucesión al trono no se regulaba por orden riguroso de primogenitura. El soberano elegía entre sus hijos a aquel que le parecía más apto para sucederle, o bien alguna intriga del serrallo o de la guardia pretoriana designaba al nuevo soberano, como en el Bajo Imperio de Roma. El mayor de los hijos del emir muerto era Suleiman, nacido en Siria, pero Abd al-Rahman prefirió al segundo, Hixem (Hisham), que se había distinguido por su cultura, por su fervorosa piedad y por su encanto personal. Suleimán, gobernador de Toledo, no se resignó e intentó levantar la bandera de la rebeldía, pero hubo de someterse y fue tratado generosamente. Aun cuando continuó vivo durante el breve reinado de este príncipe (788-796) el espíritu separatista, el primer Omeya había dejado a su sucesor un ejército adicto y suficiente para sofocar con facilidad estos conatos. Los historiadores atribuyen al nuevo emir una piedad exaltada que se tradujo en sumisión a teólogos y juristas, en el Islam tan confundidos. De aquí la instauración como doctrina religiosa y jurídica del Estado del medinés Malik. El milikismo, manteniendo la ortodoxia más rigurosa, había de librar a la España musulmana de las querellas religiosas del Oriente y de África, aunque convertía el poder público en custodio implacable e intransigente de la pureza doctrinal.

El mismo fervor religioso de Hixem y la relativa paz de sus estados habían de incitarle a la guerra santa con los cristianos y, por otra parte, el nuevo rey de Asturias, Bermudo, sin duda en relación con el clero, procuró que en Asturias se mantuviese el espíritu de resistencia. Los cronistas árabes describen con detalle estas rápidas campañas estivales, que fueron afortunadas porque proporcionaron al emir un botín copioso y detuvieron el florecimiento del reino asturiano. El rey Bermudo fue vencido, pero la hábil política de Alfonso I al crear un desierto estéril entre Asturias y la España musulmana hizo que el ataque del ejército omeya se limitase a estas efímeras correrías, llenas de peligros para el invasor, siempre expuesto a ser sorprendido entre las altas montañas del norte, tan lejos de sus bases. Bermudo, derrotado personalmente en una sangrienta batalla, abdicó en su pariente Alfonso, el hijo de Fruela.

El nuevo rey de Asturias, ALFONSO II EL CASTO, tenía todas las cualidades políticas de un fundador de nacionalidades, unido a austeras virtudes cristianas que le acercaban a la santidad. En el corazón de Asturias, la comarca de España más pobre en vestigios arquitectónicos romanos o godos, improvisó una capital, Oviedo, no desprovista de magnificencia. Edificó la iglesia de San Salvador, el aula de Santa María, la basílica de San Tirso, el panteón regio y, en uno de sus palacios campestres, la basílica de Santullano. Algunas de estas construcciones –la Cámara Santa de la catedral de Oviedo, San Tirso, Santullano de los Prados, con su importante decoración pictórica– han llegado hasta nosotros y plantean el problema inquietante de la arquitectura asturiana, tan bella dentro de su sencillez que es lo más perfecto que en su tiempo se hacía en Occidente. Conocemos el nombre del arquitecto del rey: Tioda, acaso un lombardo que llegó a Asturias buscando la ganancia que ofrecía la política constructora de la corte. Los orfebres cortesanos –acaso extranjeros– supieron labrar las exquisitas filigranas de la Cruz de los Ángeles (808). Alfonso II el Casto convirtió su catedral de Oviedo en un foco de cultura, imprescindible para dar una base sólida a la nueva nacionalidad, con una copiosa aportación de libros eclesiásticos, de geografía, de historia, de derecho, de matemáticas y de literatura. De los documentos de su reinado se deduce que él organizó la curia palatina al estilo visigodo. Con generosas donaciones favoreció la actividad de iglesias y conventos.

Estas tareas del gran rey, que en su largo reinado efectivo (792-842) convirtió el caudillaje circunstancial de los godos refugiados en la montaña en una monarquía estable y duradera, fueron a menudo alteradas por la necesidad de defender el reino de las acometidas de los ejércitos cordobeses. Su labor defensiva es más meritoria porque tenía que enfrentarse con un Estado musulmán en la plenitud del prestigio y de la fuerza. El éxito coronó los primeros hechos de armas del joven caudillo. En el año de 794 salieron de Córdoba dos poderosas expediciones, mandada la una por Abd al-Malik ben Mugit y otra por su hermano Abd al-Kamim. Si bien esta última consiguió arrasar la comarca de Álava, Abd al-Malik, que llegó a saquear Oviedo, fue derrotado en la sangrienta batalla de Lutos (entre Tineo y Cangas de Tineo). Un nuevo enfrentamiento en el año de 795 puso a Alfonso II el Casto en muy difícil situación, ya que tuvo que abandonar su castillo a orillas del Nalón para buscar refugio en los montes de Asturias. Pero, al cabo, estos levantamientos por un país hostil y lejano a sus bases solían resultar funestas para el invasor. En el mismo año otra expedición cordobesa fue atacada y diezmada al regreso por los cristianos.

Hixem I murió en el año 796. El reinado de su segundo hijo, Al-Hakam I, fue conturbado con revueltas interiores que permitieron a los cristianos del norte veinticinco años de paz. La historia de este período es un enojoso relato de todo género de rebeliones. Se inició con una revuelta de origen dinástico promovida no por el primogénito desahuciado, Al-Malik, sino por los hermanos del emir difunto, Suleimán y Abdalah, pertinaces en su antiguo intento de obtener el trono de Córdoba. Abdalah llegó en su obstinación hasta reclamar el auxilio de Carlomagno, cuyo prestigio le convertía en árbitro de musulmanes y cristianos españoles, pero acabó por someterse a su sobrino, que le dejó gobernar Valencia, y él y sus hijos fueron leales servidores del emirato. Suleimán sería asesinado después de una serie de fracasos.

Volvió de nuevo a cobrar importancia, a la muerte de Hixem, el gran problema de los gobernantes españoles de todos los siglos: la tendencia separatista, suprema dificultad de quienes se han puesto al servicio, bajo una u otra bandera o bajo una u otra ley, de la causa de la unidad. En la frontera del nordeste, que por su alejamiento de Córdoba y por su vecindad con los cristianos de aquí y de allá del Pirineo era propicia a emanciparse del poder central, se iba formando un conjunto de causas que hacía fácil la formación de una serie de estados independientes. Los vascones mantenían en las montañas de Navarra su secular situación de rebeldía contra todo intento de dominio.

Nobles beréberes esparcidos por el valle del Ebro, familias de árabes de raza que habían recibido tierras en la comarca o señores visigodos que habían conservado sus bienes a costa de renegar de su fe se iban aficionando a obrar por cuenta propia, sin contar con los funcionarios del emir. Poco a poco, estos núcleos autónomos se van congregando en torno a la poderosa familia de los Beni-Casi, descendiente de un conde godo que con tanto fervor abrazó la causa de los invasores que emprendió la peregrinación a Damasco para ofrecerse al califa omeya. Es posible que estos renegados procediesen del arrianismo, cuyo dogma está a veces más cerca del Islam que del catolicismo romano.

En los primeros años del reinado de Alhakam no fueron los Beni-Casi la principal preocupación de la corte de Córdoba, sino las continuas rebeliones protagonizadas por ciudades como Zaragoza, Mérida o Toledo, contrarias al dominio musulmán. Esta sería una de las causas, quizás la más importante, que no permitieron al emir consagrarse a la guerra santa con la constancia de su padre. De hecho, envió diversas aceifas que encontraron siempre vigilante al rey de Asturias Alfonso II el Casto, y aunque la fortuna de sus tropas fue varia, en ninguna se consiguió ningún resultado definitivo. La expedición del 796 tuvo por campo la región de los Castillos (al-Quila', Castilla) y se prolongó por la montaña santanderina. En 798, el rey de Asturias se apoderó de Lisboa, que permaneció en su poder diez años, y envió a Aquisgrán una embajada para poner el hecho en conocimiento de Carlomagno.

En el reinado de Al-Hakam, la lucha contra los cristianos reviste aspectos de extremada trascendencia. Durante los años que comprende, comienzan a precisarse los Estados cristianos del nordeste, cuya creación había de dar nuevos rumbos a la historia peninsular. En el año 798, los pamploneses, eternos rebeldes, dieron muerte al gobernador omeya Mutarrif ben Musa ben Casi y eligieron como jefe a un Velasco, acaso el «Basiliscus» que emprendió el viaje a Aquisgrán como embajador de Alfonso el Casto a Carlomagno. Una tendencia a la unidad se advierte en estos primeros conatos de reconquista. Pamplona se sitúa bajo la protección de Alfonso II el Casto, el cual con su actividad habitual acude en su defensa cuando el veterano general Abd al-Karim emprende una expedición contra Velasco. Si bien los asturianos fueron vencidos cerca de Miranda de Ebro, en una batalla en que murieron un García, pariente de Alfonso, y el jefe vasco Sancho (816), el rey de Asturias logró contener al invasor en los inexpugnables desfiladeros de Pancorbo.

Más importancia tuvo la ocupación franca de Barcelona, que venía a iniciar en la Marca Hispánica la formación del gran Estado catalán. En su época de rebeldía, el tío de Al-Hakam, Abdalah, el llamado luego «el Valenciano», fue a Aquisgrán para proponer a Carlomagno la conquista de la comarca comprendida entre Gerona y el Ebro. Por su parte, Alfonso II el Casto propuso al rey franco su ayuda en cualquier empresa ultrapirenaica y por último, el gobernador de Barcelona, Zado, se presentó en Aquisgrán ofreciendo la rendición de la ciudad. Carlos, receloso de este género de ofertas, se mantuvo indeciso hasta que en un consejo celebrado en Tolosa por Ludovico Pío se acordó una campaña en tierras hispánicas. La primera correría (798) se limitó a la región montañosa del Alto Segre. Una nueva incursión, por tierras de Lérida y de Huesca, tuvo lugar el 800. El año 801 se emprende la campaña con idea de ocupar Barcelona. El ejército franco arrasó la tierra, en tanto que núcleos godos al mando de Bera ponen sitio a la ciudad. Zado, que había traicionado sus promesas, se defiende tenazmente durante dos años, pero Barcelona se rinde el año de 803. Bera será nombrado conde de Barcelona bajo la dependencia del rey de Aquitania y al tomar el título de marqués, en el 817, inicia la figuración política de la Marca Hispánica.

En el primer tercio del siglo IX comienza a vislumbrarse poco a poco el carácter de los diferentes núcleos de resistencia en las montañas septentrionales: Asturias nace como una prolongación de la monarquía visigoda, que tiene la aspiración de restaurar con sus tendencias unitarias. De ahí el papel que pretenden ejercer sus reyes, claramente directivo en relación con los otros núcleos cristianos. El núcleo de los vascones es una continuación de la actitud de independencia de este pueblo mantenida antaño contra los romanos. La Marca Hispánica nace como una expansión del Imperio carolingio. Esto imprimirá un matiz especial a la futura Cataluña, cuyas instituciones revelan un mayor contacto con las de Europa central que las del resto de la península.

De los últimos días del emir, sabemos que fueron sombríos y tristes. Durante ellos se preocupó de que el problema, siempre difícil en las cortes orientales, de la sucesión tuviese una solución a su gusto e hizo proclamar solemnemente como su heredero al primogénito y predilecto de sus hijos, Ab al-Rahman. Cuando murió, el 21 de mayo de 822, corrió en todo el territorio español una sensación de alivio. Sin embargo, los historiadores árabes tratan con benevolencia a este monarca, cuyas ásperas cualidades dieron al poder público una fuerza que le permitió contener por mucho tiempo el morbo de la dispersión.

El nuevo emir, Abd al-Rahman II, llegó al trono bajo el signo favorable de aquellos príncipes cultos y amables que vienen a gozar de la paz preparada por sus padres enérgicos y crueles. Era musulmán fervoroso y muy sensible. Él sabía que cualquier cambio de gobierno sería bien acogido por aquellos súbditos exasperados y se aprovechó hábilmente de esta circunstancia para hacerse popular y lograr por el amor lo que su padre había conseguido por la fuerza. Por de pronto, patrocinó una de esas revisiones del pasado, ajuste de cuentas siempre grato al espíritu de árabes y españoles. De aquí una larga era de paz y de prosperidad.

Sin embargo, es necesario precisar algunos puntos en contra. Y es que ni el rigor de su padre ni la habilidad del hijo pudieron extinguir la obsesión por la revuelta y la actitud de perpetuo descontento de árabes y españoles. Pero el viejo emir ya se ocupó, antes de su muerte, de dejar a su sucesor un poder fuerte que le permitiera reprimir con facilidad los continuos intentos disgregadores. Éstos fueron realmente incesantes en todo el reinado. Hubo luego quince años de paz interior, pero después los alzamientos serán incesantes: la comarca de Todmir, en 828; los beréberes en Ronda, en 826; las Baleares, en 846; Toledo, a partir de 829; Algeciras, en 850; Mérida, en 828.

En todo caso, tuvo Adb al-Rahman II mayor vagar que su antecesor para dedicarse a la guerra santa. De hecho sus expediciones contra los cristianos del norte fueron continuas. En 823 contra Álava y Castilla; de nuevo contra Álava en 825, y el mismo año diversas columnas atacaron Galicia, Asturias y el norte de Portugal. Después de una tregua de unos cuantos años, tres ejércitos vuelven a tomar los acostumbrados itinerarios de Galicia, Asturias y Álava-Castilla. Las mismas comarcas fueron el objetivo de las campañas del año siguiente. El propio emir dirige personalmente una campaña contra Galicia en 840 y su hijo Al-Mutarrif recorre en 841 la misma región noroeste. Estas expediciones anuales, tan alejadas de sus bases, no podían obtener un resultado algo duradero y se limitaban a lograr botín y a retardar el engrandecimiento del reino asturiano.

En el año 842 moría el rey Alfonso II el Casto. No tuvo como su antecesor Alfonso I y como alguno de sus sucesores la fortuna de poder aprovecharse de las guerras civiles en el país musulmán. Se vio obligado a hacer frente al estado islámico unido en la fuerte monarquía de los primeros omeyas y logró, con tesón que no conoce decaimientos, contenerle de manera que pudo organizar el estado asturiano. Es admirable en la política de Alfonso II el Casto su constante atención para aprovechar cuanto pudiera ser favorable en la consolidación de su reino.

Durante su reinado, la pequeña monarquía asturiana se abre a las corrientes exteriores y entra en el concierto de los pueblos cristianos de Occidente. Un hecho milagroso va a contribuir de manera fundamental a la notoriedad del reino cristiano de los confines occidentales de Europa: el descubrimiento de las reliquias de Santiago en el campo llamado Compostela. El piadoso monarca visitó el lugar e hizo construir sobre el viejo monumento, en torno del cual hay una necrópolis cristiana del siglo V, una sencilla iglesia cuyos vestigios han aparecido recientemente. La presencia en los extremos de Europa, en el *Finis Terrae*, del cuerpo de uno de los discípulos predilectos del Señor provoca la afluencia constante de peregrinos de todo el mundo cristiano, que es elemento esencial para la incorporación de España a las grandes corrientes de cultura occidental.

Al mismo tiempo, Alfonso es consciente de la importancia del intento carolingio de restablecer en Occidente la rota unidad del Imperio romano en la cristiandad, cuyos jefes serían el papa y el emperador. De la historiografía franca se deduce que en los últimos años del siglo VIII Alfonso envió embajadores a la corte de Aquisgrán solicitando su ayuda en la guerra contra el emirato y ofreciendo, a cambio, su cooperación en cualquier empresa ultrapirenaica del emperador. Parece que el rey de Asturias reconoció de algún modo la primacía del rey de los francos. Pudo ser el motivo de la embajada el gran peligro que suponía para Asturias la política religiosa de Hixem I, que preconizaba la guerra santa. Esta entrada del reino asturiano dentro del rudimentario plan feudal del Imperio carolingio motivó, según una tradición tardía, una reacción de los elementos que querían mantener a toda costa libre el reino asturiano de injerencias extranjeras.

Sucesor de este gran rey asturiano sería su pariente RAMIRO I, hijo de Bermudo el Diácono. En su breve reinado (842-850) hubo de someter diversas rebeliones palatinas, herencia que la corte asturiana había recibido de la monarquía goda. Además, la tradición sitúa en este reinado la aparición del apóstol Santiago en la batalla de Clavijo y la liberación de las cien doncellas que los cristianos entregaban a los emires de Córdoba en vergonzoso tributo desde los tiempos de Mauregato.

Un texto del cronicón de Alfonso III presenta a Ramiro I vencedor en una doble batalla. En cambio, los historiadores musulmanes nos hablan de que León cayó en poder de Adb al-Rahman II en 846. Fue en este tiempo cuando las naves normandas llegaron a España (844). En primer lugar saquearon Gijón y desembarcaron luego junto al faro romano llamado Torre de Hércules, cerca de La Coruña. El rey reaccionó rápidamente contra este nuevo peligro y envió un ejército al mando de sus condes, el cual hizo reembarcar a los hombres del norte, quienes dejaron en las costas gallegas setenta naves incendiadas.

Estos sucesos nos revelan la poderosa vitalidad de la monarquía asturiana, cuyas vicisitudes no se conocen muy bien. Pero se conserva un testimonio subsistente de una vida pujante en este reino. Ramiro I fue un gran constructor. Cerca de Oviedo levantó, sobre el palacio de recreo que poseía la reina Paterna en la colina del Naranco, la bellísima iglesia de Santa María y muy cerca de ella la de San Miguel de Lillo. La colina de Santa María del Naranco, con sus dos templos de arquitectura abovedada, gran avance sobre cuanto se construía entonces en Europa, y con su primorosa decoración, en la cual se adivina la mano de obra de cautivos normandos, es uno de los lugares más sugestivos de España. En este breve reinado ha de datarse también la iglesia de Santa Cristina de Lena.

En cuanto a la labor constructiva emprendida por el emir omeya Abd al-Rahman II que dejaría constancia de su reinado, los únicos testimonios conservados son las dos ampliaciones de la mezquita mayor de Córdoba (833 y 848) y la Alcazaba de Mérida, sobre el Guadiana, una de cuyas puertas lleva la fecha de 835.

Tras la muerte de Abd al-Rahman II, en 22 de septiembre de 852, le sucedería su primogénito Muhamad. Los fervorosos musulmanes que habían pensado en que este nuevo emir sería un buen defensor del Islam tenían razón. Sin embargo, Muhamad daría al traste con la relativa tolerancia de sus antecesores. De hecho, despidió a soldados y funcionarios cristianos e hizo demoler las iglesias edificadas desde la conquista. El famoso monasterio de Tabanos, cerca de Córdoba, último refugio de la teología y de la ascética visigoda, fue también demolido.

Aun antes de estos sucesos que consternaron a la cristiandad cordobesa, se encendían por el emirato los nunca extinguidos alientos de rebeldía. El germen de la dispersión brotó primeramente en Toledo, siempre insumisa. Desde pocas semanas después de la proclamación de Muhamad, los toledanos, que habían encarcelado al gobernador omeya, corrían los campos al sur de la ciudad regia y se apoderaban de Calatrava. El ejército que envió el emir (853) recuperó esta plaza. Sin embargo, los toledanos, cada vez más atrevidos, llegaron hasta el río Jándula, ya en Sierra Morena, y allí deshicieron a un ejército cordobés que iba contra ellos. Los rebeldes, sorprendidos por su propia audacia, quisieron consolidar su éxito uniéndose con el rey de Asturias, ORDOÑO I, que en el año 850 había sucedido a su padre Ramiro I.

El recuerdo de Ordoño marca un jalón importantísimo en la monarquía norteña. Ordoño no se limita, como su padre o como Alfonso II, a consolidar su reino al amparo de una heroica actuación de defensa, sino que emprende la ofensiva y llega a constituir un gran peligro para el emirato musulmán. Es un gran repoblador que no se contenta con revueltas afortunadas que enriquecían con su botín el breve reinado asturiano, sino que aspira a conquistas duraderas y siembra de ciudades y villas, castillos y monasterios el país ganado con las armas. Por su orden, el conde Rodrigo repuebla Amaya (Alar del Rey) en 860 y renacen Astorga y Tuy. Las crónicas nos dan la fecha de 856 para la repoblación de León, destinada a ser capital del reino en una etapa decisiva hacia el predominio cristiano y la total liberación de España.

Ante el requerimiento de los toledanos, Ordoño, que inicia la fecunda política de intervención en las querellas entre musulmanes, envía un ejército al mando de Gatón, conde del Bierzo. Los aliados, atraídos a una emboscada en las márgenes del Guazalete, pequeño afluente del Tajo, sufrieron una tremenda derrota, que fue celebrada sin piedad, al uso musulmán. Toledo, sin embargo, no se rindió; en 856 resistió el asedio del príncipe heredero, Al-Mundhir, y al año siguiente los toledanos tuvieron la osadía de atacar Talavera. En 858, la ciudad rebelde obtuvo una amnistía, pero en 875 el propio emir Muhamad hubo de imponer por sí mismo una sumisión que ya no se alteró en su reinado.

El emir omeya procuró vengarse de la intervención de Ordoño, con repetidas incursiones contra Álava y Castilla. El rey se resarció ampliamente con su gran victoria sobre

Musa –que gobernaba Tudela y Huesca–, en Albelda, en la Rioja. El hijo de Musa, Lope, a quien los toledanos habían elegido como jefe, se declaró vasallo del monarca asturiano, cuya vida no conoció descanso. Murió en 866, después de haber dominado Coria y Salamanca y de vencer en el mar de Galicia no sólo a los normandos, sino a la flota musulmana que los perseguía.

Le sucede, siendo poco más que un adolescente, su hijo ALFONSO III, a quien la historia habrá de llamar «el Magno», después de vencer a Froilán, conde de Galicia, que se había apoderado del trono, sin duda resucitando el viejo conflicto visigodo entre los partidarios de la monarquía electiva y la tendencia de los monarcas a convertirla en hereditaria. También hubo de enfrentarse el nuevo rey con otra cuestión secular: el espíritu de rebeldía de los vascones. Tuvo que resistir, como sus antecesores, las acostumbradas revueltas musulmanas y venció en el Bierzo a la expedición que, según las crónicas cristianas, mandaba un hermano del emir Muhamad.

El principal mérito de Alfonso consiste en haber ganado prestigio y adquirido visión política suficiente para apoyar y en cierta manera dirigir el ingente movimiento de rebeldía de los españoles, cristianos o musulmanes, contra la oligarquía árabe dominadora. Él realizó lo que había comenzado Ordoño I: una política peninsular, la cual hacían extremadamente difícil las circunstancias del momento, en una España desgarrada entre tantos pueblos y razas. La situación del emirato aseguraba el éxito de esta política. La dispersión, contenida difícilmente por la inteligencia y la energía de Abd al-Rahman II, renacía con más fuerza en el gobierno de su sucesor.

Durante su reinado, la reconquista avanzará rápidamente por la parte de Portugal. En 868, el conde Vimarano se apodera de Oporto y la comarca entre el Duero y el Miño se repuebla rápidamente. Dos años más tarde, el conde Hermenegildo recuperaba Coimbra sobre el Montego. Por su parte, el emir no cesará de enviar hacia el norte expediciones de botín y castigo, pero estas incursiones eran cada vez más complicadas. Por su parte, el rey de Asturias correspondía a estas expediciones con otras aún más atrevidas hasta el corazón mismo del territorio musulmán. El *Cronicón Albeldense* nos cuenta que Alfonso III pasó el Tajo y el Guadiana y derrotó en Sierra Morena al ejército de Muhamad, cruzando luego sin contratiempo tantas comarcas para regresar a Oviedo.

Estos datos dan la impresión de que a la muerte de Muhamad, en 886, la península era «tierra de nadie», a merced de los golpes de mano de cualquier jefe osado.

El nuevo emir Al-Mundhir era un rival digno de Omar. Las historias musulmanas nos dicen que era valiente y generoso. El mismo relato nos lo describe como cruel, en su energía implacable. Poco después de subir al trono hizo encarcelar y ejecutar al veterano guerrero Hashim, el visir preferido de Muhamad, y persiguió duramente a su familia. Pero en sus campañas contra los focos de resistencia, principalmente el protagonizado contra Bobastro, enfermó gravemente y murió el 29 de junio de 888. Le sucederá su hermano Abd Allah. Su advenimiento representará la más honda decadencia en el poder de los Omeyas. El nuevo emir era un tipo humano de pura raigambre árabe. Inteligente y bravo, llevó la crueldad hasta un punto que sólo se concibe en los serrallos de Oriente. Mandó dar muerte a su primogénito Muhamad, hijo de una princesa Navarra, a su otro hijo Al-Mutarrif y a dos de sus hermanos, hijos del emir Muhamad. La pequeña oligarquía de los árabes de raza le fue siempre adicta, pero el sentimiento nacional español le era unánimemente hostil y originó una rebeldía general. Ya nadie pagaba los tributos y las expediciones militares tuvieron por principal objeto asistir a los recaudadores.

El germen de la dispersión alcanza extremos no igualados en la España musulmana hasta el siglo XI, en el reinado de taifas. Es un movimiento general, que alcanza a todo el emirato, con infinidad de núcleos autónomos que consiguen o no ponerse de acuerdo, unas veces bajo la protección de los reinos cristianos de Asturias y de Pamplona, otras veces con independencias o en contra de estos poderes. Una lucha de una crueldad y de una violencia sin precedentes estalla en todas partes entre árabes y españoles. Es imposible reseñar los incidentes de esta lucha, rica en episodios dramáticos o caballerescos, pues, por muy somera que fuera la reseña, llenaría un libro. En ocasiones, los beréberes, recluidos en las montañas, también se sublevan contra la orgullosa casta dominadora.

Siguen en actitud de independencia los viejos focos de rebeldía, como los toledanos, los Beni-Casi de Zaragoza. Al mismo tiempo, se van formando pequeños principados en Beja y en Faro, en el Algarve. En el distrito de Elvira, correspondiente a la actual provincia de Granada, la lucha entre árabes y españoles alcanzó terrible violencia. Sevilla estaba en poder de grandes familias renegadas de origen godo o hispanorromano, entre ellas la de los Baun Hachchach, descendientes de Witiza por su hija Sara, pero árabes por su ascendencia varonil.

El conflicto comienza por la actitud intolerante de los árabes contra la multitud de los renegados, que no aspiraban sino a disfrutar pacíficamente de sus riquezas y que se mantenían fieles al emir. Las dos grandes familias de los Ben Jaldun y de los Baun Hachchach, después de luchas de crueldad extremada, se hacen dueños de la rica comarca sevillana. Disgustados entre sí, los Ben Jaldun son exterminados y quedó como único señor de la ciudad Ibrahim ben Hachchach, el cual, recordando su regia ascendencia visigoda, creó en Sevilla una verdadera corte, a la cual afluyen músicos y poetas y hasta establece talleres reales de tejidos de seda en los que figura su nombre. En Levante, la federación de marinos de Pechina, cerca de Almería, tolerada por los emires anteriores, ensanchó –en tiempos de Abd Allah–, sus dominios hacia Murcia por el nordeste y hacia Guadix por el oeste, constituyendo un estado independiente, bajo el protectorado nominal de los Omeyas, pero en relación con los puertos del norte de África. Almería era entonces una atalaya al servicio de los poderosos marinos de Pechina.

Entre tanto, el emir enviaba inútiles expediciones para recaudar tributos y cada día se hacia independiente una nueva provincia, prosperaron los reinos de asturianos y de vascones, entre otros. En el primero, Alfonso III, siguiendo la política de su antecesor, fomentó la emigración de mozárabes hacia sus tierras y repobló sus nuevos dominios con gentes del sur que prefirieron abandonar sus tierras y sus hogares para vivir en los dominios de un rey cristiano. En 893 reedifica la ciudad de Zamora con mozárabes toledanos. El conde Diego funda (en 882 o en 884) la ciudad de Burgos. En 899 se repueblan Simancas y Dueñas y, poco más tarde, Toro. Los dominios de Alfonso comprendían todo el ángulo noroeste de la península y tenían el Duero por frontera.

Con la afluencia de mozárabes, monjes y seglares que llegaban a las montañas del norte después de haber convivido con los refinamientos del mundo musulmán, la cultura del reino cristiano adquiere un acento arábigo, del cual hasta entonces se había mantenido inmune. En las fundaciones de Alfonso III, como San Salvador de Valdediós, consagrada por siete obispos en 893, se admiten arcos de herradura encuadrados por un alfiz, celosías y merlones escalonados que recuerdan los de la mezquita de Córdoba y la decoración pictórica está inspirada en motivos orientales. La tradición visigótica persiste sobre todo en la orfebrería religiosa, que por su propia finalidad quedaba más indemne a las influencias musulmanas. Ya en tiempo de Alfonso II se labraban en los talleres asturianos piezas tan exquisitas como la Cruz de los Ángeles que se guarda en la Cámara Santa de Oviedo. En el taller real de Gauzón, en el reinado de Alfonso III, se recubrió con oro y pedrería la Cruz de la Victoria. Esta pieza, la más bella y dedicada que se pueda encontrar en la orfebrería del siglo X, y otras que, procedentes de donaciones reales, se conservan en iglesias del norte, nos revelan el refinamiento de la corte de Alfonso. Las crónicas y los documentos nos hablan de la magnificencia de sus palacios rurales y de su corte, en que sin duda se conciertan influencias cordobesas y carolingias.

La buena fortuna del rey se vio perturbada en sus últimos años por disensiones familiares. El *Cronicón de Sampiro* nos cuenta que el monarca, vencedor en Zamora de una multitud de berberiscos fanatizados por su falso profeta, hubo de hacer frente a una conjura de sus propios hijos. Aun cuando redujo a prisión al mayor de ellos, García, el rey, viejo y fatigado por una vida de constantes luchas y enfrentamientos, no pudo resistir los embates de sus hijos, Ordoño y Fruela, apoyados por Munio Fernández, suegro de García, y acaso por su madre la reina Jimena. El rey depuesto se retiró a su villa de Bordes. Después, malavenido con la paz de su reino campestre, fue en peregrinación a Compostela y guerreó todavía con los musulmanes. Murió en la ciudad de Zamora en diciembre de 910.

Se consolidaba también en las montañas del norte la dinastía pirenaica que reinaba en Pamplona, con un campo de acción mucho más exiguo, pues su contendiente no era, como para Asturias, la lejana y conturbada Córdoba, sino el estado dinámico y poderoso de los Beni-Casi de Zaragoza. García Íñiguez, príncipe de los vascones, murió en una batalla, no se sabe bien si en la de Monte Laturce contra Ordoño I de Asturias (852?), defendiendo a Muza ibn Muza, posiblemente su suegro, o en combate contra el emir Muhamad o contra los Beni-Muza, pues parece que este príncipe vascón, siguiendo ya el destino de su patria, obligada a debatirse a fuerza de valor y de astucia entre vecinos poderosos y rivales, sólo podía subsistir aliándose o combatiendo a los emires de Córdoba, a los Beni-Muza y a los reyes de Asturias. Es posible que el reinado difícil de este caudillo tuviese que hacer frente a otro peligro: el de los hombres del norte.

Varios historiadores musulmanes refieren que los normandos llegaron hasta Pamplona y se apoderaron del «jefe franco» García, que hubo de ser rescatado por una enorme suma (859). Al año siguiente, el emir Muhamad, en una expedición victoriosa, hizo prisionero a Fortún Garcés, hijo de García, el cual permaneció en Córdoba muchos años.

La sucesión de García Íñiguez es muy confusa. Parece probable que, predominando el principio electivo todavía legalmente vigente en los reinos herederos de la monarquía visigoda, después de un breve reinado de Fortún fuese elegido Sancho Garcés, en tanto que el infortunado prisionero de Córdoba profesaba en el monasterio de Leire (905). Con este Sancho Garcés, que debió de ser un caudillo enérgico y audaz, la historia de Navarra deja las brumas de la leyenda. Su reinado comenzó con fortuna, pues dio muerte en una celada al señor de Tudela, Lope ben Muhamed ben Lope.

Al mismo tiempo alboreaban en el Pirineo otros pequeños núcleos autónomos, de los cuales apenas tenemos dato alguno seguro. Un caudillo desconocido llamado AZNAR, en fecha incierta del siglo IX, al apoderarse de Jaca da origen al condado de Aragón. Un escritor romántico, José María Quadrado, en un destacado estudio, ha ponderado la fortuna de este nombre, que, nacido en la corriente de un pequeño río pirenaico, había de ser signo de un grande y glorioso reino. Le sucedería GALINDO AZNARES, contemporáneo de Fortún Garcés y de Sancho Garcés I. Otro caudillo, RAMÓN, fundó el condado de Pallars. Un pasaje del cronista musulmán Ibn Hayam nos cuenta que Lope ben Muhamed ben Lope, de Tudela, venció y dio muerte (898) a «Hunfrid» de Barcelona. Este personaje es el llamado en las crónicas cristianas WIFREDO EL VELLOSO, el cual, aprovechando la debilidad de Imperio carolingio, se hizo independiente y fue el progenitor de la gloriosa dinastía catalana a la que estaban reservados tan brillantes destinos.

El mismo suceso de la muerte de Wifredo en combate contra musulmanes nos da la razón de la independencia del condado de Barcelona. Los condes no se interesaban ya por los asuntos del Imperio ultramontano al cual debían su origen, sino que, por el hecho de estar situado su territorio al sur de los Pirineos, habían de atender a los estados cristianos del norte, al principado de los Beni-Muza y a la monarquía omeya. De esta manera, la realidad geográfica integraba el condado catalán en el concierto de los pueblos hispánicos.

Grandes soberanos del norte de España y de Castilla

En la historia de España son frecuentes las transiciones bruscas de un estado de descomposición anárquico, en el cual parece que está a punto de desaparecer todo vestigio de organización política, a un régimen en el que el poder público, fuerte y prestigioso, se siente capaz de grandes empresas. Hay en todos los ánimos una aspiración a la unidad, que será una gran fuerza para quien pueda ofrecer un programa de orden, de paz y de justicia.

El que estaba destinado a realizar el prodigio de la resurrección del estado omeya sentía ya latir más sangre española que árabe en sus venas y no tenía aquel orgullo de raza, aquel desprecio hacia los vencidos que hacía imposible la convivencia. En sus últimos años, el desconfiado y cruel Abd Allah había centrado todo su cariño en su nieto Abd al-Rahman, hijo de su primogénito Muhamad, asesinado por orden suya. La madre del príncipe fue una cautiva cristiana, franca o vasca, llamada Munia y su abuela una princesa Navarra: Íñiga, hija de Fortún el Tuerto y biznieta de Íñigo Arista. Abd al-Rahman era un muchacho grueso, no muy alto, de bellas facciones y sus ojos azules y cabellos rubios denotaban su ascendencia norteña. Bien fuese porque el notorio deseo del emir fuera respetado o porque su nieto hubiese demostrado ya sus cualidades excepcionales de talento y energía, lo cierto es que a la muerte de Abd Allah, en la noche del 15 al 16 de octubre del año 912, Ad al-Rahman fue reconocido sin dificultad por la corte y en la mañana del 16 de octubre le rindieron homenaje, vestidos de blanco, todos los príncipes omeyas. Tenía poco más de veintiún años, pues había nacido el 7 de enero de 891, pocos días antes del asesinato de su padre.

Los cronistas alaban las altas cualidades del emir y la relación de los sucesos de su reinado justifica estas alabanzas. Había nacido para rey y amaba el oficio de reinar. Tenía de su autoridad la más alta idea y le gustaban las ceremonias de un protocolo espectacular, inspirado en el de los califas de Bagdad y, más aún, en el de los emperadores de Constantinopla. Era hombre de grandes pensamientos, capaz de concebir planes ambiciosos y demostró, para ponerlos en práctica, tenacidad, inteligencia y energía. Tuvo, sin duda, ese dominio de las gentes que es el supremo don de los que la providencia ha destinado para el imperio. Su carencia de prejuicios raciales le hacía apto para congregar en su entorno a todos los musulmanes, fuesen árabes, africanos o españoles. Fue, sin embargo, cruel con los cristianos.

A pesar de los triunfos tardíos del difunto emir, la situación todavía era extremadamente difícil.

Pero aún era más el peligro de los cristianos del norte. Las querellas continuas entre musulmanes habían producido un resultado funesto para el Islam: la consolidación y la extensión de los reinos del norte. Al amparo de las angustias del emirato en el reinado de Abd Allah, el atrevimiento de los cristianos, que habían permanecido tantos años abrumados por el espanto de la tremenda derrota, no tenía ya límites. A los próceres de Asturias, residuos de la jerarquía goda, habían sustituido elementos nuevos que no vivían sino para combatir: castellanos, aragoneses, navarros. En contacto con Europa, que comenzaba a organizarse, inflamada de fervor misional, la cristiandad norteña era un peligro mucho más temible que los rebeldes andaluces, que habían demostrado su incapacidad para una acción conjunta, y que los africanos, harto preocupados con sus propios problemas.

Por tanto, la tarea que se le presentaba ante el joven emir, nieto de los reyes de Navarra, era grande y extremadamente difícil. Abd al-Rahman se entregó a ella totalmente y consagró su vida entera al engrandecimiento del país que le había confiado sus destinos.

Su acierto inicial fue el terminar con el régimen de falsas sumisiones que, al dejar patente la debilidad del poder público, envalentonaba a los enemigos. El emir, como en idéntico trance habían de hacer siglos después los Reyes Católicos, dio a entender a todos que no quería fórmulas protocolarias, sino ciudades y castillos, y que no se contentaba con las apariencias ostentosas de la soberanía, sino con la plenitud del poder. Lo más urgente era acabar con la semi-independencia de los principados musulmanes que la debilidad de los monarcas anteriores había consentido y, sobre todo, extinguir el foco insobornable de todas las rebeldías.

Comprendió Abd al-Rahman que solamente con el estímulo de grandes empresas es posible en tierra hispánica concertar voluntades y mantenerlas sumisas al poder. Por eso, inesperadamente, a la entrada del invierno, emprende una serie de expediciones militares. Las victorias se sucederán una tras otra y la sumisión de los núcleos rebeldes se llevará a cabo con inexplicable rapidez. Pero aún quedaba en rebeldía, casi desde la fundación del emirato, Toledo, que al amparo de su fortísima situación se mantenía independiente, unas veces bajo el protectorado de los Beni-Casi de Aragón o de los reyes de Asturias, otras bajo el gobierno de algún potentado local.

No será hasta el año 930, cuando el califa decida enviar a la ciudad una embajada de dignatarios, haciendo saber a los altivos toledanos la necesidad de una rendición sin condiciones. Como la respuesta fue ambigua, en la primavera de aquel año el califa envía de nuevo un ejército y luego acude él mismo, ordenando fortificar las alturas que rodean Toledo, de manera que los ciudadanos comprendiesen que el sitio no había de levantarse nunca. Sin embargo, la ciudad regia resistió dos años, esperando siempre ayuda del rey Ramiro II de

León, pero las tropas reales fueron derrotadas. El califa, entonces, entró en Toledo el 2 de agosto de 932 y celebró la rendición de la ciudad con grandes ceremoniales.

Con los príncipes de la frontera del norte, la conducta de Abd al-Rahman fue diferente. Estaban demasiado alejados para que fuese posible una sumisión completa y los gobernantes musulmanes de aquellas comarcas desempeñaban una misión útil conteniendo a los cristianos del Pirineo, cada día más agresivos. El califa estableció una especie de régimen feudal, en el que los grandes vasallos pagaban un tributo y servían, cuando eran requeridos, en los ejércitos califales.

Este dominio total sobre la España musulmana, que le permitía disponer de todos sus recursos, le era imprescindible para mantener la guerra santa contra los cristianos del norte. La guerra santa no era ya en este tiempo, para el soberano de Córdoba, una simple obligación piadosa ni siquiera un recurso político para mantener unidos con un gran ideal a los vasallos musulmanes. Era una urgente necesidad defensiva motivada por la creciente osadía de los caudillos del norte.

A la muerte de Alfonso III de Asturias, sus hijos habían creído contar con fuerza suficiente para establecerse en León, con la idea de dominar la cuenca del Duero. El mayor, GARCÍA, fue el primero en titularse rey de León (910-914), dejando a sus hermanos Ordoño y Fruela como reyes feudatarios de Galicia y de Asturias. Fruela, aprovechando la situación difícil del emirato, preocupado en los asuntos andaluces, realizó una expedición afortunada.

En su breve reinado, García había sido un gran repoblador. Según los *Anales complutenses*, el año 912 se repuebla Roda, Osma, Coca y Clunia. Zamora, Simancas, San Esteban de Gormaz y Osma formaban la defensa del Duero. Esta barrera estaba, en realidad, al amparo de un inmenso despoblado, «tierra de nadie» entre el Duero y el Guadiana.

ORDOÑO II, hermano y sucesor de García, uno de los príncipes más destacados de la dinastía asturiana de León, tenía magníficos puntos de apoyo para una ofensiva enérgica. Pero al mismo tiempo se iba formando hacia el nordeste, en las estribaciones de los Montes de Oca, un pueblo dotado aún de espíritu más agresivo y de mayor resistencia para el combate. Eran tierras pobres, pobladas en todo tiempo por pastores, leñadores y monteros.

Los celtas habían establecido aldeas fortificadas en todos sus alcores, y los visigodos, cuyo tenor de vida era análogo, les habían sucedido en su posesión. Probablemente estas laderas nunca quedaron por completo despobladas. Ya en el siglo IX, como los reyes de Asturias hubiesen erigido castillos en los lugares más fuertes, el país se llamó Castilla. A él acudían, como tierra avanzada propicia para base de correrías guerreras, las gentes más osadas y deseosas de vivir en libertad.

Los reyes nombraron condes, con el sentido visigodo de gobernadores, para las poblaciones principales, y así un conde Rodrigo puebla Amaya hacia 860. Un hijo de este Rodrigo, Diego, funda Burgos el 884. Otros condes había en Lantarón, en Lara y en Cerezo. Castilla era, realmente, una marca que servía de yunque a los continuos golpes del emirato de Córdoba contra Álava. El peligro enseñó a los castellanos a luchar por cuenta propia y les hizo aficionarse a prescindir de la corte de León, que deseaba a toda costa mantener su autoridad allí.

El «Cronicón de Sampiro» cuenta un hecho muy significativo: Ordoño II convocó en Tejares, a orillas del Carrión, a cuatro de los condes de Castilla cuya fidelidad inspiraba sospechas: Nuño Fernández, Abolmondar el Blanco con su hijo Diego y Fernando Ansúrez, y en aquel punto les hizo cargar de cadenas y los llevó a León, donde ordenó que les diesen muerte.

Una de las más antiguas y destacadas tradiciones de Castilla, recogida en el siglo XIII por el arzobispo don Rodrigo, asegura que para hacerse independientes de León los castellanos nombraron dos jueces: Nuño Rasura y Lain Calvo. Probablemente esta leyenda oculta un fondo de verdad. Es posible que los castellanos eligiesen jueces a quienes acudir en sus querellas, prescindiendo de llevarlas ante la curia del rey. Este sentimiento antileonés se va concentrando en torno de la familia del conde de Burgos, Gonzalo Fernández (cuyo nombre figura en documentos de 899 al 919), sin duda la más prestigiosa o más arraigada en el país. Su hijo Fernán González reunía las condiciones de gran caudillo nacional.

Cuando Ab al-Rahman III subió al trono, reinaba también en Navarra otro caudillo tan inquieto y tan codicioso como Ordoño II de León y como FERNÁN GONZÁLEZ de Castilla: aquel Sancho Garcés I, acaso hermano de Fortún Garcés, monje de Leire, quizás hombre de otra raza y de otro país, que se apoderó por la fuerza de Pamplona. Su hijo GARCÍA SÁNCHEZ I había engrandecido considerablemente su pequeño estado montaraz por su matrimonio con doña Andregoto Galíndez, hija y heredera de Galindo Aznárez, conde de Aragón, que le puso en posesión de los castillos ribereños del río pirenaico. Al principio, bastaron a sus ímpetus bélicos pequeñas querellas con sus vecinos de la frontera oriental, Al-Tawit de Huesca y los Beni-Casi de Lérida, pero bien pronto comenzaría a codiciar no sólo las fértiles llanuras de la cuenca del Ebro sino también de la Rioja.

Auge y decadencia del emirato Omeya. Almanzor

Abd al-Rahman luchó toda su vida contra los cristianos y en esta lucha no siempre le fue propicia la suerte de las armas. Debió sus grandes triunfos sobre todo a la división de sus enemigos, que en los momentos de gran peligro solían concentrarse, pero que frecuentemente reñían entre sí o tenían que atender, cada uno en sus estados, a guerras civiles, plaga tanto de la España cristiana como de la musulmana. De aquí los extraños vaivenes de esta guerra, en la cual nunca por mucho tiempo permaneció quieta la fortuna.

Para acudir a ella tuvo que reformar el príncipe toda la organización militar del Estado. Toda la fuerza y gloria y, al cabo, la ruina del Imperio omeya estriban en este cambio. Ciertamente se intuía la debilidad interna del brillante califato de Córdoba en la falta de espíritu militar de los musulmanes españoles. No se puede apartar de la imaginación la similitud con el Imperio romano y la monarquía visigoda, que también habían visto en la prosperidad y en la riqueza debilitarse sus virtudes castrenses.

Los descendientes de los árabes que habían conquistado a España no sentían ya deseos de abandonar por la guerra sus pingües posesiones, ni los españoles, difícilmente sometidos, aspiraban a nada que les apartase de su pacífico trabajo. Para combatir el empuje de leoneses, castellanos y navarros serían muy poca cosa las tribus árabes que tres siglos antes habían derribado tantos imperios.

Pero el Estado cordobés –que ahora cobraba puntualmente los impuestos–, era inmensamente rico y podía pagar mercenarios. En sus contactos con África, los Omeyas se habían dado cuenta de que el continente era una reserva inagotable de soldados. Aun cuando en número mucho menor, tuvieron cada vez más importancia en el ejército los «eslavos» (*siqlabí*), cautivos cristianos procedentes del norte de España o de toda Europa, que la piratería musulmana cautivaba en sus razias, o bien muchachos vendidos por sus propios padres, que el comercio judío llevaba a Córdoba. Llegados, generalmente, muy jóvenes a la capital omeya, estos eslavos aprendían pronto el árabe y el romance popular que se hablaba en toda España y fácilmente aceptaban el Islam. Aun cuando su servicio fuese principalmente palatino, la confianza que en ellos depositaba el príncipe llevó a muchos a los mandos supremos del ejército.

La iniciativa partió esta vez de los cristianos. Cuando Ordoño era solamente rey de Galicia, el 913, llegó hasta Évora, al sur del Tajo, tomó la ciudad por asalto y, después de dar muerte al gobernador y de pasar a cuchillo a la guarnición, volvió a Galicia con gran botín y millares de cautivos. Este atrevido golpe de mano sembró la consternación en las comarcas de Occidente. Ya el rey de León, Ordoño II (914 o 915) hizo correr a la guarnición musulmana del fortísimo castillo de Alange la misma suerte que a la de Évora. Esta vez el reyezuelo de Badajoz alejó al rey cristiano con un tributo y con su importe se levantó la iglesia de Santa María de León.

Aun cuando el nuevo emir se hallaba ocupado en la pacificación de Andalucía, reaccionó con violencia ante aquella provocación y en julio del 916 envió con un fuerte ejército a su general Ibn Abi Abda, el cual realizó un levantamiento fructuoso por tierras leonesas. Al estío del siguiente año, el mismo general, con un ejército de mercedarios berberiscos y de gente reclutada en las fronteras, atacó la plaza de San Esteban de Gormaz. Los fronterizos pelearon mal y el rey Ordoño les infligió un desastre total (4 de septiembre de 917). Ordoño desafió el poder de Abd al-Rahman con la tremenda afrenta de clavar la cabeza de Ibn Abi Abda, el anciano general omeya, en las murallas de San Esteban al lado de la cabeza de un jabalí. El espíritu agresivo de los cristianos parecía incontenible. Aliado con Sancho Garcés I, Ordoño llega hasta Talavera, a orillas del Tajo, en tanto el rey de Navarra, en la primavera de 918, saqueaba las ricas vegas de Nájera y Tudela y, más al norte, atacaba a Valtierra e incendiaba la mezquita del Arrabal.

El emir iba acumulando su cólera, decidido a castigar la osadía de aquellos cautivos. En el verano del mismo año, el ejército omeya derrotó por dos veces a Ordoño II en un lugar no determinado que el *Cronicón Silense* llama Mutonia (acaso Mendoza o su barrio de Mantioda, en tierras de Álava). Al año siguiente, uno de sus generales intentó castigar al rey de León, insumiso a pesar de sus desventuras, y le hizo huir de sus posesiones. En el año 920 fue el mismo emir el que con un ejército más poderoso se puso al frente de una expedición de castigo. Su objeto era asestar un rudo golpe a los dos aliados, el rey de León y el de Navarra. La expedición salió de Córdoba el 5 de junio, pasó por las cercanías de Toledo, rebelde aún, y por Guadalajara llegó a Medinaceli, y desde este lugar inexpugnable, que había de ser el cuartel general de los ejércitos omeyas en sus expediciones contra el norte, tomó, en afortunados ataques, Osma y San Esteban de Gormaz.

Las murallas donde el rey había hecho clavar la cabeza de Ibn Abi Abda fueron arrasadas. El ejército musulmán destruyó la antigua ciudad romana de Clunia y cuantas aldeas y monasterios halló a su paso. El emir no encontró resistencia. Los reyes cristianos, con la táctica que ha dado siempre en España buenos resultados, se refugiaban en las montañas, conservando intactas sus fuerzas para el momento oportuno. Es cierto que la incipiente repoblación de las llanuras del Duero quedaba destruida y era preciso comenzar de nuevo.

La expedición real tomó luego rumbo a Oriente para doblegar a Sancho Garcés. Ibn Abd Allah ben Lope, el Beni-Casi, gobernaba Tudela, se apoderó de Carcar, y el mismo Abd al-Rahman ocupó Calahorra y tomó el camino de Pamplona. Ordoño de León acudió en auxilio del rey de Navarra y unidos ambos monarcas abandonaron su prudente estrategia y presentaron batalla al ejército musulmán en el valle de Junquera. Los cristianos sufrieron una tremenda derrota y el emir hizo muchos cautivos, entre ellos a dos obispos: Dulcidio de Salamanca y Ernogio de Tuy (26 de julio de 920). Al día siguiente, el emir atacó el castillo de Muez, donde se habían refugiado los principales jefes del ejército vencido, y el 29 lo tomó por asalto y pasó a cuchillo a quinientos hidalgos y caballeros. Después de haber saqueado la Baja Navarra, el emir emprendió regreso a su capital.

Estas victorias, tan ponderadas por las crónicas musulmanas, acrecentaban el prestigio del príncipe omeya y retrasaban la repoblación de la España cristiana, pero su eficacia debió de ser muy escasa. Apenas se había extinguido la polvareda del ejército cordobés, en 921, cuando Ordoño II penetraba en territorio musulmán. En el 923 tomaba Nájera, en tanto que Sancho Garcés I atacaba a los últimos Beni-Casi en su castillo de Viguera. La toma de Viguera consternó a Córdoba, pues murieron algunos miembros de las más ilustres familias andaluzas y llenó de orgullo a Sancho Garcés I. Pero al año siguiente, la muerte proporcionaría al emir una gran victoria, arrebatando al indomable e infatigable rey de León, Ordoño II, que murió de enfermedad y fue enterrado en Santa María de León. Aun cuando dejaba dos hijos, Alfonso y Ramiro, le sucedió su hermano FRUELA, que en su breve reinado (924-925) apenas pudo apoyar los esfuerzos de Sancho Garcés I de Navarra, contra quien se concentraban las fuerzas de todo el emirato.

Sostiene el cronista de la época Lévy-Provençal que mientras en la hostilidad del emir de Córdoba hacia el rey de León había un fondo de estimación hacia el descendiente de tantos reyes, sentía un profundo desprecio hacia Sancho Garcés I de Navarra, a quien consideraba como un advenedizo orgulloso e insolente. Por eso, aprovechando la circunstancia de que la muerte del rey de León dejaba aislado al príncipe de las montañas, se dirigió contra él personalmente en la primavera del año 924. Esta vez el camino fue por la provincia levantina de Todmir y, en pleno verano, pasó el Ebro e invadió una vez más el reino de Navarra, que apenas comenzaba a organizarse. La expedición, como las anteriores, no fue sino un paseo triunfal para el emir, el cual pudo contemplar cómo sus tropas arrasaban castillos, monasterios y pueblos.

En las márgenes del río Irati, Sancho Garcés I, con los escasos contingentes que pudo enviarle Fruela de León, le presentó batalla, pero, vencido una vez más, hubo de presenciar desde su refugio montaraz los incendios de Pamplona. Aun la catedral, que ya en este tiempo atraía a muchos peregrinos, fue entregada a las llamas. Todavía el emir avanzó hacia las montañas del norte, al lugar llamado «la roca de Grais» (Huarte-Araquil). Sancho había hecho construir una iglesia, a la cual tenía gran devoción (probablemente San Miguel in Excelsis, en el monte Aralar), e hizo esfuerzos desesperados para salvarla, pero no pudo evitar que fuese demolida. Triunfador una vez más, el emir volvió a su ciudad, a Córdoba.

Por un buen número de años, Abd al-Rahman no tuvo que temer de los cristianos y pudo dedicarse tranquilamente a terminar con los últimos focos de resistencia en la Espa-

ña musulmana, además de intervenir en los asuntos de África. Aniquilado Sancho, bastante tenía que hacer éste con reparar en lo posible sus derrotas mientras en León estallaba una
de esas querellas sucesorias que fueron el más eficaz auxiliar del poderío musulmán y el
obstáculo más poderoso para la restauración de la monarquía. El primogénito se creía con
derecho a la sucesión según la idea de legitimidad cada vez más extendida, pero cualquiera de sus hermanos que se creyera más fuerte o más capaz se arrogaba la facultad de disputarle la corona. Aun cuando Fruela dejó descendencia, no le sucedieron sus hijos, sino los
de Ordoño II, su hermano. El mayor era Sancho, pero Alfonso, más poderoso por su enlace con Onneca, hija de Sancho Garcés I de Navarra, logró hacerse coronar en León (925).
Sancho no se resigna, y se proclama rey en Santiago de Compostela (927) y entra vencedor en León. Después de una tentativa fracasada, Alfonso vuelve a León victorioso y Sancho se retira a Galicia, donde muere en 929.

Cuatro años después, Alfonso, afligido por la muerte de su esposa, decide renunciar a la
corona en su hermano RAMIRO II y toma el hábito en el monasterio de Sahagún (931).
No se conformó, sin embargo, por mucho tiempo con la inactividad del claustro e intentó dos veces recobrar lo que voluntariamente había abandonado, pero el nuevo rey, Ramiro II, era el único de los hijos de Ordoño que había heredado el temperamento de su padre y condenó a la pena de ceguera al rey monje y a sus primos, los hijos de Fruela, que le
habían ayudado en su aventura. Desde entonces Ramiro concentró en sí todas las fuerzas
del reino cristiano y pudo dirigirlas de nuevo contra la España musulmana.

Con el advenimiento de este nuevo rey terminó la larga tregua que había permitido al
Omeya de Córdoba pacificar sus dominios y establecer el califato de Occidente. Ambos rivales gozaban ahora de la plenitud del poder y podían dedicar sus fuerzas a la guerra. La iniciativa partirá de León. En esta ocasión, Ramiro II intenta socorrer a Toledo sublevado y se apodera de Madrid, primera vez que este nombre suena en la historia. En el año 933, de acuerdo
con el conde de Castilla Fernán González, derrotó ante los muros de Osma a un gran ejército que el califa había enviado contra esta fortaleza y en su poder quedaron varios millares de
prisioneros. Consecuencia de este desastre fue la gran expedición de castigo que el califa dirigió personalmente en el año de 934. Abd al-Rahman se situó frente a Osma y mantuvo in-
movilizado en la plaza al rey de León entretanto sus tropas arrasaban Burgos y otros castillos.

Al mismo tiempo, Ramiro II desplegaba una actividad diplomática análoga a la que habían desplegado su padre Ordoño II y su abuelo Alfonso III, procurando amparar todas las
rebeldías contra la corte de Córdoba. Desde el año 934 estaba en relación con el señor de
Zaragoza, Abu Yahia. Todavía éste ayudó al califa en la toma de Burgos, pero tiempo más
tarde reconoció la soberanía de Ramiro, que le ayudó a someter a sus súbditos rebeldes. De
hecho quedó establecida una alianza o un pacto entre el señor de Zaragoza, el rey de León
y la reina de Navarra, Tota, viuda de Sancho, que gobernaba en nombre de su hijo García.

El califa quiso deshacer enseguida esa alianza tan peligrosa y personalmente dirigió el ejército que en 937 fue a someter el señorío de Abu Yahia. El ejército califal puso sitio en Calatayud, que defendía una guarnición reforzada con soldados alaveses de Ramiro II. La plaza se entregó y el califa, siguiendo su habitual norma de conducta, perdonó a los musulmanes, pero
hizo pasar a cuchillo a todos los cristianos. Zaragoza se rindió y Abu Yahia fue perdonado.

Aun cuando los ejércitos califales pudieran realizar expediciones victoriosas, es cierto
que a medida que los reinos cristianos, llenos de vitalidad, se fortalecían, esta guerra en que

los musulmanes luchaban en un territorio difícil y alejado de sus bases, ofrecía cada vez mayor peligro. El año 939 registró el mayor desastre que sufrió ningún soberano cordobés y el mayor éxito que las armas cristianas obtuvieran hasta la disolución del califato. El califa preparó aquel año personalmente y con cuidado una expedición para someter definitivamente a los cristianos del norte. El ejército del llamado «Poder Supremo» (así fue llamado), siguió la ruta acostumbrada en estas expediciones y alcanzó pronto el valle de Duero. Delante de Simancas le esperaba Ramiro II con los castellanos de Fernán González y los navarros de la reina Tota. La lucha duró varios días y terminó con un inmenso desastre, en el cual la caballería del califa fue a precipitarse en un foso que el rey leonés había hecho excavar. Los cristianos, entonces, se hartaron de matar a mansalva y el califa tuvo que huir, abandonando en su campamento su libro del Corán, de valor inestimable, y su propia cota de mallas de oro.

La victoria permitió, por de pronto, a Ramiro continuar la labor repobladora, tantas veces interrumpida por la guerra de sus sucesores. La repoblación se extendió hacia el oeste por los valles del Tormes: Ledesma, Ribas, Los Baños, Alhandega, Peña Ausende y Salamanca. Una vez más, se iban recuperando poco a poco las fortalezas, las aldeas y los monasterios de Castilla, tantas veces asolados por los ejércitos musulmanes. Nuevamente la guerra civil entre cristianos vino a ser el mejor aliado del soberano de Córdoba. Esta vez la guerra no era un simple conflicto dinástico o sucesorio que se resolvía rápidamente. La cuestión tenía raíces más profundas: se trataba de la rivalidad hostil entre dos comarcas.

No podemos saber con total seguridad los orígenes de esta rivalidad. Es posible que desde tiempos muy remotos los labradores de las tierras llanas de León y los pastores de las montañas de Castilla se mirasen con mutua hostilidad. Por otra parte, Castilla, repoblada difícilmente entre los continuos ataques de los cordobeses, había creado un espíritu de libertad que contrastaba con la organización jerárquica de la corte de León, heredera de la monarquía goda. Algunos poemas y romances nos hablan de la muerte, por justicia, de los condes de Castilla atraídos a Tejares y de la reacción castellana ante la afrenta. El peligro común de la campaña del «Poder Supremo» contra los musulmanes, unió a castellanos y leoneses, pero, como tantas veces había de suceder en la historia, conjurado el peligro de los moros en la batalla de Simancas, volvieron a encenderse nuevamente las disensiones entre cristianos.

Fernán González, de quien apenas sabemos nada que no esté alterado por la leyenda, aparte de sus altas cualidades de caudillo, tenía el don de hacerse adorar por sus vasallos, quienes le tenían por su jefe natural. El conde, unido a un Diego Munio, se sublevó contra el rey de León. El enérgico Ramiro II logró sorprender y aprisionar al rebelde y nombró condes gobernadores de Castilla, primero a Asur Fernández, conde de Monzón, y luego a su propio hijo Sancho. Pero entonces ocurrió algo trascendental: un inmenso movimiento colectivo que hizo que los castellanos dejasen desiertos Burgos y sus aldeas para acudir a León, exigiendo la libertad de su señor. El rey se dio cuenta de que era imposible luchar contra el espíritu unánime de un pueblo y puso en libertad a Fernán González, obteniendo de él todas las garantías y ventajas posibles, entre ellas el que entregase a su hija doña Urraca en matrimonio al primogénito rey, el infante Ordoño.

Convertido en enemigo el mejor de sus auxiliares, Ramiro II no pudo impedir que el califa se desquitase del desastre y no le fue posible impedir que un liberto llamado Galib reconstruyese la inexpugnable fortaleza de Medinaceli, en el camino de Aragón, ni que el califa hiciese de ella el cuartel general omeya, en el centro de todas las rutas del norte de España. Todavía Ramiro II obtuvo una gran victoria cerca de Talavera, sobre el Tajo, pero su acometividad fue detenida por la muerte en el año 951.

A las disensiones regionales vino a sumarse entonces la guerra dinástica, que aún acentuó la discordia entre leoneses y castellanos. Ramiro II dejaba dos hijos varones: Ordoño, habido de su primera esposa, Teresa Florentina, y Sancho, hijo de su segundo matrimonio con Urraca de Navarra, hija de Sancho y de la reina Tota. Ordoño III fue rey de León, pero en su breve reinado tuvo que hacer frente a la alianza de su suegro Fernán González y de la terrible reina de Navarra, que apoyaba a su nieto Sancho.

Mientras tanto, las tropas de Abd al-Rahman penetraban impunemente en todas direcciones en territorio cristiano y la expedición contra Galicia del año 953 fue todo un éxito. Ante esta situación, Ordoño III, necesitado a toda costa de paz con los musulmanes, tuvo que recurrir a una humillante política de pacto con los soberanos de Córdoba, que por más de medio siglo había de hacer de los reyes cristianos feudatarios del califato. Abd al-Rahman III recibió con agrado a los embajadores leoneses (955) y envió al año siguiente a León sus mensajeros, que pactaron la paz. Este mismo año moría Ordoño y le sucedió Sancho, su hermano y rival, pero no por esto se extinguió la guerra civil, enfermedad constante de la monarquía leonesa.

El rey Sancho, según algunos cronistas de la época, era vano y orgulloso. Este sentimiento de orgullo le llevó a negarse a aceptar las cláusulas del tratado firmado por Ordoño. El califa replicó rápidamente y el nuevo rey sufrió una derrota. Como, al mismo tiempo, una obesidad morbosa le impedía ejercer su mandato indispensable en aquellas circunstancias, algunos magnates leoneses, apoyados por el conde Fernán González de Castilla, expulsaron a Sancho en 958, el cual decidió refugiarse al lado de su abuela Tota de Navarra.

Los rebeldes elevaron al solio a Ordoño IV, hijo de Alfonso IV, el cual casó con Urraca de Castilla, la viuda de Ordoño III. Ordoño IV es conocido con el despectivo mote de «el Malo», aplicado en el sentido medieval de deslealtad o cobardía. Fue precisamente en ese momento cuando la vieja reina Tota envió una embajada al califa de Córdoba. Nada podía ser más agradable a Abd al-Rahman que este reconocimiento de su soberanía por parte de los orgullosos príncipes cristianos.

Había entonces en la corte cordobesa un personaje destacado: el judío Yusuf Hasday, hombre de amplia cultura que se había convertido en el intérprete oficial. El judío, que había desempeñado misiones diplomáticas en la corte de León, se presentó en Pamplona y pactó con Sancho que sería restablecido en su trono con el apoyo del califa a cambio de diez plazas fronterizas. Hasday, que era médico, logró curar a Sancho de su obesidad y, afianzado con el prestigio de este éxito, convenció a los reyes de Navarra y de León de la conveniencia de presentarse en la corte del califa. No conocemos los detalles de esta entrevista, pero, por el relato de otras escenas similares, podemos imaginar a la reina de Navarra, a su nieto García y al rey de León atravesando deslumbrados los salones de Medina Azahara para postrarse ante Abd al-Rahman, apenas visible, velado como una divinidad.

Al final, y apoyado por las tropas del califa, Sancho volvería a ocupar de nuevo el trono de León, en tanto Ordoño IV se refugiaba en las montañas de Asturias (959). Los navarros, cumpliendo los pactos con el califa, decidieron atacar a Fernán González y consiguieron hacerle prisionero en la batalla de Cirueña. Poco tiempo después, moriría Abd al-Rahman, septuagenario y enfermo.

Su reinado de casi medio siglo hizo de la monarquía omeya de Occidente el estado más fuerte y prestigioso del Islam. Por primera vez, este prestigio había sido reconocido muy lejos, allende los límites naturales de España.

El sucesor de Abd al-Rahman III, Alhaquem II, había permanecido muchos años en la situación de príncipe heredero y llegaba al poder supremo cuando pasaba ya de los cuarenta años. Era un hombre de cualidades poco brillantes y de nulo atractivo personal, escasa altura y cabellos casi rojos. Fue, sin embargo, uno de esos príncipes oscuros que, por una consagración total a su deber, saben llevar con dignidad su difícil tarea. El principal mérito de este segundo califa fue haber conseguido continuar con decoro la brillante política paterna, sin abandonar ninguna de las orientaciones señaladas por su padre.

El califa difunto había sido el primero de los gobernantes de la España musulmana que consiguió el testimonio personal del vasallaje de los cristianos del norte. Las circunstancias permitieron al nuevo califa ofrecer a los cordobeses un espectáculo semejante. El rey de León, Sancho, se negaba a la entrega de las fortalezas a que le obligaba su pacto con el califa difunto y García de Navarra no solamente no había entregado en Córdoba al conde Fernán González, sino que puso en libertad al más terrible enemigo del Islam, con la condición de que el conde retiraría su apoyo a Ordoño IV para que reinase sin obstáculo Sancho, tan protegido por la corte de Navarra. En efecto, Ordoño fue expulsado de Burgos y hubo de buscar refugio en territorio musulmán. El conde de Castilla, único de los príncipes cristianos que no estaba ligado al califa por ningún vínculo, irrumpió violentamente en las fronteras.

Ordoño IV tuvo la oportunidad de presenciar en Medinaceli, convertida en cuartel general de las expediciones contra los cristianos, los preparativos para un nuevo enfrentamiento. Entonces pensó en obtener personalmente del califa el auxilio que años antes había conseguido su primo Sancho con una humillación semejante. No obstante, no fue inútil. Estas concesiones no tenían otro objeto que intimidar a Sancho. El rey de León envió a Córdoba una embajada que se comprometió en su nombre a entregar las plazas prometidas. Conseguido lo que deseaba, el astuto califa abandonó a Ordoño, el cual parece que murió en Córdoba poco tiempo después.

Sancho, perdido el temor de un contrincante, reincidió en el incumplimiento de sus pactos, apoyado no sólo por Fernán González y por el rey de Navarra, sino por los condes de Barcelona Borrell y Miró. El califa, entonces, se vio obligado a imponer la paz por las armas. Se apoderó de San Esteban de Gormaz y derrotó a los cristianos en Atienza. San Esteban, la fortaleza tantas veces disputada, fue reconstruida y aún sus muros medio derruidos conservan vestigios de la suntuosa arquitectura califal. El gobernador de Zaragoza arrebató a García de Navarra la plaza de Calahorra y aún parece que los mismos condes de Barcelona sufrieron el castigo de los ejércitos omeyas. Todos los soberanos cristianos tuvieron que pedir la paz. La muerte liberó, en 970, de esta humillación a Fernán González, el único de los soberanos del norte que no se había rendido nunca al prestigio del califato.

Esta vez la paz fue mucho más duradera. Sancho había muerto el año 966, envenenado. El régimen monárquico estaba ya consolidado en León, que por primera vez en su historia fue posible una minoría, abandonando definitivamente la tradición visigoda, que se había concretado en una semi-legitimidad.

Ramiro III, el nuevo rey, sucedía a su padre a los cinco años, bajo la tutela de una monja, su tía Elvira, que había profesado en el monasterio leonés de San Salvador. Los hechos demostraron que el principio riguroso de herencia se había aplicado prematuramente en tan difíciles circunstancias. La poderosa nobleza hereditaria y territorial en que se iba transformando la aristocracia de funcionarios de la época visigoda fue en absoluto independiente. Este estado fraccionado y anárquico no solamente dejó de ser un peligro para el califato de Córdoba, sino que no pudo contener una nueva invasión de gentes del norte, esta vez daneses que durante tres años saquearon Galicia sin encontrar quien les hiciese frente, como Ramiro I en los albores de la monarquía.

Mientras tanto en Córdoba, tras una nueva y merecida victoria en el norte de África, moría el segundo gran califa de la dinastía Omeya. Le sucedía su tardío y débil hijo Hixem como heredero al trono, único descendiente después de la muerte del primogénito. Gracias al talento y audacia de su gran jefe militar, llamado Ibn Amir, Hixem inició una serie de campañas contra los cristianos, aunque todas ellas no revelan grandes talentos estratégicos. Nada más fácil, con un ejército numeroso y disciplinado, que recorrer una España cuyos soberanos apenas podían presentarle resistencia y en donde encontraba todo género de complicaciones en los condes, rebeldes a su rey o vencidos por el prestigio y por el oro de Córdoba.

Reseñando someramente algunas de las correrías triunfales de Ibn Amir, vemos que en 981 las tropas califales arrasan la comarca de Zamora, destruyendo centenares de monasterios y aldeas. Ramiro III de León, que no contaba sino veinte años, se alió con el conde de Castilla, García Fernández, y el rey de Navarra, Sancho Garcés III, y los aliados se atrevieron a presentar batalla en Rueda. Fueron completamente deshechos y sus tropas pasadas a cuchillo. Simancas cayó en poder de los musulmanes y su población cristiana fue exterminada. Después dirigió su poder contra León. Su rey, Ramiro, le hizo frente y por única vez en su vida triunfó. Sin embargo, el prestigio de las tropas musulmanas se impuso, obligando al rey a refugiarse en la ciudad, que los musulmanes no pudieron tomar a causa de una tempestad de nieve.

Parece que fue al regreso de esta expedición cuando Ibn Amir comenzó a usar uno de los motes honoríficos reservados tan sólo a los califas. Se hizo llamar Almanzor (el victorioso por Dios). Y años más tarde, en 996, se asignó un título soberano, el de *makik Karim* (noble rey). Precisamente en el mismo momento en que fue descubierta una conspiración palatina contra el propio califa, Almazor se hizo confirmar como el único rector del califato.

En estos momentos, precisamente, la política leonesa contribuirá a asegurar el predominio de Almanzor en la España cristiana. Los condes gallegos, desmoralizados por la derrota, decidieron destituir a su joven rey y eligieron a su primo Bermudo II, hijo de Ordoño III. Los dos rivales combatieron en la batalla indecisa de Portilla de Arenas. En la primavera de 984, Bermudo II se apoderó de León y Ramiro hubo de refugiarse en los alrededores de Astorga, desde donde, impulsado por el despecho, rindió vasallaje a Almanzor. Murió poco después, el 26 de junio de 984. Quedaba, entonces, Bermudo II como único rey, mas para poder someter a los señores que habían seguido las banderas de su rival, reconoció también la soberanía del caudillo de los musulmanes. Con la ayuda de Almanzor, impuso su autoridad a todo el reino, pero hubo de aceptar la presencia en él de un ejército cordobés y de un lugarteniente. León quedaba, a partir de ese momento, en un reino tributario del califato.

En la primavera del 985, Almanzor preparó una insólita expedición contra Barcelona. Era algo extraordinario, fuera del plan habitual de estas campañas, pues el condado barcelonés, que tenía detrás el poderoso Imperio carolingio, solía quedar al margen de estos itinerarios de devastaciones y saqueos, pero Almanzor sabía la decadencia por la que estaba pasando el Imperio de los descendientes de Carlomagno, a causa de la dispersión feudal, de la que era consecuencia la misma autonomía del condado de Barcelona.

El ejército de Almanzor avanzaba por Andalucía oriental y Levante. El conde Borrell II intentó contenerle, pero fue derrotado. Como de costumbre, la población fue exterminada y entregados a las llamas los monasterios, ya famosos, con los pergaminos de sus archivos y los códices de sus bibliotecas. La conquista tuvo el carácter precario de todas las de Almanzor y a los pocos meses los cristianos recuperaban su ciudad.

También comenzó a ser precaria la sumisión de los reyes cristianos a la soberanía musulmana. De hecho, Bermudo II expulsó en 987 al ejército de ocupación y rompió los pactos con Almanzor. La respuesta fue una serie de campañas fulminantes. En la de 987, Almanzor se apoderó de Coimbra; en la segunda, del 988, tomó la misma ciudad de León, defendida por el conde Gonzalvo. La ciudad fue destruida y la guarnición pasada a cuchillo. Los monasterios de Eslonza y de Sahagún fueron también entregados a las llamas. El rey, que se había refugiado en Zamora, tuvo que huir ante la presencia del ejército musulmán y la ciudad fue saqueada. Los condes leoneses acataron la soberanía de Almanzor y Bermudo II hubo de refugiarse en Asturias, último asilo, una vez más, de la independencia de los cristianos.

Nunca el poder musulmán había tenido en España tal pujanza como bajo el gobierno de aquel hombre astuto e insensible, sin piedad y sin escrúpulos. Todos los monarcas de la península, todos los señores de territorios, eran ya sus tributarios. Pero los orgullosos príncipes del norte habían llegado a la máxima humillación. Sancho Garcés II de Navarra le entregó a una de sus hijas, que fue madre de Abd al-Rahman Sanchuelo. Bermudo II tuvo que entregar también a una de sus hijas, Teresa, para el harén de Almanzor.

La realidad es que ni Almanzor ni el ejército organizado por él y pagado por el inagotable tesoro califal tenían realmente enemigo y el caudillo podía planear a su antojo algaradas por el mapa de la península.

Con todo, un desaliento sin humana esperanza abrumaba los espíritus en la España del norte, que tantas veces había intentado resurgir y que tantas veces fuera arrasada. Por espacio de dos siglos de lucha continua, los vestigios de la monarquía visigoda habían conservado su independencia. León, Oviedo, Santiago eran núcleos urbanos de cierta importancia en que amanecían trabajosamente un arte y una cultura. Se iniciaba el comercio y la vida tomaba un sentido más humano. Pero todo se derrumbaba ante el capricho del tirano de Córdoba, que lo convertía en ruinas y cenizas. Solamente la Iglesia permaneció insobornable. Los monjes y los obispos de la cristiandad cordobesa, perseguidos por los emires, habían emigrado hacia el norte y fundaron iglesias y monasterios de una arquitectura singular, rica en soluciones inesperadas y en recuerdos del Oriente. En sus escritorios se miniaban códices maravillosos en que se exponían los *Comentarios al Apocalipsis* del Beato de Liébana, recordando la consoladora verdad de la Iglesia siempre perseguida y siempre triunfante.

Sin embargo, pronto iba a cambiar esta situación. De hecho, los aterrorizados cristianos que tuvieron que soportar guarniciones cordobesas en sus plazas más fuertes no podían sospechar que, con el siglo, tocaba a su fin un «terror milenario». En el año 999 muere Bermudo II de León y le sucede su hijo Alfonso V niño, que había de ser un gran rey. En el año 1000 muere también García Sánchez II de Navarra. Su hijo, Sancho Garcés III, habrá de iniciar la política imperial de unidad en tanto se deshacía el califato. Por de pronto, el espíritu de resistencia permanecía solamente en Castilla. Todavía en el año 1000, el conde Sancho García pudo reunir un ejército importante, con ayuda de leoneses y de navarros. La batalla se dio en el macizo montañoso de Peña Cervera, más allá de Clunia, y esta vez el caudillo invencible vio muy cerca la derrota. Aun cuando triunfador al cabo, una vez más, no es imposible que la retaguardia del ejército musulmán sufriese algún pequeño contratiempo en el burgo de Calatañazor, en el camino de Medinaceli.

En la primavera del 1002, Almanzor, ya anciano, emprender una nueva expedición contra la Rioja, penetrando hasta Canales e incendiando el santuario de San Millán de la Cogolla, patrono de Castilla. Al regreso enfermó y a duras penas pudo ser conducido a su litera hasta Medinaceli. Murió en la noche del 10 al 11 de agosto y fue sepultado en el patio de la ciudadela de Medinaceli.

Durante muchos siglos permaneció el recuerdo del sentimiento de alivio y de alegría que aquella muerte, que marca en nuestra historia el comienzo de una nueva era, produjo en la España cristiana. Sin embargo, Almanzor es uno de esos héroes que, porque recogen en sus manos todos los poderes, parecen dirigir las rutas de un pueblo y no son sino instrumentos de un destino providencial. Almanzor había asolado la España cristiana, pero a la vez le prestó un inmenso servicio, como fue destruir el califato, el Estado poderoso y estable fundado por los Omeyas, que hubiera constituido para la Reconquista un obstáculo mucho más fuerte que un poder personal, que con su derrumbamiento redujo a escombros el Imperio unitario de los musulmanes españoles.

Las grandes monarquías cristianas en España. Formación y consolidación de la unidad

Desintegración del poder islámico y su califato

En general, se confirma en Europa, y en particular en territorio hispano –a partir del comienzo del segundo milenio–, una tendencia clara a la unidad así como un optimismo que se traduce en actividad constructiva. De la confusión y el desorden continuo del Alto Medievo, turbado por el movimiento incesante de pueblos, surgen ahora monarquías estables cuyas fronteras van adquiriendo día a día una mayor precisión. Dentro de estas fronteras hay un orden jurídico respetado por todos y la consecuencia es la paz.

La Iglesia, cuyo prestigio y bienes materiales son inmensos, se dedica ahora y de una forma más destacada a la erección de fábricas magníficas, que son escuela de bellos oficios, y de universidades, que, con su intercambio de maestros y alumnos, contribuyen a fomentar esa unidad interna entre los diversos pueblos, es el gran imperio llamado la Cristiandad. Se va formando, al mismo tiempo, un patrimonio común integrado por la cultura teológica, por el sentido caballeresco de la vida y por la organización jerárquica de la sociedad.

Existe una versión legendaria que atribuye este cambio a la desaparición del «terror milenario» al superarse el año milésimo de la era cristiana, que para algunos significaba el fin de mundo. Pero en España este fantasma terrorífico se personifica en el caudillo de los musulmanes, en Almanzor. Parece, ahora, como si las energías acumuladas en los reinos cristianos resurgiesen con una fuerza que ya nadie podrá contener.

Entre tanto, la sombra a que Almanzor había dejado reducido el califato se deshacía. Los musulmanes, que aún ocupan dos tercios de España, son en adelante un acicate que mantiene alerta el espíritu militar de los cristianos; un estimulo para grandes hazañas, un ideal de reconquista que une a los pueblos; lo que ya han dejado de ser es un peligro que impida su normal desarrollo. Si alguna vez este peligro sobreviene, procede de África, en donde resurge alguna vez el poder expansivo del Islam.

Entre los distintos pueblos hispánicos que pretenden con energía un puesto de honor hay una pugna en la cual predominan unos u otros con un efímero dominio. Hay en la conciencia hispánica una vaga aspiración a la unidad, que debemos interpretarla como una añoranza de la monarquía visigoda, nunca olvidada. Se apunta, además, como una solución al conflicto de las dos tendencias contradictorias de autonomía y de autoridad, la supremacía imperial de uno de los monarcas, a imitación de la naciente organización feudal centroeuropea.

Por el momento, es el conde de Castilla el que obtendrá el mayor provecho de la ruina del califato, pues el rey-niño de León, Alfonso V, permanece en poder de sus ayos, el conde Melendo González y la condesa doña Mayor, en Galicia. En los primeros años, después de la muerte de Almanzor, el conde Sancho García continuó en paz con el califato, prestando ayuda al primogénito de Almanzor, Abd al-Malik al-Muzaffar, que continuó por algunos años la política guerrera de su padre. Muzaffar murió en 1008 y le sucedió en el ejercicio del poder su hermano Abd al-Rahman, llamado Sanchol o Sanchuelo porque era nieto de un rey Sancho de Navarra. Este nuevo emir era ambicioso, torpe y sensual. Intentó y consiguió lo que no había osado obtener de su padre: el que Hixem II le designase sucesor en el califato.

Fracasado un ataque contra León, Sanchol tuvo que emprender la retirada a través de las llanuras cubiertas por la nieve. Al llegar a Toledo, fue informado que la revuelta que estaba latente desde la muerte de Almanzor había estallado en la capital. Un príncipe omeya, biznieto de Abd al-Rahman III, Mohamed, había logrado concertar a las muchedumbres obreras de Córdoba y consiguió apoderarse del palacio califal, en donde obtuvo la abdicación de Hixem. La revolución fue pronto incontenible. Zahira, el palacio de los Amiridas, resultó saqueado e incendiado, y Sanchol, alcanzado en el camino por las tropas de Mohamed, fue muerto en compañía de su feudatario el conde de Carrión. Los restos del hijo de Almanzor, clavados en una cruz, sirvieron de sangriento trofeo junto a una de las puertas del palacio.

La restauración de los Omeyas no trajo a Córdoba la paz. Aún permanecía el fermento revolucionario de las multitudes de eslavos y de berberiscos atraídos a Córdoba por los últimos califas como único medio de proseguir victoriosamente la guerra contra los cristianos del norte y favorecidos por la política brillante y funesta de Almanzor. Además, el nuevo califa, que tomó el sobrenombre de Mahadi, era capaz de organizar un tumulto, pero no de gobernar un pueblo en circunstancias difíciles.

Los berberiscos dirigidos por su jefe Zawi ben Ziri, proclamaron califa a otro omeya, Suleimán, también biznieto de Abd al-Rahman III. Para rehacer sus fuerzas, los berberiscos con su príncipe tomaron el camino de Guadalajara. Desde allí quisieron atraerse al gobernador de la frontera, Wadih, el cual se negó al pacto y les colocó en una difícil situación, teniendo que pedir ayuda del conde Sancho de Castilla.

El conde se encontraba, en estos momentos –pocos años después de la muerte de Almanzor–, erigido en árbitro de la España musulmana. Los berberiscos encontraron en su corte otra embajada de Mohamed el Mahadi que había entregado a Sancho un riquísimo presente de dinero, telas preciosas, pedrerías, caballos, etc. La austera y pobre Castilla comenzaba a enriquecerse con los despojos del califato. Los embajadores tentaban al conde con la oferta de un gran número de plazas fronterizas.

Después de un intento vano de apoderarse de Medinaceli, berberiscos y castellanos invadieron los campos andaluces. El ejército de Mohamed el Mahadi, compuesto por burgueses, faquíes y obreros de Córdoba, fue deshecho y acuchillado en Cantich (5 de noviembre de 1009), a orillas del Guadalquivir. Mohamed intentó en vano conjurar el peligro proclamando de nuevo a Hixem II. Córdoba fue saqueada por castellanos y berberiscos y el conde abandonó la ciudad con un inmenso botín de los tesoros acumulados en ella durante los dos siglos de gobierno de los Omeyas.

La guerra civil, el terrible azote de los pueblos hispánicos, era el mejor aliado de los cristianos, como antes lo había sido de los musulmanes. Las humildes cortes del norte presenciaban ahora un espectáculo parecido al que había tenido tantas veces como escenario los salones de Medina Azahra. El califa Mohamed se había tenido que refugiar en Toledo y su lugarteniente Wadih pudo establecerse pacíficamente en Tortosa. Desde allí entró en negociaciones con el conde de Barcelona, Ramón Borrell III (992-1018), hijo de Borrell II, que había presenciado el saqueo de la magnífica ciudad mediterránea por las tropas de Almanzor.

El poderoso condado catalán, el cual ya se había desintegrado de la influencia franca, había entrado de lleno en la política peninsular, unas veces reconociendo la supremacía del califato de Córdoba, otras aliándose con los príncipes cristianos en contra de los musulmanes. Las invasiones de Almanzor, creando un peligro común, habían fomentado el espíritu de solidaridad entre los diversos estados del norte. El conde de Barcelona aceptó las dádivas y las ofertas de Wadih y en compañía del conde de Urgel, Armengol, tomó el camino hacia el sur.

A comienzos del mes de junio de 1010, los eslavos de Mohamed, reforzados por contingentes catalanes, lucharon contra los berberiscos de Suleimán cerca de Córdoba. La batalla fue muy dura y en ella murió el conde de Urgel, pero la victoria fue conseguida por Mohamed y sus aliados. Córdoba fue otra vez terriblemente saqueada por los catalanes. La suerte, sin embargo, fue adversa para los aliados en un nuevo combate, en el lugar de confluencia entre el Guadaira y el Guadalquivir (21 de junio de 1010). Debilitadas sus fuerzas por las grandes pérdidas sufridas en ambas jornadas, el conde Borrell decidió el retorno a Cataluña y dejó a la ciudad de los califas bajo la terrible amenaza de las represalias berberiscas.

Wadih, jefe de los eslavos, convencido de la incapacidad de Mohamed II, le hizo asesinar y devolvió el trono a Hixem II, acaso con la esperanza de ser a su lado un nuevo Almanzor (1010). El anti-califa Suleimán había ocupado con sus berberiscos Medina Azahra y desde la antigua ciudad califal bloqueaba a la gran ciudad con el intento de rendirla por hambre. Entre tanto se presentaban en Medina Azahra los embajadores del conde de Castilla Sancho García reclamando la entrega prometida de las fortalezas de la línea del Duero. Suleimán desvió la amenaza hacia Wadih, que dominaba la frontera; el ministro de Hixem II no podía hacer otra cosa que ceder. En los últimos días del estío se celebró un tratado por el cual se entregaban al conde doscientas fortalezas fronterizas que formarían la nueva frontera en torno de los castillos que habían costado tanta sangre a musulmanes y cristianos: San Esteban, Clunia, Gormaz y Osma.

Córdoba sufriría los horrores de un asedio que duraría casi tres años, durante los cuales el hambre y la peste asolaron por completo la ciudad. Wadih, que intentó fugarse, fue asesinado. En mayo de 1013, la ciudad hubo de rendirse sin condiciones y, entregada al incendio y al saqueo, fue anegada en torrentes de sangre. En la confusión de aquellas terribles jornadas, desapareció para siempre Hixem II.

Después de muchos avatares y tomas de poder, subió al trono otro omeya: Abd al-Rahman IV al-Murtada. Realmente, el personaje que vivía en el palacio de Córdoba con el nombre de califa no gobernaba sino en la capital y en otras cuatro ciudades: Sevilla, Niebla, Ocsonoba y Beja. La gran porción de España que era aún musulmana estaba regida por jefes eslavos, árabes o berberiscos, que no reconocían ninguna autoridad suprema y eran independientes entre sí.

Murtada murió en campaña en una expedición contra Granada en tanto reinaba en Córdoba Casim, hijo de Ali ben Hamud. Una serie de circunstancias imprevistas elevó al califato a otro omeya: Abd al-Rahman, hermano de Mohamed el Mahadi. Abd al-Rahman V, joven de veintidós años, era uno de los más exquisitos poetas que en lengua árabe hayan escrito versos. Nombró su primer ministro a otro gran poeta, Ali ben-Hazm. Pero esta oligarquía de poetas duraría algunas semanas. El califa fue aesinado en un motín en Córdoba (18 de enero de 1024).

Los sublevados eran dirigidos por otro omeya, Mohamed, el cual una vez fue elevado al califato tomó el nombre de Mostacfi, pero al poco tiempo moriría envenenado. Entre tanto, Córdoba tuvo que permanecer seis meses sin monarca. Una sublevación apoyada por los eslavos de Levante terminó con esta situación. El Consejo de Estado realizó un último esfuerzo para restaurar la monarquía omeya y proclamó a Hixem, hermano de Abd al-Rahman IV. Después de una atmósfera completamente hostil y llena de sublevaciones en contra de su gobierno, el Consejo de Estado decidió abolir el califato (1031) y establecer un gobierno republicano. La capital de Abd al-Rahman III vino a convertirse en un municipio regido por una oligarquía local, en tanto que en las provincias de Andalucía, Extremadura, Aragón y Levante se entronizaban dinastías que apenas tenían relación entre sí y que para nada se acordaban de su antigua metrópoli.

Nacimiento del reino castellano-leonés

A partir de esta nueva situación planteada en la España musulmana –de conseguir una unidad, salvo cuando vino a imponerla algún caudillo africano–, para los reinos cristianos dejó

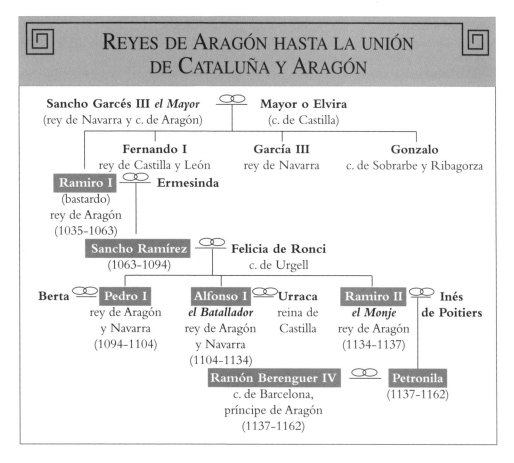

REYES DE ARAGÓN HASTA LA UNIÓN DE CATALUÑA Y ARAGÓN

Sancho Garcés III *el Mayor* ⚭ **Mayor o Elvira**
(rey de Navarra y c. de Aragón) (c. de Castilla)

Fernando I **García III** **Gonzalo**
rey de Castilla y León rey de Navarra c. de Sobrarbe y Ribagorza

Ramiro I ⚭ **Ermesinda**
(bastardo)
rey de Aragón
(1035-1063)

Sancho Ramírez ⚭ **Felicia de Ronci**
(1063-1094) c. de Urgell

Berta ⚭ **Pedro I** **Alfonso I** ⚭ **Urraca** **Ramiro II** ⚭ **Inés**
rey de Aragón *el Batallador* reina de *el Monje* de Poitiers
y Navarra rey de Aragón Castilla rey de Aragón
(1094-1104) y Navarra (1134-1137)
(1104-1134)

Ramón Berenguer IV ⚭ **Petronila**
c. de Barcelona, (1137-1162)
príncipe de Aragón
(1137-1162)

de ser un peligro y se convirtió en un objetivo de fáciles y productivos ingresos, pero no fue el reino de León, que había quedado desplazado por el poderoso condado de Castilla, el beneficiario de esta situación. Llegado a la mayoría de edad, Alfonso V casó con Elvira, hija de sus ayos, y hubo de combatir contra los condes levantiscos y contra los normandos del rey Olaf II, que remontaron el Miño con ágiles naves y destruyeron Tuy. Restaurador de León, reunió un concilio en esta ciudad, el año 1020, y le dio un nuevo fuero. Este rey quiso extender la cristiandad por el oeste y murió de una herida producida por una saeta en el sitio de Veso, dejando en minoría de edad a su hijo BERMUDO III.

Tampoco el conde de Castilla sacó algún beneficio del derrumbamiento del califato y de la disgregación del Islam. El año de 1017 había muerto Sancho García. En este tiempo, la Castilla que, enriquecida por los despojos de Córdoba, comenzaba a surgir con extraordinaria pujanza, apenas nos es conocida sino por leyendas y viejos romances, cuyo fondo histórico ha investigado el historiador Ramón Menéndez Pidal. Los romances de los siete infantes de Lara, vestigios dispersos de un antiguo poema, nos describen las fiestas y las querellas de esta sociedad primitiva, rural y guerrera. Los anales toledanos llaman al conde Sancho «el de los buenos fueros». Lo que parece cierto es que el conde, que asestó el golpe de muerte al califato, procuró extender su influjo por toda España a través de alianzas matrimoniales: dos de sus hijas casaron con Bermudo II de León y con Ramón Berenguer el Curvo, conde de Barcelona, y otra compartió el trono con Sancho Garcés de Navarra.

El condado de Castilla venía a recaer en un niño de ocho años: García Sánchez. Solamente por versiones legendarias conocemos la tragedia del último descendiente varón de Fernán González. Un cantar de gesta que no ha llegado a nosotros: el Romanç del Inffant Don García, recogido en la Crónica General de España, nos cuenta que el conde, llegado a los diecinueve años, se trasladó a León para contraer matrimonio con la infanta Sancha, hermana de Bermudo III de León. Los Velas, condes de Álava, que habían sido desterrados por el conde «de los buenos fueros», quieren vengarse en su hijo y promueven una reyerta en la cual muere el joven conde de Castilla en el año 1028.

Se iban allanando los caminos a la fortuna del rey de Navarra Sancho Garcés. Con razón se llama a este príncipe, de quien tan poco sabemos, pero cuya grandeza fácilmente podemos adivinar, SANCHO EL MAYOR. Su reinado comienza hacia el año 1000, en la España todavía aterrorizada por Almanzor, y termina en 1035, cuando con la extinción del califato se desvanecía la última esperanza en la unidad de la España musulmana y había un reyezuelo en cada una de las ciudades que aún seguían la ley del Islam. Sancho el Mayor preside los grandes movimientos que en el siglo XI esbozan la elaboración –que había de necesitar un proceso de varios siglos– de la gran España. Por una parte, la tendencia a la unidad, y por otra, el abandono del aislamiento hispánico, para que los reinos españoles formasen parte de ese gran imperio espiritual que surgía entonces, heredero del Imperio romano, que conocemos como la Cristiandad.

Las minorías habían contenido las ambiciones del reino de León (en el cual era Galicia, con los condados lusitanos, factor predominante) y del condado de Castilla. Continúa, en los albores del siglo XI, el proceso de Cataluña hacia su emancipación total de los monarcas francos y su integración en el concierto de pueblos hispánicos. Borrell II había resistido, sin auxilio alguno ultrapirenaico, las acometidas de Almanzor. A su muerte, en 992, le sucede su hijo Ramón, que según la costumbre hispánica aprendida de los musulmanes añade a su nombre el paterno y se hace llamar RAMÓN BORRELL. A la muerte de éste, en 1018, ocupará su puesto su hijo RAMÓN BERENGUER I, llamado el Curvo, bajo la tutela de su madre, la enérgica condesa Ermesindis, que, a lo que parece, intentó prorrogar excesivamente la tutela, hasta que su hijo recabó su autonomía en virtud de una concordia del año 1024.

Estaba, pues, la España cristiana repartida en diversos estados absolutamente independientes entre sí, pero dotados de un confuso instinto de su unidad esencial.

La reconquista, que al surgir de varios impulsos autónomos se había iniciado bajo el signo de la diversidad, unió íntimamente a los diversos pueblos hispánicos al someterlos al mismo peligro y al infundirles los mismos ideales. Puede afirmarse que Almanzor, causante de la destrucción del Imperio unitario musulmán, fue también, indirectamente, el artífice de la compenetración de los pueblos cristianos.

Los tres principales núcleos de reconquista que estaban en actividad en el siglo IX tienen carácter muy diverso. El principado asturiano es el continuador de la monarquía visigoda, cuyos elementos más valiosos se han acogido al refugio de las montañas de Asturias; el reino de Pamplona, representa la continuación del espíritu de independencia de los vas-

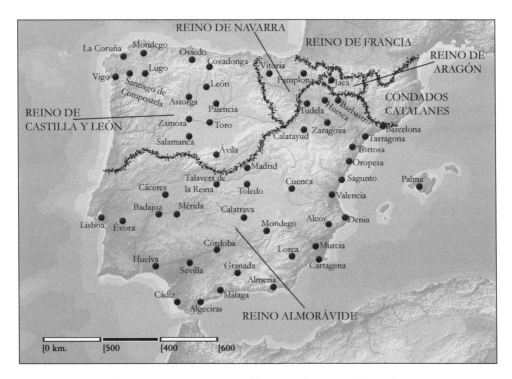

Los reinados de Fernando I el Magno y Ramiro I el Bastardo.

cones, rebeldes contra los emires o los califas de Córdoba, como lo habían sido contra los pretores romanos o los reyes visigodos; el condado catalán nace como una expansión del Imperio carolingio que, por razones geográficas e históricas, se va disgregando de la corte de Francia y se integra en la comunidad hispánica. La común tarea de la resistencia y de la reconquista hace revivir las antiguas tradiciones de convivencia.

Es el activo y poderoso Alfonso III de Asturias el que se considera representante de los reyes visigodos y, cuando se ve surgir en la península otros monarcas cristianos, intenta establecer su supremacía ostentando el título imperial, a imitación de Carlomagno y de los emperadores de Oriente. Sus hijos, que se habían erigido en reyes, le reconocen el título imperial y le llaman *Magnus Imperator*. Uno de estos hijos, Ordoño II, ya rey de León, es llamado en una crónica *Imperator legionensis*. El gran rey Ramiro II recibe también el nombre de *Imperator* y la misma dignidad se atribuye Ramiro III, el cual usa el título bizantino de *Magnus basileus*. Y esta supremacía era acatada por los demás reinos peninsulares. Sancho el Mayor, en un diploma del año 1029, al enumerar los príncipes que compartían el dominio de la península nombra al joven rey de León *Imperator dominus Vermudus*.

Sancho Garcés el Mayor, rey de los vascones, reconocía este estado de cosas, pero, dándose cuenta de que era el único entre los príncipes de la península que podía hacer efectivo este imperio nominal, aspiraba a apoderarse de León, la ciudad imperial, cuyos soberanos eran los representantes de la monarquía visigoda. Circunstancias que nos son mal conocidas –pues se trata de un período escaso en fuentes históricas– le pusieron en posesión de los condados pirenaicos de Sobrarbe, Ribargorza y Zurita, siempre bien informado, afirma que consolidó el dominio de sus antecesores sobre Cantabria. El asesinato del joven conde de Castilla, García Sánchez, pone en sus manos, como esposo de la condesa doña Mayor, hija de Sancho «el de los buenos fueros», el condado de Castilla, lo más vivo y pujante de España. Desde entonces, su poder, apoyado en castellanos y vascones fue incontenible.

Al entrar en guerra con Bermudo III de León, le arrebató los territorios entre el Pisuerga y el Cea, y soldados navarros apoyaron la rebelión del obispo de Compostela y de los condes gallegos. En otra guerra conquistó Zamora y Astorga, y Bermudo, como sus antepasados en las campañas de Almanzor, se refugió en las montañas de Asturias. En 10 de enero de 1034, Sancho se apoderó de León y tomó el título de emperador, que no era ya un vano dictado jerárquico, sino que llevaba consigo un dominio efectivo. Con ello, hacía efectiva la idea, latente desde Alfonso III, de una unidad de España en forma de Imperio, con una jerarquía a cuya cabeza estaba el que se llamaba –en este caso con muy débil fundamento jurídico– rey de León.

Este gran rey no sólo restableció la unidad de España, sino que la injertó en la gran corriente de cultura occidental. Hasta ese momento, la España cristiana vivía de la tradición visigoda, y esta herencia, modificada por el enorme prestigio cultural y político de Córdoba, verdadera metrópoli de toda la península en el siglo X, produce una cultura mozárabe, más en relación con Oriente que con Europa. Como afirma el historiador Menéndez Pidal, derrumbado el prestigio del califato, los cristianos dirigen su atención hacia los países centroeuropeos, en donde la Orden benedictina, según la observancia de la abadía borgoñona de Cluny, producía entonces una honda revolución moral y cultural. Sancho el Mayor fue el introductor de los cluniacenses en España y con los monjes negros abría el camino a la arquitectura románica y al modo de vida centroeuropeo. Gran legislador, concedió fueros al valle del Roncal, a Nájera, Castrojeriz y a Santa María de Pampanito. En su tiempo se inició la restauración del monasterio de San Victorián y de los obispados de Roda y de Pamplona.

Sancho el Mayor murió el año 1085. A su muerte repartió entre sus hijos sus extensos dominios. El mayor de sus hijos, GARCÍA, hereda una gran Navarra, ensanchada a costa de Castilla, con territorios que, según Menéndez Pidal, comprendían desde las cercanías de Santander a las de Burgos. Al segundo, FERNANDO, se le entregaba Castilla, erigida en reino y compensada, a costa de León, con los territorios de Saldaña y de Carrión hasta el Cea. Castilla dejaba de ser un país de pastores para hacerse labrador, en las tierras de Campos. GONZALO, el menor de los hermanos, heredaba el reino pirenaico de Sobrarbe y el condado de Ribagorza, cuyos dominios apenas tuvo tiempo de señorear, pues a los dos años fue asesinado en el puerto de Monclús por su vasallo Ramonet de Gascuña. RAMIRO, bastardo habido con doña Sancha de Aybar, recibió en herencia el pequeño condado de Aragón con título de rey. Los montañeses de Sobrarbe y de Ribagorza, a los cuales el asesinato de Gonzalo dejaba sin señor, se acogieron a la soberanía del rey de Aragón.

Con el reino de Sancho el Mayor se quedaban cuatro reyes, pero ninguno de ellos se arrogó el título imperial que estaba vinculado a la posesión de la ciudad de León, en la cual se había reinstalado Bermudo III.

Sancho el Mayor, rey de Navarra. Retrato anónimo.
Ayuntamiento de Palma de Mallorca.

Los tres hijos de Sancho el Mayor estaban poseídos del espíritu dominador y la convivencia entre ellos fue difícil. La alteró primeramente Ramiro, el cual, con ocasión de un viaje del primogénito García de Navarra a Roma, intentó ensanchar a su costa su territorio, aliado con los reyes moros de la frontera. García, a su regreso, le acometió y le deshizo en la «arrancada de Tafalla», ocupando casi por completo el reino aragonés. Entre tanto comenzaba a brillar la estrella de Fernando, el cual parece haber heredado más que sus hermanos el arrojo y las ambiciones imperiales de Sancho el Mayor. El gran rey de Navarra había concertado la boda de su segundo hijo con Sancha de León, hermana de Bermudo III, y este enlace debía afirmar la primacía de Fernando sobre sus hermanos. A la muerte de Sancho el Mayor, Bermudo III intentó recuperar por la fuerza los territorios que le fueron arrebatados y que se habían acumulado a la herencia de Fernando. El rey de Castilla pidió auxilio a su hermano García y una vez más lucharon juntos castellanos y navarros. La batalla se dio en Támara y en ella encontró la muerte Bermudo III, en el cual se extinguía la dinastía de los reyes de Asturias y de León. El *Cronicón Silense* atribuye al navarro parte principal en la muerte del rey de León.

A raíz de esta victoria, el rey de Castilla, no sin vencer alguna resistencia, entraba en la ciudad imperial (1038) y era coronado por el obispo Servando en la iglesia de Santa María. Nadie le discutirá desde entonces la primacía sobre los otros reyes y de esta manera es

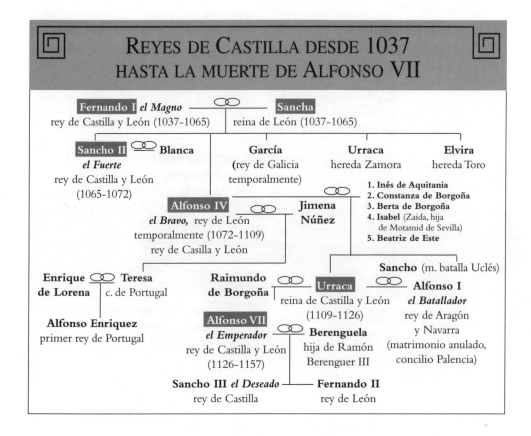

REYES DE CASTILLA DESDE 1037 HASTA LA MUERTE DE ALFONSO VII

Fernando I *el Magno* ⚭ **Sancha**
rey de Castilla y León (1037-1065) — reina de León (1037-1065)

Sancho II ⚭ **Blanca**
el Fuerte
rey de Castilla y León
(1065-1072)

García
(rey de Galicia
temporalmente)

Urraca
hereda Zamora

Elvira
hereda Toro

Alfonso IV ⚭
el Bravo, rey de León
temporalmente (1072-1109)
rey de Casilla y León

Jimena Núñez

1. Inés de Aquitania
2. Constanza de Borgoña
3. Berta de Borgoña
4. Isabel (Zaida, hija de Motamid de Sevilla)
5. Beatriz de Este

Sancho (m. batalla Uclés)

Enrique de Lorena ⚭ **Teresa**
c. de Portugal

Alfonso Enriquez
primer rey de Portugal

Raimundo de Borgoña ⚭ **Urraca** ⚭ **Alfonso I**
reina de Castilla y León *el Batallador*
(1109-1126) rey de Aragón y Navarra (matrimonio anulado, concilio Palencia)

Alfonso VII
el Emperador ⚭ **Berenguela**
rey de Castilla y León hija de Ramón
(1126-1157) Berenguer III

Sancho III *el Deseado* — **Fernando II**
rey de Castilla rey de León

el hijo segundo el que viene a ser el heredero de su padre. En consecuencia –según Menéndez Pidal–, el rey Fernando fue llamado *emperador,* y Sancha, *reina emperatriz,* a diferencia de los simples reyes de Navarra y de Aragón. Un rey de sangre de los vascones, heredero, por su madre, del condado de Castilla, venía a dar eficacia al título imperial leonés, pero en adelante el centro vital de las Españas no estaría en León sino en Castilla, país en todo vigor de la juventud, forjado en la dura lucha contra el califato, en la democracia de los campamentos. De ahí la rivalidad entre castellanos y leoneses, de tan honda huella histórica y legendaria.

Quizá por esto mismo le fue difícil al *Imperator* someter completamente sus nuevos dominios. Los primeros dieciséis años de su reinado son un período oscuro, que puede explicarse por estar el rey ocupado en apaciguar desidencias y en acallar pequeñas rebeldías. Acaso la guerra con Navarra contribuyese por el momento a concertar a castellanos y leoneses. Es natural que García, el primogénito de Sancho el Mayor, viese con disgusto el engrandecimiento de su hermano y, por otra parte, había de despertar recelos en los castellanos el señorío navarro, que llegaba a las cercanías de Burgos. Las crónicas, favorables a Fernando, relatan que García penetró en son de guerra en las tierras de su hermano. Fernando le envió inútilmente en embajada a los santos abades Domingo de Silos e Íñigo de Oña, que fueron rechazados airadamente. La batalla se dio en Atapuerca, al este de Burgos, el 1 de septiembre de 1054. García fue derrotado y muerto, según unos, por hidalgos leoneses que vengaban la muerte de Bermudo III; según otros, por un caballero navarro agraviado en su honor. En el mismo campo de batalla sería proclamado rey de Navarra el hijo del muerto, SANCHO IV.

La batalla de Atapuerca relegaba el reino de Navarra a sus antiguas fronteras y extendía hacia el este los dominios de Fernando por el valle alto del Ebro, hasta el puerto de Aspe. El rey de Castilla y de León concibió entonces un plan imperial mucho más amplio que el de sus antecesores, pues aspiraba a someter bajo la organización feudal que tenía como cabeza el Imperio castellano-leonés, no sólo los reinos cristianos, sino también los principados musulmanes en que se había repartido el califato de Córdoba. En éstos, aún las antiguas familias árabes no habían perdido su prestigio histórico, y poco a poco irán recobrando su poder, decaído por la política de los últimos Omeyas y de los Amiridas, y sustituyendo a los advenedizos entronizados por un capricho de la fortuna. En Valencia, que a la caída del califato se había entregado a los eslavos, se proclama rey (1021) un amirida: Abdalaziz, hijo de Sanchol y nieto de Almanzor. Desde 1039 reinaba en Zaragoza la familia de los Beni-Hud y Toledo se constituyó en patrimonio de la familia de los Beni-Dinun, de origen berberisco, pero arabizada por su larga permanencia en España, desde los tiempos de la invasión.

Una de estas viejas familias árabes que habían corrido la gran aventura del Islam en España en el siglo VIII, la de los Abadies, llegados a España entre los sirios de Balch, alcanzó la fortuna de establecer en Sevilla el más próspero de los reinos musulmanes en España, el único acaso destinado a alcanzar una categoría histórica.

Sobre este mundo confuso y abigarrado, rico en individualidades interesantes, pero incapaz de una acción conjunta ni de un intento de restaurar la unidad, había de actuar el emperador de Castilla en su plan de someter a su régimen feudal la España musulmana. Fernando I tenía ya su reino totalmente pacificado y los demás estados cristianos reconocían su supremacía. Él mismo, en edad madura, estaba avezado en los riesgos de la guerra y en los manejos de la política. Ahora, en las últimas décadas de su vida, dedicó todo su poder a una guerra implacable contra los musulmanes, buscando, más que conquistas territoriales, sumisión y tributo. Poco después de la batalla de Atapuerca, en 1055, acomete a Modafar de Badajoz y le arrebató diversas fortalezas lusitanas. Lamego se rindió en 1057 y al año siguiente caía Viseo, donde había encontrado la muerte Alfonso V. Coimbra quedó prácticamente asediada y el rey se hizo dueño de la plaza años más tarde, en 1064.

Entre tanto, Fernando se dirigió contra el rey de Zaragoza y le arrebató las plazas que aún poseía al sur del Duero, Berlanga entre ellas. En una terrible correría por los territorios de Almamun de Toledo, sitió las ciudades de Salamanca y de Alcalá y arrasó las riberas del Jarama y del Henares. El rey de Toledo fue en persona al campamento del emperador para ofrecerle un inmenso tesoro y declararse su tributario, como ya eran las taifas de Badajoz y de Zaragoza. La árida Castilla se enriquecía con los productos de las ricas tierras del Islam (1062). Al mismo tiempo, Fernando se reservaba el derecho de impedir a los otros reinos cristianos que se entrometiesen en su política y aun de proteger contra ellos a sus feudatarios musulmanes. En 1063, Ramiro, rey de Aragón, había atacado la plaza de Graus, que pertenecía a Moctadir de Zaragoza. En auxilio del rey musulmán fue un ejército castellano al mando del infante primogénito, Sancho. Parece que la victoria se inclinaba por los aragoneses, pero un jefe musulmán logró introducirse en el campamento de Ramiro y darle muerte, lo cual provocó un desorden que dio el triunfo a los aliados. En esta batalla hacía sus primeras armas al lado del infante Sancho un joven caballero castellano llamado Rodrigo Díaz de Vivar.

Cuando su poder y su prestigio eran ya incontrastables, el emperador se dirigió contra Andalucía, en la cual Motadid de Sevilla ejercía una especie de hegemonía. Nada pudo hacer el astuto Abadí contra aquel incontenible aluvión de hierro que se desbordó por la cuenca baja del Guadalquivir, sino, siguiendo el ejemplo de Almamun de Toledo, presentarse en el campamento imperial cargado de fabulosos presentes. El cronista e historiador Dozy ha compuesto una graciosa historia en que supone al viejo zorro sevillano jugando con el fanatismo de los cristianos para entregarles, a cuenta del tributo, los huesos de San Isidoro de Sevilla. El cuerpo del santo arzobispo, lumbrera de la Iglesia goda, fue depositado en la iglesia que antes se llamaba de San Juan y que desde entonces tomó su nombre. Esto añadía un nuevo prestigio a la ciudad imperial y Fernando hizo construir una gran iglesia, cuyo nártex, destinado a panteón real, es la primera maravilla del románico en España.

En la traslación de las reliquias de San Isidoro a su iglesia titular (23 de mayo de 1063), el emperador hizo un presente de alhajas que revelan la existencia de un taller real de orfebrería y de eboraria análogo a los que sostuvieron los califas y aún mantenían algunos reyes taifas. Todos estos hechos son indicio de la elevada espiritualidad que era la fuerza y el nervio del nuevo Imperio.

Aprovechando la circunstancia de encontrarse reunidos en León los cinco hijos y todos los prelados y magnates de sus reinos, Fernando, ya anciano y fatigado de una vida tan intensa, quiso hacer realidad un proyecto que sin duda venía acariciando desde hacía mucho tiempo: el reparto de sus reinos entre sus hijos. Este reparto no era, como hemos dicho al referirnos a Sancho el Mayor, una consecuencia del concepto patrimonial de la monarquía, sino que respondía al plan imperial de ambos reyes, que pretendían unificar a España según el único plan posible dada la extremada diversidad de elementos que integraban su población y la dificultad de las comunicaciones: una serie de reinos cristianos y musulmanes que reconocían la soberanía del rey de León, heredero de los reyes godos. Sin embargo, Fernando cometió un grave error, el mismo que había hecho sangrienta la herencia de su padre.

Llevado por su preferencia hacia el segundo de sus hijos, Alfonso, le entregó la ciudad imperial de León con los antiguos «campos góticos». Sancho, el primogénito, quedaba pospuesto en jerarquía, si bien recibía Castilla, en tanto García, el tercero, entraba en posesión de Galicia con la porción reconquistada de Portugal. Con los reinos de dominio efectivo se repartían también los tributarios: a Sancho, las parias de Zaragoza; a Alfonso, las de Toledo, y a García, las de Sevilla y Badajoz.

Esta distribución de sus reinos suponía el poner en práctica un nuevo sistema, pero de ninguna manera la inactividad del emperador, que hasta el fin, como su antepasado Alfonso III, continuó su difícil y gloriosa tarea. Apenas terminadas las fiestas de León, Fernando fue como peregrino a Santiago de Compostela. Había llegado el momento de recoger el fruto del largo asedio de Coimbra y el rey acampó frente a la ciudad con la reina Sancha, los tres infantes reyes, las infantas y gran número de prelados. Esta fase más rigurosa del asedio duró todavía seis meses y fue posible gracias al auxilio de los monjes de Lorvâo, que proveyeron de víveres a los sitiadores. La ciudad quedó para siempre en poder de los cristianos el 9 de julio de 1064.

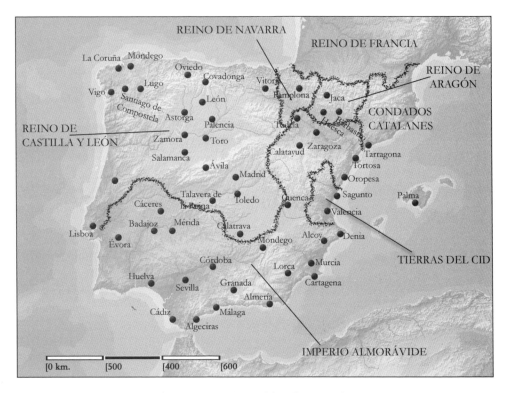

El año 1100. La época del Cid Campeador.

Este mismo año o el siguiente, Fernando recobraba la porción de Castilla que aún permanecía en poder de Navarra. Todavía el emperador realizó una violenta campaña contra Zaragoza, cuyo rey Moctadir estaba en rebeldía, y obtuvo su sumisión, después de un duro castigo. Al mismo tiempo llevó la guerra contra Abdelmekik, rey de Valencia, biznieto de Almanzor, y contra su suegro Mamun de Toledo, que lo protegió. El sistema imperial exigía la actividad constante del supremo monarca para mantener la sumisión entre sus dispares elementos, sujetos sólo por la fuerza. En esta campaña, el emperador se sintió agotado y hubo de regresar a León, adonde llegó el día de Nochebuena de 1065 y se hizo llevar a su monasterio de San Isidoro donde fallecería a los pocos días.

Sancho II el Fuerte y Alfonso VI el Bravo, reyes de Castilla y León

Muerto el rey Fernando, precisamente no era la paz lo que dejaba tras de sí, rendido a la fatiga de su vida, más aún que caer cubierto de heridas en un combate. SANCHO II, llamado el Fuerte, no era hombre capaz de resignarse ante la decisión paterna. Una fatalidad histórica impulsaba a los señores de Castilla, que ya era la más viva e influyente de las comarcas peninsulares, a prestigiarse con la posesión de la ciudad regia. Así lo habían hecho Fernando, padre de Sancho, y su abuelo Sancho el Mayor. En estas luchas, un simple caballero castellano llamado Rodrigo Díaz de Vivar, y a quien luego habían de designar todos con el mote arábigo de «Cid» o señor, adquiere un papel que le sitúa por encima de los grandes reyes que fueron sus contemporáneos.

Lo cierto es que Rodrigo, que pertenecía por su madre a una familia ilustre, influyente en la corte, se crió al lado del infante Sancho, al cual se consagró con una ilimitada devoción. Desde entonces corren juntas las fortunas de ambos mancebos, de tan distinto nacimiento. La confusión de los tiempos motiva que el que había de ser azote de los musulmanes haga sus primeras armas al lado de Moctadir de Zaragoza, a quien el infante Sancho ayudaba en su contienda contra su tío Ramiro de Aragón (1063). La amistad de Sancho ya rey de Castilla en vida de su padre, sitúa a Rodrigo Díaz de Vivar en el mismo nivel que los ricoshombres, con los cuales confirma una escritura de 1065, en la cual aparece su primera firma.

Al mismo tiempo, el prestigio de Rodrigo como hombre de armas se acrecentaba cada día. El rey, su amigo, le había hecho príncipe de la hueste real y su alférez. En un «riepto» judicial con un caballero navarro para dirimir la contienda sobre una villa fronteriza que se disputaban los reyes de Navarra y de Castilla obtuvo el título de «Campeador» que le dan en adelante poemas y crónicas. En los años sucesivos, el joven caudillo confirma este título lo en las guerras que promueve la ambición de Castilla para establecer su primacía.

Pero estas guerras –que la tradición poética de Castilla ha concedido mayor importancia–, realmente van a constituir un duelo a muerte entre Sancho de Castilla y ALFONSO VI de León. El primero no podía consentir que la corona leonesa, de tan vieja primacía, se desvinculase de la primogenitura, y detrás de él, y sintiendo con él, tenía a todo su reino. La altiva Castilla, formada en la guerra, había conseguido su autonomía luchando con León, y el resquemor de las querellas antiguas, mantenido por los juglares, no se había apagado. Otro juicio, esta vez por medio de una batalla entre sus huestes, había de dirimir la contienda entre los hermanos. Venció Sancho en Llantada, a orillas del Pisuerga (1068), pero Alfonso siguió reinando en León y corriendo las tierras del rey de Badajoz para exigirle tributo. En realidad, se entrometía en el país musulmán, asignando a su hermano el rey de Galicia, GARCÍA.

Sancho y Alfonso eran príncipes de altas y contrapuestas cualidades. Sancho, que se distinguía por su varonil belleza, era valiente y de violento carácter; el rey de León, también gran guerrero, era prudente, legalista y astuto. García de Galicia parece haber sido hombre de cortos alcances pero violento, que andaba en continuas luchas con gallegos y portugueses. En tanto guerreaba en Braga, el rey de León hizo acto de presencia en Tuy para asistir a la restauración de la catedral (1071). García hubo de presentarse a rendir pleitesía a su hermano, que, resucitando la idea imperial que la actitud de Sancho de Castilla obligaba a preterir, se titulaba *legionensis imperio rex, et magnificus trunfador*.

«Rey del Imperio leonés», es una fórmula ambigua que dejaba a salvo la primacía de Sancho, con el cual Alfonso deseaba estar a buenas. En el mismo año de 1071, los reyes de Castilla y de León se reúnen en la corte del primero, probablemente en Burgos, a lo que parece para repartirse el reino de su hermano García. Fue Sancho, más impetuoso, el encargado de ejecutar el acuerdo en una expedición que los juglares han adornado con pormenores novelescos. Por un momento, el reparto del botín reconcilió a los dos hermanos. Sancho firma sus diplomas como reinante *in Castella et in Galletia,* en tanto que García buscaba refugio en la corte de su tributario, el rey Moctamid de Sevilla.

La concordia duró muy pocos meses. En los primeros días de 1072, los dos reyes vuelven a entregar su viejo pleito a la fortuna de sus armas en los campos de Golpejera, cerca de Carrión. En el combate, largo tiempo indeciso, Alfonso fue vencido y hecho prisionero. La infanta doña Urraca, cuyo prestigio era extraordinario entre los hermanos, consiguió de Sancho que, como García, fuese desterrado a la corte de su tributario el rey de Toledo. Con él iba su vasallo el jefe de la gran familia de los Beni-Gómez, Pedro Ansúrez, conde de Carrión.

En realidad, no se ventilaba una cuestión sucesora entre hermanos, sino una pugna secular entre los posesores de las ricas llanuras de León y los pastores de la áspera Castilla. Una vez más, un rey de Castilla se había apoderado de León, la ciudad imperial, y como en el tiempo de Fernán González, de Sancho el Mayor, de Fernando I, los grandes señores leoneses habían sido vencidos por aquella cuadrilla de advenedizos. Sancho reinaba desde León sobre la herencia toda de su padre el emperador y a su lado, sobre los ricoshombres leoneses, prevalecía un simple infanzón castellano, Rodrigo Díaz, que poco antes cobraba las maquilas de sus molinos sobre el río Ubierna. Uno de estos grandes señores, el conde de Carrión, Pedro Ansúrez, desterrado en Toledo con su rey, fomentará la rebelión en Zamora.

Quedaba el hecho de que el impetuoso Sancho de Castilla con su hueste, al frente de la cual está el Cid, puso sitio a la ciudad de Zamora. La ciudad estaba a punto de rendirse cuando un zamorano se introdujo en el campamento castellano y dio muerte al rey (7 de octubre de 1072).

La *Crónica Silense* describe la desesperación y el desconcierto en el campo castellano. La situación de los secuaces del rey muerto no podía ser más difícil, pues la traición los ponía en manos del desterrado en Toledo y de su camarilla leonesa. Un grupo de desolados caballeros llevó el cuerpo del joven rey al monasterio de Oña, panteón de los condes de Castilla.

Muerto Sancho y desterrados en tierra de moros Alfonso y García, el Imperio quedaba sin gobierno. Alfonso, gracias a la generosidad del rey de Toledo, se apresuró a presentarse en Zamora, al amparo de doña Urraca, a la cual concedió título y consideración de reina. No sólo se agruparon en su entorno todos los condes y los obispos de León, de Asturias, de Galicia y de Portugal, sino también algunos castellanos, como el conde de Lara. Urgía tomar posesión de Castilla, y en Castilla estaban los irreductibles compañeros del rey muerto, capitaneados por Rodrigo Díaz de Vivar. Sin embargo, no quedaba a este tropel humillado y dolorido otro recurso que aceptar a Alfonso, pues ni el inepto García ni los reyes de Aragón o de Navarra podían serle gratos.

Mas para mantener su honor de caballeros exigen al nuevo rey que se «salve», por medio de juramento, de la acusación de haber tenido parte en el asesinato. Ya el Fuero Juzgo exigía en estos casos que el sucesor vengase la muerte del monarca asesinado. La tradición juglaresca quiere que fuera «El Campeador» el que exigiese del nuevo rey, en la iglesia «juradera» de Santa Gadea de Burgos, la adhesión a la terrible fórmula del juramento. Desde entonces, Rodrigo Díaz de Vivar y sus castellanos fueron leales vasallos del gran rey que venía a reanudar la idea del Imperio, pero, incompatibles en el fondo con él, hubieron de abrir por su cuenta nuevos cauces a su fortuna.

García de Galicia, pensando acaso que sus asuntos mejorarían con la muerte de Sancho, se había presentado en su reino. Pero Alfonso pretendía, aún con más ahínco que Sancho, la herencia toda de sus padres. En León celebró consejo y el «Silense» afirma que doña Urraca, que compartía con él el honor de reinar, le aconsejó la prisión de García para evitar una nueva lucha entre hermanos.

Atraído el rey de Galicia a León con pretexto de celebrar vistas con su hermano, acudió sin garantías y fue preso (13 de febrero de 1073) y encerrado en el castillo de Luna, donde pasó el resto de su vida, que se prolongó todavía por espacio de diecisiete años. Es éste un episodio bien significativo de nuestra historia medieval. El rey de Galicia fue tratado con honores reales, pero sin que se le quitasen las cadenas, como se hacía con los moros cautivos. Enfermo de muerte García, el rey Alfonso dispuso que fuera liberado de sus hierros, pero el rey de Galicia, queriendo que perdurarse hasta el fin el enorme desafuero, ordenó que le llevasen con ellos a la tumba.

Alfonso VI, Imperio rex, et magnificus trunfador *de Castilla y León*

En la primavera del año 1090, se habían reunido en León prelados de toda España para celebrar un concilio. Todos ellos, con las infantas Urraca y su hermana Elvira, asistieron a las solemnes exequias del rey cautivo, en cuyo epitafio, con la libertad de que gozaban los monjes epigrafistas, se hizo constar que el difunto había sido preso alevosamente por su poderoso hermano. Alfonso, cuya accesión al poder se había verificado por medios de tan discutible moralidad, se manifestó, una vez dueño del poder supremo, como uno de los más grandes reyes que han regido España.

En su política se advierten dos ideas fundamentales, seguidas siempre con admirable continuidad. Por una parte, afianzar la supremacía de Castilla-León sobre todos los demás estados cristianos y musulmanes; por otra, adentrar a España en la gran corriente religiosa y cultural del centro de Europa, representada por la liturgia romana y por la cultura de los grandes monasterios franceses. Si había codiciado las coronas de sus hermanos no fue, ciertamente, para gozar de ellas. Su vida, como la de los grandes reyes sus antecesores, fue un batallar sin descanso y una peregrinación sin sosiego.

En 1077 se apoderaba de Coria. En lucha con Mamun de Toledo, y después de diversas vicisitudes, se apoderó de Córdoba (1078) y de la porción meridional del reino de Toledo. Además, realizó impunemente algunas productivas correrías. En una de ellas, según cuentan las crónicas musulmanas, Ben Amar, primer ministro de Motamid en Sevilla, consiguió su retirada mediante la entrega de un ajedrez cuyas piezas eran de ébano y de sándalo incrustadas en oro y la promesa de doblar el tributo. Sobre Toledo, donde había pasado los años de su destierro, Alfonso ejercía un verdadero protectorado, pues el rey Cadir, nieto de Mamun, era un príncipe débil e inepto y frecuentemente había de buscar el amparo del emperador. Los toledanos, arruinados por las continuas exacciones, se entregaron al rey de Badajoz, Motawakil. Alfonso, en defensa de su patrocinado, comenzó el asedio de la antigua ciudad regia, corte de los reyes visigodos.

Creyendo que la preocupación del emperador por el sitio de Toledo le permitía respirar libremente por algún tiempo, Motamid de Sevilla mandó crucificar al judío que Alfonso enviaba para cobrar el impuesto y que lo exigía con excesiva altanería. El rey cristiano hubo de entregar Almodóvar en rescate de la libertad de los caballeros que Motamid ha-

Alfonso VI, rey de Castilla. *Libro de las Estampas.*
Siglo XIII. Catedral de León.

bía hecho prisioneros, pero cuando supo que estaban libres pasó a sangre y fuego todo el reino de Sevilla y llegó impunemente hasta las playas de Tarifa para tener el gusto de adentrarse con su caballo entre las olas del mar que cierra a España por el sur. Vuelto luego ante los muros de la ciudad sitiada, obligó a los toledanos a que recibiesen a Cadir.

Agobiado por la angustia de tener que expoliar inútilmente a sus vasallos sin poder acallar las exigencias del emperador, viendo que el reino, continuamente arrasado por las correrías de castellanos y leoneses, se arruinaba y se despoblaba, Cadir se avino a cedérselo a su señor, a cambio de benévolas condiciones para los toledanos y del reino de Valencia, en cuyo trono Alfonso se comprometía a situarle. El 25 de mayo de 1085, la ciudad regia de los godos, después de casi cuatro siglos de dominación musulmana, volvía a ser cabeza de España.

La conquista de Toledo representaba, en el proceso de integración de España, un gran paso. El prestigio del Imperio se acrecía al situarse la corte en la ciudad de los concilios, ilustrada por los grandes arzobispos de la época visigoda. Su fortísima situación, en el centro de la península, la hacía atalaya propicia para quien quisiera ser dominador de toda ella. Los cristianos del norte, acostumbrados al modo de vida casi rural de sus pequeños burgos, se encontraron en posesión de una gran ciudad, en cuyas amplias moradas eran conocidos todos los refinamientos del Oriente. Una vez que fue asentado este poderoso jalón en la reconquista, se repoblaban rápidamente las montañas y las llanuras entre el Duero y el Tajo. El *Cronicón Ovetense* refiere a estos años la repoblación de Segovia, Ávila, Salamanca, Arévalo, Medina, Iscar y Cuéllar. Una vida intensa circulaba por estas comarcas que los contemporáneos llamaban «Extremadura», que ofrecían tierras nuevas a los labradores y pastizales abundantes a los ganaderos.

Del optimismo triunfal de estos años de pujanza de los repobladores son testimonio las innumerables parroquias, ermitas y monasterios, los recintos amurallados y los castillos que coronan las alturas, construidos unas veces por canteros cristianos y otras por albañiles moros. La España cristiana se ensanchaba cada día. En la vertiente del Tajo se repoblaban, entre otras fortalezas, Talavera, Madrid, Guadalajara, Alarcón y Uclés.

Simultáneamente, el emperador trabajaba por elevar la condición de esta España que sus armas iban ensanchando. Nada separaba tanto a la península del resto de la cristiandad como la pervivencia de la liturgia de la Iglesia visigoda, cuyos libros, aun cuando aprobados varias veces en Roma como católicos, pugnaban con las tendencias unitarias que por entonces prevalecían en la Iglesia. A estos deseos se había adelantado el rey de Aragón, Sancho Ramírez, por cuya intervención el segundo martes de cuaresma (22 de marzo de 1071) se rezaron por última vez las horas prima y tercia según el rito visigodo y a la hora sexta comenzó la vigencia del oficio romano.

Por la intervención enérgica del gran pontífice Gregorio VII y por los ruegos de la reina Inés de Aquitania, Alfonso estaba decidido a implantar en sus dominios el misal romano, pero la lucha debió de ser terrible, debido fundamentalmente al apego del clero y del pueblo a la herencia de los santos y sabios prelados visigodos. Al final, y por la fuerza, el emperador pidió al papa que enviase un legado para que implantase la liturgia romana, lo que causó un hondo pesar y un drama en la conciencia nacional.

Acaso esta sumisión de la tradición española se debió sobre todo al gran prestigio de los monjes negros de Cluny, que iban cubriendo la península de monasterios desde los días de Sancho el Mayor. Alfonso y los grandes señores de su reino eran devotos del gran monasterio borgoñón y el rey se preciaba de la amistad del abad San Hugo. Sin embargo, hubo conatos de rebeldía entre los partidarios de la tradición toledana, y el mismo emperador llegó a vacilar. Su segundo matrimonio con Constanza, hija del duque Roberto de Borgoña, aumentó en la corte la influencia de Cluny (1079). Un legado del enérgico Gregorio VII, el cardenal Ricardo, venció las últimas resistencias y una exultante carta del pontífice al emperador demuestra que en 1081 el misal romano imperaba sin contradicción en toda España.

Monjes procedentes de Cluny, doctos y virtuosos ocupaban las principales sillas episcopales. En las escrituras de los monjes, la arcaica letra visigótica era sustituida por la clara y elegante escritura francesa. Las iglesias se edificaban cada vez con mayor amplitud y magnificencia, y los canteros, casi siempre venidos de ultrapuertos, se atenían con fidelidad a los modelos de las catedrales y de las abadías de Francia.

En este sentido, el emperador de España parecía, día a día, alcanzar el triunfo final y creyó que había llegado el momento de rescatar del poder musulmán la España goda, derrumbada de manera inexplicable cuatro siglos antes, en tiempos del rey Rodrigo. Valencia había sido históricamente un anejo de Toledo y ambas ciudades permanecieron unidas bajo el cetro de los Beni-Dinum. Ahora Alfonso era el verdadero señor de la ciudad y la gobernaba por medio de Alvar Fáñez. Zaragoza estaba a punto de rendirse y una hueste castellana, establecida en el castillo de Aledo, arrasaba el reino de Murcia y llegaba a las puertas de Almería. La hueste imperial asediaba Andalucía y Alfonso manifestaba su propósito de no cejar en la empresa hasta no devolver a la catedral de Compostela las campanas que, desde el tiempo de Almanzor, servían de lámparas a la mezquita de Córdoba. El emperador oprimía a las ciudades aún en poder musulmán con tributos cada vez más insoportables. El cronista árabe Ben Bassam describe gráficamente el orgullo con que trataba a aquellos príncipes insensatos, que engalanaban sus nombres con sonoros títulos califales y eran incapaces de sacar la espada contra los cristianos.

El fin de la idea imperial

La división territorial de los reinos y la actuación de sus monarcas

Adentrándonos en el siglo XI, en España se produce el fraccionamiento de la soberanía, lo mismo entre los musulmanes que entre los cristianos, compensado con el predominio jerárquico y eficaz de los reyes de León, que se consideraban herederos de la monarquía unitaria visigótica. Esta tendencia al fraccionamiento, motivada quizás por la imposibilidad de hacer llegar los resortes del mando a comarcas demasiado extensas, se acentúa por la inclinación entre los soberanos a repartir su herencia entre los hijos. De ahí, la querellas sucesorias, acompañadas de sangrientas testamentarias, que harán el fratricidio tan frecuente.

Hay una creciente asimilación entre la política y las costumbres de los pequeños estados cristianos y los musulmanes unidos a aquéllos por vínculo de vasallaje. Al conquistar las ciudades musulmanas, los cristianos aceptan un sistema de vida más refinado. Las alianzas entre unos y otros príncipes de diversa ley son frecuentes. Alfonso de León, García de Galicia, el Cid y muchos señores castellanos, gallegos, leoneses, aragoneses e incluso navarros se ven obligados a buscar refugio en las cortes de taifas y no encuentran deshonroso el servicio a sus reyes en contra de príncipes cristianos. El ímpetu de la Reconquista, la hostilidad hacia el Islam parecía desvirtuarse en una presión que no tenía otro objeto que la cobranza de tributos.

Sin embargo, todo este panorama cambia en los últimos años del siglo, con las avalanchas incontroladas de fanáticos africanos que habían heredado el impulso expansivo y misional de los árabes del siglo VII. De nuevo, los musulmanes vuelven a ser para los cristianos un terrible peligro y las monarquías del norte están en trance de muerte como en los tiempos de Almanzor. Pero el peligro ejerce sobre los cristianos sus efectos saludables. Su fe viene a ser más fuerte y más eficaz su espíritu combativo. De esta forma, su vinculación con la cristiandad se hace más intensa en un tiempo en que la península es camino de peregrinos y campo de cruzada. El poder real se robustece y se vigoriza la constitución del Estado, en la que es preciso admitir al pueblo, al cual cada día se exigen mayores sacrificios. La tendencia a la unidad prevalece sobre la dispersión hispánica. Pero, al hacerse los estados más fuertes, ya no es posible el predominio de uno solo y se establece un sistema de equilibrio sobre las grandes confederaciones que viene a sustituir a la idea imperial, definitivamente abandonada.

Conviene ampliar el cuadro –ya estudiado respecto a la monarquía castellano-leonesa–, a los otros estados cristianos y musulmanes, cuyos asuntos estaban como nunca entreverados. Navarra, que en el reinado de Sancho el Mayor había ejercido la hegemonía sobre los estados cristianos, va quedando, al perder por una serie de guerras infaustas los territorios de la Rioja y de Castilla, a su primitiva condición de país relegado, poco influyente en la política peninsular. García Sánchez, llamado «el de Nájera» por su predilección por esta ciudad, primogénito de Sancho el Mayor, ayudó al principio de su reinado a su hermano el rey de Castilla contra Bermudo III de León y luego ocupó los territorios de su otro hermano, Ramiro de Aragón. Más tarde, disgustado por el excesivo engrandecimiento de Fernando, que situaba la primacía de las Españas en manos del segundo, se enfrentó abiertamente contra él, hasta el punto de perder la vida (1054).

Fernando siguió exigiendo, durante la minoría de su sobrino Sancho Garcés IV, los territorios de Castilla León y Álava. Continuó esta política, a la muerte del emperador Fernando, su primogénito SANCHO II, y la campaña fue afortunada para el joven navarro, que conseguiría recuperar la Bureba y la Rioja, pero poco después Sancho de Navarra fue asesinado por sus hermanos Ramón y Hermelinda en la roca de Peñalén (1076). Es un momento crítico para la historia de Navarra, pues el nuevo rey de Castilla y León, Alfonso VI, presentándose, en su calidad de soberano de las Españas como vengador del fratricidio, incorporó definitivamente la Rioja a Castilla. Aun cuando el rey asesinado había dejado un hijo varón, los navarros no quisieron afrontar los riesgos de una minoría y, temerosos de ser absorbidos por el imperialismo castellano-leonés, prefirieron unirse con Aragón, donde Sancho Ramírez había sucedido a su padre Ramiro I.

Se formaba, de esta forma, una monarquía pirenaica fuerte y pobre, pues le habían sido arrebatadas las más ricas comarcas. SANCHO RAMÍREZ siguió valerosamente la política de su padre, que buscó el engrandecimiento de su pequeño estado a costa de los moros de la marca oriental. Aun antes de la incorporación de Navarra, Sancho había ganado Barbastro (1063) y, a pesar de las dificultades que le creaba la presencia del Cid con su hueste castellana entre los Beni-Hud de Zaragoza, fue reconquistando incansablemente villas y castillos. En 1083, se apoderó de Graus, donde había recibido su padre la herida mortal, y estableció posiciones cerca de Zaragoza. Aprovechando varios años de inactividad del Cid Campeador, en los que hubo de detenerse ante los amplios conceptos imperiales del rey Alfonso, su señor, Sancho avanza rápidamente, procurando rodear con posiciones aragonesas la ciudad de Huesca. En 1089 se apodera de Monzón y el emir de Huesca tiene que rendirle parias. El gran rey de Aragón y de Navarra había liberado toda la parte montañosa de sus reinos y ahora se combatía en las feraces llanuras, regadas por los grandes ríos, en torno de las ciudades populosas.

Al mismo tiempo, se iban poblando villas y reedificando castillos como los de Almenara, Loarre...etc. Fundó un monasterio-castillo a una legua de Huesca, en Montearagón. En la primavera de 1094, el ejército navarro-aragonés comienza el asedio de Huesca, pero Sancho Ramírez, como tantos otros reyes de su heroica dinastía, estaba destinado a morir en el campo de batalla. Herido de una saeta, no tuvo tiempo sino para exigir a sus hijos Pedro y Alfonso juramento de que no levantarían el sitio de Huesca. Fue un gran repoblador de villas y un gran protector de los monasterios, que se iban reedificando conforme al esplendor de las formas del románico. Dio privilegios a San Juan de la Peña, a Santa Cruz de la Serós, a San Victorián, y a otros famosos cenobios.

También al principado de Cataluña le había cabido su parte en la gloria de estos años en que la providencia dotó a los estados peninsulares de tan grandes caudillos. RAMÓN BE-RENGUER I, llamado el Viejo, que sucede a BERENGUER RAMÓN el Curvo en 1035, es contemporáneo de Fernando I y de Alfonso VI de Castilla, y de Ramiro I y de Sancho Ramírez de Aragón. Precoz de sabiduría y virtud, dedicó su largo reinado a extender sus fronteras siguiendo el curso de los ríos hacia Tortosa y Tarragona. Al morir, sus conquistas llegaban hasta el castillo de Tamarit, cerca de Tarragona, si bien se trataba de avances todavía inseguros, pues Lérida, Tortosa y Tarragona seguían siendo musulmanas.

Con sus campañas, se extendía el régimen feudal centroeuropeo, que sólo Cataluña entre los territorios hispánicos adopta en su plenitud.

El prestigio del conde se revela fundamentalmente en las fórmulas de los documentos que le llaman *Piissimus et Serenissimus Augustus noster....Gloriosus comes et marchio propugnator et murus christiani populi* y *Poderator de Spanya.* En 1046, dedicaba y dotaba la catedral de Santa Cruz y Santa Eulalia de Barcelona, que se terminaba en 1058. Su hogar será ensangrentado por una de esas tragedias que en el siglo XI mancillaron todas las casas reinantes de España. Su tercera esposa, doña Almodis, fue asesinada por su hijastro Pedro Ramón, al cual el colegio de cardenales, por mandato de Gregorio VII, impuso como penitencia una peregrinación a Jerusalén, donde murió.

Era la época de los repartos de los estados en la sucesión de los príncipes y Ramón Berenguer I cedió a esta costumbre, origen de tantos dramas en las dinastías hispánicas. Poco antes de su muerte, en 1076, el conde dejo en herencia el condado de Barcelona, con todas sus dependencias y derechos feudales, a sus dos hijos, RAMÓN BERENGUER II llamado *cap d'Estopes,* y BERENGUER RAMÓN. Aún cuando la herencia era *pro indiviso,* unos años más tarde, en 1079, fue preciso proceder a un reparto entre ambos hermanos. Cada uno de ellos vivía alternativamente una parte del año en el palacio condal de Barcelona y ambos firmaban los diplomas con la fórmula *Nos duos fratres Comites Barchinonenses.* Esta situación era de hecho insostenible y los documentos nos traen un eco de las desavenencias fraternales.

El 6 de diciembre de 1082, Ramón Berenguer II fue asesinado cuando cazaba en el bosque de Gualba, entre San Celoni y Hostalrich. Fatalmente, las sospechas habían de recaer sobre su hermano, beneficiario de su muerte, a quien la historia da el apodo de «Fraticida». El cronista de Cataluña Jerónimo Pujades, que escribía en el siglo XVII, pero que vio muchos documentos medievales hoy perdidos, da una versión de este suceso, que acaso recoge un tardío relato juglaresco. Cuando Ramón Berenguer II cazaba descuidado, fue sorprendido por su hermano, que le traspasó con un venablo. El conde y sus cómplices arrojaron el cadáver al aún llamado «Gorg del Conde», pero el azor que el asesinado solía llevar en el puño, y que había quedado vagando por aquellos parajes, guió con su vuelo a los monteros de su señor hacia el lugar donde yacía. Luego el ave fiel voló ante el cortejo fúnebre hasta las gradas de la catedral de Gerona, donde se rindió muerto. De su esposa Matilde, hija de Roberto Guiscardo, duque de Calabria y de Pulla, Ramón Berenguer II había tenido un hijo un mes antes de su muerte. A pesar de la oposición de gran parte de la nobleza catalana, Berenguer Ramón el Fraticida, cumpliendo el testamento de su padre, gobernó todo el condado, una parte en nombre propio y otra en el de su sobrino Ramón Berenguer.

Entre tanto, en los pequeños reinos musulmanes, los príncipes, cuyo dominio se extendía a veces poco más que a los aledaños de su ciudad, agobiaban a sus vasallos con impuestos para atender a las demandas insaciables del emperador y, con los restos, sostener una sombra de soberanía y un vestigio de corte. Pero entre todos estos personajes surge una figura de extraordinario valor humano: Motamid de Sevilla. Después de tanto mestizaje con berberiscos y con cristianos del norte a lo largo de cuatro siglos, podría suponerse que apenas quedaría ninguna herencia de los árabes que con Tarik, Muza o con Balch se habían establecido en España para implantar en ella la espiritualidad, la cultura y las costumbres de Arabia y de Siria, cuando en plena agonía del Islam, en los abismos de la decadencia, surge la figura de este gran señor. Motamid es una de esas figuras excepcionales que suelen surgir en el ocaso de una época. Él fue el único entre los príncipes capaces de reaccionar contra la vergüenza que suponía para ellos la humillación sin límites ante los caprichos del emperador y de abrir al Islam español nuevos y peligrosos derroteros. Porque en tanto que en España agonizaba el primer impulso de la expansión musulmana, se verificaba en Oriente y en África una resurrección inesperada de aquel mismo ímpetu que había llevado el Corán desde Arabia hasta las Galias. Si en esta ocasión el triunfo del Islam no fue decisivo, se debió fundamentalmente a que hubo de enfrentarse, no con los despojos desesperanzados del Imperio romano, sino con naciones fuertes, firmes en su fe y acostumbradas a la lucha. El historiador Ramón Menéndez Pidal ha explicado este resurgimiento del imperio espiritual que era el Islam como «el proceso de esplendor y decadencia de ese imperio que se repite en otros múltiples casos con incesante ritmo. Una reiterada atracción de los pueblos nómadas hacia los centros superiores de cultura creados por los sedentarios y una reiterada disolución de las fuerzas vitales engendradas en el desierto, que se envenenan con los refinamientos del urbanismo».

Estos terribles ascetas-soldados, que en las ciudades conquistadas quemaban y destruían todo lo que les salía a su paso, eran a la vez el terror y la esperanza de los príncipes de al-Andalus. Solamente ellos podrían evitar que Alfonso se hiciese señor de toda la península, pero los reyes de taifas y sus ministros bien sabían que sería difícil, después de la victoria, hacer volver a África a aquella gente fanática y brutal.

El peligro por parte de los cristianos no podía ser más urgente. En 1085, caída Toledo, Zaragoza y Valencia, estaban a merced de un gesto del emperador. La actuación de los distintos soberanos musulmanes, tanto de Sevilla como de Córdoba, Badajoz o Granada, fue entendida por Alfonso como que las cosas habían cambiado en España y que los caminos volvían a ser para él tan ásperos como lo habían sido para sus antepasados los reyes-caudillos de Asturias y de León. El rey de Zaragoza, ciudad asediada y casi rendida, se negó a pagar tributo. Alfonso tuvo que aguantar el ultraje y pedir auxilio a Sancho Ramírez de Aragón y a los príncipes del otro lado del Pirineo. Cuando consiguió reunir una hueste suficiente, se adelantó con su osadía habitual hacia el oeste y llegó a Sacralias, cerca de Badajoz. El encuentro tendría lugar el 23 de octubre de 1085, resultando en todo momento favorable a los musulmanes, los cuales entendieron el triunfo como un intento de devolver al Islam la gloria de los días del Almanzor.

En tanto pasaban estas cosas en España, Rodrigo Díaz de Vivar, el Cid, había permanecido inactivo, incapacitado por su concepto caballeresco de la jerarquía de oponerse a la política de su señor, el rey Alfonso, e inhabilitado también para secundarla, por la tenaz antipatía que éste le demostraba. El desastre de Sacralias tuvo la virtud de demostrar cuán grave había sido el error de consentir el alejamiento del invicto caudillo de los castellanos.

Según Menéndez Pidal, la reconciliación se celebró en Toledo, en la primavera de 1087. Por de pronto, el emperador constituyó al pobre infanzón burgalés en poseedor de un inmenso señorío, que comprendía Dueñas, Langa, Ibeas de Juarros y Briviesca y, en la montaña de Santander, los valles de Campoo y Egaña. El Cid será ahora uno de los grandes señores del reino y como tal seguirá la corte del emperador.

Gran mérito de Alfonso fue el no haberse dejado abatir un instante por la derrota. La cancillería imperial siguió atribuyéndole el señorío sobre toda España y continuó inquietando a los reyezuelos en sus fronteras para demostrarles que las cosas no habían cambiado demasiado. Como siempre, España estuvo sola en esta gran crisis. En la cristiandad había ya un espíritu de cruzada y algunos príncipes y caballeros dirigidos por los duques de Borgoña, parientes de la emperatriz Constanza, pensaron servir a Dios combatiendo en España, pero esta brillante expedición se malogró en un inútil asedio a Tudela y repasó el Pirineo.

Sin embargo, no fue absolutamente estéril para robustecer los contactos de la España cristiana con Europa, ya establecidos mediante las peregrinaciones que seguían el «camino de Santiago» y la reforma cluniacense en catedrales y monasterios. En el mismo año, de 1087, se concertó la boda entre Ramón de Borgoña, uno de los cruzados, y la infanta Urraca, hija del emperador, que enlazaba a la dinastía de Navarra con una de las casas más importantes de la feudalidad europea.

De nuevo, y por tercera vez, la corte de Alfonso —poco tiempo después— se veía en grave riesgo, pues los musulmanes desembarcaron en Algeciras y pusieron sitio a Toledo, con la ambición de que la capital visigoda figurase —como antaño— entre las ciudades del Islam (1090). Alfonso, con la ayuda de Sancho Ramírez de Aragón, la defendió vigorosamente y el califa almorávide hubo de retirarse. En su cólera se volvió contra los reyezuelos andaluces, cuya pérdida tenía quizá decretada de antemano. De hecho, Córdoba —también—, tuvo que rendirse (1091) y Carmona fue conquistada poco después. Entonces comenzó el implacable asedio de Sevilla. La ciudad fue tomada por asalto y Motamid, que seguía defendiéndose en el alcázar, tuvo que entregarse sin condiciones y fue trasladado a Agmat, en África. Los demás principados se derrumbarían enseguida, sin ofrecer siquiera el valor desesperado de la resistencia sevillana. Solamente los estados de Levante permanecieron por de pronto independientes a la sombra de la espada del Campeador. Pero otras ciudades como Murcia, Denia y Játiva, entre otras, continuarían en poder de los árabes.

Las invasiones africanas en España

Es precisamente a partir de esta nueva situación, cuando al-Andalus sufrió una extraordinaria transformación. En el transcurso de cuatro siglos, invasores árabes, sirios o africanos, en contacto con la población islamizada de origen godo, romano o celtíbero, se habían españolizado de manera que sus costumbres y su cultura estaban impregnadas de españolismo. También en las cortes cristianas la influencia de la civilización y de las costumbres musulmanas era considerable. De aquí la fácil convivencia de príncipes y caballeros cristianos y musulmanes en la España del siglo XI. Ahora la cosa cambia radicalmente: como en los tiempos de Almanzor, una multitud fanática que conducida por sus faquíes no tenía otra aspiración que la guerra santa y el retorno al Islam en toda su pureza es la que da tono al Estado.

Al-Andalus se «africaniza» y entre ella y los cristianos no cabe otra relación que la guerra. Los mozárabes, que aún constituían el fondo de la población rural en muchos distritos, perdieron todos sus antiguos privilegios y su posición llegó a ser muy difícil; sus iglesias, algunas de las cuales permanecían desde el tiempo de los godos, fueron demolidas y la intransigencia de los faquíes hacía su situación intolerable. Muchos emigraron hacia los reinos del norte. Muchos fueron privados de sus bienes, encarcelados o muertos, y parece que la mayor parte fueron deportados a África y se establecieron en las cercanías de Salé y de Mequinez.

Si esta nueva inundación de fanatismo africano quedó contenida en al-Andalus y no cubrió el resto de la península, no se debe a Alfonso, cuya estrella comienza a declinar, sino a su vasallo, casi siempre en desgracia, el Cid Campeador. Después del derrumbamiento de las taifas andaluzas, el sistema imperial quedaba maltrecho. El emperador había conseguido rechazar a los musulmanes ante los muros de Toledo, pero despés no se pueden anotar en la corte castellana sino desaciertos y desastres.

Alfonso fracasó en una expedición contra Tortosa, aliado con el rey de Aragón y el conde de Barcelona, en la cual contó en vano con el auxilio de las flotas pisana y genovesa, y fracasó reiteradamente en Andalucía en diversas campañas, una de las cuales, la de Jaén, terminó con una derrota tan grande acaso como la de Sacralias. La buena reina Constanza intentó diversas veces la reconciliación entre el rey y el caudillo, pero estas avenencias, a las cuales el Cid asentía siempre, eran efímeras. El emperador tenía conciencia de que Rodrigo Díaz de Vivar no dependía de su benevolencia y era más fuerte que él mismo, y esto creaba en su ánimo un sentimiento de despecho que estallaba con cualquier motivo y que los grandes señores leoneses, enemigos mortales del infanzón castellano, no se descuidaban en fomentar.

Si en circunstancias tan adversas continuaba la expansión de la cristiandad en la península no era ya mediante el esfuerzo de Alfonso –que, malaconsejado por su corte de leoneses, no realizó en este tiempo empresa alguna triunfal–, sino por el Cid y por el de la heroica dinastía de los reyes de Navarra y de Aragón. En 1093, Motawakil de Badajoz, cuyo poder agonizaba bajo la presión africana, había entregado Santarem, Lisboa y Cintra a Alfonso, pero el derrumbamiento inmediato del reino de Badajoz hizo efímeras estas anexiones. En cambio, Sancho Ramírez de Aragón, a pesar de los estorbos que intentó poner en su camino el rey de Castilla, ceñía a Huesca con un implacable asedio, de acuerdo ahora con el Cid, hasta que una saeta enemiga vino a detener su carrera.

Sancho Ramírez había tenido de su esposa la reina Felicia tres hijos: Pedro, Alfonso y Ramiro, que era monje en el monasterio benedictino de San Pons de Tomeras. Los dos mayores seguían la hueste y el rey, en su lecho de muerte, les hizo jurar que no cejarían en la empresa de Huesca. El nuevo rey, PEDRO, continuó la política paterna de amistad con el Cid y sus tropas contribuyeron a la gran victoria de Cuarte.

El sitio de Huesca se prolongó todavía algunos meses. Su rey Mostain, con ayuda no sólo del ejército del rey de Zaragoza, sino de la hueste del desatentado García Ordóñez, conde de Nájera, el eterno enemigo del Cid y el espíritu maligno de Alfonso, acometió al ejército sitiador en Alcoraz. El ejército musulmán quedó totalmente deshecho (18 de noviembre de 1096) y entre los prisioneros figuraba el conde de Nájera. La batalla de Alcoraz vino a ser en Aragón, como en la monarquía castellano-leonesa Simancas, el hecho de armas que inicia la gloria del reino y permaneció la creencia de una intervención milagrosa de San Jorge, el soldado mártir, que vino a vincularse en la devoción aragonesa, como la de Santiago en los reinos occidentales. Pocos días después, el 26 de noviembre, Huesca se rendía al rey de Aragón. Era la primera ciudad importante de tierra llana que venía a engrandecer al pequeño reino pirenaico.

El rey de Aragón y el Cid, señor de Valencia, hechos para entenderse, tuvieron que aunar sus esfuerzos para contener las oleadas de las incesantes reacciones almorávides. Ambos consiguieron derrotar a Mohamad, jefe del ejército africano, al pie del castillo de Buren, cerca de Játiva. Sin embargo, los almorávides tenían sobre los cristianos la ventaja de que sus contingentes, reclutados en todo el norte de África, eran prácticamente inagotables. El rey Alfonso fue derrotado en Consuegra (15 de agosto de 1097) y en el desastre pereció Diego, el único hijo varón del Cid.

Rodrigo vengaría duramente la extinción de su linaje, pero poco tiempo después, una nueva pena vino a amargar sus últimos años. Sus hijas, cuya cuantiosa dote les había proporcionado un alto casamiento con dos magnates de la familia de los Beni-Gómez de Carrión, sufrieron un ultraje que la versión juglaresca describe con novelescos pormenores. El caudillo, abrumado por la fatiga de tantos años de tensión constante, moriría en su ciudad de Valencia, el domingo 10 de julio del año 1099.

Su obra, demasiado atrevida y basada principalmente en su actuación personal, estaba destinada a ser efímera, en tanto se consolidaba cada día la del emperador, su rival. De todas formas, fue de inmensa trascendencia. Su espada, siempre victoriosa, contuvo la avalancha africana, que no encontró en España otro dique, e impidió que la invasión almorávide progresara al norte del Tajo. Además su figura gigantesca fue la que dio cohesión a la resistencia castellana, aragonesa o catalana. El Cid fue el primer héroe español y de él se enorgullecen por igual los castellanos que las ciudades de Levante por él liberadas y que llevan su nombre. Por el matrimonio de sus hijas, una de las cuales, Cristina, casó con el infante Ramiro de Navarra y fue madre del rey GARCÍA RAMÍREZ el Restaurador, y otra fue esposa de BERENGUER RAMÓN el Grande, de Barcelona, llevan su sangre todas las dinastías peninsulares.

Unido al Cid, también debemos reconocer el gran valor del rey Alfonso por la resistencia invencible que opuso a los reiterados esfuerzos de los africanos para invadir toda España, ahora más difíciles de contener. Sin embargo, a partir de la muerte del primero, los fracasos fueron continuos, pero es cierto que, en general, se conservaron los grandes avances de la Reconquista y que Toledo siguió siendo la capital de la España cristiana.

En 1094, su yerno Ramón de Borgoña había sido derrotado en Lisboa. En el año de 1108, el nuevo emperador almorávide, Ali, envió contra la frontera una de las acostumbradas avalanchas africanas al mando de su hermano Temim, el cual se apoderó de Uclés.

Alfonso, ya muy anciano, envió a oponérsele la mejor hueste que pudo reunir. Pero se convertiría en un nuevo desastre para los cristianos. Al año siguiente, en 1109, el emperador entregaba su alma a Dios en su palacio de Toledo, siendo enterrado en Sahagún el 12 de agosto. Dejaba el reino en una situación sumamente difícil. En uno de los momentos más críticos para la cristiandad peninsular, cuando los almorávides invencibles concentraban su esfuerzo sobre Toledo, su herencia quedaba en manos femeniles, pues el monarca difunto no dejaba sucesión masculina de ninguna de sus cinco esposas. Sin embargo, ningún testimonio mejor de la solidez de la organización creada por el rey difunto que el de resistirse victoriosamente a la dura prueba.

Hombre de grandes defectos personales, llegado al imperio por no claros caminos y poseído hasta el extremo de esta egolatría, Alfonso VI es uno de los más grandes monarcas de la historia de España, no tanto por sus fáciles conquistas cuando las circunstancias le fueron propicias como por su heroica e incansable resistencia cuando le fue adversa la fortuna. Él comprendió que para resistir a la constante amenaza musulmana era preciso robustecer la catolicidad de los estados cristianos vinculándolos reciamente a la Iglesia de Roma y a la cultura europea.

Desde él, España no es un territorio extraeuropeo, más en conexión con África y con Oriente que con las grandes monarquías que comenzaban a formarse en Europa, sino una provincia del imperio espiritual que se formaba por aquellos años y que llamamos la cristiandad. Pruebas de esta política son sus enlaces matrimoniales con princesas francesas o italianas y los de sus hijas con príncipes de las casas de Borgoña, de Sicilia y de Tolosa. Sin duda, lo más eficaz en este intento de europeización de España fue la protección ilimitada a la orden de Cluny, que situó en las sedes y en los monasterios españoles a aquella brillante legión de monjes franceses, cuya ciencia y cuyas virtudes fue tan ponderada por el arzobispo Jiménez de Rada.

A los atisbos indecisos del mozarabismo hispánico sucede el románico europeo, que en este reinado se manifiesta en toda su plenitud. En 1074, se inicia la reedificación de la catedral de Santiago de Compostela, destruida por Almanzor, cuya obra atrae a los más hábiles artistas de Europa. Los monasterios de Sahagún y de Silos y la parte más vieja del de San Isidoro de León pasarán a ser los ejemplos más destacados del estilo en toda la perfección de su equilibrio arquitectónico y ornamental.

La herencia de Alfonso VI: Urraca, reina de Castilla y León, y la actuación de Alfonso I el Batallador, rey de Aragón

La heredera de Alfonso será su hija URRACA, habida de su segunda esposa Constanza de Borgoña. Con ocasión de la cruzada de caballeros franceses, después del desastre de Sacralias, el emperador casó a dos de sus hijas con dos príncipes borgoñones parientes de la emperatriz. Ramón de Borgoña, conde de Amous, concertó sus esponsales el mismo año de 1087, en que tuvo lugar la cruzada, con la infanta Urraca, que contaba entonces siete años. Su primo Enrique, hermano del duque Eudes I Borell de Borgoña, contrajo nupcias con Teresa, bastarda, habida con doña Jimena Núñez.

Cuando se llevó a cabo el matrimonio de Ramón y Urraca, Alfonso los constituyó condes de Portugal y de Galicia. Esto fue, sin duda, posteriormente a la muerte de García, que, aunque estaba en prisión, seguía siendo rey titular de ambos territorios. En 1093, cuando era ya casi segura la falta de sucesión masculina del emperador, sus yernos Enrique y Ramón de Borgoña se disputaban el reparto de la herencia, pues aun cuando Ramón estaba casado con la hija legítima, quizás Enrique, perteneciente a la rama primogénita de la casa de Borgoña, alegaba sobre su deudo una primacía de carácter feudal. Avenidos por la intervención de su tío San Hugo, abad de Cluny, se conciertan en esta forma: Ramón re-

Urraca, reina de Castilla. Miniatura del *Tumbo A*.
Catedral de Santiago de Compostela.

cibiría la herencia imperial, pero habría de ceder Toledo y su comarca a Enrique, y si esto no fuera posible, Galicia y Portugal. El tesoro que se guardaba en el alcázar de Toledo, resultado de la expoliación de tantos años a las taifas, se repartiría en tres porciones: dos tercios para Ramón y un tercio para Enrique.

Ramón era un valiente y discreto gobernante. La anexión efímera a sus estados de las plazas de Santarem, Lisboa y Cintra daba una creciente importancia al condado de Portugal. Durante su gobierno se acrece enormemente la importancia de la diócesis compostelana, gracias a la presencia en ella de una de las más poderosas personalidades de su siglo, Diego Gelmírez. Con el tiempo, la devoción a Santiago se había extendido por toda la cristiandad y el sepulcro que guarda sus restos era uno de los tres lugares predilectos para las peregrinaciones. Para facilitar la ruta de los peregrinos, Sancho el Mayor había ordenado la construcción de un camino de Roncesvalles a Nájera y a lo largo de esta vía, que luego se prolongaría por tierras de Burgos y de León, iban surgiendo hospitales y hospederías. Algunos caballeros piadosos se agrupaban en hermandades para defender a los caminantes en los parajes poco seguros.

Diego Gelmírez era un joven y docto clérigo familiar del obispo don Diego Peláez. Su cultura, la suavidad de su trato y la elegancia de sus maneras le atrajeron la amistad de los nuevos condes de Galicia y de Portugal. Ramón de Borgoña hizo de él su secretario y su notario mayor. En 1094, Diego Gelmírez era designado administrador de la diócesis compostelana y en el año 1100, después de un viaje a Roma, fue nombrado obispo de Compostela.

Persuadido de la inmensa importancia de su iglesia, procuró engrandecerla congregando en ella las más preciadas reliquias de otros templos. Parece que hacia el 1103 había conseguido de la Santa Sede el hacer su diócesis exenta de la jurisdicción del metropolitano y al año siguiente, después de un segundo viaje a Roma, logró del papa Pascual II el uso del palio arzobispal. Al mismo tiempo continuaban con una suntuosidad desconocida en la cristiandad hispánica las obras de la basílica Compostela.

En 1107, moría el conde Ramón, dejando un hijo de tres años de edad: Alfonso Raimúndez. Es perfectamente verosímil que en una amplia concepción política fuese el mismo emperador el que propusiese las segundas nupcias de Urraca con el rey de Aragón, Alfonso, que en 1104 había sucedido a su hermano Pedro, muerto sin sucesión.

Alfonso I, perteneciente a una dinastía de caudillos infatigables y heroicos, era el único capaz de mantener la idea imperial a la que Alfonso VI había consagrado su vida. Cualquiera de los magnates castellanos o leoneses que se hubiese podido elegir para esposo de doña Urraca, harto hubiera hecho con hacerse reconocer por sus iguales. Alfonso de Aragón, biznieto de Sancho el Mayor, podía reconstruir su herencia. No le faltaban para ello las más excelsas cualidades, pero hubo de tropezar con circunstancias que casi las anularon.

En primer lugar, el carácter de la reina Urraca, inteligente y enérgica, dotada de un gran poder de seducción, pero incapaz de comprender y de secundar los amplios planes de su marido ni de moverse por otros impulsos que su egoísmo y su capricho; por otra parte, el poder creciente de su hijastro Alfonso Raimúndez y de los condes de Portugal, Enrique y Teresa. Sin duda, el matrimonio fue impuesto por los magnates que habían sido los consejeros del emperador. La nobleza castellano-leonesa, ya demasiado poderosa, se dividió en bandos, uno de los cuales fue adverso al rey de Aragón. Vino a complicar el estado de las cosas la actitud de Roma, declarando inválido el matrimonio por el parentesco de los contrayentes, ambos biznietos de Sancho el Mayor.

Afortunadamente para la España cristiana, la difícil crisis promovida por la muerte del emperador, sin la mencionada sucesión varonil, coincidía con los comienzos de la decadencia del ímpetu africano. El poder real se debilitaba cada día y se comenzaba a entrever la posible formación de nuevas taifas en las ciudades alejadas. Los cristianos del norte habían recuperado su antigua insolencia y devastaban las tierras fronterizas. En las ciudades andaluzas comenzaron las rebeliones contra los funcionarios y los soldados africanos, y algunas de estas revueltas, como la de Córdoba en 1121, revistieron suma gravedad.

En estas circunstancias, un gran rey como el yerno del emperador, Alfonso I de Aragón, hubiera podido dar a la Reconquista un impulso decisivo, pero aun teniendo que luchar con tantos elementos hostiles, sus éxitos fueron extraordinarios. Alfonso era el único, entre tanta confusión de intereses, que había comprendido la idea imperial de su suegro y se sentía heredero de ella. De aquí su interés por los asuntos de Castilla, de León y de Galicia y el que se siguiese denominando en los documentos *Imperator.*

Continuando la política de Alfonso VI, repobló Belorado, Berlanga, Soria y Almazán. Bien pronto tuvo que luchar contra los grandes bloques de fuerzas enemigas. Por una parte, la pequeña corte gallega de su hijastro Alfonso Raimúndez, en la cual figuraban hombres de tanto valor como Pedro Froilaz, conde de Traba, ayo del príncipe, y el obispo Gelmírez. De otro lado, una gran conjuración de magnates castellanos y leoneses celosos, a lo que se dice, de que el rey aragonés hubiese confiado a caballeros de Aragón la tenencia de villas y de castillos. Pero la mayor dificultad estribaba en el carácter de la reina, voluble e inseguro, que buscaba apoyo en todos los bandos para sostener su autoridad cada vez más desprestigiada y que se unía a Alfonso o se separaba según las conveniencias de una política sin ideales y sin otro estímulo que su capricho. El rey de Aragón, a quien la historia llama «el Batallador», intentó allanar estos obstáculos con extraordinaria decisión, gastando en esta lucha estéril y sin gloria energías enormes que le hubiesen sido precisas para continuar la obra civilizadora de su suegro y para adelantar la Reconquista.

Es posible que el conde de Traba hubiese hecho proclamar rey de Galicia al niño Alfonso Raimúndez, pero no sin la oposición de algunas ciudades, prelados y caballeros, que temían el poder creciente del conde. Apoyándose en estos elementos, Alfonso I el Batallador se presentó en Galicia y fue recibido en la ciudad de Lugo, si bien don Pedro Froilaz consiguió poner en lugar seguro a su pupilo. Pronto surgió para Alfonso la máxima dificultad. El papa Pascual II declaraba inválido su matrimonio, único título para las aspiraciones imperiales, a causa de la consanguinidad entre los cónyuges. El arzobispo de Toledo, en el monasterio de Sahagún, declaró a los reyes en excomunión si no acataban la sentencia.

Urraca, ya casada con el aragonés, se presentó en el monasterio y se sometió al decreto pontificio, al mismo tiempo que ordenaba al conde de Traba que proclamase rey en León al niño Alfonso. No sabemos por qué motivos la reina cambió de parecer y se unió de nuevo al rey de Aragón, el cual, temiendo nuevos cambios, la encerró en el castillo de Castellar. El de Aragón, que demostraba escasos escrúpulos morales y religiosos, ocupó con su ejército de aragoneses y de mercenarios, reclutados en todas partes, las principales ciudades de Castilla y de León y expulsó de sus diócesis o depuso a los principales prelados que habían defendido el decreto pontificio, entre ellos al arzobispo de Toledo, don Bernardo; a los obispos de Burgos, León, Osma, Orense, Palencia y al abad de Sahagún.

Esta conducta puso enfrente del rey de Aragón todo el poderoso elemento eclesiástico: la reina huyó de Castellar y se presentó en Castilla, pero su partido fue deshecho en la batalla de Candespina, cerca de Sepúlveda (12 de abril de 1111), a consecuencia de la cual Alfonso de Aragón hacía su entrada triunfal en Toledo el 18 del mismo mes. Entre tanto, los gallegos habían conseguido de la reina licencia para proclamar a su hijo Alfonso rey de Galicia, y la ceremonia tiene efecto en la catedral de Santiago el 17 de septiembre del mismo año. Los gallegos intentan entonces llevar a León al niño-rey, pero son alcanzados por el ejército del Batallador en Viadangos y deshechos de tal manera que difícilmente consiguió el obispo Gelmírez retirarse a Galicia llevando consigo al nuevo rey.

De aquí en adelante, la política española es una verdadera maraña de alianzas hechas y deshechas entre los diversos partidos, de violencias y deslealtades.

Entre la confusión de los sucesos apenas se pueden adivinar ciertas tendencias generales. El poder del rey de Aragón en la monarquía castellano-leonesa declina, pero el gran caudillo conserva siempre un equipo importante de partidarios. En tanto, se acrece cada día el prestigio personal de su hijastro Alfonso Raimúndez, fundado en sus altas cualidades, en la lealtad de sus partidarios, que contrasta en este sombrío cuadro de tradiciones, y en la firmeza de sus derechos.

El fracaso de su idea imperial, que hubiera puesto al servicio de la Reconquista, no impidió a Alfonso el Batallador una acción enérgica y gloriosa contra los musulmanes. En 1110 vence en Valtierra al rey de Zaragoza, Mostain II, que muere en la batalla. Aprovechando, entonces, la decadencia de los almorávides, Alfonso se decide a un ataque a fondo sobre Zaragoza, hasta conseguir la reconquista de la gran ciudad del Ebro, que a partir de entonces venía a dar una importancia inmensa al reino de Aragón, que dejó de ser un pequeño estado montañés al poseer un gran conjunto urbano, en que el modo de vida era suntuoso y refinado. A consecuencia de esta victoria, el rey con un simple paseo militar se apoderó de las riquísimas riberas del Ebro, del Jalón y del Jiloca: Alagón, Mallén, Magallón, Borja y Tarazona (1120), Epila, Calatayud, Ariza, Daroca, Monreal (1121).

La actividad de Alfonso no se concretará tan sólo en la natural expansión aragonesa, ya que se consideraba heredero de la política imperial de su suegro y como tal defensor de los cristianos de la península. A este concepto responde su famosa expedición a Andalucía, de la cual hay importantes relatos cristianos y musulmanes.

Pero estos avances por tierras andaluzas no motivaron que el rey desatendiese ninguna de las orientaciones privativas de sus reinos patrimoniales. En Barcelona, muerto en peregrinación expiatoria a los Santos Lugares Ramón Berenguer II el Fraticida (1096), le había sucedido en todo el condado su sobrino Ramón Berenguer III, digno de competir con sus contemporáneos Alfonso I de Aragón y Alfonso VII de Castilla. Ramón Berenguer el Grande ha de emplear un urgente esfuerzo en contener a los almorávides, que en los años de su máximo poder expansivo devastan el Penedés y llegan ante los muros de Barcelona. Pasado el peligro, se ocupó en organizar sus estados.

Durante su minoría, su tío Berenguer Ramón II había ocupado Tarragona (1091). El joven conde restauró y organizó la ciudad (1117) y se apoderó de Balaguer y su comarca. En 1114, auxiliado por las naves de Lucca y de Pisa, mantuvo un efímero dominio sobre las islas de Mallorca y de Ibiza. Con este gran gobernante se concertó Alfonso I de Aragón para continuar la reconquista por la parte del Segre y del Ebro. Lérida, en fortísima posición, era el objetivo de ambos príncipes, que no pudo por entonces ser alcanzado.

Tanto el rey de Aragón como el conde de Barcelona utilizaban su prestigio para extender su influencia sobre los estados feudales del sur de Francia, política que habían de continuar gloriosamente sus comunes herederos.

Sin embargo, ya en sus últimos años, Alfonso I vio desvanecerse su quimera de ejercer, como emperador, la supremacía sobre toda España. La reina Urraca de Castilla y León, que había sido su esposa, seguía siendo en la península un elemento de perturbación, mal aconsejada por el conde don Pedro González de Lara. Por fin, el 8 de marzo de 1126 terminaba el reinado, de triste memoria, de la hija de Alfonso VI al extinguirse su agitada vida en la villa de Saldaña. Para el rey de Aragón, con esta muerte terminaban sus títulos jurídicos para su intromisión en la monarquía castellano-leonesa, pues en lugar de una mujer cuyas

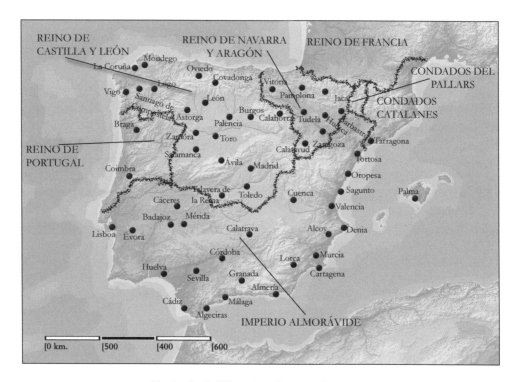

El reinado de Alfonso VII el Emperador (1126).

veleidades le daban constantes pretextos para intervenir, tenía enfrente uno de los más insignes príncipes de este siglo tan fecundo en grandes soberanos: su hijastro Alfonso VII, cuyo prestigio le dará una fuerza incontrastable.

El reinado de Alfonso VII el Emperador

ALFONSO VII, que inició en Castilla y León la dinastía de Borgoña, había tenido una magnífica preparación para reinar en su niñez azarosa, como luego había de acontecer con otros grandes príncipes: Alfonso VIII de Castilla, Jaime el Conquistador, Fernando el Católico, que como él se formaron en una infancia colmada de peligros, un conocimiento precoz de la vida. La relación de sus primeros años es una verdadera novela, aún más henchida de dramáticos episodios que muchos libros de aventuras, en la cual tenía principal papel el ayo del rey-niño, el conde de Traba.

Sitiado en el castillo de Miño, prisionero varias veces, obligado a huir o a ocultarse de los que buscaban en su persona, ya tan importante, apoyo para sus ambiciones; coronado solemnemente, cuando tenía cinco o seis años, como rey de Galicia en la catedral de Santiago de Compostela (17 de septiembre de 1111), el niño-rey oiría hablar en su entorno de peligros y asechanzas contra su persona, en las cuales tomaban parte su terrible padrastro el rey de Aragón, sus tíos los condes de Portugal, los magnates castellanos, leoneses y gallegos y su propia madre la reina Urraca.

No entrado aún en la adolescencia, en 1116 luchaba ya contra los musulmanes, acompañado de su fiel mentor, en la frontera de Toledo. En mayo de 1124, apenas salido de la niñez, se había armado caballero en la catedral compostelana ante el arzobispo Gelmírez. Sea o no exacto que en los últimos años del reinado titular de su madre se llamase ya rey de Castilla y de León, es lo cierto que el joven rey de Galicia, Alfonso, era en este tiempo la única esperanza de cuantos anhelaban la restauración del imperio de Fernando I y de Alfonso VI.

En 10 de marzo de 1126, Alfonso VII de Borgoña se coronaba rey en la catedral de León ante Diego Gelmírez, con excepcional concurrencia de magnates y caballeros. El problema más urgente que requería la atención del monarca era la recuperación total de sus estados, que detentaba en parte, ya sin título alguno, el rey de Aragón. Casi toda la vieja Castilla: Burgos, Castrojeriz, Villafranca de Montes de Oca, Belorado, Carrión y Nájera, permanecía en poder del Batallador, que conservaba quizás adictas muchas ciudades de la parte avanzada de Castilla, que entonces se llamaba «Extremadura» (Soria, Ávila y Segovia). Ambos reyes se encontraron frente a frente, pero la intervención de varios caballeros bienintencionados evitó el conflicto y logró el convenio llamado pacto de Támara (1127). En 1129, el rey de Aragón se apodera de Almazán y una vez más la guerra parecía inevitable, pero de nuevo se llegó a la paz por la intervención del obispo de Pamplona y de varios magnates.

Alfonso I el Batallador, convencido, sin duda, de que las cosas habían cambiado y de que era inútil luchar contra el prestigio de su hijastro, no volvió a pisar tierra de Castilla, si bien conservó en su poder Nájera y otras ciudades.

Una inesperada catástrofe señalará el fin del reinado y de la vida del rey de Aragón, tras la derrota en la toma de la plaza de Fraga contra los musulmanes. El 4 de septiembre dictó su testamento y murió en una tienda de campaña, como correspondía a su vida andariega. El pueblo de Aragón, que él como nadie había engrandecido y dignificado hasta convertirle en cabeza de la España imperial, le honró negándose a aceptar el hecho de su muerte y creando entorno a él un mito parecido al que los ingleses inventaron sobre su rey Arturo.

La muerte de Alfonso el Batallador sin sucesión directa vino a cambiar la situación de la península e hizo posible al rey de Castilla y de León prolongar por algún tiempo la organización imperial.

El rey de Aragón, en reiteradas disposiciones testamentarias, disponía de su reino a favor de las órdenes militares del Temple y del Hospital, convencido de que sus maestres eran los únicos que podían continuar al Reconquista. Este testamento no fue aceptado y el buen sentido de los nobles y del pueblo impuso la única solución posible: ofrecer la corona al único de los hijos vivos de Sancho Ramírez, a Ramiro, que había sido monje en el monasterio benedictino de San Pons de Tomeras, luego abad de Sahagún y obispo electo de Burgos y de Pamplona. RAMIRO se tituló «rey de Aragón» inmediatamente después de la muerte de su hermano, empleando en los diplomas la fórmula *Regnante me in regno patris mei* como justificación de su legitimidad.

El nuevo rey obtuvo del papa dispensa de sus votos y licencia para casar con Inés de Poitiers. Era hombre discreto y bien intencionado, pero incapaz no sólo de reivindicar las aspiraciones imperialistas de su hermano ni de mantener su actividad guerrera, sino de

Alfonso VII el Emperador acompañado de sus nobles.
Miniatura del *Libro de las Coronaciones*.
Monasterio de El Escorial, Madrid.

oponerse a las pretensiones de un monarca tan poderoso como Alfonso VII de Castilla, que fue quien recogió realmente la herencia de su padrastro, como éste había recogido la de su suegro Alfonso VI.

En el mismo instante de su advenimiento, Ramiro, hubo de sufrir una merma considerable de sus estados. Sin duda, latía en Navarra un anhelo de autonomía que encontró ocasión propicia para manifestarse. A la muerte de Alfonso, los navarros no reconocieron a Ramiro y eligieron por rey a GARCÍA RAMÍREZ, señor de Monzón, hijo del infante don Ramiro (hijo de García de Atapuerca y nieto de Sancho el Mayor) y de la infanta Cristina, hija del Cid. Ramiro, amenazado por la invasión castellana, no pudo oponerse y hubo de aceptar en el pacto de Vadoluengo un hecho que devolvía Navarra a la línea legítima de sus reyes.

Un pueblo tan guerrero como el aragonés difícilmente acataba este estado de cosas y es indudable que el prestigio de un rey-caudillo como Alfonso VII fue grande aun en Navarra y Aragón. El joven rey aprovechó estas circunstancias excepcionales para resucitar y consolidar la idea imperial de sus antepasados. A poco de la muerte del Batallador, Alfonso VII se apresuró a recobrar Nájera y las demás poblaciones que el aragonés había conservado en Castilla. En su campamento se presentó el nuevo rey de Navarra, García Ramírez, para hacerse armar caballero y para consolidar su reino haciéndose feudatario del rey de Castilla y de León. Las nuevas conquista del Batallador se sentían, sin duda, en precario y deseaban el amparo de un poder fuerte que las defendiese de una reacción musulmana.

Alfonso VII ocupó sin dificultad las ciudades de Tarazona, Daroca y Calatayud. Zaragoza le recibió en triunfo en diciembre de 1134. El rey juró sus fueros y privilegios y le otorgó una donación espléndida, de manera que la ciudad, agradecida, tomó como emblema las armas del reino de León. Es incuestionable que aquella comarca recién liberada no veía otro medio de salvación que la espada de Alfonso y de aquí su voluntaria entrega.

Ramiro II, refugiado en el castillo de Monclús, hubo de aceptar los sucesos y predominio imperial de Alfonso VII. El conde de Barcelona, RAMÓN BERENGUER IV, que poco antes (1131) había sucedido a su padre, el gran Ramón Berenguer III, se hizo también feudatario del leonés.

El 2 de junio de 1135 convocó un concilio en León, al cual acudieron García Ramírez de Navarra, Ramón Berenguer IV de Barcelona, los condes de Tolosa, de Gascuña y otros del sur de Francia y el rey moro Zafadota. En la catedral de León ciñó con solemnes ceremonias la corona imperial. Desde entonces, en sus documentos se llama siempre *Imperator* y en la confirmación figuran los nombres de los príncipes cristianos y moros de la península y de los ultrapuertos, sus vasallos. Alfonso había conseguido dar plena realidad legal a la vaga aspiración de sus antecesores y por esto la Historia le llama por excelencia «el Emperador».

Nunca un imperio se estableció sin guerra y Alfonso hubo de mantener su nueva dignidad por la fuerza de las armas. El promotor de la resistencia fue en este caso su primo Alfonso Enríquez de Portugal, hijo de Enrique de Borgoña y de doña Teresa de Castilla, el cual veía quizá su nuevo estado en mayor peligro ante el empuje imperial que el que corrían las monarquías viejas y consolidadas de Aragón y de Navarra. Al mismo tiempo que mantenían diversas aspiraciones a la posesión de Galicia, de León y de otras comarcas peninsulares, Enrique de Borgoña y Teresa habían consolidado su dominio sobre el condado portugués.

Muerto el conde en 1114, Teresa continuó su política tortuosa, al amparo de las guerras del reinado de Urraca, y procuró contener las reacciones de los almorávides, que amenazaron Coimbra. En 1128, una parte de la nobleza apoyó el levantamiento de Alfonso Enríquez contra su madre y contra su favorito Fernán Pérez, hijo del conde de Traba. Venció el hijo a la madre en el Campo de San Mamede, cerca de Guimaraes, e inició de este modo su largo y glorioso reinado. Unido con García Ramírez de Navarra, puso al emperador en situación difícil. Alfonso Enríquez, apoyado por algunos señores gallegos, se adentró en Tuy, y en tanto Alfonso VII había de realizar por Navarra una operación de castigo, fueron los nobles gallegos que le eran adictos los que contuvieron al portugués. Pudo entonces el emperador lanzarse contra su primo el conde de Portugal, pero la intervención de hombres buenos consiguió el tratado de Tuy (4 de julio de 1137), por el cual Alfonso Enríquez reconocía la soberanía del emperador. Logró éste volver entonces sus armas contra Navarra e invadir el llano de Pamplona. Pronto se concertó la paz, basada en la reiteración del vasallaje por parte de García y en su matrimonio con doña Urraca, hija bastarda de Alfonso y de la asturiana doña Gontroda.

A fuerza de vigilancia y de valor, Alfonso VII había consolidado su sistema feudal, que permitía en la península cierta unidad. Pudo entonces aprovechar las circunstancias favorables para continuar la Reconquista. Gran mérito fue el darse cuenta exacta de la situación crítica del Islam en España y en sacar de ella el provecho posible. Disidencias de carácter religioso habían debilitado el poderío de los emperadores africanos y permitieron el triunfo del movimiento nacionalista que ocasionó el establecimiento de nuevas taifas en el Algarve, en Córdoba y en Levante, que bien pronto entran, por ambiciones territoriales, en guerra unas con otras.

Éste es el momento más glorioso de la vida de Alfonso VII. Sin embargo, y como su abuelo, fue detenido en sus ambiciones por la presencia de un nuevo contingente africano en España, en el cual una vez más se renovaba el espíritu expansivo y misional del Islam.

De todas formas, en su reinado debemos destacar la eficacia de establecer en la península una jerarquía feudal de grandes vasallos, cristianos o moros, que acudían puntuales al requerimiento del emperador. Quizá su mismo origen borgoñón le hacía apto para asimilar este concepto centroeuropeo del fraccionamiento de la soberanía, y de acuerdo con él dividió los estados entre sus hijos, dejando a Sancho, el primogénito, Castilla, y a Fernando, el segundo, León. Pero la idea imperial moría con Alfonso VII, pues las circunstancias habían de hacerla imposible.

La supremacía del emperador se basaba en la posesión del estado más poderoso. La concentración de un conjunto extenso de reinos y señoríos en príncipes tan animosos y de espíritu tan vigilante como Sancho el Mayor, Fernando I, Alfonso VI, Alfonso el Batallador y Alfonso VII, habían hecho realidad, durante siglo y medio, el sueño de los reyes de León, de restaurar, con otras características, la unidad de la monarquía visigoda. Pero ahora habían ocurrido en Levante y en la costa atlántica ciertos sucesos que venían a contrapesar el poderío castellano-leonés, amenazado, por otra parte, por el poder creciente de los almohades, que exigían todo su esfuerzo y toda su atención.

Ramiro II de Aragón, que había sido monje y obispo, se vio impotente para contener la expansión castellana. A los pocos años de su reinado, aconsejado por el senescal de Cataluña Guillén Ramón, tronco de la casa de Moncada, concertó el matrimonio de su única hija Petronila, niña aún, con el conde de Barcelona Ramón Berenguer IV (11 de agosto de 1137). Pocos meses más tarde entregaba a su yerno el gobierno de sus estados, conservando él solamente los honores de la realeza. De esta manera, al unirse en manos de un gran príncipe el condado mediterráneo, tan rico y dinámico, con el reino aragonés, en que se contenían tan potentes energías, se formó una confederación, cuyo poderío creciente hacía imposible todo intento de superioridad castellana.

El avance de la Reconquista

La organización política, social y jurídica del reino castellano-leonés

Con la muerte de Alfonso VII de Castilla (1157) se va a hacer patente la transformación que se iba realizando en la constitución interna de España. No era posible, después de haberse unificado la gran confederación catalano-aragonesa, la supremacía imperial del rey de Castilla, y ahora el nuevo rey Sancho III no intentó adjudicarse el título que habían ostentado sus antepasados, aun cuando no se rompió el vínculo feudal con que los diversos príncipes peninsulares se consideraban ligados al heredero de los reyes godos. Aragón y Castilla siguen sus rutas peculiares, sin desinteresarse nunca del todo de los asuntos del resto de la península.

Lo que caracteriza esencialmente esta época es que, en una paz relativa, los reinos cristianos pueden ir consolidando una organización política y social cada vez más compleja. Las monarquías no son ya el puesto de mando de un pueblo siempre en guerra y los reyes dejan de ser caudillos en que se concentran todos los poderes. El predominio de la nobleza es más grande, día a día, y crece también la fuerza de los consejos, verdaderos señoríos de una ciudad sobre un determinado territorio. Nuevos poderes, como las dignidades eclesiásticas o las órdenes militares, hacen cada vez más complicada la situación política. Pendientes de esta lucha para someter y concertar estas fuerzas pujantes y dispersas, los reyes conseguirán, a fuerza de vigilante energía, mantener el prestigio de la autoridad real, que en realidad será la única garantía de paz entre los distintos pueblos.

Nadie, ni el rey ni sus vasallos, ponía en duda el origen divino de la regia potestad, expresado en gran número de documentos y fórmulas cancillerescas.

Además, en todos los reinos hispánicos, la herencia según el orden de primogenitura está firmemente establecida para la sucesión de la corona. No hay ley escrita que regule esta sucesión, pero la costumbre admite la capacidad de las mujeres para suceder en los reinos de Castilla, Navarra y Portugal, en tanto las excluye en la monarquía catalano-aragonesa, por influjo del Casal de Barcelona, más sensible a las corrientes centroeuropeas. Permanecen, sin embargo, en los rituales de la investidura, vestigios del principio electivo al requerir la aceptación del pueblo al gobierno del nuevo rey.

Ahora la gran nobleza, poseedora de inmensos territorios, de parajes y de castillos para la defensa y de innumerables vasallos, es elemento imprescindible en el juego social y político de esta nueva era. Acaso el origen de esta clase pueda estar en los magnates godos que emigraron al norte y que, al constituirse en directores del movimiento emancipador, recibieron como premio inmensos territorios. Su relación con el rey siempre será estrecha y constante. Ellos desempeñaban los cargos de condes y de potestades y formaban parte de su íntimo consejo. Algunas veces entre sus hijas se escogían las reinas. Con respecto a los hijos de estos grandes señores, en ocasiones se criaban en palacio y se llamaban infantes, como los de los reyes. Los infantes de Lara y los infantes de Carrión dejaron larga estela en los romances castellanos.

Al margen de estos, había otra clase social formada por aquellos que, vástagos de alto linaje, estaban desprovistos de cuantiosos territorios patrimoniales. Eran éstos en Castilla los infanzones, menos vinculados a la corte y ejerciendo muchas veces su influencia en sectores sociales bastante amplios. Las proezas realizadas en la gran Reconquista motivaron el que muchos de estos infanzones se convirtiesen en grandes señores.

Estas dos clases constituían, en realidad, la verdadera nobleza. El historiador Menéndez Pidal ha estudiado sus relaciones con el rey y afirma que en tanto el estamento eclesiástico preconizaba la idea de la monarquía nacional, germen del estado moderno, los nobles tendían a considerarse, respecto al rey, no como sujetos a una potestad de origen divino, sino obligados por un vínculo personal prestado libremente. El rey es, ciertamente, el señor supremo de todos, pero las relaciones contractuales que obligaban a los nobles podían cesar en cualquier momento, a voluntad de cualquiera de ambas partes.

Por tanto, en la monarquía castellano-leonesa no hubo verdadero feudalismo, en el sentido centroeuropeo de cesión de la soberanía de la tierra mediante la prestación de un servicio, soberanía que, al fraccionarse por sucesivas cesiones, constituía la jerarquía feudal. Hubo señoríos en los que el rey delegaba las funciones propias de la soberanía en el propietario de la tierra. La exención de los tributos comunes en recompensa de su permanente servicio militar era el más característico privilegio de la nobleza.

Esta liberación de impuestos a los que por su clase social estaban vinculados al servicio de las armas, motiva la formación de estamentos sociales que, sin ser en origen propiamente nobiliarios, llegarán a través de los siglos a identificarse con la nobleza. En muchos casos, las necesidades militares obligaron a los monarcas a conceder exenciones y privilegios a los hombres libres que tuviesen hacienda suficiente para adquirir armas y mantener un caballo y estuviesen dispuestos a poner su persona y sus aprestos militares al servicio del soberano. De aquí nació la clase de los caballeros, que, al disponer de la fuerza, vino a ser la preponderante en los concejos. Ella fue la que presidió la vida municipal, en tanto los grandes señores dominaban desde sus castillos las aldeas y los campos. Así se irá formando una aristocracia ciudadana cuyo poder llegará a ser, con el tiempo, extraordinario.

Como los caballeros, los simples hidalgos vinieron a ser un estrato de la jerarquía nobiliaria, sin haber quizás en sus principios formado parte de la nobleza. Esta clase social, muy densa en el norte de España y que va estando más esparcida a medida que avanza hacia el sur, da la impresión más bien de una casta privilegiada que no de un estamento social. Quizás su origen esté en los descendientes de los godos, que, después de la catástrofe, se refugiaron en las tierras norteñas y con la conciencia de superioridad propia de los germanos llegaron a sentirse distintos de los labradores y de los pastores de raza hispánica.

También los municipios y los concejos van a ser otro factor importante en aquel juego de fuerzas que el rey había de presidir y de concertar. En la Alta Edad Media, los territorios que sirvieron de cuna al municipio leonés y castellano eran como una vasta red de explotaciones rurales, entre las cuales se destacaban algunas aglomeraciones urbanas, residencia de la corte o de los grandes señores eclesiásticos o seculares, asiento de alguna fortaleza o centro de algún poderoso monasterio. Poco a poco, a lo largo del siglo XII, estos centros urbanos irán adquiriendo mayor importancia.

Unas veces eran ciudades cuyo esplendor antiguo nunca había decaído, como Toledo, y que al ser conquistadas por los cristianos eran para ellos escuelas de cultura y de costumbres refinadas; otras eran viejas ciudades celtas romanizadas, casi abandonadas por espacio de siglos en tierra de nadie, que, restablecidas en sus sedes episcopales, se iban lentamente repoblando, como Ávila o Segovia; otras veces son santuarios venerados, que se convierten en centros importantes de población.

Los vecinos de la ciudad y de las aldeas, bajo la presidencia del magistrado regio o conde, se reunían para administrar justicia o tratar asuntos de interés común. De este *concilium* de origen godo nació el concejo, que regía la ciudad y su término. Pronto este concejo hubo de delegar sus funciones en una junta, que por representación tomó el apellido concejil, y en ella comenzaron a dominar los caballeros, dueños de la fuerza, si bien no dejaron de tener representación los burgueses de la capital y los vecinos de las aldeas.

Pasando al ámbito legal, el único contacto de los monarcas con las partes más vivas e influyentes de su reinado, el clero y la nobleza, se hace a través de los concilios –otra herencia de la España goda–, reuniones eclesiásticas a las que asiste la nobleza y ante las cuales se presentan los más altos negocios de Estado.

En cuanto a la extraordinaria potencia de los concejos –fundamentalmente en la segunda mitad del siglo XII–, y la necesidad de contar con su asenso para el pago de los impuestos y para empresas militares, obliga a los reyes a convocar en las Cortes a representantes concejiles.

Los concejos eran verdaderos señoríos comunales, intervenidos por la caballería ciudadana y por la alta burguesía, que con ella solía confundirse. El verdadero pueblo –los labradores de los campos, los pastores de las serranías, los menestrales de ciudades y villas– no estaba, en realidad, representado en las Cortes. Sin embargo, fuera de algunos casos de desmanes señoriales, su condición no debió de ser dura. La servidumbre, que en gran parte de Europa no desaparece hasta el siglo XVIII o el XIX, estaba desde el siglo XI abolida en León y en Castilla. La iglesia, más poderosa en España que en otros países, contribuía a la lenta difusión de un mejor sistema de justicia social y la Reconquista unía en ideales comunes a nobles y a plebeyos. En general, el pueblo castellano-leonés permaneció tranquilo durante la Edad Media y no se advierten en la monarquía tremendas guerras sociales, tan frecuentes en otros países.

El poder social, institucional y político en los reinos de Navarra y Aragón y en el condado de Cataluña

En sus orígenes, las monarquías pirenaicas de Navarra y Aragón tuvieron el mismo carácter de caudillaje militar que las necesidades de la guerra habían impuesto en Asturias y en León. El rey de Aragón tenía tan arraigado como los de otros países el concepto del derecho divino de su poder. Era rey por la gracia de Dios y a veces se consignaba en los documentos que el rey era Nuestro Señor Jesucristo y bajo su imperio el monarca. Ramiro II no tuvo necesidad de contar con los señores para tomar acuerdo tan importante como fue la cesión del reino a su yerno el conde de Barcelona. Pero en el momento de la preponderancia de la nobleza y de sus luchas con la corona, en los siglos XIV y XV, surgió la teoría de un supuesto reino de Sobrarbe, en el cual los nobles, al elegir rey, habían condicionado la realeza por la intervención de los señores, cada uno de los cuales valía tanto como el rey y todos juntos más que el rey.

Esta leyenda, adornada por los cronistas barrocos, gozó de inmensa popularidad en los tiempos en que la historiografía liberal juzgaba como democrático todo aquello que condicionaba la autoridad del rey, aun cuando fuera promovido por una oligarquía señorial en perjuicio del pueblo. Pero a juicio de Tomás Ximénez de Embún es falsa la existencia del fuero de Sobrarbe. El rey de Aragón, como los de León y Castilla, conservaba sobre su reino, en teoría, la plenitud de sus derechos, si bien en la práctica, a medida que aumenta el poder de la nobleza, su autoridad va siendo coartada por la presión de los señores.

Una mayor comunicación con Francia motivará que la filtración del feudalismo centroeuropeo fuera mayor en Navarra y Aragón que en los estados occidentales. Sancho el

Mayor de Navarra recibía homenaje feudal de diversos condados ultrapirenaicos y es probable que los señoríos de la vertiente española adoptaran el mismo sistema. El establecimiento de una dinastía francesa en Navarra y la unión de Aragón con Cataluña afianzarían el establecimiento en el nordeste de la jerarquía feudal.

De aquí que el poder de la nobleza fuese en Navarra y Aragón más extenso y más dura la condición de los campesinos. Es curioso notar que este abuso permanece en Aragón mucho más tiempo que en Castilla mediante el poder adquirido por la nobleza en la Baja Edad Media, gracias a las famosas libertades de Aragón, tan ponderadas por la historiografía del siglo XIX.

Aún con más claridad que en León y por las mismas causas se puede seguir en Aragón y Navarra el proceso de disgregación de las Cortes del concilio. El historiador Vicente de la Fuente señala como las primeras Cortes aragonesas el concilio de Jaca de 1060, en tiempo de Ramiro I. El concilio tuvo excepcional importancia y es preciso notar en él la presencia del pueblo, que, como sucedía en la época visigoda, aprobó con sus aclamaciones los acuerdos de los padres, pero en esta asamblea no se trataron sino asuntos eclesiásticos.

En el siglo XII, se precisan los primeros testimonios históricos de una institución que había de adquirir extraordinaria importancia jurídica y política: el Justicia de Aragón. En los comienzos aparece como un juez conocedor de los fueros, que seguía al rey. Más tarde, en el siglo XIII, bien por influencia de una institución musulmana, o bien porque la nobleza, en el apogeo de su poder, arrancase a los reyes esta concesión, se convirtió en un árbitro supremo que dirimía las cuestiones entre el rey y los nobles.

Respecto al municipio, en Aragón y en Navarra reviste características semejantes a las de los concejos castellano-leoneses. En Aragón y en una gran parte de Castilla son entidades de poderosa vitalidad las comunidades de ciudad y tierra o de villa y tierra constituidas en tierras de pastores y leñadores para administrar las extensas propiedades comunales concedidas por los reyes ante las necesidades de la repoblación y de la reconquista. Las aldeas comuneras se agrupaban en torno de la ciudad o villa en la cual está el santuario de la devoción común y que les servía de mercado y de fortaleza.

En tanto en León, en Castilla, en Portugal, en Aragón y en Navarra se iban formando, con la tradición visigoda y las aportaciones locales, un sistema político y jurídico y una estratificación social con diversos matices, pero con características comunes, la Marca Hispánica permanecía en una estrecha vinculación con el centro de Europa, que viene a caracterizar con fuerza y para siempre al territorio catalán. La dominación efectiva de los emperadores carolingios sobre Cataluña, cuya reconquista se debía a su poder expansivo, no fue larga, pero dejó vinculada la comarca al sistema político y social y a las corrientes culturales del otro lado del Pirineo. Esto se debió, en gran medida, al interés constante de los soberanos catalanes por los condados ultrapirenaicos, sobre los cuales mantenían derechos dinásticos que llevaban consigo aspiraciones a la soberanía.

En el orden político, la consecuencia más trascendental de este estado de cosas será la implantación del régimen feudal, del cual el resto de la península apenas recibe tenues infiltraciones en toda su pureza. De aquí que si políticamente Cataluña forma parte de la comunidad de pueblos hispánicos a la cual está fuertemente unida por el peligro común de los musulmanes; si acepta en determinados momentos la supremacía imperial del rey de León y se vincula, por enlaces matrimoniales entre las casas reinan-

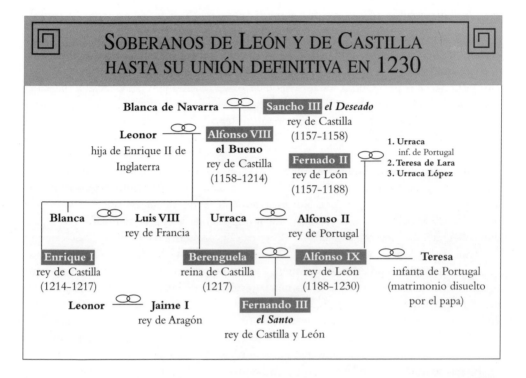

SOBERANOS DE LEÓN Y DE CASTILLA HASTA SU UNIÓN DEFINITIVA EN 1230

tes, a la política peninsular, se mantiene fuertemente diversificada de los demás pueblos hispánicos por su contextura social y por las corrientes culturales que a ella afluyen a través de las montañas y del mar.

En Cataluña predomina el principio de fraccionamiento de la soberanía. El soberano, que desde la emancipación de la corona carolingia era el conde de Barcelona, cede a otros nobles, juntamente con la tierra, todos sus derechos políticos, administrativos y judiciales sobre ella, reservándose determinados derechos: el homenaje de fidelidad y ciertas prestaciones económicas o militares. A su vez, estos vasallos pueden ceder a otros, en análogas condiciones, una parte de su territorio, de manera que se origine una contextura jerárquica tan sólidamente trabada que –según Ballesteros–, en algunos países como Inglaterra, llega a una subordinación tan perfecta que no hay persona en el reino, excepto el monarca, que no dependa de alguien.

Esta constitución política, que robustecía tanto el poder de la nobleza, tendrá como consecuencia la subordinación de las clases rurales.

Es cierto también que, como sucedía en el resto de Europa sometida al régimen feudal, el príncipe procuraba acrecer su poder apoyándose en los burgueses y ciudadanos libres de ciudades y de villa mediante la emparanza, vigente ya en la época carolingia, por la cual el conde tomaba bajo su protección directa una ciudad o una villa, en la cual, al amparo de esta seguridad, prosperaban el comercio y la artesanía. De aquí que en la Cataluña feudal la vida ciudadana fuera más pujante y próspera que en el resto de la península. Los centros urbanos no estaban tan sometidos, como en Castilla-León, a la pequeña nobleza local y en ellos los gremios de menestrales, constreñidos en la monarquía castellano-leonesa, se desarrollan con la misma vitalidad que en Francia o en Flandes.

Sancho III el Deseado y Fernando II, reyes de Castilla y de León

Cuando muere Alfonso VII el Emperador, reinaban ya sus hijos Sancho y Fernando en Castilla y en León. Regía Navarra su yerno SANCHO VII y en Portugal reinaba su primo Alfonso Enríquez, cada vez más desvinculado de sus señoríos en tierras leonesas y castellanas y más concentrado en su faja atlántica. El conde de Barcelona, hermano de la emperatriz Berenguela, gobernaba por su esposa doña Petronila el reino de Aragón.

Quedan, pues, las diversas coronas enlazadas por vínculos de parentesco que unían a la gran familia formada con el enlace de los descendientes de Sancho el Mayor con príncipes de Borgoña y de Barcelona, que dominaba la península. Ninguno de ellos hereda la autoridad imperial. Aun cuando FERNANDO II, rey de León, la ciudad regia, aspire a titularse *Hispanorum Rex* los príncipes peninsulares saben que ha pasado el tiempo en que habían de reconocer la supremacía de uno de ellos. El sistema que pretendía un primer intento de unidad después del derrumbamiento de la monarquía goda había agotado sus últimas posibilidades históricas.

El arzobispo don Rodrigo Jiménez de Rada hace grandes elogios del joven rey de Castilla, a quien llaman «el Deseado». En su reinado, uno de los más breves de la historia de España, Sancho III apenas pudo hacer nada en la gran obra de la Reconquista, que la presión de los musulmanes hacía difícil. A la muerte de Alfonso VII de Castilla, Sancho se hallaba en la frontera de Murcia o de Andalucía y, apenas extinguido el clamor de los cantos funerales, hubo de atender a la imprecisa frontera de Navarra, por la cual su cuñado Sancho el Fuerte pretendía recupera la Rioja, comarca siempre en litigio entre ambos reinos. Sancho III intentó dirimir el pleito, de acuerdo con los usos del tiempo, por un combate singular, pero, desechado este procedimiento por los ricoshombres castellanos y navarros, encargó el castigo al conde Ponce de Minerva, el cual derrotó en Valpiedra, cerca de Bañares, a los navarros. Sin embargo, la efímera gestión del «Deseado» se señala como uno de los sucesos que más habían de favorecer las campañas victoriosas contra los moros: la fundación de las órdenes militares españolas.

Las congregaciones de monjes-soldados habían nacido en Palestina, con el fervor de los primeros cruzados, y cooperaron con éxito a la gran cruzada española, equiparada por los pontífices a la de Oriente. La actuación en la península de los caballeros hospitalarios de San Juan de Jerusalén, del Santo Sepulcro y de los templarios fue muy eficaz y los reyes la premiaron con grandes donaciones territoriales.

Ya por entonces, había muerto Sancho III (31 de agosto de 1158), dejando de su esposa Blanca de Navarra, que le había precedido en el sepulcro, un niño de escasos tres años, Alfonso, que fue proclamado rey.

Más largo y dichoso fue el reinado de Fernando II de León, al que Julio González, su biógrafo, describe como un hombre valiente y generoso, no desprovisto de sueños imperiales. Fernando gobernaba no solamente la comarca propiamente leonesa, sino el reino de Galicia y el principado de Asturias, la Tierra de Campos, que comprendía Sahagún y los concejos de Toro, Zamora y Salamanca. Como «tierra de conquista», el rey de León tenía asignadas las comarcas de Extremadura, todavía en poder de los musulmanes.

Fernando II fue un gran constructor y un gran guerrero. En tanto los mejores canteros de Europa labraban las catedrales de Compostela, Salamanca, Tuy y de Ciudad Rodrigo, el rey intervenía enérgicamente en los asuntos peninsulares y hacía con decisión la guerra contra los musulmanes.

En su actividad se reveló el deseo de no abandonar las antiguas aspiraciones imperiales de los reyes de León. Por eso, procuraba intervenir en los asuntos de Castilla, a lo cual daban lugar las turbulencias de la minoría del Alfonso VIII, hijo de su hermano Sancho el Deseado.

Durante la Reconquista, el poder de los reyes, caudillos militares que reunían en sus manos todos los resortes del mando, les había permitido realizar la vieja tendencia de los príncipes godos a hacer hereditaria la corona. Esto se consigue de tal manera que el primogénito, aun cuando sea un niño de pocos meses, es acatado por todos. Pero esta circunstancia, consecuencia del prestigio de la monarquía, vio aumentar el poder efectivo de la nobleza, que aprovechó las largas minorías para acumular elementos que hiciesen su situación más fuerte.

Los reinos se conturban en este juego de ambiciones y es curioso observar cómo se forja en esta lucha el carácter de estos reyes-niños que no conocen las alegrías de la infancia. Alfonso VII y Alfonso VIII, como más tarde Jaime I de Aragón y Alfonso XI de Castilla, adquieren la responsabilidad absoluta del gobierno.

Llamaban «el rey pequeño» en Castilla al infante de tres años en quien había recaído la herencia ingente de su abuelo el emperador. Su padre encomendó la crianza del niño y la gobernación de Castilla a don Gutierre Fernández de Castro, sin duda porque le juzgaba el más poderoso entre los señores castellanos, pero esto despertó la rivalidad del conde don Manrique de Lara, jefe de otra familia que había acumulado castillos y lugares, vasallos y riquezas. Don Gutierre, para evitar una guerra civil, entregó la tutela del rey-niño a don García Garcés de Haro, alférez mayor del reino, que tenía parientes en ambas parcialidades, pero este caballero se inclinó al bando de los Laras y entregó a Alfonso al conde don Manrique, que quedó de esta manera dueño de Castilla.

A poco murió don Gutierre Fernández de Castro, que no dejaba hijos, pero sus cuatro sobrinos, de los cuales el principal era don Fernán Ruiz de Castro, se hicieron solidarios de la demanda y se alzaron contra el desafuero. El conde de Lara intentó arrebatarles sus castillos y llegó a inferirles la tremenda afrenta de desenterrar los huesos de don Gutierre Fernández, como reo de traición. Entonces los Castros, desesperados, llamaron en su auxilio al rey leonés.

En esta llamada, un príncipe tan guerrero y ambicioso como Fernando vio la ocasión de reconstruir la herencia de Alfonso VII. Entró sin resistencia por Castilla, pero no acudió a liberar a su sobrino, sino a ocupar los castillos más fuertes y las ciudades más populosas. Los Laras se retiraron a Soria con «el rey pequeño» y a la ciudad castellana acudió su tío el rey de León. Se cuenta que como el niño rompió a llorar en presencia de su tío, lo sacaron de la estancia con pretexto de acallarlo y un caballero llamado Pedro Núñez de Fuente-Amexir lo llevó a San Esteban de Gormaz y de allí a Atienza y a Ávila.

Despechado de no poder apoderarse del sobrino, bien guardado por los caballeros de Ávila detrás de sus murallas, el rey de León se apoderó de Toledo. Volvió el leonés a sus estados patrimoniales, en los que repobló Ledesma y Ciudad Rodrigo.

Como su hermano con el rey de Navarra, tuvo que oponerse Fernando a los deseos de expansión de Alfonso Enríquez de Portugal, que atacaba por la comarca de Ciudad Rodrigo y por Galicia. Acudió al norte para combatir a su pariente, que había ocupado Tuy y Vigo y llegaba en sus correrías hasta el río Lérez, y el conflicto terminó amistosamente, en paces acogidas con júbilo por ambos reinos y selladas con las bodas de Fernando de León con Urraca, hija del portugués. Fernando II se entregó con afán a la empresa de la Reconquista, escuchando las palabras de aliento del trovador Peire d'Alvernha, «maestro de todos», gala de la corte leonesa desde 1157 a 1169, el cual le incitaba a conquistar Extremadura y llegar hasta Marruecos. Como su hermano, se creó un instrumento muy importante que favoreció la formación de órdenes militares españolas: la de Santiago y la de San Julián de Pereiro, llamada luego de Alcántara.

La Orden de caballería de Santiago, destinada a ser una de las fuerzas más eficaces que juegan en la vida política de Castilla durante la Baja Edad Media, tuvo muy humildes y confusos principios. Parece que fue una de tantas instituciones como se formaron espontáneamente a lo largo del «Camino de los peregrinos». Su origen más remoto está en una agrupación de hombres valientes y piadosos que tomaron a devoción el defender a los que hacían la vía de Compostela de los asaltos, harto frecuentes, de los bandidos.

En 1170, se agregaron a los canónigos regulares de San Agustín del monasterio de Loyo y se hicieron cargo del hospital de San Marcos que los canónigos agustinos de Loyo tenían en León para socorro de los peregrinos de Santiago. Se dice que, aunque nació leonesa, se haría pronto castellana. Desavenidos con el rey de León, se pasaron a Castilla, donde Alfonso VIII les dio el castillo de Uclés, desde el cual se consagraron a la reconquista de Castilla La Mancha y de Andalucía. En 1175 sancionó en Soria su constitución el cardenal Jacinto, legado del papa, y el mismo pontífice Alejandro III aprobó la regla por bula de 5 de julio de 1175. Casi al mismo tiempo, dos caballeros salmantinos fundaban la milicia que se llamó, por el lugar de su origen, de San Julián de Pereiro, la cual en el reinado siguiente había de ser el germen de la Orden de Alcántara.

Conocemos mal las vicisitudes de la reconquista de Extremadura. Un documento del archivo de la catedral de Orense se refiere a la conquista de Alcántara, en 1167. En 1184, el rey de León acudió a Santarem en socorro de Alfonso Enríquez y contribuyó a que los moros levantasen el cerco. Un documento de la catedral de Lugo se refiere en 1177 a una expedición contra los sarracenos, en el cual llegó hasta los muros de Sevilla.

En el año de 1172, en el cual el hambre asoló las tierras leonesas, el cardenal Jacinto, legado de papa, que estaba en Zamora, decretó la separación de Fernando y Urraca, que el año anterior habían tenido a su hijo primogénito, el futuro Alfonso IX. La pugna de los reyes con Roma, que se negaba a dispensar su parentesco, duró algunos años, hasta que en 1175 triunfó la autoridad pontificia y Urraca, separada de su marido y de su hijo, tomó el hábito en un monasterio, en tanto que Fernando contraería nuevas nupcias con doña Teresa, hija del conde Fernando de Traba y viuda del conde de Lara. La nueva reina murió pronto (1180) y el rey de León concertó un tercer matrimonio con doña Urraca López de Haro, hija del conde don Lope Díaz. Murió el rey de León en Benavente el año de 1188 y fue enterrado en la catedral de Santiago de Compostela.

Fue este rey un gran repoblador. Restauró, organizando y dando fueros, a poblaciones que automáticamente se iban repoblando como Ciudad Rodrigo, Ledesma, Granada (cerca de Coria), Mayorga, Benavente, Mansilla, Villalpando y Coyanza.

El reino de Castilla en época de Alfonso VIII

En estos años de gran trascendencia en la historia de España, Castilla se va a robustecer en gran medida gracias a la autoridad de Alfonso VIII, «el rey pequeño», cuyo reinado va ser uno de los más trascendentales de la historia de España. En él, las relaciones entre los diversos reinos peninsulares tomarán un nuevo aspecto, la Reconquista irrumpe en las llanuras de la Baja Andalucía y Castilla se adentra más profundamente en las grandes corrientes europeas. A este avance en la compenetración de Castilla con Europa contribuyó decisivamente el enlace del rey con Leonor Plantagenet, hija de Enrique II de Inglaterra y de Leonor de Guyena. No contaba Alfonso sino catorce años cumplidos, pero en las Cortes de Burgos de 1169 los estamentos del reino, convocados para rendir homenaje de fidelidad a su rey, que, según el testamento de Sancho III, debería gobernar por sí mismo, le suplicaron que contrajese matrimonio, y los que concertaron las bodas tuvieron el acierto o la fortuna de designar a una princesa perteneciente a una de las casas reinantes de Europa más fecundas entonces en grandes príncipes y mejor dotadas de poderosa vitalidad.

Fue gran mérito de Alfonso el darse cuenta de que el viejo sistema feudal de Alfonso VII el Emperador había muerto y, sin intentar combatir contra la corriente de los tiempos, sustituirlo por un régimen de equilibrio entre las dos poderosas monarquías que se repartían la mayor parte de la península. Reinaba en Aragón otro gran rey, ALFONSO II, que en 1162 había heredado de su padre, Ramón Berenguer IV, el condado de Barcelona y al cual su madre, la reina Petronila, había cedido dos años más tarde (1164) el reino de Aragón. Durante su reinado se afirma la expansión catalana en los condados del mediodía de Francia, pero aun cuando la complicada política del sistema feudal de aquellos territorios exigía del rey de Aragón una atención constante, no se desentendió de las cuestiones peninsulares.

En este mismo año de 1169, en que el castellano se hace cargo del gobierno, pacta con él Alfonso de Aragón, su próximo pariente, en Sahagún un tratado de alianza, y el rey de Castilla, para dar una prueba de confianza al aragonés, tan unido por vínculos de amistad a la dinastía de los Plantagenet, celebró en Tarazona sus bodas (1170). Ambos soberanos habían de enfrentarse con un problema que afectaba tanto a Aragón como a Castilla. Un rico-hombre aragonés, don Pedro Ruiz de Azagra, había conseguido la cesión de la fortísima ciudad de Albarracín, donde intentó fundar un señorío independiente de Aragón y de Castilla, reconociéndose vasallo de Santa María. Don Pedro logró que se estableciese en Albarracín un obispado y, aliado con el rey de Navarra, ensanchó su dominio a costa de aquellas monarquías.

Contra este estado de cosas, ambos Alfonsos se concertaron, pactando que Albarracín sería conquista de Aragón y, en cambio, pasaría a Castilla la plaza de Ariza, en la frontera. Como SANCHO VII de Navarra se manifestase favorable al «vasallo de Santa María», Alfonso de Castilla con ayuda del de Aragón le hizo la guerra y utilizó la campaña para recuperar Logroño y las comarcas de la Rioja y de la tierra de Burgos, comarca desde antiguo disputada entre Navarra y Castilla, que Sancho de Navarra había ocupado aprovechando la minoría del castellano. Enrique II de Inglaterra, amigo de todos los soberanos peninsulares, consiguió concertarlos, logrando una tregua que se convertiría en paz definitiva el año de 1179, en el cual las plazas burgalesas y riojanas quedaron definitivamente para Castilla.

Las últimas décadas del siglo XII presencian el avance vigoroso de la Reconquista mediante la actividad de todos los soberanos peninsulares. Los almohades, cuyas fuerzas se in-

Sepulcro del rey Alfonso VIII y de la reina Leonor Plantagenet.
Monasterio de Las Huelgas, Burgos.

crementaban con frecuencia con nuevas avalanchas africanas, seguían constituyendo un gran peligro, aun cuando ya los mismos contemporáneos pudiesen advertir síntomas de descomposición en su férreo sistema unitario.

No obstante, y contra este poder que había eliminado el peligro del nacionalismo y que contaba con los recursos inagotables de África, lucharán sin tregua los grandes reyes que se repartían la porción cristiana de la península, unidos a veces ante el peligro común y otras desviados de la común tarea por querellas que tienen el carácter de guerras civiles. Todavía, aun sin tomar título imperial, Alfonso de Castilla es el que procura concertar los esfuerzos de todos en la empresa de la Reconquista. Así, en el año de 1172 consiguió liberar Huete, atacado por las tropas del califa Abu Yacub.

En la primavera de 1177 se reúnen los contingentes de Castilla con los de Fernando II de León y con los de Alfonso II de Aragón para sitiar la fortísima ciudad de Cuenca, que fue conquistada, como también el castillo de Alarcón, y quedó unida a la corona de Castilla. Con esta colaboración militar, los vínculos entre el aragonés y el castellano se hicieron más estrechos. En el mes de agosto se concertó una nueva alianza entre ambos soberanos, y en ella se resolvió jurídicamente la situación de hecho planteada en la península a la muerte del emperador, pues el rey de Castilla dispensaba a Alfonso II de la dependencia feudal que le ligaba al castellano en virtud del homenaje prestado por Ramiro II y por Ramón Berenguer IV.

Aún más importancia tuvo el tratado celebrado entre ambos reyes en Cazorla en el año de 1179. En este acuerdo se repartieron las zonas de reconquista entre ambos soberanos, de manera que correspondiese a Aragón todo el reino de Valencia, comprendiendo la ciudad de Játiva y el antiguo reino de Denia, y a Castilla, Murcia y Andalucía. El puerto de Biar sería la divisoria entre ambas zonas.

Tuvo este convenio extraordinaria trascendencia, ya que Aragón terminaría rápidamente su labor en la reducida porción que le fue asignada y pudo emplear su pujante vitalidad en empresas ultrapeninsulares, de manera que vino a convertirse en un factor importante de la política europea. En cambio, Castilla vio absorbidas sus fuerzas por una tarea que en determinados momentos superaba sus posibilidades. Ésta es una de las razones de la permanencia todavía por tres siglos de los musulmanes en Andalucía.

En el año 1185 muere el rey de León y le sucede su hijo ALFONSO IX, el cual en la cortes de Carrión presta homenaje a su primero y recibe de su mano la Caballería, demostrando que la relación entre ambos reinos, tan identificados, no quedaba rota. Esta relación aún se hizo más estrecha con el matrimonio, concertado en 1188, del leonés con la infanta doña Berenguela, hija del castellano, que se llevaría a cabo mucho más tarde.

Aun cuando estos hechos no apartaron de Castilla la amenaza leonesa, pues Alfonso IX se confederó alguna vez con los reyes de Navarra y de Aragón en contra de su suegro, el rey de Castilla se consagró totalmente a la empresa de la Reconquista, como el reino, reunido en Cortes, le exigía. Como su abuelo Alfonso VII y otros de sus predecesores, quiso hacer una expedición por Andalucía que demostrase la implacable tenacidad de los cristianos en su expansión hacia el sur y por el Aljarafe de Sevilla llegó hasta el mar. Pidió auxilio a los reyes de León, Navarra, Aragón y Portugal, que le prometieron reunirse con él en Toledo, pero no tuvo paciencia para esperarlos y acudió a la fortaleza fronteriza de Alarcos. La batalla se dio el 19 de julio de 1195, y aunque fue una gran victoria, el rey pudo salvarse a duras penas.

No obstante, continuarían sus tenaces actividades, las cuales no le bastaron al emperador almohade Al Nasir para contenerle, ya que se había convertido en vocero de la gran aspiración peninsular hacia la Reconquista y aprovechaba su creciente prestigio entre los príncipes cristianos para encauzar sus fuerzas hacia esta gran empresa colectiva. Sus atrevidas algaradas por el Aljarafe y por la vega de Játiva obligaron al califa musulmán a regresar a España. La muerte de su primogénito, el valiente infante don Fernando, en Madrid, de vuelta de una expedición a Trujillo, no contuvo las hazañas del gran rey, que se apoderó de algunos castillos hacia el sur y envió al arzobispo de Toledo, don Rodrigo Jiménez de Rada, a Francia y a Alemania para estimular la formación de contingentes de cruzados que viniesen a combatir a España.

Al mismo tiempo, la política del rey concertaba a todos los soberanos peninsulares. En Aragón, a la muerte del Alfonso II le habían sucedido sus hijos, el mayor, PEDRO II, en los estados peninsulares, y el segundo, Alfonso, en el condado de Provenza. Cuando el nuevo rey, después de una turbulenta minoría, se hizo cargo del gobierno, continuó la política de su padre, de unión con Castilla, y ayudó a Alfonso VIII en sus diferencias con León y con Navarra. En 1210, el rey de Aragón había realizado contra los moros una fructuosa campaña que le valió la posesión de los castillos de Adamud, de Castelfarib y de Sestella, y ofreció a su pariente sus aguerridos contingentes y su misma persona.

Mucho más difícil era obtener la ayuda del rey de Navarra, Sancho VII el Fuerte, que reinaba desde la muerte de su padre Sancho VI el Sabio (1194). Las cuestiones fronterizas sobre el dominio de la Rioja, del País Vasco y de parte de Castilla habían motivado el que la hostilidad entre castellanos y navarros fuese en toda la segunda mitad del siglo XII casi constante, y ambos reyes de Navarra habían formado parte de todas las coaliciones peninsulares contra la supremacía de Castilla. Sin embargo, el rey de Navarra, acaso acuciado por sus súbditos y por el rey de Aragón, su nuevo aliado, accedió al fin a tomar parte en la gran cruzada contra el Islam.

La animosidad contra la hegemonía castellana había llevado también al rey de León, Alfonso IX, después de la derrota de Alarcos, a aliarse con los musulmanes de Extremadura, por lo cual fue excomulgado por el papa Celestino III, quien llegó a absolver a los leoneses del juramento de fidelidad si persistía en aliarse con moros para conseguir la ruina de Castilla (1196). Por otro motivo (la persistencia de Alfonso en no separarse de su esposa Teresa de Portugal, a pesar del vínculo de consanguinidad que los unía) sobrevino, al cabo, la sentencia del papa, declarando en entredicho el reino de León. El rey, ante el peligro de una ruptura con Portugal, hubo de avenirse a resucitar un viejo proyecto de enlace con la infanta castellana Berenguela (1197), pero como también el casamiento entre parientes mereciese las censuras de Roma, Alfonso y Berenguela hubieron de separarse (1204).

Nuevas guerras desafortunadas con Castilla irritaron de tal manera al leonés, que, más tenaz que Sancho de Navarra, se negó a participar en la cruzada, si bien permitió que acudiesen a ella caballeros leoneses. El rey de León intentó aprovecharse de que Alfonso II de Portugal, comprendiendo mejor que él sus deberes de soberano de una parte de las Españas, había enviado un ejército a la cruzada propuesta por el rey de Castilla, para conquistar varios castillos en la frontera portuguesa.

El papa Inocencio III había concedido a los que tomasen la cruz en España las mismas indulgencias que a los cruzados de Palestina. Muchos caballeros franceses presididos por el arzobispo de Burdeos y otros prelados se concentraron en Toledo en la Pascua de Pentecostés del año 1212 y en la octava de esta fiesta entró en la ciudad al frente de sus tropas Pedro II de Aragón. Las primeras diferencias entre el rey y los cruzados tuvieron por motivo un intento de saqueo contra la judería toledana, tan protegida de Alfonso VIII. Con tan malos auspicios comenzó la campaña que dio por resultado la toma de las fortalezas de Malagón, Calatrava, Alarcos, Benavente, Piedrabuena y Caracuel.

En el mes de julio de aquel año, los reyes de Castilla, Aragón y Navarra llegaron hasta el puerto del Muradal, en Sierra Morena, que, bien defendido, parecía inexpugnable.

Los tres reyes, siguiendo los informes de los primeros exploradores, se encontraron en un paraje que el historiador Modesto Lafuente lo describe así: «Una extensa y vasta planicie como de diez millas, capaz, por consiguiente, de contener todo el ejército, variada con algunos collados, y como fortalecida por la naturaleza y resguardada por el arte a modo de un anfiteatro. Estas llanuras eran las Navas de Tolosa, que habían de dar, no tardando, su nombre a la batalla».

El arzobispo Rodrigo Jiménez de Rada nos ha dejado una interesante descripción del combate del cual fue él mismo actor principal. Los cristianos dejaron pasar, sin combatir, el sábado 14 de julio y el domingo 15. En la madrugada del 16 se dijo la misa y se dispusieron los haces de la batalla, en perfecto acuerdo castellanos, aragoneses, catalanes, portugueses y navarros. Mandaba la vanguardia el señor de Vizcaya don Diego López de Haro. Seguían los caballeros de las órdenes militares: los de San Juan, los del Temple, con diversos concejos, los de Santiago y los de Calatrava. El rey de Navarra capitaneaba las huestes de los concejos de Segovia, Ávila y Medina y a muchos caballeros venidos de Portugal, de Galicia y de Vasconia. Seguían al rey de Aragón los prelados, ricos-hombres y caballeros de sus reinos, y en retaguardia avanzada el rey de Castilla, con el arzobispo de Toledo con muchos prelados y con los ricos-hombres que comenzaban ya a distinguirse con alcurnias que debían hacerse claras en la historia de España: Laras, Girones, Guzmanes.

El ejército musulmán era innumerable y se apoyaba en una especie de fortaleza, cuyo recinto interior estaba integrado por gruesas cadenas de hierro, dentro del cual una guardia de diez mil negros formaba un parapeto en torno de la tienda del califa. Según los historiadores musulmanes, nunca monarca alguno había congregado tanto y tan diverso gentío. Los cristianos no eran sino una cuarta parte.

La batalla estuvo indecisa los primeros momentos, en que los cristianos no pudieron contener el empuje de los guerreros del desierto. El mismo rey de Castilla estuvo en peligro. El valor desesperado de las milicias concejiles y de los caballeros de las órdenes, alentados por el ejemplo de los tres reyes, que combatieron como grandes caballeros que eran, y de caudillos como don Diego López de Haro, convirtieron la batalla en uno de estos inmensos desastres que las organizaciones militares del Islam sufrieron tantas veces.

No obstante, esta batalla de las Navas de Tolosa marca un punto de trascendencia en la historia de España. Un sentimiento de solidaridad colectiva que unió a todos los príncipes cristianos de España, con la excepción lamentable del rey de León. Los caminos de Andalucía quedaron abiertos y la solución del gran drama de la lucha de dos religiones parecía más próxima de lo que, por diversas causas, sucedió en realidad. La decadencia del poderío almohade, la gran amenaza contra la cristiandad, fue muy rápida. Por de pronto, fueron muchas las plazas que cayeron en poder de los cristianos, entre ellas Úbeda y Baeza, que se perdieron luego. Quizá por el hambre que asoló a España, a consecuencia de una terrible sequía, fue preciso firmar una tregua con los musulmanes.

El gran rey Alfonso VIII, que fue el que, con superior altura de miras, hizo posible la unión de los cristianos, murió en la aldea avilesa de Gutierre Muñoz en 6 de octubre de 1214. Poco después, moría su esposa la reina Leonor y ambos monarcas eran sepultados en el monasterio de Las Huelgas Reales de Burgos.

Aun sin el prestigio de la gran victoria que fue la corona de su vida, Alfonso VIII sería uno de los más grandes reyes incluso en un siglo en que todas las casas reales de Europa dan sus frutos más insignes. A pesar de haber tenido el tacto de renunciar a toda pretensión imperial y de romper los vínculos feudales que unían a Aragón con Castilla, él consiguió con éxito casi completo concertar a todos los soberanos peninsulares en la gran empresa hispánica.

Abrió a España a las grandes corrientes internacionales y fue acaso el primer rey de Castilla que llevó su política fuera de los ámbitos de la península y el más sumiso a la Santa Sede, pero al mismo tiempo fue protector de sus súbditos judíos y musulmanes. Fue, además, el primer soberano español que fundó una universidad: la de Palencia, origen de la famosísima de Salamanca. En su tiempo destacó la figura de don Rodrigo Jiménez de Rada, gran amigo del rey.

Alfonso VIII, gran protector del Cister, fomenta en Castilla la arquitectura cisterciense, una de las más nobles que representa en la cultura medieval el momento clásico, entre el arcaísmo románico y el barroquismo gótico. De 1169 es la fundación de Santa María de Huerta, donde está sepultado el arzobispo don Rodrigo. En su reinado se realizan las obras más importantes de la catedral de Sigüenza y se verifica la gran floración de los monasterios cistercienses de Castilla.

La más famosa fundación real fue el monasterio burgalés de Las Huelgas, cuyo establecimiento femenino confirmó el papa Clemente III en 1187, exquisita obra arquitectónica en la cual la más elegante arquitectura del Cister se une con el mudejarismo de algunas capillas y de las yeserías del claustro. En tiempo de Alfonso VIII se inicia la acometida de los problemas del gótico en los indecisos tanteos de la catedral de Ávila. Según el arquitecto e historiador del arte Vicente Lampérez y Romea, es posible que a una intervención personal de la reina Leonor se deba la venida de arquitectos anglonormandos, que dan su sello característico a la catedral de Cuenca, cuyas obras se inician en el pontificado de San Julián (1197-1207). Parece que la fábrica del alcázar de Segovia es obra de este reinado.

La corte de Castilla, cuya magnificencia era ya renombrada en Europa en tiempos del emperador, se ordena en tiempos de Alfonso VIII. Además este rey fue un gran protector de juglares, y las telas descubiertas en las tumbas reales de Las Huelgas demuestran que en aquella corte, montada al tenor caballeresco del centro de Europa, no se desdeñaban los primores de las artes suntuarias musulmanas.

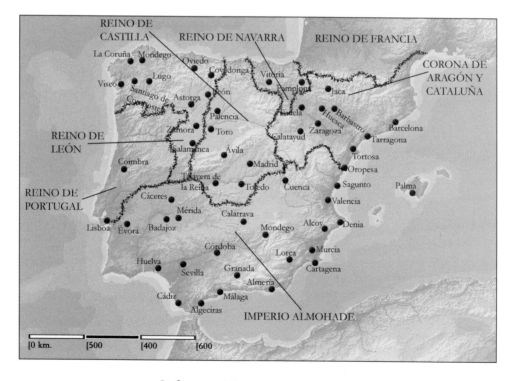

La frontera cristiana a principios de 1200.

Alfonso IX, rey de León. Miniatura del *Tumbo A*.
Catedral de Santiago de Compostela.

Alfonso IX, rey de León, y su actuación política en el avance de la Reconquista

El recuerdo inoportuno de la antigua primacía imperial leonesa había convertido a uno de los reyes de la dinastía de Borgoña en León en elemento perturbador del concierto peninsular. Sin embargo, era un caudillo dotado de magníficas cualidades e hizo con vigor la Reconquista por su cuenta, en la zona que le había sido asignada. Alfonso IX, en continuas desavenencias con Portugal y con Castilla, se apoderó de Coria en 1200 y en una expedición llegó hasta las cercanías de Sevilla.

En paz con su primo Alfonso VIII de Castilla y con ayuda de contingentes castellanos, pudo entrar dentro de los muros de Alcántara (1213) y avanzar hasta Mérida. Cáceres se resistió mucho tiempo, al amparo de sus fortísimas murallas. Fracasaron varios intentos: el primero en 1213, después de la toma de Alcántara. Según los anales toledanos, el rey volvió a sitiar la ciudad en 1218 con el auxilio de cruzados de Gascuña y se vio obligado a levantar el cerco por la furia de los temporales. Otro asedio en 1222, al cual acudieron los caballeros de las órdenes militares de toda España, se interrumpió, cuando la ciudad estaba a punto de rendirse, por un intempestivo acuerdo del rey con los musulmanes, el fruto de tantas fatigas, pues los moros habían muerto y aprisionado a muchos cristianos.

La empresa se hace más fácil cuando sobreviene la disolución de los almohades, que estaba ya latente después de la derrota de las Navas. Al califa Al Nasir, muerto en 1214, había sucedido su hijo Al Mustansir bi-llah, el cual hubo de firmar las paces con Castilla, ante la amenaza de un nuevo poder que se levantaba en África. El movimiento nacionalista español, siempre latente, resurge con pujanza incontenible.

En estas circunstancias era ya fácil lo que antes parecía imposible o difícil. Alfonso IX se apodera de Cáceres en 1227. Más adelante (1230) pasa el Guadaira; reconquista Montánchez, Mérida, Badajoz y Elvas, y repuebla Salvaleón, Salvatierra y Sabugal. Murió el rey de León el 24 de septiembre de 1230 y fue sepultado en la catedral de Santiago, de la cual había sido gran protector.

Aficionado a las letras, como todos los príncipes de la gran dinastía de Borgoña, le corresponde la gloria de haber fundado la universidad de Salamanca, llamada a tan altos destinos, en 1219, acaso para apartar a los estudiantes leoneses de la universidad castellana de Palencia, de la cual, fundidos ambos reinos, había de ser la heredera. En tiempo de este rey, como su padre, amigo de los juglares y aficionado a la poesía y a la música, labró el maestro Mateo el pórtico de la Gloria de la catedral compostelana, la obra cumbre del románico en toda Europa. El mismo Alfonso, con corte de prelados y magnates muy destacada, asistió a la consagración del templo el 21 de abril de 1211.

Castilla durante el reinado de Enrique I. La regencia de doña Berenguela

Después de la muerte de Alfonso VIII ocupó el trono un rey-niño, ENRIQUE I, haciéndose cargo —durante su minoría—, su tía doña Berenguela, reina que había sido de León y heredera eventual de Castilla, princesa excelsa por su talento y virtud excepcionales. El conde de don Álvaro de Luna vio ocasión de renovar la usurpación de la potestad regia que los de su linaje habían realizado en la minoría del rey difunto y, con la decisión y la falta de escrúpulos que parecían vinculados en su familia, llegó a tener en su mano al rey y al reino. Para ello le era estorbo la sagaz energía de doña Berenguela, la cual, desposeída de sus castillos, hubo de buscar el amparo del conde don Gonzalo Ruiz Girón y acaso el del monarca leonés que había sido su esposo.

También don Álvaro buscó el apoyo de Alfonso IX, proponiendo la boda del rey de Castilla con la infanta doña Sancha de León, hija del primer matrimonio del leonés con Teresa de Portugal, también disuelto por el papa. La infanta, a la muerte de su padre, había de heredar León, rehaciéndose así la herencia del emperador. Sin embargo, prevaleció en la corte leonesa el partido de la que había sido su reina, y caballeros de ella, con licencia de Alfonso, acudieron en socorro de la fortaleza de Autillo, refugio de doña Berenguela, sitiada por el de Lara.

Un accidente inesperado vino a ocasionar el derrumbamiento de los planes de don Álvaro. El rey, su pupilo, en una ocasión en que jugaba en Palencia con otros muchachos de su edad, sufrió un golpe en la cabeza, del cual murió el 6 de junio de 1217. En el cráneo guardado en su sepulcro del monasterio de Las Huelgas de Burgos se advierten las huellas de la trepanación que se realizó con destreza admirable e inútil para salvar su vida. Había en el arca funeraria restos de telas ricas con las armas de los Laras.

Fernando III el Santo, rey de Castilla y León

Parecía destino común de todos los grandes reyes que con sus talentos políticos y guerreros prepararon el paso de una a otra edad el forjarse en el duro aprendizaje de una infancia azarosa. Esta suerte, que había sido la de Alfonso VII y Alfonso VIII de Castilla, estaba reservada a los dos grandes reyes FERNANDO III de Castilla y JAIME I de Aragón, que habrán de dejar terminada la obra de la Reconquista.

Doña Berenguela supo la muerte del rey-niño y quiso proclamar a su propio hijo Fernando, que estaba entonces con su padre el rey de León, pero no fue fácil arrancar al infante de la corte leonesa, pues las hijas de Alfonso IX, doña Aldonza y doña Sancha, estimulaban la ambición del rey con la esperanza de reconstruir el Imperio. Por medio de engaños, el infante don Fernando pudo reunirse con su madre en Autillo. Después de un viaje lleno de aventuras, doña Berenguela consiguió que su hijo fuera proclamado rey de Castilla en Valladolid el 2 de julio de 1217.

En su desesperado esfuerzo por reconstruir el Imperio de León, que había sido la secreta ambición de los dos reyes privativos de esta corona, Alfonso IX invadió Castilla, pero, ante el entusiasmo que encontró en todas partes a favor de su hijo, hubo de retornar, desengañado, a sus estados patrimoniales. Los afortunados enlaces con las casas de Borgoña y de Plantagenet no solamente habían abierto a España a las grandes corrientes de la cultura europea en el momento en que se producía una de las más trascendentales revoluciones de la Historia, sino que había creado, en sus principios, un tipo humano que contribuyó a prestigiar ante el pueblo a la gran familia que regía la mayor parte de las Españas.

De estos príncipes apasionados por la poesía y por la música, tenaces en la obra de la Reconquista, entregados totalmente al oficio de reinar y demostrando en su desempeño dotes singularísimas de inteligencia y de tacto político, fue el ejemplar más acabado Fernando III de Castilla. Esta presencia de sangre extranjera en las viejas dinastías hispánicas se hizo aún más intensa con el matrimonio, negociado por la reina Berenguela, del joven rey con Beatriz de Suabia, hija del duque Felipe, emperador de Alemania, y de Irene Angelina, hija de Isaac Angelo, emperador de Constantinopla.

Por sus bodas con esta princesa, en 1219, de la cual su contemporáneo el arzobispo Jiménez de Rada dice que fue *optima, pulcra, sapiens et pudica*, Castilla, como Aragón más tarde por una circunstancia parecida, habrá de relacionarse con el partido gibelino en la gran contienda entre el papado y el Imperio.

Su espíritu caballeresco y su fervor religioso habrán de impulsar a Fernando a la gran empresa de la Reconquista, a la cual los pontífices de Roma estimulaban particularmente y consagraban especial atención. Después de la batalla de las Navas de Tolosa, ante el derrumbamiento del poderío almohade y la posibilidad de ganar las riquísimas ciudades de Andalucía y los más fértiles campos de España, señores y concejos hacían la guerra por su cuenta y la tarea del rey no era la de estimular, sino la de concertar aquel vigoroso impulso. Así, los concejos de Cuenca, de Huete y otros fronterizos habían realizado por tierra de Valencia una provechosa expedición.

En 1224, Fernando realizó una a Andalucía, en la cual consiguió que el emir de Baeza le rindiese parias y arrasó campos y castillos. Desde entonces, todas las primaveras corría el

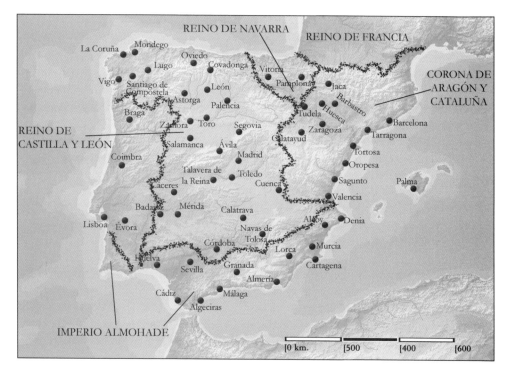

La Reconquista a principios de 1240.

rey, con el auxilio de mesnadas señoriales y concejiles y el inapreciable de las órdenes mi-litares, los campos andaluces, ganando castillos y ciudades que no siempre eran posibles conservar. El jalón más importante de esta primera fase de la gran reconquista fernandina fue la conquista de Baeza el día de San Andrés de 1227.

El plan del rey era combatir sin descanso a los musulmanes. Había logrado parias del rey de Sevilla y cuando se encontraba sitiando Jaén recibió un mensaje de su madre que le obli-gó a volver a la corte, ante la noticia de la muerte de su padre, el rey Alfonso IX de León

No parecía difícil resolver la cuestión dinástica leonesa. Alfonso había estado casado dos veces: la primera con Teresa de Portugal y la segunda con Berenguela de Castilla, y ambos matrimonios había sido disueltos por el papa, si bien con la ordinaria declaración de la le-gitimidad de la prole. Fernando, el primogénito de los varones, tenía a la sucesión indiscu-tibles derechos. Lo extraño –prueba de la singular mentalidad de Alfonso IX– era su aver-sión a que le sucediese su hijo primogénito, de tan excepcionales cualidades y en el cual se haría realidad su anhelo de reconstrucción del Imperio de Alfonso VII. Sin duda, su fraca-so al no ser él quien realizase la unidad, acentuó el complejo leonés de aversión a Castilla y le hizo ver en Fernando más al rey castellano que al hijo primogénito.

De aquí que el infante don Sancho, hijo de Fernando II y de Urraca López de Haro, se creyese con derechos y que, después de su muerte desdichada, el rey de León procurase afianzar la herencia de doña Sancha y doña Aldonza, las hijas del primer matrimonio, si no con un testamento, que no conocemos, con diversas escrituras. El pueblo, quizá guiado por su entusiasmo por la Reconquista, supo encontrar entonces el buen camino y aclamó al joven rey vencedor apenas pisó tierra leonesa. Todos los prelados leoneses se pusieron de parte de Fernando, el cual reunió, sin gran esfuerzo, la herencia de sus antecesores. En una entrevista en Valencia de Alcántara, las dos sabias y prudentes princesas que habían sido esposas del mismo rey acordaron en justicia sobre la suerte de las infantas.

La unión de las provincias castellanas y leonesas, que puso un instrumento tan poderoso en manos tan excelsas, marca una nueva orientación en los destinos de España y viene a preludiar los de la península. No ya los pequeños reinos de Portugal y Navarra, pero ni aun la poderosa confederación catalana-aragonesa podrían contrapesar una monarquía que a las vitales provincias castellanas y leonesas sumaba Galicia, Asturias, Cantabria, el País Vasco, Extremadura y las amplísimas y feraces «tierras de conquista» de Murcia y de Andalucía.

Fernando tenía en sus manos un reino amplio, rico y pacífico y procuró sacar el mayor partido posible de esta ocasión única y de este instrumento excepcional. En 1231, su hermano el infante don Alfonso, señor de Molina, derrotaba a Aben Hud en los campos de Jerez. En 1232, las órdenes militares se apoderan de Trujillo; en 1233, de Montiel; en 1234, de Medellín, Alange y Santa Cruz, y en 1235, de Magacela. En julio de 1233, el rey incorpora definitivamente a sus dominios la ciudad de Úbeda. Aun cuando en el año 1234 el rey hubo de atender a difíciles pleitos nobiliarios, parece que no cejó en sus actividades militares y realizó, apoyado por los señores y los concejos, provechosas correrías.

A las milicias de los concejos fronterizos que, llevadas por un impulso incontenible, hacían la guerra por cuenta propia se debe la iniciativa de la toma de Córdoba. Mientras tanto el rey permanecía con su madre en Benavente (enero de 1236), cuando tuvo noticia de un ejército tumultuoso presidido por el adalid segoviano Domingo Muñoz que se hallaba en difícil situación. Algunos caballeros se adelantaron a socorrer a los sitiadores-sitiados y el rey acudió con su hermano don Alfonso de Molina y con otros señores. Al entusiasmo que despertó esta empresa acudieron las milicias de León, Salamanca, Zamora y Toro, y el rey Aben Hud, no considerándose fuerte para contener esta avalancha, permaneció inactivo. La ciudad capituló el 29 de junio de 1236 y seguidamente, en una solemne ceremonia en que tomaron parte los obispos de Osma, Cuenca, Palencia, Coria y Baeza, fue consagrada al culto cristiano la mezquita más bella del mundo musulmán.

La conquista de la ciudad desde la cual los califas de Occidente habían dominado tantas comarcas de África y de España marca una fecha decisiva en la historia de España. Una corriente de optimismo corrió por las ciudades castellanas, especialmente las fronterizas, ante la recuperación de la que llama la crónica *cipdat rreal et commo madre de la otras ciudades de Andalozia*. Una corriente repobladora descendió hacia el sur y la ciudad, tan decaída, volvió a su antiguo esplendor.

El centro vital de la confederación castellano-leonesa, que estaba situado en las ciudades de la Extremadura del Duero, se desplazó hacia el sur. Una nueva corriente oriental lucha, en la vida y en la cultura de Castilla, con las influencias centroeuropeas y origina el triunfo del mudejarismo en los siglos XIV y XV. Por extraña paradoja, la gran reconquista andaluza origina la decadencia del poder real ante el crecimiento del poder de la nobleza, de los concejos y de las órdenes militares, enriquecidas con las donaciones con que el rey había premiado sus servicios.

Fernando III el Santo, según miniatura del *Tumbo A*.
Catedral de Santiago de Compostela.

Como suele suceder, con esta desventura cundieron entre los vencidos desmoralizados la anarquía y el espíritu de dispersión. Durante el sitio de Córdoba, el rey Aben Hud fue ahogado en un banquete por el gobernador de Almería. Fue el último príncipe musulmán que intentó unificar al-Andalus. Al clamor de la caída de Córdoba se fueron entregando innumerables ciudades y castillos de toda la Baja Andalucía.

El rey, que había contraído segundas nupcias con Juana de Ponthieu, delicado de salud, permanecerá en Castilla hasta que en 1239 se traslada a Córdoba, desde donde preside la obra de cristianización de las comarcas del Guadalquivir. La Reconquista corre ahora a cargo de su hijo don Alfonso. La presión del gran rey Jaime I de Aragón sobre los moros de Levante dejaba en situación difícil al reino de Murcia, que, según los tratados, correspondía a la conquista de Castilla. El ejército del infante se concentró en Toledo y allí acudieron los emisarios del reyezuelo a quien la crónica general llama Abenhodiel. En el mes de mayo de 1243, en un primer avance que debió de ser un paseo militar, Alfonso arrebató a los desesperados musulmanes la ciudad de Murcia. Lorca y Mula, en fuerte situación, opusieron alguna resistencia, pero hubieron de rendirse en 1244. Cartagena estaba ya en poder de los cristianos en 1245.

Luchando siempre contra sus achaques prematuros, en el año de 1244 el rey conquistó Arjona y otras plazas de Andalucía. En abril de 1245 se entrevistó con su madre, a la cual no había de volver a ver, en un lugar llamado Pozuelo, donde luego había de fundarse Ciudad Real.

Fernando, sin saberlo, se despedía para siempre de las ciudades, de los monasterios y de los castillos del norte, para entregarse a la reconquista de Andalucía y a la organización de lo conquistado. Después de una amenaza contra Granada, asentó sus reales frente a Jaén (febrero de 1246), cayendo en poder cristiano a mediados de abril de 1246.

La gran hazaña del reinado, la que no solamente le da su carácter, sino que viene a caracterizar toda la Baja Edad Media castellana, es la conquista de Sevilla. En sucesivas correrías se habían ido rindiendo las ciudades de la cuenca del Guadalquivir y hasta posiciones tan cercanas a la antigua capital almohade como Alcalá de Guadaira y el Aljarafe. Entre tantas circunstancias como hacen resaltar el retorno a la comunidad cristiana de la sede de San Isidoro, será fundamental la formación de una gran marina de guerra. Ésta es la fecha inicial de la marina castellana, que nace cuando ya la aragonesa contaba con una larga y brillante historia.

Fernando aprovechó la pericia de los hombres del norte, en el País Vasco y en la Montaña de Santander, para formar una flota que, interrumpiendo la navegación del Guadalquivir, hiciese posible el asedio. El burgalés Ramón Bonifaz, el primer almirante de Castilla, a quien se dio el encargo de equipar los navíos y de traerlos a la boca del Guadalquivir, derrotó a la flota africana y pudo remontar el río. El sitio, rico en hechos de armas parciales, comenzó en julio de 1247. Al año siguiente, Ramón Bonifaz rompió con sus naves el puente de barcas que unía Sevilla con su arrabal de Triana y el populoso barrio, aislado, hubo de rendirse. La ciudad capituló el 23 de noviembre de 1248.

Ninguna otra tan opulenta y bella había en la península y nunca los castellanos fueron dueños de tierras tan feraces. Corrió por Castilla una oleada de riqueza y de optimismo, análoga a la que en el siglo XVI había de seguir a la conquista de México y del Perú. El centro político y comercial de España se desplaza al sur y una nueva corriente de mudejarismo invade las costumbres y el arte.

El rey conquistador no tuvo tiempo de presenciar esta transformación. Los documentos reales de la época del asedio indican el recelo de Fernando de no ser él quien devolviera Sevilla a la cristiandad, sin duda porque se sentía muy enfermo. No permitió, sin embargo, que cediese el ímpetu y sus tropas se apoderaron, en meses sucesivos, de toda la Baja Andalucía. Cuando se sintió muy apretado de sus viejas dolencias, quiso prepararse a la muerte como correspondía a un rey santo y valiente, la cual tendría lugar el 30 de mayo de 1252. Rodeaban el lecho mortuorio, con su segunda esposa, Juana de Ponthieau, sus hijos el infante heredero don Alfonso y los infantes don Fadrique, Enrique, Felipe y Manuel, habidos en sus primeras nupcias, Fernando, Leonor y Luis, fruto de su segundo matrimonio.

Fernando III el Santo, había sido el gran paladín de la incorporación de España al sistema occidental de política y cultura. Todavía, después de él, su hijo Alfonso intentó continuar esta tendencia, pero fue vencido, al final de su vida, por las fuerzas que se habían desarrollado precisamente al amparo de la gran Reconquista. El gran rey murió con el pensamiento de que dejaba terminada la alta empresa nacional, bien ajeno, sin duda, de la fuerza que adquiría el reino de Granada, que se formaba bajo los auspicios de Mohamed ben Nasar.

En el año 1221 o 1222, Fernando III colocaba la primera piedra de la catedral de Burgos. Algunos años antes se habían iniciado las obras de la catedral de Toledo; en otras catedrales y monasterios triunfa en su plenitud el gótico centroeuropeo, arte oficial del gran Imperio que en el siglo XIII constituía la cristiandad.

Durante el reinado de Fernando hay un gran cambio en la espiritualidad española por la difusión de las órdenes mendicantes, que abandonaban el retiro del claustro para penetrar más profundamente en la sociedad. San Francisco de Asís, peregrino en Compostela, fundó en España varios conventos. La Orden de Santo Domingo de Guzmán, español, nacido en Caleruela en 1170, quiso poner remedio a la confusión ideológica de la época, exponiendo la teología católica desde las cátedras universitarias. En este sentido, la influencia de la Orden dominicana en las universidades europeas fue extraordinaria.

La gran Reconquista del reino de Aragón

El condado de Barcelona hasta su unión con Aragón. Los reinados de Alfonso II el Casto y Pedro II el Católico

Ya desde sus comienzos y más concretamente a causa de las circunstancias históricas que constituyeron su formación, el condado de Barcelona manifestó más interés por la política del centro de Europa y de la cuenca del Mediterráneo que los demás estados peninsulares, absorbidos por completo por la Reconquista. El condado nació como expansión de la monarquía carolingia, cuya influencia fue determinante durante largos años en Cataluña. Muchos de sus soberanos eran de origen francés o alemán y mantenían relación con la cultura feudal europea.

Sin embargo, cuando la monarquía de los Capetos comienza a debilitarse con el fraccionamiento y las luchas propias del régimen feudal, los grandes señores del sur buscarán apoyo, mejor que en el reino franco del norte, en el conde de barcelona. Más adelante, cuando se lleve a cabo al unión de Cataluña y Aragón, el nuevo Estado asimilaría la política de los reyes del llamado casal de Barcelona, poniendo a su servicio su potencia económica y sus virtudes militares.

Desde los orígenes del condado, el Rosellón y la Cerdaña aparecen claramente engranados en su jerarquía feudal. Los enlaces con las dinastías del Mediodía son frecuentes y vienen a reforzar los vínculos entre la casa de Barcelona y los príncipes del otro lado del Pirineo. Así Ramón Borrell, el conquistador de Córdoba, había casado con Ermesinda, hija de Roger el Viejo, conde de Carcasota. En 1053, el conde Ramón Berenguer contrae nupcias con Almodis, esposa del conde de Tolosa y emparentada con muchos señores del sur. Hacia el 1070, Ramón Berenguer I, fundamentándose en los derechos de su abuela Ermesinda y en otros títulos que no conocemos bien, dominaba en Carcasota y tenía posesiones en el condado de Tolosa, en Carbona, en Minerva, en Coseran, en Cominges y en otras zonas de la antigua Aquitania.

El conde de Barcelona había restablecido el dominio de los reyes godos. Fue su imperio muy efímero, pues tras el asesinato de Ramón Berenguer III, Bernardo Atton Trencavello se apoderó de Carcasota y tomó título de vizconde de la ciudad. En su mayoría de edad, Ramón Berenguer III restableció sobre Carcasota un breve dominio que terminó en 1108, cuando Cataluña, como toda España, se vio amenazada por la invasión de los almorávides.

Una zona más amplia de influencia en el sur de la Francia actual recibió Ramón Berenguer III con su tercer matrimonio con la condesa de Provenza Dulcia de Carlat (3 de febrero de 1112), que le trajo en dote los condados de Provenza, de Gevaudan y de Carlat, entre otros. Con tales apoyos al otro lado del Pirineo y con la ayuda de su hermano Aymerich, vizconde de Narbona, intentó recobrar el dominio de Carcasota. A punto de entrar en batalla con el conde de Barcelona y Bernardo Atton, vizconde de la ciudad, fueron puestos en paz por el arzobispo de Narbona. Ramón Berenguer se retiraba a sus estados a cambio de ciertas prestaciones feudales.

Piferrer, el cronista más destacado de Cataluña, hace notar la gran influencia que en la cultura, en el arte y en las costumbres del condado catalán había de tener la unión con aquella Provenza «rica en armas, en población, en letras; foco de civilización, donde se habían fundido los elementos griego, romano y godo».

Este príncipe, uno de los más ilustres de la península en un tiempo en que surgían con frecuencia en tierra hispánica los grandes caracteres, fue el verdadero fundador de la grandeza de Cataluña. Los reyes de su misma sangre que habían de sucederle no hicieron sino seguir, con diversa fortuna, las orientaciones que él dejó marcadas. Al mismo tiempo que aseguraba su prestigio en las comarcas ultrapirenaicas, iniciaba la expansión mediterránea a que Cataluña estaba llamada por su historia y por su posición geográfica.

Conquistadas Mallorca e Ibiza, que no pasó de ser una efímera expedición de castigo, sin embargo, para el provenir de Cataluña trajo extraordinarias consecuencias. Los catalanes se convencieron de que su posición les imponía la necesidad de una flota numerosa y, a partir de esta aventura, los asuntos del mar pasan a ser preocupación primordial de los soberanos. Desde entonces, el nombre de Cataluña comienza a ser tenido en cuenta en el Mediterráneo y el mismo Ramón Berenguer III inició una política de presencia en Europa, que contrasta con la relativa inhibición de la monarquía castellano-leonesa. Son los condes de Barcelona los que inician una actuación que luego habrán de continuar sus sucesores los reyes aragoneses y que marcará sus directrices a la gran España de los Reyes Católicos y de los Austrias.

Ramón Berenguer inaugura una política de vinculación a la cristiandad, presidida por el papa, análoga a la de sus contemporáneos los reyes de Portugal, y que contrasta con la independencia que tan celosamente conservan los reyes de Castilla y de León, que aún mantenían sus pretensiones imperiales.

Precisamente después de la empresa de Mallorca, el conde, escoltado por una numerosa flota, emprendió la ruta de Italia. Después de una breve estancia en Provenza, pasó a Niza y de allí a Génova. Pisa dispensó al valiente caudillo un recibimiento triunfal. Los pisanos disuadieron a Ramón Berenguer del viaje que pretendía hacer a Roma, limitándose a enviar a Pascual II una embajada solicitando la confirmación del santo abad Olegario como obispo de Barcelona y bulas de cruzada para la reconquista catalana, que le fueron concedidas (1116). De regreso a sus estados, el conde sometió una rebelión del castillo de Fossi (Fos, en Arlés) y engrandeció sus estados con la posesión de la Cerdaña, cuyo último conde había muerto sin sucesión.

Ramón Berenguer III es, entre los soberanos peninsulares, el único que consigue pesar en la política europea de su tiempo.

La atención del conde hubo de concentrarse mucho tiempo en el mediodía de la Francia actual, que era un semillero de discordias.

No obstante, sería cada vez más intensa la intervención de Cataluña en los asuntos de

Italia. Como una escuadra genovesa atacase en aguas de Provenza a algunas galeras pisanas, el conde envió a Génova una embajada que concertó con la república un tratado de alianza y de comercio. En 1127, el conde de Barcelona ajustó un tratado de alianza con su tío Roger, príncipe de la Pulla y de Sicilia. Según este tratado, Roger llevaría, en el estío de 1128, cincuenta galeras a las costas de España para integrar, con las naves del conde, una flota y hacer la guerra a los moros. La flota así compuesta recibiría un extraño nombre: «La Historia».

El 19 de julio de 1131 moría el conde de Barcelona. Viudo de la condesa Dulce, había tomado el hábito de los templarios. En su testamento disponía a favor de su primogénito, Ramón Berenguer, del condado y ciudad de Barcelona con sus dependencias feudales «y todos los honores de las marcas de España» y el señorío que el conde de Barcelona tenía en Carcasota, Cerdaña y Rodez. El condado de Provenza con los demás estados ultrapirenaicos que constituían la dote de la condesa Dulce fueron la herencia del segundo hijo, Berenguer Ramón.

Este reparto no motivó que el conde de Barcelona Ramón Berenguer IV, «dominador» de Aragón, pudiese desinteresarse de los asuntos del mediodía de las Galias. El conde de Tolosa, manifiesto enemigo del «casal de Barcelona», fomentaba cualquier revuelta contra los príncipes catalanes o sus aliados. En ese sentido, Berenguer Ramón de Provenza tendrá que hacer frente –durante muchos años– a sus parientes Raimundo y Hugo de Baucio. A fines de 1143, o a comienzos de 1144, Berenguer Ramón de Provenza murió en una oscura escaramuza con una galera genovesa cuando acudía a entrevistarse con Guillermo IV de Montpellier.

De su matrimonio con Beatriz, hija única y heredera de Bernardo IV, conde de Melgueil, Berenguer Ramón había dejado un niño, llamado Ramón Berenguer. El conde de Barcelona hubo de hacerse cargo de la tutela del príncipe y continuar, en su nombre, la sangrienta guerra contra los Baucios. Después de la toma de Arlés y de las principales plazas que seguían las banderas de Raimundo y de Hugo de Baucio, los principales señores de Provenza en la asamblea de Tarascón (febrero de 1146) prestaron homenaje al conde-niño y, como tutor, a Ramón Berenguer IV, que tomó el título de marqués de Provenza, que conservó toda su vida.

De este príncipe, como de sus sucesores los reyes de España en la gran época del Imperio, se puede decir que no desatendió ninguna de las rutas que le marcaban la Historia y la situación geográfica de sus estados. Al mismo tiempo que defendía sus territorios, heredados o adquiridos, de la acometividad de García Ramírez de Navarra y de las pretensiones imperialistas de Alfonso VII de Castilla, llevaba la Reconquista hasta los últimos extremos de Cataluña, mantenía en los territorios ultrapirenaicos la supremacía del «casal de Barcelona» y establecía, con sus relaciones con las repúblicas y los príncipes de Italia, las premisas de una política de amplísimos horizontes. En la reconquista de Tortosa y de Lérida le fueron a Ramón Berenguer muy útiles sus relaciones con los príncipes del Mediodía de la Francia actual y con las repúblicas mediterráneas. La importancia internacional de la doble monarquía se robustece con la amistad del conde de Barcelona con Enrique II, rey de Inglaterra, y con Federico Barbarroja, emperador de Alemania.

Como correspondía a su inquietud constante, Ramón Berenguer encontró la muerte en el camino (en el burgo de San Dalmacio, cerca de Génova) el 6 de agosto de 1162,

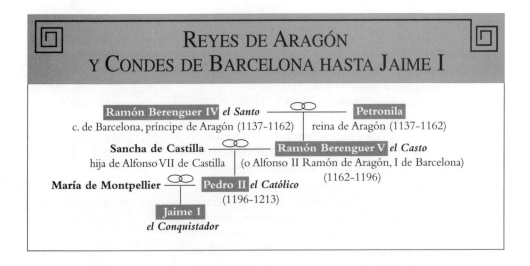

REYES DE ARAGÓN
Y CONDES DE BARCELONA HASTA JAIME I

Ramón Berenguer IV *el Santo* — **Petronila**
c. de Barcelona, príncipe de Aragón (1137-1162) | reina de Aragón (1137-1162)

Sancha de Castilla — **Ramón Berenguer V** *el Casto*
hija de Alfonso VII de Castilla | (o Alfonso II Ramón de Aragón, I de Barcelona)
(1162-1196)

María de Montpellier — **Pedro II** *el Católico*
(1196-1213)

Jaime I
el Conquistador

cuando se dirigía a Turín a entrevistarse con el emperador Federico. Su sucesor, que cambió el nombre de Ramón por el de Alfonso recibió por renuncia de su madre, la reina Petronila, el reino de Aragón al año de haber heredado el condado de Barcelona. ALFONSO II EL CASTO, poblador de Teruel, que cooperó con su pariente Alfonso VIII de Castilla en la toma de Cuenca, dedicó su atención especialmente a los condados del mediodía, de manera que llegó a incorporarlos a la política de Cataluña, apartándolos de la influencia de los reyes de Francia y de los emperadores alemanes.

En 1166, al morir sin sucesión Ramón Berenguer de Provenza, hereda sus estados el rey de Aragón, que fue jurado en Arlés el 17 de agosto de 1167. En 1172, a la muerte de Gerardo, conde del Rosellón, Alfonso II el Casto hereda el condado y es recibido en Persignan. En 1176, Niza reconoce la soberanía de Aragón, y Carcasota y Nimes en 1179. Solamente el conde de Tolosa se opuso al rey de Aragón, auxiliado por Federico Barbarroja, que veía con recelo cómo Aragón sustituía en el mediodía los derechos feudales del Imperio. Alfonso II siguió en su testamento la tendencia de sus antecesores a constituir con los estados ultrapirenaicos un dominio para su segundo hijo, infeudado al reino de Aragón. Dejaba al primogénito, Pedro, Aragón y Cataluña, y al segundo, Alfonso, los condados del sur de las Galias.

Pedro II de Aragón es uno de los más singulares tipos humanos en la rica variedad que ofrecen las dinastías hispánicas, en las cuales la diversidad racial, la violencia y la complejidad del ambiente producen personalidades de tan acusados y fuertes caracteres. No se advierten en su reinado aquella entrega total al oficio de reinar, aquella continuidad en líneas de conducta política sabia y firmemente establecidas de sus antecesores, los grandes príncipes de la casa de Barcelona. Parece más un castellano que un catalán y fue, de hecho, constante en su alianza con Castilla e interesado en los importantes problemas peninsulares. Su vida fue una serie de contradicciones, en la cual se puede apreciar, junto a grandes depresiones morales, un exaltado espíritu caballeresco que le llevó a los extremos del sacrificio. El rey que se llamó por excelencia «el Católico» contrasta por lo disoluto de su vida con la aus-

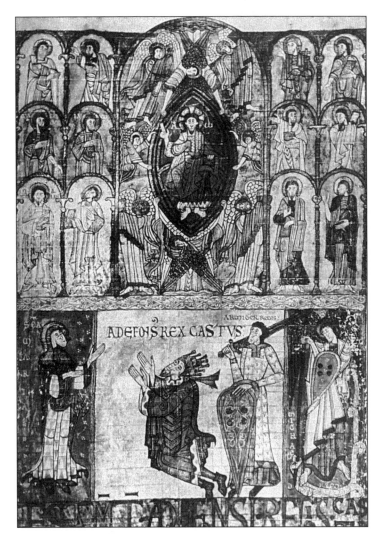

Alfonso II el Casto. Miniatura del *Libro de los Testamentos*.
Catedral de Oviedo.

tera honestidad de su padre y el cruzado ejemplar contra el Islam había de morir luchando contra los cruzados del papa y en grave riesgo de excomunión.

Sin duda, el desconcierto de esta vida y de este reinado se debe a que el rey no tenía altura ni carácter para dominar la complejidad de sus estados, cada uno de los cuales se agitaba con graves problemas. Era Cataluña, en aquel momento en crecimiento, la que daba cohesión al abigarrado conjunto, más aún quizá que Aragón, donde la raza de rudos montañeses del norte no podía, en el sur, prevalecer sobre la gran mayoría de la población morisca. Un fondo musulmán prevalecía, en la misma Cataluña, en las comarcas de Lérida y de Tarragona. Era entonces en aquella confederación de estados, a uno y otro lado del Pirineo, centro de una cultura refinada, en la cual florece uno de aquellos efímeros «renacimientos» que interrumpen de vez en cuando la Edad Media, pero que llevaba en su seno un germen de destrucción en las discordias religiosas, de una violencia hasta entonces desconocida, que anuncia ya las guerras de religión del siglo XVI.

De su carácter violento e impaciente dio prematuras señales el nuevo rey al no resignarse a esperar los cinco meses que le faltaban para la mayoría de edad, según el testamento de Alfonso II, originando querellas contra su madre, doña Sancha de Castilla. Tempranas pruebas de su carácter caballeresco manifestó al asistir a su pariente Alfonso VIII después de la derrota de Alarcos, en contraste con los reyes de León y de Navarra, que aprovecharon la desventura de los cristianos para satisfacer odios y apetencias. Este fervor de cruzado se manifiesta también en los albores del gobierno de Pedro II en su adhesión a la Santa Sede y en su energía en combatir a los herejes valdenses, que comenzaban a infestar sus estados ultrapirenaicos.

La monarquía catalano-aragonesa tuvo en este tiempo una Orden militar análoga a las de Santiago, Calatrava y Alcántara, que tan altos servicios habían prestado a la reconquista de Castilla. En el desierto de Alfama, cerca de la desembocadura del Ebro, quedó fundada la Orden de San Jorge de Alfama, a la cual se había de agregar luego la de Santa María de Montesa.

Esta política, que hacía del rey de Aragón uno de los pilares de la cristiandad, culminaría con su viaje a Roma. Pedro II deseaba consolidar la posición internacional de su reino y, siguiendo en esto la política de sus antecesores, quería establecer en el Mediterráneo un poder marítimo que protegiese el creciente desarrollo comercial de Cataluña. Para esto le era necesario el apoyo de la Santa Sede, entonces en la plenitud de su autoridad espiritual y de su prestigio político.

Con un destacado séquito, se dirigió el rey a Marsella, en donde se hallaba el 4 de octubre de 1204. Con su corte de barones y prelados se dirigió a Génova y de allí al puerto de Ostia. El 11 de noviembre, el papa Inocencio III le ciñó la espada y le adornó con las insignias reales. El rey, a partir de ese momento, se declaró feudatario de la Iglesia y le cedió el patronato de las iglesias de Aragón.

El joven rey, nieto de Alfonso VII el Emperador, compartía su atención entre los asuntos peninsulares y la complicada política del mediodía de las Galias. Cambiando la actuación de sus antecesores, concertó en Persignan con el conde de Tolosa, eterno enemigo de la casa de Barcelona, una alianza sellada con el ajuste de las bodas del conde con la infanta Leonor de Aragón, en 1200. Intervino después en la guerra entre su hermano Alfonso de Provenza y el conde de Forcalquier, abuelo de la condesa, que intentaba revocar la donación que a su favor había hecho del condado.

Uno de los hechos más destacados de su política en el sur de las Galias fue la incorporación de Montpellier. El señor de la ciudad, Guillermo VIII, había sido un constante amigo de la casa de Barcelona. Cuando contrajo matrimonio con Eudoxia Comeno, hija del emperador de Constantinopla (1174), se pactó que el fruto de estas bodas, aun cuando fuese hembra, heredaría el señorío. Nacería de este enlace una única hija, María, que se convertiría en la heredera legal de la importante ciudad a la muerte de su padre. Fue entonces, cuando el rey de Aragón concibió el proyecto de contraer nupcias con María.

Con la ayuda del conde de Tolosa, Pedro II consiguió sus designios y el 5 de junio de 1204 se firmaba en el cementerio de la casa del Temple de Montpellier el contrato matrimonial, en el cual María estipulaba en dote la herencia entera de su padre. El rey de Aragón fue recibido como señor y juró guardar los privilegios de la ciudad. En el mes de agosto de 1204, Pedro y María aprobaron la recopilación de las costumbres de Montpellier, que habían de jurar, luego de ellos, todos sus sucesores en el señorío hasta Luis XIV. Pedro II no fue leal ni a la ciudad ni a la mujer a quien debía este acrecentamiento de sus dominios. Pocos meses después de sus bodas tuvo que sujetar, a costa de una larga guerra, una rebelión de los ciudadanos.

Parece que hacia el 1206 el rey de Aragón realizaba gestiones para la anulación de su matrimonio. El desamor del rey a su esposa ha motivado una novela, que consigna ya en su crónica Ramón Muntaner, en la cual se explica la concepción del que había de ser el más insigne de los reyes de la dinastía catalana, Jaime el Conquistador. En la autobiografía de este gran rey, que se escribió bajo su inspiración directa, se da de este suceso una explicación menos fantástica: «Es de saber primeramente que nuestro padre Don Pedro desamaba a la sazón a nuestra madre la reina, pero sucedió una vez que hallándose nuestro padre en Lates y la reina en Mireval se presentó a aquél un ricohombre llamado don Guillermo de Alcalá, el cual pudo conseguir con sus ruegos que el rey fuese a reunirse con la reina. La noche aquella en que ambos estuvieron juntos, quiso el Señor que nos fuésemos engendrado». El mismo don Jaime cuenta los felices augurios que precedieron a su nacimiento (1207) y el voto de la reina en virtud del cual se le impuso este nombre, nuevo en las dinastías hispánicas.

El nacimiento de un heredero de tantos estados no impediría, sin embargo, que el rey don Pedro siguiese fatigando a la Santa Sede con sus demandas de disolución del matrimonio y que aún tratase de concertar nuevas nupcias con una hija de Felipe Augusto, rey de Francia. El papa declaró el matrimonio legítimo e indisoluble (19 de enero de 1213) y conminó al rey de Aragón a unirse con su esposa, de la cual el documento pontificio hace grandes alabanzas, pero bien pronto había de romper el vínculo la mano de la muerte. La desventurada María de Montpellier murió en Roma, adonde había acudido en requerimiento de su justicia, en abril de este mismo año de 1213.

Cuanto había en Pedro de Aragón de generoso y de caballeresco se manifestó en la ayuda que prestó a su pariente el de Castilla en su lucha contra los almohades. Esas jornadas del año 1212 señalan el punto más álgido de su gloria. Se mostró en ellas desinteresado y leal en sus relaciones con Castilla, penetrado de esta solidaridad hispánica que aparecía en los grandes riesgos comunes, caballeroso con los vencidos, apoyando la política de Alfonso, defensor de moros y de judíos contra la codicia de los cruzados extranjeros, y tan valiente en los combates, sobre todo en el decisivo de las Navas. En cambio, la contrapartida de estas cualidades se manifiesta en la actitud del rey en la grave situación creada por la difusión en el sur de las Galias, en gran parte sometido al dominio o al protectorado de la casa de Barcelona, de la herejía de los albigenses.

La corrupción moral que imperaba en los feudos ultrapirenaicos lo convertía en terreno propio para la expansión de doctrinas que atacaban a la vez los fundamentos dogmáticos y morales del cristianismo. En los comienzos del siglo XII empiezan a concentrarse en estas comarcas una serie de doctrinas heréticas de muy antiguos y lejanos orígenes que se relacionan con el maniqueísmo y con diversas sectas orientales. En realidad, los herejes a los cuales se conoce con el nombre de albigenses (según unos, porque la secta floreció al amparo de Roger, vizconde de Albi; según otros, porque fue condenada en el concilio de Albi de 1176) no tenían un cuerpo homogéneo de doctrina, sino que su posición era más bien negativa, contra la autoridad, la moral y las prácticas de la Iglesia católica. La extraordinaria difusión de la herejía entre el pueblo dio a la cuestión un fuerte matiz político.

Después de actuar unas veces como conciliador y otras de manera intransigente, precisamente cuando se enfrentó directamente contra el conde de Montfort –el cual pretendía que le aceptase el homenaje de los estados feudatarios de Béziers y de Carcasota–, la victoria del conde en la batalla de Muret puso fin a los alardes de valor desesperado y de gallardía personal del rey de Aragón, que moriría poco tiempo después (septiembre de 1213).

Jaime I el Conquistador, rey de Aragón y su política de expansión hasta 1276

El reinado de JAIME I, hijo de Pedro II, es, sin duda, uno de los de la Edad Media española que conocemos de manera más completa. En él, la historia recobra aquella vivacidad así como el amor por la anécdota expresiva, junto a la facultad de retratar a los diversos personajes que sobre todo se advierte en los grandes historiadores musulmanes. Esta luz singular destaca sobre todo en el *Libre des feyts*, relato autobiográfico de Jaime I que, sea o no escrito de su mano, está, sin duda, redactado bajo su directa inspiración. La obra de un príncipe de la historiografía hispánica, Bernat Desclot, escrita en el reinado posterior, es también otra fuente destacada.

La crisis en la que se vio envuelta la monarquía catalano-aragonesa a la muerte de Pedro II es una de las más graves de su historia. Muerto el rey después de una guerra desventurada, su único hijo el niño don Jaime estaba en poder del vencedor, el conde Simón de Montfort. Una vez más salvó la situación la vitalidad del reino unido y su adhesión a sus reyes. Ante la negativa del conde de Montfort a entregar a su pupilo, del cual quería hacer su yerno, el maestre de la Orden del Temple con los principales señores aragoneses y catalanes se presentaron al gran pontífice Inocencio III solicitando que les fuese devuelto el niño-rey (enero de 1214). El papa conminó con energía, consiguiendo la entrega de don Jaime al legado pontificio Pedro de Benevento.

A Narbona acudió una gran parte de la nobleza a prestar homenaje a su rey y en agosto del mismo año las Cortes de Lérida nombraron procurador general del reino al infante don Sancho, hermano de su abuelo, Alfonso II. Se designaron gobernadores para Aragón y para Cataluña y se encargó de la crianza de don Jaime y de su primo el conde de Provenza, Ramón Berenguer, cuya tutela había ejercido Pedro II, a Guillén de Montredón, maestre del Temple, el cual dispuso para su residencia el castillo de Monzón.

El gran problema de la minoría de Jaime I es el que había de ser la clave de su reinado como la del de sus sucesores: el predominio de la alta nobleza, en cuyas manos estaban todos los resortes del reino y cuya aspiración constante era anular la autoridad del rey, único freno a su poder. En ese sentido, Jaime I, como su bisabuelo Alfonso el Emperador, o como su tío Alfonso VIII de Castilla, no tuvo infancia y debió enfrentarse con gravísimos conflictos. Sin embargo, dio enseguida pruebas de una maravillosa precocidad.

Jaime I, rey de Aragón. Retrato anónimo.

La nobleza se dividió en dos bandos, de los cuales una parte decidió apoyar al procurador don Sancho y la otra al infante don Fernando, abad de Montearagón, hermano de Pedro II, que le disputa la procuraduría. Ambos partidos conturbaban a Aragón y Cataluña con sus guerras y acudían al castillo de Monzón, procurando ganarse la voluntad de aquel niño de nueve años y convencerle de que se escapase del castillo para ser bandera de una u otra facción. Lo cierto es que ambos príncipes llevaban muy mal su confinamiento en el castillo.

El conde de Provenza, auxiliado por algunos caballeros de su país, consiguió escaparse y ganar una galera que le esperaba en el puerto de Salou. A fines de 1216, don Jaime advirtió a los ricoshombres «que acudiesen a buscarle a Monzón, porque estaba dispuesto a salir de allí de cualquier modo». Con la complicidad de Guillén de Montredón o a espaldas de éste, don Jaime salió del castillo y se unió con los caballeros en las riberas del Cinca. Como se le hiciese creer que el conde don Sancho intentaría apoderarse de su persona, se hizo vestir la cota de malla de uno de los jinetes y se armó con una espada.

No contaba aún diez años y ya intentaba gobernar por sí mismo, aprovechando el entusiasmo que causaba su presencia entre sus vasallos. Reunió Cortes en Villafranca (1217) y en Lérida (1218) y en estas últimas resignó sus poderes el infante don Sancho. Quizás intentó continuar, en el sur de las Galias, la política de su padre, pues el papa Honorio III hubo de conminarle con una grave amonestación. Si no por su mandato directo, por lo menos con su complacencia, caballeros catalanes ayudaron al conde de Tolosa a recobrar sus estados y a defender la ciudad contra Simón de Montfort, que murió en el asedio. Pero la mayor preocupación del rey había de ser el sujetar los desmanes de la nobleza. Sólo contaba trece años y ya el Consejo Real concertó su enlace con Leonor de Castilla, hija de Alfonso VIII, esponsales que se celebraron en la villa fronteriza de Ágreda el 6 de febrero de 1221. Cuando los reyes, con su pequeña corte, recorrían sus señoríos procurando robustecer su autoridad, estalló un conflicto entre dos de los señores más poderosos: don Nuño Sánchez, hijo del infante don Sancho, que había sido procurador general del reino, y don Guillermo de Moncada, vizconde de Bearn. Don Jaime tomó decididamente partido por don Nuño, con quien le unían relaciones de parentesco, y con su coraje juvenil se apoderó de ciento treinta fortalezas de don Guillermo de Moncada y de sus caballeros. Luego sitió al vizconde de Bearn en su propio castillo de Moncada, pero, como años antes sucedió ante Albarracín su decisión tuvo como resultado unir a los dos bandos en contra del creciente prestigio del rey.

Unidos todos los barones, Jaime y la reina fueron realmente sus prisioneros, hasta el punto de que en Zaragoza tenían guardias de vista en su propia cámara. El rey, que pudo escaparse de Tortosa y refugiarse en Horta, señorío de los Templarios, pensó que la única manera de que gente tan poderosa y altiva se le sometiese era convertirse en su rey-caudillo, como lo habían sido sus antepasados; proponer a los caballeros grandes empresas, que los uniesen en un ideal colectivo, y establecer así, en beneficio del poder real, la jerarquía y la disciplina de los campamentos. En cumplimiento de este plan, convocó en Teruel a los ricoshombres para invadir con ellos el reino de Valencia. Los señores, atentos exclusivamente a su egoísmo y desatendiendo sus deberes como caballeros, se negaron a acudir, con la excepción de sólo tres de ellos. El joven rey, desairado y abandonado se vio obligado a aceptar las treguas que proponía el rey de Valencia Cid Abu Zeid. Pero estos contratiempos iban formando su carácter y excitando en él la energía con que había de superar las enormes dificultades de su reinado. A esto contribuirían también sus cualidades morales de lealtad y de delicadeza y hasta su prestancia física. Los enlaces con familias del centro y del norte de Europa habían creado en las dinastías peninsulares un tipo notable por la belleza y la arrogancia del porte de los príncipes.

Poco a poco el prestigio se impondrá a todos. Una vez fue preso en Huesca, de donde conseguiría escapar, pero ya en la guerra que a partir de 1228 sostuvo contra el vizconde Guerau de Cabrera, en defensa de los derechos de la condesa doña Aurembiaix de Urgel, obtuvo la ayuda de una gran parte de la alta nobleza, que se rendía ante su tenacidad incansable y su valor personal. Fue entonces cuando pudo poner en práctica su proyecto de realizar una empresa que fuera capaz de entusiasmar al pueblo y a los caballeros y hacerles olvidar sus querellas.

Había un estado de guerra con el emir almohade de Mallorca Abu Yahie el Raschind, el cual había apresado naves catalanas y despedido al embajador Jaime Sans, enviado a exigir una reparación. Después de la dura campaña de Urgel se retiró a Tarragona, adonde acudió la mayor parte de la nobleza de Cataluña. En aquella ocasión un rico ciudadano que había pasado toda su vida navegando, dio un banquete al rey y a sus barones y, como la fiesta se celebraba a orillas del mar, hubo ocasión para que algunos de los caballeros pidiesen al marino noticias de las islas Baleares, tan desconocidas para los catalanes, a pesar de su cercanía. La crónica del monje Marsilio nos ha conservado una descripción que Pedro Martell hizo a su auditorio de este maravilloso archipiélago. Cuando terminó de hablar, los caballeros pidieron a don Jaime que «quisiere llevarlos a la conquista de aquel paraíso, para que le cupiese la gloria de ganar reinos en medio de la mar, y el rey, con el semblante todo alegría, les prometió hacer tal como lo querían».

El éxito conseguido en las Cortes celebradas en Barcelona en diciembre de 1228 demostró que esta política era en aquel tiempo la única que podía mantener a los reinos unidos y en paz interior. Las codicias y los odios de los magnates parecieron desvanecerse ante el entusiasmo que despertaba la gran empresa. El arzobispo de Tarragona ofreció para ella mil marcos de oro, doscientos jinetes y mil ballesteros, y siguieron su ejemplo los demás obispos de la corona de Aragón. La Orden del Temple brindó sus contingentes y no hubo entre los grandes señores quien se mostrase poco generoso en sus ofertas. El pueblo aceptó los subsidios que se le pidieron y la ciudad de Barcelona entregó cuantas naves poseía. Con todo esto crecía el prestigio del rey, en quien todos veían el caudillo capaz de llevarles a la victoria y cuya autoridad no era por nadie discutida.

En la primavera de 1229 se habían congregado en el puerto de Salou hasta ciento cincuenta y cinco naves de todo género, capaces de contener los 15.000 infantes y los 1.500 jinetes, además de los contingentes auxiliares de genoveses y provenzales, que constituían el ejército. La flota se hizo a la mar el 6 de septiembre del mismo año. Muy pronto, la armada real ganó la Palomera y luego pasó a Santa Ponza, donde el ejército pudo fácilmente desembarcar. Cerca de Porto Pi se dio una primera batalla, en la cual los cristianos obtuvieron difícilmente la victoria, a costa de la vida de algunos de los más valientes caballeros, entre ellos Guillermo y Ramón de Moncada y Hugo de Mataplana.

El asedio de la ciudad fue muy duro, pues los moros que la poblaban eran muchos y se defendían con valor. El emir ofreció rendirse por dos veces, pero los barones, deseosos de vengar a los que habían muerto, se negaron a aceptar partido y el rey, no imitando en esto el ejemplo de su padre, fue de su opinión. Superadas las murallas, todavía se combatió en las calles durante algunas jornadas hasta que el emir y su hijo hubieron de rendirse.

La guerra no estaba aún terminada y fue preciso reducir durante algunos meses a los moros refugiados en las montañas. Se empezó luego a repartir tierras, repoblar ciudades y organizar la conquista en el orden civil y jurídico, como en el eclesiástico y el militar. Hasta bien entrado el 1229, no pudo el rey regresar a sus tierras patrimoniales.

Todavía dos veces hubo de volver al reino, rodeado por las aguas del mar, que había incorporado a la corona de Aragón. La primera fue en marzo de 1231, para rechazar una pretendida agresión del rey de Túnez. Desaparecido el peligro, don Jaime aprovechó la hueste reunida para rendir los castillos, aún insumisos, de Alaró, Pollensa y Santueri. En otra expedición el año 1232, el rey apaciguó los últimos núcleos rebeldes que quedaban en las montañas de Mallorca y, aprovechando la depresión entre los musulmanes, desembarcó en la isla de Menorca, tierra llana y de difícil defensa. La conquista de Ibiza se llevó a cabo el año de

1235. El asalto a la ciudad fue muy duro, pero el resto de la isla se ganó fácilmente, como también la vecina de Formentera.

El señorío de las islas vino a recaer en don Fernando, infante de Portugal que, en discordia con su hermano Alfonso II, había iniciado la serie, tan reiterada en la casa real portuguesa, de príncipes desterrados y aventureros. Después de una estancia en Marruecos, vino a recalar en Aragón, y el rey le casó con la condesa Aurembiaix de Urgel. Heredero del condado al morir sin hijos la esposa (11 de agosto de 1231), el infante cedió Urgel al rey don Jaime a cambio del señorío de Mallorca. El señorío de Ibiza se repartió entre el infante, el conde de Rosellón don Nuño Sánchez y el arzobispo de Tarragona.

El infante de Portugal carecía de las dotes precisas para gobernar una tierra recién sometida y el señorío de Mallorca volvió a la corona cuando don Jaime pudo compensarle en su nueva conquista de Valencia (1244). El archipiélago balear quedó en paz por muchos años y su situación privilegiada provocó un admirable florecimiento en sus principales ciudades.

A partir de ese momento, el rey, ya caudillo indiscutido, tuvo el acierto de no permitirse a sí mismo el reposo ni permitírselo a su hueste enardecida con la victoria y, aun antes de que el archipiélago balear fuese definitivamente sujeto, emprendió la gran hazaña de la consumación de la Reconquista en la parte que asignaban a Aragón los tratados con Castilla. Una guerra civil entre el rey destronado de Valencia y el usurpador Ben Zeyán hacia la ocasión propicia. Valencia era, de todas las comarcas musulmanas de la península, aquella que estaba más penetrada de la cultura cristiana.

Ya a raíz de la conquista musulmana, había conservado por algún tiempo una cierta autonomía en el llamado reino de Todmir. En los siglos XI y XII fue realmente una dependencia del Imperio de Toledo, y, bajo el dominio del Cid, había entrado en el concierto de los pueblos cristianos. Las invasiones africanas impidieron la continuidad de un reino cristiano en Levante bajo el mandato de los descendientes del Campeador, pero el dominio de los almorávides y almohades en Levante fue menos intenso y más efímero que en Andalucía y pronto se le sustituyó por jefes locales, alguno de origen español, como el famoso «Rey Lobo», Ibn Merdanix, cuya situación respecto a los reyes de Aragón fue frecuentemente de vasallaje. Un fondo de cultura mozárabe predominaba en el reino valenciano, donde había iglesias cristianas y se hablaba un romance arabizado.

El emir Abu Zeid, descendiente de los gobernadores almohades, había sido depuesto por Ben Zeyán, de la raza del «Rey Lobo». Las vicisitudes de la fortuna motivaron que fuese el reyezuelo almohade el que buscase el amparo de don Jaime, en contra de un caudillo de origen español. En abril de 1229 se firmó un pacto con el reyezuelo destronado. La guerra comenzó de un modo anárquico y no de forma sistemática, bajo la dirección real, en la primavera de 1233, en que el rey don Jaime, con una pequeña hueste reforzada por contingentes del Temple y del Hospital, de Santiago y de Calatrava, invadió la fértil vega de Burriana, ya en tierra llana, cerca del mar.

El sitio será largo y duro. Los ricoshombres aragoneses, quizá seducidos por las ofertas de Ben Zeyán, querían convencer al rey de que abandonase la empresa. Si la conquista de Valencia no quedó en una simple algarada fue por la heroica tenacidad del rey, apoyado por sus barones catalanes. Fue preciso que don Jaime hiciese prodigios de valor personal. La ciudad de Burriana se rindió y luego se entregó también, sin lucha, la fortísima plaza de Peñíscola. Aislados, se iban rindiendo los pueblos de la zona montañosa entre Teruel y Valencia.

En aquel año afortunado de 1233, el mismo rey pudo correr la vega de Valencia y dar vista a la ciudad. La posesión de Cullera, cerca del mar, permitió recibir refuerzos de Cataluña. En 1235, fracasada por culpa de los grandes señores una empresa sobre Cullera, el rey ganó Moncada y Museros, tan cercanos a Valencia que eran llamados «los ojos de la ciudad». En 1236, el rey quiso apoderarse del Puig de Enesa, última posición fuerte sobre la huerta valenciana, sólo dos leguas distante de Valencia. Ben Zeyán, no sintiéndose con fuerza suficiente para defender el castillo, lo hizo arrasar. El rey ocupó el cerro sin resistencia e hizo levantar, en sólo dos meses, un castillo de tapial sobre las ruinas del antiguo y dejó como defensor de aquel puesto a su tío el leal don Bernardo Guillén de Entenza.

Hay en las operaciones que preceden a la conquista de Valencia muchos puntos de contacto entre el soberano de Aragón y de Cataluña y el infanzón castellano que más de un siglo antes le había precedido, una de cuyas hijas casó con un conde de Barcelona. La espada que llevaba don Jaime a los combates se llamaba Tizona como la del Cid.

Es admirable la actividad del rey de Aragón en aquellos años, procurando víveres y socorros al equipo heroico que guarnecía el Puig, acudiendo a las Cortes de Monzón para obtener subsidios y desbaratando las cábalas de los barones. Entre tanto, los defensores del Puig tuvieron que sufrir una furiosa acometida de los moros de Valencia, que se tornó en una gran victoria cristiana (1237).

La batalla del Puig, cuyo relato adornaron cronistas tardíos con una intervención milagrosa de San Jorge, fue para la cristiandad valenciana lo que Covadonga había sido para Asturias y Alcoraz para Aragón. Poco tiempo después moría don Bernardo Guillén y el propio rey de Aragón hubo de presentarse una vez más en el Puig. Allí, para demostrar a los ricoshombres su firme voluntad de no levantar el sitio, hizo el juramento de no repasar el Ebro hasta que Valencia fuese ganada y dio orden de que le fuese traída su segunda esposa, Violante de Hungría, con su hija recién nacida.

Cada día se rendía algún castillo. Llegó el momento de poner a la ciudad asedio riguroso. Por fin, y tras la llegada de una serie de emisarios para tratar la capitulación, el pacto se redactó en Ruzafa el 28 de septiembre de 1238, en virtud del cual Ben Zeyán rendía toda la comarca hasta el Júcar, excepto las ciudades de Denia y de Cullera.

La rendición de Valencia era obra personal de don Jaime, que era el único que supo concebir la grandeza del proyecto de devolver un nuevo reino a la cristiandad.

Don Jaime empleó algunos meses en una tarea más pacífica, pero quizás aún más difícil que ganar reinos a los moros: la de repartir entre los barones villas y castillos. Trescientos ochenta caballeros de Aragón y Cataluña recibieron tierras y formaron una pequeña nobleza adicta al rey que luego mezcló su sangre con la de los ciudadanos ricos que formaban la burguesía que durante siglos rigió los destinos de la gran ciudad. A poblar ciudades, villas y campos desiertos acudieron familias de menestrales y de payeses, singularmente de Lérida, la comarca de Cataluña en que el Islam dejó una huella más persistente.

Reunió el rey una junta de obispos catalanes y aragoneses, de once barones y de diecinueve ciudadanos, y en ella se ordenaron las costumbres y fueros del nuevo reino cristiano. Al mismo tiempo se promovía obispo de Valencia al pavorde de Tarragona, Ferrer de

Sant Martí (1240). En esta nueva conquista, don Jaime se sitúa en el puesto de precursor de su descendiente Fernando el Católico, quien, en las Indias, hubo de amplificar enormemente el sistema de reparto introducido en Andalucía y Valencia por Fernando III de Castilla y por Jaime I de Aragón.

Era empeño de don Jaime el completar la Reconquista hasta los términos que le asignaban sus pactos con el rey de Valencia y los viejos tratados entre Aragón y Castilla, pero en esta expansión hubo de tropezar con las ambiciones castellanas. Al gran rey Fernando había sucedido, a la edad de treinta y un años, su primogénito Alfonso, casado con doña Violante, hija de don Jaime. ALFONSO X había recibido, con la sangre materna de Suabia, el interés por los asuntos del centro de Europa y la pasión por la cultura. Superior en muchos aspectos a sus vasallos, Alfonso era, ante todo, diferente de ellos y nunca le comprendieron bien. Este equívoco, que hizo impopulares medidas tan sabias como la ordenación de la moneda conforme a los patrones europeos, fue la desventura del reinado y originó el fracaso de uno de los hombres más insignes que en su tiempo ocuparon ningún trono.

En vida de su padre se había comportado en la guerra contra los moros como un caballero valiente y afortunado. Encontrándose en Toledo con un ejército destinado a ensanchar las fronteras de Andalucía, le llegaron mensajeros del rey de Murcia, que, hostigado por Jaime de Aragón y por Alhamar de Granada y fatigado por las banderías de sus capitanes y la descomposición de su pequeño y desmoralizado reino, prefería entregarse a los castellanos. Firmáronse las capitulaciones en Alcaraz y Alfonso, acompañado del maestre de Santiago, se posesionó del alcázar en 1241. Se apoderó luego de Mula y devastó los términos de Lorca y de Cartagena.

Después de la muerte de su padre, Alfonso, con ayuda de su vasallo el rey de Granada, recobró las plazas de Jerez, Arcos, Medina Sidonia y Lebrija, que habían tornado a ser musulmanas (1254). Tres años después rindió la fuerte plaza de Niebla, que había sido cabeza de reino, en cuyo asedio se cuenta que los sitiados emplearon, por primera vez en Europa, la artillería, y aquel mismo año ocupaba las tierras del Algarbe, en el extremo sudoeste de la península. El rey entregó esta conquista en dote a su hija bastarda doña Beatriz, casada con Alfonso III de Portugal, mediante un reconocimiento de vasallaje que fue luego alzado.

Sin haber conocido aún ninguna mudanza de la fortuna, el rey de Castilla preparó en las atarazanas de Sevilla y en los astilleros de Vizcaya naves para acudir a la conquista de Marruecos y consiguió del papa Inocencio las indulgencias de cruzado. Como sucedió tantas veces, Aragón y Navarra se concertaron para resistir, unidos, el excesivo poder de Castilla, y la reina viuda de Teobaldo I y Jaime de Aragón se aliaron contra Alfonso. La guerra, que parecía inminente quedó conjurada con la tregua de 1254, que consolidaba en Navarra a la dinastía francesa de Champagne. La afición del rey de Castilla, más erudito que guerrero, a los pactos se puso de manifiesto con la solución del problema de Gascuña.

Es posible que el voluble rey de Castilla intentase probar fortuna hacia las ricas vegas de Játiva, defendidas por una fortaleza inexpugnable. Esto precipitó la acción de su suegro, el rey don Jaime de Aragón, contra la plaza fronteriza, que no llegó a ganar, pero de cuyos defensores obtuvo vasallaje. El rey de Aragón puso sitio a Játiva, a pesar de las intrigas de su yerno el de Castilla. Don Alfonso pedía la ciudad aún no conquistada, en dote de su esposa Violante, pero a ello se negó el rey de Aragón. La intervención del maestre de Santiago y del señor de Vizcaya hizo posible un acuerdo entre suegro y yerno, en virtud del cual el rey de Castilla cedió Enguera y Mogente y obtuvo Villena y otras plazas. Entonces se llegó a un nuevo convenio sobre los límites de ambas conquistas, por el cual quedó Almansa para Castilla y Biar para el rey de Aragón. Poco después se rendía Játiva.

La última gran hazaña del rey de Aragón fue la reconquista del reino de Murcia, que parecía haberse perdido para la cristiandad. Sólo con el prestigio de su presencia se sometieron Villena, Elda, Elche y Orihuela, entre otros parajes. El sitio de Murcia comenzó el 2 de enero de 1266 y durante él dio el rey, ya viejo, las habituales pruebas de osadía y de desprecio de la muerte. La ciudad se rindió a los pocos días, y don Jaime pudo entregar a su yerno el fruto de una conquista que le había sido tan costosa y de la cual no obtuvo el menor provecho personal.

El rey de Aragón murió en Valencia el 27 de julio de 1276. No sólo como rey, sino como hombre, don Jaime fue excepcional, superior quizás en todo, salvo en virtudes cristianas, a Fernando III de Castilla. Desde antiguo hubo en sus reinos patrimoniales un movimiento, más erudito que popular, que tendía a promover su canonización. Nada más absurdo, pues don Jaime fue un gran rey y un caballero, pero no un santo. Estuvo casado en primeras nupcias con Leonor de Castilla, de la cual tuvo un solo hijo, don Alfonso, que no llegó a reinar. De sus segundas nupcias con Violante de Hungría tuvo cuatro hijos varones y cinco hijas. El mayor, Pedro, sucedió a su padre en los reinos de Aragón y de Valencia y en el principado de Cataluña; el segundo, Jaime, fue rey de Mallorca, conde del Rosellón y la Cerdaña y señor de Montpellier; el tercero, Fernando, murió mozo, y el cuarto fue el arzobispo don Sancho, muerto en la batalla de Écija.

Con la toma de Murcia, que respondía al avance castellano por el Algarve, la Reconquista quedaba prácticamente terminada y queda convertida en una guerra fronteriza, de la cual Aragón, preocupado por otros problemas, se desentiende totalmente y que apenas interesa al pueblo de la misma Castilla. Permanece, sin embargo, el reino de Granada, cuyos puertos siguen siendo entrada franca para las últimas invasiones africanas.

El último periodo de la Reconquista en los reinos occidentales y orientales

Conflictos y desavenencias en las monarquías portuguesa y navarra

Con la conclusión virtual de la Reconquista, después de la conquista de Valencia, Murcia y de la Baja Andalucía, España pierde uno de los más poderosos elementos de cohesión. El peligro de las invasiones del califato y de las atrevidas expediciones de Almanzor fue lo que había dado conciencia de un destino común a los diversos reinos peninsulares. Después del llamado «terror milenario», los moros dejarán de ser un peligro, pero la esperanza de ocupar las tierras fecundas de Aragón, Levante, Castilla La Mancha, Andalucía y Extremadura era un acicate para empresas colectivas y un lazo de unión entre los reyes y los pueblos.

Ninguna política sería tan popular y comúnmente aceptada como la guerra contra los musulmanes, que —en gran medida— satisfacía por igual el deseo piadoso de príncipes y caballeros así como la codicia de los solariegos más pobres del norte de poseer tierras en que el trabajo fuese más remunerador. La Reconquista, por tanto, fue un estandarte de unidad entre los diversos príncipes y, en cada uno de los estados, entre los distintos estamentos sociales.

Pero, a fines del siglo XIII, esta situación cambiará radicalmente. La política hispánica se hace más complicada y difícil. La clave será la oposición de los estados peninsulares al predominio de Castilla, contra la cual suelen concertarse los demás reinos.

Precisamente en esta política vienen a ser factores muy importantes dos estados que, desligados del problema de la guerra santa, habían quedado un poco al margen en las centurias anteriores: Portugal y Navarra.

Portugal, desgajado muy tarde de la corona leonesa, cuyos reyes habían presidido su reconquista, iba afirmando su personalidad precisamente en oposición contra la corte de León y más tarde contra la de Castilla. Esta oposición, sin duda alguna, tenía toda una serie de precedentes políticos, que podemos vislumbrar en la alianza de los condes lusitanos con Almanzor en contra del rey de León. Es seguro que contribuiría a este alejamiento la reacción de la Iglesia portuguesa –la catedral de Braga se llamaba «primada de las Españas»– ante el afán de los reyes leoneses de prestigiar la catedral de Santiago de Compostela ante las piadosas expoliaciones del arzobispo Gelmírez.

El vínculo feudal que unía a Portugal con la corona leonesa fue reconocido en varias ocasiones, pero siempre en precario y los monarcas portugueses aspiraron constantemente a la emancipación total.

Ni el rey de Portugal, ni condes ni prelados lusitanos asistieron a la ceremonia de la proclamación de Alfonso como emperador en el concilio de León (2 de junio de 1135), en la cual se advierte la presencia no solamente de los soberanos peninsulares, moros y cristianos, sino de los condes de Tolosa y de Gascuña. Todavía hubo en el siglo XIII un intento de Castilla de mantener una sombra de soberanía sobre los príncipes portugueses mediante la cesión del Algarve a Portugal con motivo de las bodas de doña Beatriz, hija de Alfonso X, con Alfonso II de Portugal (1253), si bien es posible que la cesión no se hiciese firme hasta después de que el papa diese su aprobación a este enlace, en 1263. Cuenta, además, la crónica de Alfonso X que en el año 1268 se presentó en Sevilla el infante don Dionís, nieto de Alfonso VIII de Castilla, y obtuvo de su abuelo la extinción del feudo, último vínculo que unía a Portugal con la corona castellana. La crónica consigna el disgusto de la nobleza castellana, expresado por un silencio hostil ante la liberalidad del rey. Entonces se extinguió el último recuerdo del predominio de la corte castellano-leonesa sobre la faja atlántica, disgregada en tiempos de Alfonso VI.

Esta oposición básica a la monarquía central ocasiona en Portugal, como en el reino catalano-aragonés, una mayor conexión con elementos ultramontanos y, sobre todo, con la Santa Sede. En tanto Castilla, que preconiza un sistema imperial que desborda la organización del Sacro Romano Imperio, se mantiene, en lo temporal, con absoluta independencia de Roma, Alfonso Enríquez prestaba homenaje a la Santa Sede, haciendo a su reino vasallo de la Iglesia y ofreciéndose a pagar el tributo anual de cuatro onzas de oro (1144). De la misma manera, años más tarde, Pedro II de Aragón emprendía el viaje a Roma para recibir la corona de manos del pontífice.

La resolución del primer rey de Portugal era sumamente hábil. Lucio II se declaró protector del nuevo reino, que de esta manera quedó claramente diversificado del Imperio castellano-leonés, y más tarde Alejandro III confirmaba a Alfonso en el título real. Además, ninguno de los demás estados peninsulares gozó en su Reconquista de tan constante auxilio de cruzados extranjeros. De esta forma, el contacto que Portugal tendrá sobre todo con el centro de Europa le dará un carácter singular en el conjunto de los pueblos hispánicos y había de ser en tiempos sucesivos muy útil a la pequeña monarquía atlántica para conservar su independencia.

Probablemente la hostilidad del pueblo portugués se dirigía más contra León que contra Castilla, que quedaba alejada y con la cual no había punto alguno de litigio. Al separarse, a la muerte del emperador, el reino de León del de Castilla, se unen contra el leonés los reyes de Castilla y de Portugal (1196); contingentes portugueses al mando de Rodrigo Sánchez, alcalde que había sido de Silves, toman parte en la batalla de Alarcos contra los almohades; más adelante, Alfonso II envía tropas en auxilio de Alfonso VIII de Castilla y los soldados portugueses contribuyen a la gran victoria de las Navas de Tolosa en 1212.

Entre tanto y poco a poco, los reyes de Portugal irán organizando su pequeño reino, que acudía el último al concierto de los pueblos peninsulares. Era un país agrícola y ganadero, en el cual la propiedad estaba en gran parte en manos de la Iglesia, de los conventos y de los grandes señores. Los núcleos urbanos eran pocos y, salvo Lisboa, Oporto, Coimbra y Évora, de escasa importancia.

La orientación de Navarra en el concierto peninsular queda definida por un complejo de recelo y de hostilidad hacia Castilla, que había desmembrado en su provecho el lote correspondiente a la primogenitura en la herencia de Sancho el Mayor. Durante la primera mitad del siglo XI, el reino pirenaico había sido cabeza y parecía que debería ser el rector de los demás pueblos peninsulares en la tarea de reintegrar a España en el cristianismo e instaurar en ella la unidad de la monarquía goda. No lo quiso así el desacierto o la mala fortuna de sus reyes.

García, el primogénito, era, según los diplomas, rey de Pamplona (Navarra), en Álava (País Vasco) y en Castilla la Vieja (todo el norte de Castilla), comprendiendo la Montaña de Santander. Muerto el rey de Navarra en lucha con su hermano en la batalla de Atapuerca (1054), Fernando invadió el norte de Castilla y las Asturias de Santander. Sancho Garcés IV hubo de buscar el apoyo, contra Castilla, de Ramiro I y de Sancho Ramírez de Aragón, consiguiendo recuperar sus antiguas fronteras, pero, asesinado en Peñalén en 1076, Alfonso VI se apodera de la Rioja y los navarros se acogen al amparo de Aragón, eligiendo por rey a Sancho Ramírez. A la muerte de Alfonso el Batallador (1134), los navarros se disgregan de la monarquía aragonesa y alzan sobre el pavés a García Ramírez, nieto de Sancho el de Peñalén y del Cid. Naturalmente, el nuevo monarca recibía el reino en oposición al rey de Aragón.

Aun cuando se intentó un acuerdo estableciendo en ambos reinos una singular monarquía dualista, este acuerdo fue más bien motivo de discordia que de avenencia. El sistema imperial de Alfonso VII de Castilla y de León permitía la permanencia del reino navarro sin nuevas desmembraciones y García Ramírez se presentó en el campamento del emperador, que le armó caballero.

El rey de Navarra figura entre los monarcas, vasallos del Imperio de Occidente, que asisten a la coronación imperial del rey de Castilla en León (1135). Con intermitencias propias de la veleidad de la política contemporánea, la vinculación de Navarra al sistema imperial de Alfonso VII prosigue durante todo el reinado de García (1134-1150).

A García Ramírez, muerto en una cacería (1150), le sucede Sancho VI, llamado el Sabio. Al inicio de su reinado, hubo de adherirse, como su padre, a la política imperial para conjurar el peligro del acuerdo entre las dos poderosas monarquías de Castilla y de Aragón, para las cuales, durante mucho tiempo, es motivo de tratados y de conciertos el reparto del pequeño reino pirenaico. Sancho concertó sus bodas con doña Sancha, hija del emperador y de la emperatriz Berenguela; se hizo armar caballero de manos de Alfonso VII y, como su padre, se declaró su vasallo. No consiguió impedir con esta política prudente nuevos intentos de reparto y hubo de defender con las armas la justicia de su causa y la integridad de su reino.

Impotente para contener la avalancha de castellanos y aragoneses, acudió al mismo recurso a que debieron su salvación sus antepasados en tiempo de las invasiones califales. Se retiró a las montañas, esperando que el ejército invasor, disperso por la necesidad de guarnecer las ciudades conquistadas, se debilitase en la inacción. Entonces arrojó sobre él sus tropas intactas y logró recuperar todo su reino en una campaña victoriosa (1157).

Durante el breve reinado de Sancho III de Castilla, casado con la princesa de Navarra, doña Blanca, parecía haberse terminado en la corte castellana la codicia del reparto. Fue el rey de Navarra el que, aprovechando la minoría de Alfonso VIII de Castilla, resucitó la vieja reivindicación Navarra de la Rioja y del norte de Castilla y ocupó Logroño y la alta Castilla hasta los Montes de Oca, en un anhelo de reconstituir la monarquía de Sancho el Mayor. La separación de las provincias leonesas de las castellanas favorecía los planes de Sancho el Sabio, pues hacía posible la alianza con León para contrapesar los conatos de acuerdo entre Aragón y Castilla para repartirse el reino de Navarra.

Pagaría el leonés la ayuda Navarra con una donación excesivamente cuantiosa a su hermana Sancha, esposa de Sancho VI, en Toledo, León, el Bierzo, Galicia, Asturias y en Extremadura. Sancho se sintió lo bastante fuerte para atacar Aragón, en mala coyuntura, pues Alfonso II, el rey aragonés, estaba estrechamente unido a su pariente Alfonso VIII, ya señor de una Castilla pacificada. En dos campañas victoriosas (1174 y 1179), el rey de Castilla recuperó la Rioja y la tierra castellana hasta los Montes de Oca. Don Sancho se vio obligado a mantener la guerra defensiva y luego a concertarse con Alfonso de Castilla mediante el abandono de todos sus sueños de expansión.

Este rey, cuya vida sería un continuo combate, fue un gran repoblador. Él fundó en 1181 la ciudad de Vitoria en un lugar donde estaba situada la aldea de Gasteiz y favoreció el incremento de las ciudades de Estella y de Pamplona. Murió Sancho el Sabio en 1194.

La figura de su sucesor, Sancho VII el Fuerte, es una de las más interesantes y misteriosas de la Edad Media española. Con él se extrema la política de recelo hacia Castilla y todo el afán del rey es contrapesar, buscando alianzas no sólo entre cristianos, sino entre musulmanes, el poder excesivo de Alfonso VIII. Para ello se unió con otro resentido: Alfonso IX de León.

Sancho de Navarra, en desacuerdo con todos los soberanos peninsulares, que procuraban defender o ampliar la Reconquista, realizó una extraña política que venía a retrotraer la historia de España al siglo X, cuando los reyes cristianos acudían a dirimir sus querellas ante la corte de Córdoba. Ya en 1196, debió concertarse un tratado entre el rey de Navarra y el califa Almansur, pues el 29 de marzo de aquel año el papa Celestino III fulminó sus censuras, por este hecho, sobre Sancho VII. Poco antes, el califa había infligido a Alfonso de Castilla la tremenda derrota de Alarcos, que puso en peligro la cristiandad española, pero el rey de Navarra, en su cerrado nacionalismo, no vio en ello sino una ocasión propicia para obtener las reivindicaciones nunca olvidadas por los descendientes de Sancho el Mayor.

Sancho aprovechó el conflicto que creaba a los reyes de Castilla y de Aragón el avance almohade, para recuperar los castillos que había entregado en rehenes, por lo que fue excomulgado por el papa (1197).

Los primeros años del siglo XIII son todavía de honda desavenencia entre Sancho de Navarra, que había buscado apoyo en el rey de Inglaterra, Juan Sin Tierra, y sus primos de León y de Castilla. La reina viuda de León, doña Urraca López de Haro, en desavenencia con su hijastro Alfonso IX, se refugia en la corte de Navarra y obtiene el señorío de Estella. Unidos esta vez castellanos y leoneses, no consiguen conquistar la ciudad, bien fortificada. Sancho de Navarra ha de buscar apoyo en Aragón y celebra reiteradamente tratados de amistad con Pedro II, buen amigo de Alfonso de Castilla (Monteagudo, 1208; Cortes, 1209). En estas circunstancias sobreviene de nuevo sobre la península la amenaza almohade.

La posición de Navarra, aliada con el califa africano, era un gran problema. Posiblemente fue el rey de Aragón el que recordó a Sancho sus deberes de cristiano y de caballero, y el rey navarro se entregó de lleno a la empresa y se olvidó de sus recelos para reintegrarse a la colectividad peninsular, en la cual se esbozaba la idea de España. Su actuación en la batalla de las Navas de Tolosa, su mayor gloria, le sitúa en la serie de los grandes reyes peninsulares. El papa Celestino III, con sagaz y sutil visión del problema, había pedido a los reyes de Castilla y de Aragón que concediesen al navarro frontera contra los moros, para que olvidase sus tratos con el Islam y entrase en el concierto de los demás reinos peninsulares. Después de las Navas, Sancho VII, poseído de espíritu de cruzado, se apoderó de varios castillos, probablemente en la frontera valenciana, cuya posesión le confirma Honorio III (1216). El infante don Fernando de Aragón, durante la minoría de Jaime I le concedió el libre paso hasta lo que se llamó «frontera Navarra», pequeña colonia del reino pirenaico en las feraces tierras del sur.

Singular en todo, este rey lo fue en sus postrimerías. Quizás atacado de una especie de neurastenia, debido al exceso de peso y a la poca salud que tenía, se recluyó en su palacio de Tudela, donde permanecería cerrado durante muchos años. Esta neurastenia del rey en tiempos tan difíciles motivó la codicia de los vecinos, de manera que don Lope Díaz de Haro, señor de Vizcaya, entró por las fronteras y puso guarnición suya en algunos castillos. El cronista Mariana supone que el heredero de Sancho, que no tenía hijos, Teobaldo de Champagne, hijo de Blanca de Navarra, mantenía relación con los señores navarros para desposeer a su tío «el Encerrado».

Quizás el recelo contra su sobrino motivó una de las más extrañas decisiones del rey navarro en su vida mal concertada: la mutua adopción del viejo rey de Navarra y el joven monarca de Aragón, Jaime I, nombrando cada uno al otro sucesor de sus coronas respectivas, lo cual equivalía a entregar Navarra a Jaime y a excluir a Teobaldo de Champagne. Este singular prohijamiento mutuo no produjo efecto alguno y a la muerte de Sancho VII (1234) le sucedió sin oposición alguna su sobrino el príncipe francés, que venía a marcar a los destinos de Navarra un nuevo rumbo, poco afortunado. Sancho, el Fuerte fue, como sus antecesores, un gran constructor. A su generosidad se deben la casa y la iglesia de Roncesvalles, así como el magnífico monasterio cisterciense de la Oliva y la iglesia de Santa María de Tudela.

Alfonso X el Sabio, rey de Castilla y León

En esta España que, concluía en lo esencial la Reconquista y pasado el miedo de las invasiones africanas, carecía de un ideal colectivo, había de llenar su difícil misión el sucesor de

San Fernando. Si en el terreno especulativo nadie discutía la autoridad suprema del rey, en la realidad las prerrogativas reales quedaban cada más condicionadas por el poderío de la alta nobleza, enriquecida en exceso con la gran Reconquista de las órdenes militares, cuyas inmensas posesiones en Extremadura y en el antiguo reino de Toledo venían a constituirlas en potencias casi soberanas, y de los concejos, en los que era cada vez mayor el influjo de la tumultuosa caballería ciudadana.

En estas circunstancias, era necesario un rey con una gran tenacidad y energía capaz de mantener su autoridad en el juego de fuerzas tan diversas. Además, por su herencia materna, Alfonso, apartado por entonces de la política europea, se verá obligado a intervenir en el gran drama de su siglo: la contienda entre el pontificado y el Imperio, que habían de ser las potencias rectoras de la cristiandad, y esta actuación, paralela a la que los reyes aragoneses realizan en este tiempo, crea necesidades que repercutirán en la política interior de Castilla y León.

Tan sólo un rey enérgico y astuto hubiera podido sobreponerse a tantos elementos hostiles y dominar tantas fuerzas contrapuestas. ALFONSO X, hijo de alemana, era más un alemán que un castellano. Inteligente y pacífico, superior al ambiente que le rodeaba, no era capaz de dominar la violencia por la violencia, ni la astucia por la astucia. Antonio Ballesteros, el gran biógrafo del rey, ha hecho notar una cualidad que supone procedente de la herencia de su madre: la candidez, la excesiva buena fe.

En una época en la que predominaba la violencia, era un jurista, enamorado del Derecho. De sus antepasados, los Hohenstaufen, tenía la pasión por la cultura, que le coloca en un primer lugar en la historia de su tiempo y que dignifica y ensalza toda su vida. De su padre, poeta y constructor de catedrales, había heredado la delicada sensibilidad para la poesía y para la música. Sus defectos principales se originan en la debilidad de su carácter, propio de un intelectual dotado de una sensibilidad demasiado refinada: fue en circunstancias críticas demasiado indeciso y se vio obligado en diversas ocasiones a no ser sincero, a proceder con doblez.

Muy rico por la conquista de Andalucía, afortunado en lides guerreras con fama de buen caballero, el reinado de Alfonso, que se inicia a los treinta y un años de edad, comenzaba con los mejores auspicios. La ocupación de la Baja Andalucía había sido demasiado rápida para que quedase bien consolidada. Alfonso hubo de ocupar Tejada y ganar de nuevo Morón, Lebrija y Jerez (1253). La presencia del rey aseguraba y organizaba la posesión del reino de Murcia.

En 1262, Alfonso dirige personalmente el sitio de Niebla, que fue conquistada. Poco después se recobra Cádiz. En 1264, el rey tuvo que acudir a lo que fue quizá la más trágica contingencia de su reinado: la conflagración general de los musulmanes de Andalucía y de Murcia. El rey de Granada, Aben Alhamar, había conseguido en tiempo de San Fernando toda suerte de humillaciones a trueque de conservar una sombra de soberanía sobre las agrestes cordilleras de Granada, de Málaga y de Almería. Su apariencia de vasallo leal era tan patente que Alfonso le consultó sobre proyectos tan remotos y difíciles como sus pretensiones al Imperio de Alemania.

El viejo rey de Granada maquinaba, bajo fórmulas sumisas, una enorme traición: el levantamiento general y simultáneo de todo el Sur y el Levante, amparado por el rey de Túnez. En su día, los moros de Sevilla se apoderarían de las personas del rey y de la reina. El rey Alfonso, ignorante de un plan preparado sagazmente hasta en sus menores detalles, se

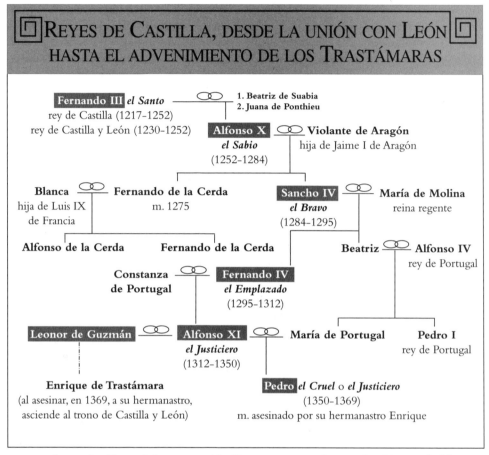

REYES DE CASTILLA, DESDE LA UNIÓN CON LEÓN HASTA EL ADVENIMIENTO DE LOS TRASTÁMARAS

Fernando III *el Santo* — 1. Beatriz de Suabia
rey de Castilla (1217-1252) — 2. Juana de Ponthieu
rey de Castilla y León (1230-1252)

Alfonso X *el Sabio* (1252-1284) — **Violante de Aragón** hija de Jaime I de Aragón

Blanca hija de Luis IX de Francia — **Fernando de la Cerda** m. 1275

Sancho IV *el Bravo* (1284-1295) — **María de Molina** reina regente

Alfonso de la Cerda — **Fernando de la Cerda**

Beatriz — **Alfonso IV** rey de Portugal

Constanza de Portugal — **Fernando IV** *el Emplazado* (1295-1312)

Leonor de Guzmán — **Alfonso XI** *el Justiciero* (1312-1350) — **María de Portugal**

Pedro I rey de Portugal

Enrique de Trastámara
(al asesinar, en 1369, a su hermanastro, asciende al trono de Castilla y León)

Pedro *el Cruel* o *el Justiciero* (1350-1369)
m. asesinado por su hermanastro Enrique

encontraba en Sevilla, casi desguarnecida. En tanto, gran número de africanos habían pasado el estrecho y llegaban hasta los muros de Sevilla. El rey Alfonso, advertido a tiempo, reaccionó con prontitud y energía. Por de pronto, se perdieron el alcázar de Jerez y gran número de plazas en las comarcas de Sevilla y Cádiz, en tanto los murcianos sacudían el yugo de Castilla.

En un año, gracias sobre todo a la cooperación de la Orden de Calatrava, se había recuperado en Andalucía todo lo perdido. Entre tanto, el rey de Aragón Jaime I, reconquistaba el reino de Murcia y lo entregaba a su yerno, el rey Alfonso X. Alhamar de Granada, vencido y temiendo luchar con rebeldías en su propio reino, hubo de pedir la paz. Sin embargo, las luchas de Alfonso con los grandes señores, que, con mentalidad de la época, no vacilaban en requerir el auxilio de los moros, dieron a los reyes de Granada demasiadas ocasiones para intervenir en los asuntos de Castilla.

Alfonso era un hombre aficionado a planes grandiosos y a altas empresas. Su afán era continuar en África el impulso misional de la Reconquista. Con este fin refuerza su escuadra y construye las atarazanas de Sevilla. En sus tratos con Jaime I el Conquistador y con la república de Pisa, los preparativos de una empresa africana ocupan siempre un lugar preferente. En esto, como en tantos casos, la visión del rey supera a la de sus vasallos, incapa-

Alfonso X el Sabio, según miniatura de la Biblioteca Nacional, Madrid.

ces de grandes ideales, y aun sus propios hermanos, los infantes don Enrique y don Fabrique, se ponen al servicio del rey de Túnez.

Los proyectos de Alfonso tuvieron realidad únicamente en la efímera conquista de la plaza de Salé, nido de piratas, enfrente de Rabat, cuya soberanía había sido cedida por Inocencio IV a la Orden de Santiago. Pero ante el ataque del emir poco tiempo después de su
toma, el 10 de septiembre de 1260, la conquista hubo de ser abandonada y la armada retornó a Sevilla con el producto del saqueo y con los cautivos.

En su política peninsular, en sus relaciones con los demás reinos hispánicos, ya del todo
desligados entre sí, pero unidos por tantos vínculos internos de solidaridad, la misión del rey,
rico y poderoso, heredero del prestigio del santo conquistador de Andalucía, hubo de ser delicada y difícil. Acaso contribuyó a esta dificultad un secreto designio de Alfonso de restaurar la primacía imperial de la corona castellano-leonesa, quizá porque, considerándose electo Rey de Romanos y emperador de Alemania, se juzgaba superior a los otros soberanos
que se repartían la antigua Hispania.

Ballesteros supone que el conflicto con Navarra en 1254, que estuvo a punto de provocar una guerra, fue promovido por el deseo de Alfonso de que el monarca navarro le pres-

tase homenaje feudal. De hecho, conseguiría que el joven Teobaldo II se presentase en Vitoria para cumplir con este requisito ritual, último vestigio del imperio de Alfonso VII.

Las relaciones con su suegro, Jaime el Conquistador fueron también en algunos momentos muy escabrosas. El rey de Aragón se había constituido en defensor del reino de Navarra. La generosa condición del aragonés y su amplio concepto de los problemas peninsulares facilitó en diversas ocasiones la avenencia. En 1256, ambos monarcas se reúnen en Soria y restablecen la buena armonía tradicional entre ambas coronas. Parece que el aragonés hubo de oponerse a las pretensiones de Alfonso al predominio imperial de Castilla y las diferencias se deshacen en una nueva entrevista en Ágreda (marzo de 1260).

Sin embargo, de estos mutuos recelos –que de vez en cuando hacen acto de presencia– hará que surja una política turbia, en que el rey de Aragón favorecerá a los rebeldes de Castilla y Alfonso no solamente apoyará el descontento del infante primogénito don Alfonso, sino que llega a favorecer a los moriscos sublevados. La altura de miras del gran rey de Aragón le movió, en contra del parecer de sus vasallos, a reconquistar personalmente el reino de Murcia (1266) y a entregárselo a su yerno, la empresa más desinteresada y generosa que registra la historia de España. Todavía en 1275, en su extrema ancianidad, el rey de Aragón envió a su hijo el infante don Pedro a contener a los musulmanes que habían invadido el reino de Murcia.

Enfrentamientos entre la nobleza y la monarquía castellano-leonesa durante el reinado de Alfonso X el Sabio

Un problema real que se va a plantear en nuestra península durante la segunda mitad del siglo XIII va a ser la oposición de la alta nobleza contra la monarquía. Esta oposición, de alguna forma, ya se había anticipado algunos años en Aragón, donde los ricoshombres van a alcanzar toda una serie de prerrogativas desconocidas aún en Castilla. En el reino castellano-leonés, los monarcas habían tenido ya que enfrentarse con grandes casas como las de los Lara, Castro o Haro, pero una actuación conjunta de la nobleza unida en contra del rey, como sucedió en Aragón con Jaime I, no se advierte hasta que llega al trono Alfonso X. Las causas de fricción entre la nobleza y el rey fueron muy diversas: la alteración de la moneda, el rompimiento del vasallaje que aún recaía sobre Portugal y sobre todo, el llamado «fecho del Imperio».

El anhelo de Alfonso X de ceñir la corona imperial de Alemania fue la idea que presidió todo el reinado y a ella el rey, más identificado con la herencia de la casa de Suabia que con la de Castilla, sacrificó toda su política interior. De hecho, la intervención en Alemania y en Italia producía enormes dispendios que habían de salir de Castilla, a la cual no interesaba el engrandecimiento personal de su rey. De aquí, según Ballesteros, se origina una política de duplicidad del monarca, que, por una parte, procuraba ocultar a sus vasallos el problema alemán, y por otra, se veía obligado a pedirles subsidios para atender este problema. No tuvo más remedio que afrontar esta cuestión en las Cortes celebradas en Toledo en el año 1259, en que pidió un servicio de moneda doblada para el «fecho del Imperio».

El heredero de San Fernando era todavía suficientemente poderoso y popular para lograr sus deseos. No tenemos ninguna noticia de una oposición directa, en las reuniones de Cortes, contra el desvío de los recursos de Castilla y León a favor de los asuntos de Italia y de Alemania, pero, sin duda, el descontento estaba en el ambiente y favoreció muy pronto la rebelión nobiliaria.

Resulta curioso comparar este episodio con la situación de España en el primer cuarto del siglo XVI –que en su momento estudiaremos–, cuando un rey de Castilla es elegido Rey de Romanos y emperador de Alemania. También, en ese momento, Castilla se opuso enérgicamente a que sus energías se dispersasen en una empresa que no le interesaba. Carlos V triunfaría en las Cortes, pero el descontento popular estalló en la guerra de las Comunidades. La diferencia fundamental está en que Alfonso X fue derrotado, en tanto que el triunfo de Carlos exaltó el orgullo castellano, que se entregó a la política imperial, vinculada directamente a la defensa del catolicismo.

A la cabeza de los grandes señores que se oponen al rey estaban sus hermanos los infantes. Del primer matrimonio de Fernando III el Santo con Beatriz de Suabia había tenido, además de Alfonso, a los infantes Fabrique, Fernando, Enrique, Felipe, Sancho y Manuel, además de tres infantas. Del segundo matrimonio con Juana de Ponthieu nacieron dos hijos varones: otro Fernando y Luis. De esta copiosa familia de príncipes, unos entran en la Iglesia y otros enlazan por matrimonio con la alta nobleza.

El más temible parece ser que fue el infante Enrique, cuya enorme ambición había de perturbar al menos tres reinados. Con los infantes, tan poderosos como ellos, estaban los jefes de las grandes casas señoriales: Laras, Haros y Guzmanes.

La oposición de los señores contra el rey se concreta en una vasta conjura que se prepara en Lerma, donde precisamente algunos magnates presididos por el infante don Felipe y don Nuño de Lara se conciertan para levantarse en armas, con el apoyo del rey de Granada (1269). El rey, absorbido por su política exterior, que culminaba aquellos días con las bodas de su primogénito el infante don Fernando, llamado de la Cerda, con Blanca de Francia, hija de San Luis, no se dio cuenta de la extrema gravedad de la rebeldía de sus más poderosos vasallos, en contacto con los reyes de Navarra y de Portugal y, lo que es más vergonzoso e indiscutible, con el rey de Granada y con el emperador de Marruecos, Aben Yusuf, en un momento en que el espíritu expansivo de los musulmanes podía originar la catástrofe de una nueva invasión africana.

En este sentido, los caballeros acogidos a las banderas del rey de Granada irrumpieron en las fronteras de Castilla. Afortunadamente el gran espíritu de Jaime I de Aragón se dio cuenta del riesgo de esta política y tropas aragonesas acudieron, una vez más, en auxilio de Castilla. El rey Alfonso, a punto de arriesgar en el «fecho del Imperio» la jugada decisiva, concedió cuanto los señores le pedían, flaqueza que aplazaba la guerra y la preparaba con más vigor en el provenir (1274).

Otro aspecto que debemos tomar en consideración en todo el reinado y que con los años se fue acrecentando fue una falta de compenetración entre el rey, de elevados sueños y de aspiraciones imperiales, el hombre más culto de su siglo, y la áspera tierra que la había tocado gobernar. El ocaso de su vida estuvo colmado de un gran número de desventuras. En este sentido, contamos con numerosos casos que confirmar esta situación, como cuando acudía a Andalucía para contener el desastre de sus reinos que se encontraban invadidos por los musulmanes. Precisamente en Villa Real (Ciudad Real) el discreto y valiente infante don Fernando, heredero del reino (1275) perdía la vida. Será entonces cuando se plantee una cuestión sucesoria que vendrá a aumentar la debilidad de la monarquía y la fuerza de los magnates, dividiendo a Castilla, tan compacta y unida en los años triunfales de San Fernando. Realmente, no había una ley sucesoria, sino que prevalece el sistema de semi-legitimidad a favor del segundo hijo, recordando el sistema de la Alta Edad Media en tiempo de los reyes-caudillos, en que, dentro de la familia real, se apoderaba del gobierno el más valiente o el más osado.

Don Sancho, el hijo segundo, cuyo fuerte carácter rayaba en la violencia, llegó a dominar a su padre y consiguió que le proclamase heredero, seguramente en contra de su secreta preferencia por sus nietos, los llamados infantes de la Cerda. De aquí el conflicto entre los partidarios de la rigurosa legitimidad, que, aunque no constaba en ninguna ley escrita, estaba ya en la conciencia de todos, y los que preconizaban un procedimiento semi-electivo que venía a ser un arcaísmo.

El rey, autor de la ley de «Partida» que favorecía el derecho de sus nietos don Alfonso y don Fernando de la Cerda, sentía remordimientos de conciencia de haberlos desheredado. Amigo de componendas, intentó buscar remedio repartiendo sus reinos entre los contendientes y, junto con el rey de Francia, Felipe III el Atrevido (1280), propuso formar un reino en Andalucía que sería para don Alfonso. Don Sancho, por el contrario, no era capaz de renunciar a nada y se constituye en paladín de la unidad. De aquí la ruptura entre el padre y el hijo, que llegó a todos los extremos de una violenta guerra civil.

De ella se aprovecharon los grandes señores para, de esta forma, debilitar la monarquía y así robustecer su posición. En una junta de prelados y caballeros celebrada en Valladolid (1282), funesto precedente para los siglos posteriores, Alfonso X fue depuesto y proclamado don Sancho. Se llega al extremo inaudito de que el rey de Castilla y León pedirá auxilio al sultán de Marruecos, en tanto que don Sancho pacta con el rey de Granada, volviendo a los tiempos desventurados del siglo X en que los príncipes cristianos reconocían a los califas de Córdoba como árbitros de sus querellas. Los musulmanes en auxilio del viejo rey saquean los campos de Toledo. Don Sancho, en sentencia dictada en el alcázar de Sevilla el 8 de noviembre de 1282, era desposeído de sus derechos.

A partir de este momento, la fortuna del rey Alfonso volvía a serle favorable. Muchos de los señores se daban cuenta de que les era más provechosa la permanencia del gobierno de Alfonso que el prematuro advenimiento de la inflexible energía del infante. El reino de Murcia, una gran parte de Extremadura y muchas ciudades en Castilla perseveraban en la lealtad. En estas circunstancias moría en Sevilla Alfonso X (4 de abril de 1284).

Superior a su país y a su tiempo, enamorado de planes magníficos a los cuales sacrificó estérilmente la opulencia y la paz de Castilla y el prestigio de la corona de San Fernando, el reinado de este príncipe, uno de los más ilustres que han ceñido la corona, fue funesto, pues dejó abierto un período de estériles luchas que no había de tener fin sino con el advenimiento de los Reyes Católicos. Lo que es de admirar es que entre sus aspiraciones a dirigir la confusa política europea, entre los azares de la guerra casi constante contra los moros y entre los esfuerzos para sujetar a la rebelde nobleza, Alfonso X tuviera tiempo de realizar una obra cultural que no tiene par en su siglo en país alguno.

El rey preside un movimiento unificador del derecho con la concesión a varias ciudades del Fuero Real y con la redacción del gran *Código de las Siete Partidas*, que incorpora a la tradición jurídica hispánica la sabiduría del derecho romano y del derecho canónico. Este mismo afán unificador, que preludia el Renacimiento, le llevó a ordenar la compilación de una ingente *Estoria de Espanna* y de una *Grande e General Estoria*, en las cuales su intervención fue muy intensa.

El rey creará, además, la famosa escuela de traductores de Toledo, por la cual irrumpe en Europa la ciencia de judíos y musulmanes que habían recogido el acervo de la cultura griega. En sus libros de astronomía se acopia cuanto de esta materia se sabía en su tiempo. Alfonso es el poeta exquisito de las *Cantigas*, delicadas canciones en honor de la Virgen, y de las poesías profanas del códice vaticano. En arte, el rey protege la gran floración de catedrales góticas, cuyo impulso se debe a su padre. Ballesteros recoge de las crónicas un rasgo del amplio espíritu de Alfonso y de su amor al arte: en el momento triunfal de la entrada de los cristianos en Sevilla, alguien propuso el derribo del gran alminar de la mezquita almohade, la famosa *Giralda*, y fue el entonces infante heredero quien prohibió que se tocase un solo ladrillo del monumento. Ballesteros ha publicado también un documento de 1261 que se refiere a la restauración de la mezquita de Córdoba.

Los códices de las *Cantigas* en cuyas miniaturas, de rara perfección, se ofrece un resumen de la vida castellana del siglo XIII, las joyas que se conservan del tesoro real, las ricas telas descubiertas en las tumbas reales del monasterio cisterciense femenino de Las Huelgas Reales y de Sevilla revelan una sociedad refinada. No estaba ausente en ella la música, y la contenida en los códices de las *Cantigas* es lo más perfecto e inspirado que conoció la Europa de su tiempo.

El reinado de Sancho IV el Bravo y de María de Molina en Castilla y León

El testamento del rey Alfonso, redactado en Sevilla en su última enfermedad, designaba para sucederle a su nieto don Alfonso de la Cerda y, en su falta, a don Fernando de la Cerda, su hermano; su inquina contra el hijo rebelde, le llevará a desheredarle, de manera que, en defecto de sus nietos, la corona de Castilla recaería en Felipe, rey de Francia, nieto de Blanca de Castilla y biznieto de Alfonso VIII. En un codicilo designaba como rey feudatario de Sevilla y de Badajoz a su hijo el infante don Juan y como rey de Murcia, en la misma dependencia respecto a Castilla, a otro de sus hijos: el infante don Diego.

No era don Sancho capaz de resignarse ante la voluntad paterna. En la terrible situación en que quedaba el reino a la muerte de Alfonso X, nobleza y pueblo creyeron preferible un rey en la plenitud de su edad y ya famoso por su valor personal y su energía, dueño de tantas ciudades, a un niño cuyo advenimiento supondría la desmembración del reino. Al contrario que su padre, SANCHO era un hombre de su país y de su siglo, acaso el único capaz de superar a los concejos, acostumbrados a decidirse libremente por uno u otro rey, y a los señores. Por la violencia de sus arrebatos se le dio el nombre de «el Bravo». En su vida y en su reinado tuvo influencia decisiva la presencia a su lado de doña María de Molina, prima hermana de su padre, con la cual había celebrado nupcias que nunca fueron válidas, pues el cercano parentesco que unía a los esposos no fue dispensado por el papa.

DOÑA MARÍA DE MOLINA, figura principal de tres reinados, integra con Berenguela y con Isabel la trilogía de las grandes reinas de Castilla. Su figura histórica, a través del magnífico estudio que de ella ha hecho doña Mercedes Gaibrois de Ballesteros, se nos aparece dotada de todas las dotes políticas y de todas las cualidades humanas que la encumbran sobre una de las

oyr que digd mal de nigut ssu amigo
antel seyendo le el amigo uerdadero et

loſ mayoreſ por que no paga algo aloſ
menoreſ ⸀ non dxe al rey poner arhaʒzã

Atme ꝭ non cae al rey que ninguno di
ga mal antel de ſu muger nj de ſſus

baldio ſſin derecho ſobre njgut ome po
tal ſele tomaʒ lo que ha ⸀ſno dxe al rey
y quelos ſſus oſtaales uenzã la Juſtiça

Sancho IV, rey de Castilla. *Libro de los Castigos*. Biblioteca Nacional, Madrid.

épocas más desventuradas de la Historia. El rey la amó apasionadamente y a este amor supeditó siempre cualquier conveniencia política y aun su propia conciencia de cristiano.

Las desventuras de Alfonso X y su ciega obstinación en el «fecho del Imperio» habían malgastado las riquezas de San Fernando y, lo que es peor, el prestigio de la autoridad real. Nunca se había visto la monarquía rodeada de tantos peligros. Por una parte, la gran nobleza presidida por los infantes, hijos y hermanos del último rey, a la cual la cuestión dinástica planteada proporcionaba ocasión para intervenir. Al lado de Sancho IV se sitúa el señor de Vizcaya don Lope Díaz de Haro, cuyas cualidades le hicieron favorito y al cabo enemigo del rey. En posición de defensor de los infantes de la Cerda se coloca don Juan Núñez de Lara, señor casi soberano de Albarracín. La actitud de los reyes vecinos, Pedro III de Aragón, Felipe III de Francia, en cuyo poder estaba Navarra, y don Dionís de Portugal, se manifestaba expectante ante la nueva monarquía, como también la del rey de Granada. Acaso esta actitud indecisa se debiese al gran peligro que significaba para España la amenaza del sultán musulmán Aben Yusef.

Todo el breve reinado de don Sancho es un esfuerzo agotador que arruinó su salud por tener que acudir a tantos peligros. Tuvo que sosegar a sus hermanos con amenazas y promesas y entenderse con el rey de Aragón para que sujetase al señor de Albarracín. Luego debió acudir a detener las terribles correrías de los musulmanes, que devastaban Andalucía, y, situándose en Sevilla, obligó a Aben Yusef, acaso ante el peligro de la flota castellana situada en el estrecho, que amenazaba cortar las comunicaciones con África, a regresar a su punto de partida.

Gran fortuna fue para la permanencia de Sancho en el trono el que los dos grandes defensores de los infantes de la Cerda, sus tíos los reyes de Aragón y de Francia, desavenidos y en guerra por la cuestión de Sicilia, necesitasen en apoyo de Castilla y vendiesen, para obtenerlo, el derecho de los nietos de Alfonso X. Pedro III de Aragón había demostrado repetidas veces su amistad hacia Sancho, cuyo carácter se avenía bien con el suyo, pero, a su muerte (1285), su hijo ALFONSO III, disgustado por la impasibilidad del rey de Castilla y León ante el terrible peligro de la invasión francesa, devuelve su protección a sus sobrinos don Fernando y don Alfonso de la Cerda. Sancho se entrega entonces a la política francesa y pacta con el nuevo rey de Francia, Felipe IV.

El rey castellano leonés deseaba que el papa dispensase su parentesco con doña María de Molina y pensó utilizar la influencia de Felipe en la curia romana, pero el francés juzgó más conveniente proponer a Sancho que se separase de su esposa para contraer nuevas nupcias con una de las hijas de Felipe III. Ello originó la frialdad de las relaciones entre ambos monarcas y la pérdida del favor real de aquellos que en la corte de Castilla y León preconizaban la alianza francesa.

Robustecido de esta manera el partido de la reina, prevalecían en la corte sus parientes y, sobre todo, don Lope Díaz de Haro, señor de Vizcaya, casado con doña Juana de Molina, hermana de doña María. Don Lope, de ambición insaciable apoyada por un gran valor personal y por su carácter dominante y enérgico, inaugura en la historia de Castilla y León la serie de los validos reales y es precursor, en el desmesurado engrandecimiento y en la final desventura, de don Álvaro de Luna, de Lerma y de Olivares. De él se dijo, como se había de decir de sus sucesores, que tenía hechizado al rey.

El señor de Vizcaya, elevado a la dignidad de conde, de mayordomo y de alférez mayor, tenía en su poder las principales fortalezas y cobraba, por medio de sus almojarifes judíos, todas las rentas. Sus parentescos con la casa real se hacen más estrechos. Su hermano, don Diego, adelantado mayor de Castilla, casa con doña Violante, hermana de Sancho, y la hija de don Lope contrae nupcias con el infante don Juan. Este deseo desatentado de grandes alianzas ocasionó la ruina de don Lope, pues le llevó a aconsejar al rey que se apartara de doña María de Molina para casarse con doña Guillerma de Bearn, prima del conde de Vizcaya. Era esto lo que más podía disgustar al rey, constante en su pasión por doña María.

Por otro lado, la nobleza castellana no podía tolerar el despotismo de don Lope y acudía al rey pidiendo justicia. En el consejo celebrado en Toro (1288) para dirimir la cuestión de la alianza con Francia o con Aragón, don Lope, partidario de Aragón, se enfrentó con la reina, que prefería a Francia. El rey siguió el parecer de la reina, y el señor de Vizcaya, disgustado, saqueó la tierra de Salamanca con su yerno el infante don Juan. Aunque, en apariencia, se restableciese la concordia, el violento carácter del rey no podía olvidar esta afrenta. En la misma cámara regia, en Alfaro, fueron muertos don Lope y su pariente Diego López de Campos, se dice que con intervención personal del rey, y el infante don Juan debió la vida al haberse acogido al aposento de la reina, que con gran esfuerzo pudo librarle de la ira de Sancho el Bravo.

Después de la tragedia de Alfaro, el enérgico y valiente don Sancho, que sabía que el primogénito del difunto trabajaba en la corte de Alfonso III de Aragón por los infantes de la Cerda, aprovechó el momento favorable para afianzar en el País Vasco el precario predominio de la autoridad real. En tanto, el rey se apoderaba personalmente de villas y castillos, sus emisarios obtenían la sumisión de toda Vizcaya.

Como el rey de Aragón, movido por los señores castellanos, se situaba francamente al lado de los infantes de la Cerda, Francia, la rival de Aragón en el Mediterráneo, buscó el apoyo de Castilla y por el tratado de Lyon (13 de julio de 1288) se establecía una amistad que había de ser por espacio de dos siglos la directriz constante de la política exterior de Castilla. En el fondo de esta benevolencia hacia Francia alentaba la esperanza de don Sancho de que Felipe IV emplearía su gran influencia en la corte pontificia para conseguir el anhelo de que hiciese compatible su amor a la reina con sus deberes de cristiano fervoroso.

Entre tanto, don Alfonso de la Cerda había sido jurado rey de Castilla en Jaca por los rebeldes castellanos y al frente de ellos, unido a la hueste de Alfonso III, irrumpía por tierras de Soria (1289). La guerra duró dos años y en ella, a la vez que el brío y la incansable actividad del rey, quedó patente el estado precario de su salud, que le puso al punto de morir en Cuenca. Quizá por temor a la muerte, don Sancho, para proteger la precaria situación de su heredero, niño de pocos años, a la par que robustecía su alianza con Francia en la entrevista de Bayona (1290), firmaba paces con Granada, Portugal y Aragón y procuraba avenirse con los señores rebeldes, entre ellos con su hermano el protervo infante don Juan, preso desde la jornada de Alfaro.

No evitó esta tardía voluntad de príncipe tan belicoso la angustia de sus últimos años. Los sucesores de San Fernando habían cometido el grave error de acudir a los musulmanes para dirimir sus contiendas. El infante don Juan, eterno despechado desde que no le fue reconocido el reino de Sevilla, legado de su padre, pasó a Tánger, donde incitó a Aben Yacub a sitiar la plaza de Tarifa, defendida por Alonso Pérez de Guzmán. Las modernas investigaciones de Mercedes Gaibrois han afianzado la veracidad de una de las más insignes hazañas de nuestra historia: el sacrificio de Alonso Pérez de Guzmán, que consintió en que fuese degollado su hijo, cautivo del infante don Juan, antes de entregar la plaza que tenía por el rey (1294).

Poco después, quebrantada su débil naturaleza por los afanes de una campaña contra don Diego López de Haro, que había conseguido levantar en armas a Vizcaya, murió el rey (25 de abril de 1295). Hace ya algún tiempo, se abrió su sepulcro en la capilla mayor de la catedral de Toledo y apareció su cadáver, de notable estatura, ceñido aún por el cordón franciscano. En la cabeza ostentaba una corona adornada con castillos heráldicos y con camafeos maravillosos y entre las manos sostenía una espada morisca. Le servía de sudario uno de los más ricos tejidos musulmanes que se conservan en el mundo.

Tuvo este rey inteligente y enérgico los defectos y las virtudes de la España de su tiempo. Fue, como todos sus antecesores, muy devoto de la cultura. Se le atribuyen obras literarias importantes y fundó en Alcalá de Henares unos estudios generales llamados a gloriosos destinos. Pero sus aficiones a las letras no tuvieron el carácter primordial y absorbente que en su padre Alfonso X, sino que en don Sancho, como en San Fernando y luego en los Reyes Católicos, fueron instrumento político y sosiego grato en las fatigas del gobierno.

Los estados orientales y la política de sus monarcas: Pedro III el Grande, rey de Aragón

En Aragón, donde reinaba PEDRO III, cuñado de Alfonso X, la intervención del rey en la gran contienda que agitaba a la Europa del siglo XIII –la lucha entre el pontificado y el Im-

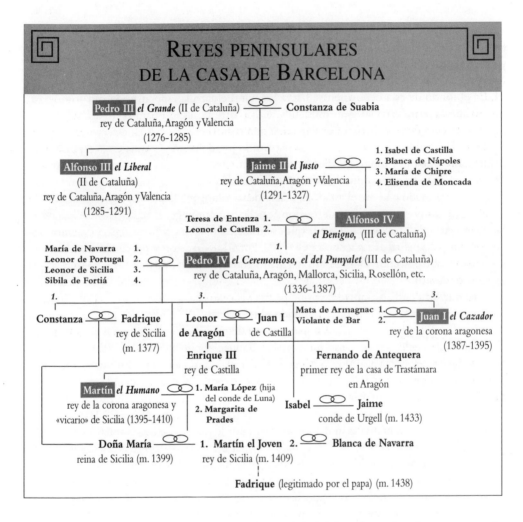

REYES PENINSULARES DE LA CASA DE BARCELONA

Pedro III *el Grande* (II de Cataluña) ⚭ **Constanza de Suabia**
rey de Cataluña, Aragón y Valencia
(1276-1285)

Alfonso III *el Liberal*
(II de Cataluña)
rey de Cataluña, Aragón y Valencia
(1285-1291)

Jaime II *el Justo* ⚭
1. Isabel de Castilla
2. Blanca de Nápoles
3. María de Chipre
4. Elisenda de Moncada
rey de Cataluña, Aragón y Valencia
(1291-1327)

Teresa de Entenza 1.
Leonor de Castilla 2. ⚭ **Alfonso IV**
el Benigno, (III de Cataluña)

1.

María de Navarra 1.
Leonor de Portugal 2. ⚭ **Pedro IV** *el Ceremonioso, el del Punyalet* (III de Cataluña)
Leonor de Sicilia 3.
Sibila de Fortiá 4.
rey de Cataluña, Aragón, Mallorca, Sicilia, Rosellón, etc.
(1336-1387)

1.   3.   3.

Constanza ⚭ **Fadrique**
rey de Sicilia
(m. 1377)

Leonor ⚭ **Juan I**
de Aragón de Castilla

Mata de Armagnac 1. ⚭
Violante de Bar 2. **Juan I** *el Cazador*
rey de la corona aragonesa
(1387-1395)

Enrique III
rey de Castilla

Fernando de Antequera
primer rey de la casa de Trastámara
en Aragón

Martín *el Humano* ⚭
1. **María López** (hija del conde de Luna)
2. **Margarita de Prades**
rey de la corona aragonesa y
«vicario» de Sicilia (1395-1410)

Isabel ⚭ **Jaime**
conde de Urgell (m. 1433)

Doña María ⚭
1. **Martín el Joven** 2. ⚭ **Blanca de Navarra**
reina de Sicilia (m. 1399)
rey de Sicilia (m. 1409)

Fadrique (legitimado por el papa) (m. 1438)

perio– produce también, en consecuencia, la debilidad del poder real y el enorme crecimiento del de la nobleza. Se da en la monarquía aragonesa un fenómeno que hace que su caso sea singular en la cristiandad.

En tanto en Francia como en Alemania o en Inglaterra, los reyes se apoyan en el pueblo para moderar el poder excesivo de los grandes señores, en Aragón los ricoshombres encuentran un ambiente popular en su intento de poner cortapisas al dominio absoluto del rey. Así como en el caso de Alfonso X fue la herencia materna de una princesa de la casa de Staufen la que determinó la intervención castellana en el gran conflicto, en el de Pedro III es su matrimonio con Constanza Staufen, hija de Manfredo, rey de Sicilia, lo que provocó la presencia de Aragón en la contienda en que se debatía la cristiandad. En realidad, este matrimonio dio al rey de Aragón ocasión para continuar una política que inició su padre «el Conquistador» con la conquista del archipiélago balear.

La potencia que con la dinastía de los Capetos se había formado al norte de los Pirineos hacía vanos los sueños de los príncipes de la casa de Barcelona de un dominio feudal sobre el sur de las Galias. Con la expugnación de sus últimos castillos de las serranías valencianas estaba terminada la Reconquista que los tratados asignaban a Aragón. Era preciso señalar nuevas rutas a la actividad de ricoshombres y caballeros y el gran rey Jaime I dejó a su sucesor abiertos los caminos.

En vida de su padre, don Pedro se había manifestado enérgico en la defensa de sus prerrogativas, en la que llegó a extremos de implacable crueldad. Así se demostró en su contienda con Fernán Sánchez, su hermano bastardo, que se había erigido en paladín de la nobleza sublevada, el cual, al querer huir de su castillo de Pomar, cayó en poder de su hermano, que le hizo ahogar en el río Cinca. Ya rey, la sangre del Conquistador y la magnitud de las empresas en que se vio comprometido hicieron de él uno de los más grandes caballeros de la Edad Media. Antonio Ballesteros le llama «caballero andante de la realeza».

Si es cierta la frase que le atribuye el historiador Bernat Desclot, él se consideraba a si mismo antes como caballero que como rey. La grandeza de sus concepciones políticas y la gallardía personal con que fueron servidas no solamente hacen de este reinado uno de los más sugestivos de la historia de España, sino que tiene la importancia de ser el precursor de la actuación de la casa de Austria en el Mediterráneo en la época imperial.

Las consecuencias de las hazañas de Pedro III, de sus caballeros y de sus marinos fuera de las fronteras y de los mares de España influyeron decisivamente, como en el caso de Alfonso X, en la política peninsular. La amenaza de los moros africanos pesaba sobre sus estados meridionales como sobre Murcia y sobre Andalucía, pues los musulmanes recientemente sometidos o envalentonados con el apoyo del sultán se concentraron en gran número en el castillo de Montesa y no fueron domeñados sino después de una ruda campaña que llevó personalmente el rey (1277).

Como la situación en Sicilia iba de manera que requería la mayor atención, Pedro III procuró quedar desembarazado, arreglando las cuestiones fronterizas con Castilla y con Navarra y obligando a su hermano el rey Jaime de Mallorca a prestarle homenaje. Es probable que fuese el temor a que la energía del nuevo rey viniese a mermar sus privilegios la causa verdadera de la rebelión de los principales señores catalanes, que obligó al rey a mantener una larga guerra que terminó con la toma del castillo de Balaguer (1280).

El 30 de marzo de 1282 ocurrió la gran rebelión de Palermo contra los franceses conocida con el nombre de Vísperas Sicilianas y los sicilianos ofrecen la corona a Pedro III de Aragón, que se encontraba en la costa de África, en Alcoy, combatiendo a los tunecinos. Desde entonces, el rey de Aragón, que había aceptado la corona siciliana con todos sus riesgos, tiene que supeditar a esta empresa toda su política exterior. El papa francés Martín IV le excomulgaba, ponía su reino en entredicho y entregaba la corona de Aragón a Carlos de Valois, hijo segundo del rey de Francia. El «rey caballero» tenía entonces que enfrentarse con la más poderosa monarquía de Europa: con el rey Felipe III, que era señor de Navarra, el cual hizo pasar los Pirineos a un ejército innumerable, en el que la flor de los caballeros franceses se enardecía con las indulgencias de la bula de cruzada, concedidas por Martín IV como si se tratase de la guerra contra infieles.

El rey, ante el tremendo conflicto, tuvo que modificar su política peninsular. Sancho IV de Castilla le ofrece su auxilio, pero el castellano no quería enfrentarse con el pontífice ni con Francia, preocupado por la legitimación de su matrimonio con doña María de Molina, y su ayuda fue poco eficaz. Como en el caso de su cuñado Alfonso X de Castilla, la ambiciosa política internacional traía consigo graves complicaciones interiores.

Don Pedro reunió Cortes en Tarazona y encontró en ellas la oposición de los aragoneses a una guerra que llevaba consigo la invasión y el entredicho de los reinos. La nobleza aragonesa, mal sujeta por la energía de Jaime I y del propio Pedro III, que la había humillado en Balaguer, tenía ahora al rey a su merced y supo sacar de su situación todo el partido posible. Invocando unos dudosos precedentes tradicionales, formó unión contra el rey y presentó un largo capítulo de desafueros. El orgulloso y bravo caballero que era don Pedro se encontraba ante un conflicto sin solución, pues en aquel momento de peligro el concurso de los barones le era imprescindible. Procuró dar largas, demorando la solución hasta las próximas Cortes de Zaragoza, pero en ellas (octubre de 1283) hubo de conceder el famoso Privilegio General.

No se dio en toda Europa, en que se debatía el mismo problema entre la monarquía y la nobleza, un caso semejante de humillación del poder real. De hecho, la autoridad del rey era anulada ante la fuerza desmedida de los grandes señores y de los concejos, regidos por los caballeros y los ciudadanos. El Justicia de Aragón quedaba convertido en juez supremo de todos los pleitos que fuesen a la corte; se abolía la legislación de Jaime I y se reconocían todos los privilegios de la nobleza aragonesa. El rey devolvía a los señores las inmensas propiedades que «el Conquistador» había reivindicado para la corona.

El reino de Navarra desde 1234 hasta 1277

En contraste con Aragón, el reino de Navarra, seguía siendo uno de los de más intenso hispanismo entre los pueblos peninsulares, que en un momento histórico fue el que presidió su concierto y que disputó la primacía a la misma Castilla. Desde la muerte de Sancho VII se suceden hasta el siglo XVI una serie de dinastías extranjeras. Estas dinastías hubieran sido fácilmente asimiladas, como lo fue la de Borgoña en el siglo XII, si no se hubiese dado la circunstancia de que los reyes de Navarra no fuesen segundones desheredados en su patria, como los condes Raimundo y Enrique, y obligados a crearse una posición firme en su tierra de adopción, sino grandes señores, dueños de Francia de inmensos dominios, de castillos y ciudades.

El poder de atracción de Francia, cuya corte era entonces la más refinada de las de Europa, hizo que estos poderosos feudatarios –Champagne, Evreux, Foix, Albrit– se interesasen más por los problemas de la política francesa que no por el país, leal, viril y un poco rudo, cuyos destinos estaban en sus manos. De aquí un dualidad que se refleja en la cultura –los documentos se escriben en francés o en español; hay un arte cortesano del todo francés y un arte popular de solera hispánica–, y que hace difíciles los últimos siglos de existencia autónoma de la monarquía pirenaica.

TEOBALDO, conde de Champagne y de Brie, de Blois y de Chartres, fue un trovador y un caballero aventurero. Famoso le hicieron en su gremio su pasión, no correspondida, por Blanca de Castilla, la reina viuda de Francia, que se refleja en sus versos. Fue uno de los más entusiastas paladines de la cruzada propuesta por Gregorio IX para el rescate de los Santos Lugares. A fin de poder quedar libre para esta empresa, tuvo que llevar una política pacifi-

REYES DE NAVARRA ENTRE SANCHO EL FUERTE Y CARLOS EL NOBLE

Sancho VI *el Salvo*

Sancho VII *el Fuerte* (1194-1234)

Blanca ⚭ **Teobaldo III** (conde de Champagne)

Teobaldo I *el Trovador* ⚭ **Margarita de Borbón** (1234-1253)

Teobaldo II *el Joven* (1253-1270) ⚭ **Isabel** ⊗ (hija de Luis IX de Francia)

Enrique I *el Gordo* ⚭ **Juana** (1270-1274)

✻ **Felipe IV** *el Hermoso* rey de Francia ⚭ **Juana I** (1274-1305)

Margarita de Borgoña 1. ⚭ Clemencia de Hungría 2. **Luis I** (Luis X de Francia) *el Hosco* (1305-1316) ⊕

Felipe *de Evreux* ⚭ **Juana II** (1316-1350)

Carlos III *el Malo* (1350-1387) ⚭ **Juana**

Leonor de Castilla (hija de Enrique II) ⚭ **Carlos III** *el Noble* (1387-1425)

Blanca *de Navarra* ⚭ **Juan II** rey de Aragón y de Navarra

⊗ Perteneciente a la familia real francesa.
✻ Titular del trono de Francia.
⊕ Titular al mismo tiempo de la corona de Francia y de la de Navarra.

cadora con los magnates de su reino y con los demás soberanos peninsulares. En abril de 1238 daba comienzo la gran aventura. Al año siguiente, aquel ejército de príncipes abandonaba el puerto de Marsella para dirigirse a Palestina. Durante cuatro años, el rey de Navarra guerreó en Asia Menor con diversa fortuna, pero siempre con gallardía. En 1243 retornaba a Navarra sin otra ganancia que el consuelo de haber podido visitar los lugares que presenciaron la Pasión del Señor.

Muy poco tiempo pudo permanecer en sus estados peninsulares. Una discordia con el obispo de Pamplona, don Pedro Ximénez de Gazolaz, originó que el rey cayese en entredicho y el «rey trovador» hubo de repasar el Pirineo para visitar sus dominios patrimoniales y llegar hasta Roma. En 1250 está documentada su presencia en París. De retorno en Navarra, muere en 1253.

De Margarita de Borbón, su tercera esposa, le quedaba un hijo niño que reinó con el nombre de TEOBALDO II. Durante su minoría, la necesidad de defender el reino, siempre codiciado por Castilla y Aragón, sus poderosos vecinos, motivó el que Margarita, la reina viuda, tuviese que dedicar mayor atención a la política peninsular. Aprovechando la rivalidad entre los aragoneses y castellanos, Margarita y luego el mismo Teobaldo consiguieron asegurar, por medio de tratados con Jaime el Conquistador y con Alfonso X, la estabilidad del reino de Navarra.

Entonces el joven rey sintió, como su padre, la llamada a la corte de Francia, a los bellos castillos patrimoniales, a los problemas de Europa. En 1257, seguía a la corte francesa y quedaba sometido al ascendiente de Luis el Santo, con una de cuyas hijas, la princesa Isabel, contrajo matrimonio (1258).

Durante los breves años de su estancia en España, Teobaldo II se manifestó como un eficaz poblador, que dio fueros a Torralba, al Pueyo y a Lanz. Por asuntos relacionados con sus dominios ultramontanos, el rey de Navarra estaba de nuevo en Francia en 1265. En 1268, Teobaldo II volvió otra vez a la corte francesa par concertar las nupcias de su hermano y heredero, el infante don Enrique, conde de Ronay, con Blanca de Artois y ayudar a rey San Luis en los aprestos para la cruzada.

En 1270, se embarcaban los cruzados, presididos por el mismo rey de Francia. El de Navarra, al cual acompañaba la reina Isabel, pudo asistir a los desastres de la desdichada expedición y a la muerte de su suegro, el Rey Santo, y de su cuñado Juan de Nevers. La muerte del rey de Francia hacía recaer sobre el de Navarra la mayor responsabilidad de la cruzada. Él dirigió uno de los cuerpos del ejército en la victoriosa batalla de Cartago, que permitió ajustar las paces con los musulmanes en honrosas condiciones. De regreso, murió en Trapani Teobaldo II (1270). En su breve reinado (1270-74), su hermano ENRIQUE I EL GORDO, no hizo otra cosa que procurar contener las ambiciones de Castilla y de Aragón, excitadas por el hecho de que el monarca no dejase descendencia varonil.

Sucede a Enrique su hija JUANA I, bajo la tutela de su madre Blanca de Artois. En la minoría de la reina niña hay en Navarra, entregada a grandes señores cuyos intereses estaban al otro lado del Pirineo, un resurgimiento del espíritu nacional. Las Cortes eligieron como gobernador a don Pedro Sánchez, señor de Cascante, a quien se opusieron otros dos ricoshombres: don Gonzalo Yáñez de Baztán y don García Almoravid. Asustada por estas discordias y como Alfonso de Castilla, apoyándose en las disensiones locales, renovase sus nunca olvidados intentos de dominar a Navarra, la regente hubo de refugiarse en la corte de Felipe III, con lo cual se entregaba de nuevo a la influencia francesa.

Aun cuando contaba en la misma Pamplona con el apoyo de los vecinos de la Navarrería, que preferían, como más afin, el dominio castellano al dominio francés, el infante heredero de Castilla, don Fernando, fracasó en el asedio de Viana. Al mismo tiempo se concertaban los desposorios de la heredera Juana con Felipe, primogénito de Francia (1276), y Felipe III, en quien Blanca de Artois había delegado la tutela de su hija, nombraba gobernador del más caracterizado entre los reinos peninsulares por su espíritu hispánico a un francés: Eustaquio de Bellemarque.

Es éste un momento decisivo de la historia de Navarra. Un movimiento que podríamos llamar «españolista» provoca una violenta reacción antifrancesa que desemboca en una guerra civil. Un conciliábulo de nobles presidido por don Pedro Sánchez se reúne en Olite e intenta concertar las bodas de la reina doña Juana I con don Alfonso, primogénito de Aragón.

La vida del gobernador francés corrió peligro y las huestes castellanas que batían los campos de Navarra encontraban apoyo en todas partes. La cabeza de la revuelta era el bullicioso barrio de la Navarrería, cuyos vecinos, con el apoyo de Castilla, pusieron sitio al burgo de San Saturnino y a la población de San Nicolás, barrios pamploneses donde dominaba el gobernador. Fue preciso que un gran ejército francés al mando de Roberto de Artois pasase el Pirineo (1277) y, derrotando en la sierra de Reniega a castellanos y navarros, tomase por asalto la Navarrería y la dejase convertida en un montón de escombros.

Desde entonces, el pequeño reino pirenaico no sería políticamente sino una dependencia de la poderosa monarquía de los Capetos. Los navarros se vieron obligados a seguir las banderas de Francia en la guerra contra Aragón. Pero quedó latente la oposición entre partidarios de Castilla y partidarios de Francia, en la cual había un fermento de guerra civil que explica la historia de los últimos años de vida política privativa en el reino que fue cabeza de España en los tiempos de Sancho el Mayor.

Hostilidades y desacuerdos entre la monarquía y la nobleza en Castilla

El siglo XIV: una centuria marcada por el signo de la unidad y la diversidad

El siglo XIII había representado en la península ibérica una tendencia a la compenetración con los países del centro de Europa, rompiendo el aislamiento que la situación geográfica y las peculiaridades de la historia de España en la Edad Media habían impuesto. Todos los soberanos peninsulares se ven llamados a intervenir en las grandes cuestiones que conmovían a Europa: Castilla y Aragón, por sus enlaces con la casa de Hohenstaufen; Portugal, por la necesidad del apoyo del papa, en su afán de disgregación del Imperio castellano-leonés, y de cruzados extranjeros para su reconquista; Navarra, por el establecimiento en su trono de dinastías francesas: Champagne, Valois, Evreux, cuyos grandes intereses en Francia exigían la intervención de los príncipes navarros en la política francesa y en las empresas exteriores de su país de origen.

El siglo XIV representa la disminución de la autoridad de los reyes, emparentados con las grandes dinastías europeas e inclinados a formar parte del concierto de las naciones de Europa, y el predominio de la alta nobleza, apegada a su tradición vernácula. Si en la cultura hispánica los siglos XII y XIII representan una adaptación de España a las grandes corrientes europeas, el siguiente significa un retorno a las características propiamente peninsulares y, sobre todo, un resurgimiento de los valores culturales arábigos y hebraicos, que en el arte se manifiestan en la gran extensión y riqueza del mudejarismo y en la vida en la reaparición de modas y de costumbres orientales, de las cuales son exponente los libros del Arcipreste de Hita y de fray Anselmo de Turmeda. Se habían agotado los tesoros ganados en la Reconquista. España, conturbada por minorías, por guerras civiles, por las invasiones africanas, a las cuales era preciso hacer frente, era pobre, y es ya difícil el traer a toda costa canteros, escultores y pintores de la Europa central. Era preciso acudir a la mano de obra morisca, que producía rápidamente y a bajo precio obras suntuosas.

La vida en España se hace cada vez más difícil y juegan en ella elementos muy diversos. Si la historia de nuestro país es un constante conflicto entre el principio de unidad y de diversidad es, sin duda, este signo el que predomina en toda ella a lo largo de esta áspera centuria. En Castilla, Sancho IV había gastado su vida en sujetar a la nobleza, a veces luchando personalmente como hiciera su abuelo Jaime I de Aragón, pero a su muerte, dejando al mayor de sus hijos, Fernando, de nueve años, lo que hacía pensar que la obra de San Fernando terminaría por deshacerse y que el núcleo central de España, formado con tanto trabajo a lo largo de cuatro siglos, habría de romperse en pedazos y convertirse en una serie de taifas cristianas, en un momento en que el Imperio de Marruecos resurgía con pujanza y amenazaba con restaurar la monarquía hispano-africana de almorávides y de almohades.

En estos momentos de extrema depresión hay una ausencia de grandes ideales y un renacer vivaz de ambiciones y de egoísmos. Ante el trono del rey niño, de legitimidad ciertamente tan discutida, pues el papa no había convalidado, con la dispensa, el matrimonio de sus padres, aparte de los derechos de los infantes de la Cerda y de los que emanaban del testamento de Alfonso X, cada uno de los grandes señores creyó que había llegado la ocasión de formarse un señorío independiente. El infante don Juan, el del deshonroso hecho de Tarifa, hermano de Sancho IV, quería proclamarse rey de Castilla y contaba con el apoyo del rey don Dionís de Portugal. Por otra parte, el rey de Aragón, Jaime II (hermano de Pedro III), de acuerdo con su tía la reina abuela doña Violante, defendía los derechos del infante don Alfonso de la Cerda. El infante don Enrique, hijo de San Fernando, senador de Roma, prisionero en Tagliocozzo, que había vuelto a Castilla en tiempo de Sancho IV, conseguía la regencia del niño rey, al servicio de sus inmensas ambiciones personales.

Todos los resentidos contra Castilla vieron el momento de acabar con una potencia que nunca olvidaba las aspiraciones a la supremacía de los reyes de León. Así, Navarra, Portugal, Aragón y Granada, apoyados por Francia y contando con el apoyo de los Laras, concertaron un reparto de la monarquía castellano-leonesa (1296): Don Alfonso de la Cerda sería rey de Castilla, de Toledo y de Andalucía; el infante don Juan reinaría en León, Galicia y Asturias; Murcia se entregaría a Jaime II de Aragón.

Para hacer frente a todas estas fuerzas tan poderosas quedaba una mujer: la reina viuda doña María de Molina, que representa el principio de unidad. No es posible imaginar historia tan dramática como la de esta señora luchando contra todos, en defensa del trono de su hijo y sirviendo, impulsada por el amor maternal, una causa cuya grandeza ella misma no podía vislumbrar.

La viuda de Sancho IV era hija del infante don Alfonso de León, hermano de San Fernando y llamado de Molina por haber heredado este importante señorío, situado entre Aragón y Castilla, de su esposa doña Mafalda. Doña María era hija de otro matrimonio del infante y no tenía derecho alguno al señorío, pero su hermana doña Blanca, legítima señora, que murió sin descendencia, se lo dejó en testamento a Sancho IV y éste se lo cedió a doña María en 1293.

Una prueba de valor de la nueva regente de Castilla es el grande y constante amor que le tuvo a su esposo, que desafió por ella las censuras de la Iglesia e hizo de la legitimación de su matrimonio la clave de toda su política interior y exterior. Por conservar a su lado a doña María, Sancho IV abandonó la alianza secular de Castilla con Aragón, rompió con su omnipotente valido don Lope Díaz de Haro y hubo de hacer frente a su poderosa facción. Reina coronada de Castilla y de León, doña María, cuyo matrimonio no fue nunca reconocido por la Iglesia, inspiró a Sancho IV una pasión semejante, en lo intensa y en lo duradera, a la que su nieto don Alfonso había de sentir hacia Leonor de Guzmán y otros dos reyes del mismo siglo, don Pedro de Castilla y don Pedro de Portugal, hacia doña María de Padilla y hacia doña Inés de Castro, reinas ambas «después de morir».

Ciertamente que doña María era digna de este amor apasionado del rey: por su clarísima inteligencia, valor insigne y abnegación constante. Son en ella admirables, como habían de ser en Isabel al Católica, su descendiente, la discreción y la mesura, el ejercicio de las virtudes humildes y cotidianas con que procuraba esconder sus brillantes dotes políticas. Estas cualidades se manifiestan ante el cúmulo de circunstancias adversas a que hubo de hacer frente en los primeros años de su regencia.

La reina en esta crisis buscó el apoyo de las Cortes, que representaban no al pueblo, en el sentido que hoy damos a esta palabra, sino a las ciudades, gobernadas por caballeros y burgueses, clase media activa y eficiente que podía contrapesar el poder de los señores y que dominaba, por las armas o por tener en sus manos las fuentes de la riqueza, al verdadero pueblo de menestrales ciudadanos y de labradores y pastores de los campos. Tanto las oligarquías ciudadanas como el pueblo estuvieron en este conflicto al lado de la viuda y del hijo de Sancho IV, porque en ellos estaba latente la aspiración a la unidad y en todas las crisis históricas Castilla estuvo de parte de aquellos reyes o de aquellos gobernantes que representaran este principio, en contra de los egoísmos separatistas de la alta nobleza.

En las Cortes de Valladolid, en el verano de 1295, la reina obtuvo el juramento de fidelidad de los procuradores. En la minoría de FERNANDO IV, doña María hubo de atraerse a los señores a fuerza de mercedes, que acrecentaban su poderío y los hacían cada vez más temibles. Así consiguió el falaz homenaje del infante don Juan, de don Diego López de Haro y de los Laras. No impidió este precario apoyo la terrible conjura de 1296 a que hemos hecho referencia.

Don Alfonso de la Cerda gobernaba como rey en muchas ciudades y, apoyado por el infante don Juan, se coronaba en Sahagún; el mismo infante don Juan convocaba Cortes en Palencia como rey de León. El rey de Portugal llegaba hasta Simancas, en tanto el de Aragón invadía el reino de Murcia, que los pactos le asignaban. El peligro mayor era Mohamed de Granada, en temible conexión con Marruecos, que se apoderaba de Quesada (1295) e infligía a los cristianos tremendas derrotas en la batalla de Iznalloz, en que murió el maestre de Calatrava, y en otro encuentro ya cerca de Sevilla. Los contingentes cristianos hubieron de refugiarse en Tarifa.

En este ambiente de traición, doña María permaneció haciendo frente a todos, con tenacidad e inteligencia admirables. Por ella, no se repartió la herencia de San Fernando y no se perdió Andalucía. Segovia abrió sus puertas a la reina viuda y al rey niño, que se situaron en Valladolid, esperando que se deshiciese la conjura, cuya debilidad consistía en estar basada en egoísmos y codicias. Un ejército aragonés, al mando del infante don Pedro de Aragón, puso sitio a la villa de Mayorga, entre Valladolid y León. La plaza resistió bien y, como era tan frecuente en aquel tiempo, cuando un ejército se estacionaba en un lugar, una terrible peste vino a destruir la hueste aragonesa cuando llevaba cuatro meses de asedio. Murieron el infante y muchos de sus caballeros y los supervivientes pudieron ganar sus fronteras gracias a la generosidad de la reina, que les dio paso franco por Valladolid y aún les regaló paños negros con que pudiesen cubrir los carros del fúnebre convoy. El rey de Portugal hubo de retirarse también ante las deserciones de los castellanos que le seguían.

Si Andalucía se salvó fue debido al esfuerzo de Guzmán el Bueno, ejemplo de lealtad entre tanta traición y de amplia visión política cuando nadie veía más que su personal provecho. Él fue el único que mantuvo enhiesta la bandera de la Reconquista, símbolo de la verdadera política española, y el único entre los hombres de su tiempo que no pospuso a los suyos los intereses de la patria. Él salvó a Andalucía de ser nuevamente musulmana y sostuvo solo el empuje del ejército granadino, reforzado con moros africanos, mientras de todas partes, en lugar de auxilios, recibía excitaciones para claudicar.

Africanos y granadinos sitiaban Tarifa. El infante don Enrique, escéptico ante el fracaso de sus tropas cerca de Sevilla, y el maestre de Santiago intentaron pactar con los musulmanes vendiéndoles Tarifa. Guzmán el Bueno salvó la plaza ofreciendo, con un alto sentido, homenaje a Jaime II de Aragón, pidiéndole auxilio para prorrogar la resistencia y prometiéndole, en cambio, la soberanía de la plaza si el rey de Castilla no pagaba las cantidades que el de Aragón adelantase. Jaime de Aragón, aliado con los infantes de La Cerda y con Mohamed II de Granada, no acudió a la oferta y Alonso Pérez de Guzmán hubo de resistir solo contra todos.

El astuto sultán granadino, dispuesto a engrandecerse aprovechando la situación de Castilla, se venga de su fracaso apoderándose de Alcaudete, que hubo de entregar el comendador de Calatrava, y saqueando los arrabales de Jaén, donde murió el adelantado Enrique de Harana. Hay un momento (1301) en el que tanto don Alfonso de la Cerda como el infante don Enrique ofrecen la plaza al rey de Granada, pero estos tratos resultaban inútiles ante la heroica tozudez de Alonso Pérez de Guzmán, decidido a conservar a toda costa la fortaleza que le había entregado Sancho IV. En 1302 muere Mohamed II y le sucede su hijo Mohamed III, que se apoderó de Bedmar. Quizá por intervención de Guzmán el Bueno, el sultán cambió la política de alianza con Aragón por la de amistad con Castilla, recordando el acuerdo de San Fernando con el fundador de su dinastía. Gobernaba ya en Castilla Fernando IV, llegado a la mayoría de edad; en el tratado, el sultán renunciaba a Tarifa, Cazalla, Medina, Vejer y Alcalá, a cambio de conservar Quesada, Alcaudete, Bedmar, Locovin y Arenas.

La reina doña María buscaba con frecuencia el apoyo de las Cortes, que supieron comprender su política mejor que los grandes señores. En 1297, convoca las de Cuéllar. Se presentaba en ellas el viejo infante don Enrique, cuya codicia fue preciso satisfacer con la entrega de nuevas villas. Doña María se ganó al rey de Portugal concertando el matrimonio de Fernando IV con su hija doña Constanza.

Don Alfonso de la Cerda apoyado por el infante don Juan y por don Juan Núñez de Lara corrían las tierras fronterizas de Soria, pero Alonso Pérez de Guzmán, con algunos caballeros y tropas portuguesas, alcanzaron a contenerlos (1298).

Mientras Doña María convocaba Cortes en Valladolid, los procuradores se dirigen a don Dionís de Portugal para que venga a Castilla en apoyo de su futuro yerno. Acude el rey, pero el infante don Enrique, entonces en secreto acuerdo con el infante don Juan, le ofrece Galicia si reconoce a este infante como rey de León. Fue preciso satisfacer la codicia de don Enrique, tan viejo y sin hijos, aumentando su ya inmenso patrimonio con Écija, Roa y Medellín.

A fuerza de mercedes desmesuradas, que venían a acrecer el poder de sus enemigos, la reina madre conjuró las defecciones de don Pedro Ponce, adelantado de Andalucía, y de Rodrigo Alvares de las Asturias. Doña María tenía a su favor la enorme ventaja de que era ella sola la que representaba la continuidad en el gobierno entre tantas veleidades y ello le atraía el apoyo de cuantos, cansados de anarquía, deseaban el robustecimiento de la autoridad real. Muchas ciudades se pasaban a la causa de la reina y de su hijo. En 1299, don Juan

Alfonso de Haro derrotó e hizo prisionero a don Juan Núñez de Lara. No le convenía al infante don Enrique esta victoria de la reina sobre el más inquieto de los señores y se apresuró a volver a Castilla, donde consiguió la libertad del magnate, con cuya hermana celebró el infante tardías nupcias.

Ante este ambiente de concordia, el mismo infante se avino a prestar homenaje a su soberano en las Cortes de Valladolid (1300). Unas nuevas Cortes, las de Burgos, en abril de 1301, dieron subsidios para los gastos de la guerra con Aragón y para las gestiones que habían de hacerse en la corte romana para las dispensas entre Fernando IV y Constanza de Portugal y para la legitimación de los hijos de Sancho IV y Doña María. El gran triunfo de la reina fue la llegada de las bulas de Bonifacio VIII, en las cuales el papa proclamaba la legitimidad de Fernando IV y de sus hermanos. Estas bulas daban una enorme fuerza a la causa del joven rey y arrancaba de manos de sus enemigos el arma principal. Por esto el infante don Enrique, a quien la debilidad del trono tanto convenía, se apresuró a proclamar que eran falsas, pero fue desmentido por su lectura solemne en el púlpito de la catedral de Burgos. Fue, sin duda, este día el del gran triunfo de doña María de Molina.

Muy pronto, sin embargo, este momento triunfal había de ser seguido de las mayores amarguras para la heroica reina, a la cual no cupo siquiera la fortuna de que la dejasen descansar, una vez su misión cumplida, en la paz de algún monasterio. La táctica de los grandes señores fue desde entonces enfrentar a la reina con su hijo, ya de diecisiete años, cuya corta capacidad y cuyo carácter voluble le hacían propicio a este género de manejos. El rey pretendió desde entonces gobernar por sí mismo (1301), lo que fue, en realidad, cambiar el gobierno de su madre por el de torpes e interesados consejeros.

Doña María pudo entregar a su hijo, cuando éste, en las Cortes de Medina del Campo (1301), le pidió cuentas de su tutoría, un reino en el cual la autoridad del rey había sido restablecida. Desde entonces, las relaciones entre madre e hijo son un contraste entre la indisculpable mezquindad del rey, empeñado en pedirle cuentas, según el capricho o la conveniencia de sus consejeros, y la magnanimidad de la reina, decidida a disculpar a su hijo y a protegerlo contra las traiciones de estos mismos consejeros.

Lo que permitía la perduración de la monarquía era, en exclusiva, la codicia de los señores, que hacía que se repartiesen en bandos. Se formaron dos partidos, uno de ellos en torno al infante don Juan, a quien apoyaba don Juan de Lara, y otro bajo los auspicios del insaciable infante don Enrique, don Diego López de Haro, señor de Vizcaya, y de don Juan Alonso de Haro, señor de los Cameros. Como el rey se inclinase al partido de don Juan, la reina madre se puso de parte del infante don Enrique, para evitar que el despecho llevase a los banderizos a nuevas traiciones. En efecto, el viejo infante, despechado, se vio en Ariza con Jaime II de Aragón, pactando con él el reconocimiento de don Alfonso de la Cerda, pero la muerte vino a cortar en Roa (1302) aquella inagotable sed de villas y de castillos.

El reinado de Fernando IV el Emplazado en Castilla

FERNANDO IV, aunque fue un rey de escasa inteligencia, sin embargo no carecía de valor militar ni de energía. Aun antes de asumir la gobernación del reino, en el mismo año de

1301, había realizado una expedición victoriosa contra Jaime II de Aragón, que se había apoderado de Lorca e intentaba rendir a Murcia.

Libre de esta amenaza, Fernando, a quien se conoce con el mote real de «el Emplazado», pudo enfrentarse con la alta nobleza, cuyo poderío se había acrecentado enormemente. Fue origen de la contienda el pleito por la posesión del señorío de Vizcaya, que disputaba a don Diego López de Haro el infante don Juan, casado con doña María, hija de don Lope Díaz de Haro, el favorito de Sancho IV, muerto trágicamente en Alfaro. El rey, enemistado con don Juan Núñez de Lara, yerno y mantenedor de don Diego, tomó el partido de su tío el infante y se vio obligado a combatir con las armas al bando contrario. La guerra terminó con la tregua de Pancorbo (1306) y en las Cortes de Valladolid se acordó que don Diego conservaría el señorío de por vida y que a su muerte pasaría a doña María, esposa del infante, salvo las villas de Orduña y de Valmaseda, que permanecerían en el linaje de don Diego.

Se vio obligado luego a sitiar en Tordehúmos a don Juan Núñez de Lara, asedio inútil por los manejos del infante don Juan, en cuya naturaleza eran congénitas la traición y la intriga. A ejemplo de Aragón, don Juan y el señor de Lara llegaron a exigir del rey que mudase el personal de su Consejo (1308). La constante insubordinación de la nobleza hizo fracasar el sitio de Algeciras, emprendido en connivencia con Jaime II de Aragón, y fue gran fortuna que la situación interior del reino de Granada, atacado como el de Castilla de la anarquía, obligase al nuevo rey Nasar a una paz honrosa, en la cual devolvía Quesada y Bedmar y reiteraba el vasallaje a Fernando IV, ofreciéndose a pagar un tributo anual de once mil doblas de oro.

Como su padre, Fernando IV era un enfermo, probablemente padecía de tuberculosis, que se negaba a aceptar el necesario reposo. El rey demuestra, durante estos años, una leal entrega a su oficio de reinar, que le obliga a procurar la obediencia de los grandes señores mediante campañas militares como los asaltos de Béjar y Alba de Tormes, que pertenecían a don Alfonso de la Cerda, y a continuar la política de la Reconquista, aprovechando las continuas revoluciones en el reino de Granada, para lo cual las Cortes de Valladolid le concedieron los correspondientes subsidios. El rey puso sitio a Alcaudete, en agosto de 1312, pero su dolencia le obligó a retirarse a Jaén, donde precisamente murió el 9 de septiembre de aquel año.

El reino de Castilla tras la muerte de Fernando IV el Emplazado. La minoría de Alfonso XI el Justiciero

No tenemos noticias hasta ahora de que este reino de Castilla –formado con sumo trabajo por la agregación sucesiva de los países del centro, del norte y del oeste de la península y por la reconquista de Extremadura y Andalucía–, estuviese más cerca de su disolución como en la minoría del hijo de Fernando IV, ALFONSO XI, niño de poco más de un año.

Aunque el rey difunto había conseguido vencer con esfuerzo la ambición sin medida de los grandes señores, a su muerte cada cual quiso hacer fortuna con los jirones de la monarquía. Solamente la anciana doña María de Molina demostró una visión superior de las cosas y una vez más fue la defensora de la permanencia del Estado, con el auxilio de su hijo el infante don Pedro, el mejor dotado de valores humanos.

Frente a la madre y al hijo se situaron, precariamente unidos, el infante don Juan y el infante don Enrique, don Juan Manuel, don Fernando de la Cerda, don Alonso, hijo del infante don Juan, y algunos ricoshombres, movidos sobre todo por don Juan Núñez de Lara. Ambos bandos aspiraban a reforzar su autoridad con la posesión de la persona del rey niño, que permanecía en Ávila en poder de su madre doña Constanza de Portugal. El árbitro de la situación sería, realmente, el obispo de Ávila, don Sancho Sánchez, que se negó a entregar al niño.

Doña María y el infante don Fernando iban ganando, poco a poco, más prestigio en las ciudades y contaba, al mismo tiempo, con el apoyo del rey de Aragón, con cuya hija doña María estaba casado el infante. Don Pedro conseguiría la unión de las dos reinas, suegra y nuera, en Valladolid, de forma que reforzaba enormemente su partido. Mientras tanto el rey seguía bajo la custodia del obispo y de los caballeros de Ávila.

Nunca tuvieron las Cortes mayor influjo en el curso de los sucesos que en este período. La solución de la crisis de la regencia se encomendó a las que se convocaron en Palencia en la primavera de 1313. Los pretendientes se presentaron en la ciudad con todos los hombres de armas que pudieron reunir, a fin de hacer presión en los procuradores, los cuales no encontraron otra salida que reconocer dos grupos de tutores: por una parte, el infante don Pedro con su madre María de Molina, y por otra, el infante don Juan, que contaba con el apoyo de la reina viuda Constanza de Portugal.

Sin embargo, un acontecimiento parece que vino a solucionar este problema, ya que el 13 de noviembre de 1313 moría en Sahagún la reina doña Constanza. Esto facilitó la avenencia y, después de varias reuniones, se convino unificar la regencia. El rey niño quedaría bajo la custodia de su abuela, que compartiría el poder con los infantes don Juan y don Pedro. El obispo y los caballeros de Ávila entregaron la persona del rey niño a doña María de Molina.

En realidad, debemos considerarlo como un triunfo de los caballeros de las ciudades sobre la alta nobleza y tuvo como consecuencia en las Cortes de Burgos (julio de 1315) la firma de una Carta de Hermandad de los caballeros, hidalgos y hombres buenos de Castilla, León, Toledo y Extremadura para contener posibles abusos de los tutores y se creó la Hermandad de los concejos de ciudades y villas contra los grandes señores.

El infante don Pedro era un entusiasta de la empresa nacional de la Reconquista, para lo cual las guerras civiles de Granada eran una ocasión que no fue aprovechada. En 1313, cuando todavía la cuestión de la regencia estaba indecisa, decidió llevar adelante una rápida excursión apoderándose de Rute. Más tarde, precisamente una vez que las Cortes de Burgos determinasen el funcionamiento de la triple regencia, intentó establecer un acuerdo con su suegro Jaime II para continuar la guerra de Granada, acuerdo que no pudo ultimarse por el recelo que a la corte de Barcelona inspiraba. No obstante, las noticias que venían de Granada eran tan favorables que el infante decidió hacer la guerra por si solo.

La situación del reino granadino era semejante a la que, siglos más tarde, aprovechada por un político sagaz como Fernando el Católico, causaría su ruina. El rey de Granada, Nasar, vasallo de Castilla, había tenido que dejar la Alhambra a su sobrino Abulualid Ismail (1314) y, con título y autoridad de rey, se había retirado a Guadix. Don Pedro, en auxilio de Nasar, decide invadir Andalucía y vence a Ismail en Alicún. Los manejos de don Juan y la necesidad de presentarse ante las Cortes de Carrión (marzo de 1317) obligaron al infante don Pedro a suspender la campaña y encomendó al maestre de Calatrava que firmase con Ismail una breve tregua. Terminada ésta, acudió el infante de nuevo a Andalucía y se apoderó de Iznalloz, Pinar y Montexicar, ya en la misma vega granadina, y, en pleno invierno, del castillo de Belmez.

En la primavera de 1319, el infante don Juan se decide a ayudar a su sobrino en una causa que iba haciéndose popular. El 19 de junio, don Pedro se apodera de Tiscar. El 25 sobreviene en la vega de Granada una inexplicable derrota de las armas cristianas, en la cual mueren ambos infantes. Fue uno de esos desastres imprevistos que suelen acontecer. El viejo infante don Juan cayó fulminado por una apoplejía y su sobrino encontró la muerte cuando intentaba contener la desbandada del ejército. El desastre de la Vega dio al reino granadino nuevos alientos y prolongó por casi dos siglos su agonía.

Mientras tanto, la anciana doña María de Molina realizaba un esfuerzo supremo para mantener la unidad de la monarquía y escribía a los concejos recabando la integridad de la regencia. No lo consintieron las ambiciones de los que pudiéramos llamar «grandes parientes» —el infante don Felipe, hermano de Fernando IV; don Juan el Tuerto, hijo del infante don Juan, don Juan Manuel y don Fernando de la Cerda—, que, deseosos de un vestigio de poder, procuraban atraerse a los concejos, convertidos, en realidad, en repúblicas independientes gobernadas por oligarquías nobiliarias.

El 30 de junio de 1321 se rendía a la fatiga de su vida el espíritu heroico de doña María de Molina, la única superviviente, después de la muerte de Guzmán el Bueno y del infante don Pedro. Surgió otra vez la división de la tutoría, ahora entre el infante don Felipe y don Juan el Tuerto, que decidieron convocar por su cuenta Cortes y buscar el apoyo de los concejos.

Pero, no mucho tiempo después, vino a contener el proceso de disolución en Castilla el advenimiento del rey a la mayoría de edad, al cumplir los quince años el 13 de agosto de 1325. Alfonso XI es un caso más de esos reyes precoces que son frecuentes en la historia medieval de España. Como sus antecesores, toma las riendas del poder en circunstancias bastante desfavorables, siendo un niño, y pronto se advierte que aquel niño es capaz de imponer su autoridad sobre viejos políticos y guerreros.

Por eso, desde el día que escribió cartas a los tutores anunciándoles que tomaba el poder por sí mismo, los grandes señores y los concejos hubieron de darse cuenta de que la autoridad real era en Castilla algo efectivo. Siguiendo el ejemplo de doña María de Molina, buscó el apoyo de las Cortes y reunió en octubre del mismo año las famosas de Valladolid.

De hecho, quedo demostrado que este rey de quince años disponía de una energía violenta y tenaz, heredada de su abuelo Sancho IV, y de una completa falta de escrúpulo que le permitía acudir a todos los medios, incluso a aquellos de moralidad y de lealtad dudosas, en la lucha en que se había empeñado. Por de pronto, entre los dos bandos de sus tutores se entregó, con acierto, en manos de su tío Felipe y dio a sus parciales las dignidades de más importancia, especialmente a Garcilaso de la Vega y a Alvar Núñez Osorio. Esto produjo el efecto de situar frente al joven rey a don Juan el Tuerto y a don Juan Manuel.

Don Alfonso desbarató la conjura pidiendo a don Juan Manuel la mano de su hija doña Constanza, niña de nueve años. Don Juan el Tuerto, que había heredado de su padre la ambición insaciable, compensó este golpe obteniendo la mano de doña Blanca, hija del infante don Pedro y de la infanta doña María de Aragón, que aportaba a sus inmensos dominios el señorío de Vizcaya y villas y castillos en la frontera de Aragón.

Mientras tanto, el rey recorría el reino tomando ciudades y sujetando castillos, procediendo en todas partes con rigor inexorable. La cautela y la violencia de su carácter se revelan en sus tratos con don Juan el Tuerto. Tentando su codicia hasta ofrecerle todo lo que el magnate quería, lo atrajo a una entrevista en Toro, donde el prócer y los caballeros que le acompañaban fueron apuñalados en el propio palacio del rey. Don Alfonso se apoderó de todas las villas y castillos de su pariente y Garcilaso de la Vega obligó a doña María de Aragón a ceder el señorío de Vizcaya.

Lo que realmente hace que Alfonso XI aparezca ante la Historia como un gran rey es su doble esfuerzo para restablecer la anulada autoridad real y al mismo tiempo continuar vigorosamente la Reconquista. En una primera campaña, en la primavera de 1327, conquistó Olvera, la torre de Alhaquín y Ayamonte. Fue al regreso de esta guerra cuando pacta sus bodas con doña María, hija de Alfonso IV de Portugal, rompiendo su compromiso con doña Constanza Manuel, cuyo padre encontró en el desaire ocasión justificada para hacer la guerra al rey bajo los auspicios del rey de Aragón.

Alfonso tuvo que acudir al mismo tiempo a sofocar la revuelta de varias ciudades del reino de León (Zamora, Toro, Benavente y Valladolid), indignadas por las demasías del privado del rey, Alvar Núñez de Osorio, conde de Trastámara. El rey se vio obligado a destituir al valido y, ante su actitud rebelde, a darle muerte. También ante las quejas de los pueblos destituyó e hizo decapitar al judío Yuzaf de Écija, su tesorero. En paz con Aragón, cuyo rey Alfonso IV casa con Leonor, hermana de Alfonso XI, y sometido don Juan Manuel (1329), el rey de Castilla pudo emprender una segunda campaña, en la cual caen en su poder Teba, Ardales, Cañete y Priego (1330). El rey aceptó la tregua que le proponía el granadino y permaneció en Sevilla hasta la primavera de 1331.

Parece que fue en esta campaña cuando el rey, ya con veinte años, conoció para su desventura a la mujer que había de presidir sus destinos. Es ciertamente notable esta tendencia de los príncipes de la casa de Borgoña en Castilla y Portugal a entregarse al amor de una mujer, en cuya fidelidad perseveraron toda la vida. Para desgracia suya y del reino, este amor no se concentraba en la esposa legítima, sino en una dama de claro linaje y de altas dotes físicas e intelectuales, libremente elegida por el rey.

La mujer que supo mantener esclavizada la pasión de Alfonso XI durante toda su vida fue doña Leonor de Guzmán, hija de Pedro de Núñez de Guzmán y de doña Beatriz Ponce de León, viuda desde los diecinueve años de Juan de Velasco. Era doña Leonor una mujer muy apuesta y fina que había en el reino. Comenzaron a afluir los bastardos, a los cuales el rey dotaba ampliamente y ponía casa, como si de infantes se tratase. Esto produjo la exaltación de los parientes de la favorita y la hostilidad del rey de Portugal, padre de la reina postergada.

Estas circunstancias dificultarán la Reconquista, al obligar al rey a distraer su atención en la constante guerra interior. Sin embargo, su valor personal y su dureza, que llegaba con frecuencia a la crueldad, le habían dado un extraordinario prestigio. En 1331 se sometió definitivamente don Alfonso de la Cerda.

De las más bellas páginas de la historia medieval de España son aquellas en que la crónica relata las ceremonias de la coronación de Alfonso XI y de María de Portugal en el fausto románico y mudéjar del monasterio de Las Huelgas de Burgos y la investidura de varios jóvenes caballeros. Se advierte el deseo del rey de engrandecer a hidalgos e infanzones pobres para formar una nueva clase social que le ayudara a enfrentarse con las grandes familias históricas. Aun cuando la actividad y la energía del monarca fuesen infatigables, le era difícil atender a dos tareas contrapuestas. En este mismo año fue elegido señor de Álava por gestiones de los Ayalas, una de las familias que más había protegido.

En 1333, Abdemelic, hijo del sultán de Marruecos Abul Hasán, puso sitio a Gibraltar. No pudo acudir el rey a tiempo y el africano con ayuda del rey de Granada se apoderó de la plaza que, a lo que parece, fue mal defendida. Una vez más, las guerras entre moros vinieron a restablecer la supremacía de los cristianos. Mohamed de Granada fue asesinado por los marroquíes y su sucesor Yusuf se apresuró a obtener, mediante un fastuoso presente, las treguas con Castilla.

El rey, que con razón atribuía a los grandes señores su fracaso ante los muros de Gibraltar, quiso castigar, apenas firmada la tregua con Granada, a don Juan Núñez de Lara y a don Juan Manuel, que ya se titulaba príncipe de Villena. Don Juan era hijo de don Fernando de la Cerda. De su madre había recibido la gran herencia de la casa de Lara y por su esposa doña María, hija de don Juan el Tuerto, de la casa de Haro, que llevaba consigo el señorío de Vizcaya. Una campaña vigorosa obligó a rendirse a don Juan Núñez de Lara. En 1334, don Juan Manuel había vuelto a la gracia del rey.

La herencia de Jaime II el Justo en el reino de Aragón y la subida al trono de Alfonso IV el Benigno

El 3 de noviembre de 1327, la muerte cortaba la larga y gloriosa carrera del rey Jaime II de Aragón. Este gran monarca había heredado el interés de los reyes de la casa de Barcelona hacia los asuntos de Castilla con un claro concepto de la solidaridad peninsular que la actitud de Granada y la amenaza africana hacían necesario. Su hijo y sucesor al trono, Alfonso IV intensifica esta tendencia, que se acentúa al contraer segundas nupcias con doña Leonor de Castilla, hermana de Alfonso XI (1329). Una vez más se manifiesta la propensión de los reyes peninsulares de este tiempo a aceptar una excesiva intervención femenil, aun cuando en este caso fuese, por excepción, la mujer legítima la captadora de la voluntad real.

Tuvo Alfonso IV el intento de cooperar con su cuñado en la guerra de Granada, pero se lo impidieron las interminables rebeliones que habían en la isla de Cerdeña, la más áspera de las conquistas de Aragón, en la cual las grandes familias feudales de los Oria y Malaspina mantenían el espíritu de revuelta alentados por la señoría de Génova, rival constante de Cataluña. La guerra con Génova continuó por algunos años con varia fortuna, pero tuvo como resultado favorable el que se afianzase el poderío naval de la monarquía catalano-aragonesa, cada vez más entregada a la política mediterránea. Sin embargo, el rey de Aragón hubo de atender a la frontera granadina, pues Mohamed IV de Granada, en paz con Castilla, ataca Guardamar (1331), en connivencia con los moros, mal sometidos, de Elche, Crevillente, Novelda y del valle de Ricote. Los granadinos tuvieron que levantar el sitio de Elche (1332) y en 1335 firmaban paces con Aragón.

Lo más característico de este reinado es el conflicto entre el rey y sus reinos a causa de las exigencias de Leonor de Castilla, que para heredar magníficamente a su hijo el infante don Fernando consiguió que Alfonso IV vulnerase el estatuto de Daroca (1328), por el cual el rey se había comprometido a no enajenar por un espacio de diez años villas, feudos ni rentas pertenecientes a la corona.

La aguda sensibilidad aragonesa contra cualquier contrafuero reaccionó con extremada violencia.

Cuentan que tal proposición no fue bien acogida por la reina castellana, la cual adujo que su hermano el rey de Castilla no toleraría semejante altivez en un vasallo, a lo cual el rey contestó: «Reina, nuestro pueblo es más libre que el de Castilla».

Cierto era que el verdadero pueblo –no la burguesía ciudadana– era en Aragón y en Cataluña de condición harto inferior al de Castilla y esto precisamente por la debilidad de la monarquía, única defensora en aquel tiempo de los últimos estamentos sociales.

La monarquía navarra y sus dinastías francesas. Los reinados de Juana I, Luis y Juana II

Si bien en Castilla-León y en Portugal reinaba desde el siglo XII la casa de Borgoña, ya del todo españolizada, identificada con los reinos y olvidada de su origen, Navarra tuvo, por trágico destino, dinastías francesas, más interesadas en los asuntos de Francia que en los peninsulares y que se sucedieron con tal rapidez que no tuvieron tiempo de nacionalizarse ni de arraigar en el país, cuyo gobierno por diversos caminos se les entregaba. Fueron precisas la robusta constitución del reino y su recia solera hispánica para que Navarra conservara intactas su autonomía política y su poderosa personalidad histórica.

Ninguna época tan funesta para el reino pirenaico como la que va de 1284 –en que la heredera, JUANA I de Champagne, hija de Enrique I, casa con el heredero de Francia, que había de ser en aquel país Felipe IV el Hermoso– a 1328, en que Navarra vuelve a tener una dinastía privativa. Entregada a la política francesa, Navarra ayuda a Felipe III de Francia en su injusta invasión de Cataluña en contra de Pedro III de Aragón y sostiene contra Castilla la causa de don Alfonso de la Cerda. Muerta doña Juana I (1305), los navarros consiguen que su hijo LUIS, llamado Hutin (el Pendenciero), acuda a coronarse a Pamplona (1307). Durante su breve estancia en la península, el nuevo rey perseveró en la política antiaragonesa.

Pronto sentiría la llamada de Francia, que estos príncipes preferían siempre a la áspera Navarra, y volvió a su país nativo, dejando como lugartenientes a Chadenay y de Visac, que tenían a su lado como consejeros a Esteban Borret, deán de Poitiers, a Reol Rofelet, canónigo de París, y a Pedro Condé, canónigo de Lyon, con enorme desprecio de los estamentos navarros que no estaban representados por un solo hombre en el gobierno.

Cuando muere Luis Hutin (1315) y una semana después su hijo Juan «el de los pocos días», los reyes de Francia Felipe V y Carlos IV gobiernan Navarra como usurpadores, pues el rey Luis dejaba una hija, Juana, la cual no podía heredar la corona de Francia, donde regía la llamada ley sálica, de exclusión de las mujeres, pero que era la heredera legítima de Navarra, donde se seguía la tradición peninsular que permitía a las mujeres la accesión al trono. Tras la muerte de Carlos, las Cortes generales de Pamplona proclamaron a doña JUANA II, casada con Felipe, conde de Evreux, hijo de Luis, hermano de Felipe IV el Hermoso (1328). FELIPE III de Evreux, llamado el Noble, tuvo el acierto de consagrar a la política peninsular una atención especial, cuyo resultado fue unir el país a su dinastía.

Nuevos enfrentamientos con los musulmanes y la actuación de los soberanos hispanos

Esta España largo tiempo atomizada y debilitada por contiendas que eran siempre guerras civiles, donde los magnates de un reino encontraban siempre apoyo en el reino vecino para combatir a su propio rey, tenía que enfrentarse una vez más con el África fanatizada, unida y compacta. De nuevo había surgido en Marruecos un movimiento político y religioso capaz de encender el fanatismo de los musulmanes, creando en el norte de África un imperio dotado de extraordinario poder expansivo. En 1216, una de sus tribus, los benimerines, derrotan a otra, a los almohades, en Fez. En 1224, la dinastía almohade desaparece y es sustituida por la de los emperadores merinidas. El derrumbamiento del Imperio almohade y la formación de nuevas taifas había hecho posible el que los grandes reyes peninsulares, Fernando III y Alfonso X de Castilla y Jaime I de Aragón, sacasen partido al triunfo cristiano de las Navas y llevasen a cabo la gran Reconquista.

Perdido completamente el miedo a los musulmanes y divididos los cristianos, el reino de Granada se consolida mediante la astucia del fundador, Mohamed Alahmar. En tiempo del segundo sultán de la dinastía, Mohamed II, Granada, amenazada por Castilla y por Aragón, llama por primera vez en su auxilio a los benimerines de África. Esto da una inmensa fuerza al pequeño reino granadino, que, dueño de los puertos del estrecho, se encuentra en condiciones de abrir la entrada a los africanos siempre que la presión cristiana es demasiado intensa.

Los reyes de Castilla –Sancho IV, Fernando IV y Alfonso XI–, buscando el apoyo de Aragón –cuyos reyes frecuentemente se aliaban con Granada–, tuvieron que dedicar una atención especial a la política del estrecho, eje de estos tres reinados, mal servidos por los grandes señores, que no vacilaron en aliarse, cuando les convino, con granadinos y africanos. Solamente Alonso Pérez de Guzmán tuvo altura de miras suficiente para percatarse de lo que importaba a la cristiandad la conservación de las plazas del estrecho.

Hubo un momento en que al rey de Granada, Yusuf I no le fue posible mantener la política ambigua de la que tanto provecho habían obtenido sus predecesores. Las guerras en la familia de los sultanes merinidas habían permitido a los reinos peninsulares algún respiro. A la muerte de Abn Said le sucedió su hijo Abulhasán (1331), que se encontró con fuerzas suficientes para renovar el viejo sueño de unificar al-Andalus bajo una dinastía africana.

Ante el peligro, surgió otra vez la solidaridad hispánica y los reyes cristianos dejaron, de momento, de lado sus querellas. Alfonso XI reveló en el momento de peligro sus excelsas cualidades. Él fue quien dio continuidad y unidad a la empresa y demostró una actividad inverosímil. La necesidad más inmediata y urgente era la de formar una escuadra importante con que cerrar a los africanos el estrecho. De hecho, la empresa fue bastante trabajosa y sujeta a muchos fracasos.

El rey de Castilla pactó con Pedro IV de Aragón el envío de una flota que se uniría a la castellana de Jofre Tenorio. En el otoño de 1339 llegaron al estrecho un total de doce galeras, pero la escuadra aliada no pudo impedir el constante paso de tropas africanas a los puertos granadinos.

El rey castellano recorrió en una campaña brillante las comarcas de Antequera, Ronda y Archidona, pero hubo de volver a Castilla, por la necesidad de pedir subsidios a las Cortes de Madrid, de proseguir las gestiones para concertar a los demás soberanos peninsulares y para obtener del papa Benedicto XII las indulgencias de cruzada. En ese momento de extremo peligro se realza la figura de una reina, doña María de Portugal, que, identificada por primera vez con los ideales de su marido, consigue la amistad de su padre el rey Alfonso IV. Durante la ausencia del rey, los caballeros fronterizos, tan expertos en la guerra, derrotaron y dieron muerte en una emboscada, cerca de Lebrija, al príncipe árabe Abdemelic.

Sin embargo, en el mar la fortuna era adversa a los cristianos. La escuadra castellana fue deshecha por una tempestad. El almirante Jofre Tenorio murió en una tremenda derrota delante de Gibraltar. Todavía en estos momentos decisivos tuvo Alfonso XI que someter la rebeldía del maestre de Alcántara Gonzalo Martínez de Oviedo, que, indignado por las arbitrariedades con que el rey protegía a los parientes de doña Leonor de Guzmán, ofrecía vasallaje por los castillos de la Orden al rey de Portugal. La reina doña María consiguió de su padre el envío de naves portuguesas al estrecho y Alfonso XI pudo lograr que el dux de Génova Simón Boccanegra enviase quince galeras al mando de Egidio, su hermano.

Tan continuos infortunios en el mar habían hecho posible el que un inmenso ejército africano sitiase la plaza de Tarifa y el rey Alfonso expresó su voluntad de que la heroica fortaleza fuera a toda costa socorrida. El mismo rey de Castilla pasó a Jurumenia, en el Alentejo, para verse con su suegro el rey de Portugal. Su intervención fue tan eficaz que el monarca portugués, rodeado de los principales caballeros de su reino, se presentó en Sevilla. Unidos en hermandad ejemplar, portugueses y castellanos se situaron el 29 de octubre cerca de Tarifa, en la Peña del Ciervo.

Como los sultanes de Marruecos y de Granada habían dividido sus haces, convinieron los reyes cristianos que el de Castilla atacaría al africano y el de Portugal al granadino. Con hábil estrategia, conocedor del fallo de los innumerables ejércitos musulmanes, Alfonso XI dispuso un desembarco de los marinos coincidiendo con una salida de los sitiados de Tarifa. Separaba a cristianos y musulmanes el río Salado. La batalla se dio el 30 de octubre y fue una gran victoria cristiana, semejante a la de las Navas de Tolosa, gracias a la decisión del rey de Castilla, que puso incluso a riesgo su propia vida, hasta el punto de que el arzobispo de Toledo, don Gil de Albornoz, hubo de moderar sus ímpetus, como su antecesor don Rodrigo Jiménez de Rada había hecho con Alfonso VIII en ocasión semejante. Decidió el triunfo la salida oportuna de la guarnición de Tarifa. El rey de Portugal y sus caballeros cumplieron con valor y pericia la empresa que habían tomado a su cargo.

Dejando aparte posibles exageraciones de los cronistas, lo cierto es que de las mismas fuentes musulmanas se deduce que la batalla del Salado fue para marroquíes y granadinos una de esas inmensas derrotas en las cuales el ejército vencido, embarazado por su propia multitud y perdida toda moral, se deja acuchillar impunemente por el vencedor. El botín fue prodigioso en cantidad y calidad. De la misma manera, siglos más adelante el botín de Pizarro en el Perú vendría a cambiar la economía europea.

Fue notada la elegancia del rey de Portugal, el cual, como su yerno le rogara tomase del botín la parte que le correspondía, se contentó con algunas sillas, espadas y espuelas de maravillosa labor morisca. El rey envió a Avignon a Juan Martínez de Leiva, que llevaba en presente para Benedicto XII los más bellos caballos árabes con las armas pendientes del arzón, presididos por el caballo del rey de Castilla con su caparazón de acero. Un escudero gallego, Rodrigo Eanes, dejó en el *Poema de Alfonso Onceno*, pieza capital de la literatura castellana del siglo XIV, el canto épico de la batalla.

Alfonso XI, admirable en su perseverancia, quiso aprovechar la victoria para resolver definitivamente la cuestión del estrecho y puso sitio a Algeciras (agosto de 1342) aprovechando la llegada de la escuadra genovesa, pagada con el botín del Salado y que se unió a las galeras catalanas, portuguesas y castellanas.

Al sitio de Algeciras vinieron príncipes de toda España, pues la victoria del Salado había dado fama al rey de Castilla y los mejores caballeros estimaban como un honor el hacer armas bajo sus banderas. Acudieron Enrique de Lancaster, conde de Derby; el conde de Salisbury y Gastón de Bearn, conde de Foix, pero más significativa fue la presencia de Felipe de Evreux, esposo de Juana II, reina de Navarra, con cien caballeros y trescientos infantes, que evidenciaba la voluntad de la nueva dinastía de reintegrar el reino pirenaico al concierto peninsular. El asedio se prolongó veinte meses y durante él murió de enfermedad Felipe.

El rey de Castilla obtuvo sobre benimerines y granadinos, que pretendían obligarle a levantar el cerco, una victoria decisiva en el río Palmones (noviembre de 1343). El 25 de marzo de 1344 se firmó un tratado con Marruecos y Granada en virtud del cual el africano renunciaba —ya definitivamente—, a sus sueños de intervenir en la península y el granadino reiteraba el pago del obligado tributo. El 26 las tropas cristianas entraban en Algeciras.

Dignas de admirar fueron la tenacidad y la visión política de Alfonso, que quiso aprovechar la guerra civil que fue en África la obligada secuela de la derrota, para cerrar definitivamente las puertas del estrecho, y así, con el ejército fatigado y con el erario en bancarrota por la larga campaña, puso sitio a Gibraltar (1349). La fortuna de Alfonso se quebró en esta empresa con la llegada al campamento de la terrible peste, de origen oriental, que asoló toda Europa. Atacó al rey castellano, que se negó a levantar el asedio y a huir de la pestilencia, y murió en el campamento el 26 de marzo de 1350.

Hombre excepcional en sus virtudes y en sus errores, Alfonso XI fue el último de los reyes de Castilla capaz de concebir grandes empresas. Fue el último rey-caudillo y al servicio de la defensa de España puso condiciones admirables de valor personal, de constancia, de talento militar y de habilidad diplomática. Al mismo tiempo, tuvo que enfrentarse a los grandes señores, que con su ciega codicia y su feroz egoísmo hacían imposible toda empresa grande, y en esta lucha mostró, juntamente con una energía indomable, crueldad, doblez y mala fe, que se revelan en el caso frecuente de pasar a cuchillo a los que se rendían fiados en la palabra real. Su amor desatinado y sin freno a doña Leonor de Guzmán le hizo muchas veces poner en peligro al reino y dio la razón a sus enemigos.

En contra de los grandes señores buscó amparo en las ciudades y reunió Cortes con frecuencia. Fueron famosas las Cortes de Alcalá, a las cuales concurrieron diecisiete ciudades, porque en ellas se redactó el código jurídico llamado *Ordenamiento de Alcalá*, en el que se daba vigencia supletoria a las *Siete Partidas* del Rey Sabio.

Protegió el rey a la caballería ciudadana, a la cual entregó el gobierno de las ciudades, y buscó en esta clase sus principales auxiliares en la política y en la guerra. Destruyó la influencia de las casas señoriales de origen real, pero en su descendencia bastarda dejó otra generación de «grandes parientes», que había de anular a su propia dinastía legítima.

La muerte de Alfonso XI representa un gran cambio y abre una nueva época, ciertamente no afortunada, en la política peninsular. Las excelsas cualidades del rey habían contenido por algunos años las fuerzas de la dispersión anárquica, que, como siempre, resurgían con violencia incontenible. Con el rey morían los grandes ideales capaces de unir en una empresa colectiva a la monarquía, nobleza y pueblo. Se da además en la península un fenómeno singular: la presencia en cada uno de los reinos cristianos de la generación que vamos a llamar de los «reyes crueles»: Pedro el Cruel, de Castilla, Pedro de Portugal, Pedro el Ceremonioso, de Aragón.

Los enlaces matrimoniales, tan reiterados entre las tres casas reinantes, hacían que, en realidad, una sola familia gobernase la península. Los reyes de Castilla y de Portugal eran primos hermanos, hijos de primos hermanos y parientes muy próximos a los de Castilla y Aragón. La consanguinidad había exaltado hasta la esquizofrenia las cualidades de los antecesores, que, obligados a reinar entre peligros y conjuras, tuvieron que ser con frecuencia cautelosos o violentos. La falta de ideales colectivos y aun la ausencia de un peligro exterior, después de la victoria del Salado, fomentan las ambiciones personales y agudiza los conflictos.

Hay además un curioso fenómeno social. Quizá por la decadencia de Europa, dividida por el cisma de Occidente y por la que se llamó guerra de los Cien Años, la península en la segunda mitad del siglo se reconcentra en sí misma y hay en el arte y en las costumbres una regresión de la cristiandad, que se traduce en un triunfo de lo musulmán. Es la época en que el mudejarismo alcanza su máximo esplendor y las construcciones de Pedro I en Toledo y en Sevilla no son sino una modalidad, adaptada a las circunstancias, del arte islámico. Sin este retorno a lo musulmán no sería posible explicar muchos caracteres y muchos sucesos de la historia peninsular en este tiempo.

La subida al trono de un nuevo rey castellano: Pedro I el Cruel

Al morir Alfonso XI en el campamento ante Gibraltar, se derrumbaba un equipo gobernante, dueño absoluto de Castilla, que no tenía otra base que la desatentada pasión del rey por la favorita, y ascendían a un primer lugar la reina legítima y su único hijo, el infante don Pedro, que contaba entonces dieciséis años. La unión ilícita de Alfonso XI con doña Leonor fue muy fecunda y el rey había procurado cuantiosos bienes a todos sus bastardos. De ellos, algunos murieron niños. Los que sobrevivieron fueron los gemelos don Fabrique y don Enrique, nacidos en Sevilla hacia 1333; don Tello, señor de Aguilar; don Sancho, conde de Alburquerque; don Juan, señor de Jerez y de Badajoz; don Pedro, y una fémina, doña Juana.

Estatua orante de Pedro I el Cruel.

Terribles fueron para la favorita y para los bastardos los funerales del rey. Cuando el cortejo fúnebre iba camino de Sevilla, la que había sido señora de Castilla pudo darse cuenta del abismo que se abría ante sus pies. Al pasar por Medina Sidonia, don Alonso Fernández Coronel, que tenía por ella la villa, le rogó que le alzase el homenaje. Se apartaron de la dama sus hijos y parientes y ella sola siguió al cadáver hasta Sevilla, fiada en el seguro que le había dado don Juan Núñez de Lara. Pero, a pesar de este seguro, apenas llegó el cortejo a la ciudad, don Juan Alfonso de Alburquerque, ayo del nuevo rey, la hizo prender en la cárcel de palacio.

Es difícil resumir en pocas páginas un reinado que es la gran tragedia de la Edad Media española, con insólita riqueza de personalidades sugestivas y de grandes caracteres. Además, este largo y densísimo período está iluminado por la más bella prosa castellana que se escribió en el siglo XIV, la del cronista Pedro López de Ayala, que con sensibilidad de artista hace resaltar el contraste de las diversas personalidades y las situaciones dramáticas. Por eso, no es de extrañar que el reinado de PEDRO I EL CRUEL haya sido riquísimo venero de asuntos para la novela y el teatro. El drama, en sus líneas principales, se diseña ya en los primeros años del reinado.

Doña Leonor de Guzmán no se daba cuenta de la hondura de su caída y, acostumbrada a mandar, quería seguir influyendo en la corte desde su cárcel de Sevilla, y concertó y realizó apresuradamente la boda de su hijo Enrique, conde de Trastámara, con doña Juana Manuel, riquísima heredera de don Juan Manuel, el de Villena. La reina doña María, que proyectaba casar a la dama con su sobrino el infante don Fernando o con su propio hijo Pedro, sintió el agravio, tanto más por venir de donde venía. Doña Leonor fue de castillo en castillo hasta dar en el alcázar de Talavera de la Reina, donde fue muerta por orden de su rival (1351).

Los bandos entre la nobleza se definen con motivo de una grave enfermedad del joven rey, que plantea la cuestión sucesoria. El que había sido ayo del rey, el portugués don Juan Alfonso de Alburquerque, se inclinaba hacia el infante don Fernando de Aragón y, en discrepancia con esta solución, don Alonso Fernández Coronel y Garcilaso de la Vega preferían resucitar los derechos de los de La Cerda en la persona de su descendiente don Juan Núñez de Lara. Restablecido el rey, la camarilla de la reina María pensó en casarle en Francia y concertó su desposorios con Blanca, hija de Pedro, duque de Borbón.

Como en tiempo de Sancho IV y de Alfonso XI, la cuestión nobiliaria se plantea cuando los grandes señores hubieron de dolerse de la desmesurada preferencia del rey hacia su valido, que fue en este caso don Juan Alfonso de Alburquerque. Ya comienzan a manifestarse entonces como jefes de facción, los hermanos bastardos del rey, sagaces, valientes y ricamente heredados.

Figuraban entre los principales descontentos dos caballeros: Garcilaso de la Vega y don Alonso Fernández Coronel. El rey, influido por Alburquerque, hizo dar a Garcilaso terrible muerte. Sitiaba a don Alonso en su castillo de Aguilar, cuando tuvo noticias de que su hermano don Enrique se hacía fuerte en Asturias.

Acudió al norte y sometió al hermano, con el cual se portó generosamente, pues en sus primeros años don Pedro demostró cierta afección por la descendencia bastarda de su padre. De regreso a Andalucía, el rey apretó el cerco al castillo de Aguilar.

En su correría a Asturias, don Juan Alfonso le hizo conocer, sin duda como medio de asegurar un valimiento que el carácter del rey hacía siempre muy precario, una doncella excepcional por su belleza, su gracia y su ingenio: doña María de Padilla, hija de Diego García de Padilla, señor de Vallegera, y de doña María de Hinestrosa; de pequeña estatura y bellísimas facciones, su bondadoso corazón es ponderado por el severo cronista del reinado. El rey tuvo hacia ella la misma devoción constante y la misma ternura –aun cuando no la misma fidelidad–, que su padre hacia Leonor de Guzmán y su bisabuelo hacia doña María de Molina. Hubiera sido gran acierto casarla con el rey, pues las hijas de los grandes señores tenían entonces acceso al trono, pero la bajísima moral de este tiempo, cristiano sólo de nombre, prefirió que doña María quedase en situación de favorita, al margen de una reina legítima cuya sola misión fuese dar hijos al rey e impedir el engrandecimiento excesivo de una familia castellana.

Este desmesurado engrandecimiento advino, no obstante, y Padillas e Hinestrosas tomaron el primer lugar en la corte y en el gobierno del reino, y más cuando doña María dio al rey su primera hija, doña Beatriz. Entre tanto, llegaba a las fronteras la comitiva de Blanca de Borbón, desposada con el rey. Don Juan Alfonso de Alburquerque, celoso ya hasta el extremo de la influencia de los Padillas, gastó los últimos vestigios de su influencia sobre el que había sido su pupilo para que las bodas se celebrasen, y así tuvieron efecto, con todo el fausto de una corte en la cual las galas caballerescas del centro de Europa se unían con las del Oriente, en Valladolid el 3 de junio de 1353. A los dos días, el rey abandonaba a la esposa y en rápida cabalgada se reunía con la Padilla en el castillo de Montalbán. El escándalo en el reino fue tan grande que los mismos Padillas instaron a don Pedro a que se reuniese con la reina, pero al poco tiempo huyó de nuevo para no volver a verla jamás.

La indignación de todos estalló ya entonces con inaudita violencia. Toledo, cuyo alcázar se había dado como prisión a la reina, se sublevó en su favor y se declararon de su partido las reinas viudas de Castilla y de Aragón, los infantes aragoneses, los bastardos reales y los principales entre los grandes señores de Castilla. En Medina del Campo se congregaron hasta siete mil caballeros y se convino en que sus representantes se avistarían con el rey en Toro. En esta ciudad, Pedro I estuvo realmente cautivo de los conjurados, que se repartían los cargos del reino, pero el monarca demostró en esta ocasión cualidades de energía, de valor y de astucia que le hacían muy superior a sus enemigos, ambiciosos y venales.

Supo huir hacia Segovia y luego a Toledo, y al poco tiempo era dueño absoluto de la situación y envilecía su dominio con horrendas venganzas. La prisión de doña Blanca se hizo cada vez más dura y terminó años después en Medina Sidonia, donde un ballestero le dio muerte por orden del rey (1361). Los vencidos supervivientes tuvieron que someterse a la merced del rey o dispersarse. La reina viuda, doña María de Portugal, hubo de retornar a su patria, adonde la siguió su mala fortuna, y don Enrique de Trastámara obtuvo un salvoconducto para desterrarse a Francia.

Pedro IV el Ceremonioso, rey de Aragón, y sus continuos enfrentamientos con Pedro I de Castilla

Una de las desventuras más destacadas de este período fue la constante guerra entre las dos confederaciones peninsulares agrupadas bajo el signo de Castilla y de Aragón. Era desde 1336 rey de Aragón PEDRO IV, que había cooperado con Alfonso XI, si bien de manera indecisa, en la defensa del estrecho. Tenía solamente de común con su contemporáneo la ausencia de escrúpulos morales y la crueldad y, como él, se dejó dominar, si bien más tardíamente, por una mujer, pero le superaba enormemente en inteligencia, en visión política y en constancia. Contra este rey, ya en edad madura, cauteloso, fue a chocar el joven rey de Castilla, que sólo le aventajaba en arrojo y en valor personal.

Los motivos de fricción entre ambos soberanos eran frecuentes, sobre todo por la presencia en la corte de Castilla de la reina viuda de Aragón y de sus hijos los infantes don Fernando y don Juan, a quienes Pedro IV perseguía con un odio tenaz. La presa de unas naves placentinas por las galeras de Cataluña delante del rey de Castilla, que se divertía en Sanlúcar presenciando la pesca por medio de las almadrabas, fue la causa inmediata del conflicto (1356).

No hemos de reseñar detenidamente los largos y enojosos incidentes de esta guerra, en la que dio pruebas Pedro I de decisión y de valor personal. Las tropas castellanas atacaron la frontera valenciana por la parte de Murcia y la aragonesa por Molina. Los aragoneses se apoderaron de Alicante, pero la avalancha castellana cubrió Tarazona y puso a Zaragoza en gravísimo riesgo. La intervención del papa de Avignon, Inocencio VI, consiguió una tregua (15 de marzo de 1357), que fue rota a los pocos meses. Fueron estas treguas sangrientas en Castilla, pues el rey que ocupaba el trono aprovechó la relativa calma para saciar viejas venganzas y castigar recientes agravios.

Muy pocas veces se han puesto tan descaradamente al servicio de la sed de sangre de un príncipe loco el perjurio, la mala fe y la traición. Con engaños hizo morir a don Juan de la Cerda, cuya esposa, la heroica doña María Coronel, había tenido la desventura de agradarle; a su hermano don Fabrique, maestre de Santiago, cuya muerte en el alcázar de Sevilla dio motivo al cronista Ayala para escribir la más bella página de prosa española del siglo XIV, y en terribles circunstancias, a su primo el infante don Juan de Aragón, que pretendía el señorío de Vizcaya. Lo ciertamente admirable es que hubiese todavía quien acudiese a palacio fiado de la palabra real, pero en aquella generación valiente y desesperada la codicia superaba al amor a la vida.

Tuvo esta guerra de Aragón gravísimas consecuencias en los destinos de España. Pedro IV llamó en su ayuda al conde don Enrique de Trastámara, que, convertido en caballero aventurero, servía con algunos castellanos al rey de Francia en la guerra con Inglaterra. Después de la derrota de Poitiers, en que fue preso el rey Juan, el bastardo estaba inactivo y acudió al llamamiento que se le hacía.

Don Enrique, en contacto con el gran conflicto de su tiempo, en relación con Francia y con el rey de Aragón, se convirtió en la cabeza de la oposición contra Pedro I. Era hombre de grandes dotes personales, de clara inteligencia, tenaz en sus propósitos en tiempo tan propicio a veleidades, gallardo y valiente, generoso y no sanguinario. La intervención en la guerra aragonesa venía a darle fuerza y prestigio. En los bandos rivales se van delimitando además alianzas que habrán de alcanzar amplia trascendencia. Europa estaba repartida en la lucha entre Francia e Inglaterra. El rey de Castilla tomó el partido del rey inglés, en tanto el de Aragón, acaso influido por su auxiliar el de Trastámara, se inclinaba a la causa francesa.

La guerra se reanudó en la primavera de 1359 y el rey de Castilla, con su acostumbrado coraje, se apoderó de Guardamar y dominó por algún tiempo con sus galeras el Medi-

Pedro IV el Ceremonioso. Jaume Cascalls.
Catedral de Gerona.

terráneo occidental. En tanto, las tropas aragonesas llegaban hasta los muros de Medinaceli y el conde don Enrique derrotaba en la batalla de Araviana a don Juan Fernández de Hinestrosa (septiembre de 1359). A consecuencia de la derrota de Araviana corrió por Castilla una nueva oleada de sangre y fueron degollados en su prisión de Medina Sidonia don Juan y don Pedro, los más jóvenes de los hijos de Alfonso XI y doña Leonor de Guzmán.

Don Enrique llegaba hasta Pancorvo, pero el rey, con su energía y su actividad innegables, le contenía en los campos de Nájera (abril de 1360), funestos para el bastardo. Una vez más la intervención del papa, que temía que la guerra provocase la intervención del sultán de Granada, ya en tratos con Aragón, consiguió la paz (Terrer, 13 de mayor de 1361), por la cual se devolvían ambos reyes sus conquistas. Don Enrique de Trastámara hubo de retornar en Francia a su vida de soldado de fortuna a las órdenes del mariscal Arnaldo de Andrehem.

Mientras tanto, moría en Sevilla en julio del mismo año doña María de Padilla, que ocupaba en la corte el lugar de reina y a quien el rey amó de la única manera que en su egoísmo de perturbado podía amar. Fue en este amor, a su manera, constante, si bien esta devoción no le impidió, antes y después de su muerte, pretender a muchas mujeres, acudiendo para conseguirlas a toda clase de expedientes.

Sin embargo, mostró un gran dolor a la muerte de la única mujer que fue en su vida algo más que el capricho de un momento, y en las Cortes de Sevilla de 1362 declaró que su primera y única esposa había sido doña María. Encontró testigos de alta calidad que juraron ser cierto y el arzobispo de Toledo dio por buenas las razones del rey. Las Cortes reconocieron por reina a doña María y por legítimos a sus hijos.

Por una sola vez, después de la paz con Aragón, don Pedro sintió la llamada del ideal de la Reconquista, que había alentado a su padre y a sus abuelos, pero acudió a esta llamada con la inconstancia y con las vesánicas reacciones propias de un anormal. La ocasión era propicia, pues, por fortuna para Castilla, parecía como si el viento de locura que conmovía a toda la España cristiana flagelase también el rincón de la península que permanecía adicto a la ley del Islam. Mohamed V el Viejo (1354-1391), gran amigo de don Pedro, había sido destronado por una conjura palatina que entroniza a su hermano Ismail II, pero al año siguiente su primo Abuabdalá Mohamed VI, su auxiliar en la revuelta, se apodera de este último y le da muerte (1360). Es este usurpador al que llaman las crónicas Rey Bermejo. Mohamed V se une a don Pedro de Castilla y juntos devastan la vega de Granada y derrotan a Mohamed VI entre Pinos y Atarfe.

Todavía el usurpador tuvo una reacción victoriosa, en la cual hizo prisionero al maestre de Calatrava. Viéndose, sin embargo, perdido, el Rey Bermejo tomó la determinación de entregarse en Sevilla a don Pedro, creyendo ganárselo con la donación de un fabuloso tesoro, pero don Pedro, dominado por sus demonios familiares de la codicia y de la venganza, le prendió alevosamente y le dio muerte el año de 1362. Mohamed V fue restaurado en el trono de Granada.

La guerra con Aragón, interrumpida durante un tiempo, de nuevo se reanuda con mayor violencia en 1362, y en sus comienzos la impetuosidad del rey de Castilla conseguirá grandes ventajas. Las tropas castellanas conquistan Calatayud, Tarazona, Borja, Mallén y Añón, y el campamento del rey se sitúa enfrente de Valencia, pero gracias a la intervención de un caballero catalán llamado Bernardo de Cabrera, se consigue la paz de Murviedro (1363). Quizás gracias a un acuerdo secreto entre ambos reyes, el infante don Fernando de Aragón, primo del de Castilla, fue muerto por orden de su hermano Pedro el Ceremonioso.

Pedro IV no pretendía sino prepararse mejor para seguir la guerra con ventaja, y el 25 de septiembre de este mismo año, 1363, ajustó un acuerdo con Enrique de Trastámara, el cual llegó a ofrecerle, en caso de triunfo, el reino de Murcia. En la confederación contra el rey de Castilla entraban –junto con el de Aragón–, el de Francia, vengador de Blanca de Borbón, y el de Navarra, que mantenía viejas reivindicaciones territoriales sobre Castilla.

Sin duda, tenía Pedro I el Cruel grandes cualidades militares. De hecho, se apoderó en una rápida campaña de Alicante, Elche, Denia y Gandía y puso sitio a Valencia, su constante objetivo. Abandonó pronto el asedio e intentó una aventura marítima, fracasada por una tempestad. En 1365, el rey de Castilla se apoderó de Orihuela y el de Aragón recobraba Sagunto.

En este punto, la guerra va a adquirir la grandeza de una gran tragedia que debía ser el desenlace del dramático reinado. El conde de Trastámara había tenido el acierto de contratar a su servicio a las bandas internacionales de aventureros que ayudaron al rey de Francia y que con la paz quedaron sin empleo, reducidas a vivir sobre el país. Se llamó a esta gente sin escrúpulos «las grandes compañías» o las «compañías blancas», porque, profesionales de la guerra, se armaban con un nuevo sistema defensivo de las armaduras de acero bruñido. Al frente de ellos se encontraba Bertrand Duguesclin, el cual, de acuerdo con el rey de Francia, intentó el doble objetivo de libertar del continuo saqueo de aquellos hombres desesperados el suelo de Francia y conducir sobre España aquella nube de hierro para que fuese la vengadora de Blanca de Borbón.

Estas «compañías blancas», que de camino habían saqueado Avignon, obligando al papa a pagar un gran rescate, pasaron el Pirineo con la idea de que iban en guerra de cruzada a combatir a los infieles, acaso porque en Europa se tuviese sobre Pedro I el concepto, no del todo equivocado, de que era más un sultán que un príncipe cristiano. En Calahorra se proclamó rey de Castilla el conde don Enrique (16 de marzo de 1366) y comenzó a utilizar lo que había de ser el gran recurso de todo su reinado: el crear intereses concediendo amplísimas mercedes.

De forma inesperada, don Pedro, se vio sobrecogido de una especie de asombro y estupor que le embargó el ánimo. Decidió abandonar Burgos, mientras que don Enrique entró sin lucha en la ciudad y se hizo coronar en el monasterio de Las Huelgas como rey de Castilla y León. Allí decidió establecer una corte, a la cual se unirían su esposa doña Juana Manuel y sus hijos Juan y Leonor. De ahí en adelante, el nuevo rey fue tomando posesión de Castilla. Sin lucha se rindió Toledo y a esta ciudad acudieron a prestar homenaje al nuevo rey los procuradores de Ávila, así como los de Segovia, Talavera, Madrid, Cuenca y de las principales ciudades de Castilla, que sin duda veían en el nuevo reinado una liberación. Sevilla se sublevó cuando llegaron a la ciudad estas nuevas y don Pedro hubo de embarcarse apresuradamente en sus galeras. Como el rey de Portugal, con quien estaba concertada una alianza, rompiera sus compromisos y el castillo de Alburquerque, en Extremadura, le cerrase sus puertas, el rey fugitivo hubo de pedir seguro al portugués para atravesar por sus tierras camino de Galicia.

En Santiago de Compostela hizo dar sacrílega muerte al arzobispo don Suero García y al deán. Luego, en La Coruña se embarcó con sus hijos y sus tesoros, buscando el amparo del príncipe de Gales, que gobernaba por su padre el rey de Inglaterra el ducado de Guyena, y quedaba el bastardo como único señor de Castilla y de León, salvo algunos focos de aislada lealtad. Poco tiempo después, la fortuna hacía que cayese en poder del almirante Gil Boccanegra la mayor parte del fabuloso tesoro acumulado por don Pedro.

Una guerra entre dos hermanos: la batalla de Montiel. El fin del reinado de Pedro I y el ascenso de Enrique de Trastámara

Desde entonces, como indica el historiador Antonio Ballesteros, la guerra dinástica se convertirá en una fase de la guerra de los Cien Años. Si Francia, tan ofendida con Pedro, estaba decididamente al lado del bastardo, a quien caballeros franceses habían situado en el trono, Inglaterra necesariamente tenía que apoyar y sostener la causa del rey depuesto. Además, agradaba al gran caballero que era Eduardo, llamado el Príncipe Negro, el constituirse en verdadero protector de un rey desvalido. Obtenido el consentimiento de su padre, Eduardo III de Inglaterra, el Príncipe Negro se confederó con don Pedro y con Carlos el Malo de Navarra para combatir a don Enrique.

Don Pedro, tan poco escrupuloso como su hermano, que había ofrecido Murcia a Pedro IV, prometía al príncipe de Gales, a cambio de ayuda, el señorío de Vizcaya, y al rey de Navarra, Guipúzcoa y la Rioja, viejas reivindicaciones de los reyes navarros. Sin embargo, a los pocos días Carlos el Malo se avino con don Enrique a cerrar el puerto de Roncesvalles a cambio de la entrega de Logroño, sin perjuicio de dejar paso franco a los ingleses cuando se presentaron ante el famoso desfiladero.

Aconsejaba el rey de Francia, Carlos V, a don Enrique que no debía dar batalla a un ejército acostumbrado a vencer y en el cual estaban los mejores caballeros de la cristiandad y que dejase que la falta de víveres y pagas motivasen su disolución, pero don Enrique comprendía que su trono precario sólo se sostenía a fuerza de valor personal y entró en la batalla con un arrojo que sorprendió al Príncipe Negro. La guerra se dio en el campo de Nájera y fue de las más famosas del siglo. La superior estrategia y disciplina de los veteranos de Crécy y de Poitiers y la flojedad de algunos contingentes de don Enrique dieron al Príncipe Negro una victoria decisiva (13 de abril de 1367). Cayeron prisioneros Bertrand Duguesclin así como el conde don Tello, don Alfonso de Aragón, marqués de Villena, los maestres de Santiago y de Calatrava y don Pedro López de Ayala, alférez de la Orden de la Banda. Don Enrique pudo huir cruzando por Aragón hasta las tierras del conde de Foix.

Poco le duró a don Pedro su buena ventura. El buen caballero que era el Príncipe Negro sufrió un gran desengaño cuando vio de cerca quién era el monstruo a quien había ayudado a recuperar la corona y este desengaño fue mayor cuando advirtió la tibieza de su protegido en satisfacer sus compromisos. Don Pedro, dejando a sus aliados en el norte de Castilla viviendo a costa del país, se dedicó a recorrer el reino recuperado saciando su sed de sangre en horrendas y tremendas venganzas. Entre tanto don Enrique utilizaba los generosos donativos del rey de Francia en equipar nuevos ejércitos con los fugitivos de Nájera y con los que se acogían a él como único refugio contra don Pedro.

Cuatro meses después, el reino estaba repartido entre ambos hermanos. Todo el norte de España estaba con don Enrique, en tanto que Andalucía y Murcia rendían obediencia al rey legítimo. No obstante, cada uno de los contendientes tenía en su zona ciudades y comarcas que rendían pleitesía al adversario. La página más vergonzosa de esta guerra civil fue la intervención del rey de Granada, requerida por Pedro I de Castilla, que en su desesperación abrió las puertas de Andalucía al belicoso Mohamed V. En 1366, el sultán se apodera de Priego; en 1367, cae en su poder Utrera y en el otoño del mismo año se rinden Jaén y Úbeda. Parecía como si toda la trabajosa obra de San Fernando iba a deshacerse y que Andalucía volvería a ser musulmana. Solamente una reacción heroica de los caballeros y de los ciudadanos cordobeses impidió que Mohamed V se entronizase en la ciudad de los califas (1368).

Aún los cordobeses tuvieron una actuación directa en el desenlace de esta larga tragedia. Don Enrique había iniciado un durísimo asedio contra la ciudad de Toledo, que se defendió por espacio de casi un año, y en este tiempo se reanudó la alianza entre el que se llamaba rey de Castilla y de León y se señoreaba, en efecto, la mayor parte de estos reinos y el rey de Francia (20 de noviembre de 1368), y como consecuencia de este acuerdo volvió Bertrand Duguesclin al servicio de Enrique. Don Pedro intentó socorrer a Toledo, a punto de rendirse, y su hermano llamó en su ayuda a las milicias de Córdoba y a las de muchos concejos de Castilla y de León. En Orgaz se unieron a don Enrique los maestres de Santiago y de Calatrava, la gente de Córdoba y los vestigios de las «compañías blancas» con Bertrand Duguesclin.

El pequeño ejército de don Pedro, en el cual figuraba un contingente de moros de Granada, se hizo fuerte en el castillo de Montiel. Las tropas del bastardo, más disciplinadas y mejor mandadas, obtuvieron sobre las de don Pedro una fácil victoria, aun cuando este príncipe luchó con un arrojo del cual se hace eco el cronista Froissart. El rey desventurado tuvo que refugiarse en el castillo, sin esperanza de salvación. Como último recurso intentó sobornar a Bertrand Duguesclin para que le permitiese la salida, pero el caballero francés había ligado su fortuna a la del bastardo, aliado de su rey, y se negó lealmente.

Menos de acuerdo con las severas leyes del honor caballeresco estuvo su conducta posterior al prestarse, en connivencia con don Enrique, a atraer al rey a una celada, en su propia tienda de campaña. En ella se trabó una lucha, en la cual el caudillo francés ayudó a su señor, con olvido del código de caballería, a que diese muerte a don Pedro (23 de marzo de 1369). Así moría miserablemente, mediante una traición, a la edad de treinta y cinco años y siete meses y a los diecinueve de reinado el más desdichado gobierno que ha conocido la Historia de España.

La lucha con los insaciables y desleales grandes había dado a sus inmediatos antecesores una nota común de crueldad, que utilizaba para saciar venganzas todos los medios, incluso la felonía. Esta nota, a causa de una esquizofrenia producida por la consaguinidad reiterada, llega en don Pedro hasta el delirio. No le faltaron quizá cualidades. Fue un gran hombre de guerra, sufrido y valeroso, y en alguna ocasión dio pruebas de alta visión política, como cuando respondió a los concejos de Logroño y Vitoria que antes se diesen al conde de Trastámara que al rey de Navarra. En su reinado se celebraron Cortes de trascendental importancia, como las de Valladolid de 1351, en la cuales se publicaron el Ordenamiento de menestrales, el de prelados y el *Becerro de las behetrías*.

Son pruebas de su atractivo personal el que nunca, ni en los períodos de mayor desventura, le faltasen leales y la extensa estela legendaria de su reinado. Fue, en verdad, tan cruel con el pueblo como con los señores y la única democracia que estableció fue la igualdad de todos ante la cuchilla del verdugo.

No debemos olvidar que en la vida española del siglo XIV hay una regresión al mudejarismo y Pedro de Castilla, cruel con aspecto de justiciero, que sostiene un serrallo de concubinas y de bastardos, muy aficionado a las preseas maravillosas, es más bien un sultán de *Las mil y una noches* que un soberano centroeuropeo. Una visita a los patios, a los jardines, a los aposentos del alcázar de Sevilla, edificio almohade que artífices granadinos y toledanos convirtieron en una mansión de maravilla en 1362, nos da una idea exacta de este rey, a quien una inscripción árabe llama «nuestro sultán engrandecido, elevado, Don Pedro». En los ejércitos moros de Granada encontró sus mejores auxiliares. Fue tan afecto a los judíos que su reinado se consideró en la judería de Toledo propicio al advenimiento del Mesías. En la sinagoga del Tránsito (1357) permanece, entre maravillosos atauriques, el elogio del rey. Es un símbolo el que en la batalla de Montiel luchasen los caballeros armados de Bertrand Duguesclin con los moros vestidos con alquiceles de Mohamed V de Granada.

Una época en que el vivir ha sido, como nunca, peligroso fue propicia para crear grandes caracteres. Las cualidades hispánicas de desprecio a la muerte, de elegancia espiritual en el trance supremo, de generosidad y de valor desesperado se vieron como nunca exaltadas, y la crónica de Ayala es un destacado anecdotario. La muerte de Gutier Fernández de Toledo, la de don Alonso Fernández Coronel; la generosa ofrenda de su vida que hicieron el hijo del platero de Toledo y Martín Abarca, indican cuán grandes cosas habría podido hacer quien hubiese sabido dar tarea a estos grandes valores humanos.

Discordia entre la monarquía y la nobleza en Aragón

Declive en los principios e ideales de los distintos reinos peninsulares

Una visión más amplia de la política que va a hacer acto de presencia en la segunda mitad del siglo XIV da la impresión de que las grandes dinastías que por espacio de tres siglos se habían repartido el dominio de España, en especial la de Borgoña y la de Barcelona, atravesaban ahora una grave crisis. Tras la muerte de Pedro I (1369) y de Pedro IV de Aragón (1387) penetran en los reinos peninsulares toda una serie de costumbres más refinadas, propias de la Europa central.

Después de la derrota africana en la batalla del Salado, los musulmanes han dejado, de nuevo, de ser un problema y la Reconquista no es ya un ideal hispánico entre los distintos reinos peninsulares. Es ahora cuestión más propia de los concejos y de los caballeros fronterizos, en la que sólo Castilla se interesa. A fines del siglo XIV, los ideales de la Edad Media habían perdido su virtualidad. De este modo, al recio y auténtico espíritu guerrero de los españoles sucedían las ceremonias espectaculares, las justas o los torneos, la heráldica y las divisas de la decadente caballería centroeuropea.

Sin embargo, fueron muy diversas las fortunas de Castilla y de Aragón en estos momentos. En la monarquía catalano-aragonesa, la lucha contra la nobleza, apoyada por los ciudadanos, se había planteado con caracteres extremadamente violentos, pero la coalición fue deshecha por Pedro IV, el último de los reyes-caudillos de la Edad Media, en tenacidad, astucia y en carencia de escrúpulos morales comparable a Alfonso XI. Los reyes fueron dueños absolutos de la situación y tuvieron las manos libres para continuar los caminos iniciados por sus antecesores.

Pero, a diferencia de ésta, en Castilla, la situación era completamente distinta: los soberanos, más débiles por el origen ilegítimo de su poder, se mantienen gracias a enormes concesiones en beneficio de los grandes señores. El predominio de la corona se retrasa en casi un siglo con respecto a Aragón e incluso a Portugal. Será a mediados del siglo XV, cuando la anarquía señoril prevalece y queda anulada la autoridad del rey. Esta situación retrasará el fin de la Reconquista, que es empresa castellana, y hace que se consuma en guerras civiles tesoros de energía y de virtudes castrenses.

El reinado de Pedro IV el Ceremonioso en Aragón y su política interior

Pedro IV de Aragón había sucedido a su padre Alfonso VI precisamente a la edad de dieciséis años, en 1326. Ya desde su infancia hubo de demostrar sus cualidades de tenacidad y

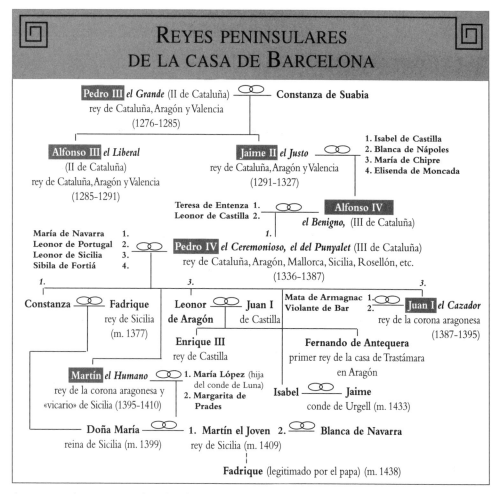

REYES PENINSULARES
DE LA CASA DE BARCELONA

Pedro III *el Grande* (II de Cataluña) ——⚭—— Constanza de Suabia
rey de Cataluña, Aragón y Valencia
(1276-1285)

Alfonso III *el Liberal*
(II de Cataluña)
rey de Cataluña, Aragón y Valencia
(1285-1291)

Jaime II *el Justo* ⚭
rey de Cataluña, Aragón y Valencia
(1291-1327)

1. Isabel de Castilla
2. Blanca de Nápoles
3. María de Chipre
4. Elisenda de Moncada

Teresa de Entenza 1.   ⚭
Leonor de Castilla 2.   Alfonso IV
el Benigno, (III de Cataluña)
1.

María de Navarra 1.
Leonor de Portugal 2.   ⚭
Leonor de Sicilia 3.
Sibila de Fortiá 4.   Pedro IV *el Ceremonioso, el del Punyalet* (III de Cataluña)
rey de Cataluña, Aragón, Mallorca, Sicilia, Rosellón, etc.
(1336-1387)

1.   3.   3.

Constanza ⚭ Fadrique
rey de Sicilia
(m. 1377)

Leonor ⚭ Juan I
de Aragón   de Castilla

Mata de Armagnac 1. ⚭
Violante de Bar 2.   Juan I *el Cazador*
rey de la corona aragonesa
(1387-1395)

Enrique III
rey de Castilla

Fernando de Antequera
primer rey de la casa de Trastámara
en Aragón

Martín *el Humano* ⚭ 1. María López (hija
del conde de Luna)
rey de la corona aragonesa y   2. Margarita de
«vicario» de Sicilia (1395-1410)   Prades

Isabel ⚭ Jaime
conde de Urgell (m. 1433)

Doña María ⚭ 1. Martín el Joven 2. ⚭ Blanca de Navarra
reina de Sicilia (m. 1399)   rey de Sicilia (m. 1409)

Fadrique (legitimado por el papa) (m. 1438)

de astucia al oponerse a los desafueros de su padre, dominado por su esposa Leonor, hermana del rey castellano Alfonso XI. De ahí la pugna entre la madrastra y el hijastro y el terror de aquélla que, sin esperar la muerte de su esposo, se apresuró a tomar con sus tesoros el camino de Castilla.

El odio que poco a poco se fue incrementando tanto hacia su madrastra como hacia sus hermanos los infantes don Fernando y don Juan, tuvo largas repercusiones tanto en su política interior como exterior. Por lo pronto, alteró la amistad de Aragón con Castilla, cuyo rey se constituyó en defensor de su hermana y de sus sobrinos. El peligro del estrecho y la amenaza de una invasión africana obligaron a Alfonso XI a olvidar sus agravios familiares. Su sucesor Pedro I decidió proteger al infante don Fernando. Sin embargo, Pedro IV apoyó al conde de Trastámara y de aquí aquella guerra interminable sostenida por el tesón de ambos reyes, en la cual, ciertamente, el rey de Castilla demostró que sus virtudes militares eran superiores a las de su astuto rival.

Pedro IV, que se sentía con fuerzas para robustecer la idea monárquica en sus estados, especialmente en Cataluña, quiso restablecer la plenitud del poder real, pero los privilegios habían arraigado tan fuerte en la conciencia ciudadana y la contienda fue larga y durísima, precisamente porque el rey contaba con muchos adeptos entre la alta nobleza y entre las ciudades.

El origen del conflicto fue el odio de don Pedro hacia los infantes, no solamente hacia los hijos de Leonor de Castilla, sino también hacia su hermano don Jaime, conde de Urgel, que era lugarteniente y heredero en tanto el rey no tuviese sucesión varonil. Para despojar a don Jaime de la lugartenencia y de sus derechos sucesorios, el cauteloso monarca reunió una junta de letrados en la cual prevaleció el parecer del jurista italiano Butrigaris, partidario del mejor derecho de doña Constanza, la hija del rey. Parecía esto un enorme contrafuero, pues la costumbre en Aragón y Cataluña excluía a las mujeres del trono.

Don Jaime, al tener noticia de ello, protestó contra tal decisión y convocó en Zaragoza a sus hermanos don Fernando y don Juan, que estaban en Castilla, y a muchos ricos-hombres y caballeros, con los cuales restableció la Unión para oponerse a las arbitrariedades del rey. Le apoyaron muchos de los grandes señores y de las ciudades, pero la resistencia no fue unánime.

No obstante, la Unión crecía y se fortalecía aprovechando el momento propicio, pues Pedro IV estaba ocupado en la campaña contra su cuñado Jaime II de Mallorca al otro lado del Pirineo. Acabada felizmente la campaña, el rey de Aragón, previendo que al retornar a sus estados tendría que luchar en una contienda de dudosos resultados, firmó en Perpignan una constitución secreta (9 de junio de 1347), en virtud de la cual declaraba nulas las concesiones que por la fuerza le fuesen arrancadas. Cataluña, tan afecta a los reyes de la casa de Barcelona, se manifestaba adicta a Pedro, pero Aragón y Valencia habían establecido una temible confederación para conseguir que se revocase la ley sucesoria, que el monarca admitiese en el consejo algunos representantes de la Unión y que se nombrase en Valencia un justicia a la manera de Aragón.

El rey superaba en capacidad y tesón a sus enemigos y demostró en la trágica contienda que se iniciaba dotes extraordinarias de osadía y astucia. Se presentó en Zaragoza con la reina Leonor de Portugal, su segunda esposa, y accedió a cuanto quisieron los unionistas, si bien el rey, amparándose en la declaración de Perpignan, anulaba secretamente sus concesiones. El infante don Jaime es repuesto en la lugartenencia del reino y se revocaron los juramentos prestados a la infanta doña Constanza. Pudo así retornar el primero a su leal ciudad de Barcelona, donde murió poco tiempo después.

La muerte fue atribuida al rey y esta sospecha provocará un alzamiento general que alcanzó pronto gravedad extrema, sobre todo en Valencia. La Unión valenciana batía a las tropas realistas cerca de Játiva y en Bétera. La Unión aragonesa se suma a la valenciana y por la parte de Castilla, ahora en conflicto con Aragón, amenazaba el infante don Fernando, heredero de la corona aragonesa.

La situación del rey no podía ser más difícil. La gestión del legado pontificio le dio ocasión para fingir una vez más que accedía a las peticiones de sus reinos. El rey, entonces, tuvo que abandonar a la fuerza la ciudad y los sublevados los entregaron en el Puig a los jurados de Valencia, presididos por el infante don Pedro.

Los amotinados asaltaron el palacio del Real y los consejeros catalanes y roselloneses habrían sido asesinados sin el valor y la decisión que el rey empleó en su defensa. Aunque, en el fondo, hay que reconocer que el pueblo valenciano era profundamente realista y deseaba creer en la buena fe de don Pedro. El rey poseía todas las dotes persuasivas y todo el atractivo personal que eran tan frecuentes en los príncipes de este momento. Por de pronto, Pedro IV fue el ídolo del pueblo de Valencia. Paseó entre aclamaciones por la ciudad, al lado de su hermano tan odiado, el infante don Fernando. Sin embargo, el temperamento orgulloso y aristocrático del rey no le permitió olvidar jamás esta afrenta.

El rey de Aragón era maestro en el arte de esperar pacientemente las mudanzas del tiempo y de la fortuna. Siguió por algún tiempo en Valencia apoyando a la Unión, en tanto los ricoshombres y las ciudades de Aragón se encarnizaban en una destructiva guerra civil. Los partidarios del rey se mantenían más unidos y conservaban mayor libertad de movimientos. Sus jefes más destacados, entre los que se encontraban don Bernardo de Cabrera y don Lope de Luna, eran hombres de guerra valientes y entendidos. Precisamente en ese momento, los unionistas pusieron cerco a Épila y ante los muros de esta ciudad don Lope de Luna derrotó al infante don Fernando (21 de julio de 1348) y le envía a Castilla para sustraerle de la ira de su terrible hermano.

Don Pedro, que con motivo de la peste negra que había llegado a Valencia pudo abandonar la ciudad, se presentó en Zaragoza, robustecido su prestigio por la victoria, y reunió Cortes, en las cuales rasgó las concesiones arrancadas por la Unión (octubre de 1348). Fue, sin embargo, bastante perspicaz para no abusar de su triunfo. Confirmó los antiguos fueros y privilegios y las libertades aragonesas quedaron garantizadas por el justicia, cuya autoridad ganó en extensión. La victoria de Pedro IV no tuvo así el carácter efímero que tienen las de aquellos que abusan de su momentánea superioridad y la concordia entre la realeza y los vasallos permaneció durante más de un siglo.

Quedaba, no obstante, el problema de Valencia, país nuevo, sin la recia tradición aristocrática de Cataluña y de Aragón y en donde predominaban una burguesía rica y poderosa y la plebe bulliciosa y exaltada de las ciudades. La Unión valenciana, engañada por el rey, reaccionó con violencia, asaltando castillos y poblados que seguían la bandera realista. No fue difícil a un capitán tan experto como don Lope de Luna deshacer estas hordas indisciplinadas, cuyo mando se había entregado al letrado Juan Sala, en el llano de Mislata (diciembre de 1348). La ciudad tuvo que rendirse en durísimas condiciones. El rey, que había procedido con los vencidos aragoneses con relativa benignidad, mereció en Valencia, como su coetáneo el de Castilla, el nombre del Cruel. No llegó la vesania del castellano a invenciones como las del rey de Aragón, que obligó a beber a los principales unionistas el metal fundido de la campana que convocaba a sus juntas.

La política exterior del reino de Aragón y la actuación de sus soberanos hasta Pedro IV el Ceremonioso

Es admirable el que en circunstancias tan dramáticas, entre los conflictos interiores más graves en la historia de la monarquía y en guerra con Castilla, en la cual la fortuna no fue constante compañera de sus armas, el rey de Aragón tuviese atención y recursos para continuar la política mediterránea de sus antepasados. Sin duda, con el concepto unitario que de la monarquía tuvo este rey, precursor en más de un siglo de Fernando el Católico y de Luis XI de Francia, chocaba la existencia como entidad política independiente del reino de Mallorca, que se había manifestado hostil a la rama primogénita de la casa de Barcelona en la gran contienda contra Francia apoyada por el papado.

A consecuencia de la conquista del reino insular, el rey conquistador Jaime I pensó que aquel nuevo dominio lejano debería darse en feudo a algún gran personaje capaz de defenderlo de los ataques africanos. Pensó en el infante don Pedro de Portugal, hijo de Sancho I y de Dulce de Barcelona, el cual había arribado a la corte aragonesa. El rey concedió Mallorca en feudo a su pariente (29 de septiembre de 1231), el cual cooperó a la reconquista de Ibiza. Poco apegado el infante a sus dominios insulares y en rebeldía contra su protector, hubo de entregar Mallorca a cambio de villas y castillos en la península, conservando tan sólo sus posesiones en Ibiza. Más tarde, en 1255, el portugués fue reintegrado en el dominio de Mallorca, pero no tuvo capacidad ni voluntad para fundar en el archipiélago una monarquía estable.

Esta misión sería al final encomendada al infante don Jaime de Aragón, a quien el Conquistador en su testamento cedía el reino insular, con los condados del Rosellón y de Cerdaña y el señorío de Montpellier (1262). El largo reinado de JAIME II (1276-1311) fue difícil. Aun cuando el testamento paterno no prescribía la infeudación de Mallorca respecto a Aragón, un rey como Pedro III no podía consentir que se segregase de la corona aragonesa porción tan importante de la herencia paterna y obligó a su hermano a reconocerse como feudatario. Esta violencia creó en los reyes de Mallorca, que habían heredado la energía y la dignidad de su raza, un complejo de resentimiento respecto a los reyes de Aragón. A esto se debe la actitud de Jaime II de Mallorca en el conflicto de Pedro III con Francia y en el cual la intervención del mallorquín, entregando al francés el paso de los condados pirenaicos, hizo fácil la invasión de Cataluña.

Muerto Pedro III en el año de 1285, su hijo Alfonso III, cumpliendo la voluntad de su padre, desposeyó al rey de Mallorca de sus estados insulares. Alfonso III de Aragón fue hasta el final de su reinado (1291) soberano de Mallorca. La devolución del reino a su rey privativo fue uno de los acuerdos del complicado protocolo de la paz de Anagni (1295). Hasta su muerte, Jaime II gobernó tranquilamente su reino y se manifestó como un gran repoblador. Él fundó en Mallorca las once villas y la afluencia de labradores catalanes convirtió en un emporio de riqueza la fértil campiña insular. La capital, Mallorca (que aún no había adoptado el nombre de Palma, que le dieron los eruditos prerrenacentistas), fue una de las más bellas del Mediterráneo, teatro de una corte literaria y ceremoniosa. La catedral, comenzada por Jaime I, era ya el más bello y destacado ejemplar del gótico mediterráneo y surgían las fábricas elegantes y suntuosas del convento de San Francisco y de los alcázares de la Almudaina y de Bellver.

Destacaba en aquella corte un caballero llamado Ramón Llull, que después, convertido en terciario franciscano, había de dejar una obra de universal trascendencia. El puerto de Mallorca, situado entre España, África e Italia, se convirtió en uno de los más concurridos del Mediterráneo y la rica burguesía de la capital, juntamente con la caballería ciudadana, estableció sobre los colonos (forenses) de los campos un dominio que había de ser causa de sangrientos conflictos sociales.

De su matrimonio con Esclaramunda de Foix, Jaime II había tenido cuatro hijos: Jaime, que cambió la púrpura regia por el sayal franciscano; Sancho, que reinó en su lugar, y los infantes don Felipe y don Fernando. SANCHO I, príncipe pacífico y de escasa salud, gobernó su pequeño reino de 1311 a 1324. Supo resistir a las sugestiones del rey de Francia, que quería enfrentarlo con Aragón, y mediante la renovación del homenaje en las Cortes de Gerona y la participación de las galeras mallorquinas en la empresa de Cerdeña, vivió en paz con el gran rey de Aragón, Jaime II, rector entonces de la política hispánica.

Su muerte creaba una difícil cuestión sucesoria, pues el mayor de sus hermanos, Felipe, canónigo de Elna, no quería renunciar al estado eclesiástico por una corona y, en cambio, el hermano menor, Fernando, buscaba coronas en Oriente y, unido a la fortuna de la «compañía catalana», capitaneaba aquellas bandas de feroces aventureros, con la esperanza de reivindicar los derechos de su esposa Isabel de Sabran al principado de Morea. Nunca la historia ha estado tan cerca de la novela de caballerías. Después de consolidar su señorío con ínclitas hazañas, el infante don Fernando muere en la batalla del Espero (5 de julio de 1316). De Isabel de Sabran dejaba un hijo llamado Jaime, confiado a la guarda de Ramón Muntaner, el cronista, el cual, después de un viaje lleno de aventuras, consiguió entregar su precioso depósito en el Rosellón a la reina madre, Esclaramunda de Foix.

Los pocos años que aún vivió Sancho I fueron los únicos apacibles que pudo gobernar Jaime, el Desdichado. Comenzó a reinar (1324) bajo la tutela del infante don Felipe, canónigo de Elna, el cual tuvo ya que enfrentarse con las apetencias del rey de Aragón, Jaime II. El canónigo-regente procuró ampararse en el rey de Francia y consiguió que las Cortes de Lérida (1325) reconociesen los derechos de su pupilo, cuya boda se pactó con Constanza de Aragón, hija de don Alfonso, el infante heredero. En 1329, Jaime de Mallorca renovaba el feudo ante su suegro, ya rey, Alfonso IV, el Benigno.

El drama precisamente comienza en 1336, cuando sube al trono Pedro IV de Aragón. Con un soberano cauteloso y tenaz, inflexible en la consecución de sus propósitos, la posición de rey feudatario era muy incómoda. Parece que hubo entre ambos cuñados una mutua antipatía, que hizo pronto difíciles las relaciones entre ellos. No era el hijo del infante don Fernando capaz de aceptar excesivas humillaciones y sus tentativas de rebeldía fueron hábilmente aprovechadas por su contrincante. Por otra parte, JAIME III de Mallorca tenía que oponerse a la ambición del rey de Francia, Felipe de Valois, que codiciaba los estados ultramontanos del mallorquín, quien fatalmente había de sucumbir ante esta conjuración de fuerzas adversas.

La hostilidad entre los cuñados se puso de manifiesto con las dilaciones del rey de Mallorca para prestar homenaje al de Aragón y un enojoso incidente en la corte pontificia de Avignon, motivado por el afán de los escuderos de Jaime III de que su caballo se adelantase al de su soberano, determinó quizás el que Pedro IV fraguase la ruina de su orgulloso vasallo.

Escogió el momento más favorable, precisamente cuando el rey de Francia exigía injustamente al de Mallorca homenaje por una parte del señorío de Montpellier. Cuando planteada la guerra, Jaime III procuraba contener a su poderoso vecino, el rey de Aragón le convocó a Cortes (1341). La ausencia del rey de Mallorca fue el comienzo de uno de esos procesos a los cuales Pedro IV era tan aficionado. La conducta de don Jaime, empeñado en romper todo vínculo de vasallaje, le daba sobrados motivos para la sentencia por la cual eran confiscados el reino de Mallorca y todos los dominios de don Jaime feudatarios de Aragón (1343).

La armada catalana, entonces, se apoderó de las islas sin haber encontrado apenas resistencia. El Rosellón fue más entusiasta en la defensa de su señor y Perpignan y algunos castillos ofrecieron una resistencia tenaz. La sumisión del rey de Mallorca, que se entregó a su cuñado (1344), no fue bastante para que Pedro IV renunciase al producto de sus hábiles maniobras. Don Jaime logró escapar y se refugió en Montpellier, última ciudad que le permanecía fiel, y desde ella intentó inútilmente recuperar sus estados continentales.

En 1348, el rey desposeído vendió el señorío de Montpellier al rey de Francia y con su importe pudo armar un ejército y una escuadra, con los cuales invadió la isla de Mallorca, pero el 25 de octubre de 1349 fue derrotado y muerto en la batalla de Lluchmajor. Su hijo JAIME IV, prisionero en la derrota, vivió muchos años en dura prisión en Játiva y en Barcelona. Consiguió fugarse (1362) y casó en 1363 con la reina Juana de Nápoles. Este matrimonio reavivó las ambiciones de su raza y le permitió intervenir en la política peninsular. Combatió al lado de Enrique de Trastámara y fue hecho prisionero en la batalla de Nájera. Después de un intento fracasado de recobrar el Rosellón (1374), murió al año siguiente en Soria.

Valiéndose de medios de dudosa moralidad, Pedro IV había hecho a la monarquía catalano-aragonesa un inmenso servicio al terminar con la dualidad creada por el testamento inhábil del Conquistador. Quedaba, a partir de ahora, restablecida la unidad de los países de lengua y cultura catalanas y la doble monarquía resultaba robustecida para continuar su gloriosa historia. Es cierto que los pueblos del archipiélago balear, del Rosellón y de la Cerdaña renunciaron sin esfuerzo a una sombra de independencia y que se entregaron de buen grado a la política de la casa de Barcelona. Fuera de alguna manifestación de caballeresca lealtad a los reyes de Mallorca, el mejor auxiliar que encontró Pedro IV fue el escaso entusiasmo que los vasallos de Jaime III demostraron por su desventurado señor.

La constancia de Pedro IV en seguir las direcciones impuestas por la política de sus antepasados en circunstancias tan adversas es digna de admirar. En perpetua y dura guerra con Castilla, contienda en la cual le fue casi siempre adversa la suerte; teniendo que hacer frente a la Unión, en una verdadera guerra civil; combatido por su cuñado el rey de Mallorca, que aspiraba a reconquistar sus estados, el rey de Aragón aún encuentra tiempo y recursos para atender a la dificilísima cuestión de Cerdeña.

La isla, juntamente con la de Córcega, había sido cedida por Bonifacio VIII a Jaime II en la paz de Anagni (1295). País de complicada orografía, de altas montañas y de bosques impenetrables, costó a Aragón ríos de sangre y de oro y no fue nunca dominado por completo. Venían a complicar las cosas las ambiciones de los poderosos señores isleños: los Orias, los Malaspinas, los jueces de Arborea y la actitud de Génova, rival de Aragón en el comercio del Mediterráneo, amparando las innumerables rebeldías. No puede menos de sorprender el tesón de los reyes de la casa de Barcelona en conservar un dominio tan oneroso. La superioridad de Aragón sobre Castilla en este tiempo consiste en la secuencia ininterrumpida de una firme política exterior que dio a la compleja monarquía cohesión interna, prestigio internacional y bases para su comercio.

La situación de Cerdeña se agrava en 1347, en que la familia de los Orias se apodera de Alguer. El gobernador de la isla, don Guillem de Cervelló, fue derrotado en Aidudeturdu y murió en la retirada. Génova se aprovechó de la situación difícil del dominio aragonés y reivindicó la ciudad de Cáller. Esto sería el origen de la guerra con la república ligur.

En 1351, Pedro IV, después de su victoria sobre la Unión y sobre el rey de Mallorca, tenía vía libre. Génova, en guerra con Venecia y con el emperador de Oriente Juan Paleólogo, estaba en situación precaria. Unidas las galeras catalanas con las venecianas y las bizantinas, obtuvieron una gran victoria naval en aguas del Bósforo (13 de febrero de 1352). El efecto de esta victoria y de la aún más decisiva lograda por don Bernardo de Cabrera ante Alguer (27 de agosto de 1353) se neutralizó por la defección de Mariano, juez de Arborea. Fue preciso que el propio Pedro IV se presentase en la isla (1354) y sitiase a Alguer, que se rindió y fue poblada por catalanes, cuya lengua aún se conserva en la ciudad. Apretado por la guerra con Castilla, el rey de Aragón, ya de vuelta en sus estados patrimoniales, hubo de pactar con Génova.

No por ello mejoró la cuestión sarda, pues, al amparo de la funesta guerra con Castilla, el juez de Arborea infligió a don Pedro de Luna una tremenda derrota en Oristán (1368) y se apoderó de toda la isla. El dominio aragonés quedó reducido a dos ciudades: Cáller (Cagliari) y Alguer.

De los asuntos de Sicilia, en donde reinaban los descendientes de Fadrique de Aragón, hermano de Jaime II, merecieron la atención vigilante del gran rey. Como los poderosos barones sicilianos se hubiesen rebelado contra Fadrique III, Pedro IV, tan abrumado por gravísimos conflictos, encontró medios para enviar a la isla tropas aragonesas al mando de don Artal de Aragón, que restablecieron la autoridad de la corona (1361). El resultado fue la boda del joven rey de Sicilia con doña Constanza, hija del rey de Aragón. Don Fadrique murió sin descendencia varonil en 1377 y según el testamento de Fadrique el Viejo, que no admitía la sucesión femenina, la corona correspondía a Pedro IV, pero el papa Urbano IV se erigió en defensor de los derechos de la princesa María, hija de Fadrique. Pedro IV soslayó la cuestión hábilmente cediendo sus derechos a su segundo hijo, el infante don Martín, si bien reservándose el gobierno directo durante su vida (1380).

El retorno de Sicilia a la rama primogénita de la casa de Barcelona llevaba anejo el señorío de los ducados catalanes en Oriente, cuya complicada jerarquía feudal, vestigio de las hazañas de la «compañía catalana», reconocía el supremo señorío de Fadrique III. La situación de aquellos feudos dispersos en territorio hostil era desesperada por las luchas internas, por la anarquía y por la presión de los turcos. Ya en 1349 se había pensado en procurar remedio a este estado de cosas poniendo los ducados bajo el amparo del poderoso rey de Aragón. En 1374, una dinastía florentina, la de los Acciajuoli, se apodera del castillo de Megara. Poco después de la muerte de Fadrique III, los barones catalanes se sublevan contra Luis Federico de Aragón, a quien el difunto rey había nombrado como su lugarteniente en Atenas, y se entregan a Pedro IV (1379). Sobre la acrópolis, uno de los lugares más ilustres de la tierra, ondeó el estandarte de la casa de Barcelona.

En su extrema ancianidad, este rey, uno de los más inteligentes y enérgicos que han ceñido corona en Aragón, cayó en una extrema decrepitud, hasta el punto de que un agente comercial italiano pudo decir de él, con escaso respeto, que era «un carnero disfrazado de rey». A esta decadencia contribuyeron sus amores seniles. Había casado tres veces (con María de Navarra, con Leonor de Portugal y con Leonor de Sicilia) y en su ancianidad se enamoró de Sibila de Fortiá, viuda del ricohombre don Artal de Foces. Siguiendo el destino de los príncipes peninsulares sus contemporáneos, fue dominado por el amor. Como su padre, se vio abandonado en el lecho de muerte, pues la esposa, temiendo con razón a los hijastros, hubo de huir. Murió en Barcelona el 5 de enero de 1387.

Hombre de su tiempo, Pedro IV fue cruel como Alfonso XI y Pedro de Castilla, o como Carlos el Malo de Navarra, pero sus crueldades no fueron cometidas en violentos arrebatos, sino con una calculada frialdad que las hace más repulsivas. Muy aficionado a los procesos judiciales, envolvió entre las argucias de los juristas a su hermano el infante don Jaime, a su cuñado el rey de Mallorca y, sobre todo, a su lealísimo y eficaz servidor don Bernardo de Cabrera, a quien hizo degollar (1364). Se le atribuyen las muertes de sus hermanos los infantes don Jaime y don Fernando.

Pedro IV no fue un hombre de guerra como Alfonso XI, sino un político y un intelectual. Hizo de la corte aragonesa la mejor organizada y la más brillante de su siglo. Él fue el fundador del panteón del monasterio cisterciense de Poblet (Tarragona) y en su tiempo florece el taller real de escultores, cuya obra, de una perfección y delicadeza inigualables, sólo en Italia encuentra semejante. En estos años penetra en Cataluña la influencia de la pintura sienesa, que produce artistas exquisitos, no inferiores a sus maestros, a los cuales superan en emoción y patetismo, como Ferrer Bassa y los hermanos Serra. Pedro IV fue el fundador de las universidades de Perpignan y de Huesca. Demuestra su cultura y la delicadeza de su espíritu el que se le deban los primeros elogios que a un hombre de la Edad Media arrancase el Partenón de Atenas, que califica «como la cosa más bella que existe en el mundo».

Como político, la obra de Pedro IV es enorme. Él restableció la autoridad real, que en aquel tiempo significaba la paz, la prosperidad y el bienestar de los reinos; mantuvo y acrecentó el prestigio exterior de la corona aragonesa y siguió con tenacidad y energía incomparables, en medio de grandes dificultades, los designios de sus predecesores en el Mediterráneo. Enriqueció la corona de Aragón con el Rosellón, las Baleares, Cerdeña y Sicilia e hizo flotar su señera en los castillos catalanes de Oriente. Por su gestión, las Baleares se conservan unidas a España, cuyos últimos reyes aún ostentaban, en el título real, los ducados de Atenas y de Neopatria.

El breve reinado de Juan I y su actuación política y cultural

Inmediato sucesor al trono aragonés fue don Juan, el primogénito de los hijos vivos de Pedro IV, habido en su tercer matrimonio con Leonor de Sicilia. El rey que mereció ser llamado «el cazador» y «el amador de toda gentileza» no heredó ninguna de las grandes cualidades de su padre, en especial su entrega total al oficio de reinar y a la gloria del reino, que hace tan respetable su figura. Por su afán por los placeres, ordenada según el ceremonial de la decadente caballería, JUAN I se parece a sus parientes los últimos Trastámaras castellanos. Fue, como su padre había sido, hijo rebelde e hijastro vengativo y persiguió a su madrastra Sibila de Fortiá con la misma saña con que su padre había perseguido a Leonor de Castilla.

Sometió a un claro tormento a la reina viuda, acusada de haber dañado con hechizos la salud del nuevo rey, y si salvó la vida fue mediante la entrega de todos sus bienes y su reclusión en un convento, pero veintinueve de sus partidarios fueron condenados a muerte. Sólo en este asunto demostraría Juan I alguna energía.

Sus barones rechazaron un intento de invasión por el Ampurdán de aventureros franceses capitaneados por Bernardo de Armagnac. El papa Bonifacio IX, continuando la política de sus predecesores, no podía consentir la anexión del reino de Sicilia y concedió la investidura al duque de Durazzo. El infante don Martín, hermano del rey de Aragón, había casado a su hijo del mismo nombre con María de Sicilia, hija de Fadrique III y nieta de Pedro IV. El infante y sus hijos se presentaron en la isla y se apoderaron con gran facilidad de ella, en 1392, pero durante el reinado de Juan I la rebeldía de los barones hizo difícil su dominio.

Fue, al mismo tiempo, precario durante este período el dominio aragonés de Cerdeña, donde Leonor de Arborea y Brancaleón de Oria habían retornado a su actitud insumisa.

Si Pedro IV había sido un gran protector de la cultura —pero siguiendo el cumplimiento de sus propios deberes y, a lo más, un breve sosiego en sus tareas de gobierno—, en Juan I, como en Alfonso X de Castilla, la cultura fue interés primordial en su vida y por él la corte de Barcelona conoció un prematuro renacimiento. Fue uno de los primeros príncipes helenistas de Europa y se procuraba a toda costa traducciones de autores griegos. Tuvo pasión por los libros y el afán por la lectura proporcionó algún placer a su juventud enfermiza. Frecuentaba el trato de eruditos y de poetas, y el maestre Juan Fernández de Heredia, historiador y bibliófilo, fue su gran amigo. Como su salud delicada le impedía viajar, tenía que contentarse con la lectura de los libros de viajes como el *Libro de las maravillas*, de Juan de Mandeville, o los itinerarios de Marco Polo.

Si hasta ese momento la corte de Barcelona había tenido por modelo a las de Italia, Juan I llevó a ella el influjo de las modas francesas. Francesas fueron sus dos esposas, Mata de Armagnac y Violante de Bar. La reina Violante fue, como su marido, apasionada por los libros y el rey tuvo en ella la mejor colaboradora en su empresa de hacer de su corte la más fastuosa y divertida de Europa, ennoblecida por las joyas y los paños ricos y alegrada por cantores. La austeridad hispánica llevaba a mal estas frivolidades y las Cortes generales de Monzón pidieron y obtuvieron del rey que expulsase de palacio a doña Carroza de Vilaregut, favorita de la reina, gran organizadora de saraos y de banquetes. Al igual que los últimos Trastámaras gustaba de los animales feroces, de los cuales alimentaba una colección numerosa en los parques reales. Su pasión por la caza, que le llevaba a buscar afanosamente los mejores caballos, perros y aves de cetrería, le ocasionó la muerte. Cazando en el bosque de Foixá, delante del castillo d'Orriols en Torroella de Montgri, el 19 de mayo de 1396, cayó violentamente de su caballo, espantado, a lo que se dice, por la aparición de una gran loba, y murió en el acto.

Martín I el Humano, inmediato sucesor al trono aragonés

Tras la muerte del llamado «amador de toda gentileza», sin descendencia varonil, la corona pasaba directamente a su hermano don Martín, que entonces gobernaba Sicilia. MARTÍN EL HUMANO era, como el difunto rey, apasionado por los libros y débil de carácter. Tuvo la fortuna de que, en lugar de la frívola y elegante Violante de Bar, fuese reina de Aragón doña María de Luna, hija del conde don Lope y pariente del papa Benedicto XIII. Era una dama inteligente y austera, penetrada de una honda religiosidad; amante, como su marido, de los libros, de la música y de las artes, pero dando a estas cosas el lugar que les corresponde en quien tiene la responsabilidad de un reino. Fue de gran beneficio para aragoneses, catalanes y valencianos el que la larga ausencia del rey, ocupado en someter rebeldías en Sicilia y en Cerdeña, dejase las riendas del gobierno en manos de esta señora excepcional, que mereció los elogios de Francisco Eximenis, autor del *Libre de les dones*, flagelador del sexo femenino.

Doña María tuvo que hacer frente al conflicto que planteaban las pretensiones a la corona del conde de Foix, casado con doña Juana, hija primogénita de Juan I. Para ello buscó la ayuda de su pariente el papa y de los reyes de Francia y de Inglaterra. El conde, como todos los que en su tiempo mantenían pretensiones semejantes, se atrajo el apoyo de las bandas de aventureros que habían militado en la guerra entre Francia e Inglaterra. Aun cuando las Cortes de Zaragoza declararon las pretensiones del de Foix contrarias a la tradición aragonesa, el conde pasó el Pirineo (1395) y se situó frente a Monzón y Barbastro. Ante la hostilidad del ambiente, hubo de retornar por Navarra al Bearn.

Pero el mayor título de gloria de María de Luna estriba en su generosa comprensión de la situación de los payeses en Cataluña. La situación de los payeses catalanes, entregados a sus señores, era tan dura que pugnaba ya con la sensibilidad de su época. A partir del siglo XIII, los reyes procuran la emancipación progresiva de las clases rurales, pero tropiezan con el poder de la nobleza, robustecido durante las luchas de la Unión. Hubo por parte de los payeses alguna rebelión armada, pero más eficaz fue su designio de trasladarse en masa a ciudades y villas francas, robusteciendo así el poder real y debilitando los señoríos.

Para evitar la despoblación de sus feudos fue frecuente en señores y monasterios la abolición de los llamados «malos usos». De cuánto las ideas libertadoras habían penetrado en las conciencias es testimonio la declaración del monasterio de Amer, que al conceder la libertad a los labradores (1335) reconoce que la libertad es un don, no enajenable, de todos los hombres. Juan I (1395) había solicitado una intervención de Benedicto XIII para abolir los malos usos. La reina doña María proseguiría esta política. Don Eduardo de Hinojosa pondera la nobleza de sentimientos que resplandece en la carta de la reina al papa, en la cual «se describe con sobriedad y exactitud admirables la miserable condición del hombre de remensa y se la condena como contraria al derecho divino y humano y al honor nacional». Esta generosa tendencia a proteger a las clases más desvalidas hizo que acudiesen a ella en demanda de protección, que siempre encontraban, moros y judíos.

En mayo de 1397, el rey Martín en Barcelona se hizo cargo del gobierno, pero la coronación solemne tuvo lugar en Zaragoza hasta el 13 de abril de 1399. Aparte de un nuevo intento de invasión por parte del conde de Foix y de la complicada política de las islas mediterráneas, la principal preocupación del reinado fue la de someter las sangrientas banderías de las ciudades. En toda la península, el siglo XIV señala el predominio en los núcleos urbanos importantes de la caballería ciudadana, en cuyas manos está el gobierno del municipio. Esta pequeña nobleza se reparte en bandos que perturban la vida de la ciudad con sus interminables contiendas. Cada casa noble es una pequeña fortaleza en que, al mando del jefe de la familia, se concentra un pequeño mundo de parientes, escuderos y pajes. Puede decirse que así como la gran tarea de los reyes en los siglos anteriores fue contener a la gran nobleza rural, a partir de la segunda mitad del siglo XIV su afán es apaciguar a la nobleza ciudadana.

En ninguno de los reinos las banderías eran tan sangrientas y enconadas como en la apasionada Valencia, donde se disputaban la primacía la familia de los Centellas y los Villareguts. En apaciguarlos gastó en vano su autoridad y sus dotes diplomáticas la reina doña María de Luna. Aun la misma presencia del rey fue inútil. La pacificación definitiva fue tenida como uno de los milagros que ilustran la vida de San Vicente Ferrer (17 de noviembre de 1407).

Martín I el Humano. Palacio Episcopal de Toledo.

Mientras tanto, el primogénito de Aragón, rey de Sicilia, don Martín, en el cual parecen reunirse, mejor que en su padre y en su tío, las virtudes castrenses de su raza, se ocupaba al mismo tiempo en la interminable empresa de someter a los rebeldes de Sicilia y de Cerdeña. Había muerto Mariano de Oria, juez de Arborea, pero como competidor de los aragoneses en la isla se presentó el vizconde de Narbona, casado con Beatriz, hermana de Leonor. El joven rey de Sicilia obtuvo sobre el gran ejército del vizconde, mucho más numeroso que el pequeño contingente aragonés, la gran victoria de San Luri (1409), que puso en poder suyo toda la isla, por primera vez totalmente sumisa. Martín el Humano fue el único rey de Aragón que mantuvo un dominio efectivo sobre la isla de Córcega. En 1397, cuando acudía a tomar posesión de la corona aragonesa, se detuvo en la isla, donde recibió el homenaje de las poderosas familias de los Istria y de los Roca.

Viudo de María de Sicilia (1401) y sin sucesión, el primogénito de Aragón casó en segundas nupcias con Blanca de Navarra, de la cual no tuvo descendencia alguna. Don Martín de Sicilia murió el 25 de julio de 1409 y su muerte planteaba una grave cuestión sucesoria, pues con él se extinguía la descendencia de Pedro el Ceremonioso. Se quiso buscar una solución casando al viejo rey con Margarita de Prades, pero Martín el Humano murió en la celda prioral del monasterio de Valldoncella (Barcelona), el 31 de mayo de 1410. Estaban reunidas las Cortes en Barcelona y una comisión de los diputados fue a la celda a rogar al rey que designase sucesor, pero el monarca moribundo, indeciso, contestó que se diera la corona a quien correspondiese en derecho. Esta respuesta abría un largo y difícil interregno, de cuya solución dependían los destinos de toda España.

La dinastía bastarda de los Trastámaras en Castilla

Enrique II el de las Mercedes, primer soberano de una nueva casa regente

Mientras todos estos sucesos analizados acontecían en el reino de Aragón, en Castilla gobernaba la casa de Trastámara, brote bastardo de la gloriosa dinastía de Borgoña, cuyas excelsas cualidades reviven alguna vez en los príncipes. Ninguno de ellos tiene las dotes de los reyes caudillos como Alfonso VI, Alfonso el Emperador, el de las Navas o el del Salado. Con la casa de Trastámara, Castilla adquiere una determinada política internacional. Aliada leal y constante de Francia, penetran en ella las leyes y las costumbres de la decadente caballería europea, que, al mezclarse con los resabios de culturas orientales siempre latentes en la península, dan a la vida española un carácter de exaltado barroquismo. Se implanta en Castilla la jerarquía señorial europea y se usan los títulos de duque, marqués, conde y vizconde, antes en ella desconocidos o rara vez usados. Es el tiempo de los torneos y de las justas, de la heráldica delirante, de los motes, de los castillos-palacios en que se vive la vida cortesana de Francia sazonada con resabios moriscos.

El fundador, ENRIQUE II, debió a los peligros de una vida aventurera, seguida siempre de cerca por la muerte, cualidades de valor y de constancia unidas a una maravillosa astucia. Su ascensión al trono era el final de un largo drama que se inicia con sus romancescas bodas, en medio de graves peligros, y continúa con el terror al cuchillo del hermano, Pedro I, siempre suspendido sobre la línea bastarda de su casa; con las aventuras de las «compañías blancas», con las asechanzas del cauteloso y cruel rey de Aragón.

Usurpador del trono mediante un fratricidio, Enrique II se veía en la situación más precaria en que se pueda haber situado príncipe alguno. Tenía que enfrentarse, en primer lugar, con un movimiento favorable a la memoria del rey Pedro, cuya trágica muerte hacía olvidar sus crímenes. En Carmona, Zamora y en Ciudad Rodrigo resistían los leales al rey caído, y Molina, Requena y Cañete se habían entregado al rey de Aragón. Con el país arruinado y el erario exhausto, tenía que licenciar a las terribles «compañías blancas», a las cuales debía la corona. Pero más apurada era aún la situación internacional.

El rey de Portugal, Fernando, pretendía la sucesión de Castilla como hijo de doña Constanza Manuel y amenazaba las fronteras de Galicia, Zamora y de Extremadura. El rey de Navarra, Carlos el Malo, creía una ocasión propicia para resucitar las viejas pretensiones de sus antecesores sobre la Rioja y el País Vasco. Logroño y Vitoria se entregaron al papa Gregorio IX hasta que el pleito se resolviese. Pedro IV de Aragón exigía la cesión del rei-

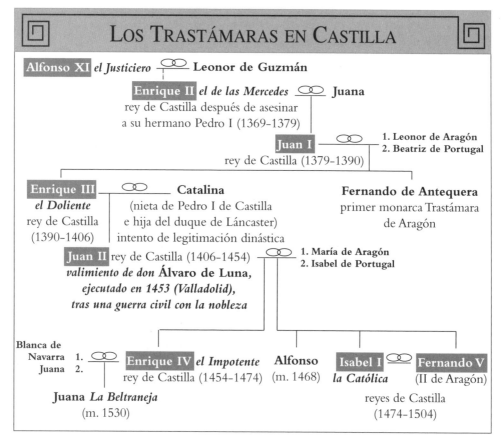

LOS TRASTÁMARAS EN CASTILLA

Alfonso XI *el Justiciero* ⚭ **Leonor de Guzmán**

Enrique II *el de las Mercedes* ⚭ **Juana**
rey de Castilla después de asesinar
a su hermano Pedro I (1369-1379)

Juan I
rey de Castilla (1379-1390)
1. Leonor de Aragón
2. Beatriz de Portugal

Enrique III ⚭ **Catalina**
el Doliente (nieta de Pedro I de Castilla
rey de Castilla e hija del duque de Láncaster)
(1390-1406) intento de legitimación dinástica

Fernando de Antequera
primer monarca Trastámara
de Aragón

Juan II rey de Castilla (1406-1454)
valimiento de don Álvaro de Luna,
ejecutado en 1453 (Valladolid),
tras una guerra civil con la nobleza
1. María de Aragón
2. Isabel de Portugal

Blanca de
Navarra 1. ⚭
Juana 2.

Enrique IV *el Impotente*
rey de Castilla (1454-1474)

Alfonso
(m. 1468)

Isabel I ⚭ **Fernando V**
la Católica (II de Aragón)

Juana *La Beltraneja*
(m. 1530)

reyes de Castilla
(1474-1504)

no de Murcia, del señorío de Molina y de diversas plazas fronterizas que el bastardo, en momentos de máximo apuro, le había ofrecido. Mohamed V de Granada, aliado del difunto rey, se mostraba hostil y su actitud podía alentar a los rebeldes y descontentos de Andalucía, donde Pedro I tenía tantos leales. Pero acaso el mayor riesgo estaba en las aspiraciones del duque de Lancaster y del conde de Cambridge, casados con doña Constanza y doña Isabel, hijas del rey difunto y de la Padilla, apoyados por su padre Eduardo III de Inglaterra, entonces en el apogeo de su fortuna.

Es preciso reconocer que aquel príncipe «de pequeño cuerpo, pero bien fecho, e blanco e rubio, e de buen seso, e de grande esfuerzo», según el retrato de Ayala, supo atender a todas partes y se mostró digno de los grandes reyes de los cuales descendía. Su actividad y su denuedo fueron asombrosos y fue entonces cuando ganó la corona de Castilla. Venció la resistencia heroica de Carmona y de Zamora y, por excepción, se mostró cruel y falaz con sus leales defensores.

Ciudad Rodrigo, Alcántara, Valencia de Alcántara y Tuy reconocían al rey de Portugal, el cual se apoderó de La Coruña. Don Enrique acudió al «peligro portugués» y entró por la región entre el Duero y el Miño, en la cual se hizo dueño de Braga (1369). Fernando I, débil e indeciso, hizo gestiones para obtener la paz, pero como volviese luego a su actitud hostil, el rey de Castilla se apoderó de Braganza. La noticia de que el rey de Granada había entrado por sorpresa en Algeciras le hizo volver a Castilla. Más tarde, ante la rendición de la ciudad de Zamora, el portugués se avino a la paz, en la cual, a pesar de tener concertado su matrimonio con Leonor de Aragón, hija de Pedro IV, estipulaba sus bodas con otra Leonor, hija de Enrique II. Ese matrimonio no llegó a tener efecto, pues el rey de Portugal dispuso por entonces sus escandalosas nupcias con otra Leonor, de la gran casa leonesa de Téllez de Meneses, mujer de Juan Lorenzo de Acuña. Al amparo de las dificultades que este enlace ocasionaba al portugués, el defraudado don Enrique consiguió la devolución de La Coruña, Ciudad Rodrigo y Valencia de Alcántara.

La segunda contienda con Portugal fue realmente un episodio de la guerra de los Cien Años. Fernando I, aliado de Inglaterra, apoyaba en secreto las pretensiones del duque de Lancaster, el llamado Juan de Gante, al trono de Castilla. Enrique II reaccionó con su acostumbrada presteza y dispuso su ejército y su flota para invadir Portugal (diciembre de 1372). El ejército castellano penetró por Viseo y, después de una marcha triunfal, llegó ante los muros de Lisboa, cuyos habitantes resistieron valientemente. Poco después se presentaba en el estuario del Tajo la escuadra castellana de Egidio Boccanegra. Por las gestiones del cardenal Guido de Bolonia, legado del papa, se firmó la paz en Santarem el 19 de marzo de 1373. El único resultado para Castilla era la ficticia unión de Portugal a la alianza entre Castilla y Francia.

Esta paz era muy necesaria para Enrique II, pudiendo atender a otra cuestión frontera: la de Navarra. Intervino de nuevo el cardenal Guido y consiguió la paz entre ambos reyes. Carlos II de Navarra devolvería Vitoria, Logroño y las demás plazas que ocupaba. Quedó concertada la boda de Leonor de Castilla, hija de Enrique, con el primogénito del rey de Navarra (Briones, 1373). Más complicadas fueron las negociaciones con el astuto Pedro IV de Aragón, pero terminaron felizmente en la paz de Almazán (12 de abril de 1375), en virtud de la cual el Ceremonioso devolvía Molina y una de sus hijas, Leonor, casaría con el infante don Juan, heredero de Castilla. El 27 de mayo se celebraron en Soria las bodas de Leonor de Castilla y Leonor de Aragón con los infantes don Carlos y don Juan, que habían de reinar en Navarra y en Castilla, respectivamente.

Esta constante angustia del rey fratricida no le impidió mantener, con una continuidad y una firmeza desconocidas en sus antecesores, una política internacional de altos vuelos. Se iba dibujando cada vez con más precisión el antagonismo entre Francia e Inglaterra. Castilla, que desde el siglo XII había recibido una cultura francesa que sustituía a la vieja cultura hispánica, integrada por la herencia visigoda y por influencias de Oriente, había intentado ya una aproximación política a Francia con Alfonso X y con Sancho IV. La guerra que se ha llamado de los Cien Años estaba en su fase más enconada, reinando en Francia Carlos V y en Inglaterra Eduardo III.

El deseo del rey de Francia y de los caballeros de su reino de vengar la afrenta y la muerte de una princesa francesa hicieron que el conde de Trastámara encontrase un ambiente propicio para reclutar aventureros contra su hermano Pedro el Cruel. Lógicamente, este rey había de buscar apoyo en el rey de Inglaterra, dos de cuyos hijos casaron con hijas de don Pedro, de las cuales la mayor reclamaba la herencia paterna. Ya vencedor, el interés y la gratitud llevaban a Enrique II a favorecer al rey de Francia.

En esta guerra consigue los primeros lauros internacionales la recién nacida marina castellana, destinada a tan gloriosa historia. La enérgica ofensiva de Carlos V le había llevado a reconquistar casi toda Francia. El rey deseaba apoderarse del puerto de La Rochela, llave del ducado de Guyena. Enrique II envió al sitio de la plaza una escuadra de doce galeras al mando de Ambrosio Boccanegra. El combate duró dos días y la armada castellana obtuvo una brillante victoria sobre la flota inglesa del conde de Pembroke, el cual quedó prisionero (1372) con muchos caballeros ingleses.

Los españoles, que tuvieron hacia los ingleses un comportamiento caballeresco, retornaron triunfalmente a las costas de España con las naves apresadas, el botín y los cautivos. En junio de 1374, el mismo don Enrique pasó los Pirineos y puso sitio a Bayona, pero hubo de tornar a España sin conseguir su propósito. Los marinos castellanos, envalentonados por el triunfo, siguieron atacando a las naves inglesas. Rui Díaz de Rojas obtuvo nuevas victorias en pequeñas escaramuzas y las naves de Fernán Sánchez de Tovar, unidas a las francesas, devastaron las costas de Inglaterra. El 27 de junio de 1375 se firmaron entre Francia e Inglaterra las treguas de Brujas en las cuales quedaba comprendida Castilla.

Sintió vivamente el rey Enrique, como la sintieron los más finos espíritus de la época, la preocupación por el gran drama de la división de la Iglesia católica que llamamos «el cisma de Occidente». Pretextando que la elección del papa Urbano VI había sido impuesta al conclave por un motín del pueblo romano, algunos cardenales se reunieron en Fondi, en el reino de Nápoles, y eligieron al cardenal Roberto de Ginebra, que tomó el nombre de Clemente VII y estableció su corte en la ciudad pontificia de Avignon, en Francia (1379). Así comenzó el cisma que vino a relacionarse con la gran contienda entre los reyes de Francia y de Inglaterra. Este último país abrazó con entusiasmo la causa del papa de Roma y tuvo a su lado al Imperio y a muchos de los Estados italianos. Era, naturalmente, Francia la defensora del papa de Avignon, que venía a satisfacer el deseo de algunos reyes franceses, renovado en diversas ocasiones, de establecer en Francia la cabeza de la cristiandad. La guerra de los Cien Años vino así a tomar un carácter de lucha religiosa que la hizo más larga y enconada.

Pedro IV de Aragón había dispuesto en su testamento que la decisión del reino por uno o por otro papa se tomase con gran cuidado, después de una información detenida. Una junta de teólogos y de juristas que reunió en Avignon su hijo Juan I se decidió por Clemente VII. Enrique II de Castilla hubo de resistir la intensa presión de su aliado el rey de Francia para que reconociese al papa de Avignon. Una junta de señores y de prelados reunida en Illescas determinó que se dilatase la declaración hasta que llegasen informes más completos y el rey se avino a este dictamen.

Por su atención al gobierno y a la pacificación de su reino, este rey, que gobernó en condiciones tan precarias, puede contarse entre los más insignes de Castilla. Reunió Cortes en diversas ocasiones y algunas de ellas, como las de Toro en 1371, demostraron gran actividad legislativa. En este reinado de sólo diez años, tan llenos de conflictos y de inquietudes, se reorganizó la cancillería real y se creó la Hermandad de Villas y Ciudades para contener el bandolerismo, eterna secuela de las guerras civiles. Diversas disposiciones vendrían a combatir la usura, a impedir la exportación de oro y a contener las demasías de los señores, ordenando que cualquiera pudiese acudir en apelación ante los alcaldes del rey.

Esta década constituye una etapa importante en el proceso de dotar de eficacia moderna a la vieja máquina estatal y en este sentido Enrique II puede ser considerado como un precursor de los Reyes Católicos. Si el reinado de Pedro I había sido la Edad de oro para los judíos en Castilla, el de su adversario debía ser, como en tantas cosas, una total rectificación de esta política. Hubo saqueos y matanzas en varias juderías, especialmente en Nájera, Miranda y en Toledo. Se acentuó en este reinado la hostilidad popular contra los judíos, que en los últimos años del siglo XV había de hacer necesaria la expulsión. El rey, con su acostumbrada prudencia, moderó las peticiones de las Cortes, que pedían para los judíos nuevas restricciones.

La Historia conoce al fundador de la dinastía de Trastámara por el mote real de «Enrique el de las Mercedes». Las circunstancias en que subió al trono le obligaron a ser muy generoso con sus auxiliares. Bertrand Duguesclin, a quien había hecho duque de Molina y señor de Soria, retornó a su patria. En España quedaron Arnal de Solier, convertido en señor de Villalpando así como otros caballeros de menor cuenta. Algunas casas castellanas, como la de los Guzmanes, fueron engrandecidas en este tiempo. A veces estas mercedes venían a reconocer la lealtad de algunos defensores de Pedro I, como Garci Fernández de Villodre, y no fueron, ciertamente, muy agradecidas. De ahí un nuevo aumento del poderío de la alta nobleza, que había de hacer difíciles los reinados posteriores.

Posiblemente, por influencia de gran número de caballeros franceses, los títulos de la jerarquía ultramontana comenzaron a usarse en Castilla. A aumentar la serie de los grandes señores vinieron dos copiosas hornadas de bastardos reales. En este sentido, Enrique II protegió a los que sobrevivieron de la prole de Alfonso XI y de Leonor de Guzmán, pero él mismo aumentó el número de los «parientes reales» con su progenie ilegítima. Hasta trece hijos naturales citó en su testamento y otros dejó encomendados en secreto al infante primogénito y a la reina doña Juana Manuel.

Murió Enrique II en Santo Domingo de la Calzada el 30 de mayo de 1379. Los historiadores no pueden prescindir, al emitir un juicio sobre este rey, del crimen al cual debió la corona. Es preciso reconocer que había en Enrique II madera de gran monarca: valiente y sagaz, muy activo y decidido, del todo entregado al prestigio de su corona y al bien de su pueblo. Fueron estas cualidades las que se hicieron merecer el triunfo y le permitieron fundar y consolidar una dinastía cuyos vástagos estaban destinados a ocupar todos los tronos de España y a preparar la agrupación de todos los reinos hispánicos en una gran patria llamada a gloriosos destinos.

La herencia de Enrique II de Trastámara: el reinado de Juan I en Castilla

Sobrevivieron a Enrique II dos hijos de su matrimonio con doña Juana Manuel, heredera de la familia de La Cerda y de los Lara: don Juan, nacido en Épila coincidiendo con la época del destierro de su padre, cuando era conde de Trastámara en Aragón (1358), y doña Leonor, que en 1375 había casado con el infante don Carlos de Navarra, primogénito de Carlos II el Malo. El nuevo rey, JUAN I, que comenzó a reinar a los veintiún años, no tenía ni las cualidades ni los vicios de los últimos reyes de la casa de Borgoña y es un tipo humano del todo diferente de su padre y de su abuelo, bravos, decididos y desprovistos de escrúpulos. Virtuoso y honrado, caballero perfecto, ningún rey se ha entregado de tan buena fe al oficio de reinar. Fue, como varios de los Trastámaras, dinastía que sólo en su fundador tuvo la vitalidad de las razas nuevas, un enfermo, y la dolencia, afinando su sensibilidad, le hizo más humano y comprensivo. Si en su gobierno no fue venturoso, consiguió a lo menos dejar definitivamente establecida la legitimidad de la casa reinante en Castilla.

Sobre todas las cuestiones que complican el reinado de Juan I, que acepta con todas sus consecuencias la herencia paterna, prevalece la de Portugal. En este reinado se define claramente la dualidad ibérica y la actuación no ciertamente discreta ni afortunada del rey contribuye a afirmar la personalidad del reino portugués, hasta entonces el más afín y el más vinculado a Castilla-León de todas las monarquías peninsulares.

Sin embargo, Juan I conseguirá mejorar sus posiciones. A este rey, bueno y leal, no le faltó el apoyo del pueblo, y precisamente la muerte de Pedro IV de Aragón y de Carlos el Malo de Navarra (enero de 1387) le libertó de dos vecinos peligrosos. Comenzó negociaciones secretas para llegar a un acuerdo con los duques de Lancaster, que no tenían hijos varones. Ante el fracaso que tuvo el rey de Portugal y el duque de un intento de invasión por la parte de Zamora, éste se mostró propicio a negociar y se firmó el tratado de Troncoso (1387), por el cual se concertaban las bodas del infante heredero don Enrique con Catalina de Lancaster. Los esposos tomarían el título de príncipes de Asturias, que desde entonces vino a estar vinculado a los primogénitos de los reyes. Las Cortes de Palencia (septiembre de 1388) aprobaron el convenio y la ceremonia nupcial se celebró en esta ciudad.

Fueron estas bodas un gran acierto y un gran éxito del rey Juan I. Por ellas, la casa de Trastámara, que había ya recabado por doña Juana Manuel los derechos de la casa de La Cerda, adquiría ahora los de la rama de Pedro I el Cruel y se convertía, borrando las sombras de su origen, en la dinastía nacional e indiscutible de Castilla.

Sorprende en el hijo de Enrique II, nieto de Alfonso I, la exquisita sensibilidad de su alma, que llegó en algunas ocasiones al escrúpulo. Para encontrar un precedente a su interés por el pueblo hace falta remontarse a los tiempos de San Fernando.

Todos los Trastámaras acudieron con frecuencia a las Cortes, pero Juan I es, en cierta manera, el precursor del parlamentarismo del siglo XIX, pues no se limita a pedir servicios económicos y a escuchar las peticiones de los procuradores, sino que buscó en ellos la legitimidad de su poder y, de acuerdo con los diputados, adoptó las decisiones más importantes. Por eso los cuadernos de Cortes de Juan I superan en interés a los de cualquier otro reinado. En las de Segovia de 1386 expuso en su notable discurso sus derechos a la corona; en las de Briviesca de 1387 dio cuenta el rey de la inversión de los tributos en aquel año; en las de Guadalajara de 1390 hizo ante los representantes de las ciudades una sincera exposición de su política. En ellas anunció su resolución de conceder un perdón general, ordenando la devolución de sus bienes a los tenaces seguidores de la causa de Pedro I y de sus hijos.

Las decisiones adoptadas en Cortes por el rey son sumamente importantes: en la de Burgos de 1379 se acentúa la política de represión del lujo excesivo, que había de ser norma de todos sus sucesores, y se toman decisiones de carácter económico. En las de Soria de 1380 se garantizó a los pueblos su derecho a elegir alcaldes y se dictaron disposiciones que contuvieran las demasías de los judíos. En las de Segovia de 1383 se ordenó que los documentos no se fechasen según la era hispánica, sino por la del nacimiento de Cristo, disposición que, como otras del mismo reinado, se encaminaba a devolver a España a la corriente europea. En las Cortes de Valladolid en 1385 se creó el Consejo Real, compuesto de doce miembros: cuatro prelados, cuatro señores y el mismo número de ciudadanos. No era un mero organismo consultivo, sino ejecutivo, motivado por la necesidad de suplir en un régimen absoluto la insuficiencia de la persona real para el despacho, cada vez más complejo, de los negocios. En este sentido, no se puede estudiar la organización de la España moderna sin tener en cuenta el precedente de Juan I. La administración de la justicia había sido preocupación constante del rey. En el ordenamiento de Segovia de 1390 creó la Real Audiencia, situada en dicha ciudad por ocupar un lugar equidistante entre la Vieja y la Nueva Castilla.

En los primeros años de su reinado, Juan I siguió fielmente la política internacional de su padre y apoyó a Carlos V y a Carlos VI de Francia en contra de Ricardo II de Inglaterra, y la flota castellana siguió siendo para la francesa un auxiliar inapreciable. El acuerdo de Troncoso con el duque de Lancaster puso a esta política en grave riesgo, pero en los mismos tratos ambos contendientes se reservaban la fidelidad a sus aliados respectivos, si bien se comprometían a desempeñar el simpático papel de pacificadores. La paz vino a poner fin a situación tan delicada y el rey de Francia y el de Inglaterra firmaron la tregua de Lelengham en 1389.

Su fracaso en Portugal fue una espina que torturó la vida del rey y que le movió a una resolución desatinada, pero que revela su espíritu caballeresco y la rectitud de sus miras. En las Cortes de Guadalajara (1390) hizo presente su propósito de renunciar en su hijo el príncipe Enrique los reinos de Castilla y León (reservándose solamente Andalucía, Murcia y el señorío de Vizcaya), con la confianza de que los portugueses, viendo alejado el riesgo de una unión con Castilla, se le entregarían. El prudente cronista Pedro López de Ayala le hizo ver lo dañoso e inútil de esta resolución extemporánea.

Este buen rey, en todo desgraciado, como si la providencia le hubiese elegido como víctima expiatoria de su raza, murió a los treinta y dos años de edad, de una caída de caballo, en Alcalá de Henares el 9 de octubre de 1390, mientras pasaba revista a unos jinetes africanos llamados «los Frafanes», que se decían de origen visigodo y que se reintegraban a Castilla.

Ayala, gran retratista, nos ha dejado su imagen en la *Crónica*: «Era non grande de cuerpo, e blanco e rubio, e manso e sosegado, e franco e de buena consciencia, e ome que se pagaba mucho de estar en consejo; e era de pequeña complisión, e avía muchas dolencias». Era aficionado a las leyes y ejercicios de caballería, tan extendidos en la Europa central. En 1390, instituyó en Segovia la Orden de caballería del Espíritu Santo, cuyas divisas de collar y rosas repartió entre los cortesanos. Fue varón de honestas costumbres y de su religiosidad es testimonio la fundación de la cartuja del Paular.

En Cellorico da Beira, en tiempo de su entrada en guerra con Portugal (1385), el rey había ordenado su testamento, designando para gobernar el reino durante la minoría de su hijo a un consejo formado por el marqués de Villena, condestable, los arzobispos de Toledo y de Santiago, el maestre de Calatrava, el conde de Niebla y el alférez mayor, Juan Hurtado de Mendoza. El espíritu del rey se advierte en la disposición por la cual se ordenaba que los seis regentes debían asesorarse de una junta compuesta por los procuradores de Toledo, Burgos, León, Murcia, Sevilla y Córdoba. Dejaba Juan I dos hijos de su primer matrimonio con Leonor de Aragón: Enrique, príncipe de Asturias, y Fernando, el cual en una ceremonia caballeresca en las Cortes de Guadalajara había sido investido del señorío de Lara, del ducado de Peñafiel y del condado de Mayorga.

Como el príncipe no contaba sino once años, fue preciso proveer al gobierno durante la minoría. Una junta de grandes señores designó un consejo de ocho magnates eclesiásticos y seglares con otros tantos procuradores en Cortes. Disgustado el arzobispo de Toledo, que era el enérgico don Pedro Tenorio, envió a las ciudades copias del testamento de Juan I, que tenía en su poder. Las ciudades se dividieron en dos bandos, de los cuales uno apoyaba al consejo y el otro exigía que se cumpliese el testamento del difunto rey. Como los grandes parientes y los señores se repartiesen entre ambos bandos, la minoría de Enrique III amenazaba ser tan difícil como la de Alfonso XI.

Los buenos oficios del legado del papa de Avignon y de la reina doña Leonor de Navarra y la cordura y la buena voluntad de las ciudades conjuraron el riesgo y lograron un acuerdo, por el cual ejercerían la regencia los designados por Juan I, más el duque de Benavente, el conde de Trastámara y el maestre de Santiago con seis procuradores, pero las Cortes de Burgos exigieron que se respetase la integridad de la voluntad de un rey del cual conservaban tan grato recuerdo (1392). Aun cuando en el consejo, en el que prevalecía la autoridad de don Pedro Tenorio, no hubiese armonía, se logró llegara la paz con Portugal, desligando a Castilla de los intereses de la reina doña Beatriz (15 de mayo de 1393). Los tutores, desavenidos con don Pedro Tenorio, le ocuparon algunos castillos, por lo que el papa fulminó sobre ellos la excomunión y puso en entredicho las diócesis de Zamora, Palencia y Salamanca.

Devueltos los castillos y levantadas las censuras, la situación era tan violenta que el rey de quince años, capaz ya para gobernar como a su edad lo habían sido sus antepasados, exigió en el monasterio de Las Huelgas de Burgos y ante el legado pontificio que el consejo le rindiera sus poderes y comenzó a reinar personalmente en agosto de 1393.

La casa de Evreux en Navarra

Los sucesores de Juana II: Carlos II el Malo y Carlos III el Noble

El reinado de los dos últimos monarcas de la casa francesa de Evreux, ambos de nombre Carlos, reviste una singular importancia, pues en este período sufren un rudo quebranto las aspiraciones de los príncipes franceses que impelían a la pequeña monarquía hispánica a intervenir en la política de Francia y a convertirse ellos en los más poderosos caudillos de la jerarquía feudal de aquel país. Este fracaso motivó en los Evreux una mayor atención a la política peninsular y a su reino patrimonial, al cual debían su categoría y cuyos intereses quedaban frecuentemente un poco relegados. Esta reintegración de la dinastía −cuyo fundador, Felipe el Noble, murió al servicio de una causa hispánica en la empresa de Algeciras− al concierto peninsular tuvo como consecuencia el establecimiento en el trono de Navarra, por primera vez después de dos siglos, de una casa española y, por último, su incorporación a España cuando una princesa francesa intentó un retorno a los errores del pasado.

En 1349, a la muerte de la reina Juana II de Valois, viuda de Felipe de Evreux, hereda la corona de Navarra su hijo CARLOS II, que ha pasado a la Historia con el poco honroso sobrenombre de «el Malo». Contemporáneo de Pedro I el Cruel de Castilla y de Pedro IV de Aragón, fue como ellos duro, inhumano a veces, y dio a su vesania un aspecto de justicia, pero el sobrenombre de «Malo» no ha de entenderse en el sentido que hoy damos a esta palabra. Se lo dieron los franceses por haber apoyado al rey de Inglaterra, siendo «malo», esto es, traidor, hacia su soberano el rey de Francia. Fue, de todas formas, un intrigante sin escrúpulos de conciencia, que llegó al crimen cuando así convino a sus intereses; un rey con alma de aventurero en la Europa desdichada del cisma de Occidente, de las «compañías blancas» y del triunfo de los bastardos.

Yerno de Juan II de Francia, tuvo una importante actuación en la política francesa de aquel sombrío período, movido por su ambición de engrandecer sus dominios franceses con los condados de Champagne, Brié y Angumois y aun con el ducado de Borgoña. Hizo asesinar a Carlos de la Cerda, llamado Carlos de España, condestable de Francia, al cual persiguió más allá de los puertos la mala fortuna (1353) y fue hecho prisionero por orden de su suegro. Cautivo Juan II de los ingleses en la batalla de Poitiers, el rey de Navarra obtiene la libertad y se hace dueño de París. Carlos somete con tremenda dureza la jacquerie de los campesinos y traiciona a los ciudadanos de París, como traiciona a todo el mundo, pues llevaba en el fondo del alma la doblez y la falsía. Nada nos interesa y hemos de dejar de lado la mezquina y complicada política francesa de este rey de Navarra, para ocuparnos de su actuación peninsular.

Por de pronto, Carlos II incurrió en el error de tantos de sus antecesores, nombrando como gobernador del reino, del cual su desdichada intervención en la política francesa le obligaba a permanecer ausente, a un francés: mosén Juan de Conflans, señor de Dampierre. No sabemos si este nombramiento influiría en la sublevación de los vecinos del puente de Miluce, cerca de Pamplona, que fue duramente castigada por el rey.

La situación de Navarra, cuyo soberano, feudatario de Francia, sufría la presión de sus poderosos vecinos Pedro de Castilla y Pedro de Aragón, no podía ser más peligrosa. Cuando pudo ocuparse de los asuntos de la península, Carlos de Navarra procuró salir del paso a fuerza de astucia y de mala fe. La cuestión se complica con la aparición de un tercer contendiente: Enrique, conde de Trastámara. El navarro procura sacar partido de la situación confusa recabando las viejas reivindicaciones de la monarquía pirenaica a la Rioja y al País Vasco. En 1363, pactó con Pedro I el Cruel la cesión de Logroño al navarro si éste conseguía de Pedro IV que diese muerte al conde don Enrique. Poco después, Carlos concertaba con el rey de Aragón el reparto del reino de Castilla. En 1364 unía en Sos su causa a la del conde de Trastámara, después de lo cual se convino con Pedro I el Cruel, quien a cambio de su ayuda le ofreció Guipúzcoa, Álava y gran parte de la Rioja.

Como seguían en pie los acuerdos con el que ya se llamaba Enrique II, Carlos el Malo tuvo que salir del paso con expedientes de la más refinada truhanería, logrando de Oliver de Manni que le hiciese prisionero y le retuviese durante el período crítico en su castillo de Borja. Premio de tantas felonías fue la posesión de Logroño, Vitoria y de una gran parte de la tierra de Álava. Después de la victoria definitiva de Enrique II, Carlos de Navarra hubo de devolver por sentencia del legado del papal las tierras conquistadas (1372).

El infante heredero de Castilla, don Juan, invadía victoriosamente Navarra, en tanto el rey de Francia le despojaba de la mayor parte de sus feudos ultramontanos. El último accidente de su azaroso reinado fue una rebelión de los pamploneses, severamente reprimida. Murió Carlos II en Pamplona a comienzos del año de 1387. No han faltado a su memoria defensores, desde el padre Alesson en el siglo XVII a Susana Duvergne y Antonio Ballesteros en el actual. No fue, ciertamente, más cruel ni más disoluto que los demás príncipes de su tiempo, pero hay en su actuación una doblez constante y una constante falsía que le hacen particularmente desagradable.

Poco tiempo después, subía al trono CARLOS III de Evreux, llamado el Noble (1387-1425), añadiendo a su reino el ducado de Nemours a cambio de las ciudades de Champagne y de Brie. Lo más destacado de su obra como monarca fue su obra pacifista en la misma Navarra con el llamado Privilegio de la Unión, en virtud del cual los tres barrios de Pamplona, frecuentemente rivales, de Burgo, Puebla y Navarrería, se unían en una sola ciudad, y su extraordinaria labor cultural. Carlos III el Noble fue un precursor del Renacimiento. Buscaba para su biblioteca los más preciosos manuscritos y es uno de los primeros personajes que se preocuparon en reunir una colección numismática.

Su corte, organizada a la francesa, era una de las suntuosas y refinadas de Europa y para alojarla en un escenario conveniente construyó los alcázares de Olite y de Tafalla. Las obras del castillo de Olite se comenzaron en 1403 y el rey ya lo habitaba en 1413. Dio el plan general, que responde a la estructura de las residencias campestres de Francia, el judío Saúl de Arrendó, pero el rey hizo venir albañiles, carpinteros, yeseros y azulejeros moriscos, y escultores, pintores vidrieros y jardineros de Francia y de toda la Europa central. El conjunto es una síntesis de refinamiento centroeuropeo y de mudejarismo que sólo en el alcázar de Segovia tenía semejante.

En estos momentos, Navarra y Borgoña recogen el éxodo de artistas franceses a los cuales su patria, desgarrada, no podía facilitar trabajo, y en ambos países se originan brillantes «renacimientos», si bien el navarro fue más efímero por la pobreza del país. Artistas franceses construyen la catedral de Pamplona, la más bella obra del gótico francés de fines del siglo XIV (iniciada en 1397), sobre todo por su claustro y sus importantísimas dependencias conventuales, y se advierte la huella de los equipos franceses en Santa María de Ujué y en Santa María de Olite. El rey duerme el sueño eterno con su esposa Leonor de Castilla en un lecho sepulcral, obra de Janin de Lomme, de Tournai (1418), cuya belleza sólo en Borgoña puede encontrar rival, y obra del mismo artista o de sus discípulos son la supuesta tumba de Lionel de Navarra y la del canciller Villaespesa, ésta en la catedral de Tudela.

No es posible estudiar la pintura francesa de fines del siglo XIV sino en el Museo de Pamplona, que acoge las obras pictóricas que adornaban la catedral y otras iglesias. Este breve y brillante renacimiento navarro, que se debe a los Evreux, tuvo extraordinario influjo en el norte de España (catedrales de Vitoria y de Bilbao, iglesia de Santa María de Laguardia, sepulcro y retablo del canciller Ayala en Quejana, etc.).

De la accidentada vida conyugal de Carlos III con Leonor de Castilla no habían quedado hijos varones. De las hijas, la mayor, Juana, casó con Juan I, conde de Foix, y la segunda, Blanca, con Martín de Aragón, rey de Sicilia. Como los condes de Foix murieron sin hijos antes que el rey de Navarra, vino a ser la heredera doña Blanca, que contrajo segundas nupcias con el infante don Juan de Aragón, duque de Peñafiel, y de este matrimonio nació un hijo, don Carlos, para quien su abuelo creó el principado de Viana. El hábil y ambicioso don Juan de Aragón había conseguido unas capitulaciones matrimoniales tan ventajosas que no solamente le permitían compartir el trono con su esposa, sino que le daban ciertos derechos en caso de viudez. Al morir Carlos III el Noble (1425), la casa de Trastámara, reinante en Castilla y también en Aragón, se instalaba en otro de los tronos peninsulares, secularmente vinculado a dinastías extranjeras.

Proyectos para restablecer la autoridad real en Castilla y en Aragón

El siglo xv: una década de renacimiento político y cultural

Si el siglo XIV representa en España una regresión en la tendencia a concentrarse en sí misma, con un predominio claro de aquellos valores derivados de la larga dependencia política y cultural de África y de Oriente sobre la penetración durante los siglos XII y XIII de modelos políticos y culturales centroeuropeos, el XV viene a reasumir ambas tendencias en constante pugna en el suelo peninsular, en una situación de equilibrio rica en mestizajes que singularizan a los reinos de España entre los demás Estados europeos. En el ambiente de Europa se advierte uno de esos «renacimientos» que interrumpen la cultura medieval con una mayor atención al mundo externo y un recuerdo del mundo grecorromano, esta vez con tan insólita pujanza que se ha podido llamar a este período el «renacimiento» por excelencia.

España persevera en la situación provinciana en que se mantiene durante casi toda su historia. Poco propicia a la inventiva, rara vez se constituye en «metrópoli» de un movimiento cultural, pero es capaz, sin embargo, de apoderarse de las corrientes que vienen de fuera, de imprimirles un fuerte carácter y de llevarlas hasta las últimas consecuencias. Dos «renacimientos» de larga y laboriosa formación hacen acto de aparición en este siglo: el flamenco-borgoñón –con ramificaciones en todo el norte de Francia y en las márgenes del Rhin–, y el italiano. En España, ambos se funden y engendran una civilización muy rica en matices tanto en las artes como en la cultura, pasando por la política y la vida, en general.

Europa, por tantas décadas ciega respecto al resto de la tierra, concentrada en sus propios problemas vitales, tiene ahora tranquilidad y sosiego para darse cuenta de que no es un cosmos vacío, sino que la rodea un mundo inmenso y múltiple, cuya revelación ofrece estupendas perspectivas capaces de disponer los ánimos a las más inesperadas aventuras. Comienza a entrever este mundo a través de las narraciones de Marco Polo, tan asombrosas por aquel entonces. En los libros de caballería que describen imperios lejanos, en los tratados de una geografía delirante, en la predilección del tema del salvaje en el arte y en la literatura, se advierte un anhelo por apoderarse de este tesoro de emociones y de riquezas que había de ser estímulo para grandes hazañas. En ninguna parte debía sentirse este anhelo como en las costas por las que Portugal y España se asoman al mar, de misterios tan profundos que nadie había intentado desentrañar.

Con el recuerdo y la admiración por un Imperio que intentó unificar el mundo conocido bajo una misma espada, una misma ley y un mismo patrón de cultura, se va despertando en las diversas naciones una tendencia hacia la unidad. Es solamente la monarquía la que puede moderar privilegios y particularismos y crear así un ambiente de respeto común hacia la ley.

La figura jurídica del príncipe se va definiendo cada vez con más precisión tanto en los escritos de juristas como en los de filósofos, y la monarquía absoluta es propuesta a la ambición de los reyes.

La lucha inevitable contra egoísmos de clase y particularismos tradicionales es aún más violenta en España, donde la diversidad se complica con peculiares problemas raciales y re-

Enrique III el Doliente, rey de Castilla.

ligiosos, y donde los intentos de predominio del poder real violentan la tendencia anárquica a la dispersión latente en el fondo del alma hispánica.

Hubo una dura lucha y en ella se forjaron las virtudes militares y políticas de los hombres que habían de hacer del olvidado conjunto de pueblos, no del todo europeos, que se repartían la península al extremo de Europa la nación rectora durante un largo ciclo político y cultural.

El reinado de Enrique III el Doliente, en Castilla

Precisamente todas estas inquietudes y anhelos aquí expresados, van a tener un protagonista destacado en Castilla, como será ENRIQUE III EL DOLIENTE. En 1396, termina la *Crónica* de Pedro López de Ayala y aun cuando los documentos proporcionan datos suficientes para reconstruir la actuación del rey y de los principales personajes, sin embargo, falta el calor humano, aquellos retratos, aquellas anécdotas características que nos permiten en las grandes crónicas catalanas, en las de Ayala o en la de Fernâo Lopes formarnos idea exacta del ambiente de un período histórico.

Lo que conocemos basta para situar la figura de Enrique III en la galería de los más grandes monarcas españoles. En él están todas las virtudes, todos los conceptos políticos así como todo el sistema y hasta los sueños que habían de hacer singular en la Historia el reinado de sus descendientes los Reyes Católicos. Todo o gran parte fue malogrado por la precaria salud de este rey, tan notoria a sus pueblos que es designado con el nombre de Enrique, el Doliente. En el hijo y en el nieto del conde de Trastámara reviven las virtudes de los más excelsos reyes de Castilla, pero juntamente con esta herencia gloriosa reciben, en contrapartida, la de un cuerpo enfermizo, en el cual se advierten las taras que son consecuencia de la vida licenciosa del fundador de la dinastía, que fue, parecido en esto a su hermano el rey Pedro I el Cruel, más un potentado oriental que un príncipe cristiano. En el juego contradictorio de estas dos herencias está el drama del breve reinado de Enrique III.

Como en sus antepasados Alfonso VIII y Jaime el Conquistador, es admirable en Enrique III la precocidad con que, niño de catorce años, se hace cargo del gobierno, anticipando, movido por la situación de sus reinos, el advenimiento a la mayoría, y es inverosímil el que la voluntad firme de este niño fuese desde entonces un factor decisivo en la política de Castilla. Se dio perfecta cuenta el rey de la necesidad de acabar con aquella anarquía de parientes reales y de grandes señores que era entonces Castilla. Se advierte, al mismo tiempo, en el regio adolescente esa preocupación por la justicia, que iguala a todos, grandes y pequeños, ante la majestad de la ley, que ha sido la cualidad que el pueblo español ha ponderado y agradecido más en sus reyes. Por eso perdura en la memoria popular una leyenda del Doliente como rey justiciero, en cierto modo semejante a la de Pedro I el Cruel y a la de los Reyes Católicos. De admirar es también la diligencia del rey, que no desatendió ninguno de los problemas de Castilla, y su clarividente intuición, que hizo de él un precursor de los grandes reyes de Portugal y de Castilla que abrieran a Europa las rutas oceánicas.

Ante el legado pontificio y el consejo de regencia, reunidos en el monasterio de Las Huelgas de Burgos en el mes de agosto de 1393, el rey asumió las responsabilidades del gobierno. Dio rápidamente pruebas de su actividad acudiendo a Vizcaya, conturbada siempre por las guerras civiles, para tomar posesión del señorío y jurar como señor sus fueros. Es interesante consignar el que, a petición de los vizcaínos, les concediese el derecho de dirimir sus contiendas por medio de combates singulares a la manera de Castilla, también conocido como el *riepto*, prueba de que los señores vascos, verdaderos jefes de clanes prehistóricos, iban entrando en las costumbres de la caballería europea.

En las Cortes de Madrid que se abrieron el 15 de noviembre, dio el rey señales de una notable clarividencia y de una entereza tan impropias de sus años, que hacen pensar en algún consejero secreto cuyo nombre no ha llegado hasta nosotros. Acaso don Pedro Tenorio, arzobispo de Toledo, único entre los grandes capaz de pensar en algo más que en su medro personal.

Después de anunciar que al cumplir catorce años se hacía cargo del gobierno, anuló las donaciones y mercedes en que tan pródigos habían sido los tutores. Aconsejándole los procuradores que se rodease de buenos consejeros y que moderase el gasto de la corte, el rey dispuso que las rentas de los grandes señores se redujesen al estado en que estaban en tiempo de Juan I, medida que afectaba a algunos de los parientes reales: la reina de Navarra, doña Leonor, que, recelosa de la corte de su marido, Carlos III el Noble, vivía en Castilla, donde actuaba como un elemento perturbador; don Fadrique, duque de Benavente, bastardo de Enrique II, y don Pedro, conde de Trastámara, hijo del maestre don Fadrique y nieto de Alfonso XI.

Fue, en estos momentos, cuando se verificó el matrimonio concertado en Bayona, del joven rey con doña Catalina, hija de Juan de Gante, duque de Lancaster, y de doña Constanza, hija de Pedro I y de doña María de Padilla. De esta forma, venían a unirse las descendencias de los dos hermanos contendientes: ninguna legítima, pues no se puede hablar de legitimidad en el fruto de los amores del rey Pedro I en tiempo en que aún vivía la desventurada Blanca de Borbón. La nueva reina, que superaba en cuatro años la edad de su esposo, no tenía las cualidades de su antepasada Leonor Plantagenet, la gran reina de Castilla: era mujer de escasa inteligencia y débil voluntad, y se dice que su destemplanza en el comer y en el beber desfiguró pronto su belleza y arruinó su salud.

Los grandes señores, acostumbrados a acumular, sin que nadie le fuese a la mano, villas, castillos y tierras, estaban dolidos y molestos de las restricciones de la nueva política y andaban con ligas para resistir al rey, pero Enrique se mostró inflexible y reunió un ejército de dos mil lanzas, con el cual estuvo dispuesto a asegurar la eficacia de sus órdenes. Quizás influyese la inflexible actitud del rey en que la reina de Navarra se decidiese, por fin, a ceder a los requerimientos de su marido y a retornar a su hogar y a su corte, adonde le llamaba su deber. También se rindieron a la voluntad real el duque de Benavente y el conde de Trastámara, pero con la lealtad tan precaria que continuaron en tratos con la reina de Navarra, que aún permanecía en Castilla. El rey don Enrique encerró al duque en el castillo de Burgos e incorporó a la corona sus inmensas heredades con las del conde don Pedro y las de la reina doña Leonor (1394).

Mayor problema ofreció el reducir al más arisco de los bastardos reales, don Alonso, conde de Gijón y de Noreña, hijo de Enrique II, en actitud de franca rebeldía, al amparo de sus montañas. El rey organizó un ejército e hizo aparejar una flota y en la catedral de León proclamó la destitución del conde, eterno rebelde, de todos sus señoríos.

Esta actitud enérgica y otras en la represión que acusaron los desmanes de gran número de señores crearon, sin duda, en torno del rey un ambiente popular que se concretó en una leyenda. La narró el padre Juan de Mariana, que la tomó, sin duda, del *Sumario de los reyes de España*, escrito por el dispensero de la reina (de Catalina de Lancaster o de Leonor, esposa de Juan II), y la trascribió Gil González Dávila en su *Historia de la vida y hechos del rey don Enrique III de Castilla* (1638). Cuenta esta leyenda que hallándose el rey en Burgos se encontró en tal penuria que, al retornar de una partida de caza, tuvo que empeñar su gabán para poder cenar. Indignado por el contraste que ofrecía su miseria con el fausto de una cena que los grandes habían celebrado en la residencia del arzobispo de Toledo, los convocó en el alcázar fingiéndose enfermo. Cuando acudieron se encontraron rodeados por las tropas dispuestas por don Enrique y en el centro del salón al verdugo Mateo Sánchez con el tajo y el hacha dispuestos. El arzobispo se postró de hinojos ante el rey pidiéndole clemencia y el monarca les hizo gracia de la vida, aunque reteniéndolos en prisión hasta que restituyeran los castillos y las rentas que detentaban.

Pero no eran sólo los parientes reales y la gran nobleza los que impedían el ejercicio de la autoridad real que Enrique III, precursor en esto, como en tantas otras cosas, de los grandes reyes del Renacimiento, deseaba instaurar sin restricción alguna: los concejos eran repúblicas independientes gobernadas por la poderosa caballería ciudadana y a ellos apenas llegaba la autoridad del rey. Esta situación motivó el que, como sucedía en toda Europa, la nobleza local se dividiese en bandos que ensangrentaban calles y plazas en interminables contiendas. Enrique III quiso poner remedio a este estado de cosas con su actuación personal. Ya de antiguo, los reyes venían nombrando corregidores, funcionarios reales que inspeccionaban la marcha del municipio y corregían desmanes; pero estos delegados reales, nunca bien vistos por los pueblos, se nombraban solamente a petición de las ciudades o siempre que los reyes entendiesen que había algún «menguamiento» en la administración municipal. En 1396, Enrique III creó los corregidores como institución normal en las ciudades y villas de importancia, y esto causó tal disgusto en las repúblicas concejiles que muchas, Sevilla entre ellas, se negaron a admitir a los nuevos funcionarios.

Hacían imposible la vida en Sevilla los bandos que capitaneaban el conde de Niebla, jefe de la casa de Guzmán, y don Pedro Ponce. El rey, después de los necesarios aprestos militares, hizo cerrar las puertas de la muralla y llamó al alcázar a ambos contendientes, juntamente con sus principales partidarios y con los alcaldes que gobernaban la ciudad. Entonces prendió al conde y a su adversario, destituyó a las autoridades e hizo cortar las cabezas de los dos caballeros que más habían delinquido, uno por cada bando. Cuenta la crónica de Juan II que don Enrique dejó en la ciudad a su alcalde de corte, Juan Alfonso de Toro, encargado de hacer justicia en los malhechores que pululaban al amparo de las banderías y que ésta fue tan dura que fueron ahorcados hasta un millar de hombres. Algo similar sucedió en Córdoba. Parece que, al leer estas cosas, presagiamos la época de los Reyes Católicos.

Una de las causas que motivaron la intervención del rey en el régimen de ciudades y villas fue la difícil situación que en ellas creaba la convivencia de tres ciudades, herencia de la Reconquista: la ciudad cristiana, la aljama de los judíos y la morería. Los moros, que eran en Castilla una exigua minoría, gente sumisa, laboriosa y de condición social muy humilde, convivían perfectamente con los cristianos y no dieron a la corte en este tiempo preocupación alguna. No así los judíos, influyentes por su inteligencia y su cultura y poderosos por sus riquezas. La caída de Pedro I el Cruel, gran protector de los judíos, había motivado una violencia contra esta minoría enquistada en las poblaciones castellanas, que se traduce en el hecho de los asaltos, matanzas y saqueos a las juderías. Que esta persecución agravase el odio de la raza proscrita hacia sus violentos expoliadores y fomentase en las juderías sacrilegios y venganzas no es improbable y lo que hubiese de verdad sería exaltado por la fantasía y la animadversión de los cristianos.

Los primeros reyes de la casa de Trastámara observan una prudente política. Por una parte, aumentan las restricciones de la actividad de los judíos y prescriben su total separación de los cristianos, atendiendo a las peticiones reiteradas de las Cortes; por otra, los defienden y castigan duramente a sus agresores. En el reinado de Juan I habían excitado la animadversión popular contra la raza hebraica en toda la Baja Andalucía las predicaciones desaforadas del arcediano de Écija, Ferrán Martínez, que resistió las órdenes del rey y las amonestaciones del arzobispo don Pedro Gómez Barroso. En 1391, aprovechando que los azares de la minoría de Enrique III debilitaban el poder real, volvió de nuevo a sus exhortaciones, que tuvieron como resultado que el pueblo, no encontrando quien le fuese a la mano, saquease e incendiase la rica y populosa aljama de Sevilla —el actual barrio de Santa Cruz—, y degollase a muchos de sus habitantes.

Se extendieron luego los incendios y matanzas a las aljamas de Alcalá de Guadaira, Carmona, Écija, Córdoba, Montoro, Andujar, Úbeda, Baeza y Jaén, y aun penetrando en Castilla el funesto morbo, a las de Toledo, Cuenca, Huete y Villa Real (Ciudad Real). Ya mayor de edad, en 1395, don Enrique acudió a Sevilla y cortó la fuente de tantos desastres, haciendo prender y castigar al arcediano de Écija. La persecución había motivado infinidad de conversiones forzadas en las aterrorizadas aljamas, en daño de la misma cristiandad. En 1392, el rey se dirigió al concejo y autoridades de Burgos, ordenándoles: «Non consistades que alguno ni algunos, asy de los cristianos como de los conversos, les fagan alguna synrasón ni los premien y que se tornen cristianos contra su voluntad, nin consintases a algunos faser levantamento de común contra ellos. Que non manda ni consiente nuestra ley que alguno sea tornado a la fe católica por fuerça e contra su voluntad».

Este rey de tan grandes alientos no consagró, sin embargo, atención preferente a la gran tarea nacional de la Reconquista. Sin duda, conocía bien la dificultad de la empresa, pues, al amparo de las guerras civiles de Castilla, el reino de Granada se había convertido en una fortaleza inexpugnable. Aragón, preocupado por las cuestiones mediterráneas, se había desentendido del problema, y Castilla, empobrecida, no podía acometer por sí sola hazaña tan ardua. Quizás Enrique III abrigara sueños de gloria para el tiempo en que su reinado estuviese del todo pacificado, pero la muerte no permitió que se cumpliesen.

En política internacional manifestó su extrema prudencia, compatible con un alto sentido de la dignidad. Continuó la buena amistad con Francia, cuyo rey Carlos VI le dio señaladas muestras de benevolencia, pero la locura de este príncipe y la anarquía feudal que fue su consecuencia dejaron sin efecto la ya tradicional alianza entre ambos países.

Por esta causa, quizás tuvo el rey de Castilla más libertad para proceder según su conciencia en el delicado asunto del cisma de la Iglesia. Sus antecesores inmediatos se habían inclinado hacia la causa del papa de Avignon, pero Enrique III, aun dándose la circunstancia de que reinase en aquella ciudad un español, el aragonés Pedro de Luna (Benedicto XIII), quiso proceder con la máxima cautela en cuestión tan capital y reunió en Alcalá de Henares, en el año 1399, una junta de teólogos y juristas que dictaminasen sobre el caso. Opinó casi unánimemente esta junta que Castilla debía apartarse de la obediencia de Benedicto XIII, pero sin reconocer al papa de Roma. Con un singular sentido de «hispanismo», que las circunstancias hacían disculpable, se dictaron constituciones, entregando a arzobispos y a obispos la provisión de dignidades y todo género de causas en tanto no reinase en la Iglesia un solo pastor indiscutido.

Hay también otros sucesos, en este breve y fecundo reinado, que aún más precisan la figura de Enrique III como un gobernante moderno, precursor de las inquietudes descubridoras y misionales de la gran España. El joven rey no se limitó a mantener con dignidad y fortuna las orientaciones tradicionales, sino que se advierte un anhelo de abrir nuevos cauces a la actividad de Castilla pacificada. Ya el historiador norteamericano Merriman señaló como antecedente de las empresas españolas en América el descubrimiento y conquista de las islas Canarias, en las cuales los españoles se enfrentaron con los mismos problemas que, enormemente ampliados, habrían de encontrar en el Nuevo Mundo.

El archipiélago de las Canarias, formado por trece islas, dista quinientas sesenta y siete millas de Cádiz y solamente cincuenta y cinco (102 kms) de la costa africana de Sidi Hascham. De aquí el que, sin duda, fuesen los habitantes de la costa occidental de África los primeros pobladores de las «Afortunadas», que, en contraste con las áridas costas saharianas, aparecían como pequeños paraísos. La población masiva de las islas se trasladaría en balsas o piraguas y la formarían navegantes de la época neolítica que dieron al archipiélago su fondo étnico y su cultura.

El conocimiento de estas islas en la antigüedad es muy remoto; se hizo probablemente a través de los navegantes fenicios y cartagineses que costearon el noroeste de África y se traduce posiblemente en mitos como los de la Atlántida y el Jardín de las Hespérides.

En la Edad Media persiste la leyenda de unas «islas Afortunadas» hacia Occidente, casi inaccesibles en la inmensidad del océano. Los cristianos creían en la existencia de una isla misteriosa (la isla de san Barandián, la Encubierta) hacia el Poniente, y se contaba que un monje, san Avito, consiguió llegar a ella, donde predicó y fue martirizado. Como una tentación a la aventura se dibujan las Afortunadas en los más viejos mapas medievales, como el de san Severo, del siglo XI.

Fueron los navegantes italianos —cuando, hacia el 1300, despunta en ellos el afán de revelar la enorme incógnita que era entonces el mundo— los primeros en querer conocer y explorar aquel legendario paraíso.

Por su parte, Alfonso IV de Portugal inició las pretensiones portuguesas a la posesión de las islas costeando una expedición de naves portuguesas, tripuladas por portugueses y castellanos, pero cuya dirección llevaron el florentino Angiolamo del Teggio y el genovés Nicculoso da Recco (1341). Los datos aportados por estos navegantes fueron utilizados por Boccaccio, el cual redactó con ellos un relato bastante exacto, que dio a Europa la primera noticia de la raza y costumbres de su población autóctona, los guanches. Con la descripción de Boccaccio se inicia la leyenda dorada de los indígenas.

Muy poco después se inician las expediciones de los mallorquines. El puerto de Mallorca era un vivero de grandes marinos y los cartógrafos isleños eran los mejores de Europa. La noticia de los marinos había excitado el fervor misional de la Santa Sede y el papa de Avignon, Clemente VI, creyó que el medio más eficaz para la evangelización de aquellos indígenas de tan inocentes costumbres y tan dulce carácter era darles un rey cristiano. La elección recayó en don Luis de la Cerda, almirante de Francia, descendiente de San Fernando y de San Luis, llamado el príncipe Fortuna.

Este «príncipe Fortuna», con la protección de Pedro IV de Aragón, pudo armar dos naves compradas en Bayona. No sabemos si la flota llegó a su destino, pero el papa coronó a don Luis de la Cerda como rey de Canarias, en Avignon, el 15 de noviembre de 1344. La investidura quedó sin efecto y una vez más la casa de La Cerda quedó al margen de la realeza, pero el reino de Canarias había sido creado y esperaba un príncipe decidido que se atreviese a conquistar la nueva corona.

Sin duda, en la corte de Castilla preocupaba especialmente en aquellos años los progresos de la marina y, en relación con los navegantes genoveses, se tenía noticia de las expediciones a las islas Afortunadas. En 1377, el almirante vizcaíno Martín de Avendaño llegó, arrastrado por un temporal, a la isla de Lanzarote, donde mantuvo comunicación con los indígenas y murió en una reyerta con su rey. Análogo destino sufrieron Francisco López y sus compañeros, que arribaron a la Gran Canaria en 1382.

Estas desventuras no amenguaron el deseo de los marinos andaluces, cada vez más expertos, y en 1390 Gonzalo Pérez Martel obtuvo real licencia para una expedición que llegó a feliz término en 1393. «En este año –refiere la crónica de Ayala–, estando el rey en Madrid, ovo nuevas como algunas gentes de Sevilla e de la costa de Vizcaya e de Guipúzcoa armaron algunas naves en Sevilla e llevaron caballos en ellas e pasaron a las islas que son llamadas Canarias, como quier que ayan otros nombres, e anduvieron en la mar hasta que bien las sopieron...E los marineros salieron en las isla de Lanzarote e tomaron el Rey e la Reyna de la isla con ciento e sesenta personas en su lugar, en trajeron otros muchos de los moradores de la isla e muchos cueros e cera e ovieron muy gran pro los que allá fueron. E enviaron a decir al Rey lo que allá fallaron e como eran aquellas islas ligeras de conquistar, si la su merced fuese e con pequeño costo».

En este sentido, es muy probable que en la historia de la conquista de las islas Canarias el rey don Enrique III proyectase su ocupación y se pusiese para ello en contacto con un caballero normando, Juan de Béthencourt, barón de Granville, al cual sin duda la hidalguía y la penuria incitaban a empresas temerarias. Juan de Béthencourt acogió la idea con tal entusiasmo que hipotecó, para allegar fondos, su tierra de Granville, pero como esto no bastase, hubo de proporcionarle el numerario suficiente su tío Roberto de Robinet.

En tanto se preparaban los navíos en La Rochela, puerto bien conocido por los marinos españoles, se unió a la expedición Gadifer de la Salle, que había sido compañero de Béthencourt en sus andanzas africanas. Los expedicionarios desembarcaron en Lanzarote en julio de 1402 y los indígenas, habituados al trato con europeos, los recibieron bien. Como el primero de los contactos europeos, Lanceloto Malocello (1312-1332) edificó un castillo que demostrase el propósito de perdurable dominio, al cual dio el nombre de Rubicón. Dejó en la isla a Gadifere de la Salle y tomó el camino de Europa. Llegado a Castilla, fue recibido por el rey y le rindió vasallaje por la nueva conquista. Enrique III le concedió el derecho de labrar moneda y el quinto de cuanto rentase el país descubierto. Desde este momento, la conquista de las Canarias se convertía en una empresa castellana.

Se ha discutido el título jurídico de Enrique III para disponer de aquellos territorios explorados por genoveses y por mallorquines. Los reyes de Portugal protestaron siempre de esta injerencia castellana, alegando la primacía de las expediciones portuguesas. Quizás Enrique III, heredero de los de La Cerda por su abuela, reivindicase la concesión pontificia a favor del príncipe Fortuna. Lo cierto es que Castilla mantuvo en la empresa una continuidad que fue la que, en definitiva, le valió la posesión del archipiélago.

Por de pronto, la conquista fue dirigida por los normandos, que probaron a sus expensas que las islas no eran tan «ligeras de conquistar» como afirmaban los vizcaínos.

Gadifer de la Salle, que no carecía de dotes militares, logró someter en su totalidad la isla de Lanzarote y comenzó la conquista de Fuerteventura. Juan de Béthencourt regresó a las islas en la primavera de 1404. Al intentar restablecer su autoridad, surgió una colisión con Gadifer de la Salle, que alegaba su trabajosa gestión. Ambos contendientes acudieron a la corte de Castilla, que decidió confirmar las capitulaciones convenidas con el barón normando. Gadifer se desentendió de la conquista y se retiró a Francia.

Juan de Béthencourt, después de haber sometido a Fuerteventura, regresó a Normandía, donde reclutó nuevos contingentes, con los cuales conquistó las islas de La Gomera y de Hierro, en tanto sus capitanes Aníbal de la Salle, bastardo de Gadifer, y Juan de Cantori sufrían una gran derrota al intentan la conquista de Gran Canaria, cuyos indígenas manifestaron un gran ardor combativo. El barón volvió a Europa para recorrer en triunfo las cortes llamándose «rey de las Canarias» y dejó como delegado en el archipiélago a su sobrino Maciot de Béthencourt (1405). Parecía esbozarse una monarquía feudataria de Castilla, pero, a la muerte de Juan de Béthencourt (1422), las reiteradas cesiones que de sus derechos hizo Maciot al conde de Niebla y al infante don Enrique de Portugal hicieron imposible este régimen.

Portugal reivindicó sus derechos, nunca olvidados, y procuró afirmarlos con las armas (1425). La intervención de don Alonso de Burgos, deán de Santiago, en el concilio de Basilea (1434) fue tan eficaz que motivó la decisión de Eugenio IV a favor de los derechos de Castilla. La fina intuición de Enrique III no sólo había engrandecido a Castilla con tierras de privilegiada belleza, sino que con el inicio de su labor misional abrió a su reino caminos de enorme e insospechada trascendencia. En la isla de La Gomera se inicia la aventura de Colón.

Más difícil de explicar es la atención del rey hacia los asuntos de Oriente, que originan sus dos embajadas a Tamerlán. La muerte prematura de don Enrique dejó acaso sin efecto proyectos de gran amplitud que sus descendientes pudieran, en ocasión propicia, desarrollar. Es probable que figurasen entre estos proyectos la consumación de la Reconquista y la contención de los corsarios africanos, que desde sus puertos amenazaban el litoral andaluz y hacían difícil la navegación en el estrecho. En el año 1400, el rey envió a la costa norte de África su flota, cuya eficacia había quedado demostrada tantas veces. Los marinos castellanos asaltaron Tetuán, cautivaron a sus moradores y dejaron la ciudad tan arrasada que tardó cerca de un siglo en repoblarse.

Enrique III, bien informado, estaba al tanto del gran peligro que representaba el pueblo turco, el cual, dotado de una fuerza de expansión análoga a la de los primeros musulmanes, había ocupado en gran parte el Imperio de Oriente y deshecho la gran cruzada de Occidente que presidía el emperador de Alemania, Segismundo de Luxemburgo, en la tremenda derrota de Nicópolis (29 de septiembre de 1395). Sin duda, pensó el rey de Castilla que el único contrapeso al poder de los osmanlíes era el gran imperio de los tártaros.

La idea de buscar en los tártaros ayuda contra los turcos era ya muy antigua y había de resurgir en diversas ocasiones. Al rey de Castilla, amenazado siempre por la persistencia de un reino musulmán en Andalucía, cuyas puertas eran entrada fácil para un invasor, interesaba la amistad de un emperador poderoso, apenas islamizado y cuya lejanía evitaba todo peligro. En los últimos días del año de 1401 o en los primeros de 1402, envió al tártaro una embajada compuesta por el caballero gallego Payo Gómez de Sotomayor, mariscal de Castilla, y por Fernán Sánchez de Palazuelos, natural de Arévalo. Desconocemos el itinerario de esta primera embajada castellana a Tamerlán, pero podemos imaginar las aventuras y los peligros de tan largo viaje a través del Imperio bizantino.

No obstante, pudieron alcanzar el campamento de Timur Lenk, el emperador tártaro. La embajada de un rey tan lejano y poderoso colmó el orgullo del advenedizo emperador, el cual recibió con singular agrado los presentes y las cartas y nombró para que acompañase a los embajadores y respondiese al rey de Castilla a su pariente Mahomet Alcaxi.

Cristianos y tártaros llegaron a Sevilla en febrero de 1403. La pintoresca embajada se trasladaría después al alcázar de Segovia, donde se encontraba el rey Enrique III.

Su segunda embajada nos es mejor conocida, pues de ella nos ha quedado una extensa relación de uno de los embajadores, Ruy González de Clavijo, camarero del rey don Enrique. Los restantes emisarios eran el teólogo Alonso Páez de Santa María, dominico, y Gómez de Salazar, guarda del rey. La misión salió de Madrid el 21 de mayo de 1403 y regresó en la primavera de 1406. El relato del viaje es uno de los más bellos libros que de este género se escribieron en Europa y su descripción de Samarcanda es, sin duda, la fuente más importante para conocer la persona, la familia así como la corte de Timur Lenk.

No hemos narrado sino los intentos truncados por la muerte del que pudo ser uno de los más gloriosos y fecundos reinados de España. El rey don Enrique, siempre enfermo, murió en Toledo el 25 de diciembre de 1406, a los veintisiete años de edad. Hasta en su agonía le persiguieron graves preocupaciones de Estado. El rey de Granada, Mohamed VI, había roto las treguas e invadido el reino de Jaén hasta Quesada. Combatido por los caballeros fronterizos no pudo tomar la villa, pero amenazaba con contingentes considerables el reino de Murcia. El rey había reunido Cortes en Toledo con el fin de pedir subsidio para la guerra, pero estaba ya tan enfermo que tuvo que hablar en su nombre su hermano el infante don Fernando. En su breve reinado de catorce años, Enrique III logró restablecer la autoridad real y abrió a Castilla nuevos caminos, que sus sucesores, más afortunados, habían de seguir.

El reino de Castilla tras la muerte de Enrique III. La regencia del príncipe don Juan

El prematuro matrimonio del endeble adolescente Enrique III con Catalina de Lancaster, mayor que él en algunos años, había permanecido mucho tiempo sin sucesión. En 1401, catorce años después de celebradas las nupcias, nació en Segovia la infanta doña María, que habría de ser, como esposa de Alfonso V, la gran reina de Aragón, y un año después la infanta doña Catalina. Cuando los achaques del rey hacían presagiar su muerte sin sucesión varonil, nació en Toro el 6 de marzo de 1405 un príncipe que se llamó don Juan, como su abuelo. Este niño, que no había cumplido aún los dos años, era el nuevo rey de Castilla. Prudente en todo, el rey difunto había dispuesto que compartiese la regencia con su esposa, cuya ineptitud para los negocios y escasa inteligencia sin duda conocía su hermano don Fernando, duque de Peñafiel. Como el mismo Enrique III, don Fernando reunía las cualidades de honestidad y de nobleza de su padre Juan I, con la energía y la dedicación a las tareas de gobierno de su abuelo Pedro IV de Aragón.

La crianza y educación del príncipe quedaban en el testamento encomendadas a dos grandes caballeros: Juan de Velasco y Diego López de Zúñiga. Bien demostró el infante sus cualidades, que hacen de él uno de los más grandes príncipes de la casa de Trastámara, en el conflicto que originó la estrechez de miras de la reina viuda. Vivía esta señora con su hijo en el alcázar de Segovia, ciudad predilecta de los Trastámaras y que, por lo saludable de su clima, se consideraba muy propicia para la crianza del niño-rey, y cuando el infante, después de la muerte de su hermano, acudió a entrevistarse con su cuñada, se encontró cerradas las puertas del fuerte recinto murado y hubo de distribuir su gente por los arrabales y él alojarse en el convento de San Francisco. Eran don Fernando hábil negociador y llegó a un acuerdo con la reina, a base de que ambos ejerciesen la tutoría y de que la educación del niño siguiese confiada a su madre. Fue así posible, el viernes 15 de enero de 1407, la coronación solemne del niño-rey en la catedral vieja de Segovia, que se levantaba delante del alcázar, con asistencia de muchos prelados y grandes señores.

Era difícil la situación del infante por los recelos de la reina. Se había ajustado que ambos tutores se reuniesen cada viernes con el consejo en el palacio del obispo, cercano al alcázar, y el infante y los consejeros procuraban tomar disposiciones para sosegar el reino y contener a los moros de Granada, deseosos, como siempre, de sacar partido de la minoría. «La disposición del infante —escribe el cronista de Segovia, Colmenares—, lucía poco porque cuanto en consejo se asentaba un día, desbarataba al siguiente la reina». Pero poco tiempo después, el infante don Fernando llegó a un acuerdo con ella a fin de gestionar la continuación de la Reconquista y conseguir subsidios extraordinarios para combatir con los musulmanes en esa guerra fronteriza e interminable.

Al mismo tiempo, se lograba que ambos regentes se repartieran la gobernación del reino de esta manera: a doña Catalina correspondería Castilla la Vieja con el País Vasco, Asturias y Galicia, y al infante, Castilla la Nueva, desde la sierra de Guadarrama, con Extremadura, Murcia y Andalucía, porción la más cercana a la zona de combate con los árabes. Los reyes permanecieron en Segovia con su corte y don Fernando pudo acudir a la frontera para hacerse cargo del mando del ejército (abril de 1407).

El prestigio del infante despertó en los castellanos el fervor antiguo por la guerra secular. En Villa Real, Córdoba y en Sevilla se le fueron agregando con sus huestes los representantes de los grandes linajes castellanos, contingentes de las órdenes militares y hasta cruzados extranjeros, como el conde de la Marca. La ya veterana y magnífica escuadra logró en aguas del estrecho una gran victoria sobre la flota que conducía el socorro que Túnez y Tremecén enviaban a los granadinos.

La guerra no era otra cosa, en los últimos años, que una serie de combates fronterizos. Don Fernando le devolvió su amplitud de empresa nacional. Fue la campaña para su caudillo motivo de inquietudes y desengaños, pues las tropas, reclutadas a toda prisa, combatieron mal y a menudo quedaron patentes la codicia y el espíritu de discordia de los caballeros. No faltaron, sin embargo, hechos gloriosos, como la heroica defensa de Baeza, la toma de Zahara y la recuperación de Ayamonte. Fueron amargos contratiempos la pérdida de los castillos de Priego y de las Cuevas. El infante volvió a Toledo, rico en experiencia sobre la extrema dificultad de la empresa granadina y sobre la penosa tarea de concertar para ella a concejos y caballeros.

Acudió luego el regente con los reyes a las Cortes que estaban convocadas en Guadalajara y expuso en ellas la necesidad de continuar la guerra, para lo cual demandaba un nuevo y cuantioso subsidio. La división de pareceres entre procuradores dejó bien patentes dos tendencias muy distintas en el pueblo castellano. Los mejores apoyaban con ardor a don Fernando y compartían sus entusiasmos de cruzado, pero los más eran partidarios de continuar la política de treguas y componendas. Vino a dar la razón a los primeros el ataque del viejo Mohamed VII contra Alcaudete, que fue vigorosamente rechazado por Martín Alfonso de Montemayor (febrero de 1408), pero a pesar de este estimulante las Cortes decidieron permanecer a la defensiva. Afortunadamente, una vez más, la delicada situación de la corte de los nazaríes hizo posible el convenio de una nueva tregua. No pudo esta vez

Mohamed VII quebrantarla como tenía por costumbre, pues le sorprendió la muerte y fue proclamado su hermano Yusuf III, a quien el rey difunto tenía encerrado en el castillo de Salobreña.

Su caballeresca actuación había dado al infante don Fernando inmenso prestigio no solamente en todos los reinos de España, sino también fuera de la península, como lo demuestra el hecho de que muchos grandes señores de Francia y de Alemania se ofreciesen a luchar bajo su mando en la nueva cruzada, que tenía la virtud de reavivar el espíritu europeo. Aprovechó, por lo pronto, esta autoridad para situar a sus hijos en ventajosas posiciones. Logró para Sancho y Enrique los maestrazgos de Alcántara y de Santiago y pactó las bodas de su primogénito Alfonso con la infanta doña María, hermana del rey.

Como a fines del año 1408 hubiese expirado la tregua con Granada, aunque el nuevo rey se mostrase dispuesto a reanudarla, el infante regente creyó propicia la coyuntura del cambio dinástico en el reino musulmán para hacer con nuevo vigor la guerra. En febrero de 1410 congregó en Córdoba las huestes de las órdenes, de los señores y de los concejos, y en el mes de abril un ejército formidable, aguerrido por la experiencia de la anterior campaña, pasaba la línea fronteriza del río de las Yeguas y se remansaba ante la ciudad de Antequera, cercana a Málaga, una de las más pobladas del reino de los nazaríes. Las huestes del infante obtuvieron fácilmente una gran victoria sobre el ejército de Yusuf, que, reclutado a toda prisa, no era sino una horda indisciplinada (abril de 1410). El rey de Granada, a la vista del desastre, ofreció una tregua que el caudillo no quiso aceptar. El sitio de la plaza fue largo y durísimo y durante él fueron frecuentes las hazañas que demostraban cómo el espíritu guerrero iba renaciendo en los castellanos.

El infante dio muchas veces ejemplo de osadía y de desprecio a la muerte. La defensa fue tan tenaz y heroica como lo suelen ser las de las ciudades españolas y sólo al cabo de un asedio de cinco meses, después de varias tentativas fracasadas, se pudo dar un asalto a la plaza (16 de septiembre). Todavía resistió algunos días el alcázar, que se rindió mediante una durísima capitulación el 24 del mismo mes. Se rindieron después las plazas de Tevar, Aznabuzara y Cauche.

Era esta la primera gran victoria que ganaban los cristianos después de la conquista de Algeciras y de la batalla del Salado. El infante consiguió con ella reputación europea y se manifestó capaz de devolver a la Reconquista su carácter de empresa nacional y de acelerar su consumación. Otros negocios y otras ambiciones desviaron su atención hacia diversos horizontes y le llevaron a aceptar largas y ventajosas treguas que el rey de Granada le ofrecía.

Pronto, el que desde entonces pasó a la Historia como el nombre de don Fernando de Antequera hubo de abandonar a su cuñada la plenitud de la regencia que había compartido con tanta gloria. Desde este punto comenzaron en Castilla el declive de la autoridad real y la decadencia del concepto de Estado. La indecisa y voluble doña Catalina no podía vivir sin favoritos y se dejaba regir ahora por los consejos de una dueña llamada doña Isabel de Torres. El niño-rey, mal educado en un ambiente mujeril, demostraba una desgana que contrastaba con la precocidad de sus antecesores: comenzaba ya el ascendiente que había de ejercer sobre él uno de sus donceles, bastardo de un gran señor aragonés y sobrino del arzobispo de Toledo. Este mancebo, que fue el verdadero sucesor del infante de Antequera y del rey don Enrique III, se llamaba Álvaro de Luna.

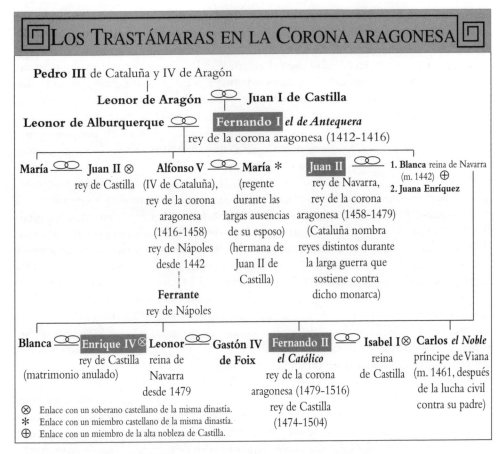

LOS TRASTÁMARAS EN LA CORONA ARAGONESA

Pedro III de Cataluña y IV de Aragón

Leonor de Aragón ⚭ **Juan I de Castilla**

Leonor de Alburquerque ⚭ **Fernando I** *el de Antequera*
rey de la corona aragonesa (1412-1416)

María ⚭ **Juan II** ⊗
rey de Castilla

Alfonso V ⚭ **María** *
(IV de Cataluña), (regente
rey de la corona durante las
aragonesa largas ausencias
(1416-1458) de su esposo)
rey de Nápoles (hermana de
desde 1442 Juan II de
Castilla)

Ferrante
rey de Nápoles

Juan II ⚭ 1. **Blanca** reina de Navarra
rey de Navarra, (m. 1442) ⊕
rey de la corona 2. **Juana Enríquez**
aragonesa (1458-1479)
(Cataluña nombra
reyes distintos durante
la larga guerra que
sostiene contra
dicho monarca)

Blanca ⚭ **Enrique IV** ⊗
rey de Castilla
(matrimonio anulado)

Leonor ⚭ **Gastón IV**
reina de **de Foix**
Navarra
desde 1479

Fernando II ⚭ **Isabel I** ⊗
el Católico reina
rey de la corona de Castilla
aragonesa (1479-1516)
rey de Castilla
(1474-1504)

Carlos *el Noble*
príncipe de Viana
(m. 1461, después
de la lucha civil
contra su padre)

⊗ Enlace con un soberano castellano de la misma dinastía.
* Enlace con un miembro castellano de la misma dinastía.
⊕ Enlace con un miembro de la alta nobleza de Castilla.

El reino de Aragón tras la desaparición de Martín I el Humano y el ascenso al trono de don Fernando I de Antequera

La ambición del infante de Antequera, nieto de Pedro IV de Aragón, y su juvenil anhelo de gloria le llevaron a atender los asuntos de la confederación catalano-aragonesa, la cual atravesaba ahora el más difícil período de su historia. El rey de Aragón, Martín I el Humano, no anciano aún, estaba enfermo y sin sucesión legítima, pues su único hijo don Martín, rey de Sicilia, había muerto el 25 de junio de 1409 y con su muerte parecía que los reinos de Sicilia y de Cerdeña, apenas dominados, se separarían de la corona aragonesa. Los bandos de la nobleza convertían en campo de batalla los tres reinos peninsulares.

En estas circunstancias, que requerían una mano fuerte, el rey agonizaba en la celda del monasterio de Valldoncella (Barcelona). Requerido para que designase sucesor, se negó a hacerlo, sin duda porque en aquel trance no acertó a discernir entre los derechos de los pretendientes. Murió el rey el 31 de mayo de 1410.

En ningún momento se había visto el reino en situación tan crítica ni este problema había sido afrontado con tal honradez. La constante intervención de todas las clases sociales, especialmente burgueses y ciudadanos, había dado a los reinos de la corona de Aragón una experiencia y una sabiduría política que sería inútil buscar en la Europa contemporánea. En Cataluña se encargó del gobierno una diputación de las Cortes compuesta de doce personas, y el gobernador Guerau Alemany y de Cervelló convocó la reunión de nuevas Cortes para el 31 de agosto en Montblanch. Mucho más difícil fue concordar las voluntades en Aragón, dividido en banderías que guerreaban entre sí, y que no se logró, con la intervención de las Cortes de Cataluña y del papa Benedicto XIII, hasta febrero de 1411.

Con la sabiduría política, los países que integraban la corona de Aragón habían creado un organismo de gobierno y una fuente de autoridad en tiempos tan difíciles y en la más grave crisis por la cual ha pasado pueblo alguno. Es prueba de que los lazos que unían a Aragón, Cataluña, Valencia y Mallorca no eran propiamente dinásticos el que la confederación, formada después de tantos siglos, no padeciese la menor veleidad de dispersión.

El mayor peligro para el mantenimiento del vínculo que unía los diversos reinos estaba en el número y calidad de los pretendientes, hacía los cuales se inclinaban en distinta proporción los pueblos confederados. No existía una ley sucesoria en la corona aragonesa que preconizase una clara solución jurídica y de aquí que los derechos de todos los pretendientes pudiesen ser discutidos.

La permanencia durante tantos siglos de la dinastía de los condes de Barcelona, única de las casas reinantes en la península de clara progenie hispánica, sin sombra de bastardía, aconsejaba la elección de don Jaime, conde de Urgel, biznieto por línea legítima de varón de Alfonso IV, el cual además estaba casado con la infanta doña Isabel, hija de Pedro IV y de Sibila de Fortiá. Más remoto era el derecho, heredado también por línea masculina, de don Alfonso, duque de Gandía, nieto de Jaime II, de su hermano el conde de Prades y de su hijo, llamado también don Alfonso. Los otros pretendientes alegaban su parentesco con el rey difunto por línea femenil, fundados en la costumbre aragonesa, que si bien excluía a las mujeres del trono, no les impedía la transmisión de sus derechos a sus hijos varones, como se vio en el caso de doña Petronila, cuya herencia recibió su hijo Alfonso II.

Uno de éstos era don Fernando de Antequera, el más próximo pariente por línea legítima de Martín I el Humano, pues era hijo de doña Leonor, la mayor en años de sus hermanas. Más lejano era el parentesco, aun cuando por mejor línea, de otro de los pretendientes: Luis de Anjou, duque de Calabria, nieto por su madre, la infanta doña Violante de Aragón, de Juan I, «el amador de toda gentileza», hermano de don Martín. También pretendía la corona don Fadrique de Aragón, conde de Luna, hijo legitimado de don Martín, rey de Sicilia, primogénito del difunto rey; pero de esta candidatura, cuyo triunfo hubiera entronizado a otra dinastía bastarda en la península, se tuvo muy poco en cuenta.

En crisis tan semejante como la actual, en la que se juega el porvenir de un reino, se suele prescindir de una legitimidad estricta. Hay siempre algo de elección, en la cual los mandatarios que representan al pueblo entregan el poder a quien les parece más apto para ser cabeza de una dinastía que mantenga la continuidad histórica del país. En este sentido, la candidatura del infante de Castilla se presentaba con una fuerza incuestionable. Tenía una larga y brillante experiencia política y era considerado en toda Europa como el mejor caballero de su tiempo, a cuyas órdenes deseaban combatir muchos grandes señores de Alemania y de Francia. Eran recientes sus victorias en Andalucía y, sobre todo la conquista de Antequera. Su fervor católico y la honestidad de su vida le atrajeron el apoyo del papa Benedicto XIII y del elemento eclesiástico. Pero no hay que olvidar que el regente de Juan II de Castilla disponía de armas y de los tesoros de este reino, esto es, de facultades para ejercer presión y ganarse adeptos, de lo cual carecían los demás pretendientes.

Muy distintas eran las cualidades de don Jaime, conde de Urgel, el más temible contendiente de Fernando de Antequera. Era valiente y esforzado, pero de escasa inteligencia, y entregado a los caballeros que conturbaban con sus banderías el reino, intentó obtener la corona de forma violenta, cometiendo enormes torpezas, de las cuales no fue la menor el mantener tratos secretos con Yusuf III de Granada, el vencido de Antequera, para que atacase la frontera de Castilla, como pudo averiguar la hábil diplomacia de don Fernando. En tanto los diversos estamentos procuraban poner de acuerdo las Cortes de Aragón, Cataluña y Valencia, de manera que fuese posible la elección pacífica de un nuevo rey, don Antón de Luna, ardiente partidario del conde de Urgel, asesinó cruelmente en La Almunia de Doña Godina al arzobispo de Zaragoza, don García Fernández de Heredia, defensor de los derechos de don Fernando. Don Jaime de Urgel, en lugar de desautorizar el crimen cometido por sus partidarios, envió socorros al asesino. El gobernador del reino, Gil Ruiz de Lihori, y los grandes señores de Aragón quisieron vengar por las armas el sacrilegio y estalló una verdadera guerra civil. La candidatura del conde era ya imposible en Aragón.

Era sumamente urgente resolver a la mayor brevedad posible la tremenda crisis si no se quería que los tres reinos se disolviesen en luchas civiles. La necesidad forzó a los aragoneses, que sufrían más las consecuencias de la anarquía, a proponer la designación de un pequeño número de compromisarios. La idea, después de penosos tratos, fue aceptada y los negociadores de las Cortes de Aragón, Cataluña y Valencia tomaron el acuerdo de nombrar nueve personas –tres por cada uno de los pueblos confederados– que en el plazo de dos meses, prorrogables por otros dos, dictasen su fallo.

Se tomó juramento de que las Cortes no revocarían nunca sus poderes y de que el fallo sería acatado (15 de febrero de 1412).

Para la reunión de los compromisarios se designó la fuerte villa de Caspe, junto al Ebro, en situación central respecto a los tres países y cuyo señorío se entregaba, por todo el tiempo que durasen las deliberaciones, a los jueces. Los compromisarios nombrados fueron todos eclesiásticos y letrados, excluyendo a los grandes señores: por Aragón, el obispo de Huesca, Domingo Ram, fray Francesc de Aranda, monje de la cartuja de Portaceli, y el jurisconsulto Berenguer de Bardají; por Cataluña, el arzobispo de Tarragona, don Pedro de Sagarraga, y los letrados Guillem de Vallseca y Bernardo de Gualbes; por Valencia, fray Bonifacio Ferrer, prior de la cartuja de Portaceli; su hermano fray Vicente, el famoso dominico, y el letrado Giner Rabasa que sería más tarde sustituido por Pedro Bertrán. El plazo para la elección se había de contar a partir del 29 de marzo de 1412 y para que fuese válida se requerían los votos unánimes de seis. A última hora alegó sus derechos un pretendiente más: el conde de Foix, casado con la infanta doña Juana de Aragón, hija de Juan I.

Los compromisarios se congregaron en Caspe el 18 de abril y comenzaron la penosa tarea de recibir las embajadas de los diversos pretendientes y de escuchar sus razones jurídicas.

Caspe se convirtió, en estos momentos, en el centro no sólo de la atención de los Estados confederados, sino de toda España. «Nunca se vio tan animada esta villa –escribe el historiador Aguado Bleye–, con la presencia de tanto embajador y el tránsito por sus calles de soldados y gente de ropa larga, mientras los compromisarios, encerrados en el castillo, abrían el grave pleito dinástico, oyendo los alegatos de los delegados de todos los pretendientes».Vendría después un período de secretas deliberaciones. Por fin, el 24 de junio se procedió a la votación y en ellas emitió en primer lugar su voto, a favor del infante de Castilla, fray Vicente Ferrer, a cuyo voto se agregaron los del obispo de Huesca, Bonifacio Ferrer, Benardo de Gualbes, Francesc de Aranda y Berenguer de Bardají. Don Pedro de Sagarriaga, arzobispo de Tarragona, estimó que creía más conveniente la elección de don Fernando, pero que el mejor derecho estaba de parte del conde de Urgel y del duque de Gandía, y ésta era, en efecto, la realidad de la situación. Pedro Bertrán se negó a votar. Solamente Guillem de Vallseca emitió claramente su voto a favor de don Jaime de Urgel.

El acta notarial, en que se consignaba el resultado, fue leída el 28 de junio. De ella se desprende que fue elegido don Fernando, cuyo acuerdo fue recibido por el pueblo con frialdad y recelo. Cuando la noticia se difundió por los diversos pueblos, se acogió de modo muy distinto. Fue muy celebrada en Aragón, en Valencia no tanto, y mucho menos en Cataluña.

Por fin, el nuevo rey, que permaneció a la expectativa en Cuenca, recibió la embajada de los compromisarios de Caspe en que le notificaban su exaltación al trono y acudió a Zaragoza en los primeros días de agosto de 1412. En las Cortes, convocadas para el día 5 del mismo mes, juró guardar los fueros y libertades aragonesas.

La tarea que le aguardaba al joven rey, que venía a regir lo que hasta hacía poco fuera para él un reino extraño, no podía ser más difícil. Aragón, Cataluña y Valencia habían realizado un gran esfuerzo para mantener en el interregno un poder público, pero este poder, ejercido por muchos, no era bastante para contener a los bandos que se repartían el gobierno de las ciudades y de las villas. Aragón, después del asesinato del arzobispo, estaba en estado de guerra civil entre dos familias: los Lunas y los Urreas. En Cataluña, luchaban los bandos del conde de Pallars y del obispo de Urgel; los del obispo de Lérida contra Raimundo y Pedro de Cercomes; los de Vallgornera y Rajadell en el Ampurdán (1410).

Aún era más grave la situación en Valencia, en la cual la guerra entre los Centelles y Vilareguts hacía imposible la vida.

Al mismo tiempo, estaban a punto de perderse los dominios insulares, puntos de apoyo del comercio catalán en el Mediterráneo, ganados a tanta costa por los reyes de la casa de Barcelona. Intentaba apoderarse de Cerdeña el vizconde de Narbona y, faltos de socorro los defensores de ciudades y de castillos, se veían obligados a abandonarlos. La peste, originada por la guerra, iba diezmando la pequeña hueste catalana y sólo mediante verdaderos prodigios de valentía pudo el gobernador don Pedro de Torrellas mantener en la isla el pendón catalán y tener a raya al vizconde con los cuatrocientos jinetes a que se reducía su ejército. La situación se hizo desesperada cuando murió de peste el gobernador Torrellas.

En Sicilia, los barones desconocían la autoridad de la regente, que era doña Blanca de Navarra, viuda del rey Martín el Joven, la cual se vio sitiada en el castillo de Morqueto por Bernardo de Cabrera. El plan de los señores sicilianos era casar a la gobernadora con uno de ellos para devolver a la isla su antigua autonomía. Entre tanto seguía la guerra sin cuartel entre marinos genoveses y catalanes.

El rey, don FERNANDO I tenía una cuestión previa que resolver: la de domar la rebeldía del conde de Urgel, su contendiente no resignado, el cual, como descendiente de la casa de Barcelona, contaba con el apoyo de toda Cataluña y con muchos partidarios en los reinos.

Desde el principio de su ascensión al trono, el nuevo rey pudo darse cuenta de los recelos de los catalanes. Juró en Lérida los fueros del principado, pero los catalanes se resistieron a prestar juramento de fidelidad hasta que no despidiese a las tropas castellanas, a lo cual el rey, a pesar de lo crítico de las circunstancias, hubo de acceder. Congregadas las Cortes en Barcelona en los últimos días de 1412, hubo de jurar tres veces los privilegios de Cataluña antes de que los obstinados catalanes se aviniesen a reconocerlo como su conde y señor.

Todo el empeño y el afán de don Fernando era llegar a un acuerdo pacífico con don Jaime de Urgel, descendiente de los condes de Barcelona. Ofreció el rey casar a su hijo el infante don Enrique, maestre de Santiago, con la hija del de Urgel, concediéndole el ducado de Montblanch. Pagaría, además, los gastos hechos por el conde en la elección y concedería crecidas pensiones a su esposa la infanta Isabel y a su madre Margarita de Monferrato y, lo que es más, le daría un lugar entre sus propios hijos, posponiéndole únicamente a los dos primeros herederos eventuales de la corona. Pero don Jaime, aconsejado por su madre, se situó en franca rebeldía.

Se vio en esta lucha la razón de los compromisarios de Caspe, pues se demostró en ella la superioridad de don Fernando como político y como guerrero y la estrechez de miras del conde, que durante los debates de la sucesión había pedido la ayuda de los sarracenos. Comenzaban ahora a alterarse en las ciudades los partidarios del conde y de los descontentos y despechados. Sin perjuicio de asegurar el orden entregando el gobierno de los pueblos a gentes de toda su confianza, el rey se presentó ante las Cortes de Barcelona y expuso la rebelión de don Jaime y la necesidad de hacerle frente. El fino sentido jurídico de los catalanes se dio cuenta de que don Fernando tenía toda la razón y las Cortes declararon al rebelde fuera de ley. Esta solemne declaración de las Cortes hizo de la causa del rey la causa del país.

Aun cuando los contingentes reclutados por el conde obtuvieron algunos triunfos, sin embargo muy pronto se vio la superioridad de don Fernando sobre su contrincante en el terreno militar. En la lucha entre don Fernando y el conde de Urgel se adivina la contienda entre el concepto moderno del Estado, que en toda Europa favorecerá la igualdad de todos ante la autoridad real, y la delicada y difícil organización feudal, basada en la mutua fe y en las virtudes personales.

Don Jaime recibió un trato duro, primeramente en el castillo de Ureña, en Castilla, y luego en el de Játiva, en Valencia, y hubiera sido muy favorable a la fama póstuma del rey una mayor generosidad hacia su desventurado pariente. Acaso don Fernando, que recibiera el encargo de pacificar los reinos que le habían sido encomendados, quería dar un ejemplo de rigor en el más poderoso de los señores catalanes. Es cierto que las contiendas se sosegaron y que comenzó para los pueblos confederados una época de paz que se tradujo en prosperidad económica.

Aficionado, como todos los Trastámaras, a gobernar de acuerdo con las Cortes, Fernando I las tuvo reunidas durante una gran parte de su brevísimo reinado. En las Cortes de Cataluña hubo de enfrentarse, a veces con gran dureza, el criterio del rey con el de los procuradores. Eran, en realidad, dos épocas históricas las que estaban frente a frente, y en la contienda se adivina la grandeza de ánimo tanto del rey como de los catalanes.

El conflicto entre este gran rey y este pueblo, que no siempre supieron entenderse, se hizo más agudo en la última estancia de Fernando I, ya muy enfermo, en la ciudad de Barcelona, a comienzos de 1416. Como el rey estimase depresivo para la dignidad regia el pagar el *vectigal*, impuesto municipal sobre los consumos que obligaba a todos, el Consejo de Ciento estimó como un quebrantamiento de la Constitución catalana la negativa del rey a someterse al tributo. Fue el encargado de llevar a palacio la decisión del Consejo el *conseller en cap* Juan Fivaller, el cual habló con gran entereza y con noble mesura. El rey, oído el Consejo, determinó someterse y que los impuestos permaneciesen en toda su firmeza. Es curioso notar que el rey, aun cuando se mostrase dolido de la actitud de los catalanes, estimó tanto el valor y la nobleza de Juan Fivaller, que en su codicilo, redactado pocos días antes de su muerte, le nombró el principal de sus albaceas, encargándole del cuidado del príncipe y de los infantes.

También con el prestigio del nuevo rey se aquietaron las islas de Córcega y de Sicilia. El vizconde de Narbona, que con sus pretensiones tenía agitada la primera de ellas, se presentó en Lérida el 20 de diciembre de 1413 y llegó fácilmente a un acuerdo con el rey Fernando, cediéndole sus derechos a cambio de una fuerte cantidad de dinero. Poco tiempo después, ya en el año siguiente, acudieron a Zaragoza, donde se encontraba la corte, emisarios de los rebeldes sicilianos pidiendo que designase como rey de Sicilia a uno de los infantes, sus hijos. No quiso el rey segregar de su corona una comarca que a costa de tanta sangre y de tanto esfuerzo habían unido a ella sus antecesores y se limitó a enviar como lugarteniente suyo al hábil y valiente infante don Juan, su hijo.

Del prestigio exterior del rey dan idea las embajadas del emperador Segismundo y del rey de Francia convocándole para una entrevista, en la cual se debía procurar poner fin al cisma que tenía dividida a la cristiandad. Eran entonces tres los que se creían investidos del supremo pontificado: Juan XXII, Gregorio XII y Benedicto XIII. Las gestiones del emperador Segismundo lograron que los dos primeros renunciasen, ateniéndose a la resolución que adoptase el concilio convocado en la ciudad imperial de Constanza, pero el papa de Avignon, Benedicto XIII, se mantenía irreductible; de aquí el interés de los bienintencionados negociadores de que don Fernando utilizase su influjo sobre el papa aragonés para que se aviniese a la renuncia.

La situación era muy penosa para el rey, que debía a don Pedro de Luna inmensa gratitud, pues, juntamente con el maestro Vicente Ferrer, había sido el principal propugnador de su candidatura. Procedió, sin embargo, con la escrupulosidad que el caso requería, siguiendo el ejemplo de su padre Juan I y de su hermano Enrique III. Muy enfermo, el rey de Aragón acudió a Morella, donde estaba Benedicto XIII, sin que, después de muchos días gastados en conferencias y negociaciones, pudiese conseguir la menor concesión del terrible anciano, que tenía por herejes y cismáticos a cuantos no reconociesen su autoridad. El mismo resultado negativo dieron las conferencias que se celebraron en Perpignan entre el emperador Segismundo, el rey Fernando I y Benedicto XIII. En vista de esta obstinación senil, don Fernando, aconsejado por Vicente Ferrer, apartó sus reinos de la obediencia del anciano aragonés (6 de enero de 1416). El papa Luna se retiró al castillo de Peñíscola, manteniendo en aquel peñón rodeado casi por las ondas del mar su insobornable posición de jefe de toda la cristiandad.

El rey don Fernando sufría en plena juventud el agotamiento y los achaques que eran frecuentes en los príncipes de la casa de Trastámara, físicamente tarados. Tenía la ilusión de recobrar la salud en su tierra nativa de Castilla, adonde le llamaban los intereses de su sobrino Juan II y de sus hijos los infantes de Aragón, cuantiosamente heredados en este reino. El 9 de marzo de 1416 salió de Barcelona, pero su enfermedad se fue agravando por el camino, de manera que a duras penas pudo llegar a Igualada. El mismo Consejo de Ciento de la ciudad condal, que había hecho al rey tan firme resistencia, recordó su privilegio de asistir a los reyes de Aragón en casos semejantes y envió a Igualada a Juan Fivaller y a otros tres conselleres para que lo acompañasen y cuidasen, como si en aquellas horas supremas quisieran reconciliar al rey con su ciudad. Murió don Fernando el de Antequera, en Igualada el 2 de abril de 1416.

Dejaba de la reina doña Leonor de Alburquerque cinco hijos varones, todos ellos de firme y acusada personalidad: Alfonso, príncipe de Gerona; Juan, duque de Peñafiel; Enrique, maestre de Santiago; Sancho, maestre de Alcántara, y Pedro, duque de Notto, además de dos hijas: doña María, destinada a ser reina de Castilla, y doña Leonor, que lo fue de Portugal. Cuatro de los príncipes de esta brillante generación habían de ceñir la corona en los reinos cristianos de la península.

Los infantes de Aragón, descendientes de Fernando I el de Antequera. El reinado de Alfonso V el Magnánimo

En tanto en otros reinos peninsulares se iban sucediendo toda una serie de episodios tanto dramáticos como gloriosos, se iba incubando en los palacios reales de Aragón y de Cataluña una nidada de altos infantes, rica en valores humanos. Prescindiremos aquí de la actuación, estéril y funesta en Castilla, de los infantes de Aragón, hijos de Fernando I el de Antequera que había conquistado el trono y fundado, como ya indicamos en el apartado anterior, una dinastía. Las grandes cualidades de los infantes tuvieron un destacado desarrollo cuando se pusieron al servicio de empresas genuinamente aragonesas.

Precisamente el gran mérito de ALFONSO V, el mayor de los hijos de Fernando I, que le sucedió en el trono en 1416, fue el haberse compenetrado con los ideales históricos de su pueblo y conseguir su culminación, heredero en esto de Pedro III. Cuando subió al trono el nuevo rey, nacido en Castilla, contaba veintidós años y estaba casado desde el año anterior con María de Castilla, su prima hermana.

Su intervención en los asuntos de Italia hubo de ser muy prematura. Como había cierto temor de que los sicilianos abrigasen algún deseo de independencia, el rey hizo venir a la península a su hermano el infante don Juan y nombró virreyes conjuntamente a Domingo Ram, obispo de Huesca, y a Antonio de Carmona.

Alfonso V continuó la sabia política de su padre, anteponiendo el bien de la Iglesia a la conveniencia que para sus estados pudiese representar un papa aragonés residente en Peñíscola. A pesar de la oposición casi unánime de los prelados y de los abades catalanes, reunidos en asamblea en Barcelona, el rey, precursor en esto como en tantas cosas de los grandes reyes de España, envió sus embajadores, eclesiásticos y seglares al concilio de Constanza. La misión aragonesa contribuyó a la afortunada obra del concilio, restaurador de la paz de la Iglesia, y Alfonso se apresuró a reconocer al nuevo papa Martín V (1417).

La elección creaba al rey de Aragón un grave conflicto. El testarudo don Pedro de Luna, en su guarida de Peñíscola, seguía llamándose papa y obrando como tal, y Martín V con-

Alfonso V, rey de Aragón. Pintura de Juan de Juanes.
Museo Provincial de Zaragoza.

minaba al monarca para que arrojase por la fuerza al rebelde de sus estados. Esto era pedir demasiado, pues Alfonso no podía olvidar que aquel anciano obsesionado había sido el principal defensor de su padre. Revelando ya sus extraordinarias dotes diplomáticas, el joven rey condicionó su actuación a ciertas concesiones en Cerdeña y dejó pasar el tiempo en regateos hasta que la muerte, piadosa, resolvió el conflicto algunos años más tarde con el fallecimiento de don Pedro de Luna, el 23 de mayo de 1423.

Los juveniles ardores del rey le impulsaban a seguir con la máxima atención los asuntos de Italia, entonces dividida y anárquica, pero que constituía, como siempre, el más glorioso escenario del mundo. A Italia consagró toda su vida, manifestándose en esto totalmente identificado con la tradición catalana. Tuvo, no obstante, algunos choques con los catalanes al principio de su reinado. El rey, nacido en Castilla y dotado ya del espíritu amplio en que se vislumbraba una nueva edad, no quería prescindir de sus auxiliares castellanos; provocó esto la oposición de las Cortes catalanas, reunidas en Molins de Rey, y el monarca hubo de ceder, a lo menos en parte, a sus exigencias.

Fue un gran acierto de Alfonso V el empeñarse y empeñar a su reino en grandes empresas que hiciesen olvidar las mezquindades de una política llena de recelos. En 1417, se había reanudado de nuevo la guerra en Cerdeña, donde el vizconde de Narbona renovaba sus pretensiones y los genoveses intentaban establecer su dominio. En las Cortes reunidas en el monasterio de San Cugat del Vallés en mayo de 1419, el rey anunció su propósito de trasladarse personalmente a Sicilia y a Cerdeña, siguiendo el ejemplo de sus gloriosos antecesores. No faltó oposición a los proyectos regios y don Alfonso hubo de demorar su partida hasta abril de 1420.

El 15 de enero de ese año volvieron a reunirse las Cortes en Tortosa y la oposición continuó en ellas su pequeña política de recelos. Cansado el rey y persuadido de que con tantas dilaciones estaba a punto de fracasar el dominio catalán en el Mediterráneo, adquirido en tantos siglos a costa de tantas hazañas, disolvió las Cortes y el 7 de mayo abandonó el puerto de los Alfaques al frente de una gran armada, a la cual se agregaron en Mallorca galeras venecianas. La presencia del rey hizo variar en Cerdeña el aspecto de los sucesos. Ganadas por la fuerza Terranova, Longosardo y Sacer y conseguido un acuerdo con los herederos del vizconde, toda la isla se sometió al dominio de Aragón.

Sin duda, esta rápida campaña acreció de tal modo el prestigio del príncipe que vino a abrir ante la política aragonesa inesperados y amplísimos horizontes, hasta el punto de que la misma reina de Nápoles, Juana II, de la casa de Anjou, le otorgó –a cambio de una serie de ayudas y concesiones– la investidura del ducado de Calabria. Al mismo tiempo, el rey pasaba a Córcega, donde conseguía la rendición de Calvi. Se trasladaría, más tarde, a Sicilia y, comenzando sus tareas de hábil diplomático, se atrajo la amistad del duque de Milán, Felipe María Visconti. Entre tanto, don Juan Fernández de Hijar, nombrado virrey de Calabria, expulsaba del ducado a los angevinos, y Baccio de Montone, aventurero al servicio de Alfonso, entraba en Nápoles como vencedor.

A comienzos de octubre de 1421, Alfonso V, con su brillante séquito, desembarcaba en Nápoles y era recibido en triunfo por la misma reina. Pocos días después, el 28 de octubre, la armada aragonesa, mandada por el maestre de Montesa Ramón de Cabrera, obtenía en la Foz pisana una victoria tan decisiva sobre la flota genovesa de Juan Bautista Fragoso que el dux de esta República, constante enemigo de Aragón, hubo de entregar el señorío a Felipe María Visconti, duque de Milán. Luis de Anjou se avino a pactar una tregua con Alfonso, que parecía ser el predilecto de la fortuna, y el dominio aragonés sobre Nápoles quedaba, en apariencia, asegurado.

Pero el asunto que seguía siendo centro de atención de Alfonso V era el gran cisma de la Iglesia, a pesar de ser políticamente un asunto turbio y peligroso, pero que le dio los más felices resultados. Había muerto el 23 de mayo de 1423 el papa Luna, y Alfonso, que a favor de la paz de la Iglesia supo sacrificar sus sentimientos y sus conveniencias, apoyó ahora la elección en Peñíscola, por los dos cardenales que permanecieron adictos a Benedicto XIII, de don Gil Muñoz, canónigo de Barcelona, que tomó el título de Clemente VIII. En 1427, el papa envió un legado a Valencia para pactar con el rey, el cual se comprometió a lograr la sumisión de don Gil Muñoz. La cuestión de Nápoles se había de dirimir ante jueces nombrados por el papa.

Pasaron los años de la estancia de don Alfonso en la península hispánica ocupados en un doble juego contradictorio. En los estados de la corona de Aragón, el rey mantuvo el predominio de la autoridad real con una energía rayana en la crueldad. Pero al mismo tiempo combatía en Castilla a don Álvaro de Luna, campeón en su misma empresa, que era la de todos los reyes en los albores de la Edad Moderna: deshacer, en beneficio del pueblo, las oligarquías nobiliarias e igualar a todos ante la espada del rey.

La larga estancia del rey Alfonso en sus estados patrimoniales tuvo para él una feliz consecuencia: la reconciliación de la dinastía con Cataluña. El principado tenía que ver con especial simpatía el que el rey se hubiese entregado en cuerpo y alma a la política mediterránea, de la cual la prosperidad catalana dependía. Se advierte, por otra parte, una especial predilección de Alfonso V por Cataluña, cuyo espíritu encontraba afín con sus propios ideales. Fue un motivo de gratitud para los catalanes el tratado de paz que los embajadores de Alfonso firmaron el 9 de junio de 1431 en el castillo de Rodas con los emisarios del soldán de Babilonia, con lo cual se abrían al comercio catalán las puertas orientales del Mediterráneo. En las Cortes de Barcelona del mismo año, satisfizo tan cumplidamente los agravios, que los catalanes quedaron por fin contentos y tranquilos.

Sin duda, tenía Alfonso V, aparte de sus dotes diplomáticas y de su prestigio como militar y como político, el don de las simpatía personal, que le hacía gran captador de voluntades. Lo demuestra su triunfo en la corte del duque Felipe María de Milán, a la que fue llevado como prisionero y en la cual consiguió reforzar su posición en Italia con la amistad del poderoso señor del norte. El duque puso inmediatamente en libertad al rey de Aragón, prisionero durante un tiempo, el cual nombrado lugarteniente de los reinos aragoneses, logró con su habilidad y su energía evitar las posibles consecuencias de la derrota.

De igual modo, el rey de Aragón representaba en aquel momento una fuerza incontrastable, con la cual no podía enfrentarse ninguno de los estados italianos, y la reconquista del reino de Nápoles fue un paseo militar.

En los comienzos del año 1437, la casi totalidad del reino estaba ocupada por las tropas aragonesas y los angevinos quedaban reducidos a la ciudad de Nápoles, siempre bajo la amenaza de los castillos Nuovo y del Ovo, en donde flotaban las banderas del rey. El único enemigo temible era el papa, que había enviado al patriarca de Alejandría con un ejército en contra de los aragoneses. La hueste real obtuvo grandes victorias sobre la de Antonio Caldora, virrey por Renato de Anjou, en el Valturno y en Pescara, victorias no compensadas por algunas ventajas parciales del patriarca. Vino a mejorar la situación desesperada de los angevinos la presencia de Renato en Italia. Para que el paralelismo entre la historia de Alfonso V y la de Pedro III fuese más evidente, Renato desafió al aragonés en campo abierto, pero en vano esperó Alfonso a su contrincante en Tierra de Labor, que era el lugar designado, y en la fecha convenida (9 de septiembre de 1438).

Pocas empresas registra la Historia tan largas y difíciles como la reconquista de Nápoles por Alfonso de Aragón a través de un mundo de deslealtades y de apetencias, en el cual el amigo de ayer era hoy el más encarnizado enemigo. Si el rey pudo llamarse rey de Nápoles es porque supo ser tenaz y constante entre tantas deslealtades y egoísmos. El ejército real sitió e intentó asaltar la ciudad, pero fue rechazado y en el ataque murió su hermano don Pedro, el más leal y abnegado de los infantes de Aragón (20 de septiembre de 1438). Otro contratiempo fue la pérdida del castillo Nuovo, asaltado por los genoveses. Seguían, sin embargo, los triunfos del ejército aragonés en campo abierto y cada día ganaban nuevas ciudades.

Llegó un momento en que toda Italia, bajo la dirección del papa Eugenio IV, se puso en contra de Alfonso y hasta el duque de Milán, su único aliado, entregó la mano de su heredera a Francisco Sforza, el mayor enemigo de Aragón. Esto no impidió el que Alfonso, que, como pocos príncipes, tuvo la habilidad de desentenderse del ambiente adverso, siguiese sus conquistas, y el 17 de noviembre de 1441 puso, una vez más, sitio a Nápoles. La ciudad, aislada por la poderosa escuadra de Aragón, se rindió por asalto el 2 de junio de 1442. El rey entró en Nápoles en medio de un triunfo, en el cual el afán renacentista hizo evocar las glorias de los césares, el 26 de febrero de 1443. Con razón, Alfonso V pudo adoptar como emblema un trono en llamas con el mote: «Sitio peligroso».

Con su benignidad y su magnificencia, el rey se ganó fácilmente el amor de sus nuevos súbditos. Tenía Alfonso, como hábil diplomático, la facilidad de hacerse rápidamente cargo de las circunstancias y de sacar de ellas el máximo provecho. El papa Eugenio, que había defendido a la casa de Anjou con la misma obstinación de Martín V en el siglo XIII, se encontraba en difícil situación ante el concilio de Basilea, en el cual había surgido un antipapa: Félix V. Alfonso de Aragón sirvió a la causa de la unidad de la Iglesia apoyando al pontífice legítimo y obtuvo, a cambio, la promesa de la investidura del reino de Nápoles.

Desde aquel «lugar peligroso» que era el trono de Nápoles demostró que era uno de aquellos españoles capaces de desprenderse del complejo hispánico de provincianismo para demostrar una amplia visión de la política internacional. Fue realmente durante el resto de su vida el árbitro de Italia. Apoyó a su nuevo amigo el papa Eugenio contra Francisco Sforza, que ocupaba entonces una parte de los Estados pontificios (1443).

Génova, la eterna rival de Aragón, ofrecía al rey la paz (1444). Felipe María Visconti, duque de Milán, muere en 1447, dejando como heredero a su yerno Francisco Sforza. Los milaneses se niegan a entregarse al nuevo señor y piden auxilio al rey de Aragón. El antiguo enemigo de Alfonso, Sforza, llegó a las máximas concesiones para atraerse al único poder consolidado que había entonces en la península italiana. Solamente con la protección del rey de Aragón pudo, por fin, ser admitido por los milaneses y quedó en una situación de vasallaje con respecto a su protector (1450).

Tan sólo la república de Venecia, recelosa del nuevo poder que se alzaba en Italia, se mantuvo en una situación de hostilidad, que, con breves intervalos, había de guardar respecto a los reyes de Aragón y a los de España, sus sucesores. Sin embargo, ante la amenaza de los turcos, aun la misma Venecia se avino a confederarse con Alfonso. Con su intervención personal (1451), mantuvo a Córcega y a Cerdeña unidas a la corona de Aragón.

La política oriental de Alfonso V basada en su actividad diplomática y militar

El dominio de Italia, centro siempre de la atención de Europa y avanzada entonces de la cultura, no era para Alfonso V, uno de los más geniales políticos que han surgido de España, sino un apoyo para concebir y realizar empresas más trascendentales. El rey de Aragón supo ver prematuramente el gravísimo peligro que los osmanlíes, rehechos del tremendo desastre que les había inferido Tamerlán, representaban para el Mediterráneo, arteria vital de Europa.

Mientras que los demás reyes no miraban sino sus mezquinos intereses particulares, Alfonso hacía de la defensa de Europa contra los turcos el punto principal de su política. Su actividad diplomática y militar es maravillosa y tiende a fortalecer y a unir a los pequeños estados balcánicos y a concitar contra los turcos la hostilidad de los reinos de África y de Asia.

Al mismo tiempo, la actividad diplomática del rey procura rodear a los osmanlíes de un ambiente hostil. En 1436 envía una embajada al soldán de Babilonia. Las relaciones del rey de Aragón con Zar-a-Ya, emperador de Etiopía, eran cordiales y frecuentes. En 1452 y en 1453 acude a la lejana corte africana Antonio Martínez como embajador de Alfonso V. Mantenía también el rey estrechas relaciones con los sultanes afsidas de Túnez (1443).

La atención de Alfonso era continua hacia los restos del Imperio de Oriente. Aun cuando acaso el propósito secreto del rey de Aragón fuese el proclamarse emperador de Bizancio y constituirse allí en defensor de la cristiandad, ante el peligro inmediato defendió la unidad del Imperio, y el último emperador, Constantino XII Dragases, entró en Constantinopla en naves catalanas.

En 1451 firmó con Demetrio, hermano de Constantino, un tratado de alianza. El papa Nicolás V, empeñado en la salvación de Constantinopla, no tuvo otro auxiliar eficaz que el rey de Aragón. Él envió a Constantinopla un refuerzo de víveres y soldados. El día, funesto para Europa, en que Mohamed II asaltó la capital de Oriente (29 de mayo de 1453), lucharon con desesperado valor en los puntos más peligrosos las tropas españolas al mando de Francisco de Toledo y del cónsul de Aragón Pedro Julián.

Después de la catástrofe, el sueño de Alfonso fue la reconquista de la ciudad imperial, y los papas Nicolás V y Calixto III no encontraron en sus proyectos de cruzada secuaz más abnegado. Cuantos héroes se opusieron al avance turco contaron siempre con el generoso esfuerzo aragonés. Es, sin duda, su política oriental lo que más enaltece la figura de Alfonso V. En ella, se muestra heredero de Jaime II y el precursor de los grandes reyes de la casa de Austria. Si bien es cierto que su excesiva ambición y la incomprensión del ambiente motivaron el fracaso de sus planes, también lo es que tuvo la virtud de restablecer el prestigio catalán en Oriente como en los más gloriosos días del siglo XIV.

Los reinos hispánicos de la monarquía de Alfonso V, bien gobernados por su discretísima reina doña María y luego por el infante don Juan, rey de Navarra, se mantuvieron en paz y secundaron abnegadamente la política brillante y costosa del rey.

Moría, finalmente, este gran rey en el castillo Nuevo de Nápoles, que su arquitecto Guillem Sagrera había convertido en un palacio catalán, el 27 de junio de 1458, a los sesenta y cuatro años de edad.

Acaso más por habilidad política que por verdadera vocación, el príncipe nacido en Medina del Campo —y que no supo nunca otra lengua que el castellano— se entregó apasionadamente a las ciencias, a las letras y a las bellas artes. En su juventud había sido un gran montero y un gran justador, pero no dio otro indicio de vocación por el arte que su pasión por la música y por la danza. Pero comprendió sagazmente, cuando a los treinta y seis años intervino en Nápoles, que la protección a los artistas y a los literatos en un país como Italia era un gran medio de adquirir prestigio. Poetas y humanistas eran los grandes voceros de los príncipes que les protegían y que encontraban en sus escritos la mejor propaganda.

Probablemente sintió luego una sincera afición a la cultura, como su primo Juan II de Castilla y su sobrino el príncipe de Viana. Eneas Silvio Piccolomini cuenta que se hacía seguir en sus campañas por su biblioteca, cuyos ejemplares, iluminados por los mejores artistas, se conservan hoy en la universidad de Valencia.

Alfonso V de Aragón es —sin duda— con los Médicis, uno de los grandes propulsores del Renacimiento. Amó el arte antiguo y las letras griegas y romanas. Por eso encontró entre los literatos un ambiente de simpatía que rara vez acompaña a los príncipes españoles. Escritores como el Panormita extremaron sus elogios hacia el guerrero y diplomático insigne. Se escribieron en Italia libros que recopilaban sus hechos, sus frases, sus máximas morales y políticas. Ningún príncipe de su tiempo cuenta con un anecdotario tan copioso y que presente al biografiado bajo un aspecto tan favorable. En 1452, el emperador de Alemania Federico III realizó, acompañado por la emperatriz Leonor de Portugal, un viaje a Nápoles para conocer a personaje tan insigne.

Admitió Alfonso V la amplia moral de su tiempo. No tuvo hijos de la buena reina María de Castilla, la cual dicen que le fatigaba con celos harto fundados. De una dama a la cual llaman doña Margarita de Hijar tuvo a don Alfonso, duque de Calabria, que fue legitimado por el papa, y de otras damas a doña Leonor, duquesa de Sessa, y a doña María, marquesa de Ferrara. Sintió en Nápoles una pasión senil por la bella Lucrecia de Alagno, de la cual se dice que fue a Roma en 1457 para solicitar de Calixto III la anulación del matrimonio del rey con doña María. En su testamento dejaba el reino de Nápoles a su hijo Alfonso y la totalidad de sus estados patrimoniales en España y fuera de ella a su hermano don Juan, rey de Navarra.

Juan II de Castilla y Juan II de Aragón

La sucesión de Enrique III el Doliente. El reinado de Juan II en Castilla

Hasta Enrique III, las turbulentas minorías, protagonizadas por la clase nobiliaria o señorial y por el desarrollo del fermento hispánico de la anarquía, terminaban cuando el rey, casi un niño, hacía sentir el peso de la autoridad real, y nada nos maravilla tanto como el ejemplo de adolescentes como Alfonso XI, Enrique III de Castilla o Jaime I de Aragón, haciendo prevalecer su voluntad soberana sobre los feroces guerreros y los astutos cortesanos. Con los últimos descendientes varones de Enrique III de Castilla, la minoría, con todas sus consecuencias, se prolonga durante todo el largo reinado, porque los reyes –Juan II y Enrique IV–, carecen de voluntad para reinar y no son sino sombras en los palacios reales que cobijan la actuación de aquellos que, dotados de cualidades naturales de mando, son los verdaderos reyes. Una minoría que se prolonga desde la muerte de Enrique III, en 1406, hasta el advenimiento de Isabel y Fernando, en 1474, es la historia de Castilla en la mayor parte del siglo XV.

Juan II, que comenzó a gobernar por si mismo a los catorce años, en 1419, estaba dotado de excelentes cualidades como hombre, pero carecía de todas las necesarias para ser un rey. Él mismo, cuando la proximidad de la muerte proyectaba sobre las cosas una nueva claridad, se quejaba de la fortuna que le había situado en el trono. De su madre, Catalina de Lancaster, había heredado la prestancia física, la desgana y la estrechez de miras. «Fue –según el retrato de Fernán Pérez de Guzmán– este ilustrísimo rey de grande y hermoso cuerpo, blanco y coloreado mesuradamente, de presencia muy real: tenía los cabellos de color de avellana mucho madura; la nariz un poco alta, los ojos entre verdes y azules, inclinaba un poco la cabeza, tenía piernas y pies y manos muy gentiles. Era un hombre muy atrayente, muy franco e muy gracioso, muy devoto, muy esforzado, dábase mucho a leer libros de fi-

Juan II, rey de Castilla.

lósofos e de poetas, era buen eclesiástico, asaz docto en la lengua latina, mucho honrado de las personas de ciencia; tenía muchas gracias naturales, era gran músico, tañía, e cantaba e trovaba e danzaba muy bien; dábase mucho a la caza, cabalgaba pocas veces en mula, salvo habiendo de caminar: traía siempre un bastón en la mano, el cual le parescía muy bien». Honrado y bondadoso, de intachables costumbres, poeta exquisito y delicado, tenía todas las cualidades de un hidalgo, ninguna de las de un príncipe, y por eso su sino fue el presidir la contienda por los jirones del poder, que él abandonaba.

Realmente, la historia del reino de Juan II de Castilla es la historia de don Álvaro de Luna, que va a ser el sostenedor de la autoridad real y el paladín en Castilla de la lucha que en toda Europa mantenían los reyes, alentados por los jurisconsultos y por los literatos humanistas, por establecer la igualdad de todos ante el poder del príncipe, terminando con el particularismo medieval, tan propenso a injusticias.

No es difícil imaginar dos personas tan distintas entre sí como las del rey y de su valido don Álvaro de Luna, ligados por la fortuna. Fernán Pérez de Guzmán nos ha dejado de don Álvaro un retrato, como todos los suyos, admirable. No tenía la prestancia física del rey, sin embargo, debía de tener el don, tan necesario a un gobernante, de captar voluntades y poseía todas las cualidades necesarias para brillar en la corte. Había entrado en la vida como un mancebo bastardo de gran casa, desprovisto de medios de fortuna, y tuvo que acudir a las armas de los débiles. Lo que ni Fernán Pérez de Guzmán ni ninguno de sus contemporáneos pudieron vislumbrar es la grandeza de las concepciones políticas de don Álvaro y las dotes extraordinarias de valor, de inteligencia y de energía que puso a su servicio.

Él aspiraba a restablecer en Castilla la autoridad real. «Como no era rey, le fue preciso, con artes sutiles y mañas tortuosas, entremeterse en el lugar del rey. La cosa no era difícil, pues en Castilla reinaba don Juan II, de la especie de reyes desertores que del reinar quieren solamente la facilidad para los goces de la vida, pues huyen del duro y espinoso afán del oficio y lo entregan, con el dominio, a cualquiera que tenga hombros suficientes para aceptar la carga». Pero si apoderarse de la voluntad del rey fue tarea fácil, fue empresa de gigantes el enfrentarse con el mundo de príncipes y de grandes señores, pletóricos de poder y de riqueza, de ambición insaciable, valientes y sin escrúpulos, apoyado solamente en la débil y vacilante voluntad real. Esta lucha, que durará más de treinta años, será una de las páginas más dramáticas de la historia de Europa en el paso crítico de una a otra edad.

Don Álvaro no tenía la ventaja inicial del linaje. Ciertamente que la de Luna es una de las grandes casas aragonesas: don Pedro de Luna, que había sido el pontífice acatado por Francia, Aragón y Castilla, era tío abuelo de don Álvaro, y doña María de Luna, que fue reina de Aragón, era prima de don Álvaro Martínez de Luna, padre del futuro condestable. El que esta gran familia aragonesa se arraigase en Castilla indica cómo hacia el 1400 la monarquía castellano-leonesa centraba la atención de todos los reinos de España. Pero este claro origen quedaba oscurecido por los amores de don Álvaro Martínez de Luna, copero mayor de Enrique II, con una mujer de humilde condición llamada María de Cañete, de la cual nació el que había de ser gran valido del rey de Castilla Juan II.

Debió de demostrar el bastardo de Luna esa extraordinaria precocidad que nos sorprende en algunos príncipes, quizá porque aspiraba a un principado efectivo y eficaz. Estas cualidades le atrajeron la protección del arzobispo de Toledo, don Pedro de Luna, hermano de su padre, quien por ser amigo de Gómez Carrillo de Cuenca, ayo del niño-rey, tuvo facilidad para situar en la corte a su sobrino en calidad de paje.

Ambos niños, aún más diferentes en sus cualidades que en su fortuna, se compenetraron desde el principio perfectamente. El bastardo había nacido para mandar, y el nieto de tantos reyes, para ser mandado. Nada podía ser tan grato al rey como saber a su lado quien supliese su abulia y, guardando hábilmente todas las apariencias, le liberase del terrible deber de gobernar. Tanta era la autoridad natural que emanaba del bastardo que, según cuenta su cronista, «todos le fablaban con mucha reverencia e señorío, e quando algunas cosas fazían acerca dél en que le complacían mucho, acostumbrábanle dice: veamos señor ¿qué faréis vos por nosotros, quando Dios vos faga grand Señor?». Dios le había hecho gran señor desde su nacimiento en la yacija de una pobre villana de Cañete.

El rey se había hecho cargo de la gobernación del reino a los catorce años, en las Cortes de Madrid de 1419. Como no demostraba las precoces cualidades de su padre, se pactó en Segovia, para sostener la ficción de su gobierno personal, que se constituyese el Consejo con quince miembros, entre prelados y caballeros, y que cada tercera parte del año cinco de ellos formasen una comisión gestora de los negocios, pero esta precaución resultaba inútil, pues el rey demostraba una voluntad soberana que le sugería don Álvaro de Luna. Como el bastardo era casi un niño también, se valía de su pariente Juan Hurtado de Mendoza, mayordomo mayor, casado con doña María de Luna, que vino a ser árbitro del gobierno de Castilla.

La presencia de este poder soberano disgustaba a la gran nobleza y la agitaba con lo que en otro país y en otro siglo se había de llamar «viento de fronda». Las grandes casas que en otro tiempo fueron el contrapeso de la monarquía, los Laras, los Castros, los Haros, se habían extinguido o se fundieron con otros linajes: quedaban los descendientes de los bastardos de Alfonso XI, como los Manriques y los Enríquez, ricamente heredados, y la nueva gran nobleza engrandecida por la dinastía de Trastámara: los Mendoza, los Guzmanes, los Ayalas, los Girones y los Silvas, entre otros. Pero más poderosos que todos ellos y dotados de mayor ambición, bien servida por altas cualidades, estaban los «infantes de Aragón».

Don Fernando de Antequera, buen caballero y discreto gobernante, había sido insaciable con engrandecer a sus hijos en Castilla antes y después de que la sentencia de Caspe le llamase al trono de Aragón. A la muerte de don Fernando, el infante don Juan de Aragón, su segundo hijo, era duque de Peñafiel, conde de Mayorga y señor de Lara, de Medina del Campo, de Castrogeriz, de Olmedo, de Villalón, de Haro, Belorado, Briones y Cerezo, además de sus heredamientos en Cataluña, y a don Enrique, el tercero, que poseía además las rentas inmensas del maestrazgo de Santiago, dio el condado de Alburquerque y los señoríos de Ledesma, Salvatierra, Miranda, Montemayor, Granada de Extremadura y Galisteo. El infante don Sancho, también ricamente heredado, murió antes que su padre, y el infante don Pedro recibió su patrimonio en la corona de Aragón.

Por esa misma atracción hacia Castilla como un indicio de transición hacia una nueva época, los infantes de Aragón proyectaban hacia el reino castellano sus ambiciones. Jóvenes, inteligentes y valientes, inmensamente ricos y los más próximos parientes del rey, su primo y su cuñado pensaron que nada sería tan fácil como apoderarse del gobierno de los estados que constituían el núcleo central de las Españas. Pero poco a poco pudieron darse cuenta de la presencia de una voluntad poderosa que les era adversa. Los dos hermanos, Juan y Enrique de Aragón, estaban encontrados y en torno a cada uno de ellos se agrupaban los grandes señores. De estos dos bandos prevalecía el de Juan, porque a él se inclinaba el mayordomo Hurtado de Mendoza.

Sucedió entonces lo que han llamado algunos historiadores «una revolución palatina en el cuatrocientos», que venía a hacer retroceder en dos siglos la historia de Castilla. Aprovechando la ausencia del infante don Juan, que había concertado sus bodas con la infanta doña Blanca de Navarra, heredera de Carlos el Noble, el infante don Enrique, despechado porque en la corte prevaleciese el partido de su hermano, decidió apoderarse, por un golpe de mano, de la persona del rey. Estaba Juan II en el palacio de Tordesillas con Juan Hurtado de Mendoza y con don Álvaro de Luna. El domingo 14 de julio de 1420, el infante hizo que sus gentes ocupasen secretamente la villa y, fingiendo querer despedirse del rey, entró en palacio con el condestable don Ruy López Dávalos, que era de su partido, y con otros caballeros. Hizo prender a Juan Hurtado de Mendoza y a sus parientes y allegados, y llevó su osadía hasta despertar en su cámara al rey y someterle a una disimulada cautividad.

Asustado de su propia obra y sabiendo que el infante don Juan, con toda razón indignado, venía sobre Tordesillas con los caballeros de su bando, don Enrique quiso trasladar a su prisionero a lugar más seguro y legalizar en unas Cortes el hecho consumado. Con este fin fueron convocados en Ávila los procuradores, con protesta de los de Burgos, que con razón alegaban la nulidad de una asamblea en la cual estaba ausente tan gran porción del clero y de la nobleza de Castilla. No obstante, se reunieron las Cortes en Ávila y en ellas el arcediano de Guadalajara propuso que la revolución se sancionase y diese por legítima, alegando que quien hasta entonces había gobernado el reino era el judío don Abrahen Beinveniste, por cuyo parecer Juan Hurtado de Mendoza se regía. Convinieron en ello los prelados y señores presentes.

De aquellos sucesos tan vergonzosos, salió fortalecida la privanza de don Álvaro, pues don Enrique, persuadido ya de dónde residía la «voluntad real», deseaba a toda costa tenerle por amigo. Es cierto que este período en que la corte estuvo cautiva del infante don Enrique fue el comienzo del rápido proceso en virtud del cual el bastardo de un caballero aragonés se convirtió en el primero de los grandes señores castellanos.

En Talavera, adonde el infante llevó al rey, don Juan II hizo donación al doncel de Cornago y de otros lugares que habían sido de su padre. Demostró entonces aquel muchacho las cualidades de «gran disimulador, fingido e cauteloso» que le atribuye Fernán Pérez de Guzmán. Por una parte, tranquilizó al infante don Enrique, concertando su boda con la infanta doña Catalina, hermana y heredera del rey, la cual se había opuesto siempre a este proyecto, y haciendo que se dotase a la novia con el opulento marquesado de Villena. Por una parte, aprovechando que don Enrique, recién casado, descuidaba algo su estrecha vigilancia sobre el rey, concertó con éste su fuga, el viernes 29 de noviembre de 1420, pretextando una partida de caza.

Nada tan novelesco como la aventura de los dos mozos amigos en busca de libertad. Tanto galoparon, que a las dos horas estaban en el castillo de Villalba, que era de Diego López de Ayala, partidario de don Álvaro, a cuatro leguas de Talavera, pero como aquella fortaleza no estuviera en condiciones de defensa, decidieron partir para la de Montalbán, que era de la reina viuda de Aragón, doña Leonor. En esta carrera de castillo en castillo, el rey se detuvo en el de Malpica, en tanto se le allegaba el pequeño grupo. Dos de los caballeros del séquito se adelantaron y tuvieron la buena fortuna de apoderarse por sorpresa del castillo del Montalbán, que estaba casi desguarnecido.

Esperando el inminente ataque de don Enrique, don Álvaro de Luna, que era el conductor de la empresa, hizo rápidamente las obras necesarias, reclutó a los campesinos para que se convirtiesen en soldados y allegó las provisiones que en aquella tierra inhóspita pudo encontrar. A la mañana siguiente, se presentó ante el castillo el condestable Dávalos con otros caballeros, los cuales, enterados de la parvedad de las provisiones que el rey había podido conseguir, le pusieron cerco, con la esperanza de que a los pocos días se rindiese la guarnición por hambre.

Ciertamente el apuro de los sitiados fue tan grande que hubieron de comerse los caballos, pero en toda la comarca el escándalo ante la osadía de don Enrique era enorme. Acudieron a Montalbán los procuradores de las Cortes, a los cuales el rey expuso sus agravios contra el infante. Don Enrique, viendo que todo le era hostil y sabiendo que su hermano el infante don Juan acudía con gran hueste de señores, se dio por vencido e hizo levantar el vergonzoso cerco. El martes 10 de diciembre entraron en el castillo cuantos quisieron, con gran acopio de viandas, y don Enrique, en desgracia con el rey, hubo de apartarse de la corte.

Con la solución de la crisis subieron hasta las nubes el prestigio y el poder de don Álvaro. El rey le concedió el condado de San Esteban de Gormaz y, poco después, la fuerte villa de Ayllón. Comienza entonces aquel engrandecimiento desmesurado que fue el escándalo de cronistas y poetas.

La superioridad de don Álvaro consistía en que, en aquel ambiente de mezquinas apetencias de riquezas y de poder, él era el único que sabía lo que quería, capaz de concebir planes elevados y de llevarlos sistemáticamente a cabo. Él se había propuesto restablecer la autoridad real, supliendo la indiferencia del rey, mas para poder hacer frente a cualquier contingencia producida por esta misma indiferencia, necesitaba estar sostenido por un poder personal que superase al de todos sus rivales. De aquí la infinidad de sus villas, sus castillos y sus tesoros acumulados, no por avaricia, pues sus mayores enemigos confiesan que fue espléndido y generoso, sino para crearse un poder personal que le sostuviese cuando la indecisa voluntad de Juan II flaquease.

Mientras tanto, el infante don Enrique seguía en actitud hostil y se negaba a licenciar sus tropas. Se tuvo noticia en la corte de que había llegado, en su desatentada codicia de poder, a iniciar tratos con el rey de Granada, siguiendo en esto la funesta política de los «parientes reales» de los siglos XIII y XIV. Ante esta situación, don Enrique fue preso.

Sería entonces, en 1423, cuando don Álvaro de Luna fue promovido al cargo de condestable de Castilla.

Por de pronto, la política enérgica de don Álvaro, que había liberado de la facción de don Enrique la regia potestad, produjo un conflicto con Aragón. Juan II exigía la entrega de su hermana la infanta doña Catalina, mujer de don Enrique, y pedía también la de los caballeros refugiados, y por otra parte, Alfonso V, aun cuando entregado a su política italiana, no podía tolerar la prisión de su hermano en Castilla.

El 5 de enero de 1425 nació en Valladolid el primero de los hijos varones del rey, el príncipe don Enrique, destinado a reinar para su desventura y la de Castilla. Convocó Juan II Cortes, en las cuales el niño fue jurado príncipe de Asturias, y prelados grandes y procuradores determinaron que si el rey de Aragón atacaba la frontera con tan mala causa, se le resistiese poderosamente. Se pensó, sin embargo, que el mediador para evitar la guerra podría ser el infante don Juan de Aragón, entonces adicto al partido de don Álvaro, el cual, en efecto, acudió a entrevistarse con don Alfonso. Dio más autoridad al emisario el hecho de que, habiendo muerto repentinamente su suegro Carlos el Noble (6 de septiembre de 1425), fuese proclamado, con su esposa doña Blanca, rey de Navarra.

Planteaba el rey de Aragón como cuestión previa para los tratos de concordia la libertad de don Enrique y a ello daba largas el de Castilla, que temía que la ambición insaciable y el carácter violento de su cuñado habían de perturbar el reino. Estimó don Álvaro que esta libertad no se podía dilatar sin grave riesgo de guerra y don Enrique fue entregado al rey de Navarra. Cuenta la crónica de Juan II que al rey de Aragón urgía tanto el saber la libertad de su hermano, que había dispuesto un «telégrafo» de hogueras en todos los alcázares desde Toledo a sus estados, mediante el cual la noticia tardó poco más de un día.

Sucedió entonces lo que el rey Juan II se temía. El rey de Navarra y el infante don Enrique, poco antes mortales enemigos, al darse cuenta de que un poder fuerte hacía inútiles sus intentos de gobernar y de repartirse Castilla, se unieron estrechamente contra don Álvaro de Luna. Don Enrique, apoyado ahora por sus hermanos los reyes de Aragón y de Navarra, exigía que se le devolviesen sus estados con las rentas atrasadas. Por otra parte, los procuradores requerían, ante el estado de miseria en que se encontraba el reino, que cesasen las mercedes reales y el lujo excesivo de la corte, en lo cual tenía razón, y que se disolviese la pequeña hueste permanente con la que don Álvaro defendía la autoridad real, en lo que sin duda erraban (1426).

Fue tal la porfía de las Cortes, que el rey hubo de ceder, quedando así inerme ante sus poderosos enemigos. Nada fue tan fácil al rey de Navarra y a don Enrique como concitar en contra del valido a toda la nobleza castellana, cuyo egoísmo y cuya estrechez de miras le impedían ver la grandeza de la política de don Álvaro. Por consejo del franciscano fray Francisco de Soria se entregó el asunto al arbitraje de cuatro jueces, los cuales fallaron que don Álvaro fuese desterrado un año y medio a quince leguas de la corte. El condestable, tan superior a sus enemigos, tuvo la habilidad de someterse, juzgando que su ausencia era el mayor castigo para la debilidad del rey, la ambición de los grandes y la pobreza de miras de los procuradores.

La realidad de las cosas vino a servir ampliamente los planes de don Álvaro. En tanto el condestable tenía en su castillo de Ayllón «muy grande e noble estado, e mucho acompañado de caballeros, e perlados, e doctores, e teniendo grandes fiestas, e aviendo muchos placeres», según su crónica refiere, Castilla ardía en bandos y en todas las ciudades se formaban partidos que, anulada la autoridad real, se disputaban el poder.

Llegaron las cosas a tal extremo que todos, desde los grandes señores a los labradores, pidieron al rey el regreso de don Álvaro y hasta el rey de Navarra y el infante, incapaces de contener a sus propios partidarios, se unieron a este clamor general. Don Álvaro se dio el gusto de resistir hasta tres veces las intimaciones del rey para su vuelta, hasta que ante una orden que no admitía dilación ni excusa hizo ademán de resignarse. Todas las crónicas contemporáneas refieren la elegancia con que don Álvaro con su séquito de prelados y de caballeros, ataviados todos como si viniesen de una partida de caza, se presentó a la corte, que estaba en Turégano, en la cual se le hizo un triunfo propio de un rey vencedor. Era, en efecto, un rey el que retornaba, pues era él el que encarnaba el poder real, como Almanzor en los tiempos del califa Hixem.

Hubo desde entonces una autoridad en Castilla, aun cuando hubiese de gastarse estérilmente empleando todo el poder del reino en someter las desmesuradas ambiciones de la gran nobleza y las demasías de los caballeros de las ciudades. Quiso don Álvaro, como antes y después de él otros gobernantes de España, encauzar estas enormes energías dispersas y contrapuestas en una gran empresa nacional e intentó resucitar, pues la ocasión era propicia, la olvidada guerra de reconquista, pero estorbaban en este propósito los funestos infantes de Aragón, reyes dos de ellos. Fue con ellos don Álvaro de una extremada generosidad, pero procuró alejarles de Castilla y consiguió difícilmente que don Juan volviese a su reino de Navarra (1428).

Apoyados por Alfonso V, entonces en España, don Juan y don Enrique, a los que se unió ahora el infante don Pedro, hicieron en la frontera grandes aprestos de invasión y, a la sombra de esta amenaza, muchos señores tornaron a rebelarse en sus villas y castillos. El condestable hubo de utilizar en resistir a los aragoneses parte de los recursos obtenidos para la guerra de Granada, y parecía ya inminente un choque en la frontera cuando la intervención del cardenal de Foix, legado del papa, y de la buena reina de Castilla, doña María de Aragón, que acudió a la frontera, conjuraron el conflicto (1429).

Después de muchos incidentes y de laboriosas gestiones, se acordó, por fin, una tregua de cinco años, en virtud de la cual siete compromisorias castellanos situados en Agreda y siete aragoneses alojados en Tarazona arreglarían en justicia las diferencias entre ambos reinos (julio de 1430). El poder de don Álvaro se acreció enormemente con estas contiendas. El rey le concedió la administración del maestrazgo de Santiago, que había sido de don Enrique, y le dio la tenencia de muchas villas y castillos confiscados a los rebeldes. Por entonces (1431) celebró en Palencia segundas nupcias con doña Juana Pimentel, hija del conde de Benavente, uno de los más poderosos señores de Castilla. Su corte era suntuosa como la de un rey.

La conquista del último reducto musulmán en la península, uno de los objetivos primordiales de don Álvaro de Luna, valido de Juan II

Como en los años sucesivos Alfonso V y sus hermanos hubiesen de ocupar su atención en las cosas de Italia, don Álvaro tuvo tiempo para preparar la guerra de Granada, que era el objetivo hacia el cual dirigía su gestión. El único reino musulmán de la península parecía haber recibido de los reinos cristianos el contagio de la anarquía, de las ambiciones desmesuradas y de la guerra civil.

La batalla se dio el 1 de julio de 1431 y por el nombre del lugar que fue teatro de ella se llamó «de la Higueruela». En el ejército cristiano estaban los más claros nombres de Castilla; el granadino contaba cuatro mil jinetes y doscientos mil peones. Fue una batalla medieval, sin plan ni ordenación ninguna, en la cual todo se confiaba al valor y al esfuerzo.

Las huestes de los señores, de los concejos y de las órdenes militares combatían, cada uno por su cuenta, en torno de los pendones señoriales o concejiles, y por esto la crónica habla de «las batallas» del rey, del condestable y de otros personajes.

Fue para los cristianos un enorme triunfo, pues, como sucedió en las Navas y en el Salado, la pequeña grey cristiana arrasó con gran facilidad a los moros, cuya multitud no servía sino de estorbo y en la cual el pánico cundía rápidamente. En realidad no hubo un capitán o un coordinador propiamente dicho que ordenase la lid, pero el rey y el condestable lucharon, contribuyendo —al mismo tiempo—, a unificar las fuerzas diversas. Al final, la victoria fue notable y completa.

Ya en los preliminares de la batalla costó a don Álvaro enorme esfuerzo contener a los condes de Niebla y Ledesma, enemigos entre sí, que querían combatirse, malográndolo todo. Apenas terminada la batalla, en el mismo campo surgió una conjura para matar al condestable. Fue necesario disolver el ejército, sin obtener de la batalla una tregua, en la cual el rey de Granada, Mohamed el Izquierdo, se obligaba a pagar un tributo. Se ha comentado que a muchos no convenía la destrucción del reino granadino, que proveía a Castilla de mercaderías preciosas y de moneda de oro, además de ser el refugio seguro para gran número de caballeros.

Después de concluida la hazaña de Higueruela, vinieron unos años sin grandeza en la historia de Castilla. La permanencia en Italia de los infantes de Aragón da alguna estabilidad a la monarquía, pues don Álvaro no tiene enfrente a nadie capaz de medir con él las armas.

Sin embargo, y con el tiempo, el poder estrechamente asumido por el valido y condestable del rey sería suplantado por otro, en la figura de don Juan Pacheco, dueño de la voluntad del primogénito de Juan II, el príncipe don Enrique, que se levantaba ante él ahora y congregaba a todos los ambiciosos y a todos los descontentos. Don Álvaro, unido estrechamente a la fortuna del infante don Pedro, regente de Portugal, había concertado en secreto, cinco meses después de la muerte de la reina doña María, el segundo matrimonio del rey con doña Isabel, hija del infante don Juan y de su madre, del duque de Braganza. Las bodas se celebraron en 1447. El rey, no viejo aún, pero envejecido y fatigado, se entrega al influjo de la esposa joven y bella, dotada de la tenaz energía de los príncipes de su raza. Don Álvaro había querido una reina de su hechura, que afianzase su poder. Sin embargo, se encontró con una terrible enemiga, contra la cual la lucha se hizo imposible.

Los últimos años de don Álvaro de Luna y del rey de Castilla don Juan II

La crónica de don Álvaro de Luna, de Gonzalo Chacón, uno de los más bellos e interesantes libros de la literatura histórica española, tiene un profundo sentido humano al historiar la conclusión de su poder como valido. En sus páginas, de crudo realismo, se advierte cómo el condestable corría ciegamente hacia un trágico desenlace, acumulando errores sobre errores y desaciertos sobre desaciertos.

Ya viejo y amargado por las ingratitudes que surgían en aquellos momentos, sentía como nunca exaltadas sus ansias de un dominio absoluto, ya imposible porque se le huía por momentos la confianza del rey, que por tanto tiempo le había sostenido. De esas páginas se desprende un interesante retrato de Juan II, ahora constante en su deseo de apartar al condestable con la tenacidad que a veces aparece en los indecisos, empleando para ello la falsedad y el disimulo, que son las armas de los débiles; ingrato y egoísta como solían ser los reyes de antaño, acostumbrados a confundir su provecho con el bien del Estado.

La reina Isabel, con razón indignada de que el condestable quisiese intervenir aun en las más íntimas relaciones entre los esposos, perseguía tenazmente su pérdida y encontró un auxiliar en el astuto gallego Alonso Pérez de Vivero, a quien pinta la crónica como un verdadero demonio, pero que no era, en realidad, mejor ni peor que los otros señores de la corte. Se suceden una serie de sucesos para asesinar o prender a don Álvaro, pero éste pudo librarse gracias a su valor personal y a la buena fortuna que todavía le acompañaba. Decidido a acabar con Alonso Pérez de Vivero, el condestable hizo que su yerno Juan de Luna y su criado Fernando de Ribaneyra le arrojasen desde el adarve de la alta torre que servía a don Álvaro de morada en Burgos, fingiendo un accidente. En este hecho demostró el valido condiciones de perfidia y disimulo que indican que, superior a sus contemporáneos por su altura de miras y por su valor personal, no lo era en cualidades morales.

Don Álvaro, que recibía a cada momento pruebas evidentes del real desagrado, debió de huir y, obedeciendo el mandato del rey que le ordenaba apartarse de la corte, refugiarse en alguno de sus castillos. Cegado por la cólera y el orgullo o en un gesto de desesperación, intentó resistir a las gentes del rey en la casa fuerte de Pedro de Cartagena, donde moraba. Demostró el maestre de Santiago en estos momentos supremos, en que lo jugaba todo a una última carta, la grandeza y el señorío de su alma. Sus leales le convencieron de que huyese por la puerta trasera de un corral, guiado por el converso Álvaro de Cartagena, que lo pondría a salvo, pero apenas hubo andado algunas callejuelas se volvió a su casa por donde había venido, diciendo «que más quería morir con sus criados que salvarse por albañares ascondidos e tenebrosos, como hombre bellaco e de ninguna condiçión».

Después que don Álvaro se rindió al rey, bajo el seguro de que su vida y la de sus leales serían guardadas, manifestó una majestuosa serenidad en la calma con que repartió sus preseas entre sus criados y en la última comida que celebró en su palacio, rodeado de estos mismos incondicionales servidores. Es también admirable el cuidado con que el condestable se armó y se aderezó con sus mejores galas para presentarse ante el rey. Al salir fue detenido por orden de don Juan II en su propia cámara y llevado luego a Valladolid y de allí al castillejo de Portillo.

Demostró el rey después de la prisión de don Álvaro una alegre actividad que hacía años era en él desconocida, como si se hubiese liberado de un gran conflicto. Era egoísta y débil, y nada más enojoso para esta clase de hombres como encontrarse entre dos fuerzas violentas y opuestas. Chacón supone que la tentación de apoderarse de los inmensos tesoros acumulados por don Álvaro tuvo mucha parte en la conducta de su real amigo. Entró en el castillo de Maqueda y situó su campamento delante del de Escalona, principal morada del condestable. Resistió la guarnición y se tuvo en el real un consejo sobre la suerte de don Álvaro.

Todos los consejeros –a excepción del arzobispo de Toledo, que se abstuvo de votar–, opinaron que el condestable debía de morir, pues, de lo contrario, se encendería una guerra civil, pues sus parciales defenderían cada uno de sus castillos, que sería preciso ir ganando por la fuerza de las armas. Convino el rey y ordenó que un caballero llamado Diego López de Estúñiga llevase las órdenes necesarias para la sentencia. El condestable moriría al final en el cadalso levantado en la plaza Mayor de Valladolid el día 2 de junio de 1453, con la cristiana y mesurada dignidad de que dio muestra en sus últimos días. Pondera su crónica el extraño y maravilloso silencio que guardó la multitud hostil acumulada en la plaza en tanto la sentencia se ejecutaba y el tremendo y dolorido clamor que vino a alzarse luego.

Este clamor angustioso era harto justificado. Con sus enormes defectos, don Álvaro de Luna era el único que podía contener la disolución de Castilla. El mismo rey, pasada la extraña euforia que le produjo la prisión de su amigo de la infancia, cayó en una melancolía contra la cual no pudo reaccionar. En sus últimos meses entregó el despacho de los negocios al erudito obispo de Cuenca, don Lope de Barrientos, y al santo prior de Guadalupe, fray Gonzalo de Illescas, los cuales intentaron mantener la estabilidad del reino con un pequeño ejército permanente y ordenaron de nueva manera la recaudación de impuestos.

Fue el gran dolor de sus últimos días, anuncio claro de las amarguras del porvenir, el escandaloso proceso de separación del príncipe don Enrique (hijo del rey don Juan II) y su esposa Blanca de Navarra, que terminó con la sentencia de nulidad dictada por el arzobispo de Toledo don Alfonso Carrillo en nombre del papa Nicolás V en noviembre de 1453. Murió el rey, con muestras de gran pesadumbre por la ociosa inhibición que fue toda su vida, en Valladolid el 21 de julio de 1454. De su matrimonio con doña María de Aragón, su prima, dejaba un solo hijo: el príncipe de Asturias, don Enrique; del segundo, con doña Isabel de Portugal, la infanta Isabel, de tres años de edad, y el infante don Alfonso, niño de pocos meses.

A la prisión y a la muerte de don Álvaro de Luna había sido ajeno el más encarnizado de sus enemigos: el infante don Juan, rey de Navarra y lugarteniente y heredero de Aragón, empeñado en la misma empresa de restablecer la autoridad real en que el condestable había dejado la vida.

El reino de Navarra después de Carlos III el Noble y el ascenso al trono de Juan II en Aragón

Es precisamente la influencia de la política castellana lo que determina la dramática historia de Navarra en este tiempo. A la muerte de Carlos III el Noble (1425) le sucede su hija doña BLANCA II, esposa del infante don Juan de Aragón, duque de Peñafiel en Castilla, el cual, según la costumbre hispánica, tomó el nombre del rey y asumió el ejercicio de las funciones reales. Ello representa la rectificación de la política de la casa de Evreux, que había abandonado la funesta tendencia de sus antecesores a convertir a Navarra en un feudo francés, y la reintegración de la monarquía pirenaica a la comunidad hispánica, de la cual en el siglo XI había sido rectora.

El infante DON JUAN, ahora rey de Navarra, prefería a los asuntos de su propio reino y de los del de Aragón, que estaba destinado a heredar y que continuaba brillantemente su historia medieval, inmiscuirse en la política de Castilla. Rival en un tiempo de su hermano don Enrique, lo era ahora de don Álvaro de Luna. Inteligente y enérgico, desprovisto de escrúpulos, don Juan ponía en sus propósitos y en sus odios una tenacidad increíble y una amplia moral, que juzgaba lícitos todos los medios para llegar a su fin.

Del matrimonio de don Juan y doña Blanca había nacido un hijo varón, Carlos (1421), y dos infantas, Blanca y Leonor. La reina doña Blanca, dominada por su marido, reforzó en su testamento los dudosos derechos de éste al gobierno, recomendando a su hijo que no tomase título de rey en vida de su padre. Fue precisamente la obsesiva injerencia del rey de Navarra en los asuntos de Castilla lo que permitió al reino pirenaico, regio por su reina propietaria, algunos años de paz. En 1428, a consecuencia del triunfo de don Álvaro de Luna, don Juan hubo de regresar a Pamplona. Se celebró entonces la coronación de los reyes y la jura del primogénito, que tomó el título de príncipe de Viana, con que le conoce la Historia.

Obligado don Juan a intervenir en los asuntos de Italia al lado de su hermano Alfonso V, cayó prisionero en la batalla de Ponza y luego hubo de hacerse cargo, en difíciles circunstancias, de la lugartenencia del reino de Aragón. En los conciertos que se habían realizado entre las cortes de Navarra y de Castilla figuraban las desventuradas nupcias de la infanta doña Blanca con el príncipe de Asturias don Enrique. El príncipe de Viana se había casado con Ana de Cleves, sobrina del duque de Borgoña, Felipe el Bueno (1439).

El drama de Navarra se origina con la muerte de la reina doña Blanca, acaecida en una romería al santuario castellano de Santa María de Nieva (1441), que dejó frente a frente a don Juan, decidido a toda costa a conservar el gobierno del reino, y a su hijo Carlos, que era el legítimo rey, ya que las Cortes no habían aprobado el testamento de doña Blanca. Acaso el conflicto se hubiera demorado, pues Carlos, a diferencia de su padre, no tenía apetencia por la gestión de los negocios, si no fuese porque Navarra, como toda Europa en el

MONARCAS NAVARROS DEL SIGLO XV

siglo de las facciones, estaba dividida en dos bandos que se combatían sañudamente y de los cuales cada uno buscó el apoyo de uno de los dos príncipes a quienes las circunstancias ponían frente a frente.

Las preferencias hacia la corte francesa o hacia el reino de Castilla, con el cual Navarra no había roto nunca el vínculo feudal, tuvieron durante toda la Baja Edad Media dividida a la brava y belicosa nobleza Navarra, diseminada en casas infanzonas y palacios rurales. En 1438, estalló una crudísima guerra entre dos señores de la Baja Navarra: el de Agramunt y el de Luna, y en torno a cada uno de ellos se agruparon infanzones y caballeros en dos partidos irreconciliables: el de los agramonteses y el de los beamonteses, que tomaron el nombre de don Luis de Beaumont, que se constituyó en su jefe. Fatalmente había de ocurrir que agramonteses y beamonteses se inclinasen hacia el viudo, rey de hecho, o hacia su hijo, que era, según la ley y el sentir de los navarros, el verdadero rey.

No se pueden dar dos tipos humanos tan diversos como el rey don Juan y don Carlos, príncipe de Viana. Castellano de origen y de nacimiento, pues había visto la luz en el castillo de Peñafiel, don Carlos se parecía en cualidades y defectos, más que a su padre, a su tío Juan II de Castilla, y por esto fue, sin duda, gran fortuna para su memoria el que no llegase a reinar. De carácter dulce e indeciso, valiente caballero cuando la ocasión lo exigía, sensual y libre en sus costumbres, el príncipe de Viana, como Juan II, era un apasionado de las bellas letras, no como un reposo en las tareas de gobierno, sino de manera exclusivista y adsorbente, incompatible con el ejercicio del poder supremo, que requiere el empleo de todas las facultades del alma. La obra literaria del príncipe es extraordinaria y con razón su nombre cobija el renacimiento cultural de Navarra. Su pequeña corte, en Olite o en Tafalla, era un cenáculo de músicos, eruditos y poetas. Humanista, como hombre de su tiempo, tradujo y comentó a Aristóteles e imitó a los poetas latinos en su *Lamentación* a la muerte de Alfonso V. Su *Crónica de los Reyes de Navarra* es obra capital en la historiografía española.

Fue la cuestión castellana lo que enfrentó al padre con el hijo. Don Juan, buscando aliados contra don Álvaro de Luna, había contraído segundas nupcias con doña Juana Enríquez, hija del almirante de Castilla, jefe de la coalición señorial contra el condestable. La historiografía romántica, amiga de contrastes, ha encontrado en doña Juana Enríquez el demonio que en el cuadro de la guerra civil de Navarra había de contrapesar la figura angélica del príncipe de Viana.

Víctor Balaguer imagina al rey don Juan «dominado por aquella mujer, por aquel ángel malo que el infierno parecía haber puesto a su lado». En la monografía que la condesa de Yebes ha consagrado a la reina demuestra que esta dama, de inteligencia excepcional, fue la constante defensora del hijastro, el cual tuvo siempre hacia ella cariño y reverencia.

Como en esta guerra el rey de Navarra se había aliado con el joven príncipe de Asturias, don Enrique, don Álvaro de Luna quiso responder a esta amenaza buscando la alianza del príncipe de Viana. Quedaban así enfrentados el padre y el hijo. En torno del primero se agruparon los agramonteses, dirigidos por el mariscal de Navarra Pedro de Agramunt, pero que atendían sobre todo a las inspiraciones de mosén Pierres de Peralta, y siguieron las banderas del príncipe los beamonteses, que presidía don Juan de Beaumont, gran prior de Navarra, y su hermano el condestable de Navarra, don Luis, conde de Lerín. Don Carlos se vio envuelto en una larga e implacable guerra civil, en la cual él, sin duda, tenía de su parte el derecho, en tanto que su padre tenía a su favor su extraordinaria superioridad como político y como guerrero.

El partido del príncipe era, a priori, el más fuerte, pues no sólo ocupaba Pamplona, sino que contaba con el apoyo de Castilla y de Francia. El ejército castellano, guiado por el príncipe de Asturias, llegó hasta Estella, pero don Carlos logró una entrevista con don Enrique y parece que en ella se concertaron los herederos de ambas coronas. Profundamente disgustado, el rey de Navarra llamó a Estella, para que compartiese el gobierno con su hijastro, a su esposa doña Juana Enríquez.

Como don Juan no reconociese las paces con Castilla, unidos don Carlos y don Enrique ponen sitio a doña Juana en Estella.

El rey de Navarra acudió en su socorro, pero hubo de retirarse. Vuelve poco después el rey con refuerzos reclutados en Aragón y asedia a la ciudad de Aibar. La buena voluntad del príncipe de Viana no pudo evitar el combate, provocado por la enemistad entre beamonteses y agramonteses. En la batalla de Aibar (octubre de 1451) dan comienzo las desventuras del príncipe, que fue vencido y hecho prisionero. Era tal la fuerza del partido favorable a don Carlos, no solamente en Navarra, sino también en Aragón, que don Juan hubo de

Juan II, rey de Aragón. Biblioteca Nacional, Madrid.

avenirse a una concordia con su hijo (5 de junio de 1453), que recobraba la libertad con la condición de entregar las fortalezas que seguían su voz.

Como el príncipe, una vez en Pamplona, se negase a cumplir lo pactado, el rey de Navarra, contra toda razón y todo derecho, le desheredó, juntamente con su hermana, doña Blanca, que seguía su partido, y dejó por heredera a su otra hija doña Leonor, casada con Gastón IV, conde de Foix (1455), hacia la que demostraba singular preferencia. La lucha duró varios meses, pero derrotado una vez más don Carlos cerca de Estella, tomó el partido de expatriarse, esperando en lugar más apacible un cambio de la fortuna.

La primera estancia de don Carlos fue en París, pero allí le llegó la invitación de su tío Alfonso V de Aragón, que le había demostrado siempre gran simpatía, para que acudiese a su corte de Nápoles. Fue a su paso por Roma muy bien acogido por el papa valenciano Calixto III. En Nápoles, el acuerdo entre ambos príncipes eruditos y humanistas fue perfecto y Alfonso V reanudó sus gestiones para hacer entrar en razón a su hermano. La muerte privó al príncipe de este poderoso apoyo. Murió Alfonso V, y el rey don Juan, que con tan dudoso derecho se llamaba rey de Navarra, vio en gran medida robustecida su autoridad al convertirse en rey indiscutido de Aragón.

No le hubiese sido difícil a don Carlos erigirse en rey de Nápoles en lugar de don Alfonso, duque de Calabria, bastardo de su tío, pero prefirió no intentar esta nueva aventura y volver a sus estados patrimoniales. Después de una estancia en Mallorca, en la cual intentó una avenencia con don Juan, desembarcó en Barcelona (28 de marzo de 1460), atraído posiblemente por confidencias que le aseguraban la clamorosa adhesión de los catalanes.

La presencia del príncipe en Barcelona constituía un grave peligro para los planes del viejo rey, obstinado en entregar la sucesión de tantas coronas a los condes de Foix. Con su claro sentido político, recibió paternalmente a su hijo en Igualada, convivió con él pacíficamente en Barcelona, y luego consiguió atraerle a Lérida, donde, alejado de Barcelona y cercano ya a Aragón, le redujo a prisión nuevamente.

No contaba el astuto don Juan con el levantamiento unánime del pueblo catalán ante el tremendo desafuero.

La Generalidad de Cataluña se declaró en sesión permanente (20 de enero de 1461), reclamando la libertad del príncipe, que era, según la ley, lugarteniente general del reino y representante del rey en la misma Generalidad. Como don Juan persistía en su obstinación, hubo de huir de Cataluña, llevando consigo a su hijo, y refugiarse en Zaragoza. La situación del rey llegó a ser desesperada, pues Aragón, Valencia, Mallorca, Cerdeña y Sicilia pedían la libertad de don Carlos. El ejército de la Generalidad entraba en Aragón por Fraga y las tropas de Enrique IV de Castilla, aliado del príncipe de Viana, invadían Navarra. Parece que fue la reina doña Juana Enríquez la que conseguiría convencer al rey de que debía liberar al primogénito. La reina intentó acompañarle a su regreso a Barcelona para compartir y moderar el triunfo que presentía, pero hubo de pasar por la humillación de que los emisarios de la Generalidad le vedasen la entrada.

Don Carlos había nacido en Peñafiel y pertenecía a la dinastía castellana de Trastámara. Se había convertido para la Generalidad de Cataluña en el defensor de sus libertades y en el representante de la tradición de los condes de Barcelona. Su entrada en Barcelona (12 de marzo de 1461) fue triunfal. El príncipe, no obstante, buscaba una concordia o acuerdo y sugirió los términos para conseguirlo, en que proponía las condiciones de que le reconociese como lugarteniente y heredero del reino y de que los condes de Foix salieran de Navarra. No se contentó con esto la Generalidad, sino que exigió que don Juan, conservando el título real, cediese a su hijo la administración del principado y exigía que los castillos de Navarra y los oficios de este reino se encomendasen a aragoneses, catalanes o valencianos.

Será la reina doña Juana la encargada de llevar a Barcelona la respuesta del rey. A duras penas, la discreta dama pudo llegar a Caldes, donde entregó al obispo de Huesca la respuesta a las que se llamaron capitulaciones de Villafranca (28 de mayo de 1461). El rey accedió a todo lo que era en ellas justo y hacedero, pero se negó a entregar a don Carlos el principado, alegando, razonablemente, que ello sería separar a Cataluña de la corona de Aragón. La negativa del rey suponía la guerra, pero don Carlos tuvo la fortuna de que la muerte viniese a cortar su carrera en pleno triunfo (23 de septiembre de 1461).

La muerte de don Carlos daba frente a frente al rey y a Cataluña. Había cundido en el pueblo la opinión de que el príncipe murió envenenado, y el mito en que, desde hacía un tiempo, se había convertido para el pueblo catalán, tomaba más fuerza ahora en que la muerte le liberaba del fatal contraste con las miserables realidades humanas. Se le creía santo, se le atribuían milagros, se le rezaba y se veneraban sus imágenes. Fácil fue el tomar su nombre como bandera a los enemigos implacables del rey.

Parecía destinado don Carlos de Aragón, príncipe de Viana, a realizar la idea de unidad latente en los pueblos hispánicos. Rey de derecho de Navarra y heredero de los estados de la corona de Aragón, pudo llegar a ser también rey de Castilla, pues en 1460 mantuvo negociaciones con su aliado Enrique IV para concertar sus nupcias con la infanta Isabel, que había de ser la heredera de este reino. El 10 de marzo de 1452, la reina doña Juana Enríquez, fugitiva ante el avance de beamonteses y castellanos, había dado a luz en la villa de Sos un hijo que se llamó Fernando. Este niño de nueve años, que a la muerte de don Carlos fue jurado heredero de Aragón en las Cortes de Calatayud (11 de octubre de 1461), estaba destinado a realizar los sueños de su hermano.

El ambiente cultural del siglo xv en los reinos de Castilla y de Aragón

La época de Juan II de Castilla, de Alfonso V de Aragón y del príncipe de Viana es, sin duda, una de las más brillantes para la cultura hispánica. El trovar y el tañer instrumentos era el placer supremo de los grandes señores y su reposo de los afanes de la política y de la guerra.

Don Álvaro de Luna, don Íñigo López de Mendoza, marqués de Santillana, ocupan en la literatura castellana un lugar aún más destacado que el que les corresponde por su actuación histórica. Nunca había habido tal pasión por los bellos libros: los que Alfonso V de Aragón se hacía ilustrar por los mejores pintores italianos de su tiempo son quizá los más hermosos manuscritos iluminados que consigna la historia del Arte y los volúmenes de las bibliotecas de los condes de Alba y de Haro y de los Mendoza indican, así mismo, el más exquisito refinamiento.

La enorme vitalidad de España en las décadas centrales del siglo XV, de la cual las perpetuas guerras civiles y los bandos nobiliarios y ciudadanos no eran sino una consecuencia, se refleja en la grandeza de los edificios, como la catedral de Sevilla, concebidos con la amplitud de proporciones propia del último gótico europeo y decorados con la profusión del estilo florido, cuya magnificencia era grata al sentir hispánico. Como en los siglos XII y XIII, una avalancha de arquitectos y escultores extranjeros acude a la península, donde se les ofrece tarea abundante, pero ahora no son franceses, sino gentes que provienen de los Países Bajos —de Flandes sobre todo—, y de Alemania.

En la pintura de los retablos, los últimos destellos de la escuela toscana se funden con las influencias francesas y neerlandesas en creaciones de exquisita elegancia, a las cuales la profusión del oro concede una extraordinaria magnificencia. Con estas corrientes internacionales convive y se entrevera el mudejarismo en los palacios cortesanos y sus yeserías prolijamente esculpidas, sus artesonados enriquecidos con oro y con vivos colores, sus alicers de azulejos convierten las estancias del alcázar de Segovia y de los castillos de Coca y de Escalona en grutas encantadas, el más propicio teatro para el barroquismo delirante de la corte de Juan II.

Nunca se había dado tanta importancia al arte del vestido y los cronistas dedican muchas páginas a describir la indumentaria de damas y galanes. Solamente en otra época barroca, la de Luis XV de Francia, se ha llegado a tan exquisito refinamiento en el adorno de la casa y de la mesa, en el atuendo personal. Contrasta este lujo no sólo de las cortes reales, sino de las pequeñas cortes constituidas en los castillos de los señores, con la extremada miseria de los campos, atrasados por las continuas guerras señoriales que hacían imposible el regular cultivo de la tierra.

Este lujo, juntamente con el esplendor del culto, motivó una edad de oro para la artesanía ciudadana. Nunca se han labrado con tanto primor —muchas veces por manos de judíos y de moros, que aportaban la vieja sabiduría de las fórmulas orientales— la plata y el hierro, las telas preciosas, los objetos de madera, de cerámica, de cuero o de vidrio como en los obradores de las ciudades españolas en la agonía de la Edad Media.

Enrique IV el Impotente, rey de Castilla

Los últimos años de Juan II

El 23 de abril de 1451, en los años en que el poderío de don Álvaro de Luna comenzaba a decaer, el rey Juan II de Castilla se dirigía al concejo, alcaldes, regidores, caballeros, escuderos, oficiales y buenos hombres de Segovia, anunciándoles el nacimiento de una hija. Se trataba de la infanta Isabel, la futura reina católica. El suceso, que había de cambiar el rumbo de las cosas de España, acaeció el 22 de abril. El lugar fue, sin duda, Madrigal de las Altas Torres, aldea de la jurisdicción de Arévalo, si bien con prestancia de villa bien cercada, en la cual los reyes de Castilla tenían uno de esos palacios rurales.

Diego de Colmenares, el cronista de Segovia (1637), se singulariza al afirmar que el nacimiento de la infanta acaeció en Madrid, en donde está fechada la carta, fundándose en la brevedad del plazo para que un mensaje llegase a esta villa desde Madrigal. No es de creer que esta nueva, en tiempo de tan apasionadas banderías, hiciese en Segovia ni en ninguna otra parte impresión notable. Si don Juan II fue popular alguna vez, había dejado de serlo al final de una gestión larga y desventurada, y la reina portuguesa apenas era de nadie conocida.

La infanta recién nacida acompañaría en sus andanzas a la corte andariega, pues a la reina, empeñada entonces en su lucha a muerte con don Álvaro de Luna, le convenía vigilar la indecisa y endeble voluntad del rey. En una de las estancias de la peregrinación constante que era entonces la vida de los reyes, nació en Tordesillas, el 13 de noviembre de 1453, el infante don Alfonso, que había de ser para la infanta compañero en el abandono de su triste niñez y en los extraños avatares de su fortuna. Muy pocos años gozaron ambos hermanos de la protección paterna. El rey don Juan murió en Valladolid el 21 de junio de 1454, dejando en su testamento la ciudad de Soria y las villas de Arévalo y de Madrigal a la reina viuda y la villa de Cuéllar a la infanta Isabel.

La pequeña familia, compuesta de la reina, cuya razón comenzaba a alterarse, y de los dos infantes, tan niños, quedó un poco olvidada de todos, residiendo en los caserones reales o en los castillos de diversas villas: Arévalo, Escalona o Cuéllar, rodeados solamente de su corte íntima de pequeños hidalgos, de clérigos y de servidores humildes.

Enrique IV, rey de Castilla.

La llegada al trono de Enrique IV el Impotente. La infanta doña Isabel y el infante don Alfonso

A partir de estos momentos, se alzaba en Castilla un poder nuevo. El rey ENRIQUE IV llegaba al trono en una cierta madurez (29 años) y su actuación en el reinado de su padre, Juan II, no permitía sobre él juicios muy favorables. Con su padre se había mostrado rebelde y desagradecido, siguiendo los consejos de su favorito don Juan Pacheco, con lo cual demostraba que había heredado la abulia y la indolencia paternas. Reciente estaba el escándalo de su separación de doña Blanca de Navarra (1453) después de catorce años de unión estéril, según los más graves historiadores por culpa del marido, cuya complexión, debilitada por vicios y desórdenes prematuros, no le hacía apto para el matrimonio. Pero los señores esperaban de su soberano desmesurados engrandecimientos, y el pueblo deseaba encontrar, como los enfermos, alivio en un cambio de fortuna.

La novedad de reinar infundió en el príncipe cierta euforia y algún deseo de realizar empresas hazañosas. Con mucha razón, Diego Enríquez del Castillo, su cronista, pudo afirmar que por el número de caballeros y de prelados que le asistían y por el esplendor de las fiestas, la corte de Enrique IV en aquellos años superaba a la de los reyes, sus antepasados.

De gran interés es la figura del primogénito de Juan II. Por las magníficas y contrapuestas crónicas de Diego Enríquez del Castillo y de Alfonso de Palencia, la conocemos como si se tratase de un personaje contemporáneo. En Enrique IV de Castilla, uno de los ejemplares humanos más interesantes en la historia de España, se concreta la corrupción de tantas decadencias. No se advierten en él los vicios de aquella caballería, con su afición al lujo, a una especie de liturgia sensiblera y sensual; pero, en cambio, se exacerbaban en él morbosamente otros indicios de degeneración. En la segunda mitad del siglo XV, hay un intento de vuelta a la naturaleza, un gusto particular por lo selvático. En la decoración de los castillos se fingen los ramajes de las florestas, y la flora y la fauna de la selva virgen palpitan en la hojarasca del último gótico. Los caballeros se visten de salvajes en fiestas y torneos, y hombres de las selvas, velludos, figuran esculpidos en infinidad de monumentos, como la fachada de la iglesia de San Gregorio, de Valladolid, o la capilla del Condestable, en Burgos.

Este rey, antecesor de Fernando e Isabel, encarna perfectamente este ideal selvático. Tenía, según su cronista Enríquez, «aspecto feroz, casi a semejanza del león». «Era gran cazador de todo linaje de animales y bestias fieras; su mayor deporte era andar por los montes, y en aquéllos hacer edificios y sitios cercados de diversas maneras de animales». Y junto con esta pasión, prendieron en él usos y vicios del Oriente. Un viajero, León de Rosmithal, vio la corte de Enrique en Olmedo y advirtió que el rey parecía moro en su forma de vestir y en sus maneras; en sus fábricas, a las que era tan aficionado, campea el más exuberante mudejarismo; su afición a los moros ocasionó graves disturbios en su reinado: prefería la jineta morisca a la más noble castellana.

Como su padre Juan II, Enrique IV es un desertor que aborrece su oficio de rey, pero que es el único capaz de llenar un corazón grande por sus inmensas posibilidades de gloria. Como su padre, abandona el gobierno en manos de privados, a los que da cuanto quieren: castillos, rentas y ciudades, con tal que le quiten el afán del gobierno y le dejen el tiempo libre para vagar por los bosques, contemplar sus bestias salvajes y dedicarse en soledad a sus ensueños. Y este pobre rey romántico, de deserción en deserción, llegó a renunciar a su propia dignidad de varón y a caer en la Historia envuelto en inmenso sarcasmo.

De alma generosa y benigna, inauguró su reinado con un acto de clemencia, haciendo abrir las puertas del alcázar de Segovia, donde yacían presos, a los condes de Alba y Treviño y a otros caballeros. Confirmó la alianza antigua con Francia —a la que siempre fue leal—, y procuró cancelar la vieja contienda con los infantes de Aragón, pactando con el rey de Navarra la renuncia de los príncipes aragoneses a sus villas y sus castillos en Castilla a cambio de una pensión.

Parecía que el nuevo rey quería proseguir la política de sus más gloriosos antecesores continuando con energía la guerra de reconquista. La historia del reino de Granada era, en este tiempo, una confusa maraña de usurpaciones. Parecía fácil derribar trono tan inseguro, minado continuamente por rebeliones militares y conjuras palatinas, y el rey congregó Cortes en Cuéllar, ante las cuales expuso la conveniencia de hacer la guerra en Andalucía.

Como el marqués de Santillana, llevando la voz de todos los convocados, aprobase la propuesta, don Enrique dejó el gobierno del reino en manos de don Alfonso Carrillo, arzobispo de Toledo, y del conde de Haro, y él mismo al frente de su hueste irrumpió en la vega de Granada en abril de 1455. La expedición resultó inútil por el terror del rey al derramamiento de sangre, y se limitó a talas y correrías.

Aficionado al deporte de galopar con sus caballeros por tierras moras, don Enrique volvió al año siguiente a correr las campiñas de Lora, Antequera y Archidona hasta cerca de Málaga, pero con la singular consigna de no aventurar en batallas ni escaramuzas la vida de sus soldados, que, según la delicada sensibilidad del rey, era un bien inapreciable que no se debía arriesgar. Solamente en la campaña de 1457, como, en contra de la voluntad de aquel extraño caudillo, se trabase un combate en el cual murió Garcilaso de la Vega, el rey se enardeció y ordenó el asalto de la villa de Jimena. Bastó esto para que el rey granadino, Saad, se aviniese a pedir treguas, que obtuvo fácilmente mediante la entrega del tributo obligado y la libertad de seiscientos cautivos. Debió esta única hazaña del reinado despertar en la corte un efímero entusiasmo.

El bello códice iconográfico *Cartagena*, conservado en el Palacio Real de Madrid, representa a Enrique IV con una granada por cimera galopando sobre derribadas cabezas de moros. La sala del Pabellón en el alcázar de Segovia, la más suntuosa de las estancias reales, es un monumento a esta campaña, y en la inscripción gótica que corre a lo largo del friso se consigna que se labró el año que se ganó Jimena. El rey adoptó, a partir de entonces, como emblema heráldico la granada con el mote «Agridulce reinar». Buen dictamen de rey, escribe Colmenares, si lo ejecutara como debía.

Las breves prosperidades de don Enrique culminan en el matrimonio con su prima la joven infanta doña Juana de Portugal, hija del rey don Duarte, ya difunto, y de la reina doña Leonor de Aragón. La infanta era una niña de dieciséis años y su educación, ausente su madre, desterrada en Castilla en años en que la familia real portuguesa pasó por verdaderos trances difíciles, hubo de ser muy descuidada. Se desplegó en recibirla todo el fausto de la corte castellana y, por única vez, el rey pareció demostrar la afición al boato de la corte de su padre, que gustaba de evocar los quiméricos esplendores de las novelas de caballería.

En la primavera de 1455, llegó la novia a Badajoz. Los desposorios se celebraron el 18 de mayo y la corte se trasladó luego al alcázar de Sevilla, donde hubo fiestas memorables. A exaltar el valor y la generosidad de los caballeros contribuía la presencia de las damas portuguesas de doña Juana, algunas de las cuales habían de dejar en Castilla perdurable memoria de virtud.

Se cuenta que el arzobispo de Sevilla, don Alfonso de Fonseca, ofreció en Madrid un banquete a la reina y a sus damas en el cual se sirvieron bandejas llenas de joyas preciosas para que aquellas señoras tomasen de ellas a su gusto. El mismo rey, acaso para desmentir las noticias que sobre su enfermedad ya corrían, hizo semblante de enamorarse de una de las damas. Reaccionó la reina con violencia y los grandes señores se repartieron en dos bandos, de los cuales el uno seguía a la reina y el otro a la favorita. Las flacas virtudes de doña Juana se verían sometidas a duras pruebas en aquella corte que había llegado a los abismos de la corrupción.

Desde este momento, el débil prestigio del rey comenzó a decaer rápidamente. En realidad, continúa el drama iniciado al advenir al trono su padre Juan II, pero ahora representado por personajes de menor categoría. El rey don Enrique IV no tenía la prestancia personal de su padre ni sus talentos de poeta. Carecía de valor en los combates, y su enfermedad, que sus vicios y su indiscreción hacían más patente, era de aquellas que más puede deprimir a un rey en la corte y en el pueblo. Tampoco ninguno de los favoritos del rey alcanzó la altura de don Álvaro; el principal, don Juan Pacheco, se parecía sólo al gran condestable en su desmesurado afán por engrandecerse, pero no pudo salvar los mezquinos límites del egoísmo personal.

El cruel Alfonso de Palencia escribe de Enrique IV que «entregado completamente a hombres infames, no acogía de buen grado a ninguna persona de esclarecido linaje o de notable ingenio». Este juicio, como todos los de Palencia sobre el rey, no es sino deformación malévola de hechos ciertos, en este caso la afición del rey a rodearse de gente de modesto origen, sin duda por la tendencia de los tímidos a buscar la compañía de personas inferiores a ellos para robustecer un concepto de superioridad que les es necesario. Así fue corriente en el reinado el que puestos muy importantes se concediesen a personajes de modesta posición.

Miguel Lucas de Iranzo, elevado a la dignidad de condestable de Castilla, era hombre de humilde origen, natural de Belmonte, villa que pertenecía a don Juan Pacheco, el cual le situó al servicio de don Enrique cuando aún era príncipe de Asturias. Hombre despierto, supo ganarse con gran facilidad el cariño de su señor, el cual consiguió para él el corregimiento de Baeza y, ya rey, le elevó desmesuradamente a uno de los cargos más altos del rey (1458), sin que antes ni después Miguel Lucas demostrase cualidades excepcionales que justificasen este encumbramiento.

Pero el caso de más rápida e inmensa fortuna es el de Beltrán de la Cueva, mozo de buen linaje de Úbeda, al cual el favor del rey convirtió en uno de los más grandes señores de Castilla. Don Beltrán, que de simple paje fue ascendido a mayordomo mayor, no era ciertamente un hombre vulgar. Además de su gallardía personal y de sus cualidades cortesanas, demostró en diversas ocasiones una notable bravura y condiciones de buen caballero, al uso de su tiempo. El favor del rey, que se mantuvo siempre constante, fue tan extremado que como en un «paso de armas» celebrado cerca de Madrid don Beltrán sostuviera el puesto de mantenedor con destreza y valentía, don Enrique IV hizo fundar en memoria de aquella hazaña cortesana el monasterio de San Jerónimo del Paso, a orillas del Manzanares (1464), mandado luego de lugar y de nombre.

Cada año iba decayendo la autoridad del rey y cundía el concepto de su ineptitud para reinar y de lo extremado de su abulia. Los señores, disgustados del valimiento de ciertos hidalgos y de algunos plebeyos engrandecidos, comenzaron a formar ligas contra el rey. En realidad, los directores de toda la política de Castilla en estos años son el marqués de Villena, don Juan Pacheco, y su tío el arzobispo de Toledo, don Alfonso Carrillo.

En torno a estos personajes —aun cuando don Juan Pacheco gustaba de actuar en la sombra y aun fingirse defensor del rey—, se fueron agrupando todos los grandes nombres de Castilla. La coalición se hizo más terrible cuando se agregó a ella el infante don Juan, rey de Navarra, y desde 1458, rey de Aragón, al cual las circunstancias parecían propicias para un retorno a su intervención en Castilla, que era el sueño de toda su vida. En la que se llamó liga de Tudela entraban, juntamente con el rey de Aragón, el almirante don Fadrique Enríquez, don Juan Pacheco y su hermano don Pedro Girón, acaso menos avaro de bienes, pero de ambición sin mesura, el arzobispo de Toledo, los Mendozas, los Manriques y los Toledos (1460).

Todavía contaba el rey con la lealtad del pueblo y con el apoyo de algunos señores, entre ellos don Alfonso de Fonseca, arzobispo de Sevilla, que debió de ser en este período su

Enrique IV. Archivo Histórico de Barcelona.

principal consejero. Quizá por intervención de este prelado, que era, según el mismo biógrafo (Pérez de Guzmán), muy celoso defensor de la corona, Enrique IV respondió a la
amenaza atacando a su eterno rival en sus propios estados de la corona de Aragón y aliándose con el príncipe don Carlos de Viana, a quien ofreció la mano de su hermana la infanta Isabel. Las tropas de Castilla se apoderaron de Viana, defendida por mosén Pierres de Peralta (1461). La ocasión no podía ser más propicia.

En el otoño de aquel año, con la muerte del príncipe de Viana se creaba al viejo rey
de Aragón la situación más difícil con que ha tenido que enfrentarse monarca alguno. El
reino de Navarra estaba desgarrado —como comentamos en su momento— por la cruel
guerra entre beamonteses y agramonteses y Cataluña en tremenda e implacable rebeldía.
Blanca de Navarra, la más desventurada de las princesas, perseguida por el odio de su
padre y a punto de ser entregada en poder de su hermana, se acordó de los años en que
había sido esposa de Enrique IV y le escribió una carta (30 de abril de 1462), en la cual
renunciaba en el rey de Castilla sus derechos a la corona pirenaica. El 12 de agosto del
mismo año, los irreductibles catalanes proclamaron a Enrique IV conde de Barcelona y señor del principado.

Un príncipe enérgico y decidido podría haber anticipado en medio siglo la reunión de
las coronas de Castilla y de Aragón con la de Navarra. Pero Enrique IV, desde el fracaso de

la guerra de Granada, es el rey de las ocasiones perdidas, porque le placía lo oscuro y lo humilde y no deseaba un acrecentamiento de gloria que dificultase su delicia de recorrer en soledad «lo tenebroso de las selvas».

Muy amigo toda su vida de negociaciones y de componendas en las cuales se iba dejando jirones de su autoridad y de su honra, don Enrique se había avenido con los de la liga de Tudela. Siguiendo el consejo de don Juan Pacheco se convino en poner las diferencias con Aragón en manos de Luis XI de Francia. En el mes de mayo de 1463 se entrevistaron en los márgenes del Bidasoa los reyes de Castilla y de Francia, y el astuto Luis XI, que planeaba engrandecer sus estados a costa de Cataluña, dictaminó que los catalanes volviesen a la obediencia de Juan II y que Enrique IV retirase las tropas que había enviado a Cataluña a cambio de la merindad de Estella. La sentencia produjo en Cataluña y en Castilla inmensa decepción. Según Zurita, los emisarios catalanes, cuando les fue comunicada la decisión de abandonarlos a su suerte, salieron a la presencia del rey gritando: «Descubierta es ya la traición de Castilla; llegada es la hora de su gran desventura y de la deshonra de su rey». Aún la misma merindad de Estella fue arrebatada a los pocos meses por mosén Pierres de Peralta. El rey, desengañado de todo, decidió recluirse en el alcázar y en los bosques de Segovia.

Con anterioridad a estos sucesos, en los primeros años del reinado de Enrique IV, su madrastra, enferma y desvariada, y sus hermanos, muy niños aún, estaban por completo olvidados de la corte, recluidos en diversas villas castellanas.

Debieron de ser estos años definitivos para la formación moral de la infanta Isabel, que en el corazón de Castilla, más católica porque tenía que mantener su fe en tensión constante para librarse del contagio de moros y judíos, formaría su cristiandad tan robusta y clara. En los lugares castellanos, donde el trato entre nobles y plebeyos es fácil y cordial, aprendería a conocer al pueblo y a sentir con él. La pobreza y el abandono de aquellos primeros años le darían su gran lección y templarían su alma para altos destinos.

Apenas sabemos casi nada sobre su educación. De todas formas, «dícese que estudio, no nos dicen con qué clérigos eruditos; si sabe Dios con qué monjas y en qué monasterios, todas las artes de una buena ama de casa y todos los primores de las haciendas femeniles, a que fue aficionada toda su vida». El *Carro de Donnas* pondera su piadosa solicitud en atender a su madre loca.

Cuando el prestigio del rey puso en la mente de los más grandes señores la posibilidad de su total ruina, recordaron que existían dos infantes, hijos de Juan II y de Isabel de Portugal, que serían una posible solución y procuraron que fuesen traídos a la corte. El cronista Diego Enríquez del Castillo atribuye la llamada de los infantes niños a manejos malévolos del arzobispo don Alfonso Carrillo y de don Juan Pacheco. Desde entonces (1462), los infantes olvidados comienzan a situarse en primer plano en la política de Castilla.

Ocurrió por aquel mismo tiempo un suceso que parecía que había de eclipsar la estrella de los infantes: la reina doña Juana manifestaba señales de maternidad. El buen cronista Diego Enríquez del Castillo pondera la alegría del rey ante esta noticia, que venía a rehabilitarle de aquella falta que, como hombre, más podía dolerle, y su retorno al amor de la reina. La hizo traer a Madrid, que era una de sus residencias favoritas, con las más delicadas precauciones y salió él mismo a recibirla fuera de la villa.

En el mes de marzo de 1462, la reina dio a luz una niña, a la cual el rey, en aquellos momentos de retorno al amor conyugal, quiso que se diese el nombre de la madre. El bautismo fue fastuoso: actuó de ministro en la ceremonia el arzobispo Carrillo, asistido de varios prelados, y apadrinaron a la niña el conde de Armagnac, embajador de Francia, y don Juan Pacheco, y como madrinas la infanta Isabel, niña de diez años, y la marquesa de Villena. Dos meses después, en las Cortes de Madrid, la niña, en los brazos del arzobispo de Toledo, que había de ser principal artífice de su deshonra y de su desventura, recibía el homenaje de sus tíos los infantes don Alfonso y doña Isabel, de los prelados, de los caballeros y de los procuradores. De estos sucesos, de los que esperaba la recuperación de su fama, le vino al desventurado don Enrique la máxima afrenta, pues comenzó a extenderse la opinión, sin suda fomentada por la malevolencia de algunos cortesanos, de que la niña que habían jurado como princesa de Asturias y heredera de Castilla no era hija del rey, sino de don Beltrán de la Cueva, favorito del rey Enrique IV, que prodigaba sobre él desmesurados favores.

Estas murmuraciones cortesanas se convirtieron, en virtud de los sucesos posteriores y de la adulación de los cronistas afectos a doña Isabel, en verdad oficial y motivaron el que aquella niña, nacida primogénita durante el legítimo matrimonio del rey y reina de Castilla, no llegase a reinar. La cuestión que sugiere la legitimidad de doña Juana es una de las más difíciles de la historia de España y ha suscitado numerosas polémicas. Bástenos indicar que de todos los documentos contemporáneos se deduce la anormalidad física del rey, que probablemente regirán sus taras psíquicas. Aunque esto —según el diagnóstico póstumo del doctor don Gregorio Marañón—, no hace imposible el que la princesa pudiese ser hija de Enrique IV, explica perfectamente el escepticismo de los que le conocían íntimamente y su repugnancia para aceptar a la niña de tan turbio origen por su legítima soberana.

La incalificable actuación del desventurado rey, que parecía complacerse en su propia humillación al proclamar en ocasión solemne que doña Juana no era hija suya, declaración que cuesta trabajo creer que pudiera ser arrancada con cualquier violencia si no fuese verdad; la conducta de la reina doña Juana, que, aun cuando sólo se hiciese pública con posterioridad al nacimiento de su hija, es indicio de un temperamento ardiente y de una moral relajada, explican la creencia general en la ilegitimidad de la princesa y la repulsión que motivaba, fomentada por algunos grandes por razones políticas.

Pocos meses después (1463), a consecuencia del susto que recibió por habérsele incendiado la cabellera, la reina malparió un hijo varón. Se tuvo este hecho por funesto augurio. La conciencia popular del tremendo desprestigio del rey hacía que el pueblo, aterrorizado, viese por todas partes fatídicas señales: en Peñalver, pueblo de la Alcarria, un niño de tres meses habló predicando penitencia; en la leonera del palacio de Segovia, los leones pequeños vencieron devoraron al más poderoso, como indicando el despojo del rey por los señores. En Sevilla un ciclón derribó casas y torres y llevó por los aires un par de bueyes uncidos al yugo.

No eran los señores castellanos de aquel tiempo gente que reaccionase por estímulos de orden moral, sino conforme a su provecho, que era la suprema razón de su conducta. De aquí que aceptasen o repudiasen a doña Juana según convenía a sus planes. Lo que entonces les unía a todos en contra del rey era la privanza desmesurada de don Beltrán de la Cueva, a cuyas bodas con la hija menor del marqués de Santillana, celebradas en Guadalajara con fausto regio, asistieron los reyes y los infantes. La conspiración se fue urdiendo en el tiempo en que el rey hubo de acudir a verse con su cuñado Alfonso V de Portugal, entrevista efectuada en Puente del Arzobispo en la que se pactó el matrimonio del portugués, hombre de edad madura, ya viudo, con la infanta doña Isabel, niña de doce años. A su regreso, don Enrique supo que el marqués de Villena había organizado una confederación señorial, en la que entraban el almirante don Fadrique Enríquez y su hijo, los condes de Benavente, de Plasencia, de Alba y de Paredes y muchos prelados y caballeros. Quiso el rey pactar como siempre, pero los conjurados repitieron el desafuero del infante don Enrique con Juan II y asaltaron el alcázar de Madrid, donde residían reyes e infantes. Fracasó el intento, quizá porque los asaltantes se asustaron de su propia hazaña, pero don Juan Pacheco, caviloso y astuto, fingiéndose siempre amigo, siguió en su propósito de llevarle a la ruina.

En estos designios, don Juan Pacheco tenía como su mejor colaborador al mismo rey, el cual, como si quisiera perderse y perder a su protegido, pidió para él al papa las bulas que le invistiesen del maestrazgo de Santiago. Había sido voluntad de Juan II que fuese su hijo el infante don Alfonso quien recibiese esta dignidad, que hacía de su posesor el hombre más poderoso del reino. Ofendía a los señores este engrandecimiento del favorito a costa del infante-niño, en el cual se concentraban ya las esperanzas de todos y que sumía en el más hondo despecho a don Juan Pacheco, que codiciaba el maestrazgo. Se celebró en la catedral de Segovia con toda solemnidad la caballeresca ceremonia de investidura. Enrique IV entregó a su privado el pendón de la Orden, «quedando —escribe Colmenares— don Beltrán maestre, y los malcontentos, determinados de prender al rey y personas reales, quitando la vida y nueva dignidad a don Beltrán».

El primer intento tuvo efecto aquellos días. Los conjurados concertaron con una dama que les abriese un postigo del llamado palacio de San Martín, de Segovia, donde estaba aposentada la corte. Lo supo el rey a tiempo y pudo prevenir el riesgo, pero no fue capaz de castigar a los culpables. Tenían éstos un medio sencillo de conjurar cualquier peligro y era demandar al rey nuevas negociaciones, a lo cual el pacífico don Enrique accedía con una buena fe a prueba de desengaños. Se concertó que los confederados acudieran a la aldea segoviana de Villacastín y el rey al cercano convento de San Pedro de las Dueñas. Las vistas se efectuaron en un campo intermedio entre ambos parajes.

Acudió el rey, con su habitual descuido, acompañado de poca gente, en tanto los secuaces de don Juan Pacheco iban dando largas para reunir una hueste considerable con que prender al rey. Llegaban al convento de Las Dueñas malas noticias. En Valladolid, el almirante había intentado alzar por rey al infante don Alfonso y la villa, leal al rey, se lo había impedido. Salió, no obstante, el monarca a verse con los caballeros en el lugar convenido, pero en el camino fue recibiendo mensajes desesperados de gente leal que le advertía de la traición. Tardó mucho el rey en desengañarse y sólo a última hora se decidió a volver a la leal Segovia, seguido tan sólo de veinte jinetes. Es un detalle conmovedor el que los vecinos de todas las aldeas serranas que iba encontrando en el camino, compadecidos del abandono y de la desventura de su rey fugitivo, se le fuesen uniendo, de manera que llegó a la ciudad rodeado de cinco mil hombres.

Tenía Enrique IV cualidades humanas que le mantuvieron siempre en el amor del pueblo. Era tan generoso que no tenía nada suyo. Fue tan avaro de la sangre de sus vasallos como un padre de la de sus hijos y prefería cualquier fracaso a que la de uno solo se derramase. Era capaz de perdonar siempre y de olvidar cualquier afrenta. Aquella adhesión de los pecheros de las tierras pobres de Segovia debió de ser para el rey de tanto consuelo que, según cuenta Colmenares, mandó erigir una ermita –la Piedad– en el monte desde el cual, rodeado de sus campesinos, avistó las murallas y las torres del recinto segoviano.

Los caballeros conjurados se dieron cuenta de que el rey, a pesar de sus claudicaciones, era fuerte todavía y pretendieron lograr por medio de tratos lo que no habían podido conseguir con golpes de mano. Decididos a proclamar al infante don Alfonso, necesitaban para ello tenerle en sus manos y sacarle del poder del rey. Congregados en Burgos, dirigieron a don Enrique una tremenda exposición de cargos, en la cual le reprochaban, entre otras cosas, el que se hubiese rodeado de moros, la concesión del maestrazgo a don Beltrán en perjuicio de su hermano don Alfonso y, sobre todo, el que, en detrimento de los derechos del infante-niño, hubiese hecho jurar como princesa a doña Juana, sabiendo bien que no era hija suya.

Ni aun esta afrenta suprema pudo provocar en el rey una reacción varonil. Llevó la carta al Consejo y en él don Lope Barrientos propuso como única solución la guerra, a la que se opuso el rey. Él, por su cuenta, concertó con los rebeldes una entrevista entre Cigales y Cabezón. Salió de estas conversaciones (noviembre de 1464) una nueva componenda: que el infante don Alfonso fuese declarado heredero, a condición de que casara con la princesa doña Juana. La cuestión del maestrazgo se sometería a un arbitraje. El infante sería entregado a don Juan Pacheco. Fue ésta la primera aceptación por parte del rey de su deshonra como hombre. En tanto, el almirante y el obispo Carrillo arrancaban al rey, con engaños, la ciudad de Ávila. Comenzó una tremenda dispersión de ricoshombres y de caballeros, aun aquellos que lo debían todo a Enrique IV. La junta arbitral, reunida en Medina del Campo, determinó la renuncia de don Beltrán de la Cueva, al cual el rey compensó de la pérdida del maestrazgo con el ducado de Alburquerque y otras villas, castillos y rentas.

Teniendo ya en sus manos los señores todo aquello que deseaban, encontraron el momento propicio de llevar a cabo su designio. Creía el rey poder contar con el almirante y con el arzobispo Carrillo, pero como los convocase a Arévalo, donde él estaba, el prelado dijo al mensajero estas palabras: «Id e decid a vuestro rey que ya estoy harto de él e de sus cosas, e que agora se verá quién es el verdadero rey de Castilla». El almirante se apresuró a levantar pendones en Valladolid a favor de don Alfonso.

Don Enrique, con la reina y con la infanta doña Isabel, se trasladó a Salamanca, en tanto los caballeros rebeldes se iban congregando en Ávila con el infante. Entonces se efectuó aquel auto de Ávila, que marca la suprema depresión del poder real en España. Estaban allí don Alfonso Carrillo, arzobispo de Toledo; don Juan Pacheco, marqués de Villena; don Gómez de Cáceres, maestre de Alcántara; don Iñigo Manrique, obispo de Coria, y los condes de Benavente, de Plasencia, de Medellín y de Paredes, con otros caballeros.

«Los quales –escribe Diego Enríquez del Castillo–, mandaron hacer un cadalso fuera de la ciudad en un grand llano, y encima del cadalso pusieron una estatua asentada en una silla, que descían representar la persona del rey, la qual estaba cubierta de luto. Tenía en la cabeza una corona, y un estoque delante de sí, y estaba con un bastón en la mano. E así puesta en el campo, salieron todos aquestos ya nombrados acompañando al príncipe don Alfonso hasta el cadalso. Donde llegados, el marqués de Villena y el maestre de Alcántara y el conde de Medellín, e con ellos el comendador Gonzalo de Sayavedra e Alvar Gómez tomaron al príncipe e se apartaron con él un grand trecho del cadalso. Y entonces los otros señores que allí quedaron, subidos en el cadalso, se pusieron al derredor de la estatua; donde en altas voces mandaron leer una carta más llena de vanidad que de cosas sustanciales, en que señaladamente acusaban al rey de quatro cosas: que por la primera merecía perder la dignidad real; y entonces llegó don Alfonso Carrillo, arzobispo de Toledo, e le quitó la corona de la cabeza. Por la segunda, que merecía perder la administración de la justicia; así llegó don Álvaro de Zúñiga, conde de Plasencia e le quitó el estoque que tenía delante. Por la tercera, que merecía perder la gobernación del reyno; e así llegó don Rodrigo Pimentel, conde de Benavente, e le quitó el bastón que tenía en la mano. Por la quarta, que merecía perder el trono e asentamiento de rey; e así llegó don Diego López de Zúñiga, e derribó la estatua de la silla en que estaba, diciendo palabras furiosas e deshonestas».

Este fue el auto de Ávila, en el cual algunos hidalgos castellanos llegaron a afrentar al rey, que les había colmado de mercedes.

En la actitud del rey al saber la afrenta de Ávila hubo ciertas vislumbres de una magnanimidad que yacía en el fondo de su ánimo real. El dolor le hizo salir por algún tiempo de su abulia y escribió a las ciudades pidiendo ayuda contra el gran desafuero. Entre tanto, cundía la rebelión y alzaban pendones por don Alfonso, Toledo, Burgos y una gran parte de Andalucía.

Entre tanto, siguieron a su lado don Beltrán de la Cueva, no sabemos si el más leal o el más traidor de sus caballeros, y el marqués de Santillana, su suegro y otros como los condes de Trastámara, de Valencia, de Alba y el prior de San Juan.

El pueblo tuvo el buen sentido de comprender que su causa era la del rey y no la de los señores. Enrique IV tuvo a sus órdenes en Toro un ejército poderoso y nunca estuvo en mejores condiciones para establecerse autoridad. Pero era el propio rey el más cruel de sus enemigos. Llevado de su singular espíritu de deserción, desamparó a tantas lealtades, llevando su advección hasta el extremo de pactar, a prueba de desengaños, con don Juan Pacheco, el organizador de la farsa de Ávila. Engañado una vez más, se avino a disolver su ejército, a cambio de la vaga promesa de que los rebeldes dejasen de dar al infante don Alfonso el título de rey (1466).

Desalentados los caballeros leales se retiraron a sus castillos, y las ciudades, desamparadas de su rey, se aprestaron a defenderse por sí mismas. La autoridad real quedaba anulada y nunca conocieron los menestrales de las ciudades, los labradores y los pastores de los campos de Castilla época más cruel.

Recordaron los pueblos en aquel desamparo el remedio al cual desde el siglo XIII, con ocasión de guerras civiles o minorías, venían acudiendo: la formación de una hermandad para defenderse por sí mismos mediante una pequeña milicia costeada por todos, que ahuyentase de los campos a los bandidos. Solían los reyes en tiempo de paz oponerse a la «voz de hermandad», que estimaban con razón peligrosa y propicia a nuevos desmanes, pero en este caso desesperado Enrique IV autorizó la convocatoria en Tordesillas de una Santa Hermandad de los reinos de Castilla y de León (1465), que redactó sus estatutos e hizo posible el restablecimiento de algunas actividades vitales. Es en este tiempo cuando comienza a adquirir gran relieve la figura de la infanta Isabel, que tenía quince años y que, según el cronista Enríquez, había sido llevada al ambiente cortesano con su hermano para que aprendiese «más virtuosas costumbres». Es difícil que pudiese aprenderlas en la compañía de la reina doña Juana, en la corte de Enrique, pero la infanta venía ya formada en la austeridad de los campos y de los conventos de Castilla en normas de castidad y de firmeza.

El carácter de la niña infanta se fue moderando en las estancias moriscas de los palacios enriqueños por oposición constante, en el fondo de su alma, contra aquella sociedad. Es lo cierto, que desde entonces la vemos actuar con serenidad e inteligencia, sin dar nunca un paso en falso ni llegar a concesión alguna en contra de su conciencia.

Se pusieron en aquel año en terrible prueba estas cualidades. El arzobispo de Sevilla, don Alfonso de Fonseca, concibió el plan de concertar al rey con dos poderosos hermanos don Juan Pacheco, marqués de Villena, y don Pedro Girón, maestre de Calatrava, y para asegurar este pacto ajustó la boda del maestre, cercano a los cincuenta años, con la infanta Isabel, casi una niña. Se aprestó doña Isabel a resistir con toda su energía a unas bodas que estimaba, con razón, afrentosas y cuentan que en el secreto de su cámara encontró el apoyo de su amiga doña Beatriz de Bobadilla, hija del alcalde del castillo de Arévalo, que desde niña había ligado a la infanta su fortuna y que se ofreció a matar al maestre a puñaladas si osaba presentarse en el alcázar. Arrebató la muerte, como nunca oportuna, este quehacer a doña Beatriz, pues el maestre don Pedro Girón murió de enfermedad en el camino de Almagro a Madrid.

Aun su ciudad de Segovia, que desde su infancia le servía de ordinaria residencia, perdió el rey por sus extrañas veleidades. Instigado por don Juan Pacheco, que veía con recelo la privanza de los Arias Dávila, hizo prender a Predarias en Madrid y persiguió a su hermano el obispo don Juan. La Santa Hermandad consiguió su libertad, pero ambos hermanos quedaron desde entonces recelosos y prevenidos a la deserción. La Hermandad intervino también impidiendo otra entrevista del rey con los rebeldes que había de efectuarse en Béjar.

Fortalecida la autoridad real con la ayuda de los Mendozas, el rey consintió en que la contienda con los partidarios de su hermano se decidiese por la fuerza de las armas. La batalla se dio en el mismo campo cercano a Olmedo donde el condestable don Álvaro de Luna había vencido a los infantes de Aragón.

El rey, con su acostumbrada cobardía y con su indecisión habitual, malogró el triunfo de sus parciales y la batalla quedó indecisa (20 de agosto de 1467). Solamente destacó en ella, por su valor personal y una gallardía que evocan la figura de don Álvaro de Luna, don Beltrán de la Cueva. En realidad, el vencedor fue don Juan Pacheco, que culminó los anhelos de su vida haciéndose nombrar en Olmedo, diez días después de la batalla, maestre de Santiago.

Los partidarios de don Alfonso obtuvieron un gran triunfo al conseguir que los Arias Dávila, agraviados, les entregasen la ciudad de Segovia, salvo el alcázar, en donde se había refugiado la reina (septiembre de 1467). La infanta Isabel, que había permanecido en el palacio de San Martín, recibió a su hermano el infante con muestras de gran alborozo y desde entonces unió a la suya su fortuna. Sintió el rey esta pérdida más que otra alguna y con sólo cinco criados se entró en el alcázar donde estaba la reina. No pudo resistir a su afición a las concordias y se entrevistó con don Juan Pacheco en la catedral, entonces muy próxima a la inexpugnable fortaleza. En las vistas se pactó que Enrique pondría a la reina en poder del arzobispo Fonseca y el alcázar en el de don Juan Pacheco.

Desamparado de todos, el rey se trasladó a Madrid, simple testigo de una lucha en la cual ya no tenía parte alguna y en la que ciudades y señores se declaraban en su favor o en su contra siguiendo cualquier interés o cualquier estímulo. Vino inesperadamente a terminar este estado de cosas la muerte del infante-rey don Alfonso, acaecida en Cardeñosa, aldea de Ávila, el 15 de julio de 1468. Enríquez del Castillo atribuye la muerte a la epidemia que asolaba Castilla. Otros la atribuyeron a veneno. Aquel niño de quince años demostraba una voluntad firme y, según se dice, daba muestras de querer acatar al legítimo rey, contra cuya autoridad había servido su nombre de bandera.

La muerte del infante dejaba al movimiento sin aquella sombra de caudillo y ponía en primer lugar la figura de su hermana doña Isabel. En Ávila, los caballeros rebeldes ofrecieron a la infanta aquella imaginaria soberanía, pero pronto pudieron darse cuenta de que había ahora en Castilla una voluntad firme y lúcida, de la cual no podrían disponer a su antojo. En doña Isabel renacía aquella precoz comprensión de los hombres y de la vida de sus antepasados, los grandes reyes de Castilla y de Aragón; rechazó aquella corona envilecida, acatando a su hermano el rey don Enrique.

Se avino a pactar el marqués de Villena con el desventurado monarca, proponiéndole volver a su obediencia con los demás confederados si reconocía como princesa heredera a la infanta Isabel. Aceptó el rey, como siempre, pero como el sino de Enrique IV era el de ceder a todo para disgustar a todos, su decisión causó el escándalo de la poderosa familia de los Mendozas, en cuyo poder estaba la princesa doña Juana y que veían como aquella prenda tan codiciada perdía todo su valor.

Entre tanto, la reina doña Juana había conseguido huir, no sin correr graves peligros, del castillo de Alaejos, donde la tenía encerrada el arzobispo Fonseca. Parece que la precaria virtud de doña Juana de Portugal había cedido a las durísimas pruebas a que fue sometida en la corte. En Alaejos se enamoró de un don Pedro de Castilla «el Mozo», hijo del alcalde y biznieto de Pedro I el Cruel, y este caballero le ayudó en su escapatoria y entregó a los Mendozas, que la reunieron con su hija. De este mancebo, de sangre real, tuvo la reina dos hijos: don Pedro y don Andrés de Castilla, a quien llamaban «los Apóstoles» y que vinieron a ser un argumento poderoso contra los que defendían el derecho de la princesa doña Juana basándose en que era nacida durante el válido matrimonio de rey y reina.

Urgía a los conjurados aprovecharse de este momento propicio de la depresión que en el ánimo de don Enrique causarían la fuga y los amores de doña Juana. Las conversaciones entre el rey y don Juan Pacheco dieron por resultado un tratado cuyas cláusulas principales establecieron el reconocimiento de doña Isabel como princesa heredera y la convocatoria de Cortes que sancionasen este acuerdo. Se añadió también la condición, muy favorable, que establecía que no había de obligarse a la princesa a casarse contra su voluntad ni ella lo haría sin el consentimiento del rey. Para dar solemnidad a este convenio salió el rey de Madrid con su comitiva y de Ávila doña Isabel con la suya. Ambos grupos se encontraron el 19 de septiembre de 1468 en las laderas de un monte cercano a San Martín de Valdeiglesias, sobre el cual está asentado el monasterio de San Jerónimo de Guisando.

Había junto al camino una venta cuyos cimientos aún se descubren. En aquel lugar hizo el rey la proclamación de su hermana y fue allí jurada por los prelados y caballeros de ambas comitivas, con la aprobación del legado del papa, que concedió la necesaria dispensa de juramentos anteriores.

El rey, sin voluntad propia, había de revocar este tratado, cuyas cláusulas fueron por ambas partes incumplidas. Muchos de estos prelados y señores habían de reconocer de nuevo a doña Juana como princesa heredera de Castilla, pero ya todo fue inútil. La acción incapacitaba definitivamente para reinar a la que llamaban, con razón o sin ella, «la Beltraneja», ya que el monarca, en el acto más solemne de su reinado, ante el legado del papa, prelados y caballeros había deshonrado a la reina su esposa y a la hija de ésta. La dignidad de un pueblo no podría ya soportar que se le impusiese una soberana en tales condiciones. El acto celebrado en Guisando tuvo una eficacia definitiva y los derechos de Isabel como única descendiente indiscutida de Juan II adquirieron una fuerza que ninguna veleidad del rey podría ya aminorar.

Por de pronto, hubo en aquella anarquía indescriptible tres grupos rectores en Castilla, cada uno con su zona de influencia. Por una parte, el rey, entregado ya del todo a don Juan Pacheco, a quien había confirmado en el maestrazgo de Santiago, y por otra, la princesa doña Isabel, en cuyo entorno se iban congregando, si no los más poderosos, sí los mejores. La reina doña Juana, por su lado, reunida ya con su hija y apoyada por los Mendoza, envió con Luis Hurtado de Mendoza un escrito al legado protestando contra el acto de Guisando.

Era ahora el principal de los mantenedores de la princesa Isabel el arzobispo de Toledo don Alfonso Carrillo, el cual comenzó tratos con el rey Juan de Aragón para el matrimonio de su protegida con el infante don Fernando, en quien ya el viejo monarca había renunciado el reino de Sicilia. Nada podía repugnar tanto a la corte de Enrique IV como este enlace, que había de significar el triunfo de la política de los infantes de Aragón, representados ahora por el rey Juan de Navarra, constante enemigo de Enrique IV. Por esto, el marqués de Villena, poseedor de parte de los estados que habían pertenecido a los infantes aragoneses, quiso conjurar el peligro resucitando el viejo proyecto de casar a doña Isabel con el rey de Portugal, Alfonso «el Africano», y completando este plan con el matrimonio del príncipe don Juan, heredero de Portugal, con su prima doña Juana, hija de la reina de Castilla.

Se ha dicho que la suerte de España estuvo aquel año indecisa entre constituirse con orientación portuguesa o levantina. En realidad, el matrimonio portugués, que rompía toda posibilidad de unión de las coronas de Aragón y de Castilla, no resolvía la cuestión portuguesa. El rey Alfonso V, viudo de doña Isabel, hija del infante don Pedro, tenía un hijo varón que heredaría Portugal. La unión de ambos reinos, a base de los derechos de doña Juana «la Beltraneja», parecía poco probable.

En ocasión en que Enrique IV con su hermana Isabel celebraba Cortes en Ocaña, se presentó en esta villa la embajada del rey de Portugal pidiendo la mano de la princesa. Doña Isabel había escogido ya, entre los dos reyes que la pretendían, al de Sicilia, no por amor, pues no conocía a don Fernando, sino porque en su juicio el enlace aragonés ofrecía a sus reinos infinitas ventajas y porque para la obra de reconstrucción, que ya sin duda meditaba, le era más útil tener a su lado al príncipe de cuyas cualidades políticas estaba informada, que aquel sempiterno y voluble soñador que es en la Historia el último de los reyes caballeros.

Aun cuando por el pacto de Guisando no se podría obligar a la princesa a casar contra su voluntad, su negativa causó tanta indignación en el rey su hermano y en su favorito que quisieron encerrarla en el alcázar de Madrid, y así lo hubiesen realizado sin la intervención de los vecinos de Ocaña. Nunca demostró doña Isabel la excelsitud de su carácter como en las jornadas que precedieron al matrimonio aragonés.

Fernando de Aragón, rey de Sicilia: futuro esposo de la princesa Isabel de Castilla

De un modo consciente o inconsciente, la princesa Isabel había elegido con extremado acierto al hombre que había de compartir sus destinos y que realizaría con ella la obra gigantesca que a ambos había de entregar la providencia.

Fernando de Aragón, rey de Sicilia, era por su sangre más castellano que la princesa, pues por su padre era un Trastámara y por su madre venía de los Enríquez, de los Toledos y de los Ayalas. «El ángel titular de Fernando consiguió para él el don de que todo le fuese difícil desde los comienzos. No tuvo niñez; sus estudios fueron pocos y sus juegos, ninguno. Nunca pudo, de mayor, referirse a nadie con la ternura con que nombramos a los compañeros de nuestros juegos infantiles. Había nacido el 2 de marzo de 1452, y desde que se pudo formar alguna idea de las cosas no oyó hablar sino de conjuras y guerras, de bandos y alianzas».

No tenía al nacer otros títulos que el de hijo del rey viudo de Navarra, heredero de Aragón. La muerte de su tío Alfonso V, al conferir el trono a su padre, le da derechos de infante de Aragón (1458), y la de su hermano de padre, el erudito príncipe de Viana (1461), le sitúa en el primer lugar para la sucesión aragonesa. Durante aquella primera década de la vida de Fernando hervía Navarra en banderías de agramonteses y beamonteses y la vida de doña Juana Enríquez, madre de Fernando, era de continuas fatigas y de peligros cotidianos.

El príncipe de Viana había muerto el 23 de septiembre de 1461. El rey Juan II se apresuró a recabar de las Cortes de Aragón reunidas en Calatayud que reconociesen y jurasen como heredero a su hijo el infante don Fernando, de nueve años de edad, premura que la más elemental prudencia aconsejaba. El juramento se efectuó el 7 de octubre, y la reina doña Juana, acompañada de su hijo, se presentó en Lérida, donde obtuvo el reconocimiento del infante como heredero y lugarteniente del reino. Pocos días después, la reina y el infante heredero se presentaban en Barcelona para tratar con la Generalidad del retorno del rey.

Su misión no podía ser más difícil: en plena exaltación de la memoria de don Carlos de Viana, a quien el pueblo, movido por los que aspiraban a deshacer no solamente la obra de los compromisarios de Caspe, sino la de Ramón Berenguer IV, rendía culto y refería milagros, había de reconciliar a Juan II con Cataluña; esto es, a un rey que, como todos los de su tiempo, aspiraba al restablecimiento de la autoridad absoluta con el más puntilloso y susceptible de los pueblos de Europa. Juró la reina en Barcelona, como tutora de su hijo, las libertades catalanas y comenzó a gobernar el principado en su nombre. Consiguió de la Generalidad que suplicase al rey que volviese a Barcelona. En la Casa de la Ciudad, el Consejo de los Ciento desairó la petición de la reina (13 de diciembre de 1461).

Francia, la rival constante de la casa de Barcelona en la política mediterránea, inicia ahora una gestión que intenta suplantar en el principado pirenaico a los descendientes de los condes-reyes, prolongando el dominio de los monarcas franceses hacia el sur, según la antigua tradición carolingia nunca olvidada. La fina astucia de Luis XI encontró favorable aquel momento de extrema impopularidad del rey de Aragón en Cataluña y procedió con su acostumbrada doblez: pactaba con Juan II y apoyaba secretamente a los rebeldes catalanes. En los tratos entre ambos reyes intervino Gastón de Foix, yerno del aragonés, y su resultado fue el sacrificio de la legítima heredera de Navarra, doña Blanca, en el tratado de Olite (12 de abril de 1462), por el cual Juan II designaba como sus sucesores de la corona Navarra, que realmente detentaba, a los condes de Foix.

Arruinado por tan continuas guerras y hostigado por la imponente rebelión catalana, el rey de Aragón se ve obligado a nuevos pactos con su fuerte y cauteloso vecino, con el cual se entrevista en el pueblo pirenaico de Osserain. En el tratado de Salvatierra y en la Obligación General se fueron perfilando las condiciones del acuerdo, que quedaron definitivamente establecidas en el tratado de Bayona de 9 de mayo de 1462. Según este acuerdo, Luis XI pondría en Cataluña a disposición de Juan II, antes de fin de junio, un pequeño ejército compuesto de setecientas lanzas con sus oficiales, artillería, ingenios de guerra y municiones y sus correspondientes servidores.

Se había concertado, además, la entrega al rey de Aragón de un subsidio de trescientos mil escudos de oro para la guerra. A cambio de esta ayuda, Juan II no vaciló en contraer terribles obligaciones. Se comprometía a poner en posesión del rey de Francia, como garantía hipotecaria del préstamo, los castillos de Perpignan y de Colliure, en el Rosellón. Después de la expugnación de Barcelona, Luis XI quedaría en posesión plena del Rosellón y de la Cerdaña hasta que la deuda fuera pagada. Con un adversario tan temible con Luis XI y con la probabilidad de que la cantidad recibida no pudiese ser reintegrada, el tratado de Bayona, ratificado por el rey de Francia en Chinon el 15 de junio de aquel año, equivalía a segregar de Cataluña los dos bellos condados ultramontanos, por sus instituciones y su cultura entrañablemente catalanes.

De todo esto estaba la Generalidad del principado muy bien informada y reaccionó, naturalmente, con dignidad y con violencia. Aun antes de la firma de los acuerdos, la situación de doña Juana Enríquez y de su hijo se hizo tan difícil que la reina juzgó prudente huir de la ciudad y trasladarse a Gerona. Sin la presencia de las personas reales, la Generalidad comenzó sus aprestos de guerra. Reunió tropas y armó diez galeras, de las cuales la principal llevaba el nombre de San Carlos.

La insensata e ilegal hipoteca del Rosellón venía a dar razón y fuerza a la Generalidad, pero todavía el pretexto de estos armamentos fue el de sujetar a los payeses sublevados, que, al mando de un caudillo denominado Verntallat, sitiaban Santa Pau y atacaban a Besalú. Las tropas reunidas por la Generalidad, al mando de Hugo Roger, conde de Pallars, salieron de Barcelona el 29 de mayo de 1462, tomaron Hostalrich y pusieron sitio a Gerona. La reina, asistida por el maestre de Montesa y por algunos caballeros catalanes, se defendió bien, pero el ejército de la Diputación, que disponía de buena artillería, pudo forzar una de las puertas y apoderarse de la ciudad. Doña Juana y el infante don Fernando hubieron de refugiarse en el castillo de Gironella, desde el cual rechazaron todas las intimaciones de rendición que les hizo el conde.

Entre tanto, Juan II invadía Cataluña con un ejército aragonés, se apoderaba de Balaguer y llegaba hasta Tárrega. Ante este hecho, que consideraba una violación de los acuerdos de Villafranca, que regulaban las relaciones del rey con los catalanes, la Generalidad (9 de junio) declaraba al rey y a la reina enemigos de la patria. Reconocían a don Fernando, pero la misma Generalidad se reservaba la regencia en nombre del infante, niño aún. El 21 de julio de 1462, Gastón de Foix, al frente de las huestes reclutadas con el dinero y bajo los auspicios de Luis XI, pasaba el Pirineo por Le Perthus y libertaba poco después a la reina y a don Fernando.

La situación venía a ser en Cataluña tan caótica y confusa como lo era en Castilla en aquellos mismos años. El rey, con las tropas de su yerno el conde de Foix, llevaba la guerra con vigor y con fortuna. La rebelión estaba casi reducida a Barcelona, pero el pueblo barcelonés, exaltado por las predicaciones del dominico fray Juan Cristóbal Gualbes, había proscrito no solamente a los reyes, sino a la dinastía, excluyendo del trono al infante don Fernando, que, niño de diez años, era también declarado enemigo de la patria.

Comenzó entonces en Barcelona uno de esos movimientos que exaltan alguna vez al pueblo catalán hasta los extremos de la tenacidad y del heroísmo y que hacen que una nación tan dotada de sentido práctico lo sacrifique todo por una causa que cree justa, lo sea o no en sus inicios. Tuvo en esta guerra siempre contraria a la fortuna, pero sus propios reveses fueron propicios a ejemplos admirables de valor y de abnegación.

Esta mala fortuna acompañó a los catalanes en la elección de las personas a las cuales fueron proclamando como reyes-caudillos. En realidad el sueño de muchos de los rebeldes era constituir a Cataluña en una república al estilo de Génova y Venecia, sus rivales en el Mediterráneo, pero en su posición tan difícil entre los reyes de Aragón y de Francia, teniendo que hacer frente a los payeses sublevados, necesitaban de un rey.

Luis XI, falseando las cláusulas del tratado de Barcelona, procuraba apoderarse del Rosellón y de la Cerdaña, no como depositario, sino como dueño absoluto, venciendo la resistencia de los naturales que, como en otras circunstancias de la Historia, deseaban seguir siendo catalanes. Perpignan se rindió a las tropas francesas el 7 de enero de 1463. A los ciudadanos de la ciudad ocupada que fueron a protestar en Dax ante el rey de Francia (26 de febrero), éste les contestó que en vista de que aquellos territorios estaban sin amo por haber renegado los catalanes de su natural señor, habían decidido «unir y juntar los condados de Rosellón y Cerdaña a su corona, sin que nada pueda ya separarlos de ella en el porvenir».

Ante esta situación, Juan II, apoyado en Cataluña por tropas francesas, no estaba en situación de intervenir. Por otra parte, Luis XI aspiraba a reconstruir las fronteras de Carlomagno y de Ludovico Pío y procuraba convencer a los emisarios catalanes de sus derechos hereredados de su abuela Violante de Aragón, hija de Juan I y esposa de Luis de Anjou.

Es de notar la presencia del buen sentido catalán en aquellos momentos de pasión. La Generalidad había buscado en Castilla una solución hispánica al problema dinástico, pero repugnada la unión con Francia, cuyo espíritu absorbente conocía. En su desesperado anhelo de independencia, los catalanes, que miraban a Francia como su enemiga tradicional, buscaron un nuevo defensor. Lo encontraron en el condestable don Pedro de Portugal, hijo del infante don Pedro y de doña Isabel, hija del conde de Urgel, el pretendiente de Caspe.

Nadie, ciertamente, como el condestable tan inepto para la difícil misión que la Generalidad le ofrecía. Le faltaban las dotes militares y diplomáticas necesarias para competir con tan terribles contendientes como los reyes de Aragón y de Francia y careció de tacto para entender el difícil problema de Cataluña.

Este príncipe, que de su padre portugués y de su abuelo catalán pareció haber heredado el signo de la desventura, combatía en Marruecos al lado de su cuñado Alfonso V de

Portugal cuando recibió a la embajada catalana que le ofrecía la corona de Aragón. Es de imaginar la satisfacción con que este encumbramiento sería acogido por el hijo de Isabel de Urgel, en cuyas desgracias en Portugal tanta parte había tenido la reina doña Leonor, hija de don Fernando de Antequera. El 22 de enero de 1464 hizo su entrada en Barcelona y recibió el juramento de la Generalidad. En realidad, no era sino un caudillo del principado, semejante en sus funciones al heredero y lugarteniente, y a pesar de que la Generalidad era la que realmente gobernaba, comenzó a titularse «Don Pedro V, rey de Aragón, de Sicilia y conde de Barcelona».

La gestión del condestable en Cataluña no fue sino una serie de desastres militares. Así, ante la amenaza del ejército real sobre Cervera, el condestable de Portugal salió a su encuentro y entró en contacto con el ejército del rey el 28 de febrero de 1465 cerca de Calaf. Aun cuando inferior en número, la hueste real, bien mandada por el conde de Prades, consiguió tan gran victoria que, sin la codicia de los vencedores, que se detuvieron a recoger el botín, el ejército de la Generalidad hubiese quedado totalmente destruido. El mismo don Pedro de Portugal, que había combatido bien, tuvo que despojarse de la sobreveste real y confiar la salvación a la ligereza de un caballo que le prestaron.

Es significativo en este combate el que en él hiciese sus primeras armas, mandando uno de los dos grupos de reserva –el que custodiaba el estandarte real–, el infante don Fernando, que tenía a la sazón trece años de edad. El 17 de julio se rendía al rey Igualada, y Cervera, después de tenaz resistencia, el 14 de agosto.

Pero aún más que por la fuerza de las armas triunfaba Juan II por la política. Había conseguido aislar diplomáticamente a la Generalidad y al condestable, pero, sobre todo, había abandonado en aquellos años su antigua dureza y procedía con los vencidos leal y generosamente. Conservaba a las poblaciones rendidas sus fueros y sus libertades y olvidaba fácilmente ofensas recibidas. Gran acierto fue el atraerse, con promesas de mejorar su situación, a los payeses sublevados contra los señores.

Los bandos rurales se apoderaron de Camprodón, San Juan de las Abadesas y Olot. Entre tanto, como suele suceder en la desgracia, se agriaban las relaciones entre la Generalidad y don Pedro de Portugal, que demostraba escaso tacto y ninguna comprensión de la difícil aventura en que se había embarcado. Su autoridad no era ya sino una sombra, de la cual los barceloneses no se atrevían a desembarazarse por temor a desacreditar su causa, cuando cayó enfermo en la primavera de 1466, muriendo en Granollers el 29 de junio de este año. Fue enterrado en la iglesia barcelonesa de Santa María del Mar.

La muerte de don Pedro, final de una serie de desastres, causó en Barcelona un gran desaliento y algunos pensaron en la rendición. Venció la tenacidad catalana y la ciudad, prácticamente sitiada, decidió continuar la lucha. No obstante, el astuto Juan II aprovechó para hacer grandes progresos el espacio de tiempo en que faltó a los rebeldes un caudillo. Entre tanto, los que manejaban la Generalidad pensaron en ofrecer la corona de Aragón a Renato de Anjou, conde de Provenza, que se llamaba rey de Nápoles y era nieto de Violante de Aragón.

Fracasada la solución castellana del conflicto, se trataba ahora de deshacer el compromiso de Caspe. La muerte había descartado a la descendencia del conde de Urgel. Se trataba ahora de imponer a los descendientes de Violante de Aragón. La elección era esta vez, desde el punto de vista de los rebeldes, excelente. Renato de Anjou, llamado «el Bueno», era rico, gozaba de gran prestigio y la posesión de estados populosos tan próximos a la fronte-ra le hacía un rival temible. Tío de Luis XI, su candidatura hizo abandonar al rey de Fran-cia su política ambigua y situarse francamente al lado de la Generalidad.

El buen Renato era ya muy anciano y sentía pasión por las letras y por las artes como sus contemporáneos Juan II de Castilla y el príncipe de Viana, pero su primogénito Juan de Anjou, duque de Calabria y de Lorena, estaba en la plenitud de la edad y tenía fama de ser uno de los mejores caballeros de su tiempo. La presencia de este príncipe en Barcelona el 31 de agosto de 1467 como lugarteniente de su padre infundió un renacimiento de opti-mismo y de vida en la causa de la Generalidad.

Comenzó para Juan II de Aragón, anciano de setenta años, una época de desventuras. En superar esta serie de circunstancias adversas dio pruebas de una magnanimidad, de una fortaleza y de una capacidad política que nos demuestran excelsas cualidades en este sin-gular ejemplar humano. Fue en estos años cuando ganó el dictado de «Grande» con que ha pasado a la Historia y mereció un lugar entre los artífices de la futura España.

Cuando la presencia de un poderoso ejército francés en el Pirineo y de una flota pro-venzal en Barcelona era un gran peligro, Juan II quedó invalidado por una ceguera produ-cida por cataratas seniles. Por otra parte, como si la providencia quisiese castigar ahora la de-satentada conducta de Juan II con sus hijos, su yerno el conde de Foix aprovechaba estas circunstancias para declararse en rebelión abierta contra su suegro en Navarra.

Salvó la situación el valor heroico de la reina doña Juana Enríquez, asistida ya eficaz-mente por su hijo Fernando, a quien las Cortes de Aragón habían declarado, a los quince años, mayor de edad, y por su sobrino el infante don Enrique de Aragón, conde de Ampu-rias. La reina corrió personalmente al Ampurdán y puso sitio a Rosas, de la cual se habían apoderado los franceses, en tanto el infante heredero don Fernando conseguía libertar a Gerona, sitiada por el duque de Lorena, y se apoderaba de Castelló de Ampurias y de mu-chos castillos y lugares.

Hacía don Fernando aquella dura campaña con tanto riesgo personal que el 21 de no-viembre de 1467, cuando se dirigía de Castelló de Ampurias a Gerona, asaltada por los franceses, con su pequeña hueste, estuvo a punto de caer prisionero. Aun el viejo rey cie-go se juzgó todavía capaz de tomar parte en las fatigas militares y puso sitio a Borrasá. La crudeza de aquel invierno y la enfermedad de doña Juana Enríquez le obligaron a volver con su esposa a Tarragona. Murió la reina el 13 de febrero de 1468. La gran figura de doña Juana Enríquez requiere una severa rectificación histórica. Fue, sin duda, inocente de los errores que empañan la memoria del rey, del cual se hizo, en los momentos de peligro, ina-preciable colaboradora.

Aun cuando Juan II, cuya moral era tan amplia como la de tantos príncipes de su tiem-po, le había guardado escasa fidelidad, sintió su muerte como la mayor desgracia de su vida, pero ni aún este duro golpe bastó para detener su maravillosa actividad.

Las terribles circunstancias por que atravesaban sus reinos no le habían impedido con-tinuar la gloriosa política de sus antecesores en el Mediterráneo y la flota del almirante Ber-nardo de Vilamari obtuvo grandes victorias sobre los turcos y fue la esperanza de cuantos se oponían al dominio osmanlí. Al mismo tiempo, el rey ciego lleva a cabo una hábil ac-ción diplomática, precursora de la que había de realizar con tanta brillantez su hijo Fernan-do, de aislamiento de Francia.

En relación constante con Eduardo IV de Inglaterra, el rey de Aragón entraba en la coalición de ingleses y borgoñones contra Luis XI. El 1 de julio de 1467 se firmó en Westminster el tratado anglo-aragonés. Complemento de esta política era el romper la secular alianza de Francia con Castilla y de aquí los proyectos matrimoniales del infante don Fernando, a quien en este tiempo Juan II había cedido el reino de Sicilia. Don Víctor Balaguer afirma la existencia de negociaciones para casar al infante-rey con doña Beatriz Pacheco, hija del todopoderoso marqués de Villena. Hubo hasta una escritura de poder de don Fernando (1 de mayo de 1467) para que el condestable don Pedro de Peralta se desposase en su nombre. Pudo ser esto una finta del astuto rey viejo, cuyas miras eran, sin duda, más elevadas.

Con este don Fernando de Aragón, ya era rey de Sicilia, joven de dieciocho años, pero educado políticamente en la gran escuela de sus padres, ya veterano en lides guerreras y al cual tantos años de lucha habían dotado de un prematuro conocimiento de los hombres y de la vida, quería concertar sus bodas la princesa Isabel de Castila, asistida por el arzobispo Carrillo. Ambos príncipes, herederos de Aragón y de Castilla, corrían por estos años análogos peligros.

Como el rey Enrique IV, acompañado de don Juan Pacheco, hubiese de acudir a pacificar los bandos de Andalucía, la princesa se trasladó a Madrigal, donde vivía su madre y desde allí continuó las negociaciones matrimoniales. Enterados de ello en Andalucía el rey y don Juan Pacheco por los mensajes del obispo de Burgos, sobrino del marqués de Villena, dieron órdenes para la prisión de doña Isabel. Fue tan grave el peligro de la princesa, que hasta sus amigas más íntimas como doña Beatriz de Bobadilla llegaron a intimidarse.

Vinieron a salvar la situación las tropas del arzobispo y del almirante don Fadrique Enríquez, abuelo de don Fernando, interesado en una boda que colocaría a su familia en el primer rango entre los señores de Castilla. Llevaron a la princesa a Valladolid, feudo del almirante. Ya segura, fue fácil proseguir las negociaciones con Aragón.

No obstante, corrieron graves peligros dos emisarios: Gutierre de Cárdenas, que figuraba en el pequeño círculo de servidores incondicionales de doña Isabel, y el cronista Alfonso de Palencia pudieron pasar la frontera de Aragón para urgir al rey de Sicilia a que se presentase en Valladolid antes del regreso de Enrique IV. Con esto quedaban allanadas las dificultades materiales para el matrimonio, pero quedaba en pie una grave dificultad moral: don Fernando y doña Isabel eran muy próximos parientes, como hijos de dos primos hermanos: Juan II de Aragón y Juan II de Castilla. La dispensa era larga y difícil de obtener de la cauta corte pontificia y más con la oposición de los embajadores de Castilla.

Para vencer los escrúpulos de doña Isabel, los negociadores de la boda aragonesa falsificaron una bula que aparecía datada por Calixto III en 28 de marzo de 1464. La princesa escribió al rey su hermano solicitando su consentimiento, pero como la carta o la respuesta nunca llegaron a su destino, pudo interpretarse el silencio por una aprobación.

En tanto se organizaba una solemne embajada de Juan II de Aragón para pedir al rey de Castilla la mano de la princesa, don Fernando, disfrazado de mozo de mulas, al servicio de seis caballeros en hábito de mercaderes, pasaba la frontera de Castilla, donde había de reinar tantos años con tanta gloria. Sin duda, quiso imitar la estratagema de su antepasado Pedro III de Aragón. Con gran riesgo, incluso de su vida, el rey de Sicilia y sus compañeros atravesaron la línea fronteriza de castillos que mantenían los Mendozas, partidarios de doña Juana, y pudieron llegar a Dueñas.

Por fin, el 14 de octubre de 1469 tuvo efecto, en las casas de Juan de Vivero en Valladolid, donde la princesa moraba, la primera entrevista entre los futuros esposos. El 18 se firmaron las capitulaciones, en las cuales se prometía reverencia y acatamiento al rey Enrique IV y se pactaba que las escrituras se expedirían a nombre de ambos príncipes, que no se proveerían oficios y fortalezas sino en naturales del reino y que el príncipe no reclamaría las villas y castillos que habían sido de los infantes de Aragón. El matrimonio se celebró solemnemente en las casas de Juan de Vivero el 19 de octubre de 1469.

Aun cuando los príncipes enviaron al rey cartas sumisas y reverentes y una copia de las capitulaciones matrimoniales, la reacción de Enrique IV fue quizá la única prueba de energía que dio durante su reinado. Le repugnaba el enlace aragonés por su enemistad constante con el rey de Aragón, y don Juan Pacheco, su favorito, creía ver en la presencia de los príncipes en Castilla el fin de sus viejas ambiciones de dominio. No cabía para ambos otra solución que rehabilitar a la reina doña Juana, a pesar de los amores con don Pedro de Castilla, y a su hija, a la que llamaban «la Beltraneja».

Luis XI de Francia, en torno a quien se iba estrechando la conjura internacional urdida por Juan II de Aragón, pidió la mano de doña Juana para su hermano el duque de Guyena. El rey don Enrique aceptó esta propuesta. Para ello, revocó lo pactado en Guisando y, unidos rey y reina, declararon bajo juramento que doña Juana era hija suya. Vencida la resistencia de los Mendozas, que se negaban a entregar a la hija de la reina, se celebraron los desposorios en el valle de Lozoya, cerca de la cartuja del Paular, en 26 de octubre de 1470.

A partir de este momento, y durante cuatro años, reinó en Castilla una enorme confusión. Hay en ella dos cortes errantes: la de Enrique IV, asistido por don Juan Pacheco, y la de los «reyes de Sicilia», reconocidos por muchas ciudades y en cuyo partido figuraban el arzobispo de Toledo y los Mendozas, que se habían pasado a su parcialidad.

Cegado por la ambición y por la soberbia, don Juan Pacheco, disgustado porque no se le entregaban los tesoros del alcázar de Segovia, del cual era alcaide Andrés Cabrera, llegó a tramar una conspiración para apoderarse en Segovia de la persona del rey. Falló el intento, sin que Enrique IV acertase a prescindir de su valido, que le era necesario para mantener una sombra de autoridad.

Con ocasión de que don Fernando luchaba en Cataluña al lado de su padre, Andrés Cabrera, alcaide del alcázar de Segovia —casado con doña Beatriz de Bobadilla, la amiga íntima de doña Isabel—, consiguió, por intervención de una familia de judíos segovianos, los Coronel, muy afectos al rey don Enrique, la reconciliación de éste con su hermana. El momento era propicio, pues el rey estaba, sin duda, amargado por la conducta de su esposa, ya sin freno, a la cual hubo de apartar de su lado «por su deshonesto vivir».

Concertada una entrevista, doña Isabel llegó a Segovia acompañada del arzobispo Carrillo. En los primeros días del año de 1474, la princesa Isabel se presentó en el alcázar de Segovia. Avisado el rey, que cazaba en el bosque de Balsaín, acudió a la ciudad y ambos hermanos se dieron muestras de gran cariño. Confiada la princesa, hizo venir a don Fernando. El rey de Castilla y los de Sicilia comieron juntos y la noticia de esta concordia llenó de alegría a la ciudad.

Era esto intolerable para don Juan Pacheco, el cual desde Cuéllar tramaba que el rey aprovechase ocasión tan propicia para apoderarse de sus hermanos, pero la princesa, consciente de su fuerza y de su enorme prestigio en el pueblo, se mantuvo en el alcázar de Segovia, en tanto que su esposo, que había partido de la ciudad con pretexto de acudir a Cataluña en apoyo de su padre, se detenía a la expectativa en el cercano castillo de Turégano. Sosegadas las cosas, don Fernando pudo llegar al principado.

Decadencia y fin del reinado de Enrique IV en Castilla

Se acercaba el desenlace de aquel largo drama que había supuesto y que aún suponía el reinado de Enrique IV. En los primeros días de octubre murió don Juan Pacheco y el rey sintió la desaparición de aquel consejero, del cual se había acostumbrado a no prescindir. Solo, sin la compañía de quien durante tantos años suplió su voluntad ausente, tuvo que acudir a cercar la villa de Fuentidueña, donde el conde de Osorno había preso a don Diego López Pacheco, hijo del difunto Villena.

Al retorno de esta expedición fue acometido en Madrid de la enfermedad que desde hacía meses le venía aquejando y murió el 11 de diciembre de aquel año de 1474, a punto de cumplir los cincuenta años de edad. Fue sepultado en el monasterio de Guadalupe junto a su madre doña María de Aragón, y un siglo más tarde Felipe II, tan preocupado por el prestigio de la realeza aun en sus épocas de mayor decadencia, le hizo labrar un magnífico sepulcro.

Para juzgar a Enrique IV, como a Pedro I el Cruel, es preciso tener en cuenta que su reinado significa una regresión en la lucha de siglos que España mantenía para permanecer unida a la cultura europea. Ambos se comportan más bien como sultanes de algún país de Oriente que como príncipes cristianos. Los viajeros que en el reinado de Enrique visitaron España, como el bohemio León de Rozmithal, describen su corte en Olmedo como la de un rey moro.

Entre las acusaciones que le hicieron los señores reunidos en Burgos figuraba el que vivía rodeado de musulmanes. En sus construcciones en Segovia, su residencia predilecta, las salas «del Solio» y «del Cordón» en el alcázar, el palacio de San Martín, el monasterio del Parral, el convento de San Antonio el Real, se valió de una cuadrilla de alarifes moriscos, de cuyo jefe, Xadel Alcalde, ha llegado el nombre hasta nosotros.

Fue esta, como la de Pedro I el Cruel, gran época para judíos y conversos, y muchos de los más fieles allegados de Enrique: Cartagenas, Arias Dávila, Cabreras, Coroneles, eran tenidos por gentes de ascendencia hebraica. Y es curioso notar que este reinado es el de instalación –protegida por el rey– de los gitanos en España.

La crónica del condestable Miguel Lucas de Iranzo cuenta que el 22 de noviembre de 1462 se presentaron al condestable en Jaén un centenar de gitanos entre hombres, mujeres y niños, con sus «condes» o jefes, y fueron espléndidamente regalados por el generoso caballero. En 1470 se acogió a don Miguel Lucas otro bando de gitanos en Andújar, con cartas de recomendación de Enrique IV. El condestable añadió a sus copiosos donativos órdenes para que los recibiesen honorablemente en ciudades y villas. Todavía otro grupo, también recomendado por el rey y que se dirigía a la frontera de Granada, fue hospedado liberalmente por el fastuoso don Miguel Lucas, a quien sin duda los recién venidos divertían en sus ocios con sus bailes y canciones.

Contra toda esta Castilla barroca y confusa se iría incubando un saludable fermento de reacción en cuantos tenían puestas sus esperanzas en los príncipes Fernando e Isabel.

Los Reyes Católicos y el siglo XVI

La unión de Castilla y Aragón. El reinado de Isabel I y Fernando V

En el otoño de 1474, mientras el rey Enrique IV «iba buscando entre los bosques reales una guarida donde morir», su hermana, la princesa Isabel permanecía en el alcázar de Segovia bajo el amparo del alcalde Andrés de Cabrera y de su mujer, Beatriz de Bobadilla, del obispo don Juan Arias Dávila y de los regidores de la ciudad. El 11 de diciembre, a las dos de la madrugada, murió en Madrid Enrique IV y la noticia pudo llegar a Segovia en el atardecer de aquel mismo día. Debió de pasar el ayuntamiento segoviano todo el día 12 de diciembre en importantes deliberaciones. Dos testigos presenciales, Rodrigo de Ulloa y Garci Francisco, aseguraron a los regidores la certeza de la muerte del rey. Alonso de Quintanilla y el doctor Juan de Alcocer, de parte de doña Isabel, urgieron una determinación perentoria. Otros tantos caballeros capitulares como Juan de Contreras, Diego de Heredia, Gonzalo Rodríguez del Río, entre otros, acordaron entregarse a la fortuna de la princesa y, desafiando cualquier riesgo, proclamarla al día siguiente reina de Castilla. La ceremonia se celebró delante del pórtico de la antigua iglesia de San Miguel, situada en la actual plaza mayor de Segovia, que era entonces una reducida plazuela entre esta parroquia y el convento de Santa Clara. En la mañana del 13 de diciembre de 1474, los regidores acudieron a buscar a la princesa, «la cual –escribe Colmenares– en un palafrén salió del alcázar; de hermosa y real presencia, estatura mediana, bien compuesta, de color blanco y rubio, ojos entre verdes y azules, de alegre y severo movimiento, todas las facciones del rostro de hermosa proporción, en la habla y acciones de natural agrado y brío majestuoso; en edad de 23 años, 7 meses y 20 días». Dos de los regidores llevaban el caballo de las riendas y otros sostenían el palio de brocado. Iba delante Gutierre de Cárdenas, con el estoque desnudo y levantado entre cuatro reyes de armas. La pequeña comitiva llegó así a la plaza de San Miguel. «El concurso era innumerable; la plaza, entonces pequeña. La reina subiendo con majestad al teatro, ocupó una silla que sobre tres gradas se levantaba en medio. Al lado derecho asistía en pie don Gutierre de Cárdenas, con el estoque. Y a poco rato, un faraute dijo en voz alta: Castilla, Castilla, Castilla por el rey DON FERNANDO y la reina DOÑA ISABEL». La reina recién proclamada se abrazó al estandarte de Castilla y entró en la iglesia de San Miguel, en la cual permaneció en oración algún tiempo.

Después de la proclamación, Andrés Cabrera puso en poder de la reina el alcázar, con los inmensos tesoros acumulados por Enrique IV. Tal era la importancia de este servicio del alcalde, que Gonzalo Fernández de Oviedo llegó a afirmar que «dependía de él hacer reina a Isabel o a su rival, como mejor hubiera querido». Poco a poco van acudiendo a Segovia los grandes señores: en primer lugar, los Mendoza de origen alavés, señores de la comarca de Guadalajara, fronteriza con Aragón. El que dirigía ahora la política del «clan» familiar era el cardenal don Pedro González de Mendoza; luego, el condestable don Pedro Fernández de Velasco, conde de Haro; el duque de Alba, don García Álvarez de Toledo; el conde de Benavente, don Rodrigo Alonso Pimentel; don Beltrán de la Cueva, duque de Alburquerque, a quien se creía padre de «la Beltraneja», y por último, don Alonso Carrillo, que había tenido parte importante en la solución aragonesa. Los Enríquez, parientes próximos de don Fernando, habían adoptado una táctica diferente, fomentando la ambición

Retrato de Isabel la Católica.
Óleo de Juan de Flandes.
Real Academia de la Historia, Madrid

Fernando el Católico.
Anónimo español.
Museo de Bellas Artes, Poitiers

del rey, descendiente de Juan II de Castilla por línea de varón en el mismo grado que su mujer, para que recabase la plenitud de la soberanía, aplicando a Castilla la costumbre franca, vigente en Cataluña, que excluía a las hembras del trono. Era esto un grave error político. Vulneraba la tradición castellana y ofendía a la nobleza y al pueblo de Castilla, que habían conseguido con tantos sacrificios imponer a Isabel como princesa heredera. Fernando, educado en la escuela de Juan II, detentador de la corona de Navarra, dio oídos a sugerencias que tanto satisfacían su codicia heredada de mandar en Castilla. Fue preciso, para conjurar este conflicto, la prudencia y la delicadeza inmensas de la reina. Fernando salió del castillo de Turégano el 2 de enero de 1475 y fue recibido en triunfo en Segovia. Allí la reina procuró convencerle de los gravísimos perjuicios que se seguirían de una determinación que desheredaba a su única hija Isabel y le aseguró de que, cualquiera que fuese la decisión adoptada, su amor y su sumisión le asegurarían la plenitud de la soberanía. De mala gana don Fernando se avino a que el cardenal de España, don Pedro González de Mendoza, y el arzobispo don Alonso Carrillo, redactasen un dictamen. Por fin, el 15 de enero se publicó la llamada Concordia de Segovia, que tomaba como base las capitulaciones matrimoniales que el rey de Sicilia había aceptado y suscrito. El reino pertenecía a Isabel por herencia y a ella rendirían homenaje los alcaides de las fortalezas, pero el rey y la reina gobernarían conjuntamente. En los documentos, que habían de llevar la firma de ambos, el nombre de don Fernando se pondría en primer lugar. Sellos y monedas llevarían las armas de ambos reinos, pero en lugar preferente, según la heráldica, las de Castilla. Ambos esposos administrarían justicia: juntos cuando estuviesen juntos y cada uno por separado cuando anduviesen dispersos. Los nombramientos se harían en nombre de ambos, pero a voluntad de la reina.

Cuando se va a iniciar en la Historia una reforma tan trascendental, que es el inicio de una nueva edad, y esta tarea gigantesca se lleva a cabo por un pequeño número de personas presidido por los reyes, importa mucho conocer su retrato moral y físico, y por eso sus cronistas contemporáneos nos han descrito con mucho cuidado sus personas. No estorban algunos datos genealógicos pues la influencia de la genealogía sobre la biografía es evidente. No faltaban entre los Trastámara, que en los últimos años habían dado a Castilla dos reyes abúlicos, personalidades poderosas, como el fundador, Enrique II, que con trabajos sobrehumanos se había conquistado un trono, y Enrique III, en cuyo reinado breve está el germen del gran reinado de los Reyes Católicos, pero nos inclinamos a ver más bien los antecedentes de la figura moral y física de la reina Isabel en los grandes príncipes de la Casa de Avís, de la que procedía por su madre, a un tiempo capaces de soñar con grandes empresas y de hacerlas posibles con profundo sentido práctico. Como antecesora de la reina de Castilla hemos de evocar la figura de su bisabuela Felipa de Lancaster, esposa y madre ejemplar, cooperadora de las hazañas de su marido y de sus hijos. Entre las cualidades morales de Isabel, según retrato admirable de Hernando del Pulgar, sobresale, ante todas, la que fue la clave de su vida entera: la religiosidad aprendida en su niñez en el corazón de Castilla. Otra de las directrices de su vida será el amor a su marido. Fue el suyo un amor lleno de secretas espinas, pues Fernando tenía la amplia moral de los príncipes de su tiempo. Por otro lado, tenía la reina pasión por la justicia y por la autoridad. Era tenaz en sus propósitos. Por reacción contra los reinados anteriores, era parca en mercedes; despreciaba las vanidades del lujo cortesano, pero amaba la liturgia de las ceremonias que rodean de prestigio sobrehumano la persona del rey. Amor apasionado a la justicia y a la autoridad: conciencia constante de la responsabilidad de reinar; grandeza de alma, maravillosa prudencia, son las cualidades de Isabel que se desprenden, más que de los elogios de los cronistas, de los fastos mismos del reinado.

Los dos esposos que, según la Concordia de Segovia habían de compartir el gobierno de Castilla, se avinieron de un modo admirable, precisamente porque sus cualidades eran diversas y complementarias. Probablemente don Fernando debía más sus cualidades a la herencia materna, pues no vemos en él aquella ciega obstinación en conseguir sus deseos o sus venganzas que tan funesta fue al rey de Aragón. Fernando era todo equilibrio y prudencia. Según el retrato de Hernando del Pulgar, «este rey era hombre de mediana estatura, bien proporcionado en sus miembros, en las facciones de su rostro bien compuesto, los ojos rientes, los cabellos prietos e llanos»; grande era su soltura para la guerra y los deportes. Hijo de padre viejo, no habiendo conocido niñez, era impasible y dueño siempre de sus movimientos; gran conocedor de las artes de los príncipes para ganar los corazones. No seguro en su palabra. Escasísimo en sus dádivas, era, como su esposa, la antítesis de su común antecesor Enrique II, «el de las Mercedes». El rey Fernando es, sin duda, el más gran político que ha producido España. No hay en la Historia hispánica un caso semejante de continuidad al servicio de un plan perfectamente concebido. A su logro sacrificó frecuentemente calidades éticas y humanas. Fue egoísta, como suelen serlo los príncipes acostumbrados a confundir su propio bien con el bien del Estado, e ingrato, porque los hombres no le interesaban en cuanto habían entregado ya sus posibilidades al designio real.

Precisamente, el designio de ambos soberanos que compartían el poder de gobernar personalmente –asumiendo la plenitud de sus facultades– requería la formación en torno de sus personas de una corte de colaboradores. Es entonces cuando esa corte se convierte en una escuela de política y va atrayendo a todas las individualidades poderosas de la nación que solamente en ella encuentran ambiente y campo apropiado para desarrollar su actividad. Cuando Fernando e Isabel comenzaron su reinado en Castilla tenían ya un pequeño grupo de auxiliares seleccionado con el acierto que les asistió siempre para escoger sus consejeros y sus funcionarios: doña Beatriz de Bobadilla, amiga de la reina desde los días de abandono y pobreza de la niñez, y su marido, Andrés Cabrera, que en un momento de indecisa fortuna había puesto al servicio de la princesa el alcázar y los tesoros de Segovia.

Además, se encontraba Gutierre de Cárdenas, que fue uno de los amigos en momentos difíciles. Entró como maestresala al servicio de Isabel después del acto de Guisando por recomendación del arzobispo Carrillo; corrió luego con el cronista Palencia la peligrosa aventura de traer a Castilla a don Fernando y tuvo parte principal en la proclamación de Segovia. Gonzalo Chacón, al que llamaron «el Viejo», había sido toda su juventud servidor incondicional de don Álvaro de Luna, cuyo drama relató en un libro que es una joya de la literatura castellana. Comprendió pronto que doña Isabel venía a continuar la idea fracasada del Condestable y se consagró a su servicio con la misma lealtad con que había servido a su desventurado señor. Con la confianza depositada en Fray Mortero, que era el obispo de Palencia, don Alonso de Burgos, de ilustrísimo linaje de conversos, los reyes demostraban su propósito de valerse de los mejores de entre los convertidos, gentes inteligentes y eficaces en las que se encontraban siempre un servicio leal. El gran cardenal de España, don Pedro González de Mendoza, no fue de los amigos de la primera hora. Había sido custodio y partidario de la princesa doña Juana y solamente en las postrimerías del reinado de Enrique IV el cardenal se presentó en Segovia con sus hermanos, a los pocos días de la proclamación de Isabel y fue ganado para siempre, pues en el grupo de amigos de la reina no hubo una sola deserción. Ajustando la Concordia de Segovia, prestó a su causa un inmenso servicio. Con el cardenal de España entraba en la corte toda la ciencia y la diplomacia, el amor a las artes, la finura espiritual del Renacimiento, que en los planes de Isabel eran imprescindibles. Con razón la reina prefirió su amistad a cuanto suponía la del poderoso arzobispo de Toledo don Alonso Carrillo, que no podía aportar otra cosa que el prestigio y las riquezas de su mitra. Por espacio de veinte años, don Pedro González de Mendoza fue ministro, el valido de los reyes, «el tercer rey de España», según el dicho popular.

No debemos olvidar, al lado de estos personajes de primera fila, a los burócratas –contadores y secretarios–, a un tiempo ministros, intendentes y diplomáticos, a cuyo celo callado e inteligente se debió el que las cosas se hicieran siempre bien. Debemos destacar a Alonso de Quintana, a Fernando Álvarez de Toledo, a Juan Coloma y a Miguel Pérez de Almazán, entre otros. Hay en este pequeño grupo que trabaja en torno a los reyes un callado entusiasmo, una consagración al ideal colectivo, a la gran empresa de todos, que la reina supo encender en los corazones de cuantos la rodeaban. No hubo entre ellos una sola deserción en tanto vivió Isabel, porque los reyes y sus auxiliares se guardaron una constante lealtad.

Este pequeño grupo que formaban los reyes con sus amigos de primera hora tenía que establecer un orden nuevo de autoridad y de justicia y para ello había de enfrentarse con muy graves problemas: la insaciable ambición de los grandes señores, dueños de las mejores y fuertes villas y de los más fuertes castillos, y la anarquía del pueblo. En su plan, madurado, sin duda en mucho tiempo, figuraba reducir a un estado fuerte la España católica de su tiempo, repartida en cuatro monarquías cristianas: la confederación castellana, la Corona de Aragón, Portugal y Navarra, y el sultanato musulmán de Granada. Pero aun en la misma agrupación de países diversos, Castilla, León, Galicia, Asturias, Vasconia, Extremadura, Murcia y Andalucía, sobre la cual habían de ejercer una acción inmediata y directa, prevalecía el signo de la diversidad y de la disgregación. En realidad, anulada la autoridad real desde la derrota de don Álvaro de Luna, cada maestrazgo de las órdenes, cada obispado, cada señorío, cada concejo, obraba por cuenta propia. No podemos olvidar que en cada una de las ciudades de España convivían comunidades de tres razas y tres religiones: cristianos, moros y judíos, cada una con sus leyes, sus trajes y sus costumbres; todo esto, ciertamente pintoresco y riquísimo de matices, hacía casi imposible la existencia de un estado según el concepto nuevo. Todos estos poderosos elementos, llenos de vida, malgastan en guerras crueles, en que mutuamente se destrozan y en las que hacen imposible la vida del país, energías enormes. Cada uno de los grandes señores tiene a su alrededor infinidad de parientes, de caballeros, de escuderos. La caballería ciudadana, clase media blasonada y armada en cuyas manos está el gobierno de las ciudades, aprovecha cualquier pretexto para dividirse en bandos y se hace de casa a casa y de calle a calle una guerra en que se desperdician estériles actos de heroísmo, de generosidad, de desprecio a la vida y a la hacienda.

Por tanto, lo que parece estar claro es que en aquel año de 1474 había desaparecido en casi toda España el concepto de Estado, representado entonces por la autoridad real.

Este estado de cosas, contra el cual tenía que luchar aquella pequeña y desvalida corte, que apenas contaba con otra cosa que con una fortaleza y los tesoros del alcázar de Segovia, tenía poderosos defensores cuyo egoísmo les hacía desear que perdurase para su provecho. Don Diego López Pacheco, marqués de Villena, en poder del cual estaba la princesa doña Juana, pedía, a cambio de su sumisión, el maestrazgo de Santiago para él y enormes mercedes para sus partidarios. Supremo acierto de los reyes fue, en aquella primera ocasión, negarse a parlamentar exigiendo pura y pronta obediencia, sin regateos ni transacciones, aunque fuese a costa de una guerra difícil y aventurada. Más dañosa fue la defección de don Alonso Carrillo, arzobispo de Toledo, a quien ciertamente Isabel y Fernando debían la corona y que se apartó por la privanza del cardenal Mendoza y, sobre todo, porque con aquellos reyes, hechura suya, no podía gobernar el reino a su guisa. No bastaron los ruegos que le hizo la reina por medio del conde de Alba, y salió de Segovia el 20 de febrero. Más tarde, la misma reina acudió a Toledo, pero el terrible prelado, empeñado en devolver a Isabel a la rueca, de la cual la había sacado, no se dejó ver. El 28 de abril de 1475 se pregonó, desde Medina del Campo, un perdón general de todos los delitos y excesos pasados, necesarios a quienes querían implantar una justicia inexorable.

Pero los grandes señores veían claramente lo que aquello significaba y se dispusieron a defender el viejo orden de cosas. Olvidados de la Farsa de Ávila y de Guisando, querían ahora proclamar a doña Juana, cuya legitimidad muchos de ellos habían contribuido a destruir. Juzgaron que la única manera de realizar aquella imposible marcha atrás, destruyendo su propia obra de tantos años, era atraerse al rey de Portugal, Alfonso V el Africano, pretendiente dos veces desdeñado a la mano de Isabel. Éste acogió con placer la oferta de los señores castellanos que ofrecían la mano de doña Juana y la corona de Castilla. Emparentado con la casa de los condes de Urgel, cuñado del Condestable de Portugal, Alfonso V el Africano veía con recelo instaurarse en Castilla a la dinastía aragonesa, y su exaltado espíritu caballeresco aprovecharía con gusto la ocasión de vengar el doble desaire. El príncipe heredero, don Juan, más político que su padre, veía en la empresa una ocasión para que prosperara la ya fabulosa fortuna de la casa de Avís. Los hidalgos y el pueblo buscaban una ocasión más de vengarse de las nunca olvidadas tentativas castellanas de dominio. Solamente el duque de Braganza, rival ya del príncipe heredero, osó oponerse a una aventura que desviaba a Portugal de su ruta cierta y gloriosa.

Con razón afirma Antonio Sardinha que si alguna vez se ha hablado de un «peligro español», hubo también en esta y en otras ocasiones para España un «peligro portugués». Don Alfonso el Africano envió una intimación a los reyes de Sicilia para que abandonasen el trono, que detentaban, en manos de su esposa doña Juana, a quien llamaba reina de Castilla. En estos momentos, Fernando e Isabel no tenían nada organizado ni contaban con nada seguro, en tanto su rival disponía en la frontera un ejército poderoso acostumbrado a vencer y contaba en Castilla con los más ricos señores del reino. Sin embargo, tanto Isabel como su esposo tenían la costumbre de vencer, a fuerza de decisión y de actividad rápida y certera, las más difíciles circunstancias. El rey de Portugal invitó a Luis XI de Francia, entonces en conflicto con Juan II de Aragón, a que invadiese Castilla por el País Vasco, ofreciéndole el territorio que conquistase. Él mismo, en mayo de 1475, atravesó la frontera de Extremadura al frente de un importante ejército. En Plasencia se le presentaron el duque de Arévalo y el marqués de Villena, constituido en guardián de doña Juana, niña de trece años con la cual su tío, viudo y ya en la quinta década de su vida, se apresuró a celebrar esponsales, el 12 del mismo mes. Entonces los señores castellanos proclamaron al rey de Portugal y a su esposa-niña, la misma cuya legitimidad había sido reiteradamente negada cuando así les convenía, reyes de Castilla y de León y como tales comenzaron a despachar cartas a las ciudades. Luego aquella corte se situó en Arévalo, esperando que se congregasen en esta ciudad las milicias de los partidarios de doña Juana. Fue increíble en este trance la infatigable diligencia de Fernando e Isabel y con ella conquistaron la corona de Castilla. La reina ordenó que el tesoro del alcázar de Segovia se redujese a moneda. Así se deshicieron aquellas piezas de vajilla, jarras, copas, bandejas, saleros y barrilillos de oro y de plata, que asombraban a los príncipes extranjeros.

A pesar de que la reina estaba embarazada, hubo de correr a caballo ciudades y villas buscando su apoyo y aunque tuvo un aborto en el camino de Toledo a Tordesillas, esto no le impidió seguir sus correrías. Entre tanto, el rey había conseguido reunir en Valladolid, en el mes de julio, un ejército muy numeroso, pero mal equipado, sin instrucción y sin disciplina.

En esta guerra sucesoria hubo dos factores que hicieron triunfar la causa de Isabel: fue uno de ellos la energía y el dinamismo de la joven pareja real, que contrastaba con el absurdo matrimonio del rey de Portugal, aún no viejo y ya fatigado, y de la niña de quien nadie conocía otra cosa sino su turbio origen; por otra parte, el ambiente del pueblo, decidido a favor del orden nuevo que representaban los reyes y sus amigos, en contra del grupo de señores que querían restaurar un pasado de injusticia y de vergüenza. Esta popularidad de Fernando y de Isabel se puso de manifiesto en su mismo fracaso, en los comienzos de la guerra. El rey de Portugal, al cual se habían entregado las fuertes ciudades de Zamora y de Toro, llaves del Duero, se ocupaba en rendir el castillo de esta última ciudad, cuando acudió en socorro de la fortaleza el rey Fernando con las milicias de Ávila y de Segovia y algunos contingentes de las provincias vascas. La situación era insólita, pues el rey de Portugal, sitiador del castillo, era a su vez sitiado por el rey de Castilla en la ciudad; pero como éste no contase con la artillería ni las máquinas necesarias para atacar a plaza tan fuerte, decidió retirarse.

Fue tal el disgusto que produjo esta decisión en aquella hueste reclutada deprisa, con más entusiasmo que disciplina, que una compañía de vizcaínos penetró en el templo en que el rey conferenciaba con algunos caballeros y le separaron violentamente de entre ellos, proclamando que los nobles le hacían traición. Pudo haber sido la retirada en estas circunstancias un terrible desastre si el rey de Portugal hubiese sido más decidido. A dar una apariencia de razón a la gente del pueblo vino la conducta del arzobispo de Toledo, el más característico representante del orden viejo que agonizaba, el cual se unió por aquellos días a la corte de Alfonso el Africano.

La guerra tuvo, en sus comienzos, un desarrollo anárquico y disperso. Algunas ciudades y algunos castillos, en todo el reino, estaban con doña Juana; otros por doña Isabel. Se combatía en Galicia, en el reino de León, en el marquesado de Villena, en las extensas comarcas de Castilla la Nueva que integraban el Maestrazgo de Calatrava, en Extremadura, en la frontera de Portugal, pero la influencia de los señores partidarios de la causa portuguesa no alcanzaba más allá de aquellas villas y castillos en que tenían servidores incondicionales. La masa de la población estaba por el que podríamos llamar «partido aragonés». Por este partido se había declarado Burgos, pero, en el castillo, Íñigo de Zúñiga se mantenía por el rey de Portugal. La posesión de la plaza era decisiva, pues se temía por momentos la entrada por Guipúzcoa de los contingentes de Luis XI de Francia, instigado por el portugués.

Mientras, la infatigable princesa Isabel que se ganaba la corona con su esfuerzo de cada día reunió en agosto de 1475 Cortes en Medina del Campo. Aun cuando el dinero urgía tanto, no era posible en aquellas circunstancias pedir servicios al pueblo, y Alfonso de Quintanilla, que reveló entonces su extraordinaria habilidad en aquellos menesteres, sugirió la idea de pedir en préstamo la mitad de la plata de todas las iglesias del reino. La mejor prueba de la popularidad de la causa de Fernando y de Isabel fue el entusiasmo con que la propuesta fue acogida por los representantes del clero. Todo esto daba a ambos inmensa fortaleza, en tanto se debilitaba la de Alfonso el Africano con los recelos de los portugueses hacia los señores que tan liberalmente habían ofrecido la corona de Castilla sin poder cumplir sus promesas.

Al mismo tiempo, supo la reina Isabel que la ciudad de Zamora se inclinaba a su partido y que su alcalde, Francisco Valdés, estaba dispuesto a rendirla. Avisado don Fernando, que proseguía en Burgos el asedio del castillo, se fingió enfermo y en tanto la gente le creía encerrado en su cámara, partió secretamente con el condestable y con el conde de Benavente y se presentó ante la ciudad. El rey de Portugal, no sintiéndose seguro, se retiró a Toro con doña Juana. Entonces don Alfonso decidió realizar un gran esfuerzo y reclamó la ayuda de su hijo, el infante heredero don Juan, el cual reunió un ejército y se unió a su padre en Toro en febrero de 1476. Robustecida su causa con este esfuerzo, don Alfonso el Africano volvió a escribir en defensa de su derecho al papa, al rey de Francia y a las ciudades de Castilla y de Portugal. Por aquellos días, el castillo de Burgos se había rendido a don Alonso de Aragón, hermano bastardo del rey Fernando. El 17 de febrero, el de Portugal y su hijo, el que había de ser llamado «el Príncipe Perfecto», pusieron en movimiento su ejército para apoderarse de Zamora, en cuyo castillo resistían todavía sus partidarios. Una vez más la vetusta ciudad del Duero volvió a ser teatro de la singular escena en la cual los sitiadores de la fortaleza eran sitiados dentro de los muros de la ciudad. A complicar las cosas vino la hueste que había rendido el castillo de Burgos al mando del infante don Enrique de Aragón y de su primo, don Alonso, duque de Villahermosa. El ejército portugués, con peligro de ver cortadas sus provisiones, hubo de emprender la retirada y don Fernando, que siempre llevó sobre su rival la ventaja de una decisión rápida, le fue a los alcances con tanta premura, que aun habiendo perdido tres horas en reparar el puente sobre el Duero que el ejército en retirada había cortado, le dio vista a tres leguas de Toro en el atardecer de aquel mismo día (1 de marzo de 1476). Aun cuando el viejo y astuto rey de Aragón había aconsejado a su hijo que no comprometiese el resultado que tenía tan seguro en una batalla, sino que esperase la acción del tiempo y del cansancio, el ardor juvenil de Fernando le incitó a empeñar el combate, a pesar de que su ejército, inferior al del adversario, estaba muy fatigado y ocupaba una posición desfavorable.

Conocemos la batalla que se dio a las luces del ocaso en el campo de Pelayo González, a una legua de la ciudad de Toro, por el relato que el mismo rey Fernando hizo a las ciudades y por los textos de los cronistas.

En esos momentos, una rivalidad fomentada en los portugueses por el orgullo de los vencedores y en los castellanos por el ansia de desquite, dividió a los dos pueblos. Quiso la mala suerte de los fernandinos que el ala izquierda de los portugueses, tan poderosa, mandada por el príncipe Juan, hubiese de enfrentarse con su ala derecha, más desordenada por estar repartida entre tantos capitanes, y así fue fácilmente vencida. Acudieron, con la del rey, las demás huestes, y fue entonces, ya casi de noche, cuando se trabó lo recio del combate. Estuvo éste, al principio, indeciso por espacio de una hora, hasta que los portugueses, ante la presión de los fernandinos, se fueron retirando hacia Toro. Al final, ganaron la batalla los partidarios de Fernando, el cual se apresuró a escribir a las ciudades para que hiciesen «públicas e devotas procesiones, dando gracias e loores a nuestro Señor e a la bien aventurada madre suya por la victoria que le plogo de me dar en esta batalla, mostrando e manifestando su justicia». La reina Isabel, que el día 2 del mismo mes supo ya en Tordesillas la nueva, salió descalza en una procesión y escribió una carta regocijada al rey de Aragón. Los trofeos de la victoria se situaron en la catedral de Toledo. En la misma ciudad se ordenó la construcción de un monasterio que fuese el monumento que conmemorase el triunfo castellano. De esta manera se creó en Castilla un ambiente de victoria. En cambio, los historiadores portugueses intentan demostrar que la victoria fue para el príncipe Juan, que permaneció en el campo de batalla. Como vemos, lo que se disputaba en la contienda era la corona de Castilla, que quedó finalmente para Fernando e Isabel. No se puede dudar de que fuesen ellos los vencedores. Como consecuencia inmediata se rindió el castillo de Zamora y el príncipe don Juan, con su prima y madrastra, doña Juana, repasó la frontera. El rey don Alfonso, más tenaz en perseverar en lo que él creía su derecho que lo había sido en el campo, permaneció todavía algún tiempo en Castilla.

Aún después de esta victoria y si la causa de Fernando e Isabel parecía ya definitivamente establecida, tuvieron que atender a muchas «guerras pequeñas», de tipo medieval, entorno de las villas y de los castillos que aún seguían la voz de Portugal o en los cuales algunos caballeros retardaban el rendirse, temerosos del castigo.

Al mismo tiempo implacable y benigna, sin admitir nunca transacción alguna, la reina iba consiguiendo sumisiones. El duque de Arévalo se había rendido y se avenía a devolver esta plaza a la reina viuda Isabel de Portugal, por lo cual se le dio el título de duque de Plasencia. Se rindió Madrid, Huete, Atienza y otras fortalezas, y el rey de Portugal, viendo como la sombra de su reinado en Castilla se desvanecía, retornó a sus estados patrimoniales. Un pastor que apacentaba sus ovejas entre los fosos y derrumbaderos que van de la ciudad de Toro hasta el Duero mostró al obispo de Ávila y a algunos caballeros una entrada desguarnecida por donde la ciudad fácilmente pudiera tomarse, y la ciudad fue, en efecto, reconquistada (19 de septiembre de 1476). La reina acudió con su presteza acostumbrada y ante su presencia se rindió el castillo que aún mantenían Juan de Ulloa y su mujer María Sarmiento. Quedaban por reducir villas y castillos aislados: Castronuño, Cantalapiedra, Cubillos, Siete Iglesias, en tierras leonesas y castellanas, una gran parte de Extremadura y de las tierras que en Cuenca y Ciudad Real poseía el maestrazgo de Santiago. El arzobispo de Toledo y el marqués de Villena habían hecho acto de sumisión, no del todo sincera. El rey y la reina, infatigables, atendían a tantas «guerras pequeñas» y corrían sus reinos de parte a parte.

No cejaba en su empresa el viejo y testarudo caballero que era el rey de Portugal. Fatigado y desengañado su ejército portugués, abandonado de sus partidarios de Castilla, encontró medio de alentar sus quimeras en la alianza con el rey de Francia. Para ello, se trasladó personalmente a aquel reino y se avistó con Luis XI, que, halagado, lo recibió magníficamente, pero llegó en mala ocasión, pues bastante tenía el rey francés con hacer la guerra contra el duque de Borgoña, Carlos el Temerario, el más poderoso de sus vasallos. Cansado el rey de Portugal de las continuas dilaciones y de seguir en vano la corte errante del de Francia, escribía a su hijo don Juan renunciando en él la corona, y se retiró a la abadía de Hardfleur con propósito de ocultar entre sus muros su fracaso. Poco tiempo después, cansado de la vida monástica o inducido por Luis XI, volvió a Portugal, donde el «Príncipe Perfecto», que ya se había proclamado rey (10 de noviembre de 1477) le devolvió de mala gana la corona. Tenaz en sus propósitos, apenas se vio otra vez rey, reavivó la guerra con Castilla.

Pero este largo conflicto, prolongado inútilmente por la testarudez caballeresca del rey de Portugal, se consiguió arreglar mediante «fablas de dueñas», como el de la sucesión de Alfonso IX. El primer contacto pacífico entre los bandos rivales se estableció en Alcántara por medio de la misma reina Isabel y de su tía la infanta doña Beatriz de Portugal, viuda del duque de Viseo (marzo de 1479). Después de ocho días de conversaciones, se convinieron las bases del futuro acuerdo: Don Alfonso y doña Juana dejarían el título de reyes de Castilla y don Fernando y doña Isabel el de reyes de Portugal, que en represalia habían tomado; que doña Juana, la llamada «Beltraneja», que era una muchacha de diecisiete años, casaría con el príncipe heredero de Castilla, don Juan, niño de pocos meses (nacido el 30 de junio de 1478) y que, entre tanto una u otra cosa se efectuara, quedaría en tercería en poder de la infanta portuguesa; don Alfonso, hijo primogénito de don Juan, heredero de Portugal, había de casar con doña Isabel, primogénita de los reyes de Castila. Éstos perdonarían a los castellanos que hubieran seguido las banderas portuguesas. Como compensación, el rey de Portugal quedaba libre para continuar sus empresas militares en Marruecos y sus exploraciones y su comercio en el África occidental, donde ya comenzaban a entrometerse castellanos. Todo era razonable, menos el disparatado proyecto de boda de doña Juana; después de haber sido desposada con un rey viudo y maduro, se le ofrecía el matrimonio con un niño en mantillas; se agregó esta cláusula al tratado para tranquilidad de los escrúpulos morales de Isabel y del rey portugués, sin duda con el secreto y firme propósito de no cumplirla nunca. Pocos meses después (4 de septiembre de 1479), Rodrigo Maldonado, representante de los reyes de Castilla, y don Juan Silveira Bazán de Alvito, que tenía los poderes del rey de Portugal, daban forma y validez en Alcoçobes al tratado que se llamó de las Tercerías de Moura, que fue aprobado por Fernando e Isabel el 6 de marzo de 1480 y que daba origen a un largo período de amistad peninsular.

Curiosamente, en Portugal en el siglo XIV y en Castilla en el siglo XV, la victoria engendrará un optimismo triunfal que dará origen a empresas gloriosas. Dos monumentos de maravillosa arquitectura, el monasterio de Batalha y el convento de San Juan de los Reyes, conmemoran el final de esta contienda. Sin embargo, y como triste despojo del período más desventurado de la historia de Castilla quedó doña Juana, cuyo bautizo y cuya jura como princesa de Asturias se habían celebrado con tanta excelsa pompa, destinada a ser pretexto o bandera de tantas traiciones y motivo de tantas guerras. En virtud de las capitulaciones de Alcántara se le dio a escoger entre esperar varios lustros a que su prometido tuviese edad para casarse o profesar en un convento; desengañada de la vida, eligió este último camino. Pero no perseveró doña Juana mucho tiempo en aquella vocación un poco forzada y quebrantó varias veces la clausura formando parte de la corte portuguesa, donde era conocida con el título de «la excelente Señora» y perseverando, como indica el historiador Lafuente, en «el estéril consuelo de firmar hasta el fin de sus días *Yo la Reina*». Pudo ser testigo de la gloria y de las desventuras de sus rivales, pues no murió hasta 1530. Se dice que el que había sido su desposado, Alfonso V el Africano, estuvo dispuesto también a tomar el hábito de San Francisco cuando murió en el Palacio de Cintra en agosto de 1481.

En el año 1468, el anciano rey y padre de Fernando, Juan II de Aragón, había recobrado la vista mediante la habilidad del médico judío Crezcas Abiatar, que supo operar las cataratas que padecía. Más que nunca le era necesaria al rey la plenitud de sus facultades físicas, pues pocos meses después su hijo Fernando había de abandonarle para sus bodas en Castilla, y en la primavera de 1469, Juan de Anjou, duque de Lorena, hijo del rey Renato, invadía el Ampurdán con una hueste numerosa, auxiliado por su primo Luis XI de Francia. Se rindió Gerona y en poco tiempo toda la comarca quedó ocupada por sus tropas. Don Juan, que había asumido la dirección personal de su ejército, se vio impotente para contener los avances de su enemigo y hubo de retirarse a Tarragona, desde donde había de atender a los asuntos de Castilla, la obsesión de toda su vida, y a la rebelión de su yerno, el conde de Foix, en Navarra. La providencia hizo cambiar en pocos días la situación difícil del viejo rey con la muerte del duque de Lorena, acaecida en Barcelona el 16 de diciembre de 1470. Debió de producir esta desgracia un inmenso desaliento en los barceloneses, ya desengañados después de tantos años de desventuras. Aquellos príncipes aventureros que la Generalidad les iba trayendo no arraigaban en el corazón del pueblo, que, aun rebelado en una causa que creía justa, tenía en el fondo a don Juan por su legítimo soberano. Solamente la tenacidad del obispo de Vich y de un dominico exaltado, fray Juan Cristóbal de Gualbes, prolongaron el conflicto, con gravísimo daño de Cataluña, reiterando la obediencia a Renato de Anjou, el cual envió a Barcelona a un hijo natural del duque de Lorena a quien llamaban «el bastardo de Calabria». El hijo niño del difunto, Nicolás de Anjou, fue reconocido como heredero de su abuelo, «el buen rey Renato». El bastardo hizo su entrada en Barcelona el 12 de junio de 1471 como general defensor de los derechos de su sobrino.

Será precisamente en la década que va desde 1469 a 1479, cuando Juan II demuestre que su valor y su actividad eran admirables. Consigue atraer con su generosidad a los caballeros del Ampurdán, que le van entregando villas y castillos. Gerona se rinde en octubre de 1471 y con su olvido total de las injurias, el rey crea un ambiente que favorece nuevas rendiciones. Una gran victoria militar, obtenida el 25 de noviembre de 1471 en San Adrián del Besós por su ejército sobre las tropas de la obstinada Generalidad, dejó reducida la rebeldía a la ciudad de Barcelona, sitiada por el rey. Otra victoria cerca de Torroella de Montgrí y la conquista de Rosas, de Perelada y de Castelló de Ampurias impedía que pasasen la frontera refuerzos franceses.

Todavía la ciudad resistió cerca de un año y se negó a recibir al cardenal valenciano Rodrigo de Borja, el futuro Alejandro VI, que como legado pacificador enviaba Sixto IV, y a los embajadores de Borgoña. Más fortuna tuvo el rey con una carta, ciertamente admirable, que por un fraile llamado Gaspar Ferreras hizo llegar a los concelleres. Fue entonces cuando por fin los barceloneses se rindieron a aquel lenguaje y por medio del mismo fray Gaspar, contestaron que estaban dispuestos a capitular con tal de que el rey aceptase «que los actos ejecutados por el Principado en toda aquella guerra, desde la prisión de su hijo hasta aquel día, no obstaban a la debida fidelidad, y que en todos la habían conservado, por haber procedido con celo de buen amor y fidelidad, a causa de la detención del príncipe don Carlos, de gloriosa recordación; debiéndose obligar el rey a declarar que tenía y reputaba a los catalanes por buenos, leales y fieles, haciéndolo así saber con pregones públicos por todos sus reinos». Sin duda, don Juan pasaba entonces por una crisis de conciencia que le obligaba a reconocer sus yerros con don Carlos de Viana, su difunto hijo, cuando se avino a aceptar esta cláusula, que daba la razón al Principado, con otras en que se concedía amplísimo perdón y nueva confirmación de las constituciones, libertades y privilegios de Cataluña. Se firmaron las capitulaciones en el monasterio de Pedralbes, el 17 de octubre de 1472. Que no fue esta generosidad regia artimaña política lo prueba la lealtad con que las capitulaciones fueron mantenidas, para ejemplo de príncipes, a un pueblo que, cualquiera que fuese la justicia inicial de su causa, había combatido contra su rey por espacio de doce años, intentando suplantarlo con príncipes extraños y abriendo las fronteras al tradicional enemigo de la casa de Barcelona.

Nunca, a partir de este momento, hubo rey y pueblo más compenetrados que Juan II y los catalanes desde 1472 a 1479. Ambos habían de entregarse a una empresa colectiva: la de rescatar la tierra catalana del Rosellón de manos del temible rey de Francia, hecho que no conseguirían ahora de forma segura y definitiva, lo que obligaría al anciano monarca aragonés a avenirse y pactar una tregua dejando indecisa la cuestión jurídica. En realidad, la guerra del Rosellón, país al cual se llamaba en la corte de Luis XI «cementerio de franceses», proseguiría entregada a la fidelidad de los naturales y a las correrías de dos caballeros fronterizos llamados Basch y Descallar, que llegaron a tener en jaque a las tropas del rey de Francia.

Lo que hace más admirable la figura de Juan II en estos años es que, entre preocupaciones tan inmediatas, no desatendiese ninguna de las orientaciones heredadas de sus antepasados. Al mismo tiempo que combatía en el Rosellón, enviaba al conde de Cardona y al gran almirante Bernardo de Villamarí para sujetar al marqués de Oristán y de Gociano, que había seguido la eterna línea de rebeldía de sus antecesores en Cerdeña. Vencido en la batalla de Macomer (1478), el rebelde fue enviado al castillo de Játiva y sus marquesados unidos al título real de Aragón y luego al de España. La gloriosa flota catalana mandada por Villamarí desbarató la de los turcos, que intentaban apoderarse de la isla de Rodas, que defendían los caballeros hospitalarios de San Juan. Estas noticias pudieron alegrar un poco el ánimo del rey, que moría en el palacio de los obispos de Barcelona, el 19 de enero de 1479.

Si sólo recordamos de su vida y de su reinado esta última década, encontraremos justificado el dictado de «grande» con que figura en la cronología de los reyes de Aragón. De hecho, se le hicieron magníficas exequias. Su cuerpo estuvo expuesto en el salón del Tinell del Palacio Mayor de Barcelona y luego, a hombros de doce caballeros y doce ciudadanos, fue llevado a la catedral. Sus restos fueron trasladados al monasterio cisterciense de Poblet (Tarragona).

De su matrimonio con doña Blanca de Navarra no le quedaba sino una hija, Leonor, condesa de Foix. Quiso la providencia que esta princesa, que con tal demasía había codiciado la corona, no fuese reina sino muy breve tiempo, pues murió en el mismo año de 1479. Del matrimonio con doña Juana Enríquez le sobrevivieron dos hijos, Fernando, rey de Castilla, y doña Juana, casada desde 1476 con el rey Fernando de Nápoles.

Sin duda, al dolor de las exequias de Juan II contribuía el pensamiento de que aquel anciano era el último rey privativo de la corona de Aragón. Don Fernando recibió en Guadalupe la noticia de la muerte de su padre. Preocupado por los últimos intentos de invasión portuguesa, no pudo trasladarse a Zaragoza, donde tuvo lugar la acostumbrada ceremonia de la jura, hasta fines de junio de aquel año. El 1 de septiembre se verificó la proclamación en Barcelona y poco después juró en Valencia privilegios y franquicias. Cuenta Hernando del Pulgar que se platicó en el Consejo cómo había de ser el título de los reyes después de la herencia aragonesa. Opinaban algunos consejeros que debían llamarse reyes de España. Pero al no estar unidas a su corona Navarra, Portugal y Granada, no eran, en realidad reyes de España. Incluso aún después de la unión, de la conquista de Granada en 1492, de la anexión de Navarra en 1512 y de la de Portugal en 1580, los reyes conservaron el título real múltiple, añadiendo los estados que iban acumulando por conquista o por herencia, sin duda por respeto de la monarquía a las instituciones peculiares de cada pueblo. Sin embargo, el título de reyes de España, que ya dentro y fuera de ella se había atribuido con menos motivo a algunos de sus antecesores, fue cada vez con más frecuencia aplicándose, acá y allá de las fronteras, a los príncipes que habían reunido bajo su cetro las dos confederaciones peninsulares.

Fundamentos del nuevo estado. La reorganización política, social y económica

La preocupación por restablecer en Castilla en toda su plenitud la autoridad unificadora del rey, que en los últimos años no era sino una entelequia ornamental, es tan prematura en Fernando e Isabel que se manifiesta en los momentos más angustiosos de la guerra dinástica. Los reyes van desarrollando con precisión y energía un plan concebido, sin duda, en los años en que mantenían una corte errante, aún en vida de su antecesor. Desde este mismo momento, a lo largo de todo el reinado, van sentando los fundamentos de un estado nuevo, que sea instrumento capaz para servir a las grandes empresas que en aquellos años la providencia iba otorgando a España. No se trata de una revolución. En teoría, perseveran las mismas instituciones heredadas de los siglos medievales, pero poco a poco, a medida que las circunstancias lo demandan, se van creando organismos nuevos o vitalizando entidades antiguas, caídas en desuso. En general, en esta obra, que crea un tipo de estado que había de prevalecer dos siglos con ulteriores supervivencias, los reyes, por influencia de los letrados de su consejo educados en el romanismo renacentista, se unen a la corriente occidental que tiende a atenuar y relegar los particularismos medievales y a establecer la autoridad suprema y unificadora del príncipe, asistido por aquellos organismos que son precisos para el funcionamiento de un estado que, al absorber funciones que antes estaban delegadas en los señores o en los Concejos, requiere una organización más complicada y una burocracia más numerosa.

Incluso para el proceso paulatino de esta gestión reformadora era preciso el inmediato restablecimiento del poder real en su perdida eficacia. No se trata ahora de una novedad, sino de recobrar los perdidos resortes del gobierno, como lo habían hecho, después de largos períodos de anarquía señorial, Alfonso VIII en el siglo XII y Alfonso XI en el XIV. Bastó para esto la inmediata posición de los reyes de no admitir pactos ni componendas, sino de imponer su voluntad, aun cuando para ello fuese preciso afrontar largas guerras y correr serios peligros. La actitud de la reina en lo más empeñado de la guerra sucesoria era de enorme dificultad, pues se trataba no solamente de liberar villas, castillos y comarcas enteras del poder de los señores, sino de acostumbrar a obedecer a un pueblo habituado a un régimen de impunidad. Era más fácil sujetar a los plebeyos desmandados que a los señores de los castillos, pues para ir contra éstos eran necesarias las tropas que estaban empleadas en la guerra.

En tanto duraba la guerra con Portugal, el proceso de sujeción de la alta nobleza se confunde con el de la misma guerra, pues los señores de los castillos los defendían en nombre de Alfonso V y de doña Juana. Así sucedió con el castillo de Alcaraz, que era del marqués de Villena y que se rindió a las milicias del maestre de Santiago, del obispo de Ávila y de Alonso de Fonseca. Este carácter de guerra civil continuó después de la batalla de Toro. Con esta intención se hizo, por los partidarios de Fernando y de Isabel, la expugnación de los castillos del marquesado de Villena, de Atienza, de Taracena y de otros lugares.

Al mismo tiempo, y en el momento que les dejaban los asedios de los castillos, los reyes acudían a deshacer los bandos nobiliarios de las ciudades y a igualar todo en ellas bajo la autoridad real. Cuando el rey sitiaba Castronuño, la reina se presentó en Guadalupe y desde allí envió un mensaje a Pedro de Baeza, alcalde de Trujillo por el marqués de Villena, para que entregase el castillo a Pedro Dávila. Se negó el alcalde, y su altiva respuesta encendió la cólera de Isabel, que exigió la entrega e hizo acudir a la ciudad grandes contingentes de tropas. La fortaleza, al final, se rindió ante la orden del mismo marqués, a quien la reina hizo venir a Trujillo. En este tiempo se rendían también los castillos de Castilnuevo y Madrigalejo. Partió luego la reina a la ciudad de Cáceres, cuyas casas fuertes eran como otros tantos castillos pequeños, desde los cuales los caballeros, repartidos en dos linajes, se combatían cuando cada año era preciso renovar el Concejo. Doña Isabel repartió los cargos entre ambas parentelas con la condición de que, cuando vacase alguno de ellos, los reyes designarían el sucesor.

Aún más peligrosa era la anarquía de Galicia, cuyas noticias, según una famosa carta del cronista Hernando del Pulgar, hacían «espeluznar» a la corte de Enrique IV. Ausente el poder real, la lucha entre los señores de castillos, casas fuertes y pazos había tomado, en el agreste paisaje de Galicia, caracteres de inaudito salvajismo. En 1465, un caballero, Bernal Yáñez de Moscoso, se apoderó de Santiago de Compostela. La opresión de los señores de los pazos sobre los campesinos ocasionó, como en Cataluña por este tiempo, una sublevación de los labradores, que tomaron el nombre de hermandiños (1467). Un terrible caballero, Pedro Álvarez de Sotomayor, conde de Camiña, a quien llamaban por su diligencia en acudir a todas partes Pedro Madruga, unido al arzobispo Fonseca derrotó a los hermandiños cerca de Santiago, ciudad de la que se habían apoderado los labradores. Es cierto que este movimiento, nacido de un noble anhelo de justicia, había sido desvirtuado por algunos caballeros que lo utilizaban como un factor más en sus guerras de banderías. Los aldeanos, que habían derribado muchas fortalezas y combatido muchos desmanes, fueron deshechos por Pedro Madruga y por los caballeros de su bando en el castro de Gundian (1469). Desde entonces, el poder de los pequeños tiranuelos encastillados es incontrastable.

A la muerte de Enrique IV, el arzobispo de Santiago, don Alonso de Fonseca, y el conde de Monterrey se erigieron en defensores de la causa de Isabel, pero en realidad Galicia estaba en poder del conde de Camiña así como del mariscal Pedro Pardo de Cela, que apoyaban a doña Juana y Alfonso V de Portugal. Desde Tuy, Pedro Madruga dominaba Bayona, Pontevedra, Vigo y Redondela, en tanto que Pedro Pardo, que tenía en su poder a Mondoñedo, se apoderaba de Vivero. La situación era muy peligrosa, pues ambos caballeros, capaces de todo, señoreaban la comarca del Miño, puerta abierta siempre a las ambiciones de Alfonso V, que pensaba, en el peor de los casos, anexionar Galicia a Portugal. Por de pronto, Fernando e Isabel no podían hacer otra cosa que ayudar al arzobispo de Santiago, a don Diego de Muros, obispo de Tuy desposeído por el conde de Camiña, y a los caballeros leales. La siempre eficaz flota castellana recuperó Bayona y Vivero. Pedro Madruga cayó en poder del conde de Benavente, pero al poco tiempo fue rescatado por el rey de Portugal (1478). Don Fernando y doña Isabel, después de las Tercerías de Moura, pensaron que el desaliento que la derrota de Portugal había causado en los gallegos rebeldes hacía la ocasión propicia para acabar con aquel espantoso foco de anarquía. En este sentido, la actividad de los reyes fue infatigable al acudir simultáneamente a tantos puntos. Con el acierto con que escogieron siempre a sus auxiliares, nombraron para los asuntos de Galicia a dos magistrados inflexibles: don Fernando de Acuña y al licenciado Garci López de Chinchilla, que tenía fama de hombre integérrimo como corregidor. Gracias a su ayuda, en otoño de 1486, Fernando e Isabel hicieron acto de presencia en Galicia, ya pacificada, y dejaron en el antiguo reino por gobernador a don Diego López de Haro. Ayalas y Silvas habían tenido que olvidar sus añejas contiendas en Toledo ante la restablecida autoridad real. En muchas partes, sobre todo en Extremadura, se derribaron castillos y se abatieron las torres de las casas ciudadanas. En esto los reyes no hicieron otra cosa que seguir la política circunstancial de algunos de sus más ilustres antecesores.

Mucha mayor trascendencia tuvo la reforma de la nobleza que se llevó a cabo en las que podríamos llamar «Cortes Constitucionales», reunidas en Toledo en 1480. El momento era propicio, pues, establecida la autoridad indiscutible de los reyes, después de la paz con Portugal y de la unión con Aragón su prestigio era inmenso y muchos grandes señores tenían que hacerse perdonar su desafección pasada. Fue entonces cuando los reyes propusieron, sin que nadie osase resistirles, la anulación de las mercedes del último reinado, en virtud de las cuales algún vasallo superaba las rentas de la misma corona. Se acordó que se dejarían en todo o en parte subsistentes las concesiones que respondiesen a servicios prestados a la Corona. El examen de cada caso se encomendó al cardenal don Pedro González de Mendoza, y el proyecto final al confesor de la reina, fray Hernando de Talavera. Los primeros en someterse fueron los Enríquez, tan cercanos parientes del rey que perdían 240.000 maravedís de renta anual. Don Beltrán de la Cueva, duque de Alburquerque, leal a los reyes, sufrió en sus ingresos una rebaja de un millón cuatrocientos veinte mil maravedís, y también Guzmanes y Mendozas hubieron de allanarse a reducciones semejantes. Aun cuando esta medida, que debilitaba la potencia económica de la gran nobleza y robustecía la de los reyes, tuviese una gran trascendencia política, fue aún más eficaz el enorme prestigio de la realeza a lo largo de su reinado pletórico de empresas gloriosas y afortunadas. Los grandes señores se dieron cuenta de que la única manera de conservar su posición social era recoger alguna parte de la autoridad y del poder que emanaba de los reyes formando parte de su corte y de su equipo de altos funcionarios políticos y militares. Poco a poco los castillos fueron quedando abandonados y se labraron palacios magníficos en las ciudades en que los reyes solían hacer más largas residencias. Cambia por completo el sistema de vida social. Fernando e Isabel tuvieron una corte que aseguraba la majestad y la eficacia de su realeza. Por tanto, esta corte atraerá irresistiblemente a todas las individualidades poderosas de la nación, que sólo en ella encuentran ambiente y campo apropiado para desarrollar su actividad. Fue la corte la que sometió a los grandes y les hizo, en verdad, vasallos de la Corona. Al mismo tiempo, aumentará el poder de la pequeña nobleza ciudadana, en la cual los reyes escogerán a sus más eficaces auxiliadores, de hecho ya más poderosa que los señores titulados.

Lo que hace admirable la obra de los reyes y de sus colaboradores es su aspiración a la permanencia. Su actuación sobre la alta nobleza y sobre la caballería ciudadana no debiera ser un golpe de mano que aliviase de momento la anarquía. Para esto necesitaban hacer independiente la autoridad real de aquellos a los cuales había de moderar. En la Edad Media, el rey no disponía de otra milicia que la que estaban obligados a proporcionarle los señores y los Concejos, y su autoridad no era otra cosa sino una pieza más en aquel complicado juego de elementos. Muy prematuramente, al poco tiempo de la proclamación de la reina en Segovia, surgió en el grupo director el pensamiento de valerse, para el robustecimiento del poderío regio, de las Hermandades, que tantas veces habían surgido espontáneamente como remedio supremo en las más graves crisis de autoridad. Según Hernando del Pulgar, también ahora la idea de hermandad surgió espontáneamente en la entraña del pueblo, cuyos males se agravaban con la guerra sucesoria, tan propicia al bandidaje y a los desafueros. Parece que fueron el contador Alonso de Quintanilla y burgalés don Juan de Ortega, sacristán del rey, los que concibieron la idea de encauzar esta aspiración popular hacia una institución permanente. También se gloria de haber colaborado en el intento el cronista

Alonso de Palencia. Obtenido el beneplácito de los reyes, los iniciadores tomaron el asunto con tal empeño que propusieron poner sus personas a todo trabajo y peligro. Fue preciso preparar el éxito hablando con los ciudadanos principales de los centros vitales del reino: Burgos, Palencia, Medina, Olmedo, Ávila, Salamanca y Zamora. Se acordó una reunión de procuradores de las ciudades en Madrigal, Cigales y Dueñas (de mayo a julio de 1476), y acudieron gran número. Parece que fue Quintanilla, alma de aquella empresa, el que consiguió acordar los diversos pareceres. Entraron en la Hermandad la mayor parte de las ciudades, villas y lugares de Castilla, León, Galicia, Toledo y Andalucía. Entre cada cien vecinos pagarían el sueldo de un hombre a caballo, lo cual proporcionó una tropa de dos mil jinetes y se armó un ejército numeroso de peones. Se dio el mando de este pequeño ejército al hermano del rey, don Alonso de Aragón, duque de Villahermosa, el cual tenía a sus órdenes ocho capitanes, de los cuales cada uno mandaba de veinte a trescientas lanzas. La jurisdicción de la Hermandad comprendía cinco casos: todo delito cometido en el campo, todo delito cometido en poblado cuando el malhechor se emboscase luego en la campiña, todo quebrantamiento de casa, toda fuerza de mujer, toda rebeldía o resistencia contra la justicia. Para entender de las causas emanadas de estos apartados se designó un tribunal presidido por el obispo de Cartagena y compuesto por un diputado de cada provincia. En todas ellas quedó un diputado que resolviese los casos en primera instancia, y en cada pueblo de más de treinta vecinos, dos alcaldes. Las disposiciones que se fueron adoptando se recopilaron en la Junta de Torrelaguna, celebrada en diciembre de 1485, en un cuaderno que fue aprobado en Córdoba el año siguiente. Así se creó un organismo parecido a las modernas gendarmerías, de extraordinaria eficacia por la gravedad de los castigos y por la rapidez con que se ejecutaban.

A partir de ese momento, los señores de vasallos comprendieron que aquella institución era un coto para sus desmanes e intentaron oponerse a ella prohibiendo que en sus tierras entrasen los cuadrilleros. Requerido el condestable don Pedro Fernández de Velasco, no solamente dio orden de que se diese en sus señoríos paso libre a la milicia de la Hermandad, sino que quiso ponerse a su servicio con todos sus familiares. El ejemplo del condestable fue seguido por muchos señores de vasallos, de manera que al poco tiempo la Hermandad prevalecía desde Segovia hasta el mar Cantábrico. Luego fue aceptada en Toledo, Andalucía, Murcia y en Extremadura. Los reyes disponían ahora de una milicia que les estaba del todo sometida. Se había dado un enorme avance para igualar a todos ante la ley. La Santa Hermandad era un instrumento necesario para la obra a la cual los reyes dedicaron quizás una atención preferente: el restablecimiento de la justicia. Es este aspecto de su obra de gobierno lo que les hizo quizá más populares, pues los reyes justicieros que han hecho justicia rigurosa e igual para todos han sido siempre para los pueblos los más queridos y recordados. La justicia de los reyes es un punto que tratan con delectación cronistas, comentaristas del reinado y aun los poetas, y su recuerdo persistente llega hasta el teatro clásico del siglo XVII. Era la de los reyes una justicia personal y expeditiva, un poco a la manera de los monarcas orientales. Esta actuación personal de los reyes en la administración de justicia perseveró durante todo el reinado.

Otro paso hacia el robustecimiento del poder real y la disminución del de la alta nobleza fue la incorporación a la Corona de los Maestrazgos de las órdenes militares. Estas instituciones, organizadas para la secular cruzada española a imitación de la de los cruzados de Jerusalén, habían prestado a la Reconquista tan grandes e importantes servicios que puede decirse que en algún tiempo la recuperación del territorio es su obra casi exclusiva. Estos servicios fueron premiados con tan inmensas concesiones territoriales, que constituían un feudo de sus maestres extensas comarcas del reino de León, Extremadura y La Mancha. Después de la batalla del Salado, en la cual tienen quizá su última actuación importante, y cuando, desaparecido el peligro musulmán, la reconquista se convierte en una guerra de fronteras, las órdenes militares pierden, en gran parte, su eficacia militar. Esto se debe fundamentalmente a quedar privadas, por sucesivas dispensas pontificias, de su carácter monástico. Los caballeros pueden poseer bienes y casarse, y la obediencia al maestre se va haciendo cada vez más formal. Predomina, en cambio, en estas instituciones su carácter aristocrático. Los hábitos rojos de Santiago y de Calatrava y el verde de Alcántara son, sobre la ropa del caballero, un signo de suprema distinción. Las pruebas de nobleza para el ingreso, al principio casi formularias, se van haciendo cada vez más rigurosas. Pero los maestres son, en virtud de sus extensos dominios territoriales, los más poderosos señores del reino, sobre todo cuando esta dignidad recae, como es ya habitual, en algún personaje de la más elevada categoría, como el infante don Enrique de Aragón, el condestable don Álvaro de Luna o el marqués de Villena, don Juan Pacheco. De aquí las disputas por la posesión de estas prebendas, en las cuales está, en gran parte, la historia del siglo XV en Castilla. Los maestres y comendadores concurren todavía a las grandes empresas contra los moros, Antequera o Higueruela, y toman parte brillante en los hechos de armas fronterizos, pero ya no como prelados de una orden de monjes combatientes, sino como cualquiera de los otros señores de vasallos.

La incorporación de este poderío territorial a la Corona forma parte del plan de Fernando y de Isabel de anular el poder político de la alta nobleza, que había hecho difícil la vida en Castilla en los últimos reinados. Vino a facilitar su tarea el cisma surgido en la más poderosa de las órdenes: la de Santiago. A la muerte de don Juan Pacheco quiso don Diego, su hijo, convertir el maestrazgo en una vinculación familiar, pero se agregó para ello al partido portugués, que fue derrotado. Como los reyes, que habían trazado tan prematuramente su línea de conducta política, se abstuviesen de solicitar del papa la designación de un nuevo maestre, dos caballeros, aprovechándose de la confusión de los tiempos, se atribuyeron esta dignidad: don Alonso de Cárdenas, comendador mayor del León, propuesto por la mayoría de los Trece, que eran los electores de la orden, y don Rodrigo Manrique, conde de Paredes, comendador de Segura de la Sierra. Ambos caballeros acordaron conservar cada uno el título magistral con jurisdicción sobre las fortalezas y las encomiendas que seguían su partido. Permaneció este estado de latente guerra interna hasta la muerte, en su villa de Ocaña el 11 de noviembre de 1476, del conde de Paredes, suceso que hizo surgir una de las obras cumbres de la literatura castellana.

La solución medieval, si la orden hubiese conseguido salvar su autonomía, sería la designación de don Alonso de Cárdenas, pero esta continuidad del maestrazgo no entraba en los planes de los reyes. La reina, sabiendo que los electores estaban congregados en el convento de Uclés, acudió desde Ocaña y se presentó ante los Trece y les rogó que suspendiesen la elección, pues estaba en curso una petición al papa para que la administración se confiriese a los reyes. Prueba de cómo habían cambiado los tiempos fue el que no sólo los Trece acatasen esta decisión, sino que don Alonso de Cárdenas siguiese sirviendo a los reyes con toda lealtad en la guerra contra Portugal. Precisamente para premiar esta noble conducta, en 1480 los reyes consintieron que fuese elegido en concordia y obtuvieron del papa la confirmación de la elección, si bien condicionándola a ciertas prestaciones. Para demostrar la dependencia en que la orden quedaba con respecto a la Corona, los reyes dieron el pendón al nuevo maestre de su propia mano en una solemne ceremonia en la catedral de Toledo, durante la cual, como en acto de desagravio, maestre y caballeros fueron procesionalmente a visitar la tumba de don Álvaro de Luna. Poco tiempo después, el papa Inocencio III concedió al rey la administración de los maestrazgos a medida que fuesen vacando.

La incorporación de los maestrazgos a la Corona, completada más tarde con la de las órdenes unidas de Montesa y de San Jorge de Alfama, privativas de la Corona de Aragón, no aumentó las posibilidades militares de los reyes, pero sí su potencia política. Desaparecía del juego político de Castilla un elemento aún más fuerte y perturbador que las grandes casas señoriales. Por otra parte, los reyes adquirían la facultad de premiar espléndidamente los servicios militares o de otro género sin crear, como sus antepasados, dinastías de posesores que pudiesen contrapesar el poder de la monarquía. La orden de Santiago disponía de 83 encomiendas –esto es, grandes posesiones, administrada cada una de ellas por un comendador que cobraba sus rentas–, en las cuales estaban comprendidas dos ciudades, 178 villas y 200 parroquias; Calatrava era dueña de 56 encomiendas y 16 prioratos; Alcántara disponía de 36 encomiendas en las cuales estaban incluidas numerosas villas y castillos. La concesión de una de estas encomiendas, que hacía de su poseedor un rico y poderoso personaje, era la merced más codiciada y los reyes la utilizaban para asegurar o premiar grandes servicios; su carácter vitalicio evitaba todo riesgo. Aun los simples hábitos, sin renta alguna, era un honor afanosamente solicitado. Esta fue la exclusiva función de las órdenes militares cuando la constitución del nuevo estado permitió una política de amplias miras imperiales.

Precisamente, y por la fuerza misma de las cosas, este aumento de las facultades del monarca, que coincide con la extensión enorme de su campo de acción cuando se van acumulando a la monarquía diversos países, exigía nuevos organismos de gobierno. En los años que van de 1474 a 1516 se verificó en España el cambio más trascendental que había experimentado desde los comienzos de la Alta Edad Media, con el derrumbamiento del califato. España apenas era otra cosa, antes del advenimiento de Fernando e Isabel, que un concepto geográfico que imponía una vaga unidad esencial latente bajo la diversidad política. Esta unidad prevalece ahora, aun cuando formalmente la diversidad política continúe, y en la mente de los peninsulares, y más aún de los extranjeros, el concepto de España –el conjunto de países peninsulares sometidos al gobierno del rey de España– adquiere un contenido firme y preciso. No se habla ya en Europa de los embajadores, de los ejércitos o de las galeras de Castilla o de Aragón, sino que estas entidades se refieren siempre a España. Y, sin embargo, la transformación se hizo tan suavemente, que apenas pudieron darse cuenta de ella los españoles contemporáneos. No se hizo por la fuerza de las armas y ninguna ley intentó este resultado. Todo fue consecuencia del enorme prestigio que adquiere la monarquía, cuya eficacia se hace sentir hasta en las comarcas más apartadas. Continúan casi intactas las autonomías de los distintos reinos, pero en todas influye por igual el factor poderoso de una sola voluntad.

En 1479, a la muerte de Juan II, Aragón y Castilla tienen un mismo rey, pero ni una sola de las instituciones privativas de cada uno de los reinos que formaban la Corona aragonesa desaparece, y en realidad cada uno de ellos sigue siendo, con respecto a Castilla, un país extranjero. Nadie podría saber aún si la unión, puramente personal, había de ser una simple interinidad, como lo había sido bajo el signo navarro en tiempos de Sancho el Mayor, o bajo el signo de Aragón en tiempo de Alfonso I. De hecho, la unión personal se rompe con la muerte de la reina Isabel y más con el segundo matrimonio del rey con Germana de Foix, pero la esterilidad de estas tardías nupcias dejó un solo heredero en ambas monarquías. Más adelante hemos de referir cómo fue conquistado el reino musulmán de Granada y cómo se anexionó el de Navarra, conservando ésta integra su constitución política. Permanecen, con sus cuatro brazos, las Cortes de Aragón, que se convocan siete veces en el reinado de Fernando, y continúan en pleno ejercicio las jurisdicciones de Justicia, del Maestre Racional, de los bailes y de los demás funcionarios reales. Hasta seis veces se reúnen, con sus tres estamentos, las Cortes catalanas en este período y continúan en pleno ejercicio tanto la Generalidad de Cataluña como todas las instituciones del Principado. Se congregan también las Cortes de Valencia, y hasta tres veces las generales de todos los estados de la Corona de Aragón. Después de la anexión de Navarra, continúan las Cortes con su delegación político-económica en la Diputación General del Reino y siguen en sus funciones normales las merindades. Aragón, Navarra, Cataluña, Valencia y Baleares continúan acuñando moneda según sus tipos tradicionales. Aparentemente no hay otro síntoma de unión que la abolición de las aduanas. Pero en un momento de exaltación monárquica, los vasallos del mismo rey, que han de acudir a la misma corte, se sienten cada vez más vinculados por comunes intereses y no pueden ser extraños los unos de los otros. A esto contribuye la política de los reyes, que buscan en sus diversos reinos los hombres que necesitan. Aun antes de 1479, un gran señor aragonés, el duque de Villahermosa, manda en la guerra con Portugal las tropas de Castilla y preside la Santa Hermandad. Luego un castellano, Gonzalo de Córdoba, es el realizador en Italia de la vieja política de Cataluña. En general, desde 1479 aragoneses y catalanes, valencianos y mallorquines eran gobernados desde Castilla y es en la corte castellana donde se van forjando los organismos centrales. El hecho de la acumulación del poder en la persona de los monarcas requiere el que estos organismos se refuercen, pues la limitación humana hace que los reyes no puedan atender personalmente, aún dedicados totalmente a la obra de gobierno, las cuestiones, cada vez más complicadas, que antes se resolvían en las diferentes jurisdicciones autónomas, pero que ahora van acudiendo a la corte, donde reside el poder central. Para suplir la limitación de la persona del rey, se le prolonga legalmente en una serie de organismos especializados que estudian y resuelven los diferentes asuntos por delegación regia. Esta ficción legal es tan perfecta, que el que se dirige a una de estas entidades −consejos−, lo hace con el tratamiento debido a la misma soberanía. Los consejos laboran en torno al príncipe, que es quien, en último término, ha de resolver. Este es el régimen de consejos que había de ser característico del Imperio español hasta el advenimiento de los Borbones, que, dando al absolutismo una nueva forma inspirada en el sistema francés, le sustituyen por el de secretarios.

No hemos de hacer aquí la historia del Consejo Real, que se remonta a los albores de la monarquía, en el cual los reyes aparecen asistidos por una curia de señores y de prelados. Este organismo puramente consultivo va regularizando su actuación en la época de los Trastámaras, en la cual pierde su carácter cortesano y aristocrático y adquiere una intervención más eficaz en los asuntos del Estado. En las sucesivas reformas, se tiende a aumentar en el Consejo el número de letrados. La abundancia de peticiones de las Cortes y de resoluciones regias sobre este asunto revela la importancia que se le concedía. Esta aspiración a que el Consejo sea un organismo eficaz en la gobernación del Estado se revela en la nueva petición de reforma que presentan los procuradores en las Cortes de Madrigal (1476). Todavía en 1477, poco después de la victoria de Toro, vemos funcionando el Consejo a la manera medieval, con carácter consultivo. Fue, precisamente, en las «Cortes Constitucionales» de Toledo de 1480 cuando los reyes establecieron el nuevo régimen de consejos que vienen a convertirse en institución fundamental de la monarquía. Era al principio, según el Ordenamiento del Consejo Real redactado en las Cortes, un organismo único, compuesto por un prelado, tres caballeros y hasta ocho o nueve letrados. Los grandes señores conservaban el título de consejeros y la facultad de asistir con voz, pero sin voto. El ordenamiento regulaba el funcionamiento del Consejo de manera que se despachasen los asuntos con rapidez y eficacia. Seguía siempre a los reyes y se aposentaba en el mismo palacio o en alguna casa muy cercana. Sus deliberaciones comenzaban a las seis de la mañana en verano y a las nueve en invierno y bastaba con que asistiese un pequeño número de consejeros siempre que los letrados estuviesen en mayoría. Para cada asunto se nombraba un ponente y sólo estaba permitido tomar la palabra para oponerse a la ponencia. En caso de discusión, se votaba, y si había empate lo resolvía el rey, que se reservaba la última instancia, pero la resolución radical consiste en que el Consejo no es ya un organismo consultivo, sino que tiene facultades resolutivas, como prolongación legal de la persona del rey.

De los cronistas se desprende que los reyes fueron poco a poco dejando al Consejo la solución de los negocios y esta confianza se basaba, sin duda, en la alta calidad de los consejeros, elegidos con aquel acierto que fue la base de los triunfos del gran reinado. Las facultades resultaban, en sus comienzos, un poco vagas. En principio les competían todos los asuntos de gobierno y de justicia y, en general, todos aquellos que los reyes juzgasen oportuno someter a su deliberación. Su gestión fue haciéndose –con el tiempo– más precisa cuando, en virtud de la conveniencia de la división y la especialización en el trabajo, se fueron creando salas o cámaras encargadas de asuntos determinados, que bien pronto fueron nuevos Consejos, germen de los que habían de ser la clave del sistema político del Imperio.

Por tanto, en las mismas Cortes de Toledo estaba ya establecido el sistema de Consejos en sus líneas generales. Se dibuja ya el Consejo de Estado, que entendía en asuntos de política internacional; la Cámara de Castilla, que venía a ser como un Tribunal Supremo para apelación de los asuntos judiciales; el Consejo de Aragón, el de la Santa Hermandad y el de Hacienda. A estos Consejos se van sumando en el mismo reinado otros que surgen en virtud de las necesidades que crea la nueva política. En 11 de febrero de 1482, en virtud de una bula de Sixto IV, se crea el Consejo Supremo de la Inquisición; la incorporación de los maestrazgos de las tres órdenes militares que ponía bajo la administración real inmensos territorios y obligaba a la Corona a intervenir en infinidad de asuntos, como concesión de hábitos, pruebas de nobleza, penas impuestas a los caballeros, provisión de encomiendas, etc., hizo necesaria la creación (no sabemos la fecha exacta) del Consejo de las órdenes.

Aun cuando los reyes habían conseguido restaurar la eficacia del poder real, de manera que fiscalizase y moderase la actuación de todos los organismos estatales y locales, nada más opuesto que su gobierno al concepto de dictadura, en el sentido de prescindir de alguno de los elementos tradicionales de la constitución castellana o de anular su influencia. Los Trastámara, que necesitaban refrendar su poder, de tan dudosa legitimidad, con el apoyo del pueblo, acudieron a las Cortes con frecuencia, especialmente Enrique II, Juan I y Enrique III. No era posible, con la multiplicidad de asuntos importantes que requerían soluciones de urgencia del reinado de Fernando y de Isabel, que los reyes gobernasen en colaboración constante con las Cortes. Sin embargo, convocaron dos reuniones de suma importancia: la de Madrigal de 1476, en la cual se crea la Santa Hermandad, y la de Toledo en 1480, de las cuales puede decirse que Castilla salió transformada de un Estado medieval en un Estado moderno. Aparte de estas asambleas trascendentes, no hubo mudanza importante en la gobernación del Estado en que no se contase con las Cortes y a ellas se acude para pedir subsidios para las grandes empresas que se inician en este tiempo. Se convocan Cortes en Toledo en 1498; en Ocaña, en 1499; en Sevilla, en 1501, entre otras. En general, las circunstancias hicieron necesario el que los reyes gobernasen por medio de pragmáticas y ordenanzas reales en las cuales se utilizaba la fórmula de que fuesen obedecidas y cumplidas como si estuviesen aprobadas en Cortes, pero tuvieron un exquisito cuidado de no prescindir de este contacto con los elementos más vitales de las ciudades que tenían derecho a enviar procuradores.

En cuanto a la administración local, los reyes siguieron el mismo sistema. No innovaron esencialmente nada o muy poco y dejaron que continuasen su vida las instituciones medievales infundiendo en ellas nueva actividad y sujetándolas al sistema unitario que imprimía en ellas la actuación del poder real. Para intervenir en la política municipal se valen de una institución antigua: la de los corregidores o jueces reales.

En sus estados patrimoniales, Aragón, Cataluña, Valencia y Mallorca, Fernando hubo de observar una política más cauta hacia las instituciones, de fuerte arraigo popular, y acostumbrados desde antaño a una libertad que no estaba de acuerdo con las corrientes que el espíritu de los tiempos traía a toda Europa. No se trataba en estos países de organismos que compartían el triunfo optimismo de la corte, adictos a la política de los reyes, conforme con sus más íntimas aspiraciones y que creían ver sujeta para ellos la rueda de la fortuna, sino de instituciones de un país y de una dinastía que aún eran, para muchos, extranjeros; era preciso proceder con el tacto más exquisito sobre todo en Cataluña, que se había mantenido respecto a Juan II en tenaz posición de rebeldía y que había proscrito al mismo Fernando cuando era infante heredero. El historiador Vicens Vives demostró la atención y el tacto con que Fernando trató a Cataluña, la fidelidad con que siguió sus orientaciones tradicionales y la energía con que defendió sus intereses. Celebró Cortes diversas veces en los distintos estados de la Corona de Aragón. Famosas fueron las de Barcelona de 1480, que se prolongaron mucho tiempo. A ellas fue presentada la reina Isabel y fue jurado el príncipe don Juan. Respecto a los organismos municipales, éstos conservaron su orgullosa autonomía y en ellos se dejó sentir menos que en los de Castilla el peso de la intromisión real. Con la derrota del conde de Pallars, testarudo paladín de la vencida rebeldía de la Generalidad del principado, se extinguió en Cataluña el último foco de resistencia señorial.

Tanto en Castilla como en los demás estados, unidos ahora bajo una misma corona, las viejas magistraturas conservan su tradicional prestigio, pero su influencia en la gestión de los negocios es cada vez más escasa y vienen a quedar convertidas en dignidades hereditarias o vinculadas, como sucede con la Cancillería Mayor en los arzobispados de Toledo, con la dignidad de condestable en la casa de Velasco o la de almirante en la de Enríquez. En cambio, adquieren extraordinaria eficacia otros funcionarios de condición social mucho más modesta, pero cuya participación directa en el despacho, al lado de los reyes, es decisiva. Estos son los secretarios, entre la pequeña nobleza local o la gente de letras y algunos de los cuales eran tenidos por cristianos nuevos. Había oficialmente dos, uno para Castilla y otro para Aragón, pero en realidad su número fue variando según la profusión y complejidad de los negocios lo requerían. Precisamente en este «régimen de secretarios», mejor que en el sistema de Consejos, se puede atisbar la organización de los modernos estados. La máquina antigua seguía, en apariencia, intacta, pero dentro de ella una organización viva y eficaz, una burocracia integrada por los reyes y por sus amigos, iba guiando las cosas según una idea preconcebida de unidad y de Imperio. A este grupo directivo hay que atribuir, sobre todo, las gloriosas empresas del gran reinado.

La expansión de los reinos hispánicos

La época de los Reyes Católicos conoció un espectacular despliegue de los reinos hispánicos. Los dos acontecimientos fundamentales de esa expansión fueron la conquista del reino de Granada y el descubrimiento del Nuevo Mundo. Pero no hay que olvidar ni la proyección africana ni la política europea.

El reino nazarí de Granada atravesaba desde hacía tiempo una profunda crisis interna. El sultán Abul Hasán (1464-1485) pudo dar impresión de fortaleza en los primeros años de su gobierno. Pero esa sensación obedecía a la falta de presión exterior sobre Granada, debido a la crisis interna del reino de Castilla en los últimos años de Enrique IV y los primeros de los Reyes Católicos. Ahora bien, cuando a partir de 1480, una vez liquidada la guerra sucesoria en Castilla, se reanudaron los combates fronterizos, el reino nazarí volvió a ser el hervidero de discordias: enfrentamientos entre clanes nobiliarios rivales, disputas dinásticas entre el propio sultán, su hermano el Zagal y su hijo Boabdil. Esta descomposición interna del reino nazarí facilitó en gran medida la acción de los cristianos.

Las hostilidades se iniciaron a raíz de la ocupación de Zahara por los granadinos (1481). La inmediata réplica castellana dio por resultado la toma de Alhama (1482). Se abrió así un período de combates típicos de frontera, de caracteres similares a los de las últimas épocas. La contienda no se resolvía a favor de ninguno de los dos bandos. Es más, los castellanos tuvieron en esos años (1482-1483) algunos fracasos espectaculares, concretamente en Loja y Málaga.

Los Reyes Católicos decidieron imprimir un nuevo rumbo a la guerra contra los musulmanes de Granada. Lo primero fue poner en marcha una amplia movilización de recursos humanos, económicos y militares. Todos contribuyeron al esfuerzo, la nobleza, las ciudades, incluso gentes de otros reinos. Mas no cabe duda de que el peso principal recayó sobre las tierras meridionales, especialmente los grandes concejos de Andalucía Bética. Llegaron a reunirse contingentes militares en proporciones nunca vistas: 10.000 caballos y 50.000 infantes. Con esas bases, los castellanos se lanzaron a la guerra final contra el reino nazarí, aprovechando al mismo tiempo con suma habilidad las disensiones de los granadinos.

Se combatió con extraordinaria dureza, destacando los asedios sobre las ciudades. El conflicto se fue inclinando claramente a favor de los castellanos. El primer paso adelante lo constituyó la conquista de Ronda (1485), después de un prolongado sitio. En 1487, no sin antes vencer numerosas dificultades, se produjo la ocupación de Málaga, lo que supuso la incorporación a Castilla de toda la zona occidental del reino nazarí. En 1489 cayó Baza, después de un durísimo asedio, lo que determinó la entrega por parte del Zagal de Almería y Guadix a los castellanos. Sólo quedaba en poder musulmán Granada y su zona de influencia. Para forzarla a la rendición, los castellanos se instalaron en sus proximidades, en Santa Fe. Por fin, el 2 de enero de 1492, los Reyes Católicos entraron en la capital del reino, después de que les abriera las puertas Boabdil (1486-1492), el último emir de los nazaritas.

El trato dado a los vencidos, muy desigual, dependió de las condiciones de la rendición. En Málaga, por ejemplo, la población musulmana (calculada entre 10.000 y 15.000 personas) quedó reducida a la esclavitud. Algunos se utilizaron para el trueque con cautivos cristianos, otros pudieron pagar un rescate para recuperar su libertad, pero la mayoría fueron vendidos. En Granada, por el contrario, las condiciones de la capitulación resultaron muy generosas. Los musulmanes podían permanecer en sus tierras, respetándoseles su religión y sus leyes. Sin embargo, muchos granadinos emigraron, particularmente hacia el norte de África.

La incorporación del reino de Granada a la Corona de Castilla abrió paso a la repoblación del territorio. Estudios recientes (sobre Málaga y su tierra, la serranía de Ronda, el concejo de Loja, etc.) permiten conocer con mayor detalle las directrices generales de este proceso. La preocupación esencial de los monarcas castellanos era establecer en el reino de Granada pobladores que asegurasen la defensa del territorio. A los que acudían al antiguo reino nazarí se les daban casa y tierras, efectuándose los repartimientos de acuerdo con la condición social del poblador. Para consolidar el dominio del territorio fue nombrado capitán general del reino el conde de Tendilla, perteneciente al linaje de los Mendoza, el cual rigió el reino musulmán con equidad y tacto, ayudado por el primer obispo de Granada, el fraile jerónimo fray Hernando de Talavera, que aprendió el árabe y logró con su caridad inmenso prestigio entre los musulmanes. Sin embargo, prevaleció en la corte el criterio rigorista de otro santo fraile, aunque con muy diverso estilo de santidad, el franciscano fray Francisco Jiménez de Cisneros, confesor de la reina, que no podía tolerar este estado de cosas y que hizo quemar públicamente libros del Corán. Esta política motivó un alzamiento en el Albaicín que puso en peligro la vida de Cisneros. La revuelta justificó el incumplimiento de las capitulaciones. Los moriscos del Albaicín se vieron obligados a emigrar o a aceptar el cristianismo.

Aún en 1500 estalló una rebelión en la Alpujarra que hizo necesaria la presencia de los mejores capitanes así como la del mismo rey. Sin embargo, fue más peligroso el alzamiento de 1501 en la sierra de Filabres, que se corrió a la de Ronda y a Sierra Bermeja. La lucha fue muy dura. Una vez más el rey hubo de tomar las armas y acudir personalmente. Venció y fue benigno en el triunfo, pero, desligado ya de todo compromiso, impuso a los vencidos la expatriación o la conversión. Muchos dejaron España, en la cual aquel año se establece oficialmente la unida religiosa, pero muy pocos también se convirtieron de corazón. Así quedó constituida esa clase social de los moriscos, muy densa en Andalucía, en Murcia, Valencia, Aragón y muy diseminada en la región central, cristiana de nombre, musulmana en el alma y en el sistema de vida, que constituye el gran problema interno de la España del siglo XVI.

La familia real. Isabel y Fernando con sus hijos en oración. Anónimo.
La Virgen de los Reyes Católicos. Museo del Prado, Madrid.

Una vez ocupada Granada, el norte de África ofrecía a los Reyes Católicos interesantes atractivos. Desde el punto de vista político, los monarcas hispanos podían colaborar a la contención del avance turco, que se mostraba amenazador en el Mediterráneo. Pero también ofrecía el Magreb, especialmente en su zona occidental, interesantes estímulos económicos. Allí podían encontrarse oro y esclavos. La exploración por la costa atlántica africana desembocó precisamente en la fundación de Santa Cruz de Mar Pequeña, en el territorio luego llamado Ifni. Un hito importante en la política norteafricana de los Reyes Católicos fue la conquista de Melilla (1497). En relación con esta orientación africana hay que considerar la política de los monarcas hispanos en la costa atlántica de Andalucía, la fundación de Puerto Real (1483) y la potenciación del papel de Cádiz que, según el pensamiento de los reyes, debería ser el centro del comercio con Berbería.

Por lo que respecta a la política europea, prevaleció la orientación aragonesa. Solamente la corona de Aragón mantiene una política consistente en el establecimiento de bases militares en el Mediterráneo que sirvan de apoyo a una amplia expansión comercial. En Castilla se advierte, a partir del siglo XIII, una tendencia a unir su fortuna a la de Francia.

Cuando, a la muerte de Juan II de Aragón, esta corona se une a la de Castilla en la persona del mismo rey, cada uno de los dos grupos de estados mantenía, en cuanto a su política exterior, tendencias diferentes. La oposición a Francia, su rival en ambiciones mediterráneas, era constante en la monarquía aragonesa a partir del siglo XIII, en que, a consecuencia del problema de Sicilia, se ocasiona en Cataluña la invasión francesa. Una dinastía del país galo, la de los Anjou, pretende suplantar al viejo rey Juan II y, cuando éste muere, el rey de

Francia detenta los condados catalanes del Rosellón y de la Cerdaña. En Castilla, hasta 1474 había perseverado la tradicional amistad francesa. Enrique IV había renovado la vieja alianza e intentó casar a la princesa Juana con un príncipe francés.

Cuando adviene la unión personal de las dos grandes monarquías peninsulares, la política exterior de ambas era contrapuesta y podía dudarse cuál prevalecería. Al final, triunfó la de Aragón, que vino a ser la que la nueva España había de mantener por espacio de más de dos siglos como constante de su actividad internacional. Esto se debe a que Fernando, secundado por un pequeño grupo de teólogos, de juristas y de caballeros perfectamente escogido, fue el creador de la escuela diplomática española que, apoyada en un ejército invencible, fue el instrumento que organizó la supremacía en Europa que había de prevalecer hasta el año 1640.

Los primeros objetivos de esta admirable diplomacia fueron peninsulares. Fernando e Isabel, señores, después de la conquista de Granada, de casi toda la península, deseaban que en su dinastía se estableciese el dominio de toda ella, siguiendo la corriente renacentista, propicia a la formación de los estados poderosos. Esta política se confunde con la gran política europea que se ha de iniciar más tarde. Aparte de Granada, a cuya incorporación tendía el gran esfuerzo militar de los reyes de Castilla, permanecían Portugal y Navarra fuera del ámbito de su dominio, pero la situación de ambos países era bastante diferente. El intento de Fernando e Isabel de unificar en su descendencia toda la península no parecía difícil en Navarra, que había sido gobernada por espacio de medio siglo por el infante castellano y rey de Aragón, y en donde Castilla tenía muchos partidarios entre el pueblo y la nobleza, pero se presentaba como imposible en Portugal, anticastellano y unido entrañablemente a una dinastía nacional.

Al servicio de sus planes, tanto en la política peninsular como en la exterior, los reyes recurrieron a las alianzas matrimoniales, sirviendo en esto a un sistema que tendería, mediante la constitución de una gran familia que tuviese en sus manos los destinos de toda Europa, a hacer más fáciles las relaciones internacionales y menos escarpadas las fronteras. Contaban, para servir a esta política, con una nidada de infantes, nacidos de su matrimonio, todos ellos bien dotados de cualidades naturales, perfeccionados por los altos ejemplos, por el ambiente de un hogar admirable y por una educación inteligente y austera: Doña Isabel, la primogénita; don Juan, el príncipe de Asturias; doña Juana; doña María y doña Catalina, destinados a ceñir corona real en diversos países y con varia fortuna. Parecía fácil conseguir por medio de enlaces matrimoniales la anexión de Navarra, en los últimos años tan vinculada a la política peninsular. En 1476, antes de la muerte de Juan II, el rey Fernando se ve obligado a intervenir en los asuntos de Navarra y se firma, el 4 de octubre de aquel año, el tratado de Tudela, por el cual se constituye sobre el reino de Navarra un verdadero protectorado castellano. Las tropas castellanas ocupan algunas plazas, entre ellas Pamplona, y el rey de Castilla se constituye en defensor de su sobrino-nieto Francisco Febo, heredero de la corona por la muerte del príncipe Gastón de Viana, su padre.

En Portugal, fracasada la unión a través de «la Beltraneja», los reyes de la casa de Avís son los primeros interesados en provocar los enlaces de sus hijos con las infantas castellanas, a las cuales separaba únicamente del trono la presencia de un niño, el príncipe don Juan, no muy robusto. Ya en el tratado llamado de las Terçarias de Moura se pactaba el matrimonio del infante don Alfonso, hijo del «Príncipe Perfecto» y heredero de Portugal, con la infanta doña

Isabel, primogénita de los reyes de Castilla. La política interior del reino portugués estuvo a punto de deshacer estos tratos. El rey de Portugal, para liberar a su hijo de la tutela de la infanta, rompe el tratado de las Terçarias y, como contrapartida de la política de Fernando, quebranta la clausura de Juana la Beltraneja, la lleva al palacio de Lisboa e inicia con Magdalena de Francia, regente de Navarra, tratos para casarla con el rey niño Francisco Febo. Sin embargo, al cumplir su primogénito don Alfonso la edad de catorce años (1488), el astuto rey portugués sintió resurgir sus viejas ambiciones y solicitó el cumplimiento de los pactos matrimoniales. Fernando, hábil diplomático, inventó dilaciones fingiendo tratos con Nápoles y con Francia, pero al cabo convino en lo que ambas cortes deseaban. Las bodas se celebraron en Estremoz, el 24 de noviembre de 1490.

Será ya en 1497, en que se celebran los casamientos de la infanta Isabel (que enviudó muy pronto de su primer esposo) con el nuevo rey de Portugal, don Manuel, y las del príncipe don Juan y la infanta doña Juana con los hijos del emperador de Alemania (Felipe y Margarita), cuando la política externa de los Reyes Católicos venga a aumentar los éxitos obtenidos en la gobernación de España.

Con alianzas diplomáticas fundamentadas –como acabamos de ver–, en conciertos matrimoniales, unido al predominio militar que se apoyaba en un pequeño ejército penetrado del optimismo de continuas victorias y al cual un estratega general dotó de decisiva eficacia, el rey Fernando hizo triunfar su política europea, que consistió en el aislamiento de Francia, rival de Aragón en el Mediterráneo y en el Pirineo. Es cierto que la política de Castilla se había basado en una constante, y no siempre bien correspondida, lealtad hacia Francia en los momentos más difíciles de este reino, pero aún como rey de Castilla Fernando tenía motivos de queja contra los príncipes franceses. Precisamente con su actuación militar tan fecunda en sucesos favorables, el rey de Castilla y de Aragón, el más hábil de los diplomáticos de su tiempo y sin duda el mejor servido, realizaba un sistema de total aislamiento con Francia, su principal enemigo, y a la vez un acercamiento a Inglaterra.

Ballesteros ha sabido poner en su punto el mérito singular del Rey Católico, creador de una escuela de diplomacia que aseguró, juntamente con la pericia de los capitanes y el valor de los soldados, la supremacía de España por espacio de siglo y medio. En la misma guerra de Granada, el éxito se debió en gran parte a hábiles negociadores como Hernando de Zafra y Gonzalo de Córdoba. Con su acierto en la selección de colaboradores, Fernando escogió a muchos de sus emisarios entre los súbditos de la corona de Aragón, donde la experiencia de negocios internacionales era más larga, como don Juan Moles Margarit, obispo de Gerona, Juan Coma, Juan Gralla, entre otros muchos. Los vasallos de Isabel, más recluidos hasta entonces en el territorio peninsular, adquirieron pronto gran pericia en la complicada política exterior. Pocos reyes han dispuesto de negociadores tan inteligentes como Garcilaso de la Vega, don Alonso de Silva, don Francisco de Rojas, y sobre todo, Gutierre Gómez de Fuensalida, que mereció incluso los difíciles elogios del rey.

El aspecto más llamativo de la expansión de los reinos hispánicos en tiempos de los Reyes Católicos fue el descubrimiento de América. Este acontecimiento, protagonizado por el marino genovés Cristóbal Colón, y desarrollado bajo la tutela de los monarcas hispanos, tenía sus precedentes en toda la actividad marinera de la costa suroccidental de la Península Ibérica, desde Lisboa hasta Cádiz. Este territorio, desde fines del siglo XIV, conoció una infatigable actividad, sin duda, ligada a su propia posición geográfica y a la posibilidad de que las navegaciones que de ella partieran encontraran el soplo favorable de los vientos alisios. Hitos de esa expansión marítima, en la que Portugal desempeñó un papel rector (Enrique el Navegante y la escuela de Sagres), fueron el descubrimiento de las islas atlánticas (Canarias, Madera, Azores) y los progresos por la costa occidental de África. El tratado de Alcaçoba de 1479 vino a sancionar la supremacía de Portugal, reservándole prácticamente África, si bien se reconocía a Castilla el dominio de las Canarias y una puerta en el litoral sahariano, entre el sur del reino de Fez y el cabo Bojador.

La propuesta hecha por Colón a los Reyes Católicos (afirmaba que navegando por el Oeste se podía hallar un camino más corto para llegar a las tierras de las especias) logró finalmente una acogida favorable. Las Capitulaciones de Santa Fe, firmadas en abril de 1492, estipulaban las condiciones en que iba a basarse el marino genovés para realizar la empresa de las Indias. El 3 de agosto del mismo año partían del puerto de Palos tres pequeños navíos con un grupo de intrépidos marinos, en su mayoría andaluces. El 12 de octubre, después de un viaje muy rápido, debido a la utilización de los vientos favorables, la expedición tocó tierra. Claro que en lugar de llegar a las Indias, como esperaba Colón, se había puesto pie en un nuevo mundo. Las siguientes expediciones colombinas y los denominados «viajes menores» (de Ojeda, Juan de la Cosa, etc.), que proliferaron en los últimos años del siglo XV e iniciales del XVI, sirvieron para confirmar que se había efectuado un descubrimiento geográfico sensacional.

Las grandes expectativas económicas, abiertas con motivo de la empresa colombina, quedaron defraudadas de momento, pues no se encontró el oro ni las otras riquezas que se suponía había en Indias. De todas formas, la gesta colombina tuvo consecuencias trascendentales para el futuro. De manera inmediata repercutió en la firma, en junio de 1494, del tratado de Tordesillas, suscrito por Castilla y Portugal. En él se decidió la partición del océano entre lusitanos y castellanos por una línea situada en el meridiano que se hallaba 370 leguas al oeste de las islas de Cabo Verde. El espacio al oeste de dicha línea se reservaba para Castilla, la cual consiguió de ese modo títulos que legitimaran su dominio sobre las tierras recién descubiertas. Asimismo, en 1503 se creó la Casa de Contratación, con sede en Sevilla, y cuya finalidad era centralizar todo el comercio que se realizase con el Nuevo Mundo.

Un avance en la unidad peninsular: la política religiosa

La política religiosa de los Reyes Católicos, que podemos sintetizar en la creación del tribunal de la Santa Inquisición para perseguir a los falsos conversos y la expulsión de los judíos y mudéjares o moriscos, ha sido objeto de las más vivas polémicas. Al identificar la comunidad política con un determinado credo religioso, en este caso el cristianismo, liquidaron la tradicional tolerancia practicada en los reinos hispánicos en los siglos anteriores. Al mismo tiempo, su celo en conservar la pureza de la fe motivó la puesta en marcha de una maquinaria represiva, la Inquisición. En apariencia se había producido un giro radical con relación a la situación existente, en orden religioso, en los tiempos medievales. Ahora bien, hay que tener en cuenta las importantísimas transformaciones que se habían producido en dicho terreno en los siglos XIV y XV. La convivencia entre las distintas comunidades religiosas, particularmente entre cristianos y judíos, se encontraba gravemente deteriorada desde mediados del siglo XIV. Asimismo, la hostilidad de los cristianos viejos contra los conversos había derivado en persecuciones violentas, algunas precisamente en vísperas del acceso de Isabel al trono castellano. De ahí que las medidas tomadas por los Reyes Católicos, independientemente del juicio que merezcan, cobren su sentido a la luz del panorama que ofrecía el reino castellano-leonés en el siglo XV.

El problema converso presentaba una doble faceta, social y religiosa. La posibilidad que tenían los cristianos nuevos de acceder a los puestos de mando en las oligarquías urbanas suscitó el recelo de las masas populares de las ciudades. Así el tradicional conflicto entre el común y el patriciado urbano se revestía de un ropaje nuevo. Simultáneamente se extendía la idea de que los conversos seguían en buena medida fieles a la tradición judaica. Las acciones más repulsivas (incluidos asesinatos rituales) eran achacadas, en la mentalidad popular, a los judaizantes. En este contexto, los Reyes Católicos pensaron en la posibilidad de arbitrar un procedimiento para perseguir a los falsos conversos. Ese instrumento no fue otro que la Inquisición, tribunal que ya había existido en Europa en la Edad Media. Quizá intervinieron en la toma de esta decisión algunos conversos, rabiosamente hostiles a sus antiguos correligionarios.

Pero en la mente de los monarcas, el tribunal, aunque aprobado por Roma, debería de estar a sus órdenes. La Inquisición también sería, por tanto, un instrumento político. El pontífice Sixto IV autorizó a los Reyes Católicos en 1478 a nombrar inquisidores para actuar en Sevilla. Designados en 1480 los primeros inquisidores (fray Miguel de Morillo y fray Juan de San Martín) con la finalidad de depurar Sevilla, rápidamente se difundió la noticia del excesivo rigor de sus actuaciones. En realidad, los procedimientos utilizados por aquellos inquisidores acompañaron a la institución a lo largo de toda su historia: admisión de denuncias anónimas, lo que daba pie a las arbitrariedades, empleo de la tortura como medio para arrancar confesiones, etc. Las desgracias que se abatían sobre los condenados eran enormes, pues a la confiscación de sus bienes se añadía la transmisión de la infamia a los herederos.

El tribunal podía imponer penas diversas (cárcel, multas,...), pero si un reo era castigado con la pena capital se le entregaba a la justicia secular, que se encargaba de ejecutar la sentencia.

Desde Sevilla, la Inquisición se extendió a otras ciudades castellanas e incluso, por decisión regia, a la Corona de Aragón, medida que causó graves alteraciones en aquel territorio. El tribunal logró un notable desarrollo cuando fue nombrado en 1484 inquisidor general, con atribuciones sobre los reinos de Castilla y de Aragón, el dominico fray Tomás de Torquemada. Pero este personaje se ha convertido igualmente en un símbolo de la dureza del tribunal. Es cierto que con frecuencia se ha exagerado al hablar del número de víctimas de la Inquisición, mas no puede negarse que actuó con sumo rigor. Sólo en los tres primeros años de su funcionamiento en Sevilla perecieron en la hoguera más de 500 personas.

La otra medida capital tomada por los Reyes Católicos en el campo religioso fue la expulsión de los judíos. Un decreto de marzo de 1492 ordenaba la salida de los hebreos de sus reinos. Se les concedía un plazo de cuatro meses para hacer efectiva la orden y se les permitía llevarse sus bienes, aunque no en forma de metales preciosos. ¿Cómo se llegó a esta medida? Ciertamente la comunidad judía, después de los *pogroms* de 1391 y de las conversiones masivas que les siguieron, estaba muy debilitada. Los Reyes Católicos practicaron inicialmente una política de protección a los hebreos, al igual que habían hecho sus antecesores. Abrahan Seneor, figura destacada en la maquinaria de la hacienda regia, era un judío. Tampoco fue despreciable la contribución económica de las juderías a la guerra de Granada. Pero en verdad el clima se había deteriorado mucho, por lo que no era impensable que se adoptara una medida como la de expulsión, por más que fuera una auténtica solución final. Es probable, como opinan algunos historiadores, que los propios conversos tuvieran una participación muy destacada en la expulsión de los judíos, pues querían establecer una clara barrera de separación entre ambos. Los hebreos que salieron de los reinos hispánicos tomaron diversas rutas, dirigiéndose unos a Portugal, otros al norte de África y otros, en fin, al Mediterráneo oriental, donde constituyeron la comunidad sefardita.

Aparte de la pérdida demográfica que la salida de los hebreos representó, ¿es posible hacer una estimación de las consecuencias de la expulsión en un terreno cualitativo? En diversas ocasiones se ha insinuado que el decreto de marzo de 1492, así como en general la actuación de la Inquisición, fue claramente negativa para los reinos hispánicos, pues afectó esencialmente a gentes que desempeñaban actividades destacadas en la vida mercantil y financiera.

Aún quedaban en los reinos hispánicos gentes que, legalmente, practicaban una religión no cristiana: los mudéjares. Pero al cabo de unos años el panorama cambió profundamente. Después de la actuación pacífica de fray Hernando de Talavera, primer arzobispo granadino, Cisneros, que le sucedió en aquella sede, optó —como ya indicamos en su momento— por emplear métodos contundentes con objeto de lograr la cristianización de los musulmanes, lo que constituía una clara violación de las capitulaciones. Este clima provocó la sublevación de los mudéjares granadinos a principios del siglo XVI. Su consecuencia fue el decreto real de 1501 por el que los mudéjares tenían que decidir entre el bautismo o la expulsión. La mayoría aceptó el bautismo, aunque sin ninguna convicción. Al año siguiente se tomó una medida de iguales características para los mudéjares del conjunto del reino de Castilla. Sólo quedaron exentos de este trato, de momento, los mudéjares de la Corona de Aragón.

En otro orden de cosas, pero dentro del ámbito religioso, hay que reseñar los éxitos conseguidos en la reforma del clero. El artífice de esta obra fue el cardenal Cisneros. Los franciscanos, orden a la que pertenecía el prelado reformador, se vieron obligados a guardar estrictamente la observancia de la regla. A los benedictinos de Castilla se les puso bajo el amparo del monasterio de San Benito de Valladolid, dando así nacimiento a la denominada Congregación de Valladolid. Igualmente los Reyes Católicos impulsaron la reforma del clero secular, tanto en lo relativo a su formación intelectual como a su nivel moral.

La muerte de la reina Isabel y su legado a la historia de España

En tanto que las armas españolas agregaban a la corona de España un gran reino y afirmaban la supremacía en Europa, la reina Isabel, que había llevado la monarquía de los abismos a las cumbres de la gloria con una tarea, compartida por su marido, de treinta años de lucha sin descanso, veía decaer sus fuerzas y aproximarse la muerte. La providencia había exigido para tanta fortuna y tanta gloria un amargo rescate en aquello que podía dolerle más.

Isabel amaba de manera apasionada a sus hijos y a su marido, y en ellos fue malaventurada. Fernando, el gran político de España, era egoísta e ingrato y entregado a fáciles amores que serían una tortura para la reina, con cuyos celos disculparía los suyos su hija doña Juana. Andrés Bernáldez atribuye el decaimiento de la reina a «los cuchillos de dolor de las muertes de sus hijos, que traspasaron su ánimo y su corazón».

El príncipe don Juan, el único varón, esperanza de tantos reinos, muere el 4 de octubre de 1497, recién casado con la archiduquesa Margarita de Austria, y poco después se malogra el fruto de la esperada sucesión. Por un momento se podría creer compensada esta pérdida con el nacimiento del infante don Miguel, hijo de la infanta primogénita Isabel y del rey de Portugal (23 de agosto de 1498), pero este suceso cuesta la vida a la infanta, y don Miguel, ya jurado heredero en Castilla, Aragón y Portugal, muere el 20 de julio de 1500. La reina quedaba sola, pues las hijas supervivientes, doña Juana, doña María y doña Catalina, vivían en los Países Bajos, en Portugal y en Inglaterra. Aún alcanzó a conocer las primeras desventuras de la que había de ser reina mártir de Inglaterra. El día 2 de abril de 1502 sobreviene la muerte del príncipe de Gales, Arturo, y la princesa viuda Catalina quedaba, a los dieciocho años, en difícil situación en la corte de su suegro, el avaro rey Enrique VII.

Pero quizás entre todas sus penas familiares fue, si no la más honda, la más amarga, el desvarío de doña Juana, heredera en virtud de tanta desgracia. Sin duda la infanta, inteligente y culta, había recibido en herencia las taras mentales de su abuela, Isabel de Portugal. Es posible que los desarreglos femeniles diesen en sus comienzos a esta anormalidad el carácter de amor obsesivo hacia su esposo y produjesen una reacción contra el hogar paterno, que había de ser, para Isabel, tan dolorosa.

El archiduque Felipe era dado a amoríos que exacerbaban la pasión de doña Juana. Acaso de haber vivido más tiempo hubiese sido un gran rey, como su hijo Carlos V, que, de haber muerto en plena juventud, no hubiera dejado mejor renombre. Por de pronto, ni pudo comprender a sus suegros, ni a España, ni pudo ser comprendido por ellos. Era partidario de Francia cuando el signo antifrancés prevalecía en Castilla y en Aragón y, acostumbrado al lujo y a la vida fácil de Flandes, se sentía incómodo en la austera España. Retrasó cuanto pudo su viaje a la península, políticamente tan necesario, y que la reina Isabel tanto deseaba. Por fin, los archiduques pasaron la frontera del Bidasoa el 3 de enero de 1502 y a poco se reunieron en Toledo con la reina.

A los pocos meses, el archiduque, cansado de España y agobiado por los celos de su mujer, anunció su propósito de retornar a los Países Bajos, contra todas las conveniencias políticas, que exigían su presencia entre sus futuros súbditos, a los que desconocía y de los que era desconocido, y contra sus deberes hacia su esposa, que por su avanzado embarazo no podía acompañarle. El 14 de diciembre de 1502 partió el archiduque y el 10 de marzo de 1503 nació en Alcalá de Henares el infante don Fernando, que había de ser emperador de Alemania. Gravísimos sinsabores ocasionó a la reina el afán de su hija de reunirse a toda costa con su marido. La reina enferma, que tuvo que trasladarse de Segovia hasta Medina del Campo, fue recibida con destempladas palabras por la princesa, y lo mismo don Fernando, que llegó a los pocos días. En la primavera de 1504, doña Juana embarcó en Laredo para reunirse con el archiduque.

Estas tribulaciones y gravísimas inquietudes minaron la fatigada resistencia de la reina, no anciana (53 años), pero que desde la infancia no se había dado un punto de reposo.

Sepulcro de los Reyes Católicos. Domenico Fancelli.
Capilla Real, Catedral de Granada.

Todo contribuirá a entristecer los pocos meses que le quedaban de vida. Por otra parte, los informes del embajador Gutierre Gómez de Fuensalida, desde Flandes, describían los avances de la dolencia mental de doña Juana y el desvío y la dureza con que la trababa su marido, que quería reducir por la violencia los desvaríos de la enferma. Todo esto puso, al final del verano de 1504, a la reina Isabel en trance de muerte. Decidió refugiarse en el palacio que tenía en Medina del Campo, en el corazón de sus reinos. Acuciada por su agudísima conciencia, sigue despachando desde el lecho los asuntos de Estado. Se ocupa también de redactar su testamento, que dicta el 12 de octubre, y su codicilo, que firma el 19 de noviembre.

Es seguro que la reina hubiera preferido que le sucediese en sus reinos su nieto don Fernando, pero prefirió atenerse estrictamente a la ley sucesoria, que entregaba el reino a doña Juana, loca, y a su marido, de quien no había recogido sino ingratitudes y desabrimientos. Felipe y Juana debían tomar, desde el día siguiente al fallecimiento de la reina Isabel, el título de reyes de Castilla. Ponía la reina exquisito cuidado en recomendarles la sujeción a los fueros, leyes y costumbres de sus reinos y el que cuidasen de no entregar a extranjeros oficios ni dignidades civiles ni eclesiásticas. Temiendo, sabidas las preferencias del archiduque por sus estados patrimoniales y la imposibilidad de separar a doña Juana de su marido, que residiesen largo tiempo fuera de España, designó al rey don Fernando para que en este caso asumiera la regencia hasta que Carlos, primogénito de los príncipes-archiduques, cumpliese los veinte años, si quisiese entonces residir en Castilla. Si Carlos moría, sus derechos pasarían a sus hermanos Fernando, Leonor e Isabel o, en su defecto, a las líneas de doña María, reina de Portugal, o de doña Catalina, princesa de Gales.

La reina moribunda encomienda a sus sucesores la continuación de su obra: la conservación de la fe católica y la exaltación de la Iglesia así como adentrarse y avanzar en la empresa misional de la Reconquista en territorio africano, antemural avanzado de las Españas. En las cláusulas en que se refiere al Nuevo Mundo y a la posterior protección de los indígenas, de cuyos derechos se hace valedera, está el germen de la generosa política española en Indias. Su afán por la justicia le llevó, en el codicilo del 23 de noviembre, ya en el umbral de la muerte, a ordenar la codificación de las leyes.

Murió la reina el 26 de noviembre de 1504. Pocas figuras consigna la Historia de tan excelsa grandeza y pocas han recibido tan universal y unánime acatamiento. En los capítulos que anteceden resalta su concepto del poder real, que le hizo fundar un nuevo Estado; la tenacidad de su espíritu misional, estímulo para la empresa difícil que fue la consumación de la Reconquista.

Nos queda tan sólo por hacer mención, para comprender mejor la profunda transformación de España, que fue obra suya, el intento de elevar el nivel cultural de sus reinos. Respecto a este punto, hubo un afán —no sólo de ella sino también de su esposo— de mejorar a España en todos sus aspectos. Ambos supieron ver con singular acierto la necesidad de crear, para la conservación del complejo imperio, una minoría cultivada en la cual se pudiesen escoger los rectores de las diversas comarcas, los prelados y los magistrados así como los encargados de misiones diplomáticas. Como para estos cargos era preciso contar con la alta nobleza, procuraron elevar el nivel cultural de los caballeros en academias cortesanas. Los hijos de los hidalgos pobres y los procedentes de clases sociales menos encumbradas acudían a la Universidad de Salamanca, que gozó de una protección especial. Es admirable el esfuerzo de los reyes por la penetración en España de las grandes corrientes del Renacimiento. Parece que Isabel llegó a sentir por los estudios un vivo y personal interés.

Como todos los grandes reyes, Fernando e Isabel se dieron cuenta de que era preciso prescindir de estrechos nacionalismos y abrir España a las corrientes culturales ultramontanas. Ya en edad madura, la reina, distraída por tantos cuidados, se entregó al estudio del latín con Beatriz Galindo la Latina. El príncipe don Juan recibió una educación humanística y Juan de la Encina le dedica sus traducciones de Virgilio. Erasmo y Juan Luis Vives ponderan la cultura de las que habían de ser reinas sin ventura de España y de Inglaterra, doña Juana y doña Catalina.

El premio de esta política de tan inteligente amplitud fue el robustecimiento y la perfección de la lengua castellana, que adquiere entonces la dignidad que corresponde a una lengua imperial. El artífice de esta gran obra y uno de los más grandes colaboradores de los Reyes Católicos fue Antonio de Lebrija, que se había formado en las aulas de Italia. Fue una de las mayores glorias del reinado el hecho de que en él se escribiese la primera gramática de la lengua castellana (1493). De la conciencia de su misión histórica es testimonio su concepto de que la lengua seguía al Imperio.

Los Reyes Católicos con su hija Juana la Loca. *Devocionario de Juana la Loca*, Museo Condé, Chantilly. Miniatura de una página del *Misal de los Reyes Católicos*. Catedral de Granada.

De igual forma, el optimismo triunfal del ambiente fue propicio a magníficas construcciones. Se construyó mucho en las ciudades castellanas de 1474 a 1504, lo que resulta lógico si tenemos en cuenta la supremacía económica y política de dicho reino en aquella época. Como sucede en las letras, el número de artífices extranjeros atraídos por la magnificencia de los reyes y de los grandes señores es enorme. Citaremos solamente las dinastías de los Guas, los Egas, los Colonia y los Siloé. El poderoso ambiente castellano se apodera de estos extranjeros que de tal manera se «españolizan» que crean uno de los periodos más característicos de la arquitectura española, con obras tan singulares como San Juan de los Reyes de Toledo o San Gregorio en Valladolid. Se trata de monumentos cuya austeridad y cuyo sentido clásico armonizan perfectamente con la política dinámica y eficaz de los Reyes Católicos.

De extranjeros, sobre todo alemanes, neerlandeses y borgoñones, son las esculturas de los suntuosos retablos, de los sepulcros y de las sillerías de coro, pero estos hombres del norte, al pretender satisfacer el afán de magnificencia de magnates y de eclesiásticos y de hacerlo compatible con la pobreza hispánica, asentaron los fundamentos de la gran escultura española en madera policromada. La reina era una apasionada de la pintura flamenca y los vestigios de su colección forman pequeños y maravillosos museos en el Palacio Real de Madrid y en la Capilla Real de Granada. Entre sus pintores de cámara figuraban el neerlandés Juan de Flandes. Fuera de la Corte, en los pintores de retablos persiste la influencia flamenca, sobre todo en el oficio, pero alterada ya por la irresistible corriente italiana. Pedro Berruguete es el pintor representativo del gran reinado. Sus figuras cetrinas y apasionadas sobre fondo de oro nos han dejado la imagen más sugestiva de la generación que realizó la conquista de Granada y el establecimiento del predominio español en Europa y en la revelación de gran número de rutas oceánicas. Las artes industriales: la forja, la orfebrería, la cerámica, el bordado, recogiendo la tradición de los procedimientos orientales y la perfección en los oficios que era consecuencia de la sabiduría acumulada en los gremios, alcanzaron este tiempo insuperable perfección.

La regencia de Castilla

El breve reinado de Juana I la Loca y Felipe I el Hermoso

La muerte de la reina Isabel dejaba planteado un conflicto que amenazaba interrumpir el proceso de integración de España. Después de treinta años de abrumadora tarea, Fernando e Isabel podían creer en el triunfo de la idea de unidad en Castilla, adherida a un sistema que le había acarreado tanta gloria. Pero el germen de la dispersión, tan vivaz en el alma hispá-

Retrato de Juana la Loca. Juan de Flandes. 1497.
Kunsthistorisches Museum, Viena.

nica, permanecía latente y amenazaba con romper la obra tan laboriosamente lograda de los reyes y de sus colaboradores. Los despechados, los grandes señores que añoraban el siglo de Juan II y de Enrique IV, en que nadie ponía coto al afán desmesurado de poder y de riqueza, tenían ahora la ocasión propicia agrupándose en torno del nuevo rey, mozo y ávido de placeres, enfrentado en la política internacional con su suegro y que parecía no tener otro afán que deshacer su obra. La muerte cortó demasiado pronto la carrera del nuevo rey de Castilla para que podamos dictar sobre él un juicio definitivo. Había nacido en 1478 del matrimonio del Rey de Romanos, Maximiliano de Austria, con María de Borgoña, duquesa titular de este estado, que detentaban los reyes de Francia, y señora de los Países Bajos, en aquel momento eje económico de Europa y centro de la más refinada cultura, de un «renacimiento diverso en sus características del de Italia, pero no menos brillante».

Experimentaba el nieto de Carlos el Temerario, hombre de exacerbada sensualidad y amigo de la vida fácil, fuerte atracción por la corte de Luis XII de Francia, en oposición al sistema político de su suegro, el rey de Aragón, que había conseguido con tal hábil esfuerzo el aislamiento de Francia. El primer tratado de Blois (22 de septiembre de 1504) había situado frente a frente al futuro rey de Castilla y al que se llamaba todavía rey de Castilla y de Aragón. En su primer viaje a España, Felipe, acostumbrado a la exuberante vida económica de las ciudades neerlandesas, no supo comprender la austeridad ardiente y heroica de Castilla. Es posible que la compenetración entre rey y reino se hubiera realizado más tarde si la vida de Felipe de Austria se hubiese prolongado más tiempo, como había de suceder con su hijo, el emperador Carlos.

En este conflicto, el Rey Católico, llegado a una edad que en aquel siglo se consideraba como el inicio de la senectud, dio pruebas no sólo de sus excepcionales talentos políticos y diplomáticos, sino de una grandeza de ánimo, de una lealtad y de una comprensión de los destinos de España que hacen más grande su figura. En torno de Fernando se agrupan algunos de aquellos que habían colaborado en la carrera de gloria del gran reinado: el arzobispo de Toledo, Cisneros; el obispo de Palencia, don Juan Rodríguez de Fonseca; los diplomáticos Fuensalida y Figueroa. Los procuradores de las ciudades se mostraron propicios a continuar la política del reinado conjunto de Fernando e Isabel. El nuevo rey Felipe de Austria vio congregarse en torno a él a los grandes nombres de la nobleza castellana que creyeron en un retorno a la época de Enrique IV, como Medina Sidonia, Villena, Benavente, Nájera, entre otros. El que dirigía, en realidad, el partido de Felipe de Austria era don Juan Manuel, señor de Belmonte y embajador en Alemania, hombre astuto y ambicioso que aspiraba a ser a su lado lo que había sido para Enrique IV don Juan Pacheco, marqués de Villena.

En su testamento, la reina Isabel pedía a su marido «que rija, administre y gobierne los dichos mis reinos e señoríos e tenga la administración e gobernación dellos por la dicha princesa, según dicho es, fasta tanto que el infante don Carlos, mi nieto hijo primogénito heredero de los dichos Príncipe e Princesa sea de edad legítima, a lo menos de veinte años cumplidos». Don Fernando, a pesar de sus legítimos recelos sobre la capacidad de su hija y de su yerno, y lleno de explicables temores por el riesgo que en sus manos correría una obra tan trabajosamente consumada, obrando con exquisita lealtad hacia la esposa muerta y hacia sus hijos, renunció al título de rey de Castilla que había ostentado treinta años con tanta gloria e hizo alzar pendones en Medina del Campo, el mismo día que murió la reina, 26 de noviembre de 1504, por DON FELIPE y DOÑA JUANA.

Abrigaba la esperanza de que los nuevos reyes permaneciesen en los Países Bajos y de que enviasen a España a su hijo primogénito, Carlos, duque de Luxemburgo, a la sazón de poco más de cuatro años, para que se educase en España, entre sus futuros súbditos, bajo la dirección de político tan experto. Este plan concebido, según Zurita, «para ir confirmando la unión de estos reinos», hubiera sido aceptado con facilidad por el archiduque si no hubiera sido por la presión de los señores castellanos, que querían volver a los tiempos de Enrique IV. Don Juan Manuel se apresuró a acudir al lado de Felipe incitándole a que exigiera que su suegro se retirase a Aragón. Doña Juana, que, por ahora, perseveraba en el respeto hacia la memoria de su madre y hacia su padre, escribió, por medio de su secretario Lope de Conchillos, muy afecto a don Fernando, una carta al rey viudo rogándole que conservase la regencia. La carta fue descubierta por la torpeza o la traición del mensajero y ocasionó el que se diese tormento a Conchillos y se recluyese a doña Juana, cuya razón se alteraba más y más con estas desventuras.

La situación de Fernando no podía ser más difícil y nunca su genio político ni su grandeza de ánimo llegaron a tan alto extremo como en aquellas circunstancias en que todo le era adverso. Su política exterior, con la cual había logrado la anexión del reino de Nápoles, la recuperación de los condados ultrapirenaicos y el aislamiento de Francia, que dejaba libres los caminos para el predominio español, se derrumbaba ante la francofilia de Felipe, empeñado en entregarse a la causa de Luis XII, su señor feudal por los estados flamencos y borgoñones. El nuevo Estado, inspirado en la igualdad de todos ante la ley, amparada por la supremacía del poder real, se disgregaría entre la codicia de los señores. Pero había además un nuevo riesgo para Castilla, y era que los oficios de su gobierno se repartiesen entre extranjeros de la camarilla del nuevo rey. El embajador Fuensalida, en sus cartas a Fernando, le aseguraba que los cortesanos de Felipe en Bruselas se repartían ya los oficios de Castilla. En la lucha que se avecinaba, el viejo rey estaba solo. Los señores se agrupaban al lado de Felipe.

Por de pronto, Fernando realizó desesperados esfuerzos para llegar a una concordia con su yerno. El 12 de diciembre llega a Bruselas el obispo de Palencia, Rodríguez de Fonseca, para pactar con el nuevo rey. La posición jurídica de Fernando era muy firme. Si doña Juana estaba en su juicio, ambos esposos debían trasladarse a España para ser reconocidos, previo el juramento de no dar a extranjeros cargos en el reino. Pero si la reina estaba loca, como aseguraba su marido, y acaso en aquel tiempo era ya verdad, la gobernación, según el testamento de la reina Isabel, única norma legal en el momento, correspondería a Fernando hasta que don Carlos llegase a los veinte años de edad. Las Cortes de Castilla, reunidas en Toro el 11 de enero de 1505, después de la lectura de las cláusulas pertinentes del testamento de la reina, reconocieron la regencia de Fernando en nombre de doña Juana y don Felipe, ausentes. En otra sesión (23 de enero), ante las noticias de la incapacidad de la reina, los procuradores confirmaron en su padre la regencia.

Pero la actitud del joven rey, entregado ya a don Juan Manuel en cuerpo y alma, hacía imposible todo intento de concordia. Envió a Castilla varios embajadores como Filiberto de Veyre y a Claudio de Cilly. Estos hábiles emisarios, traían a Castilla una doble misión. Por una parte, habían de convencer al viejo rey de que doña Juana estaba en situación de gobernar y extender entre los señores, mediante generosas ofertas, el partido de Felipe. La situación del Rey Católico no podía ser más angustiosa. Toda la obra realizada

Juana la Loca.
Óleo del Jacob van Laethem.
Museo d'Art Ancien, Bruselas.

en treinta años por ambos esposos, dentro y fuera de España, amenazaba con derrumbarse. El emperador Maximiliano y su hijo, Felipe, concertaban en Hagenau, con el cardenal de Amboise, plenipotenciario de Luis XII, un tratado que significaba la ruptura del cerco elaborado por el Rey Católico en torno de Francia. El tratado de Hagenau significaba el apoyo del rey francés a Felipe en su posición contra su suegro en Castilla, y en una de sus cláusulas se establecía que si el Rey Católico no se adhería a lo pactado, el de Francia emprendería la conquista del reino de Nápoles.

Ante esta terrible afrenta, Fernando, siempre bien informado por sus emisarios, reaccionó mal, dejando exclusivamente obrar a su talento diplomático, pero olvidando el alto concepto que de su misión histórica había mantenido siempre y había de mantener en el futuro. Su embajador, fray Juan de Enguera, consiguió convencer a Luis XII de cuánto más le convenía la alianza con el Rey Católico que el fomentar el poderío de la casa de Austria, poseedora de los Países Bajos, y que reclamaba la sucesión de Borgoña. Les fue fácil a los embajadores, que acudieron a reforzar la gestión de Enguera, conseguir la firma del segundo tratado de Blois (12 de octubre de 1505), en el cual se pactaba la boda de Fernando con Germana de Foix, sobrina, por su madre, del rey de Francia, y sobrina-nieta del de Aragón por su padre, Juan de Foix. Como obra de una diplomacia sin escrúpulos, el tratado de Blois era un golpe que deshacía las maquinaciones de Maximiliano y de Felipe y que reforzaba extraordinariamente la posición de Fernando en Castilla; pero también resultaba un inmenso error. Al casarse el rey con una muchacha de dieciocho años, la sucesión era más que probable, y otros hubiesen sido los destinos de España. Después de las bodas con Germana, Fernando había dejado de ser regente de Castilla y era solamente rey de Aragón. Además, don Felipe hubo de avenirse a negociar con su suegro.

El resultado de estas negociaciones fue la concordia de Salamanca (24 de noviembre de 1505), por la cual se establecía el gobierno conjunto de doña Juana, don Felipe y don Fernando. En esta guerra entablada entre suegro y yerno que durará un año acompañada de una intensa actividad diplomática, ambos rivales olvidaron el camino que el testamento, tan reciente, de gran reina les señalaba.

Por lo pronto, el rey Felipe juzgó necesario sacar a doña Juana de la semirreclusión a que le habían reducido y presentarse con ella en Castilla. A su llegada, se avino a una entrevista con su suegro. La reunión se celebró en una ermita, cerca de Puebla de Sanabria (20 de junio de 1506). Don Fernando, ansioso ya de abandonar Castilla, delegó en el arzobispo de Toledo, Cisneros, la preparación de un convenio que se acordó en Benavente y don Fernando firmó en Villafáfila el 27 de junio. En este acuerdo se pactaba el que el rey de Aragón abandonase a sus hijos la plenitud del gobierno, reservándose tan sólo los maestrazgos de las órdenes militares. Poco después, el Rey Católico accedió a apoyar a Felipe para que reinase plenamente, en vista de la enfermedad de la reina.

El reinado de FELIPE I, que comienza realmente en el momento en que su suegro emprende el camino de Aragón, es un paréntesis de pocos meses en la gloria de estos años. El nuevo rey era inteligente e indeciso. Pero la condición que, de haberse continuado su reinado, hubiera hecho fracasar sus buenas cualidades, si las tenía, era su desenfrenada sensualidad, fácil camino por donde los ambiciosos obtenían de él lo que querían. Su único afán en el gobierno era el de desentenderse de la reina, a la cual debía todo, quizá para tener más libertad para entregarse a las favoritas, a las cuales admitía en su propio palacio, y librarse de sus celos inoportunos, pero encontró en su propósito la decidida oposición de los grandes y de las Cortes de Castilla, para los cuales en doña Juana se concentraba el recuerdo de la gran reina.

Felipe I el Hermoso.
Maestro de la abadía de Afflunghem.
Museo d'Art Ancien, Bruselas.

Sin embargo, después de intentar volver a recluir a su esposa y ante la negativa de los procuradores, el 12 de julio de 1506 doña Juana fue jurada por reina propietaria de Castilla y don Felipe como rey, conforme al testamento de Isabel. Sin embargo, Felipe gobernaría por sí solo, prescindiendo en absoluto de su esposa.

Otro afán del nuevo rey fue el dar a sus cortesanos borgoñones y neerlandeses, que con don Juan Manuel constituían su más íntima camarilla, cargos principales en el Estado, en contra del testamento de la reina Isabel. Las consecuencias más inmediatas de esta decisión política fue excitar el orgullo de los naturales y enfrentar, por primera vez, a castellanos y flamencos. Nada más opuesto que el carácter de ambas naciones, unidas ahora bajo un mismo príncipe y destinadas a convivir en la misma monarquía por espacio de dos siglos. En el pri-

Medallón en la plaza mayor de Salamanca,
con el busto de Felipe I el Hermoso
y el perfil del rostro de Juana la Loca.

mer tercio del siglo XVI, Castilla se opone a que intervengan neerlandeses en su gobierno, como en el último tercio éstos habían de oponerse a la dominación de los castellanos en los Países Bajos.

Utilizando las pasiones del rey, a quien manejaba, don Juan Manuel seguía en tanto su política personal, que pretendía volver a los tiempos de don Álvaro de Luna y de don Juan Pacheco. Los colaboradores de los Reyes Católicos que en la crisis habían permanecido fieles a Fernando fueron destituidos y en su lugar se situaron personajes castellanos o extranjeros adictos al valido. El descontento fue tal que, de haberse prolongado por más tiempo este estado de cosas, se hubiera anticipado el conflicto que debía estallar años más tarde.

A cortar las esperanzas de los unos y el despecho de los otros, a trastocar la Historia, vino la inesperada muerte del rey. La vida de Felipe había sido aquellos días agotadora en ejercicios violentos de juegos y cacerías, en banquetes y en amores. En tales circunstancias le asaltó, en Burgos, la pestilencia que asolaba a Castilla, y su naturaleza, ya gastada, no la pudo resistir.

Don Fernando, regente en Castilla. Inicios del conflicto entre la Casa de Austria y el sistema político de los Reyes Católicos

Si alguna lucidez quedaba todavía en la mente de doña Juana, se desvanecía ante la gran catástrofe de la muerte del rey, del cual durante su enfermedad no se había separado un solo momento. Lo hizo situar en la mejor sala de la Casa del Cordón, palacio de los condestables de Castilla que servía de Palacio Real.

Mientras tanto, los grandes, reunidos en Burgos, olvidaron por un momento sus ambiciones y sus querellas para buscar Castilla alguna fórmula de gobierno. La misma fuerza situaba en primer lugar la figura de fray Francisco Jiménez de Cisneros, arzobispo de Toledo. De la Junta de los señores salió un Consejo de Regencia compuesto por los duques de Nájera y del Infantado y presidido por el arzobispo. Prevaleció, sin embargo, la autoridad de Cisneros, que el mismo día del fallecimiento de Felipe escribió al rey de Aragón encareciéndole la premura de volver a Castilla.

Era preciso convocar Cortes para que ratificasen los poderes provisionales que se habían abrogado los regentes. Los señores que más se habían señalado contra el Rey Católico, temerosos de su venida, buscaban a quién entregar la regencia durante la minoría de Carlos, y unos pensaban en el Rey de Romanos y otros en el de Portugal e incluso en el de Navarra.

Lo habían puesto todo a una carta, que era el valimiento del joven rey, y esa carta les había fallado. Aún era mayor el desconcierto de los flamencos y de alemanes, que se venían en un país hostil, desbaratadas sus esperanzas, y pregonaban que el Rey de Romanos había de venir con un gran ejército a proclamar al nieto. El arzobispo y el Consejo de Regencia convocaron Cortes en Burgos y los procuradores se fueron congregando en la ciudad, pero unos discutían la legitimidad de una asamblea que no había sido convocada por la reina y otros se negaban a deliberar entre bandos y gente armada.

En estas circunstancias, el 19 de diciembre de 1506, la reina pareció recobrar un momento sus facultades y firmó una cédula en la cual revocaba las mercedes concedidas por su marido y reintegraba en el Consejo a las personas que lo componían a la muerte de doña Isabel. Fue éste el último acto consciente de su vida política.

Era urgente el regreso del Rey Católico, pero Fernando, ocupado de lleno en la política de sus reinos patrimoniales, parecía mirar con estudiada calma los asuntos de la ingrata Castilla. Será ya el 21 de agosto de 1507, cuando pasaba por Monteagudo y Almazán la frontera de Castilla. En la aldea de Tórtoles se encontró con la reina doña Juana, que, ante la alegría del encuentro, pareció hallar una tregua a su desvarío, y durante ella puso en mano de su padre la gobernación de Castilla. Don Fernando consiguió de doña Juana, después del largo peregrinar del féretro de su marido por las aldeas de Castilla, que se aviniese a recluirse en el palacio de Tordesillas, que parecía dispuesto para asilo de princesas desventuradas. El cadáver de Felipe quedó depositado en la iglesia de Santa Clara. Allí vivió todavía, por espacio de casi medio siglo, la reina propietaria de Castilla, en cuyo nombre se gobernaba una gran parte del mundo. Después de dos años en que su demencia se hizo más profunda, se olvidó de su obsesión por los restos mortales de su marido y, por fin, pudieron ser trasladados a la Capilla Real de Granada, en la cual, años después (1519), el arte de Bartolomé Ordóñez perpetuaría aquellos amores desventurados en uno de los más bellos sepulcros españoles.

Con la presencia de Fernando en Castilla, en plenitud de la soberanía, hay un retorno a la política que él y su esposa, Isabel, habían seguido conjuntamente por espacio de treinta años y que había estado temporalmente abandonada. Lo más urgente, como en 1474, era reducir a la obediencia a los grandes señores y pacificar las banderías de las ciudades.

En las Cortes que se reunieron en Madrid el 6 de octubre de 1510, el rey Fernando juró el cargo de gobernador, administrador y tutor de los reinos que pertenecían a su hija la reina doña Juana y, en su defecto, el primogénito de ésta, el príncipe Carlos. Un pequeño ejército permanente aseguró la eficacia de este poder, que fue en adelante absoluto.

Este retorno a la unificación de Castilla bajo el poder real permitió a Fernando entregarse a la diplomacia, hacia la cual sentía la pasión que sienten las personas que dominan una determinada actividad por el ejercicio de la misma. Esta actuación de Fernando en las cuestiones internacionales durante su segunda regencia produjo resultados trascendentales y quizás insospechados en la integración de España como entidad política. Por de pronto, la finalidad del rey parecía ser el reanudar la alianza con el Imperio, que la actuación de Felipe I había comprometido, en contra de Venecia, cuyo poderío excesivo la hacía peligrosa a sus vecinos. La política del Rey Católico coincidía ahora con la del papa Julio II, que deseaba recuperar alguna parte de los estados de la Iglesia ocupados por los venecianos. El 10 de diciembre de 1508, los representantes de Maximiliano, de Luis XII y de Fernando constituyen la Liga de Cambray, en virtud de la cual los contratantes se comprometían a atacar Venecia y no abandonar la lucha hasta que cada cual hubiese recuperado las plazas que la República les tenía usurpadas. Pronto conseguirían la victoria, pero la misma facilidad en obtenerla apresuró la desunión de los aliados, cada uno de los cuales tenía en Italia ambiciones contrapuestas a los planes de los otros. En este sentido, el Rey Católico buscaba el aislamiento de Francia para anular al único rival que pudiera oponerse al predominio español en Europa y para asegurar en la corona de Aragón el reino de Nápoles y los condados pirenaicos.

Al mismo tiempo, se advierte en estos años, demasiado breves, de su segunda regencia, un deseo angustioso de terminar lo que estaba aún inacabado en 1504. Después de la reconquista de Granada, Fernando e Isabel pensaban, sin duda, que la continuación de aquel esfuerzo heroico estaba en la conquista del norte de África, en que se consumase la empresa misional de Castilla contra el Islam. Era muy pronto aún para que se pudiese sospechar que la continuación del esfuerzo secular de la reconquista estaba, mejor que en África, en las tierras que prometía Cristóbal Colón. Además, una larga tradición vinculaba a la política hispánica el litoral norte africano, afín al gobierno de la península durante los últimos años del Imperio y durante la dominación de bizantinos, visigodos y musulmanes. La posesión de plazas fuertes allende el estrecho era necesaria para proteger el mismo litoral andaluz contra la piratería de los berberiscos y contra la obsesión expansiva de los imperios africanos. Esta política interesaba, igual que a Castilla, a Aragón, que siempre se había interesado por los asuntos africanos y para cuya expansión comercial era indispensable la seguridad de la navegación del Mediterráneo.

El principal obstáculo para esta expansión más allá del estrecho era el afán monopolizador de la conquista portuguesa. En el tratado de 1479, los reyes de Castilla habían reconocido las conquistas portuguesas de Marruecos y Guinea. En el de 1480, Fernando e Isabel renunciaban a cualquier intento contra el reino de Fez a cambio del reconocimiento por parte de Portugal del dominio castellano sobre las islas Canarias. A pesar de todo, después de la rendición del reino granadino, las expediciones, de carácter particular pero alentadas por los reyes, se hicieron más frecuentes.

Sin embargo, en los años que aún le quedaban de vida, Fernando, absorbido por la política italiana, no tuvo que vagar ni medios para ocuparse de la cuestión africana, cuya herencia había de recoger, con varia fortuna, su nieto Carlos y su biznieto Felipe. Parece que en sus últimos años la obsesión del viejo rey era tener consigo a su nieto Carlos para adiestrarle en el gobierno, de manera que pudiese continuar su obra gigantesca. Rendido a la inmensa fatiga de su vida, el Rey Católico, ya muy enfermo, aún se presentó ante las Cortes de Calatayud. Camino de Guadalupe, donde esperaba avistarse con su nieto el infante don Fernando, hubo de detenerse en una alquería cerca de Madrigalejo, y allí le sobrevino la muerte el 23 de enero de 1516. En su testamento, admirable como el de la reina Isabel, designa como heredera de la corona de Aragón a su hija la reina doña Juana y como gobernador general a su nieto el príncipe Carlos. En tanto Carlos venía a España, administraría los estados aragoneses don Alonso de Aragón, arzobispo de Zaragoza. En Castilla, hasta la llegada de Carlos, quedaría como gobernador el cardenal fray Francisco Jiménez de Cisneros, arzobispo de Toledo.

Si se ha dado a la reina Isabel el dictado de «Madre de América», podría atribuirse con justicia a Fernando el de «Padre de España», pues a su genio político y a su dedicación de toda la vida se debe el que la España constituida por los diversos estados medievales se integrase de manera tan sólida que los tremendos avatares de su trágica historia no han conseguido disgregarla.

Fernando, el Católico fue un gran rey y un gran gobernante en Castilla y, como ha demostrado Vicens Vives, un gran rey de Aragón, pero fue, ante todo, el primero y el más grande de los reyes de España. Fue, sin duda, el primero de los políticos y de los diplomáticos de su siglo, gran general y soldado aguerrido y valiente, pero fue, sobre todo, un maravilloso ejemplar humano, generoso en la victoria, digno y sufrido en la adversidad.

Los reyes de la Edad Moderna y Contemporánea

La Casa de los Austrias

Carlos I de España y V de Alemania

La regencia de Cisneros y el comienzo del reinado de Carlos I

Cuando el 23 de enero de 1516, Fernando el Católico, rey de Aragón y gobernador de Castilla, moría en una granja cercana a Madrigalejo, quedaron los diversos reinos de España, cuya agregación era todavía reciente, en situación harto difícil y confusa. La mayor prueba de la solidez y eficacia de la obra de los Reyes Católicos es el que pudiese superar este trance y no se derrumbase en aquellos años. Fernando e Isabel no se habían limitado a reforzar su poder personal, lo cual hubiese dado eficacia a su gobierno solamente por algunos años, sino que crearon instituciones sólidas, de profundo arraigo en el sentimiento nacional, y formaron una generación de políticos, de diplomáticos y de militares capaces de mantener su prestigio.

Fue uno de estos hombres hechura de los reyes, un fraile que Isabel había buscado en la soledad recóndita de un convento toledano quien, por el momento, salvó la situación. En su testamento, otorgado la víspera de su muerte, Fernando dejaba como heredera universal de los estados de la corona de Aragón a su hija Juana y, en su defecto, a sus descendientes. Por la falta de salud de la reina sería gobernador en su nombre el príncipe Carlos y, en tanto éste viniese a hacerse cargo del gobierno, este complejo conjunto de reinos y señoríos sería administrado por don Alonso de Aragón, arzobispo de Zaragoza, bastardo del rey. Delegaba también el monarca en Carlos la regencia de los reinos que integraban la monarquía castellano-leonesa, que descubridores y conquistadores ampliaban enormemente cada día, y en tanto permaneciese fuera de España, designaba como administrador y gobernador al cardenal arzobispo de Toledo don fray Francisco Jiménez de Cisneros. Es realmente dudoso que el rey Fernando, regente de Castilla, tuviese autoridad para hacer esta designación, por lo menos con el alcance que adquirió por la fuerza de las circunstancias; pero era tanta la majestad de quien la formulaba y tal el prestigio de la persona en cuyo favor

LOS AUSTRIAS EN ESPAÑA

María de Borgoña (m. 1482) — Maximiliano I *de Austria* (m. 1519), emperador de Alemania — Isabel I de Castilla (m. 1514)　　Fernando de Aragón (m. 1516)

Felipe I *el Hermoso* (m. 1506), duque de Brabante, conde de Flandes y de Borgoña, rey de Castilla ⚭ Juana I *la Loca* (m. 1555), reina de Castilla, Aragón, Nápoles y Sicilia

Leonor (m. 1558) ⚭ Isabel (m. 1526) ⚭ Carlos I (m. 1558), rey de Castilla, Aragón, Nápoles y Sicilia. Emperador romano-germánico (Carlos V), archiduque de Austria, duque de Brabante, conde Flandes y de Borgoña. ⚭ Isabel I de Portugal　María (m. 1558) ⚭ Catalina (m. 1578) ⚭　Fernando I (m. 1564), emperador romano-germánico, archiduque de Austria, rey de Hungría y de Bohemia. ⚭ Ana de Bohemia y Hungría

1. Manuel I rey de Portugal
2. Francisco I rey de Francia

Cristián II rey de Dinamarca, Suecia y Noruega

Luis II rey de Hungría y Bohemia　Juan II rey de Portugal

Los Austrias germánicos

María (m. 1603) ⚭ Maximiliano II emperador romano-germánico

Felipe II (m. 1598), rey de Castilla, Aragón, Nápoles y Sicilia y Portugal, duque de Milán, Brabante, conde de Flandes y Borgoña ⚭
1. María de Portugal
2. María Tudor, reina de Inglaterra
3. Isabel de Francia
4. Ana de Austria

Juana (m. 1573) ⚭ Juan de Portugal

3. Isabel Clara Eugenia (m. 1633), duquesa de Brabante y condesa de Flandes ⚭ Alberto *de Austria*

4. Felipe III (m. 1621), rey de Castilla, Aragón, Nápoles y Sicilia y Portugal, duque de Milán, Brabante, conde de Flandes y Borgoña ⚭ Margarita de Austria

3. Catalina Micaela (m. 1597) ⚭ Carlos Manuel I duque de Saboya

Ana (m. 1666) ⚭ Luis XIII rey de Francia

Felipe IV (m. 1665), rey de Castilla, Aragón, Nápoles y Sicilia y Portugal, duque de Milán, Brabante, conde de Flandes y Borgoña ⚭
1. Isabel de Francia
2. Mariana de Austria

María (m. 1646) ⚭ Fernando III emperador romano-germánico

Fernando (m. 1641), cardenal, arzobispo de Toledo

1. María Teresa (m. 1683) ⚭ Luis XIV rey de Francia

2. Carlos II (m. 1700), rey de Castilla, Aragón, Nápoles y Sicilia: duque de Milán, Brabante, conde de Flandes ⚭
1. María Luisa de Orleans
2. Mariana del Palatinado

2. Margarita (m. 1673) ⚭ Leopoldo I emperador romano-germánico

recaía, que fue aceptada no solamente por la nobleza y el pueblo de Castilla, sino por la ávida e inconsciente camarilla flamenca de Carlos.

Pocos gobernantes se han hecho cargo del poder en circunstancias tan difíciles; pocos, en la historia de España y aun en la historia universal, han demostrado en su ejercicio facultades tan excelsas. Cisneros reveló como gobernante cualidades de político, administrador, diplomático y capitán que difícilmente se encuentran reunidas en un solo sujeto. Decir de él que fue el digno continuador de los Reyes Católicos es su mejor elogio. Las dificultades emanaban, en primer lugar, de la corte del príncipe Carlos, joven de apenas dieciséis años, acostumbrado a la vida de las ciudades flamencas en una corte que era reflejo de la de Francia, ignorante en absoluto de la lengua y de las costumbres de Castilla y en el cual las geniales cualidades de inteligencia, de adaptación al medio y de conocimiento de los hombres no

El cardenal Cisneros. Sala capitular. Catedral de Toledo.

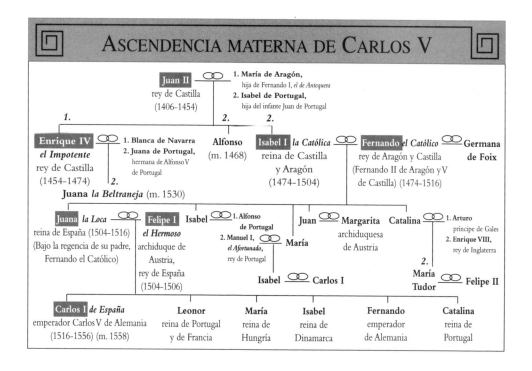

ASCENDENCIA MATERNA DE CARLOS V

Juan II
rey de Castilla
(1406-1454)

1. **María de Aragón,**
   hija de Fernando I, *el de Antequera*
2. **Isabel de Portugal,**
   hija del infante Juan de Portugal

1.

Enrique IV
el Impotente
rey de Castilla
(1454-1474)

1. **Blanca de Navarra**
2. **Juana de Portugal,**
   hermana de Alfonso V
   de Portugal

2.

Juana *la Beltraneja* (m. 1530)

2. **Alfonso** (m. 1468)

2. **Isabel I** *la Católica*
reina de Castilla
y Aragón
(1474-1504)

Fernando *el Católico*
rey de Aragón y Castilla
(Fernando II de Aragón y V
de Castilla) (1474-1516)

Germana
de Foix

Juana *la Loca*
reina de España (1504-1516)
(Bajo la regencia de su padre,
Fernando el Católico)

Felipe I
el Hermoso
archiduque de
Austria,
rey de España
(1504-1506)

Isabel
1. **Alfonso**
   de Portugal
2. **Manuel I,**
   el Afortunado,
   rey de Portugal

María

Juan **Margarita**
archiduquesa
de Austria

Catalina
1. **Arturo**
   príncipe de Gales
2. **Enrique VIII,**
   rey de Inglaterra

Isabel **Carlos I**

2.

María
Tudor **Felipe II**

Carlos I *de España*
emperador Carlos V de Alemania
(1516-1556) (m. 1558)

Leonor
reina de Portugal
y de Francia

María
reina de
Hungría

Isabel
reina de
Dinamarca

Fernando
emperador
de Alemania

Catalina
reina de
Portugal

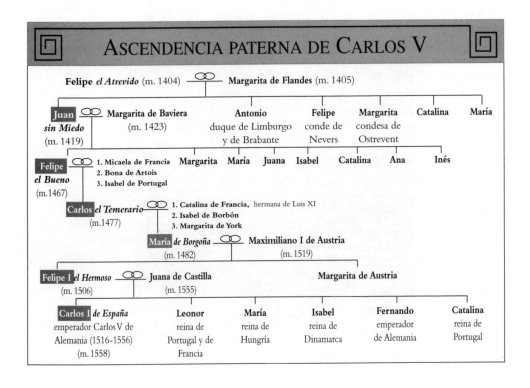

ASCENDENCIA PATERNA DE CARLOS V

Felipe *el Atrevido* (m. 1404) ⚭ Margarita de Flandes (m. 1405)

Juan *sin Miedo* (m. 1419) ⚭ Margarita de Baviera (m. 1423) — Antonio duque de Limburgo y de Brabante — Felipe conde de Nevers — Margarita condesa de Ostrevent — Catalina — María

Felipe *el Bueno* (m.1467) ⚭ 1. Micaela de Francia / 2. Bona de Artois / 3. Isabel de Portugal — Margarita — María — Juana — Isabel — Catalina — Ana — Inés

Carlos *el Temerario* (m.1477) ⚭ 1. Catalina de Francia, *hermana de Luis XI* / 2. Isabel de Borbón / 3. Margarita de York

María *de Borgoña* (m. 1482) ⚭ Maximiliano I de Austria (m. 1519)

Felipe I *el Hermoso* (m. 1506) ⚭ Juana de Castilla (m. 1555) — Margarita de Austria

Carlos I *de España* emperador Carlos V de Alemania (1516-1556) (m. 1558) — Leonor reina de Portugal y de Francia — María reina de Hungría — Isabel reina de Dinamarca — Fernando emperador de Alemania — Catalina reina de Portugal

se revelaron sino tardíamente. Carlos había heredado de su padre una corte de clérigos, de letrados y de caballeros neerlandeses para cuyo espíritu centroeuropeo España era un país semisalvaje. Los cortesanos creyeron en el retorno de los tiempos del rey Felipe y se aprestaron a la explotación de España, pero se encontraron con el espíritu nacional encarnado en una persona de la categoría excelsa de Cisneros, que con energía y tino admirables se constituyó en defensor del testamento de Isabel, que excluía a los extranjeros de la gobernación de sus reinos.

Carlos –o mejor dicho, los que gobernaban, en este momento, en su nombre– había enviado a la corte de Fernando el Católico, en calidad de embajador, a Adriano Florencio Boeyens, llamado por su patria Adriano de Utrecht, deán de Lovaina y preceptor que había sido del príncipe. Adriano traía poderes para hacerse cargo del gobierno inmediatamente después de la muerte del viejo rey, pero se encontró con la oposición de los grandes señores castellanos, que no podían tolerar el estar supeditados a un extranjero, y luego con la tenacidad inteligente de Cisneros. El cardenal, que no podía desacatar las órdenes de su príncipe, accedió a que Adriano firmase con él los despachos, pero el carácter de aquel erudito, desconocedor de Castilla y desconocido de los castellanos, hizo que su gestión, al lado de un hombre de larga experiencia de Cisneros, fuese del todo nula. Bastó, sin embargo, esta deferencia de Cisneros para que la corte de Flandes se diese por satisfecha y concediese (14 de febrero de 1516) plenos poderes al cardenal, que así quedaba como único regente de Castilla.

Luego, los consejeros de Carlos intentaron reforzar la gestión del deán de Lovaina, nombrado obispo de Tortosa, enviando como agregados a la embajada al señor de La Chaulx, que había estado en España durante el breve reinado de Felipe I, y al de Amerstoff, pero el enérgico cardenal supo tenerlos a raya, y en realidad gobernó con la plenitud de eficacia del mismo rey Fernando.

Acaso la razón de la insólita benevolencia de la corte de Flandes hacia el cardenal castellano haya de buscarse en el proyecto concebido por los que rodeaban a Carlos, a raíz de la muerte de su abuelo, de que el príncipe se proclamase rey de Castilla y de Aragón en vida de su madre, la reina Juana, propietaria de estos reinos. En realidad, Carlos se consideró –no sin razón– rey de España desde el fallecimiento del Rey Católico y consiguió que le diesen este título su abuelo el emperador Maximiliano y el papa León X. Pero faltaba la difícil aprobación de los recelosos españoles, y para lograrla eran imprescindibles la autoridad y el prestigio de Cisneros. Ni al regente ni al Consejo era grata la proposición del príncipe, pero Cisneros, ante una orden terminante del legítimo heredero de tantas coronas, se aprestó a obedecer y lealmente hizo suyo el negocio, en el cual actuó con su energía y su diligencia habituales. Reunió en Madrid a prelados y grandes señores y les comunicó su decisión de proclamar como rey de Castilla y de León al primogénito de la reina Juana. La propuesta fue recibida con hostilidad, pero Cisneros hizo saber a los reunidos que no les había congregado para consultarle, sino para poner en su conocimiento lo ya resuelto. CARLOS fue proclamado rey de Castilla en Madrid, el 30 de marzo de 1516, pero ya Toledo había alzado pendones en su nombre y pronto continuaron su ejemplo otras ciudades. Los aragoneses, siguiendo el precedente de sus antepasados medievales, no se avinieron a acatar a Carlos o sus consejeros y demostraron en este caso más sentido político que los prelados y caballeros de España. La vida de doña Juana, joven aún, podría prolongarse, como sucedió en efecto, muchos años y hubiera sido muy peligrosa una larga interinidad en la corona. La hábil fórmula adoptada por la cancillería fue encabezar los documentos a nombre de doña Juana y Carlos (cuando éste fue designado emperador de Alemania se hizo preceder el título imperial) y con ella se gobernó España por espacio de casi cuarenta años. Así, con tantos recelos y tan regateada conformidad comenzó uno de los reinados más gloriosos de la Historia.

En estas condiciones, manteniendo con prudencia y energía admirables su autoridad y la del Consejo, Cisneros gobernó España por casi dos años, siguiendo fielmente las directrices de la política de los Reyes Católicos. Para ello, se procuró una milicia que hiciese el poder público temible y respetado y que garantizase la eficacia de sus decisiones. Además, pudo establecer una justicia rápida y eficaz, conteniendo así las demasías de los grandes y de los caballeros de las ciudades que aspiraban a repartir España en un mosaico de señoríos y de repúblicas concejiles. La lucha fue constante y ocupó los dos años de la gloriosa regencia.

Esta firmeza en la política interior permitió al regente atender a los difíciles problemas que planteaba el mantenimiento de la reciente unificación de los diversos reinos de España.

Sin embargo, la grandeza de la obra de Cisneros estriba, aún más, en su inteligente esfuerzo para dotar de servidores inteligentes al nuevo Imperio que estaba forjando, y a la Iglesia española de grandes teólogos y de eruditos en las letras divinas y humanas que ayudasen a la gran obra de la reforma católica, de la cual Cisneros fue en toda Europa uno de los más insignes paladines. A este fin obedece la creación de la Universidad de Alcalá de Henares, autorizada por el papa Alejando VI en 1498 e inaugurada el 18 de octubre, diez años después. El plan del gran arzobispo de Toledo consistía en proporcionar a los alumnos una intensa preparación humanística y literaria que les habilitase para profundos estudios teológicos. A las enseñanzas se dio un carácter de eficacia y modernidad que contrasta con el tradicionalismo de la famosa escuela salmantina.

Por fin, Carlos I, remiso en conocer esta España a la cual había de amar tanto y que sería el corazón de su Imperio, se resolvió a viajar y desembarcó, rodeado de una corte flamenca, cerca de Villaviciosa de Asturias el 19 de septiembre de 1517. Le acompañaba su hermana la infanta doña Leonor y varios cargos como el mariscal de su corte, su canciller, y otros caballeros neerlandeses y borgoñones. Cisneros deseaba ardientemente este viaje que le descargaba de un peso gravísimo y le permitía consagrarse a su gran tarea: la reforma moral y cultural de la Iglesia española.

Cisneros salió al encuentro del rey llevando consigo al infante don Fernando, hermano de Carlos I. En Bodeguilla, en tierra de Segovia, lindera con la de Burgos, se sintió enfermo. Sostenido por su férrea voluntad, llegó al convento de la Aguilera, cerca de Aranda de Duero. Desde allí escribió una carta al rey en la cual le aconsejaba que enviase a la corte de su abuelo, el emperador Maximiliano, a don Fernando. Este consejo, que fue aceptado, preparó la brillante fortuna del infante y le libró de gravísimos peligros, pues, de haberse hallado en España en los sucesos que sobrevivieron, su situación habría sido muy difícil. Todavía el cardenal pudo llegar a Roa, camino de Valladolid, pero en esta villa le sorprendió la muerte el 8 de noviembre de 1517.

Seguramente en la corte neerlandesa del joven rey la noticia de la muerte del viejo fraile fue acogida como una buena nueva que ponía en manos de los extranjeros el botín codiciado.

Es posible que si la vida del cardenal, uno de los más perfectos gobernantes de cualquier país y de cualquier tiempo, se hubiese prolongado, Castilla hubiese podido evitar una de las más terribles crisis de su historia.

Esta crisis tenía, sin duda, causas más hondas, pero la circunstancia que la determinó fue la presencia en España de la corte neerlandesa de Carlos I y la entrega total del nuevo rey a sus cortesanos flamencos, holandeses o borgoñones, cuya visión política tanto difería de la de Castilla.

Probablemente a los ministros y a los palatinos de Borgoña y de los Países Bajos cegaba la esperanza de que su joven señor ciñese un día la corona imperial. Para ellos España era un país pobre y semisalvaje, poblado en gran parte de moros y de conversos, pero con ricas prebendas que ofrecían pingües beneficios y con posibilidades inmensas en las tierras que el valor de los españoles iba descubriendo cada día. En resumen, una colonia que podría ser gobernada desde Flandes, cuyos cargos podrían saciar la avidez de los señores neerlandeses y cuyos recursos serían muy útiles para sostener una política imperial de altos vuelos. Es un caso más del pavoroso desconocimiento de los políticos centroeuropeos del alma de España. En ese sentido, los neerlandeses no supieron darse cuenta de que, al calor de estos sucesos, un sentimiento nacional, latente en toda la Edad Media, había surgido con tal fuerza que se sobreponía al sentimiento de acatamiento a la voluntad del rey, que era el medio más eficaz de co-

El emperador Carlos V. Tiziano. 1532-1533.
Museo del Prado, Madrid.

hesión en los Estados medievales. Con estos antecedentes era fatal un choque violento entre la política de los que rodeaban al nuevo rey y los pueblos de España, de tan larga historia, que no se iban a resignar a la situación de colonias.

El primer choque entre las tendencias inconciliables del rey y de Castilla tendría lugar en Valladolid, el 18 de noviembre de 1517. Sin embargo, y a pesar de la total confusión y disgusto que causó en las Cortes convocadas allí entre los reunidos, se advirtió al rey que no sería jurado si no juraba él antes que no daría sino a castellanos los cargos de la monarquía. En sesión de 5 de febrero Carlos I juró guardar los fueros y libertades de Castilla, con lo cual el 7 de febrero era jurado como rey de Castilla y de León. Las peticiones de los procuradores revelan el deseo de que se continuase la obra de los Reyes Católicos y de Cisneros y tienden sobre todo a evitar la intromisión de flamencos en la corte y en el gobierno, a evitar que se sacasen metales preciosos ni caballos, que el rey hablase castellano y diese audiencia dos días a la semana, que la reina Juana fuese bien tratada y cumplidas las últimas voluntades de Cisneros.

Poco tiempo después, Carlos I iba a recibir una noticia totalmente inesperada, como era la muerte de su abuelo Maximiliano de Habsburgo, Rey de Romanos y emperador electo de Alemania, el 11 de enero de 1519. Este suceso abría a Carlos inmensas perspectivas por la extensión de sus estados, siendo el primero de Europa. Ante esta nueva situación, presentó su candidatura al Imperio intentando convencer a los electores de que ya era tiempo de demostrar que la dignidad imperial no era una herencia de los Habsburgo y apoyando su pretensión con los recursos de la rica Francia.

El 28 de junio de 1519, Carlos, rey de España, será promovido al trono imperial, pero por de pronto, la exaltación de su rey fue considerada en España como un desastre. El orgullo español no podía consentir que su soberano se ausentase, de manera que España fuese gobernada desde un país extranjero. El «provincianismo» cerrado de los españoles no les permitía aún comprender la grandeza de la política imperial en la cual España había de ser la pieza más importante. Esta política era cara y sus gastos habían de recaer sobre la nación española, viniendo a agravar este problema económico el fausto de la corte errante de Castilla.

Ningún drama tan intenso como la lucha entre el pueblo de Castilla, que no veía sino sus fueros vulnerados y su clamorosa razón desatendida, y el joven rey que, para servir a un ideal que ya sin duda comenzaba a tomar en su mente formas concretas, no deseaba sino obtener, brevemente y a toda costa, recursos para presentarse en Alemania, donde la constitución del Imperio requería su presencia. Todo cuanto quedaba vivo en Castilla, la pequeña nobleza concejil que gobernaba las ciudades y el pueblo de menestrales y de labradores, se iba concertando en una protesta viril y honrada contra la corte que, para desentenderse de ella, usaba de toda clase de subterfugios. La primera ciudad que concretaría el sentido de protesta y las aspiraciones nacionales sería Toledo, que el 7 de noviembre de 1519 dirigió una carta a las demás ciudades para que conjuntamente pidiesen que el rey no saliese del reino, que no se diesen oficios a extranjeros ni se sacase moneda. Pero el rey, con su séquito, decidía embarcarse el 20 de mayo de 1520 dejando, como dice el cronista e historiador Sandoval, «a la triste España cargada de duelos y desventuras».

El imperio ultramarino: un gran avance en la conquista del Nuevo Mundo

El período que va desde la muerte de Fernando el Católico, la regencia de Cisneros y el reinado de Carlos V debemos considerarlo como uno de los más significativos, pues en él tuvo efecto un importante cambio en la política descubridora que produjo la integración del Pacífico y, con ella, la conciencia de la continentalidad de América; simultáneamente, a partir de las primeras experiencias colonizadoras en las islas del Caribe, adquirió consistencia la titánica expansión continental con la fundación de los primeros núcleos urbanos y políticos; en superposición con estos dos importantes progresos, se asiste a la constitución de la nueva sociedad, de alta originalidad y extremada novedad, indicativa del genio creador español, foco de emergencia de una cultura de gran sentido innovador y de identificación hispanoamericana.

Algunos acontecimientos importantes otorgaron un nuevo objetivo a la empresa de los descubrimientos, como la realización del cuarto viaje de Cristóbal Colón. Éste configuró una nueva política descubridora que apunta al hallazgo del *paso* −para alcanzar el centro productor de las especias en el Maluco− en la ruta hacia Asia y los archipiélagos del Pací-

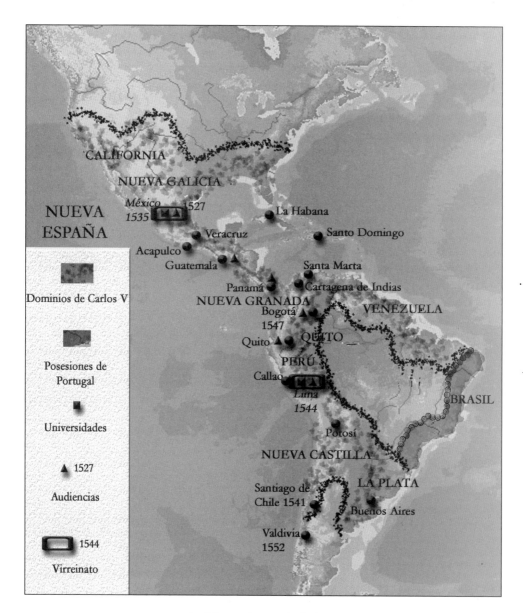

América en tiempos de Carlos V.

fico, todavía desconocido. En enero de 1520 fue minuciosamente reconocido el estuario del río de la Plata comprobando que no era el *paso*; continuando viaje hacia el sur se alcanzó el cabo de las Once Mil Vírgenes (21 de octubre de 1520), que resultó ser el inicio del buscado paso para el gran océano, al que el explorador y marino Vasco Núñez de Balboa había bautizado con el nombre de mar del Sur. El descubrimiento del Pacífico era un hecho y, con él, el de la continentalidad de América.

Simultáneo y paralelo con el proceso descubridor, discurre en América otro de índole fundacional, basado en la tradición reconquistadora de la repoblación peninsular. En él se advierten claramente dos etapas impuestas por el espacio: la insular, asentada en el Caribe, y la continental, rápidamente centrada en los más diversos focos de penetración y asentamiento, desde la costa hacia el interior y, nuevamente, búsqueda de costas. Desde el punto de vista humano, confluye en ambas etapas una doble y contradictoria corriente: la espiritualidad representada por un erasmismo moralizante que condujo a una profunda autocrítica, con un alto nivel ético centrado en la definición de una misión ecuménica religiosa y evangelizadora; por otra parte, como consecuencia de la situación social básica peninsular, un fuerte aluvión de hombres de empresa, artesanos, aventureros, gentes, en suma, en busca de promoción social y con una especial proclividad a los valores materiales.

Esta dicotomía interna caracteriza en profundidad las condiciones de la nueva frontera atlántica que, además, geográficamente, se encuentra bajo el signo de la extensión, la magnitud y el imperativo de una escasez permanente de mano de obra capaz de saturar las necesidades de una nueva economía. En efecto, la población indígena era insuficiente para la magnitud territorial. Y el contingente de inmigrantes mínimo por tres razones fundamentales: porque la corona limitó la emigración al reino de Castilla, porque el costo del viaje atlántico era muy elevado y porque la nobleza castellana obstaculizó cuanto pudo la emigración por temor a perder mano de obra para sus posesiones peninsulares. Ello quiere decir que la expansión y la inmediata fundación, siguiendo los modelos de la repoblación peninsular, fue efectuada por pequeños núcleos que debieron vencer inconvenientes de todo signo para lograr el asentamiento productivo en las nuevas tierras. Lo cual imprimió un sello de extraordinaria originalidad al sistema fundacional que, aun inspirado en la tradición castellana, hubo de adaptarse a los nuevos condicionamientos exigidos por la tierra y los hombres americanos.

Hasta 1519, año en que se iniciaron las grandes empresas de penetración y asentamiento continental, la presencia española en las Indias se redujo casi exclusivamente a las islas del área del Caribe. Algunos focos de asentamiento en la costa continental deben considerarse, debido a su escasa extensión interior y clara vinculación marítima, como islas. En ese amplio escenario se desenvolvió una típica sociedad que se caracteriza por sus fuertes vacilaciones, quizá como consecuencia de la falta de una nervadura política estable, lo que condujo a los diversos ensayos colonizadores que se llevaron a cabo en los veinticinco años aproximadamente que se prolongó la etapa insular.

Las Comunidades de Castilla. Las Germanías en Valencia y en Mallorca

Contra todo pronóstico, la compleja Edad Media española se resuelve en medio siglo de difícil transición que va desde el advenimiento de los Reyes Católicos, en 1474, hasta la derrota de los comuneros, en 1522. En este período se cierran todos los caminos de la historia medieval y se abren para España otros más amplios horizontes. El cambio de rutas ocasiona una violenta crisis que recuerda a veces la que precedió al reinado de Fernando e Isabel, pero que es, en realidad, una crisis de crecimiento. El movimiento no se circunscribe a Castilla, sino que coincide con otros que se desarrollan en diversas comarcas, pero es en Castilla donde se desenvuelve con características más precisas.

Para la historiografía de la época de los Austrias se trata de un alzamiento sedicioso de oposición a la política real. En contraposición con este criterio, fervorosamente monárquico, los historiadores liberales veían en las Comunidades la noble y viril protesta del pueblo castellano en defensa de sus libertades, holladas por el despotismo del rey. Para el romanticismo liberal, el levantamiento de los comuneros representaba la reconciliación del liberalismo con el pasado castellano, grato de evocar, y la consecuencia fue que se hiciese de Juan de Padilla, Juan Bravo y Francisco Maldonado los héroes nacionales por excelencia. En toda la historia de España, el liberalismo, que sentía la atracción romántica hacia el pasado, cifró sus únicas glorias en las Comunidades de Castilla y en las llamadas «libertades» de Aragón.

Sin embargo, la realidad histórica es muy distinta de esta versión romántica. En el movimiento de las Comunidades, vinieron a fundirse corrientes contradictorias, muy difíciles de discriminar, y que se fueron modificando con la evolución de los sucesos. Hay, en primer lugar, un sentimiento popular de protesta de los elementos más vitales de Castilla: el clero secular y regular casi en su totalidad, los caballeros que regían las ciudades, los pequeños hidalgos de las aldeas, menestrales y labradores, contra la política de los consejeros del nuevo Rey de Romanos. Hay, realmente, el choque de dos políticas contrapuestas. Por un lado, Castilla se creía con derechos a tomar parte, con su política privativa, en el concierto de las grandes naciones europeas, después de haber consumado la empresa nacional de la Reconquista unido al descubrimiento de nuevos mundos fuera de Europa. Por el otro, Carlos, el joven rey de Castilla, criado en Flandes, no veía en España sino una pieza más de sus vastísimos proyectos y, desconocedor de este país, intentó respecto a ella una política que debemos llamar «colonial», esto es, emplear sus inmensos recursos en mantener los planes imperiales. La conducta de los ministros del rey en España en la extracción del oro español, en las desatenciones con las Cortes, constituyó una serie de enormes desaciertos que culminarán con el nombramiento para regente de Adriano de Utrecht, el menos capacitado para dominar situación tan difícil.

De hecho, y al amparo de este espíritu general de protesta que disponía a todos los sacrificios por la causa de la Justicia, se ampararon movimientos muy diversos. La gloria del reinado de los Reyes Católicos había contenido el descontento de los que veían sustituir el régimen medieval por un nuevo concepto del Estado. Los concejos, pequeñas repúblicas gobernadas por una minoría aristocrática, se veían sujetos, por medio de los corregidores, a la autoridad real. Ahora, cuando esta autoridad había en la práctica desaparecido, veían la ocasión propicia de volver a un sistema —el predominio concejil de la caballería ciudadana— nunca olvidado y siempre añorado. Por esto se da el caso de que casi todos los dirigentes del movimiento pertenecían a la clase de caballeros regidores de las ciudades. Lejos de ser un movimiento «liberal», como pretendían los historiadores del siglo XIX, las Comunidades eran defensoras de una tradición en contra del concepto moderno del Estado (igualdad de todos ante la ley) que los Reyes Católicos habían establecido.

Quizás esta circunstancia hizo reaccionar en contra del movimiento a los grandes señores y los situó al lado del rey. En la Edad Media, a cualquier decaimiento del poder real seguía como consecuencia inmediata el desbordarse de las apetencias de los grandes, que se aprovechaban de ello para añadir a sus inmensos patrimonios más villas y castillos. No se dio este caso en las Comunidades, y los señores, aun agraviados por la conducta de los extranjeros y reconociendo la razón de la protesta, se mantuvieron leales al rey y observaron, en general, una conducta prudente y digna.

Es también de tener en cuenta la posición religiosa de los comuneros y la actitud del clero ante el movimiento. En general, el alto clero procuró mantener una actitud neutral y pacificadora, pero, como acertadamente observó el historiador Gregorio Marañón, todo el clero llano fue comunero y todos los conventos de Castilla, hasta los de monjas, eran nidos de propaganda comunera. Podemos atribuir en parte esta actitud al sentimiento de patriotismo y de orgullo nacional.

Es, por tanto, este movimiento rebelde −que van a protagonizar las Comunidades de Castilla−, uno de los episodios más interesantes y ricos en valores humanos de la historia de España. Con la marcha del rey Carlos y con el desconocimiento de la autoridad de Adriano de Utrecht, el poder central desaparece y, como había sucedido y había de suceder tantas veces, el espíritu de dispersión, contenido por los Reyes Católicos, resurge, y las ciudades vuelven a convertirse en repúblicas concejiles. En Toledo había una alta nobleza de segundones y parientes de grandes casas, y estos caballeros, ricos y populares, iniciaron la protesta apoyados por los canónigos, entonces sin arzobispo, cada uno de los cuales era tan rico como un gran señor. Ya antes de la marcha del rey, el ayuntamiento de Toledo había escrito a las principales ciudades de Castilla para que se uniesen a sus peticiones de que el rey no se ausentase, de que no permitiese la saca de moneda y no se diesen oficios a extranjeros. Dado el incumplimiento del rey ante estas actividades, se produjo el levantamiento precisamente en aquella ciudad. Los cabecillas eran Juan de Padilla, Hernando Dávalos, Pedro Lasso de la Vega, Pedro López de Ayala y Antonio Álvarez de Toledo. La rebeldía se manifestó ya abierta en una procesión de la cofradía de la Caridad, apoderándose en breve tiempo y con poco esfuerzo del alcázar y de los puentes sobre el río Tajo.

En cambio, en Segovia, el levantamiento adquirió visos de guerra civil. De aquí saldría el jefe de los que ya se llamaban comuneros. Éste sería Juan Bravo, descendiente por su madre de los Mendoza y casado con doña María Coronel, hija de un converso y sobrina del que había sido rabino de la sinagoga.

Igual aspecto demagógico tomaría la revuelta en Madrid o en Burgos. En el caso de Salamanca, los amotinados, a los cuales acaudillaba uno de los principales caballeros de la ciudad, Pedro Maldonado Pimentel, expulsaron fuera de los muros a los hidalgos. De aquí las dos corrientes que, unidas al principio, hubieron después fatalmente de separarse. Por una parte, los caballeros y ciudadanos responsables que querían organizar un movimiento de mesurada protesta que obligase al rey a respetar la tradición de Castilla, y, por otra, un populacho sediento de sangre y de saqueo, acaudillado por personajes que no buscaban sino satisfacer su ambición o su despecho de resentidos.

Pronto se fueron uniendo nuevas ciudades de Castilla y una gran parte de Extremadura y de Andalucía, organizándose una asamblea, algo a la manera de las Cortes, que se había de denominar Junta Santa. Considerando nula la designación del cardenal Adriano por contraria a las costumbres de Castilla, la Junta decidía erigirse en autoridad suprema. La situación del regente y su consejo, que no tenían para su estancia una ciudad segura, se hizo difícil.

En esta crisis de autoridad se situó en primer plano la reina Juana, que estaba encerrada en Tordesillas desde hacía quince años olvidada de todos. Pensó primero la Junta en reforzar su autoridad con el nombre de aquella señora, que evocaba el de su madre, la gran reina Isabel. Por algunos días el palacio de Tordesillas se llenó de bullicio de armas y por él desfilaron clérigos y letrados, pero la reina había caído muy hondo en su locura y no fue posible obtener de ella reacción alguna. A pesar de ello, éste fue el gran momento de la Comunidad, que parecía tener en sus manos todos los elementos para el triunfo, con la reina en su poder, con un ejército poderoso y el asentimiento general del pueblo, en tanto que el regente, al cual nadie obedecía, había disuelto la hueste real y el Consejo podía afirmar al rey que ni una sola lanza tenía en Castilla a su favor. Sin embargo, este movimiento revolucionario tenía los días contados, produciéndose –poco tiempo después– su derrumbamiento. El origen de este proceso hemos de verlo en el progresivo descrédito de Pedro Lasso de la Vega, de Pedro López de Ayala y de los que como ellos pensaban, dispuestos en todo momento a la paz siempre que se lograse la justicia, y su sustitución por elementos demagógicos y exaltados, apoyados por un populacho sin freno. Por otra parte, no había entre los comuneros unidad de pensamiento ni de acción. Cada ciudad tenía su aspiración particular, y cada uno de los estamentos, sus fines propios.

No obstante, en lo que tenía de justo el movimiento de los comuneros había triunfado, pues el rey comenzó poco a poco a satisfacer las aspiraciones de la Junta, demostrando hasta qué punto el joven rey iba alcanzando la madurez política, accediendo a las demandas largamente desatendidas con tal que pusiesen en libertad a la reina doña Juana, le devolviesen la gobernación del reino y volviesen a sus dueños las propiedades que les habían sido confiscadas. Este cambio de actitud ponía fin al papel de la Comunidad.

Al mismo que en Castilla se desarrollaban las distintas fases de este movimiento de las Comunidades, otras dos comarcas de España, los reinos de Valencia y de Mallorca, se separaban de la obediencia del rey ausente. Pero es curioso el notar que estas dos revoluciones, en apariencia análogas, no tengan entre sí relación alguna y sigan su curso por cauces totalmente diferentes. En realidad se trata de hechos motivados por causas diferentes y no tienen de común entre sí sino el haber aprovechado el momento favorable de la ausencia del rey la consiguiente debilidad del poder central.

La revolución de «las Germanías» tuvo un carácter esencialmente social de protesta tumultuosa y sangrienta de los menestrales de las ciudades y de los «cristianos viejos» de los campos contra la nobleza. Tuvo además un aspecto religioso –cristianos viejos contra conversos y, sobre todo, contra los moros que poblaban casi la totalidad de los campos y que permanecieron fieles a sus señores– que no se advierte en la Comunidad, a la cual se afiliaron muchos cristianos nuevos.

Suelen comenzar las revoluciones por un acto de violencia que, al poner a muchos fuera de la ley, hace de ellos desesperados dispuestos a todo.

Juntamente con el hambre y la escasez, que hizo acto de presencia el año 1519, preocupaba al pueblo la amenaza, ciertamente no infundada, de una invasión de piratas argelinos apoyada por los moriscos y, ante el desamparo de la nobleza, comenzó a armase. Para el gobierno político y militar se designó una junta de trece miembros, en recuerdo de Cristo y sus apóstoles. La Germanía, consciente de su fuerza hábilmente dirigida, que sabía adónde iba, fue desde entonces en Valencia un poder sin freno. Llenaron, por de pronto, la vieja aspiración de los plebeyos de compartir con los caballeros y los ciudadanos, mediante el nombramiento de dos jurados, las tareas concejiles. La revolución, que había comenzado bajo tan favorables auspicios, tomó enseguida un aspecto sangriento.

El rey, a punto de dejar España, nombró virrey de Valencia a don Diego Hurtado de Mendoza. El virrey hizo su entrada solemne a fines de mayo de 1520, pero cuando intentó establecer el orden, los agermanados intentaron asaltar el palacio y apoderarse de su persona. Convencido de que era empeño inútil el intentar gobernar, pudo refugiarse en Cocentaina. Allí se le fueron uniendo los caballeros, convencidos de que no quedaba otro recurso que el de las armas. Otro grupo de caballeros se hizo fuerte en Morella, ciudad siempre fiel al rey, y al final, después de muchos desastres, de muchos enfrentamientos y derrotas, el virrey conseguiría dar por concluido este movimiento, con el apresamiento de uno de los cabecillas, un personaje que se hacía llamar «El Encubierto», en torno al cual se agruparon gran número de agermanados vencidos. Se puso precio a su cabeza, y, atraídos por el premio, dos hombres del pueblo le asesinaron en Burjasot (19 de mayo de 1522).

Esta situación en Valencia también se trasladaría a Mallorca, cuya estrecha relación entre ambas revoluciones iba acompañada de una identidad en sus fines. De nuevo la intervención real salvó esta situación de rebeldía popular. El 1 de diciembre comenzaría el sitio de la ciudad de Palma, que no se rindió hasta marzo de 1523. Fue, pues, el último reducto del gran movimiento, que, con diversas tendencias, suspendió en gran parte de España el ejercicio de la regia autoridad, que, teóricamente, nadie se atrevía a desconocer.

Las noticias favorables o adversas de las revoluciones de España llegaban al rey en el tiempo en que tenía que enfrentarse con graves dificultades y con problemas de trascendencia europea para hacerse digno de la situación preeminente en que la providencia le había situado, en una Europa cuyo gobierno, en su mayor parte, se repartían Francisco I de Francia, el papa León X, Solimán el Magnífico y Enrique VIII de Inglaterra.

Después de una breve estancia en los Países Bajos, llegó a Aquisgrán, la ciudad designada en la Bula de Oro para la coronación, y allí fue investido, con magníficas ceremonias, como Rey de Romanos.

Ninguno de sus antecesores había sido elevado a esta dignidad en circunstancias tan difíciles. La doctrina de Lutero había adquirido en pocos meses inmenso prestigio, y el nuevo emperador tuvo que enfrentarse con el heresiarca en la Dieta de Worms, abierta el 6 de enero de 1521 para comprobar la fuerza del fraile renegado, que el poder imperial apenas bastaba a sujetar.

Por otra parte, había que hacer frente al rey de Francia, que, derrotado en la elección imperial, buscaba afanosamente el desquite. Francisco I vio una ocasión favorable en las dificultades que el protestantismo ofrecía al emperador en Alemania y en la guerra de las Comunidades en Castilla, con algunos de cuyos más desatentados caudillos estaba, a lo que parece, de acuerdo. La guerra, que había de durar, con breves treguas, todo el reinado, comenzaría en Luxemburgo.

El rey Carlos supo estos sucesos en Worms, donde le retenía la cuestión de la Reforma luterana. Terminadas las sesiones de la Dieta, emprendió viaje de regreso a España. El 7 de julio de 1522 desembarcaba en Santander.

Castilla, por fin, había recobrado a su rey, después de la dolorosa experiencia de la guerra. Venía rodeado de soldados flamencos y alemanes, necesarios ahora para restablecer plenamente la autoridad real, pero estas tropas se limitaron a guarnecer Guipúzcoa contra una posible invasión francesa.

A partir de entonces, el acuerdo entre los diversos reinos de España y su rey fue perfecto. Carlos I había aprendido a conocer a los españoles y tuvo a España como la pieza principal de su inmenso Imperio. Vino luego, cuando el rey y los pueblos se empeñaron en la defensa de Europa contra turcos y protestantes, una perfecta compenetración de ideales que aumentó cuando una serie deslumbrante de victorias llegó a saciar el orgullo español.

La idea imperial de Carlos V y sus poderosos opositores

Carlos V (le nombraremos según la cronología imperial, número de orden por el cual es más conocido) había tenido una magnífica educación política y diplomática. Muy joven, y dotado de una inteligencia poderosa y concentrada, se dio cuenta de la altura de su posición que haría de él la primera figura de Europa, adquiriendo un concepto exacto de su enorme responsabilidad histórica. Su gran mérito fue el aceptar honrada y dignamente esta responsabilidad y hacer ante ella un sacrificio total de su persona. Tuvo además un acierto, heredado de sus abuelos españoles, en escoger sus ministros y capitanes, a los cuales dio siempre su dirección y su apoyo y a los que fue siempre leal. El historiador Ramón Menéndez Pidal ha analizado la idea imperial tal como aparece en Carlos V todavía en su primera juventud, cuando se presenta ante la dieta de Worms. Esta idea se basaba en la primacía del imperio único, sucesor de la dignidad de los emperadores de Roma, de Carlomagno y de sus descendientes, del Imperio romano-germánico. Era la continuación del concepto de la Edad Media de una sociedad jerarquizada bajo dos supremos jefes, el papa en lo espiritual y el emperador en lo temporal. El gran mérito de Carlos V es el haber adaptado esta idea al concepto español de la trascendencia humana de la plenitud del poder. En esta transformación, además de su herencia española y del ejemplo tan reciente de sus abuelos, tuvieron gran parte don Pedro Ruiz de la Mota, hombre de vastos conocimientos y de espíritu elevado, y don Antonio de Guevara, obispo de Mondoñedo. En el concepto germánico, el emperador debería dedicar todos sus esfuerzos a establecer la monarquía universal, sujetando al imperio todas las naciones. En el de Carlos V, mucho más humano y generoso, el esfuerzo del emperador no había de tender a someter a los demás monarcas, sino a presidirlos con su autoridad para coordinar sus esfuerzos con dos fines, uno defensivo: contener la tremenda ofensiva de Oriente contra Europa; otro misional: extender y difundir el Evangelio por la faz de la tierra y adentrar las naciones bárbaras en la cultura cristiana.

La idea de Carlos V de forjar una Europa unida bajo la presidencia del Imperio encontró terribles y poderosos contradictores que determinaron su fracaso. La vida del emperador fue una lucha constante contra estos adversarios. Hubo en esta pugna resplandores de gloria y amarguras de humillación y de derrota, pero en unas y en otras se demostraron siempre la grandeza de su alma, así como su genio militar y político. La primera oposición contra la idea imperial vino de la misma España, luego tan adicta a ella. El emperador hubo de luchar durante todo su reinado contra dos fuerzas que le fueron implacablemente adversas y que frecuentemente se coligaron en su contra: el reino de Francia y la Reforma protestante en Alemania. Fue con el penoso embarazo de esta formidable coalición adversa como

El emperador Carlos V en la batalla de Mühlerg. 1548. Tiziano.
Museo del Prado, Madrid.

Carlos V pudo realizar, parcialmente, su plan de contener la pujanza del Imperio turco y acudir en cruzada contra los reinos musulmanes de África, que, bajo la protección osmanlí, hacían imposible la navegación del Mediterráneo y tenían en perpetua alarma los países ribereños de este mar. En esta lucha, en tan difíciles condiciones, el emperador encontró la comprensión y ayuda de Portugal, que compartía con Castilla los afanes misionales. Ello había dado motivo de diversos conciertos matrimoniales casi a raíz de su nacimiento, y llegado a la mayoría de edad, prefirió una princesa de la gran casa de Avís, tan unida a la de Aragón-Trastámara en venturas y desdichas. El pueblo quería una reina española —en el concepto peninsular del siglo XVI, tan español era Portugal como Aragón o Castilla—, y las Cortes de Toledo de 1525 expresaron a Carlos V su deseo de que la elegida fuese la infanta doña Isabel, hija de don Manuel y de doña María de Castilla, nacida el 25 de octubre de 1503. Después de unas fáciles negociaciones diplomáticas, se concertó el matrimonio y los desposorios se celebraron el 23 de octubre de 1525.

Sin embargo –y como acabamos de apuntar–, uno de los mayores obstáculos a los que tuvo que hacer frente vendría sin duda alguna de la oposición de Francia en su desarrollo de la concepción imperial. Esta oposición se presentará en la Historia como algo fatal, que hacía ineludible la contienda entre Francia y España. Ciertamente que la razón moral estuvo siempre de parte de Carlos, pero es preciso reconocer que Francisco I estaba obligado, si quería ser señor de un reino libre, a procurar romper la tenaza que le oprimía. Los estados patrimoniales de Carlos en la península se prolongaban al norte de los Pirineos por las ciudades del Rosellón y de la Cerdaña. Por su herencia paterna, era soberano de los Países Bajos, titular del ducado de Borgoña y señor del Condado Borgoñón (el Franco Condado), situado en terreno geográficamente francés. Con el duque de Borgoña, de Brabante y de Luxemburgo, conde de Flandes, investido ahora con toda la autoridad y la fuerza del Imperio, Francia era, en realidad, un feudo de la casa de Austria, tanto más cuanto el emperador, con toda la fuerza de España, ocupaba los condados ultrapirenaicos y, en algún momento, la Navarra de ultrapuertos. Este era el resultado de la hábil política de Fernando el Católico, que con los tratados matrimoniales de 1496 había establecido en torno de Francia un cerco de hierro. A romper este cerco tenderá toda la política internacional de los reyes de Francia hasta el 1700.

El emperador contra la fortuna. El imperio hispánico a mediados del siglo XVI

El gran mérito de Carlos V es la continuidad de su política antislámica en un mundo de traición y deserciones a la causa de la cristiandad. En esta actitud le acompaña la adhesión unánime de los españoles, de la cual son portavoz los procuradores de las Cortes. La política de las Cortes está perfectamente de acuerdo con la del emperador: paz con los príncipes cristianos y guerra contra los infieles, que constituyen un peligro aún mayor que el de la frontera musulmana en los últimos tiempos del reino de Granada. Para contener el poder del turco y el de los piratas de Levante que saquean las costas de Italia y de

Carlos V. Pantoja de la Cruz. Monasterio de El Escorial, Madrid.

Carlos V y su esposa, Isabel de Portugal.
Óleo de Rubens, según el original de Tiziano. Colección Casa de Alba

España no se regatean los subsidios, a pesar de que el país, que sostenía el peso de la política cesárea, estaba exhausto. Así se vio en las Cortes de 1523, 1525, 1528, 1538, 1544 y 1548. La gran fuerza del poder público en el reinado fue esta compenetración del reino con el designio imperial. Los triunfos del emperador (campaña de Túnez) contra los turcos fueron siempre precarios, pero le dieron inmenso prestigio militar y probaron con hechos la sinceridad de su generoso propósito de supeditar toda su política a la defensa y expansión de la cultura cristiana. Inmediatamente después de la conquista de Túnez, Carlos V hubiera querido desalojar de la costa africana a Barbarroja, el más peligroso de sus enemigos musulmanes, que desde Argel enviaba escuadrillas que saqueaban la isla de Menorca y Calabria (1536) y la Abulia (1537), pero la guerra con Francisco I, eficaz colaborador del Islam, se lo impidió. La tregua de Niza (1538) le dejó por breve tiempo desembarazado el camino y le permitió una actividad diplomática cuyo resultado fue la formación de una alianza en la cual entraban el papa, España y Venecia. El Imperio turco, fabulosamente rico y bien gobernado, demostró la potencia de su flota en la indecisa batalla de Prevesa (27 de septiembre de 1538) y en el combate naval de San Mauro, pocos días más tarde, Barbarroja se apoderó de la plaza de Castilnuovo (7 de agosto de 1539).

Urgía al emperador el aprovechar la tregua con Francia para dar un golpe decisivo a los turcos, lo que le llevó a atacar Argel en 1541. A pesar de los esfuerzos continuados y a la lucha sin cuartel, la derrota hizo pronto acto de presencia, favoreciendo el apogeo y avance del Imperio musulmán a cuyo mando se encontraba Solimán el Magnífico y su gran almirante, Keir-eddin. Con éste y otros triunfos obtenidos en guerras y saqueos a diversas plazas tanto en Italia como en el oriente de Europa (en varios de los países balcánicos, así como la mayor parte de Hungría), la puerta quedaba abierta para la invasión de la Europa central. En sus últimos años como gobernante, Carlos V pudo presenciar el fracaso de la gran empresa de su vida. Europa había dejado solos al emperador y a España, y alemanes y franceses habían hecho por la victoria de Solimán el Magnífico tanto como sus legiones o sus grandes almirantes.

A pesar de este fracaso, crucial en estos momentos para la cristiandad, Carlos V siempre luchó por el ideal de su vida: la paz, que le permitiese vivir en España con la emperatriz, su esposa, el más grande amor de su vida, y como escenario de este soñado sosiego disponía en la Alhambra de Granada el más bello palacio renacentista que se labró en este tiempo en España y aún en la misma Italia. La paz le fue siempre negada y cuando su esposa, Isabel de Portugal, murió en Toledo el 1 de mayo de 1539, el emperador había podido hacer en España pocas y muy breves estancias. Aun cuando el viudo era joven aún, no se volvió a casar y se entregó totalmente a su idea imperial, acuciado por un sentido de responsabilidad que en él era ya angustioso y que en su hijo Felipe II había de ser casi enfermizo.

Por ello, el emperador se vio reducido a imponer la doctrina católica, donde le fue posible, por la fuerza de las armas y, del todo sumiso a la autoridad conciliar, se situó en Innsbruck, en el Tirol, como punto estratégico para acudir a Italia o a Alemania. Fue éste el período más brillante y eficaz, en el cual el dogma y la disciplina de la Iglesia católica fueron expuestos de una manera clara y definitiva, hechos en los que tuvo capital importancia la intervención de la Iglesia española, que, habiendo realizado su propia reforma en tiempo de Cisneros, contaba con un equipo formidable de teólogos, canonistas y escriturarios. La intervención del arzobispo de Granada y de varios obispos más sería decisiva en muchos puntos.

Unido a esta tarea, comprendió el emperador que le convenía también acudir a los dos problemas que más importaban a todos los alemanes, cualquiera que fuera su posición religiosa: contener a los turcos en las llanuras de Hungría y recobrar las

El Emperador Carlos V en el año 1548.
Tiziano. Antigua pinacoteca, Múnich.

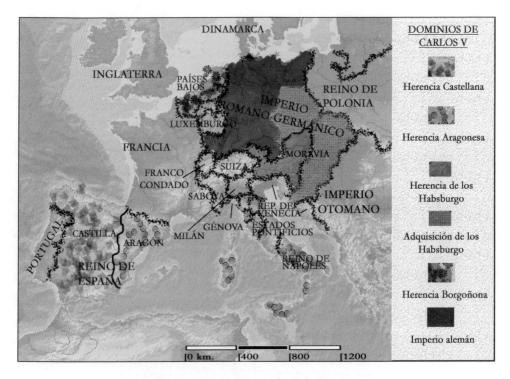

Europa en tiempos de Carlos V.

ciudades de Lorena conquistadas por el rey de Francia. A socorrer a los húngaros acudió el mismo emperador, a pesar de su estado –aquejado de una gota que le mantenía postrado en una litera–, a la cabeza de un ejército formidable que se colocaría sobre Metz. Sin embargo, la heroica defensa y los terribles temporales que a los sitiadores imponían insufribles padecimientos lo obligaron a dar la orden de levantar el sitio el 26 de diciembre de 1552, quejándose de la Fortuna, que, como mujer, prefería a los jóvenes y desdeña a los ancianos.

Como si la fortuna quisiese desquitarse de esta nota, comenzó desde entonces a repartir sus favores entre ambos implacables contendientes: el emperador, fatigado y enfermo, y el nuevo rey de Francia, Enrique II, merecedores de ellos. Desde los Países Bajos, adonde se había retirado, pudo saber Carlos V que los príncipes alemanes se disputaban los despojos del Imperio.

En Italia, la rebelión de Siena, alentada por los franceses, originó una larga guerra. En la frontera de Flandes, los imperiales se hicieron dueños de la fuerte plaza de Tréveris y la guerra siguió con suerte indeterminada. El mismo emperador, siempre desde su litera, dirigió a sus tropas en la batalla de Renty, que quedó indecisa, si bien él permaneció en el campo de batalla (13 de agosto de 1554). La guerra seguía agotadora e interminable en Lombardía y en el Piamonte. Tuvo en este tiempo el emperador un éxito diplomático que podía resarcirle de todos sus fracasos y augurar para su dinastía un porvenir aún más brillante. Desde 1553, la diplomacia imperial gestionaba el matrimonio de Felipe, príncipe de España, con María Tudor, reina de Inglaterra, que se llamaba reina de Francia. Los tratos dieron feliz resultado y se estipuló que, a la manera española, Felipe tomaría los títulos de rey de Inglaterra y de Francia, y para que su categoría no cediese a la de su esposa, el emperador, comenzando el reparto en vida de sus inmensos dominios, abdicó en su hijo el reino de Nápoles y el ducado de Milán. En julio de 1554, el joven y apuesto rey de Nápoles llegó al puerto de Southampton y el 25 de aquel mismo mes se celebraban en Winchester las solemnes bodas. Con ellas se acrecía fabulosamente el poder de la casa de Habsburgo, se estrechaba el cerco de Francia y el emperador se aliviaba del escozor de la espina de su fracaso en Alemania con la esperanza de volver al catolicismo el reino de Gran Bretaña. Tuvo, sin embargo, este gran éxito la contrapartida de la elección para el trono pontificio del cardenal napolitano Juan Pedro Caraffa (23 de mayo de 1555), con el nombre de Paulo IV. El nuevo papa, octogenario, de familia angevina, fue de lo más tenaz, de lo más violento y apasionado como enemigo de España y del emperador.

Entre tanto, para el definitivo arreglo de la cuestión religiosa en Alemania se había reunido la Dieta imperial en Augsburgo. La presidió el Rey de Romanos, Fernando, firme católico, pero al cual una larga convivencia con los protestantes había hecho más tolerante que su hermano el emperador. Fernando necesitaba de los príncipes afectos a la Reforma para contener a los turcos en Hungría y además, sabiendo próxima la abdicación del emperador, le convenía tenerlos propicios en sus aspiraciones a la sucesión imperial. Después de largas discusiones se llegó a la llamada Paz de Augsburgo el 26 de septiembre de 1555. En

Dominios españoles en Europa bajo los Austria, hasta el tratado de Utrech (1713).

ella se admitía la libertad de los príncipes para escoger la religión que había de prevalecer en sus estados, pero no para los súbditos, que habían de atenerse a la religión oficial. De aquí el axioma que hubo de ser la norma religiosa de Europa en la Edad Moderna: *Cuius regio, eius religio*. Los que no coincidiesen con la religión del soberano tendrían siempre el derecho de emigrar bajo los auspicios de un monarca con el cual estuviesen de acuerdo sus ideas religiosas. El sueño nunca abandonado por Carlos V de restaurar la unidad religiosa de Europa quedaba repartida en estados católicos y protestantes.

Desde muchos años antes, acaso desde la muerte de la emperatriz en 1539, Carlos ansiaba desposeerse de la pesada carga de sus coronas para descansar en paz sus últimos años.

En 1554, la ocasión para realizar este sueño era propicia. Su primogénito, Felipe, de 27 años, rey de Inglaterra y de Nápoles y duque de Milán, se manifestaba muy capaz para el gobierno, y su hermano, Fernando, llevaba hábilmente los difíciles asuntos del Imperio. El 13 de abril de 1555 se extinguió en Tordesillas la larga y triste vida de la reina doña Juana. Este suceso aclaraba la sucesión de España y permitía al emperador el disponer de las coronas peninsulares, cuyo gobierno hasta entonces compartía con su madre.

El 8 de septiembre de aquel año, el rey de Inglaterra acudió a Bruselas llamado por su padre. El primer acto de desprendimiento del emperador fue un capítulo de la Orden del Toisón de Oro, celebrado en el palacio de Bruselas, en que renunció en don Felipe de la dignidad maestral. El día 25 de octubre se celebró en el hall del citado palacio la ceremonia de abdicación. Dos días después, en la asamblea, presidida ya por Felipe, juró el nuevo soberano las leyes, privilegios y libertades de los Estados. El 16 de enero de 1556, en el palacete del parque de Bruselas que le servía de residencia, en una ceremonia privada, se leyó el acta de abdicación de todos los reinos y señoríos que el emperador, rey de Castilla, de León, Aragón y de Navarra, poseía en España y en Italia, con todas sus inmensas dependencias de ultramar. Más difícil para el emperador fue el desprenderse de las más pesada de sus cargas: la del Imperio, pues le era preciso para ello el consentimiento de la Dieta imperial y el beneplácito, a lo menos formal, del pontífice, que era entonces Paulo IV, el más enconado enemigo del emperador. Por esto Carlos conservó la corona imperial –aun cuando de hecho gobernase el Rey de Romanos–, hasta poco antes de su muerte, pues la Dieta, reunida en Francfort, no aprobó la cesión hasta el 12 de marzo de 1558.

La renuncia, por amplia y generosa que fuese, no significaba para el augusto enfermo el desentenderse de los negocios. Deseoso de dejar a su sucesor la paz como herencia, concertó con Enrique II la tregua de Vaucelles (6 de febrero de 1556), que dejaba en posesión del rey de Francia lo por él conquistado en Saboya y en Lorena; fue preciso encontrar dinero para pagar las deudas y atender a los gastos del viaje y, por fin, el 17 de septiembre de 1556 el emperador pudo embarcar en Flesinga rumbo a España. Después de un viaje rápido, llegó a Laredo el 28 de septiembre. En Burgos y en Valladolid recibieron el homenaje de la nobleza castellana. Luego Carlos V emprendió el camino de su retiro. La gota le acosaba más cada día y hacía sus jornadas intolerables, sin que ni aún esto le decidiese a moderar sus excesos en la mesa. Además de ello, le acosaban gravísimos problemas: la sucesión del Imperio, la guerra con Francia.

Esos largos dolores y esos breves solaces, las grandes preocupaciones y los pequeños enojos, terminaron a las dos de la madrugada del día 21 de septiembre, en que expiró rodeado de un grupo de frailes y de amigos fieles.

Felipe II. Tiziano. Museo del Prado, Madrid.

Felipe II de España y Portugal

El legado de Carlos V y los primeros tiempos de Felipe II

El año de 1556, en el que Carlos V deposita en FELIPE II, su hijo, ya rey de Inglaterra y de Nápoles y duque de Milán, la abrumadora carga de estados que desde cuarenta años antes venía soportando sobre sus hombros, es una fecha decisiva en la historia de España. Carlos, por sus extraordinarias facultades naturales, por su formación, por su larga experiencia en los negocios internacionales, era un hombre «imperial», capaz de una visión de conjunto de los problemas del mundo y capaz de identificarse con la manera de ser de cada uno de los pueblos, tan diversos, que gobernaba. Su facilidad para comprender y hablar las lenguas de todos estos países resultaba un instrumento muy eficaz: alemanes, españoles, italianos, holandeses, valones y flamencos pudieron estar en algún momento disconformes con su política, pero jamás tuvieron la sensación de ser gobernados por un extranjero. Al afán de que este sentimiento no decayese obedece su fatigosa y asombrosa movilidad, mantenida hasta los últimos días de su reinado, ya muy enfermo, y de la cual pudo gloriarse.

Felipe II, en calidades positivas y negativas, era pura y simplemente un español y por temperamento era incapaz de hacerse, como su padre, alemán con los alemanes y flamenco con los flamencos. El Imperio –pues Imperio hubo durante mucho tiempo, sin título imperial–, tendría que resignarse a ser regido por un español y desde España. Italianos y holandeses, flamencos y valones son gobernados por el rey de España, que no conoce su idioma, que no ha de pisar jamás su suelo y que ha de juzgar de sus asuntos con un criterio español. Carlos V era sincero, fervoroso y valiente católico, pero alcanzó a veces, en la tolerancia, el extremo límite que le permitía la ortodoxia y aun llegó en alguna ocasión a traspasar este límite. La honradez esencial del carácter de Felipe II le impedía la menor concesión de su intransigencia española, y esta intransigencia, confinada principalmente en Castilla y, en los últimos años, en El Escorial, no se limaba con el contacto con otros pueblos y otros problemas, sino que mantenía intactas sus cristalinas aristas. De aquí el que desde 1556 el Imperio europeo de Felipe II se mantenga exclusivamente por dos factores, de índole espiritual el uno y de carácter material el otro: la persistencia medieval del sentimiento de lealtad al soberano, según las fórmulas feudales y caballerescas de la Edad Media, nunca derogadas, y la supremacía militar de España, mantenida por un ejército pequeño, pero de extraordinaria eficacia. El heterogéneo Imperio español en Europa no podía subsistir siempre, pero si los sucesores de Carlos V hubiesen tenido su «espíritu imperial» y su dinamismo, hubiera perdurado por más largo espacio de tiempo.

Cuando se trata de Felipe II es preciso tener en cuenta que este nombre designa dos personajes completamente distintos: el hombre que, ciertamente, reinó de 1556 a 1598 y el mito literario que ha ocupado su lugar en la mentalidad de todo el mundo. Si el Felipe II mítico ha sido suplantado y deformado la personalidad del Felipe II real, le ha prestado, en cambio, un gran servicio. Ha atraído la atención de los historiadores sobre su figura y ha motivado el que sea una de las personalidades más discutidas y, por tanto, mejor estudiadas de la historia universal.

Había nacido en Valladolid el 21 de mayo de 1527 y, ausente siempre su padre, estuvo sujeto en los años decisivos de la niñez a la influencia de su inteligente madre Isabel de Portugal. A los cuatro años era un niño sano y robusto, de agudos dichos. A esta edad cabalgaba ya. A los siete años, el emperador, que desde cualquier parte de Europa atendía a la formación de su hijo con gran cuidado, le creó su primer cuadro de profesores, en el cual figuraban dos de los más insignes hombres de ciencia de la España del siglo XVI: Honorio Juan y Juan Ginés de Sepúlveda. Para presidir la formación social, militar y caballeresca de su hijo, Carlos V designó al comendador mayor de Castilla en la Orden de Santiago, don Juan de Zúñiga y Avellaneda, caballero de austera vida y gran cultura, muy experto en las cosas de la corte. El 1 de mayo de 1539, cuando el príncipe no contaba sino doce años, murió en Toledo su madre la emperatriz. Su educación, entregada al comendador, fue en adelante más varonil, pero en toda su vida quedó la huella de la princesa portuguesa. No se advierte en su carácter la poderosa vitalidad de hombre del norte de su padre el emperador, sino una melancolía, una extremada delicadeza de sentimientos, cuyo origen está quizás en la sangre y en la educación portuguesa.

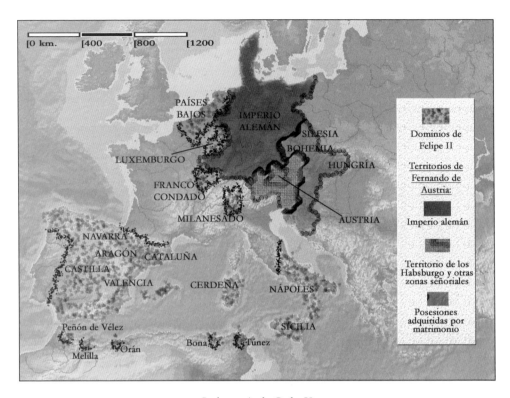

La herencia de Carlos V.

Aún más que esta educación humanística y cortesana, formarían al futuro rey, como a tantos de sus antecesores, el prematuro ejercicio de las funciones de gobierno y la conciencia de su elevada responsabilidad. A los quince años, en agosto de 1542, fue jurado heredero en las difíciles Cortes aragonesas de Monzón y a los dieciséis, en mayo de 1543, su padre le encomendó durante su ausencia la gobernación del reino con el consejo del experto secretario Francisco de los Cobos, del cardenal Tavera y de don Fernando de Valdés. Pero el mismo emperador contribuyó aún más eficazmente que los personajes designados a la formación política del príncipe con las instrucciones que redactó para él, las cuales son, según el historiador de Carlos V, Gachard, «un monumento de prudencia, de previsión, de una experiencia consumada en el gobierno, de un conocimiento profundo de los hombres y de las cosas, que bastan ellas solas para colocar a Carlos V a la cabeza en los políticos de aquel siglo». Se trasluce en ellas el mismo espíritu que animó el reinado de los Reyes Católicos: eficacia de la justicia, mantenimiento riguroso de la unidad católica de España, contacto directo y frecuente con sus vasallos mediante la facilidad de las audiencias, tacto exquisito en los asuntos de la corona de Aragón y recelo contra los grandes, los cuales, deben ser excluidos del gobierno del reino.

En otras instrucciones, el emperador aconsejaba al príncipe que contrajese pronto matrimonio. El lusitanismo fervoroso de la corte aconsejó el matrimonio con doña María Manuela de Portugal, hija de Juan III, hermano de la emperatriz, y de doña Catalina, hermana del emperador, y prima hermana, por lo tanto, por ambos lados, del novio. Las bodas se celebraron en Salamanca, el 15 de noviembre de 1543. No fueron afortunadas aquellas nupcias, ya que la princesa murió de sobreparto en Valladolid en julio de 1545, dejando un niño, el príncipe don Carlos.

Se adivina, también, el afán de Carlos V de que su hijo, discreto y prudente gobernador de los estados peninsulares, ampliase su concepto político en un sentido imperial, que le hiciese en su día capaz de gobernar pueblos tan diversos. Aun cuando Carlos V confiaba a su hermano Fernando, Rey de Romanos, los asuntos de Alemania, su íntima aspiración era que Felipe reuniese a sus múltiples coronas la dignidad imperial, pero era preciso para ello que fuese conocido en el Imperio. A esto obedece el viaje, dispuesto por el emperador y cuidadosamente preparado por él mismo, de Felipe por Italia, Alemania y los Países Bajos. Para poner al tanto a su heredero de la compleja política de estos pueblos, el emperador redactó en Augsburgo, el 19 de enero de 1548, una extensa instrucción que revela la singular capacidad de Carlos V para hacerse cargo de las características de los pueblos y de las cualidades de los príncipes. Le aconseja, en primer lugar, el mantenimiento de la unidad católica, el acatamiento a la Santa Sede y el sistema. El emperador, cuyo reinado había sido un continuo combate, encomienda a su heredero el mantenimiento de la paz, que sirviese de alivio a sus pueblos exhaustos. Considera, además, muy importante una gran flota con las galeras de España, Nápoles, Sicilia y Génova. Le encarga mucho cuidado en la elección de virreyes y de gobernadores, tanto en Europa como en Indias.

Fue el duque de Alba el encargado de traer a España las instrucciones del emperador, y Felipe se aprestó a dar cumplimiento a la voluntad paterna. Concertada la boda de la infanta doña María, hija de Carlos V, con su primo Maximiliano, hijo del Rey de Romanos, estos príncipes habían de encargarse del gobierno de España durante la ausencia del príncipe Felipe.

Decidido su padre a que contrajera nuevas nupcias, pensó que sería una gran victoria diplomática el matrimonio de su heredero con María Tudor, la nueva reina, hija de Enrique VIII y de Catalina de Aragón. El proyecto era muy grato a la princesa, que encontraba en él el más firme apoyo para restaurar en Inglaterra el catolicismo. Las bodas se celebrarían en Winchester el día 25 de agosto de 1554. Como Carlos V había cedido a su hijo el reino de Nápoles y el ducado de Milán, los heraldos pudieron aclamar en la ceremonia a Felipe y a María, rey y reina de Inglaterra, de Francia (por los derechos tradicionales de los reyes ingleses, que aún se apoyaban en Calais, Ham y en Guines, en territorio francés), de Irlanda, de Nápoles, de Jerusalén, príncipes de las Españas y de Sicilia y duques de Milán.

La corrección de Felipe, nunca desmedida, así como su conducta pública y privada en Inglaterra, se ajustaría siempre a lo que el más exigente pudiera pedir, pero es cierto que entre los ingleses no se le miraba con simpatía por ser el heredero del reino más poderoso de Europa. Por otra parte, la reina María, tan ferviente católica como su esposo, abolió el culto protestante, hizo aprobar en el Parlamento la sumisión al papa e inició la persecución de los reformados, hechos que se atribuyeron a Felipe II, aunque se ignora, referente a lo último, con qué fundamento, pues lo cierto es que después de la ejecución de las primeras sentencias por el delito de heterodoxia, fue precisamente un religioso español, fray Alfonso de Castro, confesor del hijo de Carlos V, el que protestó de tales medidas.

Mientras tanto, la salud del emperador iba decayendo rápidamente y Europa entera recibió con asombro la noticia, no por esperada menos extraordinaria, de que el más poderoso de los monarcas de la cristiandad estaba dispuesto a abdicar en su hijo.

Éste se puso en camino inmediatamente y el 25 de octubre de 1555 –como ya comentamos en el capítulo anterior–, en el gran salón del Palacio Real de Bruselas, Carlos abdicó a favor de Felipe II la soberanía de Flandes, tierras con las que España no tenía ni frontera directa, resultando una pesada carga la que heredó Felipe II al convertirse en rey.

El 16 de enero del año siguiente la abdicación del emperador correspondió a las coronas de Aragón, Castilla y sus dependencias, fechas en las que comienza la verdadera historia de Felipe II como rey de España, de Italia y de los Países Bajos, historia tan interesante y tan llena de acontecimientos como la de su padre.

La herencia que recibiera de éste era espléndida, pero la responsabilidad y los peligros que sobre el nuevo monarca pesaban, hubieran asustado a cualquier hombre, teniendo en cuenta el cúmulo de problemas y asuntos de gobierno: la consolidación de la monarquía absoluta en España, la afirmación de la soberanía española y su ideología católica en los Países Bajos, la seguridad interior en relación con una minoría no asimilada, los moriscos; la seguridad en el Mediterráneo amenazada por el creciente poderío de los turcos, los problemas religiosos de la cristiandad en Europa y la organización de las posesiones españolas en ultramar después de la etapa de las grandes conquistas y expansiones, no sólo en América, sino en Asia y Oceanía, aparte de la enemistad con Francia, no disimulada a pesar de la tregua de Vaucelles (6 de febrero de 1556); de otra, la situación de Italia, agravada por la elección del papa Paulo IV, enemigo de la casa de Austria y, finalmente, los manejos de los ingleses en los Países Bajos, cuya rebelión fomentaban, hacían muy complicada la actuación del rey, que afrontó todo este complejo de problemas por medio de una infatigable acción de gobierno.

El papa buscó auxilio de otro enemigo de España, el rey de Francia Enrique II, pero, en realidad, esta contingencia era como parte del patrimonio paterno.

Parecía que el papa buscaba en el católico Felipe II su aliado natural, pero no fue así y justamente éste se vio obligado a emprender la primera guerra contra el pontificado.

A la sazón se hallaba al frente del gobierno de Nápoles el duque de Alba, quien teniendo instrucciones concretas del monarca, a la amenaza de Paulo IV de desposeer a Felipe del territorio que gobernaba, contestó con un largo manifiesto dirigido al papa y a los cardenales, pero el mensajero fue preso. El duque dispuso inmediatamente la invasión de los Estados romanos y el ejército a sus órdenes llegó a Tívoli, haciendo frecuentes incursiones casi hasta los muros de la capital. Mientras esto ocurría, las tropas francesas llamadas en auxilio del papa entraban en Italia, y como ambos bandos estaban fatigados y habían experimentado serias pérdidas, las cosas se fueron prolongando hasta que, habiéndose recibido la noticia de la brillante victoria de San Quintín por parte de las tropas españolas contra las francesas, dejó al papa sin sus aliados y se hizo la paz.

Algunos cronistas señalan que el duque de Alba, que hubiese podido entrar en Roma como conquistador, lo hizo más bien como penitente y consiguió que Paulo IV deshiciese sus tratos con el rey francés. Otros historiadores han querido hacer hincapié en esta guerra para presentarnos a Felipe II como hombre poco firme en sus convicciones religiosas, pues no vaciló en pelear contra el más alto representante de la Iglesia católica, pero hay que tener en cuenta que ni en aquella época ni antes ni después ningún monarca abandonó su soberanía, en lo que tenía de temporal, al papado, por muy católico que fuese. Además, Paulo IV, casi desde los comienzos de su pontificado, dio pruebas de hostilidad a Felipe II y éste se resistió cuanto pudo declararle la guerra.

Historiador poco sospechoso de simpatía a Felipe II como Ortega y Rubio, dice que «a la altanería del papa, el rey de España contestaba con la prudencia y aun con la mansedumbre». Salazar de Mendoza, contemporáneo de aquellos sucesos, en su libro *Monarquía Española* refiere que el embajador don Fernán Ruiz de Castro, marqués de Sarriá, le suplicó de rodillas que desistiera para evitar el escándalo y la perturbación del orbe cristiano, respondiéndole el papa con malos tratamientos de palabra y obra.

Consultó entonces Felipe II con los más sabios teólogos, quienes estuvieron de acuerdo en que en esta ocasión el papa era príncipe temporal, invasor y agresor en Liga con Francia y otros reinos. Con este dictamen, Felipe II no vaciló ya en aceptar la lucha a que se le invitaba, aunque paralelamente a esta guerra se desarrollaba otra más importante con Francia. Enrique II, al enviar auxilios al papa, había roto la tregua de Vaucelles, disponiéndose el monarca español a contestar a esta agresión reuniendo un ejército considerable con el tercio del duque de Alba y los hombres que, al mando de Manuel Filiberto, duque de Saboya, le proporcionó su esposa María.

El primer acontecimiento importante de esta campaña fue la sangrienta batalla de San Quintín, librada el día de San Lorenzo, 10 de agosto de 1557, en la que el ejército francés tuvo 6.000 muertos y otros tantos prisioneros, cayendo la plaza en poder de los españoles, en la que entró poco después Felipe II. Los vencedores se apoderaron rápidamente de Castelel, Han y Chauny, pero llegó la época de las lluvias y las tropas españolas se acantonaron en sus cuarteles de invierno, circunstancia que aprovechó el duque de Guisa, general de los ejércitos franceses, para emprender la contraofensiva, dirigida primero contra Calais, y que dio por resultado la expulsión de los ingleses de Francia, apoderándose después de Thionville, Dunkerque y Acaport. No tardaron en reaccionar los españoles, siendo su consecuencia la importante victoria Gravelines (13 de julio de 1558). Pronto se iniciarían negociaciones de paz, firmándose el 3 de abril de 1559 el tratado de Cateau-Cambresis, muy ventajoso para España, y para dar mayor eficacia a este tratado convino que Felipe II, ya viudo de María Tudor, casaría con Isabel de Valois, hija de Enrique II, celebrándose con tal motivo lucidos festejos, figurando entre ellos el torneo que costó la vida del rey francés, pues habiendo tomado parte en él personalmente, tuvo la desgracia de ser herido en un ojo por el conde de Montgómery, y aunque Felipe II le envió a su médico, el célebre Vesalino, el desgraciado monarca murió a los pocos días.

A su regreso a España, Felipe II se detuvo algún tiempo en los Países Bajos, al objeto de resolver los asuntos que allí tenía pendientes y como primera medida nombró gobernadora a su hermana natural Margarita de Parma, mujer de tanta energía como inteligencia, dejándole de auxiliar al cardenal Granvela.

Al desembarcar el rey en el puerto de Laredo (Santander), el 8 de septiembre de 1559 se encontró con un grave problema, decidiéndose a solucionarlo de inmediato, preocupándole principalmente el incremento del protestantismo en la península, pues de una manera más o menos encubierta habían adoptado las nuevas doctrinas cierto número de religiosos, monjas y personas de elevada categoría social, empleando contra ellos todo su rigor, dando órdenes a la Inquisición para que extremara su celo en la persecución de los ortodoxos, pero en esto, como en todo lo que se refiere a la vida de Felipe II, se ha exagerado deliberadamente. Los historiadores modernos han demostrado que Felipe II no extremó, como se ha dicho, las persecuciones religiosas y que, en todo caso, éstas no fueron mayores que en otros países. La Inquisición en tiempos de Felipe II fue la misma que establecieron en España los Reyes Católicos, y el descendiente lo que hizo fue aplicarla con mayor rigor, porque las circunstancias así lo exigían.

Felipe II contra el Islam. La sublevación de las Alpujarras y la batalla de Lepanto

Otro problema con el que Felipe II se encontró al regresar a España lo constituyen las frecuentes agresiones de los piratas turcos que infestaban las costas del Mediterráneo, desde Perpiñán a la frontera con Portugal, con la amenaza a Malta y al sitio de Famagusta en Chipre, a la vez que estimulaban a los estados mahometanos del norte de África a recrudecer la piratería y a atacar a los cristianos en el Mediterráneo Occidental, llegando a ser apresados los barcos españoles en la misma rada de Cádiz y en la ría de Sevilla.

La primera expedición que se envió contra ellos, al mando del conde de Acaudete, fue un fracaso. Una segunda expedición mandada por Juan de la Cerda y el almirante italiano Doria se apoderó de las islas Gelves, pero después los españoles se encontraron, de una parte, con una escuadra turca bien pertrechada y de otra con los mismos habitantes de las islas que se sumaron a los turcos, destruyendo totalmente los barcos y produciendo 5.000 muertos, quedando en tierra 8.000, que en lucha durante seis semanas, murieron casi todos. En 1562, organizó la tercera compuesta por 69 galeras a las órdenes de Juan de Mendoza, pero una tempestad arrojó a la escuadra a la costa en la rada de la Herradura, cerca de Málaga, perdiéndose 4.000 hombres y 28 galeras, más 12 en Cádiz.

Finalmente, García de Toledo organizó una escuadra compuesta por 100 galeras y se apoderó del Peñón de la Gomera.

Poco después, el propio García de Toledo, nombrado virrey de Sicilia, acudió en auxilio de Malta, atacada por 180 galeras turcas, al mando de Alí, el vencedor de las islas Gelves, y por Dragut, señor de Trípoli. Los defensores de la plaza luchaban heroicamente, pero la inferioridad numérica y la escasez de medios presagiaban una caída inminente, que se hubiese producido si no hubiese llegado García de Toledo con 10.000 o 12.000 hombres, lo que decidió la suerte, pues los turcos abandonaron el sitio. Este famoso y memorable hecho inmortalizó al gran maestre de Malta, Juan La Veletta, y a García de Toledo, pues de 45.000 turcos que habían acudido, solamente regresaron —en 1565—, unos 14.000.

Al mismo tiempo, los moriscos de las Alpujarras, posiblemente alentados por los turcos, comenzaron a dar señales de vida y después de una sublevación, que tuvo caracteres de una guerra, fueron sometidos definitivamente (1569-1571).

La guerra con los turcos no había sufrido cambio sensible, pues aún después de unas graves derrotas continuaban en sus actos de piratería y bandidaje, sin que nada pudiese detenerles.

En este estado de cosas, y después de laboriosas negociaciones, se formó la llamada Santa Liga, compuesta principalmente por España, la república de Venecia, Génova y el papa, pero pesando sobre la primera la mayor parte de las cargas, tanto militares como económicas, aunque el mayor número de naves correspondía a Venecia, la más perjudicada.

El mando supremo se dio a don Juan de Austria, hermanastro de Felipe II, figurando entre otros jefes españoles Requessens, Álvaro de Bazán, y los italianos Vieniero, Colonna y Doria.

Resultado de aquella alianza fue la victoria de Lepanto contra los turcos, en la que se cubrieron de gloria las armas cristianas y muy particularmente el hermanastro de Felipe II, pues en sólo cinco horas de lucha murieron 35.000 y fueron abandonados 130 barcos que pasaron a poder de los vencedores.

En 1573, habiéndose disuelto la Liga como consecuencia de la paz hecha en Venecia con los turcos, se emplearon las fuerzas de España en la conquista de Túnez, cuyo soberano había quebrantado el vasallaje que debía al monarca español. Al llegar la armada, mandada por el propio Juan de Austria, la gente de guerra abandonó la ciudad y en Bizerta, los habitantes degollaron a la guarnición turca y se entregaron al general español.

Al año siguiente, se perdió todo lo adquirido en Túnez en la campaña anterior, iniciándose la decadencia del poderío de los españoles en las costas de África.

La insurrección de los Países Bajos. España y Portugal bajo un mismo rey. La Armada Invencible

Entre los acontecimientos más notables e importantes de este reinado, debemos destacar uno, la sublevación de los Países Bajos. Bastará decir que por dichos territorios pasaron los mejores generales españoles, aunque no dieron resultado los procedimientos suaves empleados por algunos, ni los más enérgicos empleados por otros. Desde 1567 en que se inició la guerra, hasta la muerte de Felipe II en 1598 pasaron más de treinta años en los que gran parte de la política española estuvo centrada alrededor de este problema, cada vez más difícil de resolver.

Sin embargo, y aún a pesar de esta catástrofe, en 1580, tuvo lugar el acontecimiento más trascendental, quizá, de nuestra historia, ya que con él quedaba –por fin– concluida la unidad peninsular. Nos estamos refiriendo a la incorporación de Portugal, llevada a cabo con escasos enfrentamientos en razón del mejor derecho de Felipe II a aquella corona, por ser nieto del rey don Manuel I el Piadoso y de su habilísima acción diplomática que supo atraerse a la nobleza y al alto clero. Este hecho llenó de júbilo a Felipe, que con él vio realizada una de las más fervientes aspiraciones de su vida.

Las Cortes portuguesas le reconocieron como rey en abril de 1581, y su conducta para sus nuevos súbditos no fue tiránica como han querido suponer sus enemigos, sino al contrario, trató de favorecerles en cuanto pudo; y mientras tenía la unión de España y Portugal bajo un solo cetro, encargó a sus sucesores que jamás, ni por ningún motivo, consintieran la separación de ambos reinos, pues estaba persuadido que ni España ni Portugal serían verdaderamente poderosas sin la fusión completa de ambos pueblos, amenazados siempre por el poder de Inglaterra.

Desde algunos años antes las relaciones con este país se venían deteriorando, agravándose a la muerte de la segunda esposa de Felipe II, María Tudor (1558), con la sucesión de

Felipe II. Antonio Moro. 1557.
Monasterio de El Escorial, Madrid.

la hermana de ésta, Isabel, al iniciar una política distinta, empezando por desterrar al catolicismo que aquélla había implantado en sus estados y por la ayuda que prestaba a todos los enemigos de España, tarea en la que con frecuencia era secundada por Francia; así, por ejemplo, envió tropas a los Países Bajos y fomentó la insurrección por otros medios, como la incitación a los moriscos a la rebelión, que también auxiliaba Inglaterra, y si esto fuera poco, los corsarios ingleses, que atacaban y saqueaban las colonias españolas, eran considerados poco menos que héroes.

No obstante, Felipe II protegía a los católicos ingleses que se veían perseguidos y vejados, originando a cada paso dificultades diplomáticas.

En 1569, el duque de Alba ya había propuesto la invasión de Inglaterra para acabar con tal estado de conflictos, pero su proyecto había sido rechazado.

A pesar de que existía el estado de paz entre ambos países, las continuas correrías de Drake, quien, después de haber hecho un fructuoso viaje por casi toda América durante el cual atacó y apresó gran número de barcos españoles, se presentó en Cádiz destruyendo por sorpresa 100 navíos que había en el puerto, motivó que Felipe II, por fin, se decidiese a organizar una expedición contra Inglaterra.

Fruto de ésta fue la famosa Armada Invencible, nombre que se dio con bastante posterioridad, lo que equivale a decir que ninguno de los que intervinieron en su preparación tuvo parte en esta denominación jactanciosa, que, no obstante, ha sido adoptada por todos los historiadores posteriores a la fecha en que se realizó la expedición, que fue cuidadosamente preparada. Pero debido por un parte a los errores del mando, del que se había encargado primero el célebre Álvaro de Bazán, marqués de Santa Cruz, y a la muerte de éste el duque de Medina Sidonia, y por otra a un temporal muy violento que se desencadenó en el Canal de la Mancha y dispersó a los barcos de la escuadra (agosto de 1588), unido a los violentos ataques de Drake, Kawkins y Frovisher, la empresa que tantas probabilidades tenía de triunfar, fue un fracaso y una catástrofe, perdiendo los españoles 8.000 hombres y más de 60 naves.

La arrogante frase que se le atribuyó entonces a Felipe II de que había enviado a sus barcos a pelear contra los hombres pero no contra los elementos, es probablemente tan fantástica como tantos hechos referentes a este monarca, pero Felipe II, que estaba convencido plenamente de la incompatibilidad de la grandeza simultánea de Inglaterra y España, y que había intentado aquella empresa no por ganar más vasallos, sino por defender la fe católica en Inglaterra, mandó atender a los heridos, prohibió llevar luto por el desastre para evitar la depresión en el espíritu público, animó a todos con serenidad enérgica y empezó a preparar otra armada para intentar conseguir lo que había resultado inútil con la primera. En los años que siguieron, los ingleses continuaron hostilizando las costas de la península y de las colonias americanas.

A partir de entonces empezó a decaer el poder naval de España, aumentando cada vez más el de Inglaterra.

Perdimos, además, a tres de nuestros más ilustres marinos: Alfonso de Leiva, que pereció en las costas de Irlanda, Recalde y Oquendo, que murieron al poco tiempo de llegar a España.

En 1589, don Antonio, prior de Crato, antiguo rival de Felipe II en la corona de Portugal, se puso de acuerdo con la reina de Inglaterra mediante la promesa de considerables sumas, plazas fuertes y privilegios mercantiles en Portugal y en las Indias, y la irreconciliable enemiga del monarca español puso a su disposición 200 barcos con 20.000 hombres al mando de Drake y de Norris. El 4 de mayo de dicho año se presentaron los ingleses frente a La Coruña, siendo rechazados vigorosamente, encaminándose luego a Lisboa, donde llegaron a poner pie, pero después de perder casi la mitad de la gente, hubieron de reembarcar de nuevo, no sin antes incendiar los arrabales.

Intentó Felipe II un nuevo esfuerzo contra tan poderoso enemigo, pero mientras se hallaba en los preparativos, una escuadra inglesa, mandada por el conde de Essex, se presentó en Cádiz (1596), forzó la entrada del puerto, hundió numerosos barcos que se hallaban en él y desembarcó en la ciudad, de donde se llevó hasta las campanas de las iglesias y las rejas de las casas, calculándose el botín en 20.000.000 de ducados, al mismo tiempo que las costas de América experimentaban similares estragos. A mediados de octubre de 1597 salió del puerto de Lisboa una escuadra de 128 bajeles mandada por Martín de Padilla, cuyo objetivo era atacar Inglaterra, pero sorprendido por una fuerte tempestad cerca del golfo de Vizcaya, se perdieron la mayor parte de las embarcaciones, arribando con grandes dificultades, las pocas que quedaron, a los puertos inmediatos, siendo ésta la última tentativa de Felipe II contra Inglaterra.

El fin de las hostilidades entre España y Francia. La paz de Vervins

A pesar de la paz de Cateau-Cambresis, la lucha entre España y Francia no había hecho más que sufrir un aplazamiento, pues por una parte continuaba la protección de los franceses a los rebeldes belgas, y por otra seguían las luchas religiosas, acabando por obligar a Felipe II a intervenir de nuevo en Francia, tanto por convicción como por defensa propia. Así, el monarca español, que era el más poderoso protector de la Liga, en un principio esta protección no fue precisamente manifiesta. Sólo después del asesinato de Enrique III, y cuando el ejército proclamó a Enrique IV, se decidió a enviar en socorro de la Liga, cuyo jefe era el duque de Mayena, por muerte del duque de Guisa, a Alejandro Farnesio (principios de 1590).

La posterior muerte de éste y la conversión de Enrique IV al catolicismo, dieron por resultado el reconocimiento del bearnés y la disolución de la Liga, renunciando Felipe II a las pretensiones de dar el trono de Francia a su hija Isabel Clara Eugenia, pretensiones fundadas en que ésta era nieta de Enrique II.

La paz de Vervins, bastante menos ventajosa que la de Cateau-Cambresis, puso fin, en 1598, a la guerra entre Francia y España.

Los acontecimientos más destacados del reinado. La muerte del rey

Todos estos sucesos interiores de tan largo reinado –aquí analizados–, aunque no correspondieron a los exteriores en importancia, no dejaron de tener interés, siendo principalmente dos los que más conmovieron la atención pública y los que después han apasionado a los historiadores de todos los tiempos. En primer lugar, por orden cronológico, mencionaremos la muerte de Carlos V en 1568, asunto éste del que los enemigos de Felipe II han querido sacar partido para pintarle poco menos que como un monstruo. Por otro lado, no tiene mayor fundamento la frialdad que se dice tuvo con su hermanastro, Juan de Austria. Esta pretendida frialdad cae por su propio peso con sólo pensar lo fácil que le hubiese sido anular la personalidad del ilustre caudillo y aun evitar que se manifestase. Lejos de esto, Felipe II confió a su hermanastro los puestos de mayor peligro y honor, a los que, por otra parte, el de Austria supo hacerse acreedor. Además, no cabe sospechar en un hombre de la contextura moral de Felipe II que contrariase la voluntad de su padre, de cuya memoria hacía un culto, que le había recomendado fervorosamente a don Juan. Y no sólo se acusó a Felipe II de haber tratado con poca consideración a su hermanastro, sino que aún se insinuó que le había hecho envenenar, dando motivo para que el jesuita Juan de Villafañe, rector del colegio de San Ignacio de Valladolid, escribiese: «Desgraciado monarca en esta parte, a quien la envidia, el odio y la pasión, habiéndole ante hecho reo filicidio en la muerte de su hijo Carlos, ahora le acumula el de fratricidio en la de su hermano Juan» (*Relación histórica de la vida y virtudes de la Excma. Señora doña Magdalena de Ulloa*).

Si consignamos que gobernando Felipe II, en 1564, se llevó a cabo la completa dominación de las Islas Filipinas (razón por la cual se les dio este nombre) sin derramamiento de sangre; que se trabajó con fruto y organización en la conversión de los indios de América, para los cuales redactó Felipe muy sabias y humanas ordenanzas; que por su orden e impulso se completaron y clarificaron los archivos de Simancas, el de la embajada de Roma y el de Indias; que fundó la Academia de Matemáticas en Madrid presidida por el insigne arquitecto Juan de Herrera, que se retó de unir el Océano con el Atlántico por un insigne canal semejante al actual de Panamá, que se uniformó la milicia, que se mandaron hacer relaciones de los pueblos de América y España, como base para una historia general; que se intentó la canalización del Tajo con propósito de hacer puerto a Madrid, que se fundó el monasterio de San Lorenzo, el Real de El Escorial, asombro de homogeneidad entre todos los edificios monumentales del mundo, en cuya biblioteca y recinto se reunió lo mejor que las artes y la ciencia habían producido, quedarán relatados los hechos principales de este largo e interesante período de nuestra historia, que no duró menos de cuarenta y dos años, llegando Felipe II al final de su reinado con igual energía moral, ya que no física, como había comenzado. En efecto, veinte años antes de su muerte, la gota, que heredara de su padre, le atormentaba continuamente hasta el punto de privarle a veces de todo movimiento, pero la fortaleza de su espíritu y el no tener un sucesor en quien poder confiar, no le permitieron abandonar los asuntos de su gobierno ni aún en sus últimos instantes.

Antes de llegar a los setenta años, como dice con frase gráfica un historiador, «no podía casi tenerse de pie ni sentado», lo que no era obstáculo para que atendiese con el mismo interés y solicitud de siempre todos los negocios y tareas públicas y privadas encomendadas como gobernante de un fabuloso y grandioso imperio, dentro y fuera de nuestro país.

El martes, 30 de junio de 1598, recostado en una litera, se hizo trasladar a El Escorial, lugar de su predilección y que, como es sabido, mandó construir para conmemorar la victoria de San Quintín, obtenida precisamente el día de San Lorenzo.

Aún sin poderse levantar de la cama, continuó despachando expedientes, pero la fiebre le obligó a dejar el trabajo a las tres semanas, siendo su cuerpo una verdadera llaga, y si grande había sido el rey en su vida, más lo fue aún en los largos y terribles días que precedieron a su muerte.

Atacado por el dolor, postrado en el lecho, permaneció así durante cincuenta y tres días, sin exhalar la más leve queja y teniendo aún ánimo para dictar algunas disposiciones encaminadas al gobierno de sus Estados, pero ocupándose sobre todo de la vida futura. Su amada hija Isabel Clara Eugenia le leía varios capítulos de libros devotos, tarea en la que alternaba fray Diego de Yepes, confesor del rey.

Doce días antes de morir confesó y recibió la extremaunción y después llamó a su sucesor diciéndole: «He querido que os hallásedes presente para que veáis en que vienen a parar los reinos y los señoríos deste mundo y que sepáis qué cosa es muerte, aprovechándoos dello, pues mañana habéis de comenzar a reinar». Murió con los ojos puestos en un

Felipe II. Alonso Sánchez Coello. Museo del Prado, Madrid.

crucifijo que tuvo en sus manos su padre, en igual trance, y sus últimas palabras fueron que moría como católico en la fe y obediencia a la Iglesia.

Su cadáver, sencillamente amortajado, fue enterrado en El Escorial, donde también descansan los restos de su padre y de su hermanastro don Juan.

De su primera esposa María tuvo al desgraciado príncipe Carlos; la segunda, María Tudor, no le dejó sucesión; de su tercera esposa, Isabel de Valois, nacieron Isabel Clara Eugenia, casada con el archiduque Alberto, y Catalina Micaela, que casó con Carlos Manuel, duque de Saboya; finalmente, de su cuarta esposa, Ana de Austria, hija del emperador Maximiliano, tuvo varios hijos, de los cuales solo le sobrevivió Felipe III, su sucesor en el trono.

No han habido muchos reyes que hayan ocupado tanto espacio y tiempo en la historia y en la literatura como Felipe II.

De aire majestuoso, vestía siempre con una elegancia sencilla y no usaba el menor adorno. Su mirada era dulce y atractiva y su aspecto, en general, inspiraba simpatía. Su pasión dominante fue el trabajo y ningún secretario de los que tuvo a su cargo empleó tantas horas como él en el despacho con los asuntos cotidianos, pues permanecía días enteros en su gabinete, se enteraba personalmente de todo e incluso cuando se trasladaba a El Escorial llevaba consigo una abultada cartera y no había documento en el que estampase su firma que previamente no hubiese leído y corregido su contenido. Desde su palacio de Madrid, donde trasladó la corte en 1561, o desde El Escorial, irradiaban las órdenes a los dos mundos, pues a partir de la batalla de San Quintín no volvió a abandonar dichos lugares, si se exceptúa el corte viaje que hizo a Lisboa para ser proclamado rey de Portugal. Si en algo se le puede censurar en este sentido es de haber querido centralizar demasiado el gobierno, en una época en que la escasez y deficiencia de los medios de comunicación no lo permitían.

Muy personal y celoso de su misión, no lo fue más que cualquier monarca de su época, lo cual es fácil de comprobar. Su inteligencia era muy viva y su amor al estudio grande, siendo sus defectos más bien de los tiempos en que vivió que de su propio carácter. Escrupuloso hasta el extremo, no resolvía ningún asunto sino tras detenido estudio, lo que no siempre le daba buen resultado, pues sus dilaciones le ocasionaron más de un disgusto, concibiéndose que fuese así, pues en la inmensa multitud de problemas que le ocupaban, lo mismo en Europa y África que en América, no era posible abarcarlo todo.

Mostró una gran solicitud por el desarrollo de las ciencias y de las artes, y aún protegió directamente a muchos escritores y sabios.

Que Felipe II tuvo defectos y aún cometió faltas graves, nadie lo duda, pero su conducta general no fue peor que la de otros reyes de su época, teniendo él sobre muchos la superioridad de que nunca le movió la pasión personal, sino el deseo de engrandecimiento de su país.

Estando para morir pudo decir: «Protesto que jamás he cometido injusticia a sabiendas».

Felipe III de España y Portugal

El reinado de Felipe III. Los validos. Expulsión de los moriscos

En una fecha imposible de precisar exactamente, el desmesurado Imperio español, contenido su proceso ascensional, inicia un declive que, con breves periodos de estacionamiento y con efímeros intentos de reacción, llega a los últimos extremos del decaimiento y de la desventura. Los historiadores modernos suelen fijar el comienzo de la larga decadencia de España en el fracaso de la Armada Invencible, que señala el fin del predominio marítimo español y el auge del de Inglaterra, que, con muy escasos intervalos de paz, viene a ser el más constante de los enemigos de España. Los contemporáneos tardarán mucho en darse cuenta de este abandono de la fortuna. Los más enterados y perspicaces comienzan a manifestar su alarma ante la muchedumbre y encono de los enemigos y el sucesivo empobrecimiento de la península, único soporte de la política imperial.

Este empobrecimiento, que hará también acto de presencia en las clases directoras, se advierte en los inmediatos sucesores de Felipe II. Felipe III, Felipe IV y Carlos II, cuyos largos reinados cubren todo el siglo XVII, eran amantes de sus vasallos, de fondo profundamente cristiano, siempre rectamente intencionados y no desprovistos de virtudes y cualidades. Pero ninguno de ellos tuvo el genio y la vocación de la política y la pasión por el oficio de reinar de sus antecesores Isabel y Fernando, Carlos V y Felipe II. Los reyes españoles del siglo XVII se limitan a cumplir escrupulosamente los deberes burocráticos de la corona, pero lo más de su tiempo se pasa en el ambiente cortesano de placeres y fiestas pa-

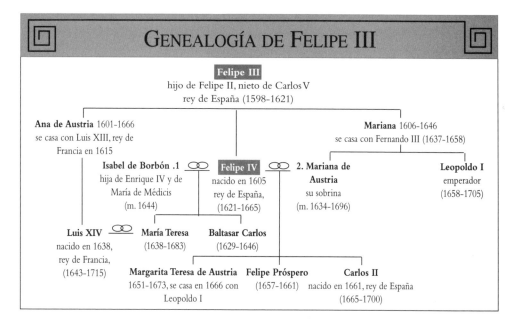

GENEALOGÍA DE FELIPE III

Felipe III
hijo de Felipe II, nieto de Carlos V
rey de España (1598-1621)

Ana de Austria 1601-1666
se casa con Luis XIII, rey de
Francia en 1615

Mariana 1606-1646
se casa con Fernando III (1637-1658)

Isabel de Borbón .1
hija de Enrique IV y de
María de Médicis
(m. 1644)

Felipe IV
nacido en 1605
rey de España,
(1621-1665)

**2. Mariana de
Austria**
su sobrina
(m. 1634-1696)

Leopoldo I
emperador
(1658-1705)

Luis XIV
nacido en 1638,
rey de Francia,
(1643-1715)

María Teresa
(1638-1683)

Baltasar Carlos
(1629-1646)

Margarita Teresa de Austria
1651-1673, se casa en 1666 con
Leopoldo I

Felipe Próspero
(1657-1661)

Carlos II
nacido en 1661, rey de España
(1665-1700)

latinas, de una frivolidad que en aquellos años de tragedia causa espanto. Ninguno era capaz de ponerse al frente de sus tropas ni de tomar la iniciativa de la política y llevar personalmente la dirección del Estado.

Es lugar común en los historiadores el atribuir los sucesivos desastres a la dejación del poder por los monarcas en manos de personas de su absoluta confianza, a las cuales casi oficialmente se llamaba «privados». Es una institución de los reyes abúlicos y desertores de la casa de Trastámara, olvidada por los grandes reyes del siglo XVI y que renace en tiempo de los últimos Austrias, no sin supervivencias en el siglo XVIII. No fue ésta, sin duda, la causa de la decadencia de España, sino el que, en la depresión general, no fue posible encontrar personas de talla suficiente para llevar el complicado menester de gobernar la inmensa monarquía entre asechanzas cortesanas y murmuraciones del pueblo, que podía, achancando al valido o privado todas las culpas, dejar a salvo su veneración por la sagrada persona del rey.

Quizá el gran error de los últimos Austrias fue la creación y el mantenimiento del caos inútil, costoso y embarazoso que era la corte de España.

Estos monarcas, casi divinizados por el fervor monárquico, son el centro de una multitud ociosa, escasa en valores morales y políticos, que obliga a los monarcas del más extenso imperio que el mundo ha conocido a permanecer en los sitios reales que rodean a Madrid, siendo para los súbditos lejanos algo así como un mito inaccesible, como era el emperador para los más remotos súbditos de Roma. La presencia oportuna del rey en Lisboa, en Barcelona o en Italia habría evitado muchos conflictos, pero el monarca era cautivo de aquella muchedumbre de ociosos que consumían estérilmente lo más de las rentas de la corona, que le deslumbraban con una eterna fiesta y que le esclavizaban con las minuciosas leyes de una etiqueta abrumadora. Nada tan instructivo como la lectura de las Etiquetas de la Casa de Austria, publicadas en el año 1651, cuando amenazaban desgajarse tantas ramas del Imperio español.

Para darse cuenta del extenso y meticuloso aparato a que la etiqueta sometía a los príncipes conviene leer el libro en que el académico don Antonio Rodríguez Villa glosa las ordenanzas de 1651. La corte de Madrid se había convertido en una corte oriental. No eran ya los reyes, como sus antepasados de las casas de Borgoña, de Avis, de Trastámara y de Barcelona, tipos humanos cercanos al pueblo y en constante comunicación con él, sino que una especie de divinización de la casa de Austria había convertido a los príncipes en lejanos e inaccesibles semidioses. De este concepto proviene la monstruosa costumbre de los reiterados matrimonios entre próximos parientes, que motivó que el último Habsburgo español, Carlos II, fuese hijo de tío y sobrina (Felipe IV y Mariana), nieto de próximos parientes (Felipe II y Ana), cuyos padres (Carlos V e Isabel) eran primos hermanos también. Aun cuando las dispensas pontificias hiciesen lícitas estas bodas principescas, la consanguinidad las hacía semejantes a las de los faraones de Egipto, que creían dignas tan sólo del tálamo regio a sus propias hermanas.

El día del rey, esclavo de esta etiqueta, era un martirio y la corte procuraba hacerlo llevadero organizando una perpetua fiesta, pues los tres últimos Austrias, tan diferentes entre sí, tenían de común la afición a la danza, a la caza y a los juegos de destreza. Estas fiestas costaban a la monarquía de un pueblo en la miseria, comprometida en tantas empresas, sumas fabulosas.

Lo que causa mayor tristeza, en este quemar los tesoros y grandes sumas de dinero, es su frívola esterilidad. El oro, en tiempo de los últimos Austrias, se derramaba en efímeras escenografías, en fuegos de artificio, en fiestas de brillante y pasajero recuerdo. De la corte de Felipe III no nos queda sino el palacio de Valladolid y de la de Felipe IV el del Buen Retiro, que desdeñaría el menor de los potentados de Italia. Ni siquiera tuvieron estas fiestas felices consecuencias literarias.

Pero aún más desastroso es el cuadro que ofrecen los altos estratos sociales de España en el siglo XVII. Una nobleza ociosa y corrompida, carente de ideales, ávida de dinero para poder derrocharlo en una vida sin freno moral. Por el más leve puntillo de honor corre la sangre a torrentes, pero este singular concepto de la honra no llega a impedir las acciones más bajas e impropias de un caballero.

La corrupción había penetrado en todas partes, hasta en las órdenes religiosas más penitentes y recogidas. Claro es que las noticias o la literatura del momento no nos dan una visión total de la sociedad española, pues no reflejan sino la espuma del mal, que salía a la superficie, y no la virtud callada, el esfuerzo heroico, el sufrimiento del pueblo de menestrales y de labradores, que quedaban ocultos. Hubo todavía una minoría más reducida cada vez, de hombres inteligentes y honrados que intentaban salvar de aquel caos el Imperio español; hubo santos religiosos y soldados valientes, que cumplían con su deber en el campo de batalla, pero aun en esta selección de los mejores se advierten la desesperanza y el desengaño, que entibian el ánimo y le hacen poco propicio a grandes empresas. La política española del siglo XVII carece de un rumbo y dirección definidos. Hay, sí, una constante en la actuación exterior: el mantenimiento de la alianza con la rama alemana de la casa de Austria y el apoyo a la causa católica, que reñía en Europa su batalla decisiva. Pero al servicio de este ideal, que ennoblece la gestión de los últimos Austrias españoles, no hay un plan firmemente seguido ni una visión de conjunto de los problemas. Es la época de los arbitristas, del salir del paso en cada momento, como se pudiese.

Felipe III. Juan Pantoja de la Cruz. 1606.
Museo del Prado, Madrid.

La tenaz confianza de los españoles en su fortuna se cifraba en la posibilidad de un milagro que devolviese a España el predominio en el mundo.

Lo maravilloso es que en esta sociedad depravada y ociosa, sanguinaria y milagrera, llegasen la literatura y el arte a la cumbre de su esplendor. Parece como si la floración literaria y artística necesitase para su desarrollo exuberante de materia en descomposición, como la floración vegetal. En el reinado de Felipe III escribían Cervantes y Lope de Vega, continúa el Greco cubriendo los lienzos luminosos las iglesias toledanas, y de esta luminosidad llega algún reflejo a los pinceles de Ribalta, de Mayno y de Tristán. Es el momento de la imaginería de Gregorio Fernández.

La muerte de Felipe II en su celda de El Escorial, el 13 de septiembre de 1598, señala el fin de un sistema político y la iniciación de otro régimen de gobierno. El rey difunto había gobernado personalmente, mártir de su concepto del deber, su inmensa monarquía, cuyos recursos se empleaban íntegros en la gran idea en que rey y pueblo coincidían: la defensa de la cristiandad contra protestantes y mahometanos. Con FELIPE III reviven ya, para permanecer todo un siglo, los tiempos de Juan II y de Enrique IV, con sus luchas cortesanas entre favoritos, ávidos de poder. El régimen de privados pudo ser necesario para suplir la insuficiencia personal de Felipe III y de Carlos II. Lo triste fue la escasa altura de estos validos, que, decididos a conservar el dominio a toda costa, única finalidad de su política, procuran divertir la atención del rey en una perpetua y costosísima fiesta y toleran la venalidad de los funcionarios, que llega a extremos inconcebibles, con gravísimo detrimento de la monarquía, pues para los cargos no se nombra al mejor, sino al que paga o regala más. Esta fiesta, que había de durar cien años, se inicia en la primavera de 1599 con los fastuosos festejos con que se celebran en Valencia las bodas del nuevo rey Felipe con su prima Margarita de Austria, hija del archiduque Carlos y de María de Baviera y nieta del emperador Fernando, hermano de Carlos V, y que fueron tales que exigieron, para su descripción, libros voluminosos.

El nuevo rey, que había sido recibido con el júbilo con que el pueblo español, enfermo que cree mejorar con un cambio de postura, acoge siempre la transmisión del poder a nuevas manos, fue acaso, entre los Austrias españoles, el más dotado de virtudes personales y el más carente de dotes políticas. Había nacido, de las cuartas nupcias de Felipe II con su sobrina Ana de Austria, en Madrid el 14 de abril de 1578. Fue el único varón que sobrevivió al rey, el cual sufrió la dolorosa inquietud de ver morir a otros tres varones nacidos de este su último matrimonio.

Educado con esmero, dio pruebas desde la infancia de su piedad y sentimientos bondadosos, pero la debilidad de su carácter y su negligencia no le hacían propicio para regir los inmensos dominios y obviar las gravísimas dificultades que había de heredar de su padre, quien alguna vez, en la intimidad, lamentase la falta de condiciones de su hijo, pues aunque más expansivo y tan piadoso como su padre, su inteligencia y capacidad para el trabajo eran muy inferiores, así que cuando sucedió a Felipe II, a los veinte años, sintiéndose incapaz de dirigir los negocios de Estado que había heredado de su padre, de los que se había mantenido al margen, declinó desde el primer momento esta responsabilidad, dando comienzo la decadencia de España con un período de favoritos y ministros omnipotentes. Ahora la monarquía dejó de ser absoluta de hecho, aunque continuase siéndolo de derecho, actitud que estaba justificada, pues si su padre, con todo su talento, energía y formidable temperamento de trabajador, no pudo resolver las dificultades que continuamente se le presentaban, ¿cómo los iba a resolver él con tanta inferioridad por todos los conceptos?

Proclamado rey el mismo día de la muerte de su padre (13 de septiembre de 1598), entregó las riendas del gobierno al marqués de Denia, Francisco de Sandoval y Rojas, más tarde duque de Lerma, hábil cortesano, de escasa capacidad intelectual pero de una ambición sin límites y carente de escrúpulos, quien a su vez, cuando ya se hizo fuerte, se entregó en manos del célebre Rodrigo Calderón, de quien daremos cuenta más adelante.

Los primeros actos del duque de Lerma fueron repartir entre sus deudos y amigos los mejores cargos y creando otros para un buen número de partidarios, lo que hizo aumentar considerablemente los gastos públicos.

Cuando en 1599 se efectuó en Valencia el matrimonio de Felipe III con Margarita de Austria, se celebraron fiestas muy suntuosas que costaron una gran suma de ducados.

En los Países Bajos, aunque de hecho Felipe II había renunciado a la soberanía traspasándola a su hija Isabel Clara Eugenia y al archiduque Alberto, continuaban los disturbios contra España, promovidos no sólo por los naturales del país, sino también por nuestros soldados que recibían sus pagas tarde y mal.

Por su temperamento pacífico y poco dominador, Felipe III hubiera declinado toda intervención, pero creyendo que el honor de España exigía el cumplimiento de la voluntad de Felipe II y que, por tanto, los flamencos habían de reconocer a Isabel Clara Eugenia, se dispuso a ayudar a su hermana, hasta que por fin se firmó la tregua de La Haya.

La falta de dinero contribuyó mucho a este resultado, pues los jefes del ejército no podían conservar la moral de sus tropas y algunos de ellos, como el ilustre Ambrosio Espínola, gastaron toda su fortuna en suplir las deficiencias del Estado.

El propio Espínola se cubrió de gloria en el sitio de Ostende, una de las páginas más brillantes de nuestra historia. Con ser ésta una dificultad grave, no lo era tanto como el estado de las relaciones con Inglaterra, pues continuaba estorbando por todos los medios nuestro comercio y alentando a nuestros enemigos, hasta que, por fin, estalló la guerra de 1601 y se organizó una expedición contra las costas inglesas que, al mando de Martín de Padilla, se hizo a la mar, pero regresó pronto a causa del mal tiempo sin haber encontrado un solo barco enemigo.

Al año siguiente se confió a Juan de Aguilera preparar y dirigir una nueva expedición contra Inglaterra, contando con el apoyo irlandés, lo que permitió a los españoles apoderarse de las ciudades de Kinsale y Baltimore, que perdieron más tarde, firmándose la paz en Londres, en agosto de 1604, después de la muerte de Isabel, la implacable enemiga de España.

Con la paz de Londres y la tregua de La Haya, pudo el gobierno dedicar su atención a otro asunto, tan relacionado con la política exterior como con la interior.

Como en los reinados anteriores, los piratas berberiscos seguían asolando las costas del Mediterráneo, hasta el punto de haber infundido el terror a los habitantes del litoral, por mucha vigilancia que se ejerciese, pues siempre se les presentaba alguna ocasión para desvalijar un barco que navegase descuidado o efectuar atrevidos desembarcos cuya finalidad no era guerrera, sino de simple bandidaje.

Desde hacía años se acusaba a los moriscos de España, principalmente a los que habitaban en el reino de Valencia, de estar en relación con berberiscos turcos animándoles a continuar en sus empresas de pillaje.

Por otra parte, las predicaciones de los sacerdotes más celosos para que abandonasen su religión resultaban estériles.

Entre los catequistas se había distinguido el arzobispo de Valencia, Juan de Ribera, quien, convencido de la inutilidad de sus esfuerzos, acabó por aconsejar al rey la expulsión de todos los de su raza que habitaban en España.

Si hoy, a través de los siglos y de la radical evolución del pensamiento humano, nos parece injusta una medida semejante, es por que no sabemos colocarnos en la verdadera situación que le inspiraba al arzobispo, pues ya Cervantes, cuya superioridad de espíritu y rectitud no ha sido discutida hasta la fecha, escribía: «Celadores prudentísimos tiene nuestra república, que, considerando que España cría y tiene en su seno tantas víboras como moriscos, ayudados de Dios hallarán a tanto daño cierta, presta y segura salida» (*Coloquio de los perros*).

En el memorial elevado por el arzobispo de Valencia al rey les acusaba del doble delito de oponerse a la religión de la patria y de traicionar al país que les servía de albergue.

Se nombró una junta para que entendiese en estos extremos, pero sus deliberaciones se eternizaban, y ante la insistencia de Ribera y de Lerma, que aconsejaban la expulsión, Felipe III acabó por ceder, cumpliéndose así, según indica el historiador Lafuente, la profecía de un humilde fraile, el padre Varga, que predicando en Ricla el mismo día del nacimiento de Felipe III, conminaba a los moriscos aragoneses con las siguientes palabras: «Pues que os negáis absolutamente a venir a Cristo, sabed que hoy ha nacido en España el que os habrá de arrojar del reino». En efecto, el 11 de septiembre de 1609 se promulgó el bando real por el que se ordenaba la salida de España, en el plazo de tres días, de los moriscos de Valencia y después los de las demás provincias.

Muy censurada ha sido esta media, que algunos la han considerado como la ruina de España, o poco menos, no pudiendo culpar de ella a Felipe III ni siquiera al duque de Lerma, pues es evidente que la mayoría del pueblo español la deseaba.

Paralelamente a la expulsión de los moriscos, se emprendió una campaña que ya había comenzado en 1601, contra los piratas turcos y berberiscos, dando como resultado el apresamiento en el mismo año de varias embarcaciones de los corsarios por parte de Martín Padilla.

En 1604, Juan Andrés Doria estuvo a punto de apoderarse de Argel, impidiéndoselo una tempestad que dispersó sus barcos. En 1605 y 1608, el marqués de Villafranca y Luis Fajardo, respectivamente, causaron serios daños a los piratas, especialmente el último, que destrozó una escuadra turca frente a la Goleta.

El mismo Fajardo, en 1611, se apoderó de varios corsarios y poco después Rodrigo de Silva y Pedro de Laza apresaron algunas naves berberiscas que contenían riquísimos cargamentos, no siendo el menos precioso 3.000 volúmenes árabes, por cuyo rescate ofreció el sultán de Marruecos 70.000 ducados, pero Felipe III le prometió devolvérselos a cambio de los prisioneros españoles que tenía en su poder, a lo que se negó el soberano marroquí, siendo llevados a El Escorial.

En 1612, el marqués de Santa Cruz incendió una escuadra enemiga en la Goleta, y en 1614 Luis Fajardo desembarcó en la costa occidental de África venciendo al enemigo en los alrededores de Tánger. A mediados de 1616, Francisco de Ribera salió de Nápoles con cinco embarcaciones y 1.600 soldados y capturó gran número de naves turcas, echando otras a pique. Estos castigos y las victorias obtenidas por los almirantes Costa y Vidazábal lograron devolver la tranquilidad a nuestras costas.

El apogeo del prestigio exterior de España

A pesar de la desmoralización administrativa que prevalece en el reinado de Felipe III, del contraste entre el lujo oriental de la corte y el empobrecimiento progresivo del país, nunca ha gozado España de mayor prestigio externo que en los años que van de la muerte de Felipe II a 1621.

El asombro de todo un siglo de desmesurado engrandecimiento de la monarquía española y el renombre de una serie de hechos de armas, no siempre afortunados, pero que demostraban el valor y la pericia del pequeño ejército que combatía en todos los campos de Europa, habían creado en torno a España una leyenda áurea de valor, de riqueza y de magnificencia que tiene precisamente en estos años su apogeo. Es precisamente ahora cuando España impone en toda Europa la moda y la lengua, indicios los más seguros del Imperio. De igual forma, el ejército y la marina del rey de España y el oro de las Indias fueron durante mucho tiempo el temor o la esperanza de las cancillerías europeas.

Además de las armas, la diplomacia contribuyó a mantener el prestigio de España en las cortes extranjeras. Fue Fernando el Católico el fundador de una escuela de hábiles negociadores, y durante los reinados de Carlos V y de Felipe II la amplitud de las relaciones internacionales motivó el que entre los grandes señores españoles y entre prelados y cortesanos fuesen frecuentes la aptitud para las negociaciones y la afición a este difícil género de asuntos. El reinado de Felipe III es la edad de oro de la diplomacia española, cuyos representantes pesan como nunca aún en la política interior de las grandes potencias europeas. De entre ellos, debemos destacar al embajador Íñigo de Cárdenas así como a Gómez Suárez de Figueroa, duque de Feria. Pero el más grande de todos será Diego Sarmiento de Acuña.

Aun cuando tanto Felipe III como su valido eran partidarios de la paz, en torno a 1610 estuvo a punto de estallar una nueva guerra con Francia, debido a que ésta procuraba suscitar dificultades en todos los países donde España ejercía su dominio e influencia, pues Felipe III se miraba con recelo, y para contrarrestar los manejos del francés había montado un servicio de espionaje que le tenía al corriente de todos los actos de Enrique, habiendo ganado a gran número de funcionarios franceses e incluso a la reina María de Médicis.

Enrique IV, al ver descubiertos sus planes, se apresuró a levantar un poderoso ejército, pero el puñal de Ravaillac le impidió llevar a cabo su propósito.

Posteriormente, sería su viuda María de Médicis la encargada de imprimir a la política francesa un giro amistoso hacia España; fue entonces cuando se concertó la boda de Isabel de Borbón, hija del difunto Enrique IV de Francia y de María de Médicis con el príncipe de Asturias, que sería Felipe IV, así como la hermana de éste, Ana de Austria, con el futuro Luis XIII de Francia, asegurando por algún tiempo la paz y la influencia de España en Francia.

Ajustar la paz con los holandeses era materia más ardua, pues para la mentalidad de la época resultaba intolerable que un rey católico tratase de igual a igual con unos súbditos rebeldes, que además eran herejes. En Italia hubo frecuentes sublevaciones y guerras, pues ya en vida de Enrique IV el duque Carlos Manuel de Saboya había intentado, con el apoyo del monarca francés, arrojar a los españoles de Italia, aunque la muerte de su protector desbarató sus planes, pero luego, habiéndosele ordenado que disolviera su ejército, invadió el Milanesado, y como le faltó el apoyo que esperaba de los franceses y venecianos, se apresuró a pedir la paz, aunque con la muerte de su yerno, Francisco de Gonzaga, duque de Mantua, cuyos estados correspondían a la hija de éste, María, el de Saboya pidió la tutela de su nieta y como se la denegaron, se levantó en armas e invadió el Monferrato, de donde le desalojó el marqués de Hinojosa, gobernador de Milán, que le infligió una completa derrota (1615).

Poco después, por mediación de Francia, Venecia y Roma, se firmó la paz, pero el gobierno español desaprobó este acto y envió al marqués de Villafranca con orden de continuar la campaña, reanudándose con gran actividad por ambas partes, pidiendo el de Saboya la paz por tercera vez, que se firmó en Pavía en 1617.Venecia había ayudado con dinero a Carlos Manuel y después del tratado de Pavía ocurrió un suceso, sobre el que aún no han logrado ponerse de acuerdo los historiadores.

Según una versión, sin serios fundamentos, el marqués de Bedmar, el duque de Osuna, Pedro Téllez Girón y el marqués de Villafranca, para castigar a la República, tramaron una conjura cuyo objeto era dar muerte a los senadores y nobles y someter Venecia al dominio español. El gobierno veneciano descubrió el complot, frustrando los planes de los conjurados. Sin embargo, no se ha descubierto ningún documento que pueda servir de prueba, por lo que la gran mayoría supone que la conjura no existió y que sólo fue una habilidad del gobierno de Venecia para evitar las reclamaciones que podía hacer España por el auxilio prestado al de Saboya, propagando entre los venecianos la idea de que el duque de Osuna, virrey de Nápoles, tenía la intención de declararse independiente en aquel reino.

Los nobles napolitanos, descontentos del carácter altanero del duque, acogieron el rumor, tomando éste tal consistencia que se envió al cardenal Gaspar de Borja para que averiguase lo que había de cierto.

El resultado fue la destitución y encarcelamiento del duque de Osuna en 1620, el mismo año en que el duque de Feria, sucesor del marqués de Villafranca en el gobierno de Milán, se apoderó del territorio de la Valtellina y España se decidió a intervenir en la guerra de los Treinta Años, saliendo de los Países Bajos el marqués de Espínola con 8.000 soldados para auxiliar al emperador Fernando.

En América continuó la expansión española, siendo sometidos grandes territorios como Nuevo México y el valle de Arauco en Chile.

El inicio de la decadencia española. La descomposición de un Imperio

A juzgar por la política exterior de España durante el reinado de Felipe III, nadie hubiera podido creer que la nación comenzaría entonces a precipitarse en la decadencia, pero si se estudia la descomposición interna del país y la ineptitud, falta de escrúpulos y favoritismos de los gobernantes que se sucedieron en aquel período, poniendo como ejemplo el destierro de la corte de todos los que habían sido ministros de Felipe II y alejando del lado del rey a su preceptor García de Loaisa Girón, arzobispo de Toledo, y al inquisidor general Pedro de Portocarrero. Dio ambos puestos a su tío Bernardo de Sandoval el duque de Lerma, quien, no obstante, al principio se limitó a repartir títulos y prebendas entre sus parientes y personas que le habían prestado algún servicio, pero más tarde prefirió venderlos, cobrando por anticipado, siendo muy corriente en esta época conferir cargos que aún no estaban vacantes, con lo que muchos de ellos tenían dos o más titulares. Lo mismo hacían sus secretarios, especialmente Rodrigo Calderón, no habiendo asunto, por insignificante que fuese, que no les valiese dinero, con lo que se llegó a un grado de corrupción inconcebible.

A fin de poder obrar con más libertad, prescindió de los Concejos del reino apelando a la formación de Juntas particulares, formadas, como puede suponerse, por adictos suyos, que se avenían a su entera voluntad, llegando, incluso, a arrancar de Felipe III, aprovechán-

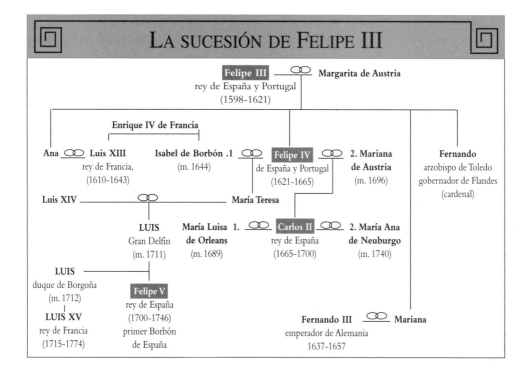

LA SUCESIÓN DE FELIPE III

dose de su indolencia, una orden disponiendo que los despachos firmados por él tuviesen igual fuerza que los salidos del propio monarca.

En 1601 se trasladó la corte a Valladolid, para volver cinco años más tarde a Madrid, previo pago de una fuerte cantidad que le ofreció la villa.

Entre los más favorecidos por el duque de Lerma figuraban su hijo Cristóbal, duque de Uceda, su sobrino el conde de Lemos y el citado Rodrigo Calderón.

El descontento por la forma de gobernar empezaba ya a exteriorizarse, circunstancia que aprovechó Uceda para convertirse en el rival de su padre ayudado por Francisco Gómez de Sandoval y Rojas, el conde-duque de Olivares, Gaspar de Guzmán, ayo del príncipe de Asturias, y buen número de nobles, que en principio consiguieron el procesamiento de algunos de sus favoritos, por lo que el duque de Lerma, viéndose perdido, apeló al subterfugio de hacerse conceder el capelo cardenalicio aprovechándose de los sentimientos religiosos del rey, que conocía muy bien, contando con bastante seguridad en que no se atrevería a tomar ninguna medida contra él. En parte fue así, pues se limitó a concederle una licencia ilimitada para que pudiese gozar del descanso que merecían sus largos años de servicio y aún recibió un abrazo del rey cuando fue a despedirse de él para marchar a Valladolid (4 de octubre de 1618). Menos suerte tuvo Calderón, que se había hecho inmensamente rico mediante los abusos de poder, pues todo el odio del partido vencedor se descargó sobre él, siendo encarcelado y sometido a tormento, declarándose culpable de la muerte de un hechicero, cargo que bastó para condenarle a ser degollado.

El duque de Uceda sucedió en la privanza a su padre, aunque tuvo que compartir el poder con el conde-duque de Olivares, siendo su gobierno tan detestable como había sido el de su padre, pues la hacienda pública estaba arruinada y la miseria imperaba en el país, causada principalmente por el despilfarro en fiestas cortesanas y pensiones para los magnates en lugar de dedicar a las atenciones populares los ahorros obtenidos durante el período de paz que habían gozado.

A fin de remediar estos males, Felipe III solicitó un informe del Consejo de Castilla, el cual manifestó en 1619 que las causas del malestar económico eran, en primer lugar, los enormes tributos que pesaban sobre el país, prodigalidad en el reparto de dones y mercedes, el exceso de lujo y el gran número de empleados innecesarios y banales. No obstante, nada se hizo.

En abril del mismo año, el rey decidió pasar a Portugal para hacer jurar a su hijo el príncipe Felipe, proyecto del que había desistido varias veces, viaje que se hizo tan suntuoso como todos los actos de aquella corte, disponiendo espléndidos festejos en honor del monarca todas las principales ciudades portuguesas. En junio siguiente el príncipe Felipe fue jurado como heredero y sucesor del reino por las Cortes portuguesas, pero reclamado por las complicaciones de la guerra de los Treinta Años, regresó a Madrid sin contestar a los capítulos que las Cortes le habían de presentar, por lo que quedaron muy descontentos los portugueses.

Cuando ya estaba cerca de la corte, en Casarrubios del Monte, cayó enfermo de tal gravedad (14 de diciembre de 1619) que otorgó testamento, pero se repuso a los pocos días, aunque jamás volvería a recuperar completamente la salud.

De hecho, tiempo después vendría una nueva recaída y conociendo que su última hora se le acercaba, quiso recibir los santos sacramentos de la Iglesia, lo que hizo con gran devoción, manifestando, además, su arrepentimiento por los errores en el gobierno y prometiendo que otra sería su conducta «si al cielo pudiera prolongar su vida». Murió el 31 de marzo de 1621, teniendo en las manos el mismo crucifijo que había acompañado los últimos momentos de su padre y de su abuelo.

De su matrimonio con Margarita de Austria, muerta en 1611, tuvo a Ana, que casó con Luis XIII de Francia, a Felipe IV, que le sucedió, a María, que casó con el rey Fernando de Hungría, a Carlos, a Fernando, que fue cardenal y a otros tres que murieron en la infancia.

La debilidad de su carácter, aunque bondadoso y dulce, y su escasa inteligencia hicieron que Felipe III distase mucho de ser el rey que España necesitaba en aquellas circunstancias, y como demostración de esto, pueden recordarse las palabras que se atribuyen a Felipe II: «Dios, que me ha concedido tantos estados, me niega un hijo capaz de gobernarlos».

Sin embargo, a pesar de los abusos de los ministros de Felipe III, de la decadencia económica y del desorden administrativo, España continuó teniendo en el exterior la misma jerarquía e influencia que en los anteriores reinados, pues nuestras armas se batieron con honra en Europa, en América y en África, además de no haber pérdidas territoriales, lo que hizo aumentar considerablemente la extensión de las colonias.

Las artes y las letras, como ya señalamos en su momento, florecieron y alcanzaron un alto grado de esplendor, pero la agricultura y la industria decayeron notablemente.

Felipe IV. Diego Velázquez.
The Meadows Museum, Dallas.

Felipe IV hacia 1624. Diego Velázquez.
Museo del Prado, Madrid.

Felipe IV de España y Portugal

Felipe IV y el conde-duque de Olivares

El reinado de FELIPE IV es uno de los más largos de la historia de España: comprende casi medio siglo, de 1621 a 1665. Es un período decisivo, durante el cual se puede seguir la trayectoria de una penosa decadencia que lleva desde el apogeo del prestigio de la corte de Madrid, cuyas decisiones eran acatadas en una gran parte del mundo, a un descrédito total, que convierte a la inmensa monarquía en lo que definió un historiador inglés como algo semejante a una ballena muerta flotando sobre los mares.

Esta catástrofe interminable no es totalmente imputable al rey, ni quizá siquiera a sus ministros, aun cuando en ella fuese la figura del monarca la más representativa. Es el derrumbamiento de un sistema ya inadecuado e impropio para mantener aquel enorme conjunto de estados frente a otros que supieron evolucionar a tiempo, creando instituciones más eficaces. Son también las circunstancias históricas las que promueven, después de las largas guerras civiles, el engrandecimiento de Francia, regida un tiempo por estadistas excepcionales como Richelieu y Mazarino y luego por un monarca joven y sediento de gloria que tuvo el acierto de rodearse de un equipo de políticos y financieros, de militares y de diplomáticos que no era ya posible en España. La historia del reinado da la impresión de que la máquina gigantesca y extremadamente complicada del Imperio español funciona lenta y torpemente al oponerse a las armas, certeras y eficaces, que manejan sus enemigos.

El conde-duque de Olivares. 1635.
Diego Velázquez. Museo Estatal del Ermitage, San Petersburgo.

Como figura central que presidió el extraño conjunto de grandezas y miserias que fue el reinado de Felipe IV es interesante conocer la personalidad del rey, cuyo aspecto físico podemos estudiar a la perfección por la serie de retratos de mano del pintor Diego Velázquez. Junto a esto, el retrato moral nos lo da el propio rey en un repertorio de documentos, íntimos y sinceros: su epistolario con la religiosa sor María de Ágreda. Felipe IV haya un singular consuelo en volcar en aquella alma santa sus amarguras, sus temores y su cada vez más escasa fortuna. El rey había heredado de sus antepasados una fe muy firme que le hace ver en los más mínimos sucesos la providencia de Dios. Es devoto de la Virgen y los santos, pero al mismo tiempo, arrastrado por una sensualidad enfermiza, lleva una vida de continuo escándalo. Y de la conjunción de esta robusta fe y de esta flaca virtud se origina una constante angustia, un doloroso desgarramiento interno. El rey ama a su patria y a sus vasallos y atribuye a sus propios pecados la responsabilidad de las continuas desventuras que caen sobre la una y sobre los otros. Felipe IV es uno de los Austrias españoles mejor dotados por la naturaleza. Su inteligencia era clara y su sensibilidad para las letras y las artes, admirable. De hecho, durante su reinado ambas manifestaciones llegaron a su más alto grado de esplendor, con figuras como Lope de Vega, Calderón de la Barca, Tirso de Molina, entre otros muchos literatos, y Velázquez, Murillo, Ribera, Zurbarán, Montañés y Alonso Cano, entre los artistas. Tenía un carácter noble y bondadoso y sabía unir una dignidad personal con la afable llaneza con que trataba a los humildes. Tuvo una salud robusta y una prestancia gallarda y amable. Le faltó alta visión política y amor al oficio de reinar, al cual sirvió solamente en el cotidiano despacho de negocios, en el que fue muy puntual.

Con tan solo dieciséis años se hizo cargo del mayor conjunto estatal que había presenciado la historia. Como su padre hizo con Lerma, él otorgó su confianza a don Gaspar de Guzmán, miembro de una gran familia andaluza; siempre se consideró andaluz y sevillano, aunque nació en Roma, donde su padre era embajador.

Conde de Olivares y luego duque de Sanlúcar la Mayor, don Gaspar fue un personaje de singular relieve; lo conocemos bien gracias a la biografía del historiador Gregorio Marañón, que analizó la complicada personalidad, y a los estudios de John H. Elliott, que ha fijado más la atención en su actuación como hombre de Estado.

Sus relaciones con el monarca no fueron idénticas a la de Lerma con Felipe III; el conde-duque, aunque no descuidara los intereses de su casa y su familia, estaba ante todo preocupado por los intereses de la monarquía. Felipe IV tampoco era como su padre, frívolo y despreocupado; sus relaciones con el valido pueden compararse a las de Luis XIII con Richelieu: colaboración dentro de unos puntos de vista comunes.

El poder de Olivares nunca fue total, aunque sí lo bastante como para atraerse la envidia de los grandes y el encono de los que atribuían a su equivocada dirección política los males de España.

Los comienzos del reinado fueron prometedores: terminada la tregua con los holandeses, las hostilidades se reanudaron; en Holanda predominaba el partido belicista, con tendencias a la expansión marítima y colonial. En España, como reacción a la política pacifista, se impusieron los partidarios de una actitud firme que devolviera a la monarquía la reputación que se creía perdida o comprometida.

Algunos éxitos parecían corroborar esta tendencia: Espínola conquistó Breda, episodio inmortalizado por Velázquez en *Las Lanzas*. Carlos I de Inglaterra, despechado por no haber obtenido la mano de la princesa María, hermana de Felipe IV, envió una escuadra a Cádiz, que fue rechazada con pérdidas (1625). Al mismo tiempo, se obtenían éxitos en las costas de Brasil, invadidas por los holandeses.

Los planes del nuevo equipo gobernante no se limitaban a la política exterior, proyec-

El conde-duque de Olivares.
Diego Velázquez. The Hispanic Society
of América. Nueva York.

Felipe IV. Diego Velázquez.
Antes de 1628. Museo del Prado, Madrid.

taban también una regeneración moral y una restauración material de la nación. Mezclando nobles propósitos con rencores personales se persiguió a los miembros más destacados del gobierno anterior; rodó en público cadalso la cabeza del marqués de Siete Iglesias; Lerma no pudo ser atacado en su persona porque, previsoramente (como ya indicamos en su momento), había obtenido el capelo de cardenal, pero tuvo que pagar una enorme multa en concepto de devolución de cantidades indebidamente ingresadas. Su hijo, el duque de Uceda, murió en prisión, lo mismo que el gran duque de Osuna. Otra medida moralizante que causó gran revuelo y malestar entre los afectados fue la exigencia de que los funcionarios públicos entregaran un inventario de bienes como garantía contra el enriquecimiento indebido.

Como órgano de asesoramiento funcionó una Junta de Reformación; se enviaron encuestas a las ciudades de voto en cortes y, finalmente, en 1623 se promulgaron unos decretos que abarcaban puntos muy variados, desde la prohibición de los prostíbulos a la restricción del lujo excesivo y la protección a los agricultores. Se formó también una Junta de Población y se limitaron los gastos de la corte, que en el reinado anterior habían crecido de una forma desmesurada.

La consecución de estos fines exigía un ambiente de paz que, por culpas propias y ajenas, no se pudo mantener largo tiempo. A la sangría suelta de Flandes se unían las complicaciones cada vez más temibles de la guerra de los Treinta Años. Finalizado con éxito para los Habsburgos su primer período (Palatino), el rey de Dinamarca había asumido la jefatura militar de los protestantes; el emperador alemán, auxiliado por el famoso Wallenstein, verdadero «empresario de guerra», y por los esfuerzos y subsidios que le enviaba España, no sólo rechazó el ataque, sino que invadió el norte de Alemania.

Olivares vio el partido que se podía sacar de esta situación: la experiencia enseñaba que a Holanda no se la podía vencer por tierra; con las ganancias que le proporcionaba su comercio mundial adquiría material de guerra y contrataba soldados mercenarios. Cada una de las ciudades de su pobladísimo territorio era una fortaleza cuya conquista exigía un asedio agotador. El simple tránsito por un país cruzado de canales y polders (pantanos desecados que se dedican al cultivo) presentaba dificultades casi insuperables.

Anticipándose a una idea empleada posteriormente por Napoleón contra Inglaterra, Olivares pensó arruinar el comercio de los holandeses, base de su prosperidad. Fue creado un Almirantazgo, con base en Dunquerque, integrado por buques flamencos que ejercieron contra los mercantes holandeses una devastadora guerra de corso. El avance de las tropas austriacas ofrecía otras perspectivas: instalar sólidos puntos de apoyo en las costas del mar del Norte y del mar Báltico e interrumpir el fructuoso comercio que ejercían los holandeses a través de los estrechos de Dinamarca.

Muchas veces se ha visto en la historia que una idea estratégica acertada resulta ser un gran error político; el bloqueo continental lanzado por Napoleón provocó la guerra contra Rusia; el bloqueo intentado contra Holanda produjo o aceleró la intervención de Suecia.

Gustavo Adolfo no estaba sólo predispuesto a la intervención por sus aficiones guerreras; su nación atravesaba una fase de prosperidad, en parte motivada por las masivas ventas a España de cobre sueco, necesario para fabricar la moneda de vellón. Las apelaciones de los príncipes protestantes de Alemania, irritados por el imprudente edicto de restitución dictado por el emperador Fernando II, y su propia inquietud ante la presencia de las tropas imperiales en Dinamarca lo decidieron a intervenir.

Contando con un excelente ejército y con los subsidios de Francia, sus victorias fueron fulgurantes; de nuevo estaba en peligro la existencia misma del imperio ostentado por la rama austriaca de los Habsburgos, y si Alemania caída en poder de Gustavo Adolfo y sus aliados, los Países Bajos españoles no tardarían en caer también.

La depresión del poder económico español

El empeoramiento de la situación internacional forzó a Felipe IV y a su primer ministro a relegar a segundo plano sus preocupaciones reformistas. En adelante, las atenciones militares lo absorberían todo y conducirían a todos los reinos hispánicos, en especial a la sufrida Castilla, a una situación lastimosa.

Es un rasgo común a todo el antiguo régimen español que las guerras no se financiaban con los recursos presupuestarios corrientes, sino con medios extraordinarios. En realidad, esto ocurre con todas las guerras en todos los tiempos y países; pero cuando ese estado de guerra es permanente se llega a un callejón sin salida.

Al principio del reinado se utilizó el mismo medio que ya había puesto en práctica Felipe III: multiplicar las emisiones de vellón, un vellón cada vez más desacreditado por su abundancia y su mala calidad. Aumentaron la confusión las grandes partidas de monedas falsas que introdujeron los extranjeros, sobre todo los holandeses, a quienes esta modalidad de la guerra económica produjo fuertes ganancias.

A partir de 1627 las perspectivas se hicieron cada vez más sombrías; en dicho año se declaró una parcial bancarrota que puso a los banqueros reales, responsables de las atenciones más urgentes, en graves apuros; algunos quebraron y fueron sustituidos por judíos portugueses.

La abundancia de numerario circulante y una serie de malas cosechas determinaron un alza de precios que se quiso atajar con unas pragmáticas de precios y salarios que no tuvieron efectividad. Entonces se recurrió a la drástica medida de reducir a la mitad el valor de las mo-

El cardenal infante don Fernando.
Diego Velázquez.
Museo del Prado de Madrid

nedas de cobre. Con ello se evitaron algunos males, bajaron los precios y volvieron a circular las monedas de oro y plata; pero las pérdidas que experimentaron los particulares con aquella conversión, sobre todo las clases más pobres, produjeron una profunda depresión.

Aquella crisis depresiva coincidía con una coyuntura internacional que obligaba a buscar recursos a toda costa. La actitud de Francia era cada vez más inquietante; de una postura amistosa bajo la regencia de María de Médicis había pasado a otra de neutralidad salpicada de actos hostiles: en connivencia con Venecia había sostenido una corta guerra para impedir que el gobernador de Milán ocupara el estratégico valle de la Valtelina, en los Alpes suizos.

Ahora bien, la posesión de los pasos alpinos era indispensable para enviar dinero y tropas a Flandes y Alemania; ésta era una de las causas de la importancia que tomó el ducado de Saboya. Ésta era también causa muy principal del recelo de Francia, porque al ver circular a los tercios españoles a lo largo de sus fronteras, siguiendo el valle del Rhin, tenía la impresión de estar cercada al sur y al este por la potencia de los reyes de España.

Tras la paralización impuesta por sus guerras civiles, Francia recuperaba su unidad, su cohesión interior. Con casi veinte millones de habitantes y un territorio rico en recursos, representaba una potencia menos extensa pero más concentrada que la de la monarquía hispana; más eficaz en manos de gobernantes hábiles y sin el lastre de los escrúpulos religiosos. Ni Luis XIII, rey cristiano, ni Richelieu, cardenal de la Iglesia Romana, los sentirían al tratar con Gustavo Adolfo y los protestantes alemanes de una finalidad común: abatir el poderío de la Casa de Austria, suplantar su hegemonía por la de Francia. Para acabar de complicar las cosas, en Roma fue elegido papa Urbano VIII, cuyas simpatías por Francia eran notorias.

Frente a este panorama amenazador, Felipe IV y su valido intentaron movilizar los inagotables recursos de todos los reinos que tenían a Madrid como centro. El proyecto llamado Unión de Armas, debía ser expresión de esa solidaridad. Se trataba de reunir un ejército de 140.000 hombres, de los cuales Castilla y sus Indias aportarían 44.000, Aragón 10.000, Cataluña y Portugal 16.000 cada una, y en proporción los demás reinos. El principio era excelente, la ejecución, imposible; aquel gobierno carecía de la necesaria información, faltaba la base estadística; era absurdo, por ejemplo, pedir a Cataluña tantos soldados como a Portugal cuando no tenía ni la mitad de su población. Y precisamente de Cataluña vinieron las primeras dificultades: las cortes reunidas en 1626 se tuvieron que aplazar hasta 1632 y, finalmente, se disolvieron sin acuerdo. Los países forales, mejor defendidos por sus instituciones que Castilla, oponían gran resistencia a unas demandas, a unos sacrificios que les resultaban injustificados.

En 1633, la situación parecía tan grave que con el producto de los nuevos impuestos y arbitrios se decidió reunir un ejército hispano-italiano para acudir en socorro del emperador. A su frente iría el infante don Fernando, hermano del rey, arzobispo de Toledo y cardenal desde su infancia, aunque nunca recibió órdenes mayores ni celebró la misa. El cardenal infante atravesó los Alpes, encontró unas tropas suecas privadas de su caudillo Gustavo Adolfo, muerto poco antes en combate, y las aplastó en Nordlingen (1634). Consecuencia de esta victoria fue la recuperación de la mayor parte de Alemania y la entrada triunfal del infante en Bruselas. De nuevo parecía que la Casa de Austria tenía el triunfo definitivo al alcance de su mano.

Esto era lo que Francia quería impedir a toda costa, y como ya no podía hacerlo por medios indirectos, entró francamente en la lucha, inaugurando la cuarta y última fase de la aquella guerra (1635). En un primer momento se impuso la veteranía de las tropas que mandaba don Fernando, que llegaron a Corbie, casi a las puertas de París. Luego vino el reflujo; Francia luchaba en su propio suelo, mientras que para España el envío de refuerzos al teatro de la batalla era tan arduo y costoso que «poner una pica en Flandes» quedó como expresión proverbial para designar una empresa de gran dificultad.

Para evitar las dilaciones del viaje terrestre, se aprestó en La Coruña una gran flota al mando del almirante Oquendo; llevaría una importante suma de dinero y unas tropas de infantería de mediocre calidad, pues en gran parte eran campesinos gallegos arrancados al terruño. Esta flota fue deshecha por la holandesa en Tromp, en el canal de la Mancha (1639). Fue una derrota decisiva; la ruta de los mares del norte permaneció cerrada para España durante mucho tiempo.

Se luchaba también en los dos extremos de la cadena pirenaica; los franceses cercaron Fuenterrabía y fueron rechazados con grandes pérdidas; los astilleros vascos, de donde salían los mejores galeones, fueron incendiados por el belicoso arzobispo de Burdeos, que, como el de Toledo, era más aficionado a las armas que a las plegarias. En Cataluña también se combatía encarnizadamente.

Crisis en la política interior: las revueltas de Cataluña y Portugal

A comienzos de 1640, la situación militar de la monarquía hispana era crítica; al terminar era casi desesperada, y sólo a costa de un esfuerzo extraordinario pudo prolongar todavía la lucha durante largos años. Aquel rápido empeoramiento se debió a los movimientos separatistas de Cataluña y Portugal, que añadieron los horrores de la guerra civil a la guerra exterior.

Por aquellas fechas todos los combatientes estaban agotados; frecuentes motines en ciudades y pueblos de Francia demostraban que allí también las calamidades de la guerra se ha-

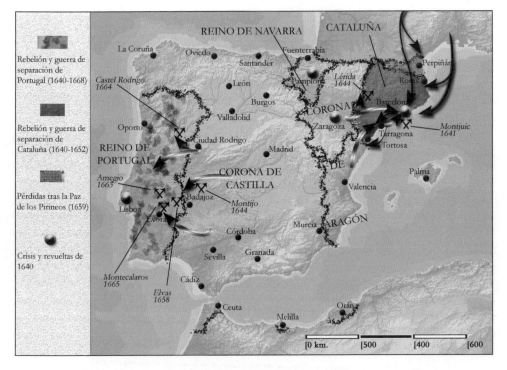

La España de Felipe IV (1621-1665).

cían sentir con intensidad, pero el puño férreo de Richelieu mantenía a todos en la obediencia: a los calvinistas, sometidos, aunque no exterminados; a la inquieta y altiva nobleza, una parte de la cual estaba dispuesta a entenderse con España en contra del todo poderoso ministro; al pueblo en general, que consideraba justa la guerra, pero a veces se revelaba contra los sacrificios que imponía.

En España, conforme aumentaba la presión fiscal y se multiplicaban las levas y reclutas de soldados crecían las protestas, incluso entre los procuradores en Cortes, cuya tarea se había reducido a votar nuevos impuestos. En especial se criticaba la continuación de aquella guerra de Flandes, que duraba ya más de setenta años sin que se viera su necesidad. ¿Es preciso que Castilla tenga que arruinarse porque los holandeses quieren ser herejes? Esta pregunta y otras semejantes se repetían en corrillos y tertulias y a veces saltaban a la letra impresa, aunque con precauciones, porque había una censura atenta.

Había una campaña propagandística, sostenida desde las alturas y muy bien estudiada por Jover; se componía de tratados magistrales como el *Mars gallicus*, de Jansen, y obras más populares como la *Defensa de España contra las calumnias de Francia*, de Pellicer, en las que se atacaba a Francia, infiel a su misión de potencia cristiana, y se elogiaba a España, a Felipe IV, al que durante algún tiempo se le llamó El Grande, y a su valido, que no descuidó la tarea de tener a su servicio plumas ágiles y reputadas, pues no desconocían los gobernantes absolutos que la opinión pública, aunque estuviera reprimida, era una fuerza y convenía tenerla propicia.

La ruptura de la unidad interior en plena lucha comenzó con la revuelta catalana. Sus episodios externos son conocidos hace tiempo; su trama interna, sus causas íntimas las conocemos mejor desde los trabajos de Elliott, Sanabre y otros beneméritos investigadores. La decisión de abrir un frente en los Pirineos Orientales suele considerarse como un ardid del conde-duque para hacer contribuir con más intensidad a Cataluña en el esfuerzo de guerra, aunque también pudo ser dictada por la conveniencia de aliviar la presión sobre Flandes atacando a Francia en un punto menos lejano, más fácil de alimentar y reforzar.

El conde-duque sólo conocía Cataluña a través de la experiencia decepcionante de unas Cortes, de las que sacó la impresión de que el principado se negaba a contribuir en la medida de sus fuerzas a las cargas comunes. Sus teorías sobre la necesidad de reforzar la autoridad real y la unidad interna de la monarquía tendrían aquí un banco de prueba; pero

Felipe IV a caballo. Diego Velázquez. 1636. Museo del Prado, Madrid.

Olivares, mal psicólogo y mal informado de la realidad catalana, iba a cometer un error garrafal.

Sobrestimada la capacidad de Cataluña, que era entonces un país rural, poco poblado (medio millón escaso de habitantes) y con una constitución política y social bastante arcaica, con un problema endémico de bandidaje que era la expresión de la permanencia de estructuras socioeconómicas y mentales poco influidas aún por las novedades revolucionarias que habían traído los tiempos modernos. Subestimaba, en cambio, el apego de los catalanes a sus instituciones tradicionales y no apreciaba la peligrosidad de intentar un cambio por vías violentas, posibilidad que ya apuntaba en el Gran Memorial que dirigió a Felipe IV al comienzo de su reinado.

Las dos grandes fuerzas vitales de Cataluña eran la ciudad de Barcelona, gobernada por una alta burguesía con pretensiones nobiliarias, y un campesinado próspero muy afincado a la tierra. Si ambas se unían, su fuerza sería irresistible. Esto fue lo que ocurrió en 1640.

Cataluña, a pesar de su generosa contribución en dinero y hombres, no era capaz por sí sola de sostener el choque con Francia, por ello fueron enviados al Rosellón tercios italianos, tropas poco disciplinadas y mal abastecidas que con frecuencia saqueaban los pueblos y cometían toda suerte de desmanes. Como reacción se suscitó una especie de guerrilla rural y también cayeron bastantes soldados a manos de los campesinos.

En este ambiente caldeado se produjo la entrada de los segadores en Barcelona y el Corpus de sangre de junio de 1640. Una de las víctimas fue el virrey, conde de Santa Coloma, que al no encontrar en las autoridades de la ciudad (vacilantes, divididas) apoyo frente a los insurrectos, trató de huir en uno de los buques surtos en el puerto y le apuñalaron. En Tortosa y otras ciudades del principado también fueron atacadas y puestas en fuga las tropas reales.

Pese a la extrema gravedad de estos hechos, no estaban aún rotos los puentes; enviados de la Diputación de Cataluña se trasladaron a Madrid, manifestaron su sentimiento por lo ocurrido y formularon propuestas que no se consideraron satisfactorias en Madrid, donde predominó el parecer de los partidarios del rigor. En Cataluña impusieron también su criterio los secesionistas, de los que era cabeza muy principal el canónigo Pau Claris, jefes del Brazo Eclesiástico. El reconocimiento de Luis XIII como conde de Barcelona sancionó la ruptura con Felipe IV.

Mientras de una y otra parte se preparaban a la lucha llegó a Madrid la noticia de que el 1 de diciembre de aquel nefasto año 1640 se había sublevado Lisboa, aclamando al duque de Braganza, de la antigua familia real portuguesa, con el nombre de Juan IV. La sublevación triunfó con gran facilidad, pues en aquel reino apenas existía guarnición española.

Los síntomas precursores de aquel movimiento se habían dejado sentir con anticipación. La unión con Castilla, aunque puramente personal y respetuosa de la autonomía portuguesa, nunca había sido popular. Las clases altas la habían aceptado pensando en las ventajas económicas y políticas: cuando el imperio colonial portugués sufrió los ataques de los holandeses y se multiplicaron las peticiones de hombres y dinero, también la burguesía, la aristocracia y el clero mostraron su descontento. Los tumultos de Évora en 1637 fueron ya un aviso premonitorio del que Olivares no extrajo las debidas consecuencias.

Retrato ecuestre del conde-duque de Olivares.
Diego Velázquez, 1634. Museo del Prado, Madrid.

La caída de Olivares

Poniendo en tensión todos los recursos disponibles se reunió un ejército para intentar la reconquista de Cataluña. El propio rey se pondría a su frente: no en un gesto teatral, sino para subrayar ante la nación la gravedad del momento y obligar a los nobles a combatir.

Era este uno de los grandes temas sobre el que volvía una y otra vez el conde-duque; en Francia la nobleza había conservado sus costumbres guerreras, en España, no; quería los hábitos, las exterioridades y la ventajas sin cumplir la misión militar que las justificaba; en muchos pueblos castellanos había querellas porque los hidalgos pretendían estar exentos de los sorteos para las quintas.

Olivares estimaba que esto era un abuso intolerable y ordenó que los hidalgos y los caballeros de órdenes militares acudieran todos al frente, so pena de perder sus privilegios,

Felipe IV. Diego Velázquez.
Nacional Gallery, Londres.

y lo mismo se ordenó a los familiares de la Inquisición. Los que no pudieran hacerlo personalmente por causas justas pagarían un sustituto.

Aquel ejército abigarrado, improvisado, en el que se mezclaban veteranos y reclutas sin ninguna instrucción, sufrió un fracaso sangriento al intentar la reconquista de Lérida, y aún sufrió más pérdidas al replegarse hacia Zaragoza por un largo camino semidesierto, sin intendencia ni hospitales de campaña (1642).

Este fue el golpe final para el conde-duque; hacía tiempo que no vivía ya en la realidad, se negaba a aceptar su fracaso, trabajaba febrilmente, confiaba en invertir el rumbo de los acontecimientos y se volvía cada vez más altivo, más huraño, sirviendo de pararrayos al rey, concitando sobre su persona todos los odios y todas las responsabilidades. La reina, los grandes, las clases medias arruinadas, el pueblo desesperado, todos estaban contra él.

Felipe IV lo sostuvo hasta que ya no pudo más: apreciaba su lealtad, temía tener que afrontar personalmente el inmenso trabajo que el favorito llevaba a cabo, pero tenía que reconocer el fracaso de su política y, usando una expresión cortés, le otorgó «la licencia que tantas veces le había pedido» para retirarse (enero de 1643). Muy abatido, pues a pesar de sus fracasos amaba el poder sobre todas las cosas, el valido murió en Toro poco después.

Los males de España no se solucionaban con un cambio de personas. Las grandes esperanzas que se cifraban en el gobierno directo del rey no se cumplieron. Su correspondencia con la beata María de Ágreda es testimonio de su buena voluntad y de su aplicación: ordenó a los consejos que le hablaran con toda libertad, removió parte del equipo gubernamental de Olivares, nombró nuevo inquisidor general y confesor real, se quiso dar la sensación de que todo iba a cambiar, pero la verdad es que cambió muy poco.

Algunas de las personas más allegadas al antiguo favorito, como el conde de Castrillo y José González —el ministro para todo—, siguieron teniendo un gran poder. Al fin, el monarca cedió a la tentación o a la necesidad de tener otro valido y éste fue un sobrino del anterior, don Luis de Haro, otro Guzmán, menos imperioso, más afable, sin ilusiones, sin más planes que ir tirando y salvar todo lo que se pudiera.

Si al final se salvó (aparentemente) casi todo, si la herencia de los Habsburgos quedó casi íntegra, se debió a la constancia de los reinos hispanos, a su capacidad de sacrificio, a los inagotables recursos de aquella vastísima monarquía y también a que Francia experimentaba las mismas dificultades que España.

La victoria de los franceses en Rocroi sobre los viejos tercios de Flandes, exagerada, magnificada por la elocuencia de Bossuet, no tuvo ningún efecto decisivo. La desaparición de Richelieu y de Luis XIII anunciaba una época de dificultades internas de las que España podría sacar partido.

Una esperanza resultó fallida: que Ana de Austria, hermana de Felipe IV, cuya influencia política fue nula mientras vivió su esposo, Luis XIII, ajustara, al convertirse en reina regente, la paz con España; en lugar de ello se entregó en cuerpo y alma al cardenal Mazarino, un italiano intrigante, habilísimo y con designios no muy diversos de los de Richelieu.

Las paces de Westfalia y de los Pirineos

La guerra de los Treinta Años había asolado terriblemente Europa, sobre todo las regiones centrales, Alemania entera y grandes porciones de Austria. Hecha con numerosos efectivos, pero sin servicios auxiliares adecuados, las bandas armadas se comportaban como verdaderos forajidos, vivían sobre el país saqueando y matando, sin hacer gran distinción entre amigos y enemigos. El imperio austriaco había llegado al límite de sus fuerzas, dispuesto a firmar la paz, olvidando sus pretensiones de hegemonía sobre Alemania.

La paz de Westfalia (1648) confirmó la derrota de los Habsburgos, el triunfo de Francia sobre una Alemania dividida y avasallada y también la derrota del catolicismo; en adelante no sólo la confesión luterana, sino también la calvinista, se considerarían legales en el imperio, aunque la libertad religiosa sólo afectaba a los príncipes, no a los vasallos. Estos tratados consagraron un nuevo orden en Europa y marcan un hito en la historia.

Para España la fecha de 1648 no fue tan significativa; sólo consiguió la paz a medias, firmó un tratado reconociendo, tras ochenta años de estériles luchas, lo que hacía mucho tiempo era una realidad: la independencia de las Provincias Unidas. El límite entre ellas y las provincias obedientes no lo señaló, como hubiera sido lógico, la diferencia de religión, sino la situación militar, la línea de frente, de suerte que quedaron englobados dentro de lo que impropiamente se llamaba Holanda (Holanda era sólo una de las Provincias Unidas) territorios con mayoría católica. No obstante, los Países Bajos españoles abarcaban una superficie mayor que la actual Bélgica, pues comprendía los actuales departamentos franceses del norte y el Paso de Calais.

En adelante, la política de Francia consistiría en ir royendo poco a poco estos territorios, y la de España en defenderlos paso a paso, ayudada por Holanda, ya no temerosa de una España decadente, sino de una Francia expansionista a la que de ninguna manera quería tener por vecina. Como, además, sublevado Portugal, las incursiones holandesas en las colonias portuguesas ya no concernían al gobierno de Madrid, los antiguos enemigos llegaron a un acercamiento mutuo, bien aprovechado además por los holandeses para introducirse en el comercio hispanoamericano.

En cambio, no se llegó entonces a una paz hispano-francesa. Estaba por medio, entre otras, la cuestión de Cataluña, que los franceses se resistían a evacuar. Felipe IV confiaba mucho en las discordias internas de la nación vecina, que estallaron en los complejos tumultos de la Fronda, dirigidos contra Mazarino y la reina madre. Se llegó a una guerra civil, atizada por España. Por otra parte, el estado de espíritu de los catalanes, que nunca fue unánime, evolucionaba cada vez más en contra de los franceses, que, tras haber llegado como auxiliares, se comportaban como dueños despiadados.

Felipe IV comprendió que, a costa de un gran esfuerzo, podía reconquistarse el Principado; envió allá a su hijo bastardo, don Juan José de Austria, quien ya había obtenido un notable éxito restableciendo el dominio español en la Nápoles sublevada; los catalanes, divididos, agotados, víctimas de la cruel peste que asoló gran parte de la península, sólo resistieron con tenacidad en Barcelona. Cuando esta ciudad se entregó (1652), Felipe IV reconoció, con leves modificaciones, sus fueros y privilegios, mostrándose dispuesto a olvidar lo pasado.

Estos éxitos se obtuvieron a costa de una renovada presión militar y fiscal sobre la agotada Castilla. Andalucía, en especial, atravesaba una situación muy crítica; a las continuas demandas de hombres y dinero se unieron los efectos de la peste en 1648-1651. En 1649 se tomaron a los mercaderes un millón de ducados del tesoro llegado de Indias. La subida del vellón en 1651 causó los acostumbrados efectos inflacionarios, en perjuicio, sobre todo, de las clases más débiles; pero también en las altas y medias reinaba fuerte descontento; los negocios no marchaban; a muchos pequeños rentistas la rebaja de los intereses de la Deuda Pública a la mitad los había puesto al borde de la miseria.

Sin embargo, cuando en 1652 estallaron en Córdoba, Sevilla y otras muchas ciudades y villas de Andalucía tumultos populares, la oligarquía sintió temor ante el rumbo que podrían tomar unas masas momentáneamente dueñas de la calle. No era un movimiento social, sino la protesta de unas gentes que exigían la rebaja del pan y de los impuestos.

Tras unos momentos iniciales de vacilación, todos los que tenían algo que perder se pusieron al lado de las autoridades para hacer volver a su secular obediencia a un pueblo movido por la desesperación, que carecía tanto de dirigentes como de programa.

Restablecida en Francia la autoridad de Mazarino, la guerra ofrecía para España escasas perspectivas, a pesar de que en aquel largo forcejeo hubo episodios favorables, como la rotunda victoria de Valenciennes, pues aún disponía España en Flandes de tropas selectas y aguerridas. La situación se agravó cuando Cromwell, dictador inglés, tras largas negociaciones, se decidió por la alianza contra España; una escuadra inglesa, sin previa declaración de guerra, se apoderó de Jamaica (1655). Otra atacó las flotas que regresaban de América, causando inmensas pérdidas al comercio de Sevilla y Cádiz. Todavía el puerto de Dunquerque era una amenaza grave para la navegación inglesa por sus avezados corsarios, pero Dunquerque cayó en manos de Francia tras la batalla de Dunas.

Aun después de tan repetidos desastres, Felipe IV se resistía a firmar una paz que le hubiera costado parte de sus territorios, parte de aquella herencia que consideraba sagrada. Entonces intervino su hermana, la reina Ana de Francia, que también tenía mucho interés en la paz. Ésta se haría con las mínimas pérdidas territoriales posibles; el eje del tratado sería el matrimonio de la infanta María Teresa con el futuro Luis XIV.

Reunidos los plenipotenciarios en la isla de los Faisanes, en medio del río Bidasoa, firmaron la Paz de los Pirineos (1659), que entregaba a Francia el Rosellón, Cerdaña y una serie de plazas en los Países bajos. Además se concedían a Francia ventajas comerciales de las que sacaría gran provecho. El año siguiente, en el mismo lugar, Felipe IV entregaba su hija a Luis XIV.

El triste final de un reinado

Aunque sólo tenía cincuenta y cuatro años, Felipe IV era en 1660 un anciano, un hombre envejecido por hondos pesares familiares y políticos; había muerto en la flor de la edad su mujer, Isabel de Francia; también el príncipe de Asturias, Baltasar Carlos, lo que le obligó a contraer segundo matrimonio para procurar sucesión masculina; la nueva reina era su sobrina, Mariana de Austria, casi una niña; de sus numerosos partos sólo un varón quedó vivo; el futuro Carlos II, enfermo desde la infancia por la monstruosa consanguinidad de los Austrias. Una de las grandes preocupaciones del rey, el problema de la sucesión, quedaba, a medias, resuelto, o más bien aplazado.

Quedaba el otro gran problema, el de la reintegración de Portugal. Dando prioridad a la reconquista de Cataluña, la guerra en la frontera portuguesa se limitaba a escaramuzas, incursiones mutuas, robo de ganado y quema de aldeas. Sólo en torno a Badajoz y Elvas se habían librado verdaderas batallas. Al cabo de veinte años de lucha el único resultado obte-

Felipe IV. Diego Velázquez. 1655.
Museo del Prado, Madrid.

nido era la devastación de amplias zonas, sobre todo en Extremadura. Las colonias portuguesas habían seguido a la metrópoli en su actitud secesionista; sólo Ceuta permaneció unida a la corona de Castilla.

Firmada la paz podían traerse tercios de Flandes e Italia y mercedarios alemanes; en España no quedaban apenas tropas aguerridas, sólo milicias de escasa calidad. La desproporción de fuerzas hacía prever un rápido desenlace y esto era lo que tanto Inglaterra como Francia deseaban evitar; les interesaba que continuara la división peninsular, temían la recuperación del gigante caído.

En apariencia, la situación internacional era muy favorable a Felipe IV: acababa de casar a su hija con el rey francés y había sido restaurado en su trono, tras la muerte de Cromwell, Carlos II Estuardo, a quien el rey de España había dado hospitalidad durante su destierro. Pero Felipe IV era un ingenuo si creía que en materia de política internacional pesaban mucho los lazos familiares o existía el agradecimiento.

El propio Luis XIV relata en sus memorias, con toda sinceridad, sus vacilaciones acerca del modo de ayudar a los portugueses sin que pareciese que guerreaba contra su suegro; el arbitrio que discurrió fue enviar tropas francesas con uniformes ingleses, las cuales pelearon junto a los auténticos ingleses, pues el rey Carlos, que se había casado con una infanta portuguesa, obteniendo en dote Tánger y Bombay, ya veía en Portugal un aliado útil y un magnífico mercado para los productos ingleses.

Desde 1661 a 1665 se sucedieron los choques entre las tropas anglo-franco-portugue-sas de un lado y las españolas por otro, siempre con ventaja de las primeras. Pero Felipe IV rehusó hasta el final reconocer la independencia portuguesa.

A comienzos de septiembre de 1665, la salud del rey, muy quebrantada y con continuas dolencias, le llevaría a la muerte el 17 de ese mismo mes a causa de una disentería. Momentos antes de morir dirigió a su hijo Carlos, que entonces solo contaba cuatro años, estas palabras «Dios quiera, hijo mío, que seas más venturoso que yo». En su testamento declaraba heredero a Carlos y a todos sus descendientes, lo que no fue obstáculo para que uno de ellos ocupase el trono de España. Asimismo, recomendaba que se mantuviese la integridad de la monarquía, que se respetasen sus fueros a los reinos, regiones y provincias que la componían, «pues por no haberse hecho así ocurrieron los daños que se sabe» (clara alusión a la política centralista del conde-duque); expresaba su agradecimiento a sus fieles vasallos por los sacrificios que habían consentido e instituía una Junta de gobierno que auxiliara a la inexperta reina viuda en su difícil tarea de regente.

Carlos II el Hechizado, rey de España

La regencia de Mariana de Austria (1665-1675)

Para la historiografía tradicional el reinado de CARLOS II señalaba el fondo de la decadencia española en todos los aspectos, pero hasta hace pocos años lo único que se había investigado en detalle eran las intrigas de la corte y las relaciones internacionales.

Los sondeos que actualmente se llevan a cabo muestran que el punto más bajo de la curva depresiva estuvo en la segunda mitad del reinado de Felipe IV; la imagen, todavía borrosa, de la España de Carlos II es la de un país que se esfuerza en salir de la atonía y que, en cierta medida lo consigue, al menos en algunas regiones.

Para una más clara recuperación hubieran sido necesarias dos premisas: un equipo dirigente hábil y capacitado y un largo período de paz. Ambas fallaron, porque la dirección se mostró ineficaz y la paz, que todos deseaban, no pudo conseguirse.

El respeto que, a pesar de todo, inspiraba Felipe IV no lo infundió su viuda; extranjera y bastante aislada, colocó toda su confianza en su confesor, el jesuita alemán Everardo Nithard, a quien hizo inquisidor general y naturalizó español para que pudiera entrar en la Junta de Gobierno. La reacción contra el favorito fue muy fuerte; en el pueblo por su cualidad de extranjero, en la alta nobleza por considerar que usurpaba el papel dirigente que le correspondía.

Los grandes, que seguían teniendo un poder económico y un prestigio social muy superior a sus méritos, preferían la regencia de don Juan José de Austria, en quien, a pesar de su bastardía, reconocían a uno de los suyos. Doña Mariana se resignó a dejar salir de España a su confesor, pero maniobró con habilidad para evitar la llegada al poder del bastardo real.

La única guerra pendiente era la de Portugal, que proseguía de manera lánguida. La nueva acometida francesa proporcionó el pretexto para acabarla por medio de la paz, reconociendo su independencia el 13 de febrero de 1668. En adelante, y por mucho tiem-

Mariana de Austria. Diego Velázquez. Museo del Prado, Madrid.

po, las relaciones entre ambas naciones peninsulares serán de mutua desconfianza, cuando no de abierta hostilidad.

La necesidad de reposo era tan vital para Castilla como para el individuo que ha efectuado un esfuerzo superior a sus fuerzas. No había hombres ni dinero; faltaba, sobre todo, ilusión, el espíritu de sacrificio por unos ideales que habían dejado de estar vigentes.

La actitud de Luis XIV era diametralmente opuesta; de Mazarino recibió una Francia sometida, cuyos recursos podía movilizar para obtener sus fines políticos: la gloria que ansiaba un ególatra y los motivos de un hombre de Estado, entre los cuales estaba la ampliación de Francia por el nordeste, a costa de los Países Bajos católicos. De esta manera, a las interminables guerras de Flandes contra los holandeses sucedían otras para defender a los flamencos de la ambición francesa.

Valiéndose de un pretexto banal, el rey francés invadió aquella tierra escasamente defendida. España no podía ni quería hacer un gran esfuerzo bélico, pero las potencias vecinas,.Holanda, Inglaterra y el Imperio alemán no querían ver aquel país rico y magníficamente situado en poder de Francia. Antes que hacer frente a una coalición, Luis XIV prefirió firmar la paz de Aquisgrán (1668) contentándose con una parte del botín.

Gobierno personal de Carlos II

Al cumplir en 1675 los catorce años de edad, fecha fijada en el testamento de Felipe IV, comenzó para Carlos II su mayoría de edad legal y su reinado personal. Quizá sea exagerada esta expresión, pues el nuevo rey, sin ser un anormal, estaba lejos de alcanzar un nivel medio, tanto en el aspecto físico como en el mental.

Desde su infancia se manifestó como un niño enfermizo y retrasado. Después, poco a poco, recuperó algo de este retraso; no carecía de inteligencia, se daba cuenta de la mala situación del país y deseaba remediarlo, pero de voluntad débil, se dejaba influir por las personas que lo rodeaban. Era una locura entregar un vasto imperio a un chico nada avispado de catorce años; su madre consiguió prolongar algún tiempo su mando, que ahora compartía con el nuevo favorito don Fernando Valenzuela, un simple hidalgo a quien la reina madre y el joven rey colmaron de honores y riquezas.

El contraste con lo que sucedía en Francia no podía ser mayor; Luis XIV, en la plenitud de su poder, disponía de ministros competentes y ejércitos poderosos; preparaba nue-

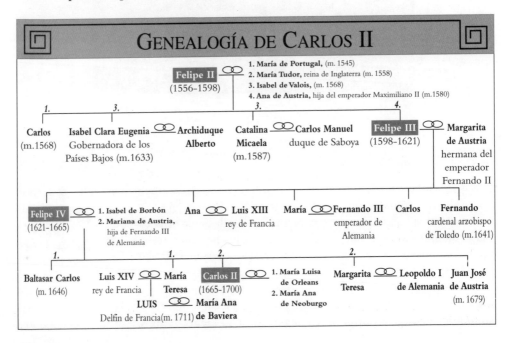

GENEALOGÍA DE CARLOS II

vas campañas, nuevas conquistas que dilatarían su reino en dirección al Rhin, a costa de los odiados holandeses, pero también de los Países Bajos españoles y del Franco Condado, vieja tierra borgoñona unida al imperio hispánico desde los tiempos de Carlos V.

En esta situación crítica, con un rey incapaz y un vecino agresivo y poderoso, la nación volvió de nuevo sus ojos a don Juan José de Austria. Popular en Cataluña y Aragón, donde lo habían relegado con título de virrey para alejarlo de la corte, sin ser un genio, tenía habilidad y perspicacia y se daba cuenta del valor de la opinión pública, desconocido por aquella corte que vivía replegada en sí misma. Cartas circulares a las ciudades, manifiestos y la *Gaceta*, primer periódico de España, fueron los instrumentos propagandísticos que puso en marcha. La alta nobleza, tanto por solidaridad de clase como por sincero deseo de remediar los males del Estado, lo apoyaba con todo su peso.

El bastardo real reunió un ejército pequeño e improvisado, pero suficiente frente a un gobierno que no disponía de fuerzas seguras. Viendo que la resistencia era imposible, Valenzuela se escondió en El Escorial, de donde fue extraído y desterrado a Filipinas. A la reina madre se le ordenó retirarse a To-

Carlos II (detalle).
Juan Carreño de Miranda.
Museo del Prado, Madrid.

ledo. Carlos II aprobó estos cambios y entregó el gobierno a su hermanastro.

Los tres años de gobierno de don Juan José fueron decepcionantes; se corrigieron algunos abusos y se enmendó algo la imagen lamentable que presentaba la corte de Madrid, pero no se atacó la raíz de los males; la profunda renovación política y social que necesitaba España hubiera requerido una mano de hierro y el fin de muchas situaciones privilegiadas, cosas que no podía hacer un gobierno que en gran media representaba a las clases privilegiadas.

Tampoco eran favorables la coyuntura exterior ni la interna; el trienio 1677-79 se vio ensombrecido por epidemias, malas cosechas y una inflación galopante por el exceso de moneda de vellón. En el exterior, España, agobiada por el peso de Flandes tan amenazado y tan difícil de defender, tuvo que unir sus fuerzas a las de Holanda y el Imperio y consiguieron frenar la acometividad de Luis XIV en la paz de compromiso de Nimega (1678), en la que España fue la única potencia que tuvo que hacer sacrificios: algunas plazas flamencas y el Franco Condado, a pesar de su ejemplar fidelidad a los reyes de España, que garantizaban su amplia autonomía.

La muerte prematura de don Juan José de Austria llevó al puesto de primer ministro al duque de Medinaceli, hombre bien intencionado a quien tocó gobernar en una época calamitosa. El desorden monetario había llegado a tal extremo que se imponía un remedio

Carlos II. Juan Carreño de Miranda.
Museo del Prado, Madrid.

Mariana de Austria. Juan Carreño de Miranda.
Museo del Prado, Madrid.

radical: toda la moneda de vellón circulante fue reducida a la cuarta parte de su valor, medida a la larga beneficiosa, pero que, coincidiendo con una serie de malas cosechas, produjo una atonía económica general.

Sin embargo, era preciso arbitrar recursos para las nuevas guerras entre Luis XIV y sus adversarios, guerras que España hubiera podido evitar de no seguir implicada en los asuntos centroeuropeos, por su presencia en Flandes y su alianza tradicional con la rama austriaca de la dinastía. Hubo que acudir a expedientes y arbitrios semejantes a los que ya utilizó el conde-duque: petición de donativos, rebajas de juros, ventas de cargos públicos y títulos de nobleza, pequeñas economías en los gastos exorbitantes de la corte. A pesar de todo, el déficit seguía siendo grande y fue preciso apartar con carácter prioritario cuatro millones de ducados anuales para la causa pública, es decir, aquellos gastos indispensables para que no se parase la máquina estatal.

Entretanto, la Liga de Augsburgo (1686) reunió a España, Austria, Suecia y otras potencias en un frente común ante la actitud cada vez más provocadora de Luis XIV. En 1688 se reforzó con el acceso a la corona de Inglaterra de Guillermo de Orange, enemigo personal del rey francés, en quien veía no sólo un adversario político, sino un perseguidor de los protestantes. La guerra se generalizó en casi toda Europa y se prolongó porque las fuerzas estaban muy equilibradas.

La capacidad militar de España estaba tan mermada que, para ayudarla a defender la frontera de Cataluña, llegaron tropas alemanas mandadas por el príncipe de Hesse, lo que no impidió que Barcelona cayera (1693). No obstante, en otros frentes de lucha y en el canal de la Mancha, Luis XIV experimentó derrotas que le indujeron a la moderación; su pueblo estaba tan agotado como todos; además, se planteaba ya el problema de la sucesión española como el más importante para el futuro de Europa. Estas consideraciones movieron al rey francés a hacer concesiones en la paz de Ryswick (1697) como la devolución a España de Luxemburgo.

La cuestión sucesoria y la muerte del rey

Carlos II contrajo su primer matrimonio a los dieciocho años de edad con María Luisa de Orleáns, sobrina de Luis XIV, que murió nueve años después sin haber dejado descendencia, pero aún no se creía que la causa fuera la esterilidad del rey. En breve plazo se le buscó otra esposa, Mariana de Neoburgo, hija de un pequeño príncipe alemán, de familia renombrada por su fecundidad (su madre había tenido 23 hijos). Sin embargo, este segundo matrimonio también resultó infecundo. Ya no había dudas acerca de la impotencia del rey, cuya salud, nunca buena, declinaba rápidamente sin haber cumplido los cuarenta años de edad.

El futuro de la inmensa monarquía hispana, cuyos miembros se extendían por todo el mundo, hacía ya tiempo que atraía la atención de los príncipes europeos; no eran pocos los que esperaban enriquecerse con sus despojos, en vista de la decadencia de la dinastía y de la decadencia de Castilla, motor y médula espinal de tan complicado organismo.

Ya durante la minoridad de Carlos II, el emperador Leopoldo de Austria se había puesto de acuerdo con Luis XIV para un eventual reparto de la monarquía española. Luego, la mayoría de edad de Carlos y su casamiento quitaron actualidad a la cuestión, pero la falta de heredero y las noticias cada vez más alarmantes acerca de la salud del rey la volvieron a poner de actualidad.

Los candidatos principales a la sucesión eran Luis XIV (para uno de sus nietos) y Leopoldo (para su hijo el archiduque Carlos). Aunque se descartara la unión de Espa-

Carlos II. Juan Carreño de Miranda. Hacia 1673. Museo del Prado, Madrid.

ña a estas potencias, aumentaría tanto su poder si un soberano de su estirpe reinaba en Madrid que quedaría roto el equilibrio europeo, concepto que ya servía de base a la diplomacia y que partía del principio de que ninguna potencia debía tener la hegemonía.

Cada una de las dos candidaturas tenía en España partidarios y adversarios, ventajas e inconvenientes. A favor de la austriaca militaba la antigua comunidad de dinastía entre ambas coronas; la reina Mariana la apoyaba, pero la camarilla que la rodeaba era sumamente impopular. La candidatura gala se basaba, aparte los enlaces regios (la madre y la esposa de Luis XIV eran españolas), en el fuerte apoyo que al decadente imperio podía prestar la potencia francesa. Servida por una diplomacia habilísima, ganaba terreno en la corte y en la opinión.

Pero ni a España ni a Europa agradaba ligarse a ninguna de las grandes potencias; tampoco a Carlos II, quien, si bien seguía esperando tener el ansiado sucesor, hizo testamento a favor de José Fernando de Baviera, nieto de Margarita, la princesa de *Las Meninas*, biznieto, por tanto, de Felipe IV; pero el príncipe murió en 1699, y la cuestión sucesoria volvió a plantearse en los mismos términos. Luis XIV vacilaba entre tratar de apoderarse de toda la herencia española, lo que desencadenaría una guerra general, o llegar a un acuerdo con los posibles competidores, reservándose sustanciales ganancias (Tratado de reparto de La Haya).

Conforme la vida del rey se aproximaba a su fin, redoblaban las intrigas en la corte española; uno de sus episodios estuvo ligado a los supuestos «hechizos del rey». Se admitía entonces, incluso por personas de alta cultura, que se podía alterar la salud de una persona mediante maleficios, que podían ser provocados por brujas, hechiceros o demonios;

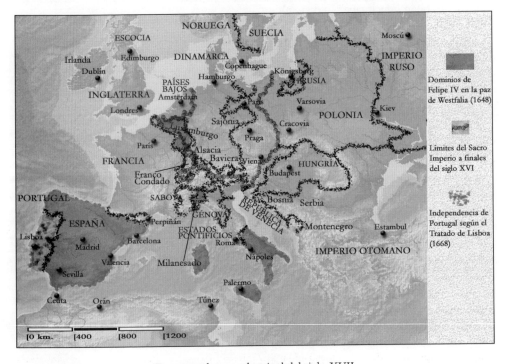

Europa en la segunda mitad del siglo XVII.

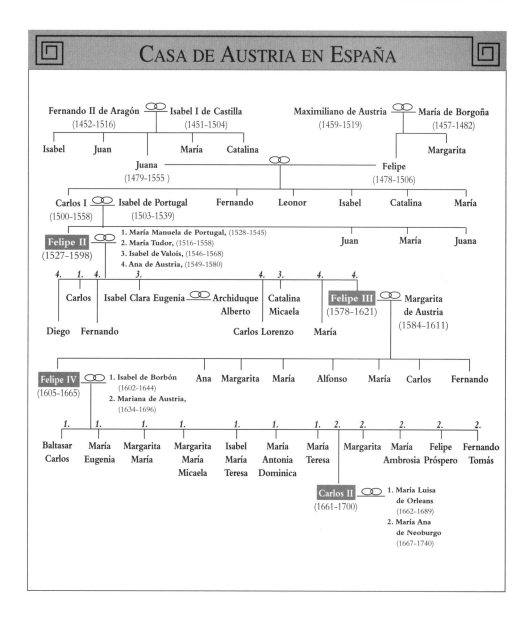

Casa de Austria en España

para expulsar a estos últimos se recurría a los exorcismos de la Iglesia; el confesor real, padre Froilán Díaz, accedió a que un fraile austriaco exorcizase al rey. Ambos fueron después expulsados y castigados.

Apremiado por el Consejo de Estado, dominado por el cardenal Portocarrero, arzobispo de Toledo, ganado para la causa francesa, Carlos II, poco antes de morir, redactó un nuevo testamento en el que nombraba heredero de todos sus dominios (con prohibición de enajenar ninguno ni de que nunca se unieran a Francia) a Felipe, duque de Anjou, nieto de aquel rey de quien había recibido tantas agresiones.

Lo hizo pensando que con este sacrificio evitaría la guerra y la desmembración del imperio (1700). No se logró una cosa ni otra, pero la intención del monarca y sus consejeros fue la mejor y la más prudente. Con Carlos II terminaba la rama española de la dinastía Habsburgo, después de casi dos siglos en los que fue protagonista de brillantes cúspides y hondas depresiones.

La Casa de los Borbones

Felipe V, rey de España

El testamento de Carlos II de Austria

La situación de los territorios de la monarquía española al finalizar el siglo XVII resultaba, en verdad, lamentable; su degradación en todos los órdenes era visible para cualquier observador por poca que fuese su actitud crítica.

El Imperio, que un siglo antes imponía sus deseos a no pocos pueblos europeos, era un mero fantasma, una simple sombra de lo que había sido. Ni siquiera alguna de las beneficiosas medidas tomadas en los últimos años del reinado de Carlos II habían comenzado a dar resultados tangibles que pudiesen ser considerados síntomas de un resurgir del que se tenían escasas esperanzas.

También el optimismo de los españoles había entrado en bancarrota en los últimos tiempos de los Austrias. Era el desenlace lógico a la labor de una pésima administración y a los intentos de efectuar una política exterior desproporcionada con los recursos disponibles y cada vez más distanciada de los anhelos e intereses hispánicos.

Cuando el 1 de noviembre de 1700 la muerte de Carlos II puso fin no sólo a su reinado, sino también a la presencia en el trono español de la casa de Austria, muchos vieron la posibilidad de terminar con la decadencia, ya que se suponía que Felipe de Anjou, el Borbón nombrado apenas un mes antes heredero de la monarquía, traería nuevos aires a la administración de tan extensos dominios y cambiaría sustancialmente el papel de la misma en el concierto internacional.

De ahí las esperanzas que el nuevo monarca despertó en no pocos espíritus; además, el hecho de pertenecer el heredero a la dinastía reinante de Francia, el país más poderoso del continente, parecía garantizar la integridad de todos los territorios puestos bajo su mando. La realidad de los sucesos posteriores iba a demostrar que la garantía no era suficiente y, por tanto, que la partición resultaba algo inevitable.

En un principio, la aceptación, tras algunas dudas, del testamento de Carlos II por Luis XIV para su nieto no tuvo como respuesta inmediata la formación de una gran coalición antiborbónica y defensora de los derechos al trono hispánico del candidato austriaco; sólo el emperador Leopoldo se manifestó en contra. Algunos historiadores afirman, incluso, que una actitud más prudente del rey francés quizá hubiese evitado la conflagración europea; sin embargo, ante la ausencia de reacción, su postura estuvo llena de arrogancia y realizó una serie de actos que de forma inequívoca podían interpretarse en Europa como una mediatización francesa en la política española, a pesar de sus declaraciones de que Francia y España serían estados separados.

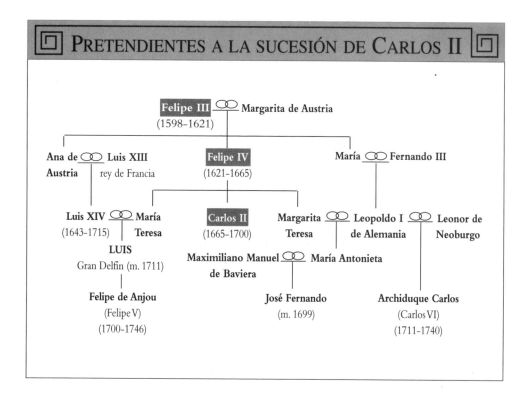

No sólo iban a servir de alarma los privilegios comerciales otorgados en América a los franceses y la introducción de tropas en Flandes, sino la misma actuación en Madrid del embajador francés, de la princesa de los Ursinos y del ministro Orry, propuesto por el rey galo y fiel organizador de la política interna española según el modelo francés.

Por otro lado, Luis XIV, de modo prudente y orgulloso, continuó reconociendo a los Estuardos como legítimos pretendientes a la corona británica y no dudó en afirmar que Felipe de Anjou conservaba sus derechos a una posible sucesión al trono francés.

Resulta, pues, evidente que, frente a teorías sostenidas por historiadores franceses actuales, Luis XIV no se vio obligado a emprender una nueva guerra en contra de su voluntad, sino que ésta surgió en el continente ante el recelo europeo por la formación de un bloque tan excepcionalmente fuerte, al menos en potencia, como era la unión de Francia y de la monarquía española. Los errores del rey francés fueron, sin duda, los desencadenantes del conflicto bélico.

La guerra de Sucesión (1701-1715)

Una de las condiciones que había dejado escrita Carlos II para que Felipe de Anjou le sucediera en el trono fue que renunciara a todos los derechos sobre la corona de Francia, además de prohibir expresamente el reparto de la herencia española. El testamento fue aceptado por Luis XIV (encantado ante el ascenso de un Borbón al trono de España) y la mayoría de los estados europeos, incluidos Inglaterra y las Provincias Unidas. Sólo el emperador no estuvo de acuerdo.

Pero las Provincias Unidas habían aceptado con reticencias, y sólo esperaban el momento oportuno para declarar la guerra a Francia. Luis XIV cayó en la trampa y en 1701 presentó en el parlamento de París el mantenimiento de los derechos de Felipe a la corona francesa, contrariamente a lo estipulado en el testamento; y, además de sustituir a las tropas españolas por francesas en Flandes, consiguió que su nieto le nombrara gobernador de los Países Bajos.

Llama la atención la torpeza de Luis XIV cuando, por otra parte, consiguió que Felipe concediera a los comerciantes franceses importantes privilegios en las colonias españolas. Como consecuencia, los comerciantes holandeses e ingleses se sintieron directamente amenazados en sus intereses económicos, y éste fue el momento de ponerse de acuerdo con las Provincias Unidas en entrar en guerra contra el país galo. En 1701 firmaron la gran alianza de La Haya por la cual dieron un plazo de dos meses al rey francés para negociar con ellos.

Luis XIV provocó de nuevo el descontento apoyando, en el contexto de los conflictos de sucesión ingleses entre el candidato católico y el protestante, a Jacobo III, católico, frente a Guillermo III, protestante. El pueblo inglés, de inmediato, se preparó para el enfrentamiento. Holanda, Inglaterra y el Imperio se unieron contra Francia y España en 1702, y

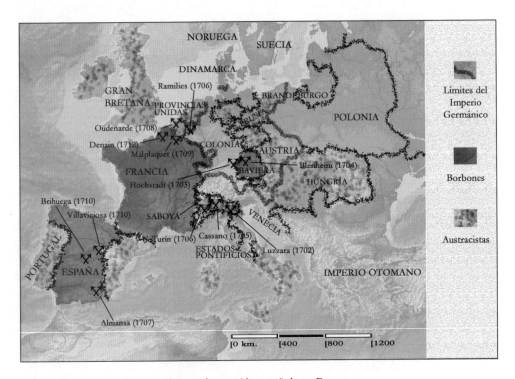

Guerra de sucesión española en Europa.

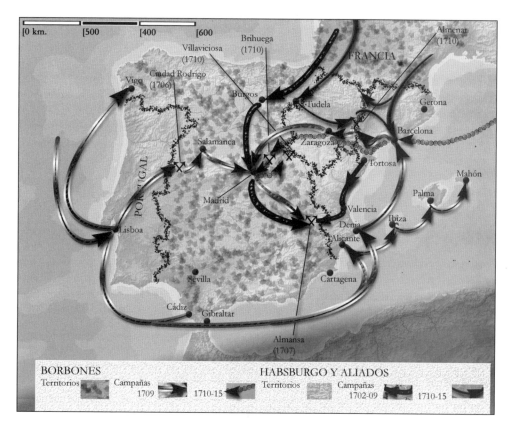

La guerra de sucesión española (1702-1715).

pronto se les sumaron Dinamarca, Brandeburgo y la mayoría de los estados alemanes. Al año siguiente obtuvieron el apoyo de Saboya y Portugal. Del lado hispano-francés sólo estaban Baviera y Colonia.

Al inicio de la guerra, los Borbones consiguieron notables éxitos en el continente (Felipe en el norte de Italia y Luis XIV en el Rhin y Flandes), mientras que el mar era dominado por los aliados. A partir de 1704, estos últimos empezaron a obtener las primeras victorias continentales, momento en que el conflicto bélico entró en territorio español.

El archiduque había sido reconocido por Viena como rey de España, con el nombre de Carlos III, en 1703, e intentó inútilmente entrar en territorio español. En el interior algunos sectores catalanes, que no estaban de acuerdo con las incipientes reformas borbónicas, formaron el partido «austracista» y se aliaron con Inglaterra. Cuando Carlos logró desembarcar en Barcelona en 1705, gran parte de la población le reconoció como rey e instaló allí su Corte. Los acontecimientos fueron favorables para los aliados hasta 1707. En Italia derrotaron a los Borbones en Turín y les hicieron abandonar Nápoles, y en los Países Bajos vencieron en Ramillies. No obstante, en ese año, Felipe de Anjou tomó Valencia, Aragón y parte de Cataluña. Pero Luis XIV, con su pueblo agotado por las continuas guerras, sufrió las derrotas de Oudenarde y Lille, a las que se sumaron las pérdidas de Orán, Cerdeña y Menorca. Por ello intentó reanudar las conversaciones de paz (iniciadas en secreto en 1705) con los aliados, pero sus desmesuradas exigencias impidieron cualquier tipo de acuerdo.

En 1710 inició la contraofensiva obteniendo las victorias de Brihuega y Villaviciosa y, en 1711, la muerte del emperador y el ascenso al trono del archiduque Carlos benefició a la causa borbónica ya que, tanto Holanda como Inglaterra, que no habían querido consentir la unión de Francia y España, tampoco querían la de Austria y España. De esta manera se reanudan, por segunda vez, las conversaciones de paz; esta vez, las definitivas.

El final de las hostilidades. La paz

Por la paz de Utrecht, obtenida el 11 de abril de 1713, se produjo aquello que Carlos II, en su momento de lucidez, quería evitar: el reparto de las posesiones españolas. Felipe V fue reconocido por todos como rey de España y de las colonias americanas, pero los territorios europeos pasarían a Austria; Sicilia comenzó a formar parte de la casa de Saboya y Bélgica a los Países Bajos.

Inglaterra fue la potencia más favorecida, ya que se quedó con Gibraltar y Menorca y además obtuvo el monopolio del comercio de esclavos con la América española (Tratado de Asiento de Negros).

Cataluña, por su parte, abandonada por el archiduque, decidió continuar la guerra, pero en 1714 fue tomada por Felipe. En ese año el archiduque, ahora emperador Carlos VI, ratificaría los tratados de Utrecht mediante la paz de Rastatt.

Felipe V, el primer monarca de la casa de Borbón en España

FELIPE llegó al trono de España después de una guerra en la que triunfaron las ambiciones expansionistas de su abuelo Luis XIV, no las suyas. Su entrada en Madrid, en 1701, fue acogida con enorme entusiasmo popular, lógico en un pueblo cansado que seguía esperando al salvador. En efecto, Felipe en cierto modo lo fue, ya que durante su reinado se pusieron las bases de la futura prosperidad, pero el mérito era compartido. Un nuevo modelo de Estado junto con buenos ministros dispuestos a trabajar tuvieron mucho que ver en el incipiente resurgimiento de España. Sin embargo sus primeras disposiciones fueron mal recibidas, ya que seguían a rajatabla el centralismo del modelo francés. El nuevo rey, al principio receloso y desconfiado, empezó tomando decisiones muy enérgicas, como el destierro de Mariana de Neoburgo (segunda esposa de Carlos II) junto con otros nobles que habían apoyado al candidato austriaco en la guerra de Sucesión. Esta primera actitud, paradójicamente, le ha valido para la historia el sobrenombre de «el Animoso».

Felipe, nieto también de María Teresa de Austria (hermana de Carlos II), lo que le dio derecho a la corona española, sin embargo era un hombre tímido que durante toda su vida fue víctima de innumerables depresiones paliadas, en gran medida, por el amor que le pro-

Felipe V. Jean Ranc. 1725.
Museo del Prado, Madrid.

La reina Isabel de Farnesio. Jean Ranc. 1723.
Museo del Prado, Madrid.

fesaron sus dos esposas. De hecho, recién llegado a Madrid los cortesanos le definieron como «un joven tan piadoso como abúlico, tan casto como melancólico, tan educado como perezoso». Su melancolía fue aumentando con los años sufriendo varias crisis que, en muchos casos, se reflejaron en acciones insólitas que alteraban por completo los horarios de la Corte.

María Luisa de Saboya, su primera esposa, era hija de Víctor Amadeo, y fue, de nuevo, una elección personal de Luis XIV. La boda se concertó en 1701, unos días antes de que la novia cumpliera los trece años. El viejo rey francés, conocedor de los estados depresivos de su nieto, pensó que siempre sería mejor que «fuera manejado» por su esposa y no por ministros corruptos. Como la reina era demasiado joven puso a su lado, en calidad de Camarera Mayor, a un personaje que influyó de manera decisiva en el nuevo matrimonio. María Ana de la Tremoville, viuda del príncipe de Orsini, permaneció siempre al lado de la reina, que encontró en ella una buena amiga, además de una hábil consejera.

María Luisa dio tres hijos al monarca: Luis, nacido en 1707, Felipe, en 1712 y Fernando, un año después. Pero pronto se quedaron sin madre, pues la reina murió en 1714 de tuberculosis. A pesar de su procedencia extranjera, fue una mujer muy querida por su esposo y por el pueblo, que se sentía agradecido por sus innumerables obras de caridad.

Ese mismo año se concertó el segundo matrimonio real, esta vez con una mujer muy distinta a la primera. Isabel de Farnesio, sobrina del duque de Parma, «...era viva, intrépida, astuta, versada en idiomas, gustosa de la política, aficionada a la historia y preocupada por todas las actividades artísticas e intelectuales», y contaba también con el apoyo de Luis XIV, que veía en ella, no a la esposa de su nieto, sino los derechos sucesorios al ducado de

José Patiño, ministro de Felipe V,
en un grabado coetáneo.

Parma. A pesar de su carácter ambicioso e intrigante, amó sinceramente al rey y estuvo a su lado en todo momento, influyendo de forma determinante en cada una de sus decisiones; a cambio obtuvo una fidelidad casi enfermiza, muy valorada en aquellos tiempos. Su carácter fuerte la llevó al enfrentamiento con la princesa de Orsini, la cual, en un exceso de confianza, le hizo un comentario sobre su orondo aspecto que provocó su destierro inmediato.

Felipe tuvo con ella varios hijos: Carlos, que sería el futuro Carlos III, María Ana Victoria, Felipe, María Teresa y Luis Antonio, todos ellos nacidos entre 1716 y 1727. Ver a algunos de ellos como rey fue una obsesión a lo largo de su vida y determinó gran parte de la política exterior española durante el tiempo que duró su reinado. Isabel logró una buena posición para todos. Carlos fue rey de Nápoles; Felipe, duque de Parma; María Ana Victoria se casó con don José, rey de Brasil, heredero de Juan V de Portugal; María Teresa lo haría con el primogénito de Luis XIV (aunque murió prematuramente sin descendencia) y, el último, Luis Antonio, fue el único que contrarió los deseos de su madre de que llegara a papa, pues se conformó con ser infante de España, pero dará un buen disgusto a su familia casándose con Teresa Vallabriga, siendo con el tiempo suegro de un famoso ministro llamado Manuel Godoy.

Una nueva organización de la política interior

La nueva monarquía asumió todos los poderes con el fin de llevar la iniciativa; con este propósito supo dotarse de los instrumentos adecuados para imponer sus decisiones. Los primeros ministros tuvieron como objetivo racionalizar el marasmo administrativo, tanto central como territorial, heredado del reinado anterior. Para ello, en 1707, se promulgaron los Decretos de Nueva Planta, que ponían fin a los privilegios de los reinos periféricos.

En 1711, Aragón perdió toda posibilidad de ejercer el derecho público y quedó dividido en distritos con un gobierno militar y municipal de estilo castellano, unido a que la corona se reservaba el derecho de nombrar regidores municipales. En 1716 llegó el turno a Cataluña, donde la reforma fue más moderada ya que ellos podían ejercer el derecho civil y mantener las costumbres locales; sin embargo, el gobierno recaía en la Audiencia y las finanzas en un intendente. La legislación castellana desplazó a la autóctona y el idioma catalán desapareció de la burocracia. La imposición del servicio militar obligatorio y la reforma fiscal suscitaron un hondo rechazo. El nuevo sistema impositivo agregaba un impuesto nuevo, sobre las posesiones rurales y urbanas y sobre las rentas personales, llamado catastro en Cataluña y equivalente en Valencia, para lo cual se hizo un minucioso recuento de los bienes del país.

Para un mejor control de la administración se crearon las Secretarías de Estado (Gracia y Justicia, Hacienda, Guerra, Marina e Indias), verdaderos antecedentes de los Consejos de Ministros, y apareció la figura del primer ministro (con claras diferencias con la figura del valido) como responsable último ante el rey. En los distintos territorios se implantaron Capitanías Generales, Audiencias e Intendencias y se puso en marcha un proceso de racionalización de la Hacienda Pública a través de la comentada revisión del sistema de impuestos. Además se tomaron medidas proteccionistas, como la creación de compañías privilegiadas de comercio o la fundación de manufacturas reales.

Asimismo se llevó a cabo una reorganización del ejército y la marina, ya que era necesario hacer frente a las consecuencias del tratado de Utrecht y defender un Imperio que, pese a todo, seguía teniendo más territorios que el resto de las potencias europeas.

Todo ello fue posible gracias a la sucesión de magníficos ministros, que Felipe supo elegir con acierto. Si bien sus primeros colaboradores le vinieron impuestos desde Francia, supo atraerse a tres de los mejores administradores del siglo, como fueron José Patiño, José del Campillo y el marqués de la Ensenada, que han pasado a la historia como los máximos protagonistas del reformismo del siglo ilustrado.

Patiño centró sus esfuerzos en la marina, con el fin de desarrollar el comercio con América, y transfirió la sede de la Casa de Contratación de Sevilla, puerto fluvial, a Cádiz, abierta al mar, además de fundar varias compañías, la Guipuzcoana y la de Las Antillas para el comercio del cacao y la de Filipinas para la importación de materias primas. En el terreno militar comenzó la construcción del arsenal de El Ferrol, que no pudo ver terminado porque le sobrevino la muerte. El marqués de la Ensenada, por su parte, siguió trabajando con los mismos criterios.

El barón de Ripperdá y el abate Alberoni (favorito de Isabel de Farnesio), sin embargo, estuvieron más preocupados por la política internacional que por las reformas internas.

El agotamiento del rey

En 1720 ya estaba encaminada la política de desarrollo interior y las negociaciones con Francia iban dirigidas al doble matrimonio del príncipe de Asturias, Luis, con Luisa Isabel, hija del regente de Orleans, y el de Luis XV con la infanta María Victoria, hija de Isabel de Farnesio. El primero tuvo lugar en 1722 y el segundo nunca llegaría a celebrase, ya que la novia solo tenía cuatro años de edad y el ministro francés, el duque de Borbón, que tenía prisa por tener descendencia, devolvió a la infanta a España, produciendo la ira desatada de la madre.

A esas alturas Felipe V estaba ya pensando en abdicar en su hijo Luis por razones que no están claras. Una de las posibles pudiera ser una hábil maniobra de Isabel de Farnesio que animó a Felipe a abdicar en su hijo mayor con el fin de poder obtener la corona francesa para su hijo Carlos. Luis XV, con catorce años, tenía una salud muy precaria y nadie confiaba en que viviera mucho. Sin embargo, los planes de la reina fracasaron, ya que el rey francés no sólo no murió, sino que vivió 64 años.

Pero el resultado fue que Felipe abdicó en 1724 y se retiró al palacio de La Granja, de reciente construcción según el modelo de Versalles, con la esperanza de llevar una vida tranquila con su familia. No fue posible, ya que a los siete meses de haber subido al trono, Luis murió de viruela. En su testamento había dejado como sucesor a su padre que, por los graves problemas de conciencia que le provocó lo insólito de la situación, obligó a su hijo, en el último momento, a cambiar el testamento a favor de su hermano Fernando, segundo en la línea sucesoria. El padre Bermúdez, su confesor, le aconsejó que, si no quería volver a reinar, ejerciera la regencia hasta la mayoría de edad de Fernando, que entonces contaba con once años de edad. Pero sus consejeros, así como Isabel de Farnesio, opinaban que en aquel momento no convenía una regencia para España, y el monarca volvió a reinar.

La política exterior después de la paz de Utrecht

En política internacional, el objetivo fue la revisión de los tratados de Utrecht y Rastatt con el fin de recuperar las posesiones italianas y asegurar así los territorios a los hijos de Isabel de Farnesio. Las potencias europeas no estuvieron de acuerdo y se desató un nuevo conflicto.

El entonces ministro Alberoni intentó una alianza con Inglaterra ofreciéndole a cambio ventajas comerciales en América, pero Inglaterra no la aceptó. Ante los numerosos preparativos militares que se estaban llevan a cabo en España, en contra de los intereses del ministro, éste concertó con Francia y Holanda lo que se ha llamado la Triple Alianza, cuyo fin era lucha por el mantenimiento de lo acordado en Utrecht.

En 1717, Alberoni se apoderó de Cerdeña y emprendió la ocupación de Sicilia. Como reacción, Austria se unió a los aliados, formando así la Cuádruple Alianza. Un año después Inglaterra venció a España en la batalla de Passero, y los intentos del ministro, como unirse con las Provincias del Norte, una conspiración contra el duque de Orleans (regente de Francia a la muerte de Luis XIV) y el envío de una expedición naval a Inglaterra apoyando a Jacobo III Estuardo fueron un rotundo fracaso que desembocó en la recuperación de Sicilia para los aliados. En 1719, Alberoni será destituido por el rey, que en 1720 pidió su adhesión a la Cuádruple Alianza. Las diferencias entre las potencias se resolverían en el congreso de Cambrai, celebrado este mismo año.

En los años siguientes, Patiño, Campillo y Ensenada tuvieron una nueva visión de la política europea encaminada, sobre todo, hacia la paz. Hubo un acercamiento a Austria a través del concierto del matrimonio de los infantes españoles Carlos y Felipe con dos archiduquesas austriacas, y en 1729 se firmó el tratado de Sevilla por el cual tanto Francia como Inglaterra reconocían los derechos de Carlos sobre los ducados italianos. En 1731, muerto el último duque de Parma, Carlos tomó posesión de este ducado, junto con Toscana y Plasencia. Pero dos años después, en 1733, estalló la guerra de Sucesión austriaca, en la que Francia apoyaba a su candidato, el suegro de Luis XV, y Austria y Rusia a Augusto de Sajonia. Como Francia necesitaba apoyo, firmó con España el Primer Pacto de Familia, iniciando así la gue-

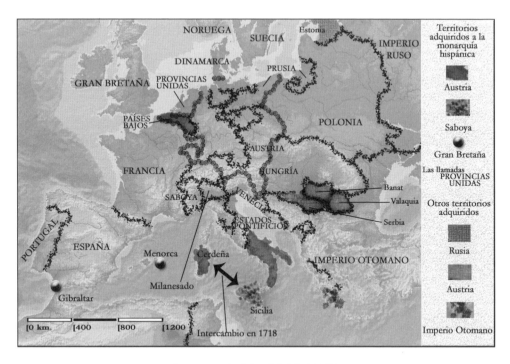

Europa a principios del siglo XVIII.

rra. España, por el tratado de Viena de 1735, se apoderó de Nápoles y Sicilia a cambio de que el príncipe Carlos renunciara a Parma y Plasencia.

En 1740, el ministro José Patiño, que además de tener una buena visión de los asuntos internos también tenía una larga experiencia en los internacionales, supo ver a Inglaterra como un enemigo tradicional debido, sobre todo, a su primacía marítima. Entonces consideró que era necesaria una aproximación a Francia y, en 1743, con ocasión de la guerra de sucesión de Austria, se firmó el Segundo Pacto de Familia, por el cual Francia se comprometía a luchar para que el infante don Felipe obtuviera Milán, Mantua, Parma y Plasencia. El origen de esta guerra hay que buscarlo en el pacto sucesorio entre José I de Austria y su hermano Carlos por el cual, en el caso de que ninguno de ellos tuviera descendencia masculina, a la muerte del segundo heredarían la corona las hijas de José I. Carlos, una vez emperador, y tras la muerte de su único hijo varón, revocó dicho pacto para dejar la herencia a su hija María Teresa. Con el fin de dar contenido legal a aquel pacto, promulgó la Pragmática Sanción procurándose el apoyo de Prusia, Inglaterra, Holanda, Francia y España, que se adhirieron en 1738, negándose a hacerlo Carlos Alberto, elector de Baviera. Cuando María Teresa heredó los territorios austriacos, Carlos Alberto reclamó la sucesión. El final de la guerra se produjo en 1748, reinando ya en España Fernando VI, con la victoria borbónica. Por la paz de Aquisgrán, Carlos se confirmó como rey de Nápoles y Felipe se quedó con los ducados de Parma, Plasencia y Guastalla. Isabel de Farnesio se sintió feliz.

Los últimos años del rey. El legado de Felipe a la historia de España

Al final de sus días, Felipe V dio muestras claras de demencia, como colofón de un largo proceso de depresiones que le acompañaron toda su vida, pero había hecho bien su trabajo. Cumplió la misión de asentar la nueva dinastía en el trono español y dio los primeros pasos para el triunfo del reformismo ilustrado a través de la centralización administrativa (hay que recordar que finalizó un largo período de conflictos con Cataluña que, tiempo después, consiguió ponerse a la cabeza de la economía del país), el fomento de la economía y el apoyo cultural (durante su reinado nacieron las primeras academias y se construyó la Biblioteca Nacional). Desde el punto de vista internacional, España, partiendo de una situación desastrosa, recuperó el protagonismo perdido en el entorno europeo.

En su vida personal fue un hombre de suerte, ya que amó y fue amado por sus dos esposas, de las que tuvo una descendencia numerosa y de las que obtuvo una impagable ayuda en sus momentos melancólicos. Isabel de Farnesio le acompañó en su lecho de muerte, que le sobrevino en el palacio del Buen Retiro en 1746, como consecuencia de una congestión cerebral. Desde allí, fue trasladado al Real Panteón de La Granja.

Fernando VI, rey de España

Fernando, el rey pacifista

El nuevo reinado se inauguró en un ambiente en el que los deseos de paz se habían impuesto y, por tanto, el rechazo de la política seguida por la administración anterior era general. Suma importancia en el triunfo de las ideas pacifistas tuvieron los mismos monarcas; tanto FERNANDO VI como su esposa, la portuguesa doña Bárbara de Braganza, fueron desde un principio acérrimos partidarios de dejar a España al margen de las posibles aventuras belicistas.

Fernando contaba 33 años en 1746, cuando murió su padre Felipe V, y era el tercer hijo de los nacidos de su matrimonio con María Luisa de Saboya. Tuvo una infancia difícil por la temprana muerte de su madre y la abierta aversión de su madrastra, que siempre vio en él y sus hermanos verdaderos obstáculos para lograr la prosperidad política de sus propios hijos. Estaba muy unido a su hermano Luis, y su temprana muerte fue para él muy dolorosa, lo que acentuó su heredada tendencia a la melancolía.

Heredó de Felipe un reino en el que se estaban operando los cambios necesarios para la futura prosperidad. Pero se diferenciaba de su padre sobre todo en su actitud. Fernando consideraba que era fundamental mantener la paz porque sus súbditos ya habían sufrido bastante. Una vez concluida la guerra de Sucesión austriaca, decidió no entrar en ninguna alianza europea que pudiera comprometer la paz del país. Con el fin de eliminar cualquier atisbo de conspiración política en la Corte desterró a su madrastra, Isabel de Farnesio, al Real Sitio de San Ildefonso, donde permaneció durante todo el reinado. Consciente de su falta de inteligencia política, supo rodearse de valiosos colaboradores que entendieron que había que continuar la política reformista iniciada en el reinado anterior.

La cuestión de su matrimonio no fue ningún problema. De las innumerables princesas casaderas en ese momento en Europa, se quedó con Bárbara de Braganza, hija de Juan V de Por-

Fernando VI niño, hijo de Felipe V y de María Luisa Gabriela de Saboya.

tugal y de Mariana de Austria, aceptando la complicada política matrimonial de su padre y su madrastra. La novia, aunque no era muy agraciada físicamente y con cierta tendencia a la obesidad, sin embargo era extremadamente culta y de muy buen corazón, cualidades que le granjearon no sólo el cariño de su esposo, sino también el de su pueblo. Compartiéndolo todo, también compartían su tendencia a la tristeza. El matrimonio no tuvo hijos.

El Consejo de Ministros

Zenón de Somodevilla empezó su trabajo con Felipe V, continuando en la misma línea con su hijo Fernando. Patiño le había dado su primer destino en el ministerio de la Marina, desde donde fue ascendiendo a distintos cargos. Gracias a su participación en la campaña de Orán y en la conquista del reino de Nápoles, el infante don Carlos le otorgó el título de marqués de la Ensenada. De procedencia modesta, es el prototipo borbónico del nuevo burócrata que va ascendiendo en el escalafón administrativo gracias a sus méritos y no a su cuna. Esta circunstancia le granjeó numerosos enemigos entre la nobleza que, a partir de este nuevo modelo, veían amenazados sus tradicionales privilegios.

Con Felipe V había trabajado sólo como colaborador, pero ahora con su hijo tuvo la oportunidad de aplicar sus propias ideas. Gracias al aumento de ingresos producto del nuevo sistema impositivo, Ensenada pudo llevar a cabo un gran número de las muchas reformas que planteó al rey, aunque no todas. El establecimiento de la superintendencia de Correos o el envío de jóvenes al extranjero para estudiar ciencias fueron algunas de ellas. Es interesante su concepto de financiación del país, ya que pensaba que España se debía financiar a sí misma, sin tener en cuenta los ingresos procedentes de América, es decir, el país debía ser autosuficiente. Le ayudó en su tarea un noble, don José de Carvajal y Lancaster, hijo menor del duque de Linares, que en el fondo consideraba a Ensenada como un advenedizo.

Dejando a un lado sus diferencias personales, ambos coincidían en que había que seguir con el reformismo a toda costa. Sin embargo, en política exterior discrepaban, ya que Carvajal era partidario de la amistad con Inglaterra y Ensenada del acercamiento a Francia, lo que seguramente permitió que Fernando mantuviera sin problemas su postura de neutralidad. De hecho, el rey demostró una gran capacidad para resistir presiones en 1756, cuando estalló la guerra de los Siete Años en la que los estados europeos se alinearon al lado de las grandes potencias enfrentadas: Francia e Inglaterra (esta última llegó a prometer la devolución de Gibraltar a cambio de la ayuda española), y en la que España no participó, al menos de momento.

El Concordato

Los abusos que se venían produciendo en Roma desde tiempo atrás, provocaron la reacción del reformismo borbónico. Durante el reinado de Felipe V ya se habían puesto las bases para acabar con la situación a través de lo que se ha llamado regalismo, o lo que es lo mismo, conseguir que la Iglesia fuera dirigida por el poder civil con el pretexto de que el monarca debía ser el protector de la misma. La actitud del papa Benedicto XIV era bastante abierta e incluso quiso, en 1746, comenzar una reforma en los Estados Pontificios, por lo que el camino hacia el buen fin de las gestiones estaba bastante despejado.

En 1753, se firmó el Concordato con la Santa Sede, por el cual se ponía en práctica el Patronato Real que significaba que a partir de entonces el rey podía nombrar a los altos cargos eclesiásticos.

Sacramento

Se puede afirmar que la situación de la colonia de Sacramento fue la única crisis importante del reinado, que llevó a la caída de Ensenada. El origen hay que buscarlo mucho

Fernando VI, hijo de Felipe V
y hermano de Carlos III, que llevaría adelante
el pleno reformismo.

Bárbara de Braganza,
esposa de Fernando VI.

tiempo atrás, en tiempos de los Reyes Católicos, cuando se firmó el tratado de Tordesillas por el cual España y Portugal establecieron los límites territoriales de sus respectivas colonias. Este tratado, de hecho, nunca se llegó a respetar y por eso fue necesario negociar uno nuevo.

La colonia de Sacramento, ubicada junto a Buenos Aires, al otro lado del Río de la Plata, fue fundada por los portugueses en el siglo XVII y significaba una buena posibilidad de avance fluvial hacia el interior del continente, además de ser un centro de contrabando inglés. Durante mucho tiempo, España había intentado deshacerse de la colonia, pero con Fernando VI y su esposa, el talante cambió.

En 1750, se firmó el tratado de Madrid en virtud del cual Sacramento pasaba a ser colonia española a cambio del reconocimiento del avance de los portugueses en América y la cesión de nuevas tierras, incluidas algunas misiones jesuíticas del Paraguay. Además de la resistencia de esta orden a perder su obra misional, el tratado no se llegó a cumplir por ninguna de las partes y suscitó muchas críticas que llegaron, incluso, a acusar a la reina como instigadora del mismo, muy favorable a Portugal.

Ensenada había sido uno de los más firmes opositores y envió un informe al rey Carlos de Nápoles con el fin de lograr una protesta formal. Una conjuración, encabezada por la misma reina, en la que se mostró a Fernando el juego de Ensenada, provocó la caída del ministro, cuyo buen servicio a España había comenzado durante el reinado anterior.

Fernando VI en un retrato
de Antonio González Ruiz.

El final de un reinado de transición

Bárbara de Braganza falleció en 1758 a los cuarenta y siete años de edad, muerte que llenó de amargura al monarca, que siempre había estado afectado de una gran melancolía y que fue creciendo a lo largo de los años, con el agravante de la falta de descendencia en el matrimonio –quedando como heredero al trono español, Carlos, su hermano–, lo que aumentó aún más su temperamento triste, falleciendo el 10 de agosto de 1759, de la misma enfermedad que su padre, después de 13 años de reinado y en un ataque de locura furiosa, habiendo dado un período de paz a España en una época en que Europa conoció largos años de guerra.

Si fuera necesario un calificativo a este reinado ninguno mejor que el de pacífico, acentuándose la recuperación del país, ya iniciada por su padre Felipe V, realizándose auténticos programas de economía y de administración.

Muchas de las realizaciones e intentos llevados a cabo en el reinado siguiente, el de Carlos III, tienen su origen en los equipos de trabajo formados en los tiempos de este monarca.

Así, es entonces cuando se fundó la Sociedad Económica de Amigos del País en las Vascongadas, que en la segunda mitad del siglo XVIII serviría de ejemplo a otras muchas creadas en España.

Indudablemente, esta recuperación se debió mucho al período de tranquilidad que se extendió desde la paz de Aquisgrán, que solucionó el conflicto de la guerra de Sucesión de Austria en 1748 –ya comentada en el reinado de Felipe V–, y la muerte del monarca, en el que no sólo la agricultura, la industria, el comercio o la administración fueron las beneficiadas de este progreso, sino también los aspectos culturales que continuaron en ascenso iniciado en el reinado anterior.

Cabe destacar, en este sentido, la fundación de la Real Academia de Bellas Artes de San Fernando, en 1752.

Los mismos reyes protegían directamente la cultura, siendo la música su principal y casi único pasatiempo, para la que obtuvieron los servicios del cantante italiano Farinelli, por quien sintieron gran predilección y profunda amistad, no aprovechada en ningún momento para influir en la política.

En cuanto a todas las reformas comenzadas, sufrieron, sin embargo, un retroceso durante los últimos años del reinado.

Los reformistas fueron una minoría que tenía que enfrentarse con la masa inmovilista y con los privilegiados, poseedores de los recursos vitales del país; éstos, después de la caída de Ensenada, permanecieron en el poder hasta la muerte del rey.

Carlos III, rey de España, duque de Parma y Plasencia, rey de Nápoles y Sicilia

Carlos, el rey reformador

CARLOS jugaba con ventaja al llegar a España para tomar posesión de la corona, ya que contaba con más de veinte años de experiencia como rey de Nápoles. Mientras el nuevo monarca liquidaba allí sus asuntos y venía a España, quedó como regente su madre, Isabel de Farnesio, mucho tiempo recluida en el palacio de La Granja, que revivió con entusiasmo, aunque sólo fuera durante unos meses, sus viejos momentos de esplendor.

Era un hombre muy hogareño, cuya verdadera pasión era la caza, actividad para la que siempre encontró tiempo. Esta afirmación fue compartida también por su única esposa, María Amalia de Sajonia, primogénita de Augusto III, rey de Polonia, que siempre le acompañó en los largos paseos al aire libre y a la que mantuvo completa fidelidad.

Se casó con ella en 1738 y fueron muy felices hasta la muerte de la reina, en 1760, cuando todavía no llevaba un año en España. Tuvieron una numerosa descendencia, ya que darle hijos al monarca fue una de las obsesiones de María Amalia.

Carlos III de cazador.
Francisco de Goya.
Colección Duquesa del Arco, Madrid.

La reina María Amalia de Sajonia.
Antón Rafael Mengs. 1761.
Museo del Prado, Madrid.

De todos sobrevivieron cinco, pero la muerte de los demás agrió el carácter de la reina. En 1744 nació María Josefa, tras la muerte de las tres primeras niñas, a la que el pueblo de Madrid llamaría cariñosamente la infanta Pepa; un año después nacería María Luisa, futura esposa del archiduque Leopoldo, que llegó a ser emperador de Alemania; Felipe llegó al mundo en 1746, pero la felicidad del nacimiento del príncipe heredero se frustró pronto por las graves deficiencias físicas y psíquicas que presentaba, siendo oficialmente declarado incapacitado. El que sería futuro rey de España, Carlos IV, nació en 1748 y, tras la muerte de otra niña, nació Fernando, en el que Carlos abdicó la corona de Nápoles; en 1752 llegó Gabriel, que se casaría con María Victoria de Braganza y en 1755, Antonio Pascual, el más conflictivo de todos ya que se prestaría a numerosas intrigas durante el reinado de su hermano Carlos.

Nada más llegar, Carlos confirmó a todos los ministros de Fernando VI, a excepción del de Hacienda, que fue sustituido por Esquilache, antiguo colaborador en Nápoles y en quien confiaba para realizar importantes cambios en dicha cartera.

La guerra de los Siete Años

Carlos interrumpió la política pacifista de su hermano Fernando y se decidió a firmar el Tercer Pacto de Familia con Francia (17 de agosto de 1761), debido a las continuas fricciones con Inglaterra. Su esposa, María Amalia, muy unida al rey, era contraria a dicha guerra debido a la tradición sajona de amistad con Inglaterra, pero su muerte dejó a Carlos el campo libre para tomar la decisión que considerara más conveniente.

El telón de fondo fue la situación colonial y el espíritu intervencionista del rey. El plan era que mientras los ingleses siguieran haciendo un esfuerzo bélico, éste iría arruinando su economía, lo que, a su vez, iría en perjuicio de sus exportaciones europeas. Entonces, en condiciones ventajosas, se podría preparar el ataque a Gibraltar y a otras colonias inglesas. Pero el plan fracasó debido a la potente fuerza naval inglesa y, en consecuencia, los ingleses ocuparon La Habana y Manila, se quedaron con la controvertida colonia de Sacramento e invadieron Portugal.

La paz de París, firmada el 10 de febrero de 1763, puso fin a la guerra y estableció que España, a cambio de la Luisiana francesa, Manila y La Habana, debía devolver Sacramento y ceder La Florida y la bahía de Pensacola.

El motín de Esquilache

Con la llegada del nuevo rey se empezaron a introducir en España las primeras reformas orientadas, sobre todo, a realizar un reparto más equitativo de la riqueza. Grimaldi ocupó la Secretaría de Estado, Esquilache la de Guerra y el conde de Campomanes la Fiscalía del Consejo de Castilla con plenos poderes en materia económica.

El famoso motín en realidad fue un rechazo ante las reformas que se estaban poniendo en marcha, pero el detonante inmediato fue, en cierto modo, superficial. Una Real Orden de 1766 prohibía el uso de capas largas y sombreros de ala ancha, con el fin de evitar el anonimato y con él los crímenes impunes. Se produjeron numerosos motines populares en Madrid, seguidos por los de otras ciudades de España, que fueron directamente contra Esquilache y parece que también contra la opresión de los reformadores, cuya política erosionaba los privilegios de la nobleza, el clero y los gremios a favor de la incipiente burguesía.

Los amotinados pidieron al rey el destierro de Esquilache y su familia, el despido de los ministros extranjeros, la extinción de la Junta de Abastos, la salida de los guardias valones (tropas extranjeras al servicio de la corona, encargadas de proteger a la familia real y del orden público), la libertad de vestir el pueblo como guste y el abaratamiento de los productos más imprescindibles. Entonces se reunió una junta de autoridades con el rey, que se decidió por la moderación y aceptó las reivindicaciones del pueblo. Como continuaba la agitación popular, Carlos decidió marcharse a Aranjuez, donde acudió un representante de los sublevados con el fin de que confirmara sus peticiones, que el rey, en efecto, aceptó.

El conde de Aranda fue nombrado presidente del Consejo de Castilla, ajustició a unos pocos de los amotinados y desterró a algunos amigos de Ensenada, que no participó directamente aunque parece ser que lo hizo en la sombra.

Las consecuencias fueron la inmediata caída de Esquilache y, lejos de paralizar el programa de reformas, éstas se hicieron, si cabe, más espectaculares. La importancia que se dio en su momento a este motín hizo que se pensase, incluso, en privar a Madrid de la capitalidad. Respecto a quién estuvo detrás existen varias teorías, una de las cuales apunta hacia los jesuitas que, de hecho, fueron expulsados del país un año después, en 1767.

El programa político y las reformas de Carlos III

El reinado de Carlos III fue el más característico de lo que se ha llamado Despotismo Ilustrado. Los ministros del rey pusieron en marcha un programa de reformas, en la misma línea centralista de los reinados anteriores, encaminadas a conseguir la recuperación y modernización de España.

Por una parte se produjeron los primeros intentos de reforma agraria con el reparto de las tierras comunales, la división de los latifundios y el fomento de nuevas colonizaciones (el traslado de la población desde lugares muy poblados a lugares que lo estaban menos con el fin de fomentar el aprovechamiento del suelo y la agricultura). También se promulgaron disposiciones para terminar con los privilegios de la Mesta (asociación de criadores de ovejas trashumantes), que perdieron su derecho a impedir que se cercasen las tierras a lo largo de las cañadas o caminos de los rebaños. Estas reformas no tuvieron el éxito esperado ya que los terratenientes, que dominaban los Concejos, continuaban en posesión de los grandes latifundios que no estaban dispuestos a compartir.

El programa afectó también al ámbito industrial y su objetivo era terminar con la vieja realidad gremial. Se procedió a la contratación de técnicos extranjeros y a la importación masiva de maquinaria textil; aparecieron, también, las primeras industrias agrícolas.

En cuanto al comercio, la tendencia general fue la liberalización. Se suprimieron las aduanas interiores y se promulgó la libertad de comercio de granos y del comercio con

América. Estas reformas beneficiaron, sobre todo, a las regiones de la periferia, que comenzaron a experimentar una incipiente prosperidad, sobre todo Cataluña.

Para controlar todo el sistema se crearon nuevas instituciones entre las que cabría destacar las Juntas de Comercio o las Sociedades Económicas de Amigos del País. Se fundaron también nuevas compañías como la Compañía General y de Comercio de los Cinco Gremios Mayores de Madrid, creada en 1763. A todo ello acompañó una ambiciosa política de obras públicas, fundamental para mejorar, entre otras cosas, los caminos de la península y con ello la comunicación entre las distintas regiones.

En lo que respecta a la Hacienda, se intentó, por primera vez en España, unificar el sistema monetario, para lo cual se crearon vales reales y se emitió el primer papel moneda; en 1782, además, se inauguró la primera banca estatal llamada Banco de San Carlos. La racionalización de la recaudación de las rentas del Estado y la distribución equitativa de los impuestos fueron los objetivos más inmediatos en este ámbito.

Las relaciones con la Iglesia se tornaron difíciles, ya que se intentó terminar con el prototipo de clero reaccionario que controlaba la enseñanza universitaria (ahora las universidades pasarían a tener jurisdicción real) y se oponía activamente al reformismo estatal. Aunque Carlos era muy religioso, obligó a la Inquisición a pasar al servicio del Estado, redujo los privilegios del clero secular y decidió expulsar a los jesuitas en 1767, siendo extinguidos definitivamente por el papa Clemente XIV en 1772, con Floridablanca como embajador en Roma. Las razones de esta persecución contra la orden religiosa eran «la fobia personal del rey por las calumnias que se dice (...) propalaban sobre su persona, la acusación de haber sido autores de publicaciones clandestinas, la presunta participación en el motín, las doctrinas regicidas, las cuestiones coloniales....» y, en fin, un ambiente general de rechazo contra todo aquello que intentara sabotear el programa de reformas.

En el ámbito cultural también se hizo notar el nuevo talante con la creación, en 1770, de los Estudios de San Isidro de Madrid, que sería el primer centro de enseñanza dotado de un plan moderno. La fundación, en 1771, de la Orden de San Carlos III premiaba el celo en el servicio al rey.

Cuestiones de política exterior

En 1773, el emperador de Marruecos avisó a Carlos de que los musulmanes querían expulsar a los españoles de los presidios de la costa. En 1767 se había firmado un tratado de paz y comercio entre ambos países, que para España potenciaba el valor estratégico de los presidios españoles, sobre todo de Ceuta, ubicada frente a Gibraltar, y toda su política americana; Marruecos, sin embargo, interpretó con aquel tratado que la paz sólo se refería al mar, es decir, a no interferir en la navegación, pero que no afectaba a los presidios situados en tierra firme.

El ataque marroquí contra Ceuta motivó la declaración de guerra de España en 1774. Fue una guerra breve en la que los marroquíes no consiguieron su objetivo. Aprovechando la coyuntura favorable, Carlos decidió entonces invadir Argel por sorpresa; el desembarco se llevó a cabo en 1775 y desembocó en una derrota estrepitosa puesto que los argeli-

Carlos III. Antón Rafael Mengs. 1761. Museo del Prado, Madrid.

nos estaban enterados de todo. Esta situación provocó la caída del ministro Grimaldi, que fue sustituido por Floridablanca en la Secretaría de Estado.

Cuando en 1776 se produjo la revolución de las trece colonias inglesas de América del Norte, España apoyó indirectamente a los insurrectos; hubo que esperar hasta 1779 para que entrara de forma directa en la guerra, con la firma del tratado de Aranjuez mediante el cual se establecía una alianza con Francia a cambio de la promesa, en caso de victoria, de devolver Menorca, Gibraltar, Florida y las Honduras británicas. En el transcurso de la guerra fueron inútiles los intentos de reconquistar Gibraltar; sin embargo, las tropas franco españolas conquistaron Menorca en 1782.

En América del Sur, por otra parte, el virrey de Buenos Aires organizó una expedición contra los portugueses de Brasil en 1776 ocupando, al año siguiente, la isla de Santa Catalina. Portugal pidió el armisticio, pero España ya había ocupado la colonia de Sacramento. Por los tratados de San Ildefonso y El Pardo de 1778, España adquirió definitivamente esta colonia y además recibió de Portugal la isla de Fernando Poo y Annobón en África, importantes para el tráfico de esclavos, a cambio de la devolución de Santa Catalina.

Balance general del reinado

Carlos III, un hombre honesto y leal con sus colaboradores, murió en diciembre de 1788 y dejó a su hijo, Carlos IV, un reino en orden que este último no supo aprovechar. «A su muerte, todos los españoles que pronunciaron su elogio fúnebre rindieron homenaje a esa virtud consagrada al bien público» (Jean Sarrailh).

Fue, sin duda, el mejor rey de nuestro siglo XVIII; no por su inteligencia, que no pasó de normal, ni por su entrega a las tareas de gobierno, en las que empleaba una o dos horas diarias frente a su casi exclusiva dedicación a la caza, sino por su acierto al elegir a sus principales colaboradores y por su firme voluntad que le permitió dominar siempre, en última instancia, cualquier problema que el ejercicio del poder le planteaba. Si a todo esto añadimos un carácter afable, una sencillez en el trato y una vida privada ejemplar, podemos tener una primera imagen de la personalidad del tercer hijo de Felipe V, que ciñó en sus sienes la corona española.

Carlos IV, rey de España

Un rey burgués

CARLOS IV reinó «por la inercia de reinar». Hijo de Carlos III, un rey de altura, él no supo dar la talla. Bien es cierto que su reinado estuvo mediatizado por una circunstancia exterior que requería inteligencia para sortearla: la Revolución Francesa, pero Carlos no estaba preparado y durante todo su reinado tuvo un comportamiento vacilante en circunstancias que requerían firmes decisiones. Más preocupado por la caza y la salvación eterna que por los asuntos de Estado, se dejó manejar por aquellos que le rodearon, sobre todo por su esposa, María Luisa de Parma, y por Manuel Godoy.

Las razones de su boda ni siquiera fueron estratégicas, sino resultado de un cierto sentimentalismo por parte de su padre que, teniendo un hermano reinando en Parma y un hijo en Nápoles, quería colocar a alguno de sus parientes italianos en el trono de los Borbones españoles.

Conocedor del carácter de su hijo, pensó en darle una compañera que pudiera suplir su falta de inteligencia. Se decidió por María Luisa de Parma, una figura muy controvertida, ya que es uno de los personajes históricos que ha tenido peor prensa. «Estaba casado con una pariente de la rama de Parma, María Luisa, mujer intrigante y escandalosa, que dominaba totalmente a su marido, y que, una vez reina, se las ingenió para aislarlo completamente» (Fernando González-Doria). Se habló sin cesar de sus numerosos amantes, llegando incluso a afirmarse que sus dos últimos hijos lo eran de Godoy; pero lo cierto es que estuvieron juntos, compartiendo alcoba, durante 53 años.

Contrajeron matrimonio en 1765 y tuvieron una descendencia muy numerosa, sin contar diez abortos. Carlota Joaquina nació en 1775 y sería después la esposa de Juan VI de Portugal; en 1779 nació María Amalia, que contrajo matrimonio con su tío carnal Antonio Pascual; en 1782 nació María Luisa, que sería reina de Etruria en 1795 al contraer matrimonio con su primo el duque de Parma; tras dos gemelos que murieron, nació, en 1784,

Carlos IV. Antón Rafael Mengs. 1765.
Museo del Prado, Madrid.

María Luisa de Parma. Antón Rafael Mengs.
1765. Museo del Prado, Madrid.

Fernando y en 1788 Carlos María Isidro, que posteriormente provocaría una escisión dinástica al disputarle la sucesión real a Isabel II. Un año después nacería María Isabel, que se casó con Francisco I de Nápoles y, a su muerte, con Francisco Balzo. En 1794 nació el último de sus hijos, Francisco de Paula, «con un extraordinario parecido con Godoy».

Primeros años del reinado

Al llegar al trono mantuvo como primer ministro a Floridablanca por expreso deseo de su padre, pero se vio envuelto en un ambiente notablemente adverso por las constantes intrigas y conspiraciones palaciegas. Uno de sus primeros actos como ministro fue proponer en la Cortes de 1789 la abolición del Auto Acordado de Felipe V, que estableció la Ley Sálica impidiendo reinar a las mujeres. Carlos aceptó de buen grado, ya que vio en ello una posible unión con Portugal según los planes matrimoniales de Carlos III.

El estallido de la Revolución Francesa provocó en Floridablanca una reacción adversa por miedo a que se produjeran disturbios en España, donde no carecía de simpatizantes. Comenzó, por tanto, una decidida campaña antirrevolucionaria en la que se tomaron diversas medidas, todas ellas muy radicales, como la censura de la *Enciclopedia* y la prohibición de estudiar en el extranjero sin un permiso especial.

En 1792, Floridablanca fue sustituido por el conde de Aranda, también antiguo colaborador de Carlos III, que procedió al encarcelamiento de su antecesor (que murió apuñalado unos años después) y a hacer frente a la nueva situación. Lo cierto es que los acontecimientos de Francia (la Convención exigió el reconocimiento español de la República) le llenaron de perplejidad y le tuvieron indeciso entre llevar a cabo la declaración de guerra o mantener una postura de neutralidad. Esta reacción vacilante provocó su destitución en 1792, dejando el campo libre para el nuevo favorito de la reina, Manuel Godoy.

Manuel Godoy

Nació en Badajoz en 1767 y aunque procedía de una familia noble, no era rica. En 1784 se trasladó a Madrid para ingresar, en 1787, en la Guardia de Corps, institución de origen francés al servicio real. A partir del año siguiente experimentó un vertiginoso ascenso tanto en la carrera militar como social y política, hasta que Carlos IV le nombró, en 1792, primer ministro. Así comenzó una estrecha colaboración con los reyes que duró dieciséis años, con una breve interrupción entre 1798 y 1801. Durante aquellos años de gobierno omnipotente, Godoy se convirtió en el hombre más amado y adulado de la historia de España, y después en el más odiado.

Dejando a un lado los rumores sobre sus posibles amoríos con la reina, Godoy se casó con María Teresa de Borbón y Vallabriga, condesa de Chinchón; pero este matrimonio resultó muy azaroso debido a su prolongada relación sentimental con Pepita Tudó (de la que se dice que es la mujer que inmortalizó Goya en sus cuadros de las majas), con la que se casó en 1828, tras la muerte de su primera esposa. En torno a 1835, Pepita le abandonó llevándose todas sus pertenencias.

Godoy accedió al poder en un momento sumamente crítico. Había que tomar una decisión en cuanto a Francia, afrontar una terrible crisis económica y conseguir un punto de encuentro entre los reformistas y la clase reaccionaria.

Conflictos internacionales

Desde España se produjeron varios intentos de rescatar a Luis XVI, prisionero de los republicanos. Cuando éste murió en la guillotina, Godoy decidió tomar medidas drásticas expulsando a todos los súbditos franceses residentes en el país. Como reacción, la Convención declaró la guerra a España en 1792.

Esta guerra, que no tuvo más justificación que el parentesco de Carlos IV con Luis XVI, supuso un cambio de alianzas, ya que España se volvió entonces hacia Inglaterra. En 1794, Francia ocupó Figueras, Fuenterrabía y San Sebastián y, al año siguiente, Bilbao y Vitoria. Como consecuencia del esfuerzo bélico, se produjo un alza de precios e impuestos que, unido a la crisis que ya existía, provocó el aumento de los focos insurreccionales.

España accedió a firmar la paz de Basilea, el 22 de julio de 1795, ante lo desastroso de la situación y en vista de los triunfos que Francia estaba obteniendo en Europa. Sus consecuencias fueron la recuperación de los territorios conquistados y la cesión a Francia de

Manuel Godoy en campaña (detalle). Francisco de Goya. 1801.
Real Academia de Bellas Artes de San Fernando, Madrid.

la isla de Santo Domingo. Paradójicamente la firma de este tratado le supuso a Godoy el título de Príncipe de la Paz.

Se le ofrecieron entonces a Carlos IV dos caminos: si prevalecían los principios ideológicos, España tendría que luchar contra el Directorio francés y aliarse con Inglaterra, si por el contrario, prefería prolongar la alianza con Francia, quedaría vinculada a la Revolución.

Frente a tal situación, cualquier solución resultaba incómoda y contradictoria.

Godoy y Carlos IV vacilaron, pero al fin Godoy optó por el Directorio y luego por Napoleón. Toda la política exterior hasta 1808 fue consecuencia de esta actitud.

En 1796 se firmó el Primer Tratado de San Ildefonso, que establecía una alianza a perpetuidad entre España y Francia, en contra de Inglaterra, que no tardaría en declarar la guerra. Las consecuencias de esta guerra fueron desastrosas ya que en 1797 la marina española, al mando del general Ricardos, sufrió un estrepitoso fracaso en el cabo de San Vicente y, a continuación, los ingleses tomaron Trinidad, base de sus operaciones en el Caribe, que les serviría para interrumpir sin problemas el tráfico entre España y sus colonias.

Como consecuencia de este fracaso a Carlos IV, muy a su pesar, no le quedó más remedio que destituir a Godoy y sustituirlo por Francisco Saavedra. Sin embargo, se trató de una retirada breve. En 1801, estando Napoleón al frente del Consulado, fue restituido a instancias del cónsul francés. De esta manera se volvieron a consolidar las relaciones con Francia.

Poco antes de caer, en 1800, había firmado con el país vecino el Segundo Tratado de San Ildefonso por el que, a cambio de la Luisiana, Francia creaba el reino de Etruria para el duque de Parma (yerno de Carlos IV), además de insistir en la alianza antibritánica.

La guerra de las naranjas

El origen de esta guerra hay que buscarlo en el interés de Napoleón por utilizar a la escuadra española contra Inglaterra y además doblegar a Portugal, entonces aliado de esta última. A pesar de la negativa de Carlos, a quien le unían lazos familiares con la dinastía portuguesa, Napoleón consiguió poner de su lado a Godoy que, nombrado general de todos ejércitos, se dejó llevar por su ambición personal sin tener en cuenta las consecuencias de esta alianza.

Cuando las tropas franco españolas tomaron Olivenza, Portugal se vio obligado a pedir el armisticio. El tratado de Badajoz estipulaba que Portugal cerraría sus puertos a los barcos ingleses y cedería Olivenza a España; a cambio, Carlos IV se comprometía a proteger la integridad territorial de este país. La firma de la paz de Amiens en 1802, entre Francia e Inglaterra, estipulaba la devolución de Menorca a cambio de la isla de Trinidad.

Trafalgar y Fontainebleau

En 1803, la paz de Amiens se reveló ilusoria ya que Francia reanudó las hostilidades con Inglaterra. En esta situación, Napoleón volvió a necesitar de la escuadra española y, a pesar de los intentos de mantenerse neutral, a Godoy no le quedó más remedio que intervenir ante la reclamación francesa del cumplimiento del último tratado de San Ildefonso.

Por tanto, en 1804 se declaró la guerra entre España e Inglaterra. La flota aliada fue derrotada junto al cabo de Trafalgar, suponiendo la destrucción de la mayor parte de los barcos españoles y la muerte de los mejores oficiales. Éste fue el principio del fin del poderoso Godoy, cuya reputación se vio seriamente dañada.

Consciente de la situación, en 1807 decidió, de nuevo, aliarse con Napoleón en el bloqueo continental contra la economía inglesa, ya que no podía vencerla por mar. Francia pidió a España su colaboración para eliminar a los ingleses de Portugal. La promesa napoleónica, que satisfacía las ambiciones y los sueños de Godoy, consistía en ofrecerle un reino y un trono: el Algarve portugués; Carlos IV quedaría como emperador de las Américas.

Mientras tanto, Fernando, el príncipe de Asturias, que estaba tramando una conspiración contra Godoy y contra su padre, fue descubierto y procesado, pero ya se estaba formando lo que se ha llamado el partido fernandino.

Todo esto se materializó en el tratado de Fontainebleau, firmado en ese mismo año, por el que se pretendía acabar con la monarquía de los Braganza y proceder al reparto. De paso, permitía también la entrada de 28.000 soldados franceses en territorio español. Carlos IV, en 1808, dio una proclama al país en la que informaba de las intenciones pacíficas del aliado francés.

El motín de Aranjuez

Los reveses exteriores, la crisis económica y la increíble influencia de Godoy sobre los reyes, había ido creando un ambiente de malestar entre las clases populares, que comenzaron a ponerse del lado de Fernando.

La familia real se había trasladado a Aranjuez donde, siguiendo los consejos de Godoy, se estaban preparando para salir del país hacia las provincias ultramarinas, como había hecho la familia real portuguesa. El pueblo, al ver los preparativos, y con un ambiente ya enrarecido, asaltó la casa de Godoy, pero no le pudo encontrar. Carlos IV, creyendo que había huido y con el fin de salvarle, le destituyó y comunicó su decisión a Napoleón. Pero Godoy no había huido, sino que estaba escondido y su vuelta motivó una nueva revuelta de la que logró salir indemne gracias a las tropas y a la intervención de Fernando, que había sido enviado por su padre.

Tras la caída de Godoy, el 17 de marzo de 1808, Carlos IV decidió abdicar en su hijo el 19 del mismo mes y año, y toda la familia real se trasladó a Bayona a encontrarse con Napoleón. Allí Fernando VII accedió a los deseos del emperador de que devolviera la corona a su padre, el cual aceptó inmediatamente.

Carlos IV. Francisco de Goya. 1789.
Museo del Prado, Madrid.

Los planes íntimos de Napoleón de colocar en el trono de España a un miembro de su familia estaban saliendo a la perfección, ya que Carlos, sobrepasado por la situación, trasladó la corona al emperador que, a su vez, la puso en manos de su hermano José I. Fernando VII, con su hermano Carlos María Isidro y su tío don Antonio Pascual, fueron recluidos en Valençay. Así dio comienzo la Guerra de la Independencia.

Los últimos años del rey

Carlos IV y su esposa María Luisa permanecieron en Francia hasta el tiempo que duró la guerra. Cuando finalizó, intentaron volver a España para vivir al margen de la política en su palacio de Aranjuez, pero su hijo Fernando se lo impidió. Desde el país vecino se trasladaron a Italia instalándose en el palacio Barberini de Roma, acompañados por el fiel Godoy y la que entonces era su esposa, María Teresa de Borbón.

La reina María Luisa de Parma,
esposa de Carlos IV. Francisco de Goya.
Colección Mc-Crohon, Madrid.

María Luisa murió en 1819 y entonces Carlos, desolado, se trasladó a vivir a Nápoles con sus hijos. El rey murió unos meses después del viaje (19 de septiembre de 1819) y Fernando VII, que no les había dejado volver, ordenó el traslado de los restos de sus padres a España, siendo enterrados en El Escorial.

La guerra de la Independencia

1. El ambiente

En 1808, Carlos IV renunció al trono de España a favor de JOSÉ I a cambio de una pensión; Fernando VII lo hizo al día siguiente. Mientras, en Madrid fue aumentando el ambiente de excitación.

El 2 de mayo se produjo un levantamiento popular en la capital apoyado por Daoiz y Velarde que Murat se encargó de reprimir con el fusilamiento de los jefes militares, lo que no impidió que la insurrección se extendiera por toda España. Así dio comienzo la resistencia armada a la invasión francesa. Pero no era solamente una rebelión contra los franceses; tenía un trasfondo más amplio: la consecución de profundas reformas políticas y sociales, y la aparición del liberalismo.

2. El desarrollo de la guerra

El 15 de mayo la Junta de Asturias declaró la guerra a Francia y envío emisarios a Londres para solicitar la ayuda inglesa. Unos días después se creó en Sevilla la Junta Suprema de Gobierno de España e Indias, que debía coordinar a las Juntas de las demás regiones y cuyo poder se extendía a todo el territorio nacional, a excepción del ocupado. Se convirtió en el único órgano supremo del país, ya que la monarquía de hecho no existía, los patriotas rechazaban a José I y las viejas autoridades, como el Consejo de Castilla, estaban dispersas. A su cabeza estaba el conde de Floridablanca.

Después de los sucesos del 2 de mayo, los franceses sufrieron sus primeras derrotas en Cataluña y poco después comenzó el sitio de Zaragoza. Sin embargo, fue en Andalucía donde sufrieron el revés de mayor entidad de la guerra. Las Juntas de Sevilla y Granada, mandadas por el general Castaños, vencieron a los franceses en la conocida batalla de Bailén, lo que trajo numerosas consecuencias. En el aspecto militar desbarató los planes franceses y les obligó a replegarse hasta la línea del Ebro. Los españoles, por su parte, vivieron lo que podríamos llamar el «espejismo del éxito», creyéndose capaces de ganar a todo el ejército napoleónico. Unos días antes Napoleón intentó dar a España una constitución que asegurase la permanencia de su régimen, pero la Constitución de Bayona nunca se aplicó. El primer reinado de José Bonaparte no había durado más de diez días.

Los ingleses habían escuchado la petición de ayuda española y enviaron una expedición al mando de Arthur Wellesley (futuro duque de Wellington) que consiguió, por su parte, expulsar a los franceses de Portugal. Estos acontecimientos obligaron a Napoleón a venir a España y dirigir personalmente la campaña. La Junta Central decidió huir a Sevilla, mientras comenzaba el segundo sitio de Zaragoza.

A fines de noviembre, los franceses ganaron la batalla de Somosierra y tomaron Madrid donde fue repuesto José I en el trono. Un acontecimiento ajeno, el levantamiento de Austria, provocó una nueva retirada francesa y Napoleón abandonó España sin haberla realmente conquistado. La Junta Central estaba pensando ya en convocar Cortes.

Tras la rendición de Zaragoza a principios de 1809, el ejército inglés, con Wellington al frente, junto con las tropas españolas sufrieron una nueva derrota en La Coruña a la que siguieron otras muchas, de tal manera que en 1810 el territorio español estaba prácticamente ocupado por los franceses, con la excepción de Lisboa, algunas regiones gallegas, Cádiz y el territorio insular.

Después de la derrota de Ocaña los acontecimientos se precipitaron y la Junta Central se disolvió y nombró una Regencia con el fin, entre otros, de convocar Cortes estamentales.

A continuación, Napoleón promulgaba un decreto por el cual se incorporaban a Francia todos los territorios situados a la izquierda del Ebro, nuevo motivo para continuar la lucha, ya que se vio claro que el emperador no respetaba ni las obligaciones contraídas por él mismo, ni la realeza de su hermano, ni a los españoles que le habían seguido, los llamados afrancesados.

3. Las Cortes de Cádiz

Estas Cortes eran esperadas como la panacea que arreglaría el país. A pesar de la reticencia de la Regencia a convocarlas, fueron inauguradas el 22 de septiembre de 1810, pero no por estamentos, sino con un parlamento unitario. La elección de la ciudad de Cádiz fue debida a que estaba libre de invasores franceses y de aliados ingleses. Las elecciones se hicieron por sufragio universal masculino, sin previa ley electoral y, en general, de forma muy caótica. Pero, a pesar de las limitaciones, la obra de Cádiz fue inmensa.

Entre los diputados había tres tendencias: los partidarios de las reformas, llamados liberales; los que propugnaban el viejo absolutismo nacional y el grupo de los «americanos», preocupados sobre todo por los destinos de sus países y, en general, de acuerdo con los liberales.

De allí nació la Constitución de 1812, muy extensa y prolija, pero de la que salieron tres ideas fundamentales: la soberanía nacional, la división de poderes (legislativo, ejecutivo y judicial) y el derecho de representación. España dejaba de ser una monarquía absoluta de derecho divino y en su lugar se establecía una monarquía moderada hereditaria. La constitución fue proclamada el 19 de marzo, festividad de San José, por lo que le pusieron el nombre popular de «La Pepa».

Fernando VII con manto real. Francisco de
Goya. 1814. Museo del Prado, Madrid.

4. El final de la contienda

En 1811, Massena asumió la dirección de las operaciones francesas en España e intentó expulsar a los ingleses de Portugal, pero Wellington se lo impidió. Los franceses se centraron entonces en la ocupación de Andalucía, a excepción de Cádiz. Se preparaba, mientras, una gran ofensiva hispano-inglesa.

Tras la decisiva batalla de los Arapiles, en 1812, los franceses abandonaron el sitio de Cádiz y huyeron a Madrid. Esta victoria, acompañada de otras de menor envergadura en el norte del país, puso fin a la ocupación francesa del territorio nacional. El azaroso reinado de José I y su gobierno se extingue definitivamente en 1813, cuando repasa la frontera con las tropas francesas, acompañado de algunos españoles que habrán de purgar en el exilio su afrancesamiento.

Napoleón, por su parte, en diciembre de 1813 firmó con Fernando VII el tratado de Valençay, por el que le restituyó la corona. Para Fernando significó la devolución de su condición de rey, sin pasar por la sanción de las Cortes, lo que equivalía a una renovación del absolutismo.

María Cristina de Borbón y Borbón,
cuarta esposa de Fernando VII.

Fernando VII, rey de España

El monarca más deseado

Fernando VII no fue un buen rey para España teniendo, como tenía, a su regreso en 1814, a todo el país dispuesto a seguirle. Absolutista recalcitrante, no fue capaz de comprender el tremendo avance que establecieron las Cortes de Cádiz y la Constitución de 1812.

Su talante se puso de manifiesto ya en 1808 cuando, una vez destronado por Napoleón, lanzó una proclama desde Burdeos pidiendo a los españoles sumisión al emperador. El pueblo reaccionó con desobediencia, rebelándose contra el invasor y poniendo en Fernando unas esperanzas que serían defraudadas.

En su vida personal tampoco le fue mucho mejor ya que, desde su juventud, se mostró como un auténtico juerguista, saliendo todas las noches de palacio a lugares poco recomendables para un rey. Sus juergas le pasarían factura, ya que vivió los últimos años de su vida atormentado por la gota, que le acompañó hasta el final de sus días. Se casó en cuatro ocasiones, todas ellas con el fin de conseguir un heredero al trono, mientras su hermano Carlos María Isidro y su esposa acechaban continuamente en espera de que esto no ocurriera.

De su primera esposa, María Antonia de las Dos Sicilias, quedó viudo muy pronto sin obtener descendencia. Con la segunda, Isabel de Braganza, hija de Juan VI de Portugal, tuvo una hija que murió a los pocos meses de nacer. En este matrimonio nunca hubo un buen entendimiento, debido al poco atractivo de la reina y a las continuas infidelidades del rey; como producto de un segundo embarazo, que no llegó a buen fin, Isabel murió a los veintiún años.

Obsesionado por la idea de tener hijos, se volvió a casar con María Josefa Amalia de Sajonia, hija del duque Maximiliano y la condesa Carolina, con la que tampoco lo consiguió; ella tenía 15 años en el momento de su matrimonio, veinte menos que el rey, y pasó por su vida «sin salir de su oratorio, horrorizada con la idea de ver aparecer en la alcoba a su marido y sin concederle más licencias que las poéticas» (Fernando González-Doria). Unas fiebres la llevaron a la tumba en 1829.

Con la cuarta, sin embargo, sí vivió días felices. María Cristina de Borbón «atempera el desabrido carácter del rey, le inclina a mostrarse más benévolo, menos despótico» (Fernando González-Doria); y con ella tuvo dos hijas, Isabel, nacida en 1830, que le sucedería en el trono no sin antes provocar numerosos conflictos dinásticos, y Luisa Fernanda, nacida dos años después, que terminaría contrayendo matrimonio con el príncipe Antonio de Orleans, duque de Montpensier.

Cuando Fernando recobró la corona por el tratado de Valençay, el 11 de diciembre de 1813, fue informado de la necesidad de prestar juramento a la Constitución. Pero se encontró con un país dividido entre los partidarios y los enemigos del régimen liberal surgido de las Cortes de Cádiz. Parece ser que ante la presión ejercida por el Capitán General de Valencia, la jerarquía eclesiástica y numerosos representantes conservadores, además de afirmarse en su propia actitud personal, redactó un decreto el 4 de mayo de 1814 en el que se anulaban todos los actos de las Cortes realizados en su ausencia.

Por el Manifiesto de los Persas afirmó el carácter absolutista de su reinado, impugnando las Juntas provinciales y todo el poder emanado de Cádiz. Fueron apresados los regentes y los liberales más significativos que no opusieron resistencia.

Primer período absolutista

Los comienzos del reinado de Fernando VII fueron una vuelta absolutista a las formas del Antiguo Régimen. Hubo un encarcelamiento masivo de los políticos liberales y se restablecieron las Secretarías, el Consejo Real y la Cámara de Castilla. Se restauró la Inquisición y se suprimieron el Consejo de Estado y el Tribunal Supremo, además de cerrar algunas universidades y autorizar el regreso a España de los jesuitas, entre otras medidas.

En general, la inmoralidad se instaló en la administración y el rey formó en torno a su persona una «camarilla», que llegó a constituir un gobierno en la sombra. Como reacción, se sucedieron numerosos levantamientos como el de Espoz y Mina en 1814 o la llamada Conspiración del Triángulo en 1816, que pretendía asesinar al rey, restaurar la Constitución de 1812 y proclamar la República. Todos ellos fueron seguidos de una dura represión.

Desde el punto de vista exterior España no logró, al menos en este momento, participar en el Congreso de Viena, convocado por las potencias europeas en 1815 con el fin de poner orden al marasmo que había organizado Napoleón. Por otra parte se empezaron a

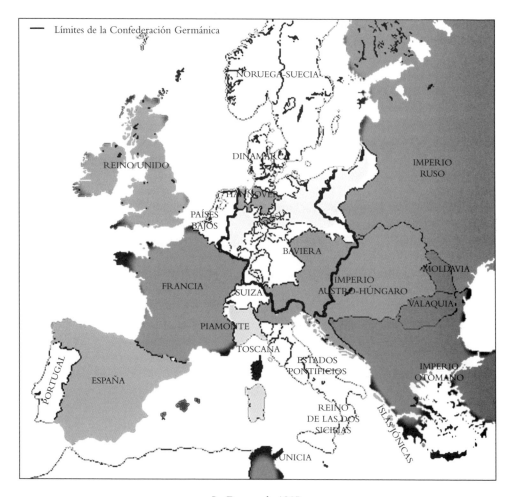

La Europa de 1815.

producir las primeras guerras de independencia americanas, tras las cuales España se quedaría prácticamente sin imperio colonial.

El trienio liberal

En 1820 el ambiente de intrigas y las órdenes incoherentes dictadas por el rey habían creado un clima de desconfianza que ya se había puesto de manifiesto en levantamientos anteriores. Se respiraba, en general, un ambiente de crisis política, reflejada en los continuos cambios ministeriales que tuvieron lugar en 1818, a lo que habría que unir una grave crisis económica, acentuada por la inmovilidad de la Hacienda.

El 1 de enero de 1820, en Cabezas de San Juan, Rafael Riego proclamó la Constitución de Cádiz y a continuación procedió a restablecer las antiguas autoridades constitucionales. El rey, ante los numerosos motines populares que se sucedieron, juró la Constitución. Volvieron todos los exiliados políticos, se creó una Junta consultiva y comenzaron a proliferar las sociedades patrióticas.

En 1822, empezaron a salir a flote los problemas. El fin del régimen señorial dio paso a la instalación de propietarios burgueses, más gravosos para el campesinado que sus antiguos señores. El descontento campesino dio lugar a la aparición de guerrillas realistas en el País Vasco, Navarra, Aragón, Cataluña y Valencia. La crisis se materializó con el asesinato de Landáburu, un oficial liberal, por la guardia de palacio.

Por tanto, en este año se generalizó una insurrección fundamentalmente campesina contra el gobierno constitucional que tuvo tres focos diferentes. Por un lado, el propio Fernando VII y los realistas que no cesaban de conspirar; por otro, el elemento popular campesino, que se alzaría en guerrillas constituyéndose, sobre esta base, la Regencia de Urgell, con Mataflorida al frente, y, por último, la Santa Alianza, que recibió por separado las peticiones de intervención del rey y la Regencia.

La Santa Alianza, reunida en Verona en 1823, decidió intervenir a favor de Fernando y confió su ejecución a Francia. Al mando del duque de Angulema, sobrino de Luis XVIII, entraron en España los llamados «Cien Mil Hijos de San Luis». No hubo ningún tipo de resistencia popular ya que ahora los franceses entraron como aliados del rey y sin propósitos de conquista. «La intervención de los Cien mil hijos de San Luis fue un paseo militar y el duque de Angulema en todas partes era recibido con aplausos, no a tiros» (Vicente Palacio Atard). El duque entró clamorosamente en Madrid. El gobierno liberal, que había huido de la capital y había secuestrado al rey llevándole a Andalucía, le puso en libertad.

El 1 de octubre de 1823, en el Puerto de Santa María, Fernando VII publicó un Real Decreto por el cual se restablecía la situación anterior al pronunciamiento de Riego.

La década funesta

Una vez instalado de nuevo el absolutismo, Fernando VII procedió a restablecer todas las instituciones que existían antes de 1820, a excepción de la Inquisición, y se tomaron medidas muy drásticas contra los liberales, como el ahorcamiento de Riego. Lo que sí se observó es una cierta moderación en las formas de gobierno.

Mientras, y desde hacía mucho tiempo, el hermano del rey, Carlos María Isidro, por voluntad propia o movido por su esposa, María Francisca de Braganza (hermana de la segunda esposa de Fernando VII), venía conspirando para sustituirle o bien sucederle en el caso que no tuviera descendencia. En torno a su persona, y con ideas ultraconservadoras, se formó el partido carlista o de los «realistas puros» que, en 1815, dirigieron un manifiesto al pueblo español pidiéndole la sustitución en el trono de Fernando por Carlos. Tuvo más eco en Cataluña, se produjo una sublevación en este sentido, llegándose a formar una Junta Suprema carlista cuyos miembros, finalmente, fueron ejecutados.

Las esperanzas de Carlos se vieron frustradas con el cuatro matrimonio de su hermano con María Cristina de Borbón, que sí le proporcionó descendencia. Durante el primer embarazo de la reina, y en previsión de que su futuro hijo fuera niña, Fernando decidió abolir la Ley Sálica, firmando la Pragmática de 1789, que ya había aprobado su padre, Carlos IV, pero que no se llegó a publicar. En 1830 nació María Isabel y fue proclamada princesa de Austrias. Carlos se negó a reconocer tal acto, reclamando la ilegalidad de la medida y sus derechos al trono. Coincidiendo con la grave recaída del rey de su enfermedad de gota, María Cristina, ante el temor de una guerra civil, le convenció para que diera marcha atrás en su decisión. Gracias a la intervención de su cuñada, Luisa Carlota, aquel peligroso papel se destruyó y, una vez recuperado el rey, las cosas volvieron a su situación inicial. Carlos, tras negarse a tomar juramento a la nueva princesa de Asturias, fue desterrado a Portugal.

Muerte de Fernando VII

Fernando murió en septiembre de 1833 dejando a María Cristina viuda a los 27 años. Su hija mayor, Isabel, era demasiado pequeña para reinar y quedó su madre como regente. Pero Fernando, en previsión de que esto pudiera ocurrir, ya había delegado en su esposa amplios poderes para que en su nombre pudiera actuar como gobernadora del reino, y contaba, además, con muchos partidarios. La víspera de su entierro en El Escorial, tuvo lugar, en Talavera de la Reina, el primer levantamiento carlista. «Con la muerte de su hermano se esfumaron los escrúpulos que no dejaban al pretendiente alentar la rebelión armada. Creía halagüeñas sus posibilidades de triunfar en una guerra civil» (Raymond Carr).

Isabel II, reina de España

Una reina destronada

Isabel tenía tres años cuando murió su padre, Fernando VII. Al tener que ocuparse su madre de los asuntos del gobierno, dedicó poco tiempo a ella y a su hermana, que pasaron la mayor parte de su infancia entre tutores y cortesanos, solamente preocupados por su estricta educación y en dar gusto a sus caprichos. El segundo matrimonio de María Cristina con don Agustín Fernando Muñoz, llevado a cabo en secreto para poder compatibilizarlo con su cargo de regente, empeoró la situación para la pequeña Isabel, que tuvo que compartir el cariño de su madre con ocho hermanos más, producto del nuevo matrimonio. Extremadamente golosa y con un herpes en la piel que le acompañaría toda su vida, tuvo pocas ocasiones de demostrar su valía como reina y muy mala suerte en lo referente al amor.

Cuando cumplió los trece años fue declarada mayor de edad y una de las cuestiones primordiales fue el asunto de su matrimonio. Una vez fallecido Argüelles, el tutor de ambas hermanas, la decisión quedó en manos de su madre, que optó por casarla con don Francisco de Asís de Borbón y Borbón, duque de Cádiz e hijo mayor de don Francisco de Paula (hermano de Fernando VII) y Luisa Carlota (hermana mayor de María Cristina).

Conocedora de las escasas cualidades del novio, las protestas de Isabel, que llegó a estar dispuesta a abdicar con tal de no casarse, no obtuvieron eco y en 1846, finalmente, se llevó a cabo la ceremonia. A Francisco de Asís tampoco le gustaba Isabel y se especula con su supues-

Isabel II con la infanta Isabel. Franz Winterhalter.
Palacio Real, Madrid.

ta homosexualidad debido a su aspecto afeminado y a su forma remilgada de vestir. La boda le interesaba por pura ambición, aunque tanto Isabel como su madre sólo pensaran en él como rey consorte, sin posibilidad de intervenir en los asuntos de gobierno de su esposa.

Francisco, ante la terquedad de la reina, acudió en auxilio de sor Patrocinio (conocida como «la monja de las llagas»), amiga de su madre Luisa Carlota, para que mediara ante ella. La religiosa hizo su trabajo asegurando a Isabel que «bajo apariencias un poco delicadas, a pesar de su voz atiplada, su ropa interior demasiado elegante y sus perfumes es un hombre capaz, serio, enérgico; un hombre al fin» (Fernando González-Doria). Isabel, resignada, aceptó.

Con un principio tan poco halagüeño, se sucedieron los momentos de crisis a lo largo de su matrimonio, ya que Francisco sospechaba continuamente de las infidelidades de su esposa. Serrano, que por esta causa fue alejado de la Corte, el cantante Bedmar o José María Ruiz de Arana, fueron algunos de los supuestos amantes de la reina, circunstancia que, por otra parte, no se ha podido demostrar. Pero lo cierto es que ambos cónyuges nunca se quisieron.

A pesar de todo tuvieron una gran cantidad de hijos de los cuales sólo sobrevivieron cinco. En 1851 nació Isabel Francisca de Asís, que fue declarada princesa de Asturias en dos ocasiones: la primera hasta el nacimiento del primer hijo varón de Isabel, y la segunda cuando éste subió al trono soltero, hasta que tuvo descendencia; se casaría después con Cayetano de Borbón, hijo de Federico II de las Dos Sicilias y su segunda esposa, María Teresa de Austria. La nueva infanta sería conocida como «La Chata» por el pueblo de Madrid.

En 1857 llegó al mundo el único hijo varón de la reina, Alfonso, que sería el futuro Alfonso XII. Pilar nació en 1861, pero murió a los 18 años, y en 1862, nació María Paz, que se casaría con Luis Fernando de Baviera y Borbón. Por último, María Eulalia, nacida en 1864, contrajo matrimonio con Antonio de Orleans y Borbón, hijo de los duques de Montpensier. Detrás de cada embarazo había una sospecha de Francisco de que el futuro hijo no fuera suyo.

La regencia de María Cristina

A la muerte de Fernando VII, como se ha dicho, quedó a cargo del gobierno su esposa María Cristina en calidad de regente hasta la mayoría de edad de Isabel. La reina viuda tuvo que enfrentarse a numerosos problemas, producto de una España turbulenta en la que se avecinaban multitud de cambios.

Uno de los más persistentes fue la guerra civil, que se apresuró a declarar Carlos María Isidro. En 1832 publicó, desde su exilio portugués, el Manifiesto de Abrantes, donde hacía valer sus derechos y se declaraba adalid del más acérrimo absolutismo. Entonces estaba como presidente del Consejo de Ministros Cea Bermúdez que, a su vez, redactó otro manifiesto, firmado por la reina, en el que se oponía firmemente al carlismo y también al liberalismo, ahora en toda su plenitud. La guerra no se evitó.

El movimiento carlista fue acaudillado por Tomás Zumalacárregui y se extendió desde Talavera al país vasco navarro, La Rioja y el Maestrazgo, es decir, en aquellos lugares donde estaba más vivo el espíritu foral. La política de María Cristina, por tanto, no tuvo más remedio que apoyarse en los elementos liberales, ya que los absolutistas estaban en masa de parte del infante don Carlos. La firma de la Cuarta Alianza con Inglaterra, Francia y Portugal contra Carlos fue de mucha ayuda para consolidar a Isabel en el trono.

Cea Bermúdez fue sustituido por Francisco Martínez de la Rosa que, en espera de que las Cortes llevaran a cabo la reforma constitucional, redactó el Estatuto Real de 1834, de tono liberal moderado. Tras la dimisión de Martínez de la Rosa, le sustituyó el conde de Toreno, seguido en 1835 de José Álvarez de Mendizábal, firme defensor de la causa de Isabel. Su política se basó en conseguir el objetivo de ganar la guerra sin necesidad de ayuda exterior, fomentar el sistema representativo y llevar a cabo una profunda política antieclesiástica a través de la declaración de propiedad nacional de los bienes raíces, rentas, derechos y acciones de las comunidades religiosas.

Esta política fue considerada demasiado radical por la reina, lo que provocó la dimisión de Mendizábal en 1836 y su sustitución por Istúriz. Todos estos vaivenes ministeriales favorecían a los carlistas que habían avanzado ya hasta Segovia, a las puertas de Madrid. Istúriz, de tendencia liberal, convenció a la reina de la necesidad de disolver las Cortes y convocar nuevas elecciones. Antes de que se conociera el resultado de las mismas (en las que se enfrentaban progresistas y liberales), tuvo lugar el motín de los Sargentos de La Granja, dirigido por Evaristo San Miguel; se pedía la restitución de las Juntas y la imposición de la Constitución de 1812.

Esta situación obligó a María Cristina a jurar dicha Constitución y a formar un nuevo gobierno, esta vez encabezado por José María Calatrava que, en el fondo, fue un continuador de la política de Mendizábal. En 1837 se convocaron Cortes, de acuerdo con la constitución de Cádiz, que elaboraron una nueva, basada en la primera y de tono moderado.

Ante el asedio de los carlistas, el gobierno de Calatrava se mostró inoperante, por lo que la reina llamó a Baldomero Espartero, un militar con sobrada experiencia y probada fidelidad a Isabel, que entró triunfante en la capital. Allí se produjo lo que se ha llamado «golpe de fuerza de Pozuelo de Alarcón», ya que Espartero se negó a salir a menos que cambiara el gobierno. Consecuentemente, Calatrava dimitió. A éste le sucedieron varios gabinetes de muy corta duración mientras proseguía la guerra.

Don Carlos confiaba en que la reina le abriría las puertas de Madrid a través del pacto matrimonial de Isabel con su hijo (un proyecto que partió de la propia reina con el fin de terminar con la contienda). Aunque de hecho se materializó la negociación, Espartero logró que María Cristina se volviera atrás, consiguiendo así que el pretendiente al trono, después de sucesivas derrotas, retrocediera.

Esta primera guerra carlista concluyó en 1839 con el Convenio de Vergara entre Espartero y Maroto (que había sustituido a Zumalacárregui tras su muerte). El general obtuvo los títulos de príncipe de Vergara, duque de la Victoria, conde de Luchana y conde de Morella. Se convocaron, a continuación, nuevas elecciones.

La reina y su esposo iniciaron en 1840 un viaje a Francia en el que estaba previsto hacer una parada en Barcelona, donde se había apoyado la causa de don Carlos y se había producido una sublevación por la cuestionada Ley de Ayuntamientos (que propugnaba los nombramientos por designación gubernativa y no a través de elecciones). Espartero, hombre ambicioso, había intentado impedir este viaje que acrecentaría la popularidad de la reina, cuestión que iba contra sus planes de hacerse con el poder.

Cuando la reina firmó la citada ley, se produjo la dimisión del gobierno y el nombramiento de Antonio González González como nuevo primer ministro. Con el apoyo de Espartero, se presentó a la reina un programa de gobierno en el que los puntos principales eran la suspensión de la Ley de Ayuntamientos y la disolución de las Cortes. Ante la negativa de la reina, González dimitió y se sucedieron varios gobiernos de marcado tono moderado. Estos cambios motivaron un movimiento insurreccional que se extendió a casi toda España; la reina encargó a Espartero reprimirlos a cualquier precio.

Éste aprovechó la oportunidad para exponer sus discrepancias con los criterios de María Cristina a través de un documento en el que se quejaba del favor real hacia los moderados, expresaba los inconvenientes del abuso de la violencia a la hora de controlar dicho levantamiento y aconsejaba a la corona que hiciera pública su voluntad de respetar la constitución de 1837, disolver las Cortes y someter a nueva deliberación la Ley de Ayuntamientos.

Espartero fue nombrado, entonces, jefe del gabinete, pero la reina, tras conocer el programa del nuevo gobierno y rechazar una propuesta de corregencia, decidió renunciar a sus funciones y embarcó para Marsella con destino a París.

Regencia de Espartero

Baldomero Espartero había combatido contra los franceses en 1808 y en 1811 ya tenía el grado de teniente de ingenieros. A partir de 1815 combatió en América y empezó a interesarse por las ideas liberales. Tras la muerte de Fernando VII, se unió a la causa de Isabel y luchó contra los absolutistas logrando, en varias ocasiones, romper el cerco carlista a Bilbao. En 1836 ya era general en jefe del ejército de operaciones del norte y Capitán General de las Provincias Vascongadas. A partir de 1837 comenzó a intervenir en la vida política y las sucesivas victorias contra los carlistas le dotaron de una gran popularidad como defensor de las posturas liberales. Después del exilio de la reina se hizo cargo de un gobierno provisional progresista, hasta que fue elegido como regente único por las Cortes de 1841.

Su nombramiento dividió al partido progresista en progresistas y moderados. Los primeros ya habían elevado un voto de censura contra el gobierno, y los segundos no estaban de acuerdo en sustituir a María Cristina como regente; entre los militares, también reinaba el descontento por el bloqueo de los ascensos debido a la guerra. Todo ello motivó un levantamiento contra el general, encabezado por O'Donnell, que fracasó en su tentativa de restablecer a María Cristina por la fuerza de las armas.

En 1842 se produjo un levantamiento en Barcelona, promovido por el movimiento juntista, respaldado por los republicanos. El motivo fue la profunda crisis industrial en la que estaba sumida la provincia, que se agravó por las repercusiones que tuvo un nuevo tratado comercial con Inglaterra, claramente antiproteccionista. Esta revuelta fue seguida de una dura represión que incluyó el bombardeo de la ciudad. En consecuencia aumentó el rencor hacia el poder central.

Mientras O'Donnell y Narváez, después de su fracaso, se habían instalado en París, donde seguían conspirando al tiempo que aumentaba la impopularidad de Espartero. En 1843 éste decidió disolver las Cortes y convocar nuevas elecciones a las que acudieron, por primera vez, los demócratas. El resultado fue muy desigual y obligó a Espartero a pactar con el sector puro de los progresistas (opuestos a su gestión) con el fin de formar gobierno.

En este año la situación era muy crítica ya que a la oposición política al general (procedente de fuerzas heterogéneas) se unieron numerosos levantamientos armados en las provincias. Espartero, con todo el mundo en su contra, partió hacia Cádiz desde donde tomó un barco camino del destierro en Inglaterra.

Joaquín María López asumió entonces el gobierno provisional y se convocaron, de nuevo, elecciones en las que se produjo un empate entre progresistas y moderados.

La mayoría de edad de Isabel II

En 1843 las Cortes, con el fin de evitar el vacío de poder real, decidieron adelantar la mayoría de edad de Isabel II, que entonces contaba 13 años, y María Cristina volvió a España. Joaquín María López había dimitido y estaba en el gobierno el progresista Olózaga, uno de los principales protagonistas de la oposición a Espartero. «Las consignas del partido en el poder tienden a un único objetivo: complacer a la joven reina en todos sus caprichos; despertar en ella el placer por el lujo, la magnificencia y el esplendor; corromperla si es preciso para que envuelta en esta nube de boato cortesano no trascienda nunca su mirada hacia los entresijos de la política» (Fernando González-Doria).

Las medidas demasiado progresistas aplicadas por el gobierno provocaron la crisis en aquel gabinete tan dispar. Como siempre, las Cortes fueron disueltas y Olózaga fue destituido por Luis González Bravo.

La década moderada

Pero el verdadero protagonista de los tiempos posteriores fue Ramón María Narváez, que decidiría los destinos de España durante la llamada Década Moderada, una especie de dictadura disfrazada de constitucionalismo.

En 1845 se promulgó una nueva constitución en la que se ampliaban las prerrogativas reales, se establecía la unión entre Iglesia y Estado, el Senado sería de designación real y se suprimía el control parlamentario de la Hacienda. Sin embargo, Narváez dimitió en 1846 por disensiones con el partido moderado, dando lugar a un período de inestabilidad en el que se sucedieron, entre el 11 de febrero y el 5 de abril, cuatro equipos ministeriales, y otros cuatro desde febrero a septiembre de 1847.

En ese año la amnistía general decretada con motivo de la boda de la reina permitió la vuelta de numerosos exiliados políticos, entre ellos Espartero, que fue nombrado senador. La irritación que este hecho suscitó en los moderados, motivó a los generales Narváez y Serrano a implantar una dictadura, que duraría tres años y tres meses.

El gobierno de Narváez tuvo que enfrentarse con la crisis económica generalizada de finales de los años cuarenta y con las secuelas del movimiento revolucionario que tuvo lugar en Europa en 1848. Por causas desconocidas Narváez volvió a dimitir al año siguiente, en medio de un clima triunfante; pero su alejamiento duró pocas horas, ya que inmediatamente fue llamado de nuevo para formar gobierno. Esto también duraría poco, ya que las acusaciones de corrupción administrativa motivaron una nueva dimisión, que Isabel II terminó aceptando a pesar de sus propias reticencias, en 1851.

El nuevo gobierno de Bravo Murillo fue muy fructífero en cuanto a realizaciones de progreso (se elaboró, por ejemplo, el primer Plan General de Ferrocarriles), pero su propósito más ambicioso era robustecer el poder ejecutivo contra el parlamentarismo a ultranza. Para ello pensó en la redacción de una nueva constitución, que encontró muchos opositores dentro de las mismas filas moderadas, entre los que se encontraba el propio Narváez. En las elecciones para presidente de las Cortes de 1852 salió victorioso Martínez de la Rosa, candidato de la oposición. Entonces Bravo Murillo disolvió la asamblea y convocó elecciones para el siguiente año. Su empeinamiento de aprobar la nueva constitución a toda costa, provocó la unión de progresistas y moderados contra el proyecto y una interminable sucesión de dimisiones. La reina, asustada por la situación, le retiró su confianza y él terminó por dimitir.

A la caída de Bravo Murillo siguió una serie de gobiernos breves, algunos de los cuales a instancias de María Cristina. El último de la Década Moderada lo formó Luis José Sartorius en 1853, en el que la cuestión de los ferrocarriles (mala gestión y concesiones sin garantías) fue su principal problema. La aprobación del proyecto de ley le enfrentó con los se-

Isabel II, reina de España, hija de Fernando VII
y de María Cristina de Borbón y Borbón.

nadores, le llevó a disolver las Cortes y a emprender una dura represión contra sus opositores. Éstos, a su vez, se concentraron en torno a O'Donnell, Dulce, Messina y Ros de Olano,
y llevaron a cabo el pronunciamiento de Vicálvaro (conocido como la «Vicalvarada») que, a
través del Manifiesto de Manzanares (con importantes propuestas progresistas como la me-
jora de la ley electoral o el establecimiento de la Milicia Nacional) lograron el apoyo del
ejército contra los moderados. A continuación se sumaron al pronunciamiento otras provincias de España. Isabel II, obligada por la situación, llamó de nuevo a Espartero con la propuesta de que formara gobierno de coalición con O'Donnell. María Cristina, entonces, decidía abandonar el país.

Del bienio progresista a «La Gloriosa»

El nuevo gobierno se formó en 1854 y tomó medidas para hacerse con el poder, quitando la autoridad a las Juntas, que se habían constituido en diversas capitales del país, y con-
virtiéndolas en Juntas consultivas. Inmediatamente se puso a la tarea de elaborar una nueva constitución, que esta vez contemplaría temas hasta ahora ignorados como la
desamortización, los ferrocarriles, los telégrafos o las sociedades de crédito.

La coalición gobernante de progresistas y moderados, la Unión Liberal, estuvo en el poder durante dos años y tuvo que enfrentarse a graves dificultades económicas y a diversas revueltas sociales que reclamaban la puesta en práctica inmediata de los puntos del programa reformista. La crisis definitiva llegó en 1856 y concluyó con la dimisión de Espartero, acompañada con una gran revuelta en Madrid y Barcelona; O'Donnell, por su lado, ya tenía un equipo de recambio encabezado por él mismo.

El principal problema del nuevo gobierno de O'Donnell fue la desamortización eclesiástica. Isabel, mujer profundamente influida por la Iglesia, reclamó que se retirase la medida, lo que provocó la dimisión del ministro de Hacienda, seguida del resto del gabinete ministerial. «La anécdota del baile de palacio, el 10 de octubre de 1856, en que la reina prestó todas sus atenciones a Narváez, no es más que una manifestación episódica de la decisión regia de abandonar a O'Donnell y sustituirlo por el general de Loja. Al hacerlo así Isabel II volvió a implantar el moderantismo sin atenuantes» (Manuel Tuñón de Lara).

Narváez restauró la Constitución de 1854 anulando la de 1856, restableció la famosa Ley de Ayuntamientos e hizo una reforma conservadora en la composición del Senado. En 1857 fue sustituido por el general Armero («como provocado por la reina, tal vez cansada del carácter impetuoso de Narváez»). En las Cortes de 1858 éste, a su vez, dejó el cargo a Istúriz, candidato de Isabel, ya que pensaba que era el único capaz de negociar con Bravo Murillo, ahora convertido en cabeza de la oposición conservadora. Pero fracasó.

Isabel II llamó entonces de nuevo a O'Donnell, cuyo gobierno de la Unión Liberal duró cinco años, el más largo de todo el reinado. Pero a finales de 1860 se produjeron graves escisiones en el seno del partido y O'Donnell fue acusado de ser demasiado condescendiente con la Corte, en la que tenían mucho peso tanto el padre Claret (confesor de la reina) como sor Patrocinio. Finalmente, las Cortes fueron disueltas en 1863. En los cinco años y medio que transcurrieron hasta la revolución de 1868, se sucedieron siete gobiernos. «Hasta el final del reinado de Isabel II el gobierno es un desfile de personajes, no el ejercicio de un poder ordenado por fuerzas sociales responsables. Moderados y unionistas se alternan en este desfile. En el uso indiscreto de la regia prerrogativa la reina se va quedando sola, cada vez con un cuadro más reducido de colaboradores» (Vicente Palacio Atard). El panorama político presentaba cada vez más contradicciones ideológicas que se vieron acrecentadas por una coyuntural crisis económica e Isabel se fue encontrando con cada vez menos soportes para su corona; O'Donnell, que murió en 1867, y Narváez, constituían entonces la única garantía de la monarquía. Los carlistas, por su lado, no dejaban de intrigar, y Montpensier ya había llegado a la conclusión de que la única manera de que su esposa llegara a reinar era el destierro de la soberana.

A la muerte de Narváez, en 1868, le sustituyó al frente del gobierno González Bravo, que llevó a cabo una auténtica política autoritaria (incluyendo, entre otras cosas, el destierro de los generales liberales); el gobierno se quedó en manos de una oligarquía cortesana que estaba abocada al derrumbamiento.

La revolución de 1868, también llamada «La Gloriosa», fue producto de la unión de los progresistas, unionistas y demócratas contra las arbitrariedades de la reina y la dureza del gobierno moderado. La fuerza militar la aportaron los unionistas (presididos por Serrano) y progresistas (con Sagasta a la cabeza), y el respaldo popular estuvo a cargo de los demócratas.

La revolución se inició con un pronunciamiento en Cádiz a cuya cabeza estaba Juan Prim, un antiguo combatiente de la guerra carlista, nacido en Cataluña, que había sido un activo miembro del partido progresista y ahora del partido demócrata. Al conocerse las primeras noticias cundió la incertidumbre en la Corte y la reina suspendió sus baños en Lequeitio para instalarse en San Sebastián. González Bravo presentó su dimisión y fue sustituido por José Gutiérrez de la Concha, que se dispuso a hacer frente a los insurrectos. Pero la iniciativa fue inútil, pues la batalla del puente de Alcolea dio la victoria a los revolucionarios.

Isabel II, desde San Sebastián, tuvo que cruzar la frontera y refugiarse en Francia, tras lo cual se formó un gobierno provisional con Serrano a la cabeza.

El exilio de la reina

La reina inició su exilio en el castillo de Pau, puesto a su disposición por el emperador Napoleón III, desde donde se trasladó a París. Allí tomó la decisión, en el fondo deseada durante toda su vida conyugal, de separarse de su esposo Francisco de Asís, lo que hizo de forma amistosa.

En 1870, convencida ya de que no volvería a reinar en España, abdicó en su hijo Alfonso. Cuatro años más tarde, fracasadas la monarquía de Amadeo de Saboya y la Primera República, y en medio de una nueva guerra civil provocada por los carlistas, Alfonso XII fue proclamado rey en Sagunto por el general Martínez Campos. Isabel no pudo estar presente porque Cánovas del Castillo no lo consideró oportuno en ese momento. Sólo pudo volver a su patria en 1876, casi ocho años después de haber sido destronada.

Durante esta estancia en España se instaló en El Escorial, donde sólo estuvo unos meses, ya que tras los desacuerdos con Alfonso debidos a su boda con Mercedes de Orleans, hija de su enemigo el duque de Montpensier, decidió volver a París. Después de morir Mercedes volvió a España algunas veces, pero siempre temporadas cortas. La muerte de su hijo en 1885 fue un golpe más para ella, al que se unió la desilusión de que la regencia quedara en manos de su nuera.

Aún volvió en alguna ocasión a España siendo consciente de que contaba con el cariño de su pueblo, pero no con el de los políticos. En 1902, murió Francisco de Asís a los 79 años; en ese mismo año se proclamó la mayoría de edad de Alfonso XIII y se puso fin a la regencia de su madre.

Isabel murió en París en 1904, a los 73 años de edad. Sus restos mortales fueron trasladados en tren desde la capital francesa a El Escorial, donde fueron depositados en el Panteón de los Reyes.

El sexenio revolucionario

Se denomina sexenio revolucionario al período que comprende desde el exilio de Isabel II, en 1868, hasta la restauración de Alfonso XII, en 1874. Tras el derrocamiento de Isabel, las Cortes eligieron como regente a Serrano y a Prim como jefe del gobierno. Se redactó una nueva constitución, en la que estaban presentes la libertad de prensa, cultos y enseñanza, el derecho de asociación y reunión y el sufragio universal. Todo el poder emanaría de la soberanía nacional y las Cortes sólo tendrían poder legislativo. Quedaba reafirmado el principio monárquico.

En 1869 el principal problema que se planteó fue la elección de un rey. Fueron varios los candidatos: el duque de Montpensier era el candidato propuesto por Serrano, pero contaba con la oposición de Prim y los progresistas; Fernando de Coburgo, rey de Portugal, estaba patrocinado por Olózaga y, finalmente Prim tenía otra candidatura de reserva, la casa de Saboya, apoyada por los demócratas y protegida por Napoleón III. Después de barajar diversas posibilidades, se aceptó la candidatura de Amadeo de Saboya, que llegó a España tres días después del asesinato de Prim.

Como era de esperar, éste fue el momento en el que aparecieron de nuevo en la escena política los carlistas. La guerra provocada por Carlos VII triunfó en las provincias vascongadas y en Navarra. Esta circunstancia, junto con la fragmentación paulatina de los partidos que habían apoyado a Amadeo provocaron la crisis de la monarquía y la abdicación del rey en 1873. El mismo día de dicha abdicación, el Congreso y el Senado declararon, como forma de gobierno de la nación, la República.

Se reunieron las Cortes constituyentes para preparar el proyecto de constitución federal, pero no llegó a estar vigente. Francisco Pi y Margall fue elegido presidente por la Asamblea. Los grupos federalistas provinciales se constituyeron en cantones, que fueron desautorizados por el nuevo presidente y reprimidos por la violencia. Esta circunstancia, junto con el agravamiento de la guerra de Cuba (guerra de los Diez Años) y el recrudecimiento de la guerra carlista que se estaba desarrollando en el norte pusieron en graves dificultades al nuevo gobierno. En 1874, el general Pavía se sublevó junto a la guarnición de Madrid y, en nombre del ejército, clausuró las Cortes; el general Serrano asumió las riendas del ejecutivo, suspendió las garantías constitucionales y emprendió una gran ofensiva contra el cantonalismo y el carlismo.

Poco después entregó el gobierno de la República al general Zavala, de tendencias monárquicas, y éste, a su vez, a Sagasta, que constituyó un ministerio ya plenamente monárquico. En diciembre de ese año el general Martínez Campos se sublevó en Sagunto y proclamó oficialmente la Restauración borbónica en la persona de Alfonso XII, hijo de Isabel II.

Los carlistas por su parte, que proseguían la lucha, intentaron canalizar a los grupos monárquicos, pero Cánovas del Castillo, que había conseguido crear un fuerte partido restauracionista, les negó su apoyo. La última guerra carlista concluyó con la salida de Carlos VII por la frontera francesa.

Alfonso XII, rey de España

El gran pacificador

ALFONSO XII, que como se ha dicho recibió la corona de manos de su madre en 1870, al contrario que Isabel, procuró no inmiscuirse en la vida política, facilitando así que el sistema funcionase. Desde el derrocamiento de su madre en 1868, vivió en el exilio completando su formación en París, Viena y en la academia militar inglesa de Sandhurst. Puede decirse que los años de destierro y los ambientes austeros y con estilo de vida parlamentaria en los que tuvo ocasión de desarrollarse le prepararon de la mejor manera para dar cumplimiento a la restauración que Cánovas del Castillo trabajaba para llevar a cabo en su persona, estableciendo un compromiso entre el pasado y el presente al hilo de la historia en España.

La restauración Borbónica

Llamamos Restauración a la reimplantación en el trono español de la monarquía Borbónica en la persona de Alfonso XII, hijo de Isabel II. Es un hecho fundamental en nuestra historia, ya que en esta época es cuando se ponen las bases económicas y sociales de la España actual.

El principal responsable de la vuelta de los Borbones fue Antonio Cánovas del Castillo: «Al igual que muchos oligarcas de la política, Cánovas era un provinciano que se había hecho a sí mismo, un maestro de escuela de Málaga que había llegado a Madrid llevando solamente una carta de recomendación. De gran resistencia física y gran apetito, dormía solamente seis horas diarias. Su prestigio provenía de ser un gran trabajador en una sociedad perezosa» (Raymond Carr). Compañero de O'Donnell en la Unión Liberal y redactor del Manifiesto de Manzanares durante la «Vicalvarada», en el bienio progresista fue Secretario de Estado y en 1860, subsecretario de Gobernación; fue, también, ministro de Ultramar durante el último gobierno de O'Donnell.

En 1874 se daban todas las condiciones para que España volviera a ser una monarquía; la efímera República daba sus últimos coletazos con Serrano en el poder, y Cánovas, el líder del partido alfonsino, alentado desde Francia por la propia Isabel II, sólo veía la salvación de España en la monarquía, un régimen constitucional y parlamentario de acuerdo con los imperativos de la época.

Isabel II abdicó sus derechos dinásticos en su hijo en 1870. El príncipe se presentaba a los españoles como un hombre no comprometido con el pasado y, al mismo tiempo, como el heredero legítimo de la dinastía. En el llamado Manifiesto de Sandhurst, elaborado por Cánovas y enviado al príncipe para que lo firmara, Alfonso se definía «como todos mis antepasados, buen católico; como hombre del siglo, verdaderamente liberal».

Numerosos oficiales del ejército se mostraron interesados en secundar un movimiento a favor de Alfonso, pero Cánovas se opuso ya que era partidario de una restauración realizada por aclamación nacional que excluyera todo protagonismo militar capaz de hipotecar el régimen futuro y su carácter civil, a la vez que pusiera fin al ciclo de intervenciones del ejército en la vida política. Él quería un reconocimiento de Alfonso en las Cortes, no un pronunciamiento militar.

Sin embargo, los acontecimientos se desencadenaron con rapidez y el general Martínez Campos, finalmente, llevó a cabo un pronunciamiento en Sagunto. Envió una carta a Cánovas en la que justificaba su acción mencionando que, aunque los métodos fueran distintos, el objetivo era el mismo. El general Serrano y su gobierno decidieron dimitir dejando paso a un ministerio-regencia, que se constituyó en diciembre de 1874 bajo la presidencia de Cánovas.

El joven rey salió de París hacia Marsella el 5 de enero; embarcó rumbo a Barcelona y, por Valencia, llegó a Madrid, en donde entró triunfalmente el 14 de enero de 1875. La toma del poder se realizó de acuerdo con un meditado plan que preveía los puntos de mayor peligro con medidas urgentes y de gran eficacia. Una de las fuerzas de mayor influencia en aquel momento era la prensa, por lo que se la sometió a una dura censura: la corona era inviolable, se debía guardar el debido respeto a la familia real y estaba prohibido atacar directa o indirectamente el sistema monárquico. Esta situación se prolongó durante seis años.

Cánovas elaboró su propuesta basándose en un pluralismo liberal limitado por la aceptación de la ortodoxia monárquica. Los republicanos y los carlistas fueron excluidos del juego político. El canovismo convocó a las fuerzas conservadoras con el objeto de acabar con la desunión e integrarse en una plataforma tan amplia que todas ellas encontrasen su lugar apropiado.

Una asamblea bastante numerosa de ex senadores y ex diputados de todas las Cámaras formaron el Senado, del que debía salir una Comisión de Notabilidades con la tarea de elaborar una constitución. Las primeras Cortes de la Restauración fueron elegidas por sufragio universal, de acuerdo con la Ley electoral de 1870.

La Constitución de 1876

La nueva Constitución era una mezcla de la moderada de 1845 y la liberal progresista de 1869. En lo que se refiere a las relaciones entre el rey y las Cortes, se citaba la coparticipación en el poder legislativo de las Cortes con el rey, atribuyendo a éste la iniciativa de la sanción con derecho a veto. El rey, también, tenía la facultad de nombrar senadores y la presidencia del Senado e intervenir en la vida de las Cortes; a él le correspondía convocarlas, cerrar las sesiones y disolver, separada y simultáneamente, la parte electiva del Senado y el Congreso de los Diputados. Las Cortes, por su lado, podían intervenir en la sucesión de la corona, en la minoría de edad del rey y en la regencia. Los ministros eran responsables ante el soberano.

En otros ámbitos, se suprimían los fueros de Vascongadas que quedaban así incorporadas al reclutamiento militar general, y obligadas al pago de derecho e impuestos; se suprimían, también, los cuerpos forales, siendo sustituidos por Diputaciones Provinciales. Se procedió, por otro lado, a la aprobación del Código de Comercio, la Ley de Enjuiciamiento Criminal y el Código Civil, aún vigente en la actualidad en sus puntos básicos. Se creó, también el Tribunal Contencioso Administrativo provincial y se reformó y aprobó la Ley Orgánica Municipal de 1870.

El turno de partidos

En cuanto al modo de funcionamiento de la vida política, Cánovas vio en el sistema inglés de partidos el único mecanismo eficaz para una monarquía parlamentaria estable. El sistema se asentaba en el respeto por todos de la Constitución, lo suficientemente amplia como para que cada partido pudiera gobernar de acuerdo con sus principios, sin necesidad de acudir al ejército. El partido conservador de Cánovas estaba formado por elementos de los viejos partidos unionista y moderado de la era isabelina, y su base social la constituían la aristocracia madrileña y rural, los terratenientes y las «personas de orden» de las clases medias.

El partido liberal fusionista era el heredero legítimo de los antiguos progresistas. El núcleo central lo formaban los antiguos constitucionalistas de Amadeo de Saboya, por lo que, en un principio, se llamó partido constitucional; más tarde, se reforzó hacia la izquierda con la fusión de otros grupos, cambiando su nombre por el de fusionista, al que se unió, dando un cierto giro hacia la derecha, el general Martínez Campos. El definitivo giro hacia la izquierda lo constituyó la incorporación de radicales y demócratas. La difícil operación de aglutinar a la izquierda culminó en 1885, al formularse el llamado proyecto de «ley de garantías», que contenía unas bases de acuerdo para un programa de gobierno. El partido, finalmente, se quedó con el nombre de liberal. Su líder fue Práxedes Mateo Sagasta, ingeniero de caminos y progresista de toda la vida, que tenía una larga carrera política tras de sí, hecha sobre todo de fracasos. Fracasos no tanto personales, porque había tenido la capacidad de llegar a los puestos más altos del Estado (ministro de Gobernación, presidente del Congreso de los Diputados, presidente del Consejo de Ministros) y de desempeñar eficazmente su cometido, como de carácter colectivo, de los proyectos y empresas en los que se había comprometido a fondo.

La corona tenía que actuar de árbitro, desalojando a unos y colocando a otros; el rey encargaba a un partido la formación del gobierno, y éste celebraba después las elecciones en las que inevitablemente obtenía la mayoría absoluta. Un gobierno cae cuando el partido al que representa pierde la cohesión de tal, la confianza del rey o cuando las élites políticas pactan o se ven obligadas, para mantener el sistema, a un relevo de poder.

El caciquismo

En este ámbito del gobierno local el cacique (figura del pueblo destacada por su poder, por su función administrativa o por su influencia dentro de oligarquía) significó la supervivencia señorial en una España eminentemente rural. Desde los años cuarenta el gobierno designaba a sus gobernantes provinciales y éstos escogían a su vez a sus caciques o agentes locales; a cambio de disponer de influencia dentro de sus distritos, conseguían el voto para el candidato del gobierno.

A partir de 1887, en un régimen donde las elecciones se hacían por sufragio universal, este procedimiento fue reconocido abiertamente. Pero el caciquismo funcionó en todos los niveles de la administración. En la política nacional los oligarcas trabajaban para el ministro de la Gobernación, en la provincial, el intermediario era el gobernador civil y en la local, el cacique era el encargado de conseguir los votos a través de los favores y las relaciones de tipo personal. Los grandes oligarcas representaban los intereses permanentes del partido; el gobernador no era simplemente el administrador provincial, sino un hombre de partido que trabajaba para los fines del suyo en un régimen de candidatos oficiales propuesto por el gobierno entonces en activo.

Los dos grandes partidos se atuvieron a una tregua implícita en la política municipal, por lo que la denuncia de la corrupción correspondió a los partidos que estaban fuera del sistema. El resultado fue una administración municipal ineficaz y una justicia movida por las influencias.

Repercusión internacional

En términos generales Cánovas se esforzó en mantener una buena imagen externa del Estado así como mejorar sus relaciones con las potencias extranjeras, llevando a cabo una política internacional de pacificación. El nuevo régimen tuvo, en principio, una buena acogida en Europa, pero todos los países hicieron su composición de lugar.

En Francia algunos gobernantes vieron con buenos ojos el advenimiento de la monarquía borbónica, pero no hay que olvidar que había también grupos que apoyaban la resistencia carlista; Inglaterra se mostró recelosa, sobre todo porque intuía que el régimen restaurador aumentaría la actividad exterior (particularmente en Marruecos) y posiblemente se produciría un giro de la política librecambista, practicada hasta ahora por los regímenes revolucionarios.

En cuanto a Alemania, a Bismarck le interesaba una España estabilizada susceptible de ser utilizada en sus conflictos particulares, tanto con Francia como con Inglaterra. En 1877 se firmó un acuerdo hispano-alemán en el que se establecía un pacto defensivo en el caso de que se produjera cualquier conflicto con Francia; su vigencia fue muy corta ya que, poco después, las buenas relaciones de esta última potencia, tanto con Berlín como con Madrid, dejaron el acuerdo sin razón de ser.

Conflictos políticos pendientes

Uno de los problemas que seguían latentes y que había que liquidar para que el sistema funcionase eran los últimos coletazos del carlismo, dividido entonces por numerosas rencillas y disensiones, que concluyó con las victorias en Navarra y el País Vasco provocando la salida de don Carlos por la frontera francesa. El 3 de marzo de 1876 la proclama de Somorrostro puso fin a la guerra. Cánovas vendió esta victoria como el triunfo de la disciplina del ejército, al servicio de un Estado organizado.

Otro de los problemas era la guerra de Cuba, embarcada desde hacía mucho en la guerra de los Diez Años (que había empezado, entre otros factores, por la vieja reivindicación colonial de tener el mismo trato que las provincias españolas), y llegado este momento, exhausta la metrópoli de la costosa guerra colonial y también la isla que estaba sufriendo en su territorio las consecuencias directas de la contienda. Una vez liquidada la guerra carlista, era posible desplazar el esfuerzo militar y financiero, hasta entonces concentrado en el norte de la península. Así en 1878 se firmó la paz de Zanjón, por la cual la isla de Cuba tendría las mismas condiciones políticas, orgánicas y administrativas que Puerto Rico; se concedía además una amnistía general, incluidos los esclavos y colonos asiáticos que habían colaborado con la insurrección. Con ambas victorias se daba por concluida la gran

El rey Alfonso XII, hijo de Isabel II
y Francisco de Asís.

Retrato de María de las Mercedes de Orleans y
Borbón, primera esposa de Alfonso XII.

empresa de pacificación de Cánovas, fundamental para la estabilización del Estado de la
Restauración.

Un matrimonio real por amor

Físicamente agraciado, aunque no muy alto y de aspecto enfermizo como su padre, Alfonso no se parecía a él, sin embargo, en el carácter. Por el contrario, reflejaba una gran simpatía natural. La cuestión de su matrimonio fue para los contemporáneos una interesante historia, ya que, al contrario de lo que había estado sucediendo hasta entonces en todas las familias reales, él se casó por amor y no por conveniencias políticas.

María de las Mercedes de Orleans era hija del conflictivo duque de Montpensier y su esposa, Luisa Fernanda. La revolución del 68 había supuesto el exilio también para ella, ya que sus padres, que aspiraban al trono de España contra Isabel, se habían reconciliado con la reina gracias a los buenos oficios de María Cristina de Borbón. Cuando se formó el partido alfonsino, el duque de Montpensier estrechó su relación con el joven príncipe, sobre todo por la esperanza de ejercer como regente en caso necesario.

Alfonso y Mercedes se conocieron en 1872, durante unas vacaciones, cuando ella tenía doce años. «La infanta doña Mercedes de Orleans es una muchacha bajita, de cara muy redonda, cabello y ojos negros, como los de su madre, y tiene un aire muy gracioso, por lo que resultaba linda y gentil» (Fernando González-Doria). Al año siguiente volvieron a encontrarse en París, ciudad donde comenzaron, todavía en secreto, su noviazgo formal.

María Cristina de Austria,
segunda esposa de Alfonso XII.

Cuando Alfonso tomó posesión del trono de España, la familia Montpensier también regresó del exilio, pero hubo que esperar hasta 1877 para que el noviazgo se hiciera público. Aunque Cánovas había proyectado que el soberano se casara con la princesa Beatriz de Inglaterra, hija de la reina Victoria, la negativa de ésta y el conflicto religioso que se produciría le hizo desistir. En las Cortes se trató el tema de la boda real, muy debatido a causa de la personalidad del padre de la novia, ya que debían dar su consentimiento para que Alfonso pudiera casarse. Finalmente, en 1878, tuvo lugar el matrimonio.

Pero esta pareja excepcional, en continua luna de miel, sólo estaría unida durante ciento cincuenta y cuatro días. La repentina indisposición de la reina, que al principio se interpretó como un embarazo, era en realidad una enfermedad de origen tuberculoso que acabó con su vida en muy poco tiempo. «Impidiéndole el protocolo al rey acompañar hasta esa última morada el cadáver de la reina, se encerró el monarca en sus habitaciones, sin permitir otra compañía que la de su fiel ayuda de cámara y allí dio rienda suelta a su sentimiento llorando desconsolado» (Fernando González-Doria). A Mercedes, que murió a los dieciocho años, no le dio tiempo a tener descendencia.

Alfonso, después del entierro de Mercedes, se recluyó en el palacio de Riofrío. Pero, además de ser un viudo inconsolable, era también un joven rey que no tenía hijos y, a partir de ese momento, Cánovas se centró en la tarea de buscarle una nueva esposa entre las princesas europeas. Sus ojos se fijaron en María Cristina de Austria, hija de los archiduques de Austria, Carlos Fernando e Isabel. Alfonso nunca llegaría a quererla como a Mercedes, pero sí sintió por ella afecto y admiración.

Los deberes dinásticos del monarca

Alfonso y María Cristina contrajeron matrimonio en 1879, después de obtener el beneplácito de las Cortes, pero el recuerdo de Mercedes, ya idealizado por todo el mundo, impidió que la nueva reina tuviera un buen recibimiento en Madrid: «Necesitaría María Cristina de Austria de tiempo y de probar con hechos bien palpables y en situaciones dramáticas cuáles eran su temple y su carácter para que todos pudieran convencerse de que tenían en ella a una de las mejores reinas de España» (Fernando González-Doria).

María Cristina tuvo que luchar, no sólo por hacerse querer por su pueblo, sino también por el propio rey que, antes y después de casarse con ella, mantuvo relaciones con la cantante de ópera Elena Sanz, con la que tuvo dos hijos. Su segunda amante, ya dentro del matrimonio, fue la también cantante Adela Borghi que, debido a sus constantes indiscreciones, salió del país obligada por Cánovas.

Los deseos de la reina eran dar al rey un heredero al trono, pero sus dos primeros hijos fueron niñas: María Mercedes, que nació en 1880, y María Teresa dos años después. Como los reyes eran jóvenes y aún podían tener un hijo varón, siguió como princesa de Asturias la hermana del rey, en vez de nombrar a la hija primogénita, con el fin de ahorrar presupuesto.

En 1885, Alfonso empezó a manifestar los primeros síntomas de su enfermedad, la tuberculosis, que acabó con su vida en noviembre de ese año. «Sabía don Alfonso que su estado de salud no era bueno y le preocupaba carecer de descendiente varón, pues habida cuenta de las convulsiones que sacudieron el reinado de su madre, y lo próxima que estaba todavía la última tentativa carlista de hacerse con el trono, comenzaba a obsesionarle dramáticamente la idea de que él pudiera desaparecer pronto, dejando la corona sobre las sienes de una niña y bajo la regencia de una esposa totalmente inexperta en los asuntos de gobernación, que no gozaba aún de las simpatías populares» (Fernando González-Doria).

María Cristina estaba entonces embarazada de tres meses y quedó como regente del país en espera de la mayoría de edad de María Mercedes o de que su futuro hijo fuera niño, una situación insólita en la historia del país. Cánovas creía que la muerte del rey podría provocar una rebelión republicana y carlista y que este peligro podía ser atajado más fácilmente con los liberales en el poder; por ello pidió a la regente que designara un gobierno liberal.

Se conoce como Pacto de El Pardo a las negociaciones que se llevaron a cabo para que Sagasta sustituyera a Cánovas. «No fue un acuerdo secreto entre dos partidos artificiales para implantar a perpetuidad una alteración tramada entre ellos, pues el turno pacífico estaba ya implantado. En 1885, la prerrogativa regia fue utilizada para traer un cambio de ministros en contra de una mayoría parlamentaria con el fin de superar la que Cánovas consideraba una crisis desesperada para las instituciones monárquicas» (Raymond Carr). Sagasta, una vez conseguida la mayoría holgada en las Cortes, se mantuvo en el poder hasta 1890. En 1886, para alivio de todos, la reina dio a luz un niño, que fue rey desde el mismo instante de nacer, con el nombre de Alfonso XIII. La regencia de María Cristina se prolongaría, por tanto, dieciséis años.

La regencia de la reina madre (1885-1902)

María Cristina, después de la muerte de su esposo y de asumir la regencia, se movió siempre guiada por el mismo objetivo: la preocupación por la estabilidad y la fortaleza del trono. En el plano personal, a partir de ese momento, practicó una rigurosa discreción, tanto en su vida pública como en la familiar, por lo que fue muy admirada desde los círculos políticos y por el pueblo.

Durante este período se llevó escrupulosamente a cabo el sistema de turno de partidos: Cánovas, en 1890; Sagasta, 1892; Cánovas, 1895. Tras el asesinato de Cánovas, en 1897, a manos del anarquista italiano Miguel Angiolillo, hubo una breve presidencia del general Azcárraga, ministro de la Guerra. No obstante, el turno continuó: Sagasta, 1897; Francisco Silvela (que sustituyó a Cánovas al frente del partido conservador), 1899; Sagasta, 1901. El líder liberal, ya bastante mayor y con problemas de salud, ocupó nueve años y medio la presidencia del gobierno; sin duda, él fue el hombre de la Regencia.

El primer gobierno de los liberales duró cinco años ininterrumpidos («parlamento largo») y desarrolló una importante labor legislativa tendente a la democratización de la monarquía. En 1887 se promulgó la ley de asociaciones (en 1888 se fundó en Barcelona la Unión General de Trabajadores), al año siguiente la del jurado y, en 1890, la del sufragio universal masculino; un año antes se había ultimado la redacción de un código civil. Pero, en contrapartida, Sagasta fue, también, el hombre del 98, es decir, le tocó en la jefatura de gobierno tomar las decisiones y sufrir las consecuencias de la pérdida de las últimas colonias del Imperio español.

En política internacional se inclinaron, al contrario del planteamiento de Cánovas, por los compromisos exteriores (llamada por Segismundo Moret «política de ejecución»), ya que pensaban que para cumplir plenamente el objetivo de defender la monarquía y garantizar la estructura territorial era necesario el apoyo de las grandes potencias. Este planteamiento les llevó a formar parte de la Triple Alianza en 1887, por la que se garantizaba el principio monárquico y la conservación del *statu quo* en el norte de África.

1. El movimiento obrero

Sagasta llevó a cabo una política de apertura hacia el asociacionismo, pero aún no se daban las condiciones políticas y sociales adecuadas para el desarrollo de una organización obrera poderosa. Ya existían desde tiempo atrás organizaciones como la Federación Regional Española (FRE) que dependía de la Unión General de Trabajadores (UGT), creada en 1870. Pero, por ahora, sus planteamientos eran pacíficos rechazando todo acto subversivo.

Más extremista era el movimiento anarquista, agrupado en su mayoría en la Federación Regional de Trabajadores Españoles. El sector extremista, partidario de la propaganda a través del terrorismo, a partir de 1884 llevó a cabo una ola de atentados y asesinatos que alcanzó su punto culminante en los años noventa. Los procesos contra la Mano Negra, una supuesta organización secreta anarquista, fueron divulgados por toda Europa poniendo de manifiesto las duras medidas que se tomaron.

Manifestaciones de esta actitud fueron la bomba arrojada en el Liceo de Barcelona en 1893, la de la procesión del Corpus, en 1896, que mató a diez fieles, y también el asesinato de Cánovas en el balneario de Santa Águeda, en Cestona, un año después, al que su autor acusaba de ser responsable de la dura represalia que siguió a estos actos (procesos de Montjüic). Todos estos sucesos sensibilizaron a la opinión liberal europea extendiéndose una especie de «moderna Leyenda Negra».

Pero fue en el campo andaluz donde más huella dejó la fuerza del anarquismo. Este anarquismo rural o se autoorganizaba o caía en manos de pequeños grupos organizados, llevando a cabo acciones de más envergadura, como algún pequeño movimiento revolucionario o la propia huelga. Pero aún no tenían la entidad ni la fuerza que conseguirían adquirir unos años después.

María Cristina de Austria. José Llaneces.
Palacio del Senado, Madrid.

2.   El desastre de 1898

La guerra con Cuba se había reanudado (al grito de «Baire») en 1895, pocos días después de la aprobación en Madrid de un proyecto de autonomía. En 1896, Martínez Campos fue sustituido como gobernador general de Cuba por el general Weyler, y además, estalló la insurrección en Filipinas liderada por José Rizal, un intelectual moderado que fue juzgado y fusilado por la administración española. En estos primeros momentos, a pesar de soportar la mala gestión de la metrópoli en las Islas Filipinas, los nativos no pedían la independencia, sino que sólo manifestaban su deseo de equipararse jurídicamente a España.

Estados Unidos, por su parte, tenía un gran interés estratégico sobre estas colonias y además consideraba que eran una carga inútil y costosa para el Estado español. Ya en 1876 intentaron que las potencias europeas aceptaran la necesidad de una intervención militar extranjera en Cuba con el fin de restablecer la paz, ya que España no era capaz de hacerlo; pero éstas no dieron su consentimiento.

A partir de 1895, volvieron a la carga bajo el disfraz de su apoyo a las insurrecciones cubana y filipina. Estados Unidos era entonces un país en plena expansión económica y necesitaba nuevos mercados; a ello se unió, y tuvo un papel fundamental, una desatada campaña pro belicista, sobre todo alentada por la prensa amarilla. España subestimó a los Estados Unidos, ya que Sagasta pensaba que la concesión de reformas desarmaría a los rebeldes.

En 1897, el presidente Cleveland, del partido demócrata, había prometido retirar su apoyo a la Junta Cubana de Nueva York a cambio de que España diera una autonomía estable a Las Antillas. La reducción del movimiento rebelde en la parte oriental de la isla permitió entonces a Cánovas cumplir su promesa de autonomía, pero con su muerte se produjo un cambio de política.

Sagasta, partidario como se ha dicho de la política intervencionista, prefería «ganar la guerra para conceder la libertad, a conceder la libertad para suprimir la guerra». Cuando el Estatuto de Autonomía estuvo preparado, la decisión final quedó en manos de los Estados Unidos, donde el demócrata Cleveland había sido sustituido por el republicano Mc Kinley, mucho menos abierto a la negociación.

Tanto Sagasta como Moret (entonces ministro de Ultramar) cometieron el error de creer que el talante no había cambiado. Estados Unidos optó por una política de apoyo a los independentistas ya que se había planteado que, aunque Cuba no llegara a ser suya, podría establecer su control una vez obtenida la independencia de España. La concesión de autonomía sobre la isla provocó un aumento de la lucha por la independencia. La guerra quedó entonces en las manos de la regente, que hizo un enorme despliegue diplomático.

Primero pidió a Mc Kinley que se atuviese a los compromisos adquiridos por Cleveland, pero éste se negó. Después buscó apoyos en Europa. Tanto Francisco José, emperador de Austria-Hungría, como Nicolás II de Rusia y Guillermo II de Alemania se aprestaron a mediar, al igual que la reina Victoria (amiga personal de María Cristina). Pero todos ellos lo hicieron sin la suficiente energía, ya que cualquier intervención concreta les provocaría graves conflictos en su política internacional. Estados Unidos dio un ultimátum a España: o vendía la isla o la guerra sería inevitable.

El conflicto dio comienzo oficialmente con la voladura del acorazado norteamericano *Maine* en el puerto de La Habana y finalizó con el tratado de París en 1898 por el que, después de duras negociaciones, España perdía sus últimas colonias, Cuba, Puerto Rico, Filipinas y sus posesiones del Pacífico, a cambio de 20 millones de dólares.

El desastre del 98 tuvo una enorme repercusión nacional, pero la imagen de María Cristina, a pesar de todo, quedó impoluta por su correcto comportamiento constitucional.

3. Causas y consecuencias

Se conoce como Regeneracionismo al movimiento de reacción de la burguesía, después de la pérdida de las últimas colonias, disconforme con el sistema y la práctica política de la Restauración.

Francisco Silvela fue llamado a gobernar por la regente en 1899, ya que el cambio era necesario después de la crisis moral que había provocado el desastre del 98. Su obligación, ahora, era llevar a cabo una profunda renovación de la vida política, es decir, una regeneración nacional. Sin duda era el hombre ideal ya que, en 1896, había defendido públicamente la necesidad de acabar con la corrupción electoral y, después del 98, había escrito un artículo sobre la atonía del país y la necesidad de reformarlo a fondo. Camilo García de Polavieja fue nombrado ministro de la Guerra, con el fin de atraerse a la derecha más conservadora, al ejército y a la burguesía industrial catalana.

Sin embargo, las esperanzas se vieron pronto defraudadas ya que las dificultades prácticas de la política le impidieron realizar la mayor parte de su programa y pronto se vio abandonado por sus aliados de primera hora. Tuvo una segunda oportunidad en 1902-1903, pero tampoco sirvió para poner en marcha su programa de reformas.

En 1902, Alfonso XIII llegó a la mayoría de edad y, por tanto, se puso fin a la Regencia. «A partir de ahora, doña María Cristina de Austria, ya solamente reina madre, se marcó el decidido propósito, que había de cumplir fielmente, de no participar absolutamente para nada en los asuntos políticos, y mantenerse en un segundo y discreto lugar en la vida de la familia real» (Fernando González-Doria).

Alfonso XIII, rey de España

El monarca exiliado

El 17 de mayo de 1902, ALFONSO XIII, el hijo póstumo de Alfonso XII, alcanzó la mayoría de edad y se le reconoció oficialmente su capacidad para reinar. Al trono había accedido en el mismo momento de nacer. La larga regencia de María Cristina llegó a su fin y se retiró a un discreto segundo plano, guardándose sólo el papel de consejera del nuevo rey. Al contrario que su padre, Alfonso XIII intervino activamente en la política del país, pero hay que tener en cuenta que las condiciones del entorno eran distintas. La fragmentación del sistema de partidos y las frecuentes crisis ministeriales le dejaron pocas opciones y reforzaron su papel de mediador.

La cuestión del matrimonio, como en el caso de su padre, se planteó por sí sola, ya que el rey hizo su elección y luego lo comunicó a su familia. Ena de Battenberg, la elegida, era hija de Beatriz y Enrique de Battenberg, nieta de la reina Victoria y, además, en 1905, una de las princesas casaderas más bellas de Europa. El rey se fijó en ella durante una fiesta en Londres y tomó la decisión de casarse en ese mismo momento. Cuando lo expuso a su madre, ésta manifestó sus reservas ya que en la familia de la novia se daba el problema de la hemofilia, una enfermedad que transmitían las mujeres y padecían los hombres; dicha enfermedad podía llevar a la muerte, ya que cualquier herida o rasguño manaba sin parar y el afectado sucumbía desangrado.

Alfonso hizo oídos sordos a tales advertencias y permaneció firme en su empeño de casarse con la esperanza de que la hemofilia no se transmitiera. Otro problema a solventar era la religión de Ena, que tuvo que bautizarse (con el nombre de Victoria Eugenia) y convertirse al catolicismo para poder contraer matrimonio con el rey.

Alfonso XIII durante su estancia en Londres (1906).

Una vez resueltos todos los problemas, la boda tuvo lugar en 1906 pero, sin duda, empezó con mal augurio. Cuando el cortejo nupcial transitaba por las calles de Madrid, los nuevos reyes sufrieron un atentado; el anarquista Mateo Morral lanzó un explosivo a su paso, que causó la muerte de algunos de los acompañantes del carruaje. Alfonso y Ena salieron ilesos, a pesar de que el vestido de la novia quedó salpicado con la sangre de las víctimas.

Durante los primeros tiempos el matrimonio fue muy feliz. Los problemas llegaron en 1907, después del nacimiento de su primer hijo, Alfonso, que heredó la temida hemofilia. Esta circunstancia llevó al rey a una profunda depresión pensando que su matrimonio había sido realmente un error. Poco a poco fue manifestando desinterés hacia su esposa, la cual, por otra parte, llevó la situación con extraordinario estoicismo.

El nacimiento de su segundo hijo, Jaime, en 1908, llenó de alegría a los reyes, ya que este niño parecía sano y sin problemas. Sin embargo, cuando contaba tan sólo cuatro años, en el transcurso de una operación le rompieron los huesos auditivos y quedó sordomudo para siempre. Con sus hijas Beatriz y Cristina, nacidas en 1909 y 1911 respectivamente, no hubo ningún problema (excepto el de la transmisión de la enfermedad), a las que siguió Juan en 1913, que terminaría siendo el Jefe de la Casa Real, y Gonzalo, en 1914, también hemofílico.

A estas alturas Alfonso ya le era tremendamente infiel a su esposa y, de hecho, tuvo dos hijos extramatrimoniales con una conocida actriz de la época y uno con la hija de una dama irlandesa. Ena, mientras, miraba para otro lado, hasta el punto de que permaneció junto a él hasta poco después del exilio.

La revolución

En 1907 subió al poder el partido conservador, dirigido entonces por Antonio Maura. Él era consciente de que el sistema de la Restauración no tenía un auténtico apoyo popular y que los conservadores debían atraerse a la masa de población que, hasta ahora, había permanecido indiferente a la política.

A partir de ese momento llevó a cabo una actividad incomparable con otros gobiernos anteriores. Desde el punto de vista económico, la ley de protección de la industria nacional o las de fomento de industrias y comunicaciones marítimas, repercutieron de forma muy positiva. Algunas tuvieron una gran resonancia social, como el establecimiento del descanso dominical, y en la elaboración de otras participaron personas de distintas ideologías.

El ministerio de Gobernación organizó la policía y acabó con el bandolerismo; Maura intentó también la aprobación de una ley contra el terrorismo, pero se opusieron la izquierda y los liberales. Con la reforma de la Ley Electoral, sin embargo, no se logró aumentar la pureza de las elecciones, aunque el fraude se hizo más difícil. Pero su mayor empeño político fue la reforma de la Ley de Administración Local, ya que pensaba que la Administración central tenía los medios necesarios para corromperla. Toda esta gestión tan prolífera acabó en 1909 con la caída de Maura a causa de los sucesos de la Semana Trágica de Barcelona.

Tras un corto gobierno de Segismundo Moret, en 1910 le sustituyó José Canalejas, que supuso un segundo intento de regeneración del sistema, ahora desde el punto de vista liberal. Con el apoyo de la monarquía, intentó llevar a cabo una reforma social, una separación entre Iglesia y Estado, un programa educativo y una modificación del servicio militar. En sus proyectos, a pesar de las primeras reticencias por su carácter izquierdista, el rey le apoyó. Pero sus dos grandes cuestiones fueron las mancomunidades provinciales y la religiosa.

En 1911, los catalanes le entregaron un proyecto de mancomunidades, independiente de una Ley Central de Administración local cuya aprobación, aunque con al-

La reina Victoria Eugenia de Battenberg, pocos meses antes de contraer matrimonio con Alfonso XIII.

Alfonso XIII, hijo de Alfonso XII
y María Cristina de Austria, en traje de oficial.

gunas reformas, tuvo lugar en 1912. Respecto a la cuestión religiosa, Canalejas pensaba que el atraso cultural en el que estaba sumido el clero se debía al concordato a través del cual se financiaba la Iglesia y creía, por tanto, que la mejor solución era la separación de Iglesia y Estado; Roma no lo aceptó. En 1910 se promulgó la Ley del Candado, por la cual no se podrían establecer nuevas órdenes religiosas en España sin autorización previa.

Toda esta labor terminó con los disparos de un anarquista en la Puerta del Sol de Madrid, que no quería asesinarle a él, sino al rey. A partir de ese momento se produjo una crisis en el gobierno acompañada, además, de una fuerte fragmentación de los partidos políticos de turno.

La Semana Trágica

España tenía en Marruecos intereses económicos (explotación minera) e intereses estratégicos por su proximidad a los protectorados de Ceuta y Melilla. Hasta 1909 se había intentado favorecer un gobierno local estable e independiente en Marruecos y, en el caso de que no lo hubiese, contar con el apoyo de Francia (con el beneplácito de Inglaterra), menos en la franja del Rif, que era de soberanía española. Pero Marruecos no tenía un gobierno ni estable ni independiente, por lo que esta política pronto dejó de tener sentido. La conferencia de Algeciras, celebrada en 1906, puso un poco de orden determinando que Marruecos sería un protectorado hispano-francés y se internacionalizó desde el punto de vista económico.

El gobierno de Maura, que entró en 1907, quería evitar a toda costa cualquier tipo de intervención armada; pero mantener esta situación era muy difícil debido a que la zona era un auténtico polvorín. Por tanto, tarde o temprano tendría que realizar algún tipo de operación aunque sólo fuera policíaca.

En un incidente, durante los trabajos en un ferrocarril que llevaba a una mina situada fuera de Melilla, murieron asesinados varios obreros españoles y entonces la intervención fue inevitable. El Consejo de Ministros aprobó que se mandara una guarnición a la zona y el ministro de la Guerra, que había sido capitán general de Cataluña, pensó en hacer allí su reclutamiento. La medida encontró una gran oposición ya que en la mente de todos estaba la imagen de la derrota del 98.

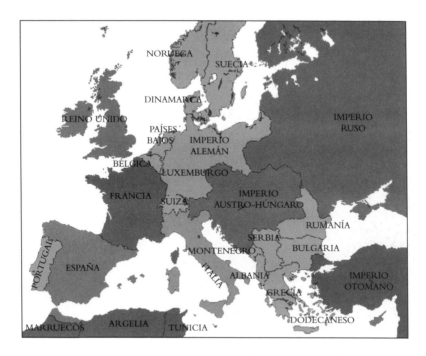

La Europa de 1914.

La consecuencia fue la convocatoria de huelga general contra la guerra dirigida por un comité formado por un anarquista, un socialista y un miembro de Solidaridad Obrera. Las noticias de las muertes del batallón que luchaba en un lugar llamado el Barranco del Lobo, encrespó aun más la situación. Hubo graves e importantes enfrentamientos, con un saldo de muchos heridos y muertos, y se quemaron gran número de iglesias y conventos. Una vez sofocado el conflicto, hubo muchos condenados pero sólo cinco lo fueron de pena capital.

A este conflicto barcelonés siguió una campaña de los partidos de oposición contra Maura, cuyo gobierno cayó ese mismo año. A Maura le sustituyó Eduardo Dato al frente del partido conservador, pero ya había comenzado el principio del fin.

El final de una época

Desaparecido Canalejas y dimitido Maura, se abrió una crisis en el seno de los partidos. La muerte del primero planteó el problema de la búsqueda de sustituto que no estaba del todo clara. Entonces Alfonso XIII intervino directamente, nombrando para el cargo, en 1913, al conde de Romanones, ante lo que Maura reaccionó con virulencia, ya que acusaba a los liberales de permanecer en el poder gracias a la corona, no a la victoria en las urnas. Romanones por su parte, después de ser sometida la elección a la confianza del Congreso, dimitió.

Ante esta situación, volvió a intervenir el rey, esta vez a favor de los conservadores. En lugar de Maura, nombró a Eduardo Dato, pero la presencia constante del primero y sus seguidores representaban con claridad la división del partido.

Con esta división o fraccionamiento de los partidos dinásticos y la oposición más diversificada se llegó a 1914 y la guerra europea, que contribuyó a aumentar los problemas. Alfonso XIII se decidió por la neutralidad ante la difícil situación personal.

La dictadura de Primo de Rivera

La situación general de inquietud revolucionaria, provocaron que el rey, con el apoyo del ejército, interviniera con el fin de estabilizar la vida española. El apoyo de la burguesía, los terratenientes y los medios eclesiásticos hicieron posible la dictadura de Miguel Primo de Rivera, que dio comienzo en 1923. Una vez admitida la dimisión del presidente de los liberales, García Prieto, que había accedido al poder en 1921, Alfonso XIII nombró al dictador presidente del gobierno.

Primo de Rivera pretendía convertir la dictadura en un régimen estable con fundamentos constitucionales propios. Al principio conseguiría estabilizar el orden público y organizar un ágil sistema de administración central, provincial y municipal. En 1924 se creó la Unión Patriótica, una especie de partido único apoyado en las corporaciones, que debían sustituir a los partidos políticos como base de la nueva Constitución.

Sin embargo, en 1929 fracasaría su «Anteproyecto de Constitución de la monarquía española», de tal manera que en 1930, se podría afirmar que el régimen estaba muerto.

Hacia la república

La destitución de Primo de Rivera por el rey volvió a poner en manos del monarca la situación política. Como solución provisional optó por nombrar como presidente del Consejo de Ministros al general Berenguer, jefe de su casa militar, en espera de volver a la normalidad constitucional anterior a 1923.

Pero la identificación de la dictadura con el rey sembró la duda. Los partidos políticos de oposición, en general, carecían entonces de una estructura fuerte. La derecha liberal, representante de la burguesía moderada, se estaba empezando a apartar abiertamente de la monarquía. Los republicanos, por su parte, tampoco tenían una especie de estructura orgánica y estaban diseminados en varios partidos; el Partido Republicano Radical de Lerroux contaba con un cierto prestigio entre la opinión pública. Los funcionarios, artesanos y comerciantes se unieron en el Partido Radical Socialista y los intelectuales republicanos en Acción Republicana con Azaña al frente. Por su parte, tanto el PSOE como la UGT también se inclinaron a favor de la república, pero sus líderes estaban divididos.

La coordinación de las fuerzas republicanas comenzaría con el acuerdo entre Alianza Republicana y el Partido Radical Socialista, que reunieron a todos los demás partidos en San Sebastián el 27 de agosto de 1930. Del llamado Pacto de San Sebastián salió un comité revolucionario que debía organizar el cambio de régimen me-

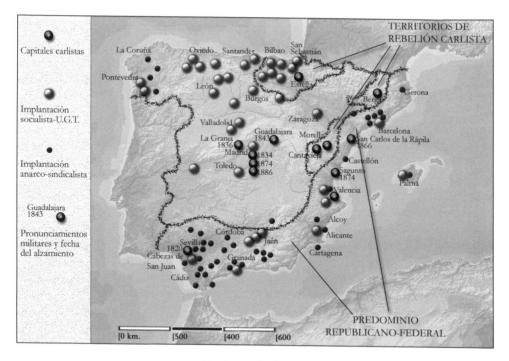

España en el siglo XIX.

diante un alzamiento militar apoyado por los civiles. Tras el acuerdo del comité con el PSOE y la UGT, una huelga general respaldaría las acciones militares. Pero este intento revolucionario fracasó por la ausencia del apoyo militar y la indecisión de los socialistas.

Berenguer, optimista, anunció las elecciones a Cortes, pero varios políticos monárquicos exigieron que las Cortes fueran constituyentes; los republicanos y los socialistas amenazaron con llamar a la abstención. A la movilización política había que añadir, también, la tensión social, causada por una grave crisis de trabajo en algunas ciudades y en el campo andaluz.

En este ambiente, Romanones y Cambó, ambos de ideas distintas pero unidos en la causa común, propusieron a Berenguer que la elección de Cortes constituyentes fuera precedida por unas municipales y provinciales con el fin de ganar tiempo y lograr que se estabilizase la situación. Los intentos del rey de constituir un gobierno que incluyera a miembros del Comité Revolucionario fueron un fracaso.

El gobierno Aznar constituido en febrero de 1931, también fue incapaz de estabilizar la situación política, cada vez más agitada. El resultado de las elecciones municipales, celebradas el día 12 de ese mes, evidenció la inclinación de la mayoría hacia la República, que fue proclamada el 31 de abril de 1931. Alfonso XII tuvo que salir para el exilio.

El largo exilio

La noche del 14 de abril, Alfonso y Ena cenaron por primera vez solos, sin la compañía de los permanentes cortesanos. Su reinado había durado 25 años y pasaron diez en el exilio (sin domicilio fijo, viviendo en hoteles), en el que prosiguieron las aventuras del rey y Victoria Eugenia transigió. Pero ya nada les obligaba a estar juntos sin amor y decidieron una separación amistosa.

No obstante, se reunieron en diversas ocasiones, como la boda de su hijo primogénito, don Alfonso, que en 1933, tras la renuncia a sus derechos dinásticos y la adquisición del título de conde de Covadonga, contrajo matrimonio con una cubana llamada Edelmira Sampedro. El matrimonio habría de durar poco puesto que se divorciaron en 1937. Al año siguiente contrajo nuevas nupcias, esta vez con otra cubana, Marta Rocafort, pero también fue un matrimonio efímero que duró seis meses. Ese mismo año Alfonso murió tras un accidente de automóvil desangrado por la hemofilia; el mismo destino de su hermano Gonzalo, que había muerto en 1934, a los 19 años, por la misma causa.

La renuncia de Alfonso a los derechos sucesorios había dejado como heredero a su hermano Jaime que, consciente de sus limitaciones, renunció a la corona. Por tanto, Juan, el quinto de los hijos de los reyes, quedó como heredero.

Las infantas doña Beatriz y doña Cristina no encontraron pareja tan fácilmente debido al problema de la hemofilia. No obstante, en 1935, Beatriz se casó en Roma con el aristócrata italiano Alejandro Torlonia, y Cristina lo haría en 1940 con el conde Enrico Eugenio Marone-Cinzano.

Don Juan, nombrado conde de Barcelona, hizo una boda digna de su rango al contraer matrimonio con María de las Mercedes de Borbón y Orleans, y Jaime, nombrado duque de Segovia, lo hizo con Emanuelle de Dampierre; después de su divorcio en 1947, volvió a contraer matrimonio, esta vez y haciendo gala de la tradición familiar, con la cantante alemana de cabaret Carlota Tiedemann.

En 1936, la guerra civil sorprendió a la familia reunida en Cannes. Y éste fue el momento en el que Ena decidió volver al lado de su esposo con el fin de compartir las responsabilidades de la monarquía ante cualquier contingencia. Permanecieron juntos hasta 1941, fecha de la muerte del soberano, que fue enterrado provisionalmente en la capilla de San Diego, en la iglesia de Montserrat de Roma.

Juan Carlos I, rey de España

El rey de todos los españoles

Cuando don Juan nombró desde el exilio como príncipe de Asturias a su hijo, Juan Carlos, las posibilidades de que éste llegara al trono de España eran escasas. Con la llegada de la República su padre, Alfonso XIII, había tenido que irse al destierro del que nunca regresaría, y él, como heredero, vivió siempre fuera de su patria. La guerra civil, que concluyó con la dictadura de Francisco Franco, impidió su vuelta como rey; pero trabajó incansablemente, durante toda su vida, por el restablecimiento de la monarquía en España.

Enemigo de la dictadura franquista, mantuvo con Franco unas relaciones tirantes sin dejar, por ello, de denunciar y negociar. En 1945, poco antes de terminar la Segunda Guerra Mundial, don Juan tuvo la visión de cuáles serían las consecuencias de una victoria aliada respecto a una dictadura tan parecida a la de Mussolini. Ante las perspectivas de una acción de los republicanos exiliados por las fuerzas aliadas, trató durante meses de convencer a Franco de la restauración de la monarquía y de liberalizar el sistema. Sus intentos fracasaron, ya que obtuvo una rotunda negativa; entonces redactó un manifiesto a los españoles explicando su punto de vista de la situación en que quedaba España después de la mencionada victoria.

Otro momento clave fue cuando Franco presentó a las Cortes un proyecto de Ley de Sucesión a la Jefatura del Estado en 1947 en el que expresaba su libertad de escoger al candidato que fuera de su agrado. Entonces el conde de Barcelona publicó otro manifiesto en el que, entre otras cosas decía: «Los principios que rigen la sucesión de la corona no pueden ser modificados sin la actuación conjunta del rey y de la nación legítimamente representada en las Cortes» (Monográfico del diario ABC: *70 años de ABC*, p. 472).

Un año después se entrevistaba con Franco en el *Azor*, en aguas próximas a San Sebastián, en la que ambos tomaron la decisión de que el príncipe Juan Carlos, el heredero de los derechos sucesorios, iniciaría sus estudios en tierra española según un plan que comprendía el bachillerato, formación militar en las tres academias de Tierra, Mar y Aire, además de cursos de Filosofía y Letras y Derecho en la universidad de Madrid.

En efecto, el 9 de septiembre de 1948, el príncipe Juan Carlos cruzó la frontera, procedente de Villa Giralda, en Estoril, la casa familiar, pisó por primera vez suelo español y se dispuso a estudiar el bachillerato en el Instituto San Isidro. «La educación de don Juan Carlos debía ser completísima, puesto que estaba destinado a enfrentarse en el futuro con problemas y compromisos que no son corrientes» (Monográfico del diario ABC: «*70 años de ABC*», p. 533).

Antes de ser designado sucesor de Franco, ya había contraído matrimonio con la princesa Sofía, hija de Pablo de Grecia y Federica de Hannover. Ambos se vieron por primera vez durante un crucero de varios días organizado por la reina Federica con el fin de congregar, después de mucho tiempo, a las casas reales europeas y así promover a Grecia como potencial centro turístico. Allí se encontraron, pero aún no se conocieron lo suficiente; Juan Carlos, por entonces, sólo tenía dieciséis años. Hubo de esperar hasta 1960, en que se celebró un baile organizado en Nápoles por los duques de Serra di Cassano, para que Juan Carlos y Sofía se trataran a fondo. Un año después, durante la boda del duque de Kent (a la que ninguno de los dos quería acudir por distintas circunstancias, pero se vieron obligados) fue cuando surgió el amor entre ellos, y empezaron las especulaciones respecto al posible noviazgo.

Las familias de los dos se volvieron a reunir en Lausanne, con motivo de la Feria de Muestras de Suiza, en casa de la reina Victoria Eugenia, residente allí desde hacía años. Fue junto al lago Lemans donde Juan Carlos le propuso en matrimonio a Sofía. Después de comunicárselo al general Franco, se hizo público el enlace, que tendría lugar en Atenas el 14 de marzo de 1962, con asistencia del ministro de Marina, el almirante Abarzuza, en representación de Franco. La luna de miel la pasaron en la idílica isla de Spetsopoula, propiedad del armador griego Niarchos, antes de realizar un viaje alrededor del mundo.

Del matrimonio nacieron tres hijos. En 1963, Elena, la hija mayor (para cuyo bautizo acudieron al palacio real de Madrid los condes de Barcelona, que no habían pisado suelo español desde 1931), casada desde 1995 con don Jaime de Marichalar y Sáenz de Tejada, hijo de los condes de Ripalda, en la actualidad tiene dos hijos, Felipe Juan Froilán de Todos los Santos y Victoria Federica; en 1965, Cristina, que contrajo matrimonio en 1997 con el jugador de balonmano Iñaki Urdangarín, tiene cuatro hijos, Juan Valentín de Todos los Santos, Pablo Nicolás, Miguel de Todos los Santos e Irene; y, finalmente, el príncipe de Asturias, Felipe, nacido en 1968, casado desde el 22 de mayo de 2004 con Leticia Ortiz Rocasolano, tiene una hija, Leonor, nacida en Madrid, el 31 de octubre de 2005.

1969 fue un año trascendental en la historia de España ya que, a partir de entonces, todos supimos que el futuro de nuestro país volvería a ser una monarquía. El 22 de julio de ese año, a propuesta del Jefe del Estado, Juan Carlos fue proclamado por las Cortes sucesor, a título de rey. Como éste sabía que, si se negaba a aceptar, España sería transformada a corto plazo en una regencia o en una monarquía cuyo rey no sería el heredero legítimo, se decidió a aceptar a pesar del difícil papel que le esperaba en medio de la dictadura.

El final de una larga espera

El general Franco murió el 20 de noviembre de 1975 y se abrió un momento de expectativa, tanto para Juan Carlos como para todos los españoles. El ejército y la policía organizaron la Operación Lucero con el fin de mantener el orden durante estos momentos tan tensos. No obstante, el dictador había expresado la necesidad de que, a su muerte, todos guardasen fidelidad al rey. Durante el tiempo que transcurrió desde su muerte hasta la toma de posesión del futuro monarca, la nación quedó en manos de un Consejo de Regencia encargado de organizar los funerales y la coronación.

El día 22 de noviembre, Juan Carlos fue coronado como rey de todos los españoles en presencia de las Cortes franquistas; hacía 73 años que no se celebraba en las Cortes el juramento de un rey.

El alivio que sintió Juan Carlos por el buen discurrir de los primeros momentos de su reinado se vio ensombrecido por un problema aún sin resolver: la cuestión dinástica. Pero don Juan tenía ya 60 años, estaba cansado y dispuesto, a estas alturas, a dejar el relevo a su hijo; Juan Carlos sabía, en el fondo, que su padre no sería ningún problema. El 14 de mayo de 1977, en el palacio de la Zarzuela y en presencia de la familia real y del Gobierno, don Juan, en un acto muy emotivo, renunció a todos sus derechos al trono y a su posición de jefe de la familia a favor de Juan Carlos. El supuesto problema quedaba así prácticamente resuelto.

La transición hacia una democracia constitucional

La transición española fue un proceso difícil de adaptación de unas formas y maneras de gobierno dictatoriales a la consecución de una democracia de pleno derecho. En él jugó un papel fundamental el talante democrático del rey, y su acierto al nombrar a Adolfo Suárez, en 1976, como artífice formal del cambio.

La familia real en el Palacio Real de Madrid (13 de enero de 2005).

Suárez negoció con la oposición a mediados de 1976, gracias a lo cual fueron posibles las elecciones democráticas del 15 de junio de 1977; la legalización del Partido Comunista en la primavera de ese año, que acudió como uno más a las elecciones, fue la prueba de fuego de que el sistema democrático estaba en marcha.

Los resultados pusieron de manifiesto que la ciudadanía española era partidaria del centro (representado entonces por la UCD de Suárez y el PSOE de Felipe González) y que rechazaba los extremismos. A partir de ahí las Cortes Constituyentes asumirían el protagonismo del cambio. La Constitución de 1978, materialización jurídico-política del consenso, desempeñó una función crucial como integradora de las fuerzas políticas y como legitimadora del sistema.

El franquismo estaba muerto, pero no se habían apagado todos los rescoldos. El 23 de febrero de 1981, el coronel de la Guardia Civil Antonio Tejero intentó un golpe de Estado irrumpiendo en el Congreso de los Diputados. En la neutralización del golpe militar fue decisivo el trabajo del rey Juan Carlos llamando a los golpistas al acatamiento del orden constitucional y se puso de manifiesto, además, la gallardía del teniente general Gutiérrez Mellado y el valor personal del entonces presidente, Adolfo Suárez.

Esta fue la última ocasión en la que se intentó poner fin al trabajo de democratización del Estado español. Desde entonces, la monarquía y el país evolucionan a la par, en perfecta armonía y compenetración.

CASA DE BORBÓN EN ESPAÑA

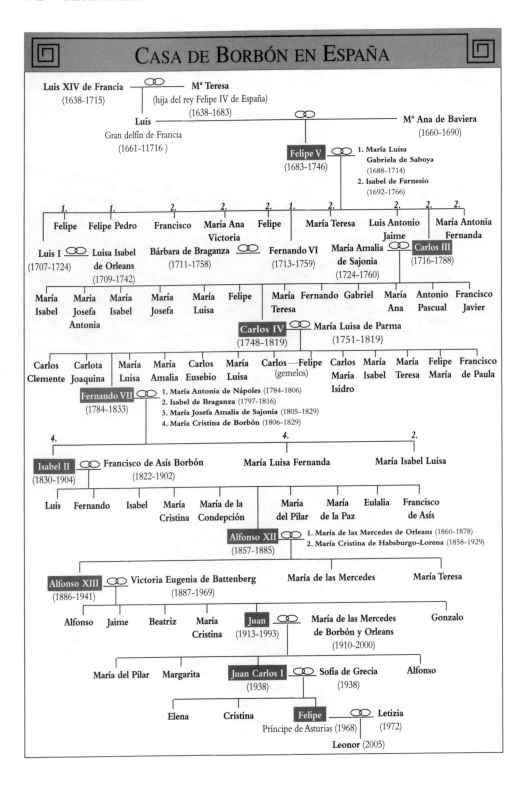

Luis XIV de Francia (1638-1715) ⚭ Mª Teresa (hija del rey Felipe IV de España) (1638-1683)

Luis Gran delfín de Francia (1661-11716) ⚭ Mª Ana de Baviera (1660-1690)

Felipe V (1683-1746) ⚭ 1. María Luisa Gabriela de Saboya (1688-1714) / 2. Isabel de Farnesio (1692-1766)

1. Felipe — **1.** Felipe Pedro — **2.** Francisco — **2.** María Ana Victoria — **2.** Felipe — **1.** María Teresa — **2.** Luis Antonio Jaime — **2.** María Antonia Fernanda

Luis I (1707-1724) ⚭ Luisa Isabel de Orleans (1709-1742) — Bárbara de Braganza (1711-1758) ⚭ Fernando VI (1713-1759) — María Amalia de Sajonia (1724-1760) ⚭ Carlos III (1716-1788)

María Isabel — María Josefa Antonia — María Isabel — María Josefa — María Luisa — Felipe — María Teresa — Fernando — Gabriel — María Ana — Antonio Pascual — Francisco Javier

Carlos IV (1748-1819) ⚭ María Luisa de Parma (1751-1819)

Carlos Clemente — Carlota Joaquina — María Luisa — María Amalia — Carlos Eusebio — María Luisa — Carlos····Felipe (gemelos) — Carlos María Isidro — María Isabel — María Teresa — Felipe María — Francisco de Paula

Fernando VII (1784-1833) ⚭ 1. María Antonia de Nápoles (1784-1806) / 2. Isabel de Braganza (1797-1816) / 3. María Josefa Amalia de Sajonia (1805-1829) / 4. María Cristina de Borbón (1806-1829)

4. Isabel II (1830-1904) ⚭ Francisco de Asís Borbón (1822-1902) — **4.** María Luisa Fernanda — **2.** María Isabel Luisa

Luis — Fernando — Isabel — María Cristina — María de la Condepción — María del Pilar — María de la Paz — Eulalia — Francisco de Asís

Alfonso XII (1857-1885) ⚭ 1. María de las Mercedes de Orleans (1860-1878) / 2. María Cristina de Habsburgo–Lorena (1858-1929)

Alfonso XIII (1886-1941) ⚭ Victoria Eugenia de Battenberg (1887-1969) — María de las Mercedes — María Teresa

Alfonso — Jaime — Beatriz — María Cristina — Juan (1913-1993) ⚭ María de las Mercedes de Borbón y Orleans (1910-2000) — Gonzalo

María del Pilar — Margarita — Juan Carlos I (1938) ⚭ Sofía de Grecia (1938) — Alfonso

Elena — Cristina — Felipe Príncipe de Asturias (1968) ⚭ Letizia (1972)

Leonor (2005)

Bibliografía

AGUILERA, CONCHA y MARTÍN SANGUINO, ÁNGELES, *Austrias y Borbones en España*. Madrid, Club Internacional del Libro, 2001.

ARTEAGA, ALMUDENA DE, *Catalina de Aragón. Reina de Inglaterra*. Madrid, Editorial La Esfera de Libros, 2002.

AVILÉS FERNÁNDEZ, MIGUEL *et al.*, *Nueva historia de España*. Madrid, Editorial Edad, 18 vols., 1994.

BARBA, CÉSAR *et al.*, *Historia de España*. Barcelona, Editorial Planeta–Agostini, 10 vols., 1994.

BARRIOS, MANUEL, *Los amantes de Isabel II*. Madrid, Ediciones Temas de Hoy, 2001.

BATICLE, JEANNINE, *Velázquez, el pintor hidalgo*. Barcelona, Ediciones B.S.A., 1999.

BENNASSAR, BARTOLOMÉ, *La España del Siglo de Oro*. Barcelona, Editorial Crítica, 2001.

BRION, MARCEL, *Ticiano*. Barcelona, Círculo de Lectores, 1974.

CÁNOVAS DEL CASTILLO, ANTONIO y CASTRO ALFÍN, DEMETRIO, *Bosquejo histórico de la Casa de Austria en España*. Pamplona, Urgoiti, 2004.

CARR, RAYMOND, *España 1808-1939*. Barcelona, Editorial Ariel, 1970.

CASEY, JAMES; ELLIOT, J. H. y GIL PUJOL, XAVIER, *Poder y sociedad en la España de los Austrias*. Barcelona, Editorial Crítica, 1982.

CEBRIÁN, JUAN ANTONIO, *La aventura de los godos*. Madrid, Editorial La Esfera de los Libros, 2002.

CHUDOBA, BOHDAN, *España y el imperio (1519-1643)*. Madrid, Editorial Sarpe, 1986.

COLLINS, ROGER, *La España Visigoda, 409-711*. Barcelona, Editorial Crítica, 2005.

DOMÍNGUEZ ORTIZ, ANTONIO, *Desde Carlos V a la Paz de los Pirineos, 1517-1660*. Barcelona, Editorial Grijalbo, 1973.

DOMÍNGUEZ ORTIZ, ANTONIO et al., *«La forja del Imperio. Carlos V y Felipe II»* en Historia 16, t. 6, extra XVIII, año VI, junio, 1981.

DOMÍNGUEZ ORTIZ, ANTONIO et al., *«Esplendor y decadencia. De Felipe III a Carlos II»* en Historia 16, t. 7, extra XIX, año VI, octubre, 1981.

DOMÍNGUEZ ORTIZ, ANTONIO et al., *«El reformismo borbónico. La España del siglo XVIII»*, En Historia 16, t. 8, extra XX, año VI, diciembre, 1981.

DOMÍNGUEZ ORTIZ, ANTONIO, *El antiguo régimen: los Reyes Católicos y los Austrias*. Madrid, Alianza Editorial, 1983.

DOMÍNGUEZ ORTIZ, ANTONIO, *Historia de España*. Barcelona, Editorial Planeta, 12 vols., 1987-1994.

FERNÁNDEZ ÁLVAREZ, MANUEL, *Juana la Loca. La cautiva de Tordesillas*. Madrid, Editorial Espasa Calpe, 2000.

FERRER, J. et al., *«Crisis del Antiguo Régimen. De Carlos IV a Isabel II»*, en Historia 16, t. 9, extra XXI, año VI, abril, 1982.

FRADERA DE BELMONTE, LUIS y BALTÁ MONER, JORGE, *Ramiros, Alfonsos, Sanchos, y otros. Guía genealógica e histórica de la Alta Edad Media en España (718-1252)*. Barcelona, Editorial Eudovico Capital, 2001.

GALLEGO PELLITERO, CRESCENCIO, *Síntesis histórica de los reyes de España: años 364-1994*. Vigo, Editorial Cardeñoso, 1994.

GINETTI, CLELIA y ROCCHI, GIOVANNA, *Los grandes genios del arte. Velázquez*. Madrid, Unidad Editorial, 2005.

GONZÁLEZ-DORIA, FERNANDO, *Las reinas de España*. Madrid, Editorial Bitácora, 1989.

HABSBURGO, CATALINA DE, *Las Austrias. Matrimonio y razón de Estado en la monarquía española*. Madrid, Editorial La Esfera de los Libros, 2005.

HIJANO, ÁNGELES, *Victoria Eugenia de Battenberg, Una reina exiliada (1887-1969)*. Madrid, Alderabán Ediciones, 2000.

JUNQUERA, JUAN JOSÉ y SUREDA, JOAN, *«El siglo de las luces. Ilustrados, neoclásicos y académicos» en Historia del Arte Español, Tomo VIII*, Barcelona, Editorial Planeta, 1996.

KAMEN, HENRY, *Una sociedad conflictiva: España, 1469-1714*. Madrid, Alianza Editorial, 1984.

LADERO QUESADA, MIGUEL ÁNGEL, *Los Reyes Católicos: la Corona y la unidad de España*. Valencia, Asociación Francisco López de Gomara, 1989.

LYNCH, JOHN, *España bajo los Austrias*. Barcelona, Edicions 62, 2 vols., 1988-1989.

LYNCH, JOHN, *Los Austrias, 1516-1700*. Barcelona, RBA, 2005.

LOZOYA, JUAN DE CONTRERAS y LÓPEZ DE AYALA, MARQUÉS DE, *Historia de España*. Barcelona, Editorial Salvat, 12 vols., 1979, p. 474, tomo 3.

MARÍN, MANUEL *et al.*, *Historia de España*. Barcelona, Editorial Marín, 1986.

MARÍN, RICARDO, *«La romanización. Los visigodos»* en *Historia de España*. Barcelona, Editorial Salvat, 1989-1995, p. 261, vol. 3.

MARTÍN, JOSÉ LUIS, *«Historia de España. Una sociedad en guerra. Reinos cristianos y musulmanes (s. XI-XIII)»* en Historia 16, t. 4, extra XVI, año V, diciembre, 1980.

MARTÍN, JOSÉ LUIS; CODOÑEZ, CARMEN y SÁNCHEZ, MANUEL, *«Historia de España. La Alta Edad Media. Visigodos, árabes y primeros reinos cristianos»* en Historia 16, t. 3, extra XV, año V, octubre, 1980.

MARTÍNEZ ARCE, MARÍA DOLORES, *Semblanzas: reyes de España de la Casa de Austria*. Pamplona, Editorial Fecit, 2003.

MEER DE RIBERA, CARLOS DE, *Isabel de Castilla, reina de la hispanidad: sus empresas políticas*. S.l., Alas Abiertas, 1992.

MENÉNDEZ PIDAL, RAMÓN y JOVER ZAMORA, JOSÉ MARÍA, *Historia de España Menéndez Pidal*. Madrid, Editorial Espasa Calpe, 42 vols., 1989-2005.

MONTENEGRO DUQUE, ÁNGEL y JORDÁ CERDÁ, FRANCISCO, *Historia de España*. Madrid, Editorial Gredos, 17 vols., 1986-1994.

MORAGAS, JERÓNIMO DE, *De Carlos I «Emperador» a Carlos II «El hechizado»: historia humana de una dinastía*. Barcelona, Editorial Juventud, 1983.

OLLERO BUTLER, JACOBO, *«El retrato renacentista y barroco»*, en *Cuadernos de Arte Español*. Historia 16, n° 36, Madrid, 1992.

ORLANDIS, JOSÉ, *El reino visigodo. Siglos VI y VII*. Madrid, Editorial Rascar, 1973.

ORLANDIS, JOSÉ, *Historia del reino visigodo español*. Madrid, Editorial Rialp, 1988.

ORTEGA Y GASSET, JOSÉ, *Velázquez*. Madrid, Revista de Occidente, 1960.

PALACIO ATARD, VICENTE, *La España del siglo XIX (1808-1898)*. Madrid, Editorial Espasa Calpe, 1978.

PALOL, PEDRO DE y RIPOLL, GISELA, *Los godos en el occidente europeo: Ostrogodos y visigodos en los siglos V-VIII*. Madrid, Editorial Encuentro, 1988.

PÉREZ, ARTURO, *Hispania, romanos y visigodos*. Madrid, Editorial Anaya, 1994.

PÉREZ, JOSEPH y SANTOS FONTENLA, FERNANDO, *Isabel y Fernando, los Reyes Católicos*. Madrid, Editorial Nereda, 1988.

PÉREZ BUSTAMANTE, ROGELIO, *El gobierno del Imperio español: los Austrias (1517-1700)*. Madrid, Consejería de Educación, 2000.

PÉREZ SÁNCHEZ, ALFONSO et al., *Goya en las colecciones madrileñas: [exposición], Museo del Prado, abril-junio 1983*. Madrid, Amigos del Museo del Prado, 1983.

PÉREZ SÁNCHEZ, ALFONSO y SUREDA, JOAN, *«El siglo de Oro. El sentimiento de lo Barroco» en Historia del Arte Español, Tomo VII*, Barcelona, Editorial Planeta, 1996.

PÉREZ SAMPER, MARÍA DE LOS ÁNGELES, *Los reyes de España. La vida y la época de Carlos III*. Madrid, Editorial Planeta, 1998.

RIPOLL, GISELA; GARCÍA MORENO, LUIS A. y DÍAZ Y DÍAZ, MANUEL C., *Recaredo y su época*. Madrid, Información e Historia, 1995.

RIPOLL, GISELA y VELÁZQUEZ SORIANO, ISABEL, *La Hispania visigoda: del rey Ataúlfo a Don Rodrigo*. Madrid, Editorial Información e Historia, 1995.

RÍOS MAZCARELLE, MANUEL, *La casa de Austria: una dinastía enferma*. Madrid, Editorial Merino, 1992.

RÍOS MAZCARELLE, MANUEL., *Isabel I de Castilla. La reina católica (1451-1504)*. Madrid, Alderabán Ediciones, 1996.

RÍOS MAZCARELLE, MANUEL, *Carlos V el Emperador (1500-1558)*. Madrid, Alderabán Ediciones, 1996.

RÍOS MAZCARELLE, MANUEL, *Mariana de Neoburgo (segunda esposa de Carlos II)*. Madrid, Ediciones Merino, 1999.

RÍOS MAZCARELLE, MANUEL, *Reinas de España. Casa de Borbón II*. Madrid, Alderabán Ediciones, 2000.

RÍU, MANUEL, *La Alta Edad Media: del siglo V al siglo XII*. Barcelona, Editorial Montesinos, 1989.

SÁNCHEZ CATÓN, F. J., *Tesoros de la pintura en el Prado*. Barcelona, Ediciones Daimon– Manuel Tamayo, 1963.

SARRAILH, JEAN, *La España ilustrada de la segunda mitad del siglo XVIII*. México, Editorial Fondo de Cultura Económica, 1979.

TORRALBA SORIANO, FEDERICO, *Goya en Aragón*. León, Editorial Everest, 1977.

TORRES RODRÍGUEZ, CASIMIRO, *Galicia histórica. El reino de los suevos*. La Coruña, Fundación Barrie de la Maza, 1977.

TUÑÓN DE LARA, MANUEL, *«Revolución burguesa, oligarquía y constitucionalismo» en Historia de España, tomo VIII*, Madrid, Editorial Labor, 1981.

VACA DE OSMA, JOSÉ ANTONIO, *Grandes reyes españoles de la Edad Media.* Editorial Espasa Calpe, Madrid, 2003.

VALDEÓN BARUQUE, JULIO, «*Historia de España. La Baja Edad Media. Crisis y renovación en los siglos XIV-XV*» en Historia 16, t. 5, extra XVII, año VI, abril, 1981.

VALDEÓN BARUQUE, JULIO, *La Alta Edad Media.* Madrid, Editorial Anaya, 1992.

VALDIVIESO, ENRIQUE y SUREDA, JOAN, «*La época de las revoluciones. De Goya a la modernidad*» en *Historia del Arte Español, Tomo IX,* Barcelona, Editorial Planeta, 1996.

VICENS VIVES, JAIME, *La vida y la obra del Rey Católico.* Zaragoza, Institución Fernando el Católico, 1952.

VIDAL, CÉSAR, *Yo, Isabel la Católica.* Barcelona, Belacqva de Ediciones y Publicaciones, 2002.

VISMARA, G. y GARCÍA GALLO, ALFONSO, *Estudios visigóticos.* Roma, CSIC, 2 vols., 1956.